一本书轻松掌握必知的中国历史知识

中国通史

任中原◎编著

北京联合出版公司
Beijing United Publishing Co.,Ltd.

图书在版编目（CIP）数据

中国通史 / 任中原编著 . — 北京：北京联合出版公司，2015.5
（2024.4 重印）

ISBN 978-7-5502-4713-0

Ⅰ . ①中… Ⅱ . ①任… Ⅲ . ①中国历史—通俗读物Ⅳ . ① K209

中国版本图书馆 CIP 数据核字（2015）第 031753 号

中国通史

编　　著：任中原
出 品 人：赵红仕
责任编辑：喻　静
封面设计：施凌云
内文排版：盛小云
图片摄影：孔　群　郝勤建
图片绘制：陈来彦　陈福平　孙意如　陆铭蓓
部分图片来自：www.quanjing.com&www.ICpress.cn

北京联合出版公司出版
（北京市西城区德外大街 83 号楼 9 层　100088）
德富泰（唐山）印务有限公司印刷　新华书店经销
字数 720 千字　　720 毫米 × 1020 毫米　1/16　40 印张
2018 年 10 月第 1 版　2024 年 4 月第 5 次印刷
ISBN 978-7-5502-4713-0
定价：78.00 元

前　言

　　世界著名文学家塞万提斯说："历史孕育了真理；它能和时间抗衡，把遗闻旧事保存下来；它是往古的迹象，当代的鉴戒，后世的教训。"历史作为一面镜子，记录着人类社会的成功与失败、兴盛与衰退、辉煌与悲怆、交替与更新，也预示人类的未来。

　　中国是一个拥有五千年灿烂文明史、充满生机与活力的泱泱大国，要了解中国的发展历程，就不能不了解历史，就不能不掌握必要的历史知识。然而，很多人对中国历史的全貌缺乏清晰的认识。而在越来越重视"复合型人才"的今天，如果我们不懂得一些必需的历史知识，平日生活中难免会错误百出，被视为无知；如若不懂装懂，难免会贻笑大方；更可怕的是，如果为人师者不懂得一些历史知识，难免要误人子弟，甚至会导致谬种流传。缺乏对中国历史的全面了解，就是放弃了一座取之不尽的思想宝库。对于我们每个人来说，只有掌握了历史史实背后的深厚底蕴，才能增进对历史乃至现实的解读与把握，才能在新的挑战面前与时俱进，适应社会发展的潮流。针对这一情况，有学者创建了"通史"这种体例，即连贯地记叙各个时代的史实，涉及重大的历史事件、杰出的历史人物和多领域文化等，内容广泛，在叙述中体现出人类历史的发展脉络或贯穿其中的线索，能给人一种整体的认识，是读者在较短时间内了解中国历史的理想读本。

　　《中国通史》是一部雅俗共赏、老少咸宜的经典历史读物，以其独特的体例、丰富的知识而深受广大读者喜爱，成为我国发行量巨大的历史启蒙类读物之一，各种不同版本不断涌现。但是，随着社会的发展和文化的繁荣，市场上的许多版本已经不能满足广大读者越来越高的阅读需求，这就要求我们不断进行更新、补充和调整，并注入更多时代元素。

　　本书分为华夏源头、中原争霸、九州一统、离析与交融、乾坤变幻和王朝更迭几大篇章，以时间为序，系统介绍中国历史上的重大事件、风云人物、辉煌成就、灿烂文化等，完整地勾勒出中国历史演进的基本脉络和各时期文明的发展历程，为读者提供想知道的、需要知道的、应该知道的历史知识。帮助读者从宏观上把握中国历史，进而掌握人类历史发展的内在规律。同时，书中还设置了相关链接等知识板块，简要补充了一些与文章相关的政治、经济、文化、科技等方面的知识。这些内容或纵向深入，或横向延展，都以方便读者理解中国历史为出发点。编者还精心选配了数百幅内容涵盖面广、表现形式丰富的图片，包括出土文物、历史遗迹、战争示意图、名人画像等，与文字内容互为补充与诠释，使读者仿佛置身于一座真实立体的历史博物馆，便于更加直观地了解。

中国历史全面的内容、凝练的文字、精美的图片、科学的体例、创新的设计等多种要素有机结合，新视角、多层面地解读世界历史。帮助读者从不同的角度和崭新的层面去感受历史、思考历史，从历史中汲取睿见卓识，深化并拓展人生阅历。

目 录

华夏源头

远古·夏·商·西周

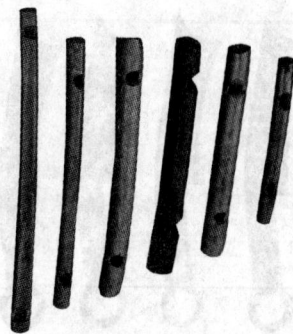

中原争霸

春秋·战国

九州一统
秦·汉

离析与交融

三国·两晋·南北朝

乾坤变幻
隋·唐·五代

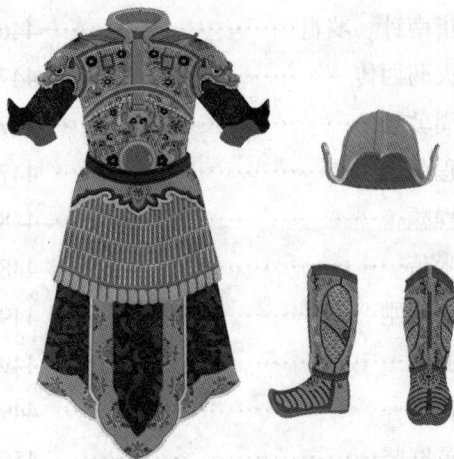

7

王朝更迭
宋·元·明·清

华夏源头

远古·夏·商·西周

　　中华文明源远流长，早在百万年前，就有早期人类生活在这片土地上，可以说，中国是人类起源的中心之一。在经历了传说中的三皇五帝之后，中华大地上产生了国家，进入了新的社会阶段。夏、商、周三代交替，逐步完善了官制，农业、手工业有所发展，其中，青铜器的铸造更达到了较高的水平。

盘古开天地

按照传统说法，从传说中的黄帝直至今天，中华民族的文明史大致近于五千年，一般称为"上下五千年"。在这五千年的历史里，发生了许多感人的故事。

据说，远古的天地不过是混混沌沌的一团气，里面没有光，没有声音。在这团气中，出了一个盘古氏，用大斧把这一团混沌劈了开来。轻的气往上浮，就成了天；重的气往下沉，就成了地。以后，盘古氏每天长高一丈，天和地之间的距离每天也增长一丈。

这样过了一万八千年，天就升得很高，地也变得极厚，盘古氏当然也成了顶天立地的巨人。盘古氏死后，他身体的各个部分化解成太阳、月亮、星星、高山、河流、草木，等等。这便是盘古开天辟地的神话。

原始人群

旧石器时代，远古人类的活动范围遍及中国大陆。北自黑龙江、内蒙古，南至云南、广西，西起青海、西藏，东抵沿海诸省。据不完全统计，新发现的旧石器时代遗址有三四百处。

其中，举世闻名的周口店北京猿人、陕西陈家窝蓝田猿人化石的年代距今六七十万年。公主岭蓝田猿人化石年代，约在距今 80 至 100 万年之间。云南元谋人化石的年代较早，距今约为 170 万年。山西芮城西侯度遗址的年代则距今约 180 万年。他们生活在杂木丛生、野兽逼人的恶劣环境中。加之主要的生产工具只有简陋的打制石器，因而获取食物十分艰难。他们必须联合起来，以群体的力量弥补个人力量的单薄。

原始人群前期的人类保留的猿类的身体特征较多，与现代人类差别较大，学术界称其为"直立人"。

这时男女之间关系是杂乱而不受限制的，人类的婚姻形态属于不分辈分的乱

盘古开天辟地画像砖图左为伏羲，右为女娲。他们以人首蛇身的形式出现。

·金牛山人·

1984年，临近渤海的营口永安乡金牛山的一个洞穴中发现了一具比较完整的男性头骨和体骨。据考证，其年代距今28万年，这就是"金牛山人"。他们是迄今东北地区发现最古老又较完好的人类化石。同时与金牛山人化石共同发现的遗物有骨器、打制石器、烧骨和灰烬，这一切表明，此为东北旧石器时代较早期的文化遗存。

此外，该遗迹还出土了大量动物化石，如剑齿虎、肿骨鹿、梅氏犀、大河狸、三门马等，多达70种，很多是绝灭了的古老种属。其中如犀、鹿、熊等，曾是金牛山人的猎物。当继续往下掘至洞中的第七、第八层堆积，更进一步显示了当年金牛山人群居洞穴、肢解动物、围火烧烤、敲骨吸髓的生活场面。再往下挖掘发现的动物烧骨和敲碎的肢骨、一堆堆燃尽的灰烬，估计年代已超过30万年了。这一片遗址真是一部原始人类遗留于地下的无字史书。

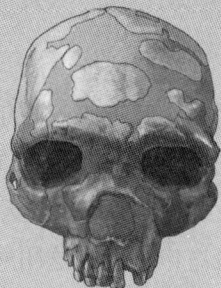

金牛山人头骨化石 旧石器时代早期

婚时期，所生的子女知其母不知其父。在我国境内，这时期的代表人类主要有元谋人、蓝田人、北京人、金牛山人等。

原始群后期的人类体质已有相当进步，学术界称为"早期智人"，亦称"古人"。距今20万年~10万年之间。随着人类思维进步，不同辈分男女之间杂乱的性交关系逐渐被摒弃。这时人类已禁止不同辈分之间通婚，婚姻只能在同辈之间进行，这叫做"血缘群婚"。血缘群婚制的出现，是人类婚姻形态的一大进步。它不仅使人类的体质、体能有所改善，而且开始形成长幼、辈分的意识。这是人类最早的婚姻制度，也是人类伦理、道德观念的启蒙。在这样的婚姻形态下所生的子女，仍知母不知父。

元谋人

元谋人的发现地点在云南省元谋盆地东缘的上那蚌。170万年以前，这里榛莽丛生，是一片亚热带的草原和森林。元谋人使用原始的石器捕猎动物。在元谋盆地内暴露的695米厚、共4段28层的河湖相沉积地层里，在第4段第22层，发现了两枚上内侧门齿化石。

通过用古地磁测定法检测，确定这两枚牙齿是属于170万年前的一个男性青年的。和这两枚牙齿化石同时从褐色黏土层中出土的，还有7件元谋人制造和使用的脉石英石核与刮削器。

北京人

原始的北京人生活在距今约 70 万年～50 万年以前，其遗址位于北京周口店龙骨山的洞穴中。根据考古发现，北京人既像猿，又有一些人的特征。北京人的长相是：前额低平，两个眉骨连在一起，粗大而前突，颧骨很高，鼻子扁宽，嘴巴向前伸，没有下巴，牙齿粗大，脑壳比现代人厚一倍。脑量只有现代人平均脑量的 80%。北京人的下肢骨髓腔较小，管壁较厚，但在尺寸、形状、比例和肌肉等方面都和现代人相似，这证明他们已善于直立行走，但腿还有点弯曲。北京人身高约 156～157 厘米，具有蒙古人种的特征。懂得使用石制工具和火。石器有砍斫器、刮削器、雕刻器、石锤和石砧等多种类型。

北京人背鹿像

有巢氏构木为巢

据史书记载：上古时人类少禽兽多，人类在地面上居住，经常受到禽兽的攻击，每时每刻都生活在危险中。

由于受到恶劣环境的逼迫，部分人类开始向北迁徙。

他们来到今山西和陕西一带，学习鼠类动物的生存方法，在黄土高原的山坡上打洞，人居住在里面，洞口用石头或树枝挡住，于是安全了许多。

但是北方气候寒冷，许多人宁愿留在南方的危险环境中生存，也不肯往北迁移。

这时候有巢氏在九嶷山以南的苍梧出生了，传说他曾经游过仙山，得仙人指点而有了超人的智慧。他看到鸟类在树上筑巢，最先发明了"巢居"。他教给人们用树枝和藤条在高大的树干上建造房屋的方法，用树枝将房屋的四壁和屋顶遮挡得严严实实，既能挡住风雨，又可防止禽兽的攻击，人们从此便不用再在担惊受怕中过日子了。

人们对他非常感激，便推选他为部落酋长，尊称他为有巢氏。

有巢氏成为部落酋长后，为大家办了许多好事，很快，他的名声便传遍了中华大地。各部落的人都认为他德高望重，具备圣王的才能，于是又推选他做总首领，尊称他为"巢皇"，也就是部落联盟总部的大酋长。

传说有巢氏掌权后，将都城迁到了北方圣地石楼山。

石楼山位于今山西吕梁市兴县东北，当时有巢氏命人在山上挖了一个洞，供他居住在里面处理事务。所以这里被称做有巢氏的皇都。

钻木取火

在我国古代，有许多关于原始人群到氏族公社初期人类生活进化的传说。这种传说大多是古人根据远古时代的原始人生活情景进行的一种想象。

最早的原始人，不知道怎样利用火，不仅生吃植物果实，就是捕到的野兽，也连毛带血地吃了。后来，人们在不断的实践中发明了火。

其实自然界中，火的现象早就有了。火山爆发，会喷出火；打雷闪电的时候，树林里也会起火。起初，原始人看到火时，不会利用，反而非常害怕。后来偶尔拾到被火烧死的野兽，拿来一尝，味道挺香。渐渐地人们学会用火烧东西吃，并且想法子保存火种，使它常年不灭。

很久以后，人们把坚硬而尖锐的木头，在另一块硬木头上使劲地钻，钻出火星来；也有的把燧石敲敲打打，敲出火来。至此，人们学会了人工取火（从考古材料发现，山顶洞人已经懂得人工取火）。传说这种做法是一个名叫"燧人氏"的人发明的。

又过了很长时间，人们又用绳子结成网，用网去捕猎，还发明了弓箭，这比用木棒、石器打猎又有了很大进步。使用弓箭，不仅可以射杀平地上的走兽，就连天空中的飞鸟，水里的游鱼，也可以捕捉到。捕捉到的动物，如果吃不完，人们并不急于将它们杀死，而是将其养起来。这种结网、打猎、养牲口的技能，都是人们在劳动中日积月累起来的。传说中，这些事的发明人是"伏羲氏"，或者叫"庖牺氏"（庖是厨房，牺是祭祀用毛色纯一的畜生的意思）。

经过了漫长的渔猎时期，人类的文明又有了新的进步。人们发现撒在地上的野谷子，到了第二年，会生出苗来，一到秋天，又结出了更多的谷子。于是，人们就自觉地栽种起来。传说中把这些发明种庄稼的人叫"神农氏"。

从构木为巢，钻木取火，一直到渔猎、畜牧，发展农业，充分反映了原始人生产力发展的进程。

伏羲创八卦

伏羲，又称宓羲、庖牺、包牺、伏戏，也称牺皇、皇羲、太昊，《史记》中称伏牺。

伏羲氏是中国文献记载中最早的一位智者。他观察力很敏锐，又拥有超人的智能。伏羲氏用一种数学符号将他观察的所得描述了下来，这就是八卦。

那个时候，孟津的东部有一条图河，这条河与黄河相接，龙马负图就出于此河，《汉书·孔安国传》曰："龙马者，天地之精，其为形也，马身而龙鳞，故谓之龙马，龙马赤纹绿色，高八尺五寸，类骆有翼，蹈水不没，圣人在位，负图出于孟河之中焉。"伏羲氏依照此图画出了以乾、兑、离、震、巽、坎、艮、坤为内容的卦图，这就是伏羲八卦图。

伏羲氏仰观象于天，俯察法于地，对于天地万物的演化规律和人伦秩序，他用阴阳八卦来解释。伏羲氏也因此被后人称为中华民族的"人根之祖"、"人文之祖"。

伏羲女娲图 唐

我国古代多将圣人神化，传说伏羲能建造天梯以登天。根据《山海经·海内经》记载："南海之内，黑水、青水之间，有木，名曰建木。太白皋爱过，黄帝所归。""太白皋爱过"，即伏羲上下于建木之意。《淮南子·时则训》中也说："东方之极，自碣石山，过朝鲜，太白皋，句芒之所司者万二千里。"高诱注："太白皋、伏羲氏，东方木德之帝也；句芒，木神。"

女娲炼石补天

女娲是中国神话中一位人首蛇身的创世女神，是伏羲的妹妹。

传说当时洪水成灾，人类都死了，只剩下了伏羲和女娲兄妹，为了使人类能够繁衍下去，兄妹俩就结婚了。

还有一种说法是：女娲参照自己的样子，用黄土和水捏成人形，于是人类便出现了。后来她觉得这种方法太慢，就用一根藤条沾上泥浆，将泥浆洒在地上，结果也都变成了人。为了使人类能够延续下去，她还制定了嫁娶之礼。

相传水神共工和火神祝融吵架，两人大打出手，最后祝融打败了共工，共工因打输而羞愤地朝西方的不周山撞去。不周山是撑天的柱子，被共工撞折后，天出现了一个大窟窿，地也陷成一道道大裂纹，山林着起了大火，洪水喷涌出来，人类面临着空前的大灾难。

女娲目睹人类遭到如此奇祸，感到无比痛苦，于是决心补天。她选用各种各样的五色石子，架起锅将它们熔化成浆，用这种石浆将残缺的天窟窿填好，随后又斩下一只大龟的四脚，当做四根柱子，把倒塌的半边天支起来。经过女娲的一番辛劳整治，人们又重新过上了安乐的生活。

但是这场特大的灾祸还是留下了一些痕迹：从此天向西北倾斜，因此太阳、月亮和众星都很自然地归向西方；又因为地向东南倾斜，所以一切江河都往那里汇流。而天上的彩虹，就是女娲的补天神石发出的彩光。

山顶洞人

山顶洞人是在北京房山周口店龙骨山的洞穴中发现的，距今约有 18000 年。洞穴中所出石器仍为打制，属于旧石器时代晚期。有些器物制作精致，如作装饰品用的小石珠、穿孔砾石等。其中有的骨针长 82 毫米，最大直径 3.3 毫米，而且钻有规整的针鼻，以便引线缝衣。骨针的发现，证明了当时的人类已掌握了高超的钻孔技术，穿着已有很大的进步。有些石珠、鱼骨等装饰品还用赤铁矿粉染成了红色，说明当时的人类已有爱美观念。有的尸骨周围还撒布赤铁矿粉粒，可能这时已产生了原始宗教观念。在山顶洞人的居处发现有大量的动物化石，其中有鱼骨化石。说明了当时的人类过着以渔猎和采集为主的生活。还有用火的痕迹，估计可能已发明了人工取火技术。

氏族公社

氏族公社是继原始群之后出现的以血缘为纽带的人类共同体，是原始社会的高级阶段。氏族公社的历史可分为母系氏族公社阶段和父系氏族公社阶段。

在母系氏族公社时期，妇女居于支配地位，丈夫居于妻方，辈分从母系计算，财产由母系继承。这时期的婚姻实行族外婚制，只有不同氏族之间的同辈男女可以互为夫妻。后来婚姻又发展为对偶婚，就是在互婚的男女群中各有一个主要配偶，但并不严格，所生子女仍然只知其母不知其父。这时期氏族的财产实行平均分配。在我国境内，这时期有代表性的人类文化遗存有河姆渡文化、仰韶文化、半坡村遗址。

父系氏族公社是由氏族公社向阶级社会过渡的社会组织形式。这时期的代表文化有龙山文化、大汶口文化。在父系氏族公社里，男子居于支配地位，妻子从夫而居，辈分从父系计算，财产由父系继承。男子不再以狩猎、捕鱼为主，而是代替妇女从事农业和饲养业。妇女在经济上退居次要地位，职能已经转向于主要从事家务劳动和生儿育女。这时期的婚姻制度由对偶婚向一夫一妻制过渡。父系氏族公社内部以男子为中心分裂为若干个大家庭，各大家庭内部又分裂为若干个一夫一妻的小家庭。这样，以血缘为纽带的氏族公社逐渐瓦解，代之以地缘为纽带的农村公社，以小家庭为单位的私有制产生，随着贫富的不断分化，阶级在形成中。

半坡村遗址

仰韶文化距今约六七千年，属于母系氏族繁荣时期的文化。这一文化类型是1921年首次在河南渑池县仰韶村发现的，因此以"仰韶"作为这一文化类型的名称。仰韶文化发源于黄河中游，遍布于黄河中上游各省。著名的仰韶文化遗址有陕西西安的半坡村遗址和临潼的姜寨遗址。

半坡村遗址在西安的东郊，遗址东西最宽处近200米，南北最长为300多米，总面积约5万平方米。遗址略呈椭圆形，北面为氏族墓地，南面为居住区，东北面为陶器窑场。居住区内的房屋有大有小，大的面积达120平方米左右，只有一间，可能是氏族首领的住室或议事集会场所。

这时期的生产工具以石器为主，有石斧、石铲、石镰、石刀、石磨等，大多磨制得比较精致，各有用途。除此之外，骨器、陶器

鸮鼎 新石器时代 仰韶文化

9

等也是他们常用的工具。这里的生产以农业为主，已经处于"锄耕农业阶段"。半坡居民种植的谷物有粟、稻等，用石磨盘、石磨棒磨去谷皮。他们还种植白菜、芥菜等。家畜饲养业在这时已出现，他们在居住区内建起圈栏，主要饲养猪、狗等家畜。居民除经营这样的原始农业和饲养业外，还要捕鱼、狩猎、采集果实以补助生活，渔猎经济在此时期仍占重要地位。

半坡居民日常生活的主要用具有手制的陶器、石器、骨器、纺织架、木器等。陶器以粗质和陶土细泥的红色、红褐色陶为主，最常见的是粗砂陶罐、小口尖底瓶和钵所组成的一套生活常用器，例如瓮、罐、瓶、盆、钵、鼎等，上面绘有黑色或红色旋涡纹、波浪纹、几何纹、花瓣纹、鱼纹、鹿纹和人面形图案等。人们称这类陶器为彩陶。在圆底钵口沿的宽带纹上，发现有22种不同的刻画符号，有人认为是中国古代文字的萌芽。半坡居民的装饰品有用石、骨、陶、蚌磨制成的环、璜、珠、坠、耳饰、发饰以及镶嵌饰等。

半坡类型的墓葬约一半有随葬品，主要是日用陶器。其墓葬体现了一些奇特葬俗，小孩瓮棺葬具多打洞，可能是作为灵魂出入的通口。常见"割体葬仪"，将被葬者手指、足趾割去另外埋藏。半坡墓葬是男子、女子分别葬在一起，说明了这里尚实行族外婚。

河姆渡文化

骨哨　河姆渡文化
狩猎工具，长6~10厘米，骨哨均用一截禽类的骨管制成，里边还可插一根可以移动的肋骨，用以调节声调。猎人利用骨哨模拟鹿的鸣叫，吸引异性，伺机诱杀。

河姆渡文化是中国长江流域下游地区的新石器文化，因首先发现于浙江余姚河姆渡而得名，主要分布在杭州湾南岸的宁绍平原及舟山群岛，距今约有6000年。

河姆渡文化的农具除石斧、石凿等石质工具外，最有特色的是骨耜。骨耜是一种翻土工具，用水中大型哺乳动物的肩胛骨制成。河姆渡文化时期的陶器为黑色，有釜、钵、罐、盆、盘等，都是手制的。木作工艺是河姆渡文化手工业的又一特色。在这里出土的一件木质漆碗，外表涂有红色涂料，微显光泽，经鉴定为生漆，这是迄今中国最早的漆器。

河姆渡文化的农业以种植水稻为主。考古发掘时发现有很多稻谷、稻壳、稻茎的遗存，是迄今中国最早的稻谷实物，也是世界上目前最古老的人工栽培水稻的证据。河姆渡居民饲养的家畜有水牛、猪、狗等。

此外，河姆渡遗址还发现一种地板高于地面的干栏式建筑。干栏式建筑是中国长江以南新石器时代以来的重要建筑形式之一，目前以河姆渡发现的为最早，与北方地区同时期的半地穴式房屋有着明显区别。这种建筑构造是与河姆渡聚落地河湖密布、潮湿炎热的地理环境相适应的，同时也表明了当时的建筑技术已相当进步。

大汶口文化

大汶口文化是黄河下游地区的新石器时代文化，因1959年于山东省泰安县大汶口发掘其遗址而得名。主要分布在山东省泰山周围地区，延及山东中南部和江苏淮河以北一带。年代约始自公元前4300年，到公元前2500年发展成龙山文化。

大汶口文化以农业经济为主，种植适合黄河流域的耐旱作物粟，已经

花瓣纹钵 新石器时代 大汶口文化 红陶彩绘
大汶口文化一个显著特点是陶色多样化。彩陶纹样以几何纹为主，由挺拔、尖锐的直线组成的几何纹样颇具特色。

有较多的剩余粮食。农业生产工具有石铲、鹿角锄等，木质农具如耒、耜等已经出现。

大汶口文化饲养的动物有猪、狗、牛、羊、鸡等。渔猎经济占有一定的比重，骨镞、角质鱼镖、网坠等遗物表明了当时居民进行狩猎和捕鱼。大汶口文化特有的獐牙刃钩状器以鹿角为柄，是用来捕鱼和切割的多用途复合工具。大汶口文化的陶器制作工艺在不断发展。早期以红陶为主，中期盛行灰陶，陶制品的种类明显增加。晚期则以黑皮陶为主，陶胎为棕红色，少量为纯黑陶。轮制技术的广泛使用使陶器制作获得长足的发展。在晚期制陶工艺中，发现了新的制陶原料，出现了质地坚硬、胎薄而均匀，色泽明快的白色、黄色、粉红色陶器，统称为"白陶"。

大汶口文化中使用的陶文成为迄今为止中国发现的最早的文字。陶文的产生和使用，为甲骨文、金文的产生提供了条件。

制石、制玉、制骨等手工业在大汶口文化中已经比较发达。石质工具多为磨制，

并穿孔，出现了管穿法和凿穿法两种穿孔方法。

大汶口文化的房屋有圆形半地穴式，屋顶为木质的原始梁架结构，呈圆锥形。

龙山文化

新石器时代晚期，在黄河下游地区，出现龙山文化。它是由于在山东章丘龙山镇被发现而得名。龙山文化年代约为公元前 2500～前 2000 年，覆盖范围包括山东省中、东部及江苏淮河以北地区。龙山文化以精湛的黑色陶器制作工艺为特征。当时的制陶工艺已达到了前所未有的高水平，陶器造型规整，器壁薄且均匀，有的器皿壁厚仅有 0.5 毫米，重量尚不到 50 克。器皿表面打磨光亮，并附有划纹、弦纹、竹节纹及镂孔等纹饰。在这时期，制玉业也达到了较高的水平。

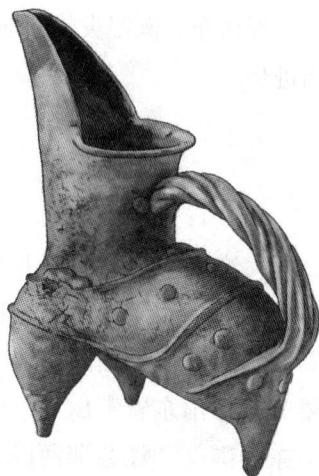

龙山文化以原始农业为主，以渔猎、家畜饲养

黄陶鬶　新石器时代　龙山文化

及各种原始手工业为辅，以粟作为其主要农作物。生产工具则有扁平穿孔石铲、蚌铲、骨铲、双孔半月形或长方形石刀、蚌刀、石镰、带齿蚌镰等，反映了当时农业经济的繁荣。由于山东濒临大海，故当时的渔业也占一定的比例。狩猎的对象则是以鹿类为主。饲养的家畜有猪、狗、牛、羊等，家禽有鸡，并且当时已能进行猪的人工繁殖。

新石器时代的农作物

在新石器的早期阶段，黄河流域的旱田耕种粮食作物主要是粟（俗称小米，夏商周三代或称稷），磁山、裴李岗遗址均有出土实物，除粟外可能还有黍（俗称大黄米）；华南地区的山地耕种粮食作物，最早可能是芋类、薯类；长江流域的水田耕种是水稻，但稻的种属（籼或是粳）情况尚不清楚。在新石器时代中晚期，黄河流域和其它流行旱田耕作习俗的北方地区，耕种的粮食作物主要是粟、黍，个别地区或亦种植豆、麻、稻、高粱、麦等；长江流域、华南地区则主要种植水稻，个别地区（如台湾凤鼻头文化）亦兼种粟。综合全国各地的情况，大致有芝麻、蚕豆、薏苡、瓠（葫芦）、菱角、芡实、甜瓜、桃、樱桃、莲藕、栗子、花生、枣、油菜、芥菜或白菜等。

家畜的饲养

畜牧业与农业一样是人类社会发展到一定时期的产物。只有在人们的生产技术与经验积累到一定水平的时候，家畜的饲养才能产生。

原始人类最初的食物来源主要靠狩猎和采集，动物的驯养则是狩猎水平发展的结果。弓箭出现以后，提高了狩猎的效率，网罟、陷阱、栏栅等在狩猎中的使用，使人们能够捉到活的动物。人们捕获的动物时多时少。当捕获的动物数量较多的时候，人们没有立即将它们全部屠宰，而用绳索捆绑或用圈栏圈养起来，待食用时再去屠宰。特别是捕获的幼仔，食用又嫌肉少，它本身又不伤人，圈养以后还会日渐长大，这或许是引发人类去驯养动物的始因。其中，狗经过驯养以后，还成为狩猎时的帮手，因此，狗被认为是最先驯养的动物。家畜的饲养一经出现，驯养动物的品种也不断增多。在黄河流域，大约在仰韶文化时期已饲养黄牛。在龙山文化时期，又增加了马和猫。这样，到中国新石器时代晚期，马、牛、羊、猪、狗、鸡这"六畜"，均已成为家畜而被人们饲养。

原始乐舞

新石器时代中期的氏族先民已经创造出多种原始乐器，对繁荣和推动这一时期原始乐舞的发展作出了贡献。原始音乐是以"乐"这一概念表示的，它与原始舞蹈密不可分，是一种歌、舞、乐相结合三位一体的原始乐舞。氏族先民从长期劳动生产实践中，逐渐对劳动的呼号、动作、节奏与音调等有了深入体会与认识，从而产生了一种再现劳动与生活场景的冲动，于是创造出了原始乐舞这种原始艺术形式。1982年，在甘肃秦安大地湾遗址一座仰韶文化晚期大房子中发现一幅地画，就是中国新石器时代中期氏族先民原始舞蹈的艺术表现。这座大房子的居住面是用白石灰抹上的白灰地面，在室内靠后壁中部居住面上，用黑彩绘着一幅面积达1平方米的原始舞蹈图。画面上方是两个舞蹈者，右手抚头，左手按住腰间的武器，双脚分叉在跳舞。他们的面前是两具摆放在墓坑里的尸骨，似乎表示他们跳的是祈祷亡灵的祭祀舞。这是中国目前发现年代最早的一幅舞蹈图。

创世神话

在南方人民的心目中，盘古是宇宙的开辟神。他生于宇宙中，经历 18000 年之后开天辟地，阳清为天，阴浊为地，而盘古则身化为山川日月江海草木，产生风云雷电。在北方神话中，女娲则是创造人类的女神。她用黄色泥土揉成了人类，并且在天崩地陷、洪水泛滥的时候，炼成了五色石块修补苍天，以巨鳌的足代替坍塌的天柱支撑起天。女娲还屠龙堵水，造福人类。

后来出现了女娲与伏羲是夫妇的说法。伏羲是汉民族中流传最广的神话人物，是雷神之子，其形象是蛇身人首，来往于天地之间，创造了八卦以及其他一些事物，后来成为三皇之一。相传伏羲做天下之王的时候，野兽很多，他就教人们用绳子结网，用来狩猎、捕鱼。

神话是上古人民根据自己的能力对自然的理解，具有强烈的想象性和艺术性，反映了上古人民生活水平和生活环境的特征，中国神话中的女神人物如女娲、羲和、西王母等据认为在很大程度上带有母系社会的色彩。中国母系氏族社会在新石器时代中晚期发展成熟，进入全盛时代，女性在氏族生活中的核心地位使得这些女神成为人类甚至万物的创造者。

黄帝战蚩尤

大约在 4000 多年以前，在我国黄河、长江流域一带生活着许多部落。传说以黄帝为首领的部落，最早住在今陕西北部的姬水附近，后来沿着洛水南下，东渡黄河，在河北涿鹿附近定居下来，开始发展畜牧业和农业。

与黄帝同期的另一个部落首领叫做炎帝，当他带领部落向东发展的时候，碰到一个极其凶恶的九黎族的首领蚩尤。传说蚩尤有 81 个兄弟，全是猛兽的身体，铜头铁额，凶猛无比。他会铸刀造戟，还经常带着他的部落，到处侵扰，闹得周围部落不得安宁。炎帝部落定居山东后，经常受到蚩尤的侵扰，炎帝几次起兵抵抗，但不是蚩尤

黄帝战蚩尤图

·阪泉之战·

阪泉之战是中华文明有史以来记载的最早的一次战争，是黄帝在征服中原各个部落的战争中与炎帝部落在阪泉地区进行的一场大战。

炎帝和黄帝据传都是少典氏的后裔，当时神农氏统治着各部落，神农氏日渐衰微后，出现了以黄帝和炎帝为首的两大部落联盟。黄帝部落不断进攻周围的部落，很多小的部落纷纷归附，黄帝部落的势力不断壮大。炎帝部落沿黄河向东发展进入中原，成为黄河中游地区最强大的部落联盟，势力不断扩大。两个部落联盟终于在阪泉爆发了战争。阪泉在今河北省涿鹿县东南，地势险要。黄帝部族与炎帝部族各自占据有利地形，黄帝统领熊、罴、貔貅、虎为图腾的部落，与炎帝进行决战。经过3次激烈的战斗，最终战胜了炎帝，炎帝的部落并入黄帝的部落，组成华夏族（部落），黄帝成为中原地区部落联盟的首领。

的对手，被打得一败涂地。

炎帝战败后，带领他的部落逃到涿鹿，请求黄帝帮助复仇。黄帝早就想除掉蚩尤这个祸害，就与炎帝联合在一起，并联络其他一些部落，召集人马，在涿鹿郊外与蚩尤展开了一场殊死决战。

关于这场殊死决战有许多神话传说。据说，黄帝平时驯养了熊、罴、貔、貅、虎等野兽，打仗时，就带着这些猛兽冲锋陷阵。蚩尤的兵士虽然凶猛，但遇到黄帝率领的联合军队，加上异常凶猛的野兽，也招架不住，丢枪弃盾，纷纷败逃。炎黄联军乘势追杀，忽然狂风骤起，

黄帝像
传说黄帝时候开始种植五谷，养蚕缫丝，裁制衣裳，制作弓箭，制造舟车等。

昏天黑地，电闪雷鸣，暴雨滂沱。原来是蚩尤请来了"风伯雨师"前来助战，企图阻止炎黄联军的追击。黄帝也不甘示弱，请来天女，驱散了风雨，天气顿时晴朗，黄帝终于彻底打败了蚩尤。

各个部落看到黄帝打败了蚩尤，为大家除了害，都很高兴。黄帝以自己的智慧和战功受到大伙的尊敬和拥戴，威望越来越高。

传说中，黄帝还是一个大发明家，他不仅发明了在地面上建房屋，还发明了造车、造船和制作衣裳，等等。这当然不会是他一个人发明的，黄帝只不过是个带头人罢了。传说他的妻子嫘祖亲自参加劳动，也有一些发明，养蚕缫丝就是她的功劳。最初人们不知道蚕的作用，那时候只有野生的蚕，嫘祖就教妇女养蚕、缫丝、织帛。打那以后就有了丝和帛。

黄帝为创造远古时代的文明，立下了汗马功劳，在后代人的心目中占有极其重要的地位，所以人们都尊黄帝为中华民族的始祖，自己是黄帝的子孙。因为

炎帝族和黄帝族原来是近亲，后来融合在一起，所以我们常常把自己称为炎黄子孙。

尧帝访贤

尧帝当政时期，人才济济，但他还是怕有的人才没有被发现，于是到处查访，这其中最著名的就是他访许由的故事。

许由字巢父，为当时的名士。他不贪求名利富贵，崇尚自然无为，坚持自食其力，生活简朴，与世无争。他得知尧帝要来访他，就躲开了。恰巧碰到了啮缺，啮缺便问他为什么要离开，他说："为逃避尧。"啮缺又问："为什么要躲着他呢？"许由说："尧这个人啊，轰轰烈烈地推行他的仁义，我怕他以后会被天下人耻笑，后世会发生人吃人的事。笼络老百姓并不是很难的。爱护他们，他们就会亲近你；给他们利益，他们就会聚在你周围；做他们喜欢的事，他们就会勤奋；做他们厌恶的事，就会使他们逃散。爱护百姓，给他们利益是出于仁义，缺乏真诚实行仁义的事，大多是借仁义取利。这样，不仅不能真正实行仁义的行为，还会变得虚伪。想用一个人的决断来使天下获利，只是一种一刀切的做法。尧只知道贤人对天下有好处，而不知贤人对天下也有坏处。只有那不重用贤人的人，才能明白这一点。"一段时间后，帝尧去拜访许由。尧对许由说："太阳出来了，火把还在燃烧，在光照宇宙的太阳光下放光，不显得多余吗？大雨过后，还去灌溉，不是徒劳吗？作为天子，我感到惭愧，已不适合再占着帝位，请允许我将天下交付于先生，以使天下太平。"许由回答说："天下在你的治理下，已经升平日久，既然你已经把天下治理好了，为什么还要让我代你去做一个现成的天子，难道是我喜欢好的名声吗？名，从属于实，我对虚名从来都不感兴趣。鹪鹩即使在很大的林中筑巢，也不过占上一枝就够了；鼹鼠就算去黄河边喝水，也不过喝满肚子就足够了。你还是请回吧！天子于我没有什么用处。"许由于是来到箕山之下，颍水之阳，自己耕种，生活得自由自在。

尧舜禅让

传说在黄帝之后，出了三个很出名的部落联盟首领，名叫尧、舜和禹。他们原来都是一个部落的，先后被推选为该部落联盟的首领。

起初，尧领导部落生产生活，后来，尧年纪老了，想找一个继承他职位的人。有一次，他召集四方部落首领来商议，到会的人一致推荐舜。

尧听说舜这个人挺好，便让大家详细说说舜的事迹。

大家便把了解到的情况说给尧听：舜有个糊涂透顶的父亲，人们叫他瞽叟（就是瞎老头儿的意思）。舜的生母死得早，后母心肠很坏。后母生的弟弟名叫象，极其傲慢，而瞽叟却很宠他。生活在这样一个家庭里的

尧舜禅位图

舜，待他的父母、弟弟都很好。因此，大家认为舜是个德行好的人。

尧听了挺高兴，便把自己两个女儿娥皇、女英嫁给舜。为了考察舜，又替舜筑了粮仓，分给他很多牛羊。舜的后母和弟弟见了，非常妒忌，便和瞽叟一起用计想暗害舜。

有一次，瞽叟叫舜修补粮仓的仓顶。当舜沿梯子爬上仓顶时，瞽叟就在下面放了一把火，想把舜烧死。舜在仓顶上一见起火，想找梯子下来，却发现梯子已经被人拿走了。

幸好舜随身带着两顶遮太阳用的笠帽。他双手拿着笠帽，像鸟一样张开翅膀跳下来。笠帽随风飘荡，舜安然无恙地落在地上。

瞽叟和象不甘心失败，他们又叫舜去淘井。舜跳下井去后，瞽叟和象就在上面向井里扔石头，想把舜埋在井里面。但是舜下井后，在井边挖出一个通道，从通道中钻了出来，又安全地回家了。

从此以后，瞽叟和象不敢再暗害舜了。舜还是像过去一样和和气气对待他的父母和弟弟。

尧听了大家的介绍后，又对舜进行了一番考察，认为舜确是个众望所归的人，就把首领的位子让给了舜。这种让位方式，历史上称为"禅让"。

舜担任首领后，又俭朴，又勤劳，跟老百姓一起参加劳动，大家都信任他。过了几年，尧死了，舜想把部落联盟首领的位子让给尧的儿子丹朱来担任，但是遭到众人的一致反对。舜才正式成为了部落联盟的首领。

大禹治水

在尧担任首领期间，黄河流域经常发生水灾，良田沃土、房屋牲畜都被淹没。这时居住在崇地的一个名叫鲧的部落首领，奉了尧的命令去治理洪水。鲧用了将近九年的时间治理洪水，不仅没有制服洪水，反而使洪水闹得更大、更凶了。鲧只知道筑造堤坝挡住洪水，却不知道疏通河道，后来，堤坝被洪水冲垮了，灾情便越来越严重。

舜接替尧担任部落联盟首领后，发现鲧的工作失职，便杀了鲧，并让鲧的儿子大禹去治理洪水。

大禹吸取了他父亲的经验教训，采取了疏导的办法，带领百姓开渠排水，疏通江河，兴修水利，灌溉农田。

传说在大禹治水的十三年当中，一直想着老百姓仍在遭受洪水的祸害，庄稼被淹，房子被毁，甚至曾经三次经过家门都顾不上进去探望家人。经过多年的努力，大禹终于治理好了水患，把洪水引到大海里去，为社会的安定、繁荣、发展起到了积极的推动作用。

舜年老以后，也像尧一样，开始物色部落联盟首领。大禹因为治水有功，就被舜选定为自己的继承人。因此，在舜死后，大禹便继任了部落联盟的首领。在他的治理下，部落和平，九州安定。后来，大禹命人铸造了象征九州和平的九鼎。这时，随着生产力的发展，社会产品出现了剩余，那些氏族、部落的首领们利用自己的权力，将剩余产品据为己有，以公有制形式存在的氏族公社开始瓦解。

公元前2070年，禹建立了中国历史上第一个奴隶制国家——夏。禹死后，他的儿子启登上王位，"公天下"变为"家天下"，王位世袭制代替了禅让制。

·地理学著作《禹贡》·

《禹贡》托名大禹，作于战国时代，作者不详。它是中国历史上出现较早、影响很大的一部自然地理考察著作和原始的经济地理著作。

书中假托大禹治水经过，把中国东部按自然条件中的河流、山川和大海等分界，划分为九州，同时分别叙述每州的山脉、河流、薮泽、土壤、物产、交通、田赋、民族等情况。书中还有"导山"和"导水"两部分，对于山系和水系的描述明了、准确，对当时以黄河为中心的水系网络记述得井井有条，是宝贵的历史资料。

涂山之会

因为大禹治水有功，得到了人民的拥护，受封于夏地，所以他的部落称为夏。舜晚年的时候，召集各部落的首领，让他们推荐部落联盟首领的继承人，大家一致推荐禹，所以舜就告祭于天，立禹为自己的继承人。后来舜去南方巡游，到苍梧山下（今湖南宁远南部）时不幸病死，葬于附近的九嶷山。

大禹在阳城（今河南登封）即位，成为部落联盟的首领，定都阳城，后又迁到安邑（今山西夏县西北）。

当时南方有三苗部落，他们不断向北发展，成为华夏族的严重威胁。尧和舜都曾经率领军队与三苗作战。尧在丹水（今陕西、河南、湖北境内的丹江）打败三苗，迫使三苗求和。舜为伐三苗，一面积极发展生产，一面巩固部落联盟内部团结，训练士卒。经过三年准备，舜亲征三苗，一直打到今洞庭湖一带，大败三苗。但三苗的实力还很强大，时时想复仇。

到了禹时，三苗地区发生大地震，禹决定乘机进攻三苗。出征前，禹隆重地祭祀了上天和祖先，祈求保佑。他在誓师动员时说："三苗不敬鬼神，滥用刑罚，违背天意作乱，上天现在号令我们要对它进行讨伐。"战斗十分激烈，不分胜负。突然，战场上雷电交加，三苗领袖被乱箭射死，三苗军大乱，溃不成军，禹趁机率军反攻，三苗军大败。从此，三苗部落衰落下去，开始向禹进贡，表示臣服。禹按照舜的政策，改变三苗部落的风俗习惯，三苗逐渐与华夏族融为一体。

征服三苗之后，禹又率兵征伐曹、魏、屈、鳌、有扈等不服从号令的部落，也取得了胜利，并使他们与华夏族融合。

当时西北有个以共工为首的部落，共工人面蛇身，吞食五谷禽兽，为害一方。共工死后，他的大臣相繇继续作恶。相繇是九首蛇身怪物，他呕吐的秽物会变成臭气熏天的沼泽地，人民、野兽都不敢在附近居住。大禹率军征讨相繇，为民除害。相繇被杀后，他的血流成了湖泊，腥臭无比。他的污血流经过的地方，寸草不生。禹多次挖土填埋，

大禹陵，在今浙江会稽山麓。

19

但湖泊犹如无底深潭，始终无法填平。天神见到这种情况，施法力镇住邪气，使湖泊变得清澈，不毛之地变得草木茂盛。从此，天下平定。

禹非常关心人民的疾苦。每当看到穷人衣不遮体，食不果腹，被迫卖儿卖女时，禹总是拿出衣服粮食救济他们；见罪人在野外服刑，禹总是哭着问他们犯罪的原因。禹常常反省自己行政的得失，并以尧、舜为楷模。

为了请贤人来帮助自己治理天下，禹四处寻访，先后到过东边鸟谷青丘之乡的黑齿国，南边交趾，九阳山的羽人裸民之国，西边到过三危国和一臂国，北边到过人正国、犬戎国、夸父国、禺强国。

后来禹为了加强自己的权威，经常巡游天下，大会诸侯。涂山大会就是禹以天子身份号令四方的一次重要会议。禹到达涂山（又名当涂山，今安徽蚌埠附近）后，命令华夏、四夷各部落的首领在指定时间内到涂山集会。部落首领们纷纷赶来，络绎不绝，他们都手执玉帛前去朝见禹。

为了表示自己受命于天，禹举行了隆重的祭天祀土仪式，让乐队演奏夏族的音乐，命士兵手持兵器表演舞蹈，颂扬自己的功德，向诸侯显示军威，到会的各部落首领无不表示臣服。禹将那些没有封号的部落首领封为诸侯方伯，命令他们每年必须进贡物品。为了纪念这次盛会，禹把各部落首领进贡的铜铸成九个大鼎，鼎上铸有各地的山川、道路、鸟兽、草木的图案，象征他统治下的九州，作为镇国之宝。涂山大会是禹力图统一天下的一次尝试。东夷部落首领防风氏由于迟到，被禹杀死（一说是在会稽大会上所杀）。在涂山之会上，禹展现了高超的政治才能，使各个诸侯心悦诚服，增强了他们对夏的向心力。

禹在位 45 年，死后葬于会稽山。

天下为家

公天下制度被禹的儿子夏启破坏后，自然遭到一些人的反对。夏启很有心计，没有急于镇压那些反对他的人，他认为当前最需要做的是安定人心，让民众心服口服地拥护自己。于是夏启在迁都到山西安邑后，严格要求自己，以博得人们对他的信任。他的每顿饭只吃一份普通的蔬菜；睡觉只铺一床粗糙的旧褥子；除了祭神和祭祖以外，他不许演奏音乐来娱乐；他尊敬老人，爱护小孩；谁有本领，他就亲自请来加以重用；谁懂得武艺，他就让谁带兵打仗。

一年后，他的声誉就大大提高了。大家一致认为夏启理所当然地是大禹的继承人了，对于父死子继的家天下制度，人们觉得并没有什么不合理。但后来夏启还是过上了荒淫的生活，喜欢饮酒、打猎、歌舞。他的儿子们也开始了权力之争，他的小儿子武观因此被放逐到黄河西岸，并试图反叛自己的父亲。

夏启死后，他的儿子太康做了君主。太康是个不管政事，昏庸无能的人。他只有一个爱好，那就是打猎。有一次，太康带着随从到洛水南岸去打猎。他越打越起劲，一去竟然100天没回家。

这时，在黄河下游有个夷族，部落首领名叫后羿，后羿的射箭技能非常出众，他射出的箭百发百中。有一个关于后羿的神话，说古时候天空中原有10个太阳，把地面烤得像焦炭似的，致使庄稼颗粒无收。大家请后羿想法子，后羿搭弓射箭，"嗖嗖"地几下，将天空中的9个太阳射了下来，只留下一个太阳。从此，地面上气候适宜，不再闹干旱了。后羿看到太康出去打猎，觉得这是个夺取夏王权力的机会，就亲自带兵把守住洛水北岸。等到太康带着一大批猎得的野兽，兴高采烈地归来时，发现洛水北岸排满后羿的军队，拦住他的归路。无奈之下，太康只好流亡在洛水南面。当时后羿还不敢自立为王，另立太康的兄弟仲康当夏王，而他自己却操纵了国家的权力。

仲康死后，后羿赶走了仲康的儿子相，夺了夏朝的王位。他仗着射箭的本领，也作威作福起来。后羿和太康一样，整天打猎，把国家政事交给他的亲信寒浞处理。寒浞瞒着后羿，笼络人心。有一天，后羿打猎回来，寒浞暗地里派人把他杀死。

后羿一死，寒浞便夺了王位，他担心夏族再跟他争夺王位，便杀死了被后羿赶走的相。那时候，相的妻子已经怀了孕，为了保住自己和胎儿的命，相的妻子迫不得已，从墙洞里爬了出去，逃到娘家有仍氏部落，后来生下了儿子少康。

少康很小就十分聪明，有心计。后缗觉得这个孩子很有希望恢复夏王朝，在他刚刚懂事的时候，便把先辈创建夏王朝的故事讲给他听，叮嘱他长大以后一定要恢复先世的基业，重振夏王朝。

少康从小受到这种教育的熏陶，果然发愤图强，为夏朝复兴做准备，先在外祖父有仍氏的部落担任管理畜牧的官。浇（寒浞长子）知道少康长大后，便又派人来杀害他。少康逃到虞舜的后代有虞氏那里。有虞氏的首领虞

后羿射日图

思觉得少康很有出息，就任命他为部落里管理膳食的官，学习管理财物的本领。后来，虞思又把自己的女儿嫁给少康，把一块叫纶的地方交给他管理。纶这个地方有5平方千米大小，有很好的田地，并有500名士兵。这样，少康就建立起恢复夏朝的根据地和武装。

少康宣扬他的祖先夏禹的丰功伟绩，以此来号召人们支持他复兴故国。少康把那些被后羿和寒浞搞得妻离子散、家破人亡、流浪在外的夏朝旧官吏召集到纶地，叫他们跟着自己重建夏朝。他先派一个名叫艾的大将去刺探浇的实力，又派自己的儿子季予攻打浇的儿子戈豷的领地，削弱浇的力量。艾和季予都出色地完成了任务。少康对于浇的情况已经了如指掌，趁势消灭了浇的儿子戈豷，这样一来使得浇处于孤立无援的地步。

一切都准备就绪，少康便从纶地起兵，向夏朝的旧都城安邑杀去。这时候寒浞已经死去，浇虽然想抵抗，怎奈力量过弱，终于被少康消灭了，天下又回到了夏禹子孙的手里。

夏朝从太康到少康，中间大约有一百年的时间，在这段时间里，国家一直处于混战状态。长期的战乱使生产荒废，民不聊生。少康执政以后，首先要做的就是发展农业。少康深知要想得到人民的拥护，就要关心人民的生产和生活。所以，少康即位后，恢复了夏王朝稷官管理农业生产的制度。同时，他又恢复了水正的官职，重新整治黄河、管理水利工程。

除此之外，少康还分封他的小儿子去越国世代祭祀祖先大禹的陵墓。

还有一件事常常使少康感到心中不安，那就是夷族和夏朝之间的斗争仍在继续。为了杜绝这种祸患再次发生，少康决定征战夷族，以显示夏王朝的实力和威风。可惜，少康很早就过世了，征服东夷成了他的未竟之业。

后来，少康的儿子予（也叫杼）即位。他继承了少康的遗志，积极地准备征服东夷。传说为了战争的需要，杼制造了许多进攻武器，还发明了一种可以避箭的护身衣，叫做"甲"。

帝予终于战胜了夷族，夏的势力范围又扩大了。

夏朝的军制

夏王既是国家的最高统治者，也是最高军事统帅。贵族大臣平时管理民事，战时即为军队将领，领兵打仗。夏王不仅拥有强大的王族军队，而且还可以征调方国与诸侯的军队。

夏朝的军队主要由夏王的卫队和兵民合一的民军组成。

夏王的卫队是由部落长的扈从演化而来，数量不多，以贵族子弟为核心，并吸收夏王近侍的奴隶来扩充和加强。

兵民合一的民军，主要由自由民（国人）构成。"兵出于农，计田赋以出兵车"，平时生产劳动，战时集合成军，以临时征集的方式组成军队，而奴隶则随军服杂役。

夏朝的军队，主要以步兵为主，另外还有车兵，但数量极少，是夏王卫队的一部分。军队的最大编制单位为师。

此外，夏军还有自己的黑色的军旗和日月状的徽章。

商汤灭夏

约公元前 1653 年，夏桀即位。桀是个暴君，骄奢淫逸，暴戾无道。百姓都痛恨夏桀，希望能推翻他的统治。约公元前 1600 年，汤的军队攻占了夏都阳城（今河南登封告成镇），夏王朝灭亡，汤建立了商王朝。相传商的始祖名契，他的母亲简狄在河中洗澡时吞食了玄鸟（燕子）的卵，怀孕后生下了契，所以契又被称为玄王。商族曾以鸟作为氏族的图腾，经过长期的发展，商族力量逐渐壮大起来，至汤时，迁居于亳（今河南商丘市东南），此地是夏和先商交界地区。从亳到夏的都城阳城，是一片平原沃野，没有什么山河阻挡，汤便于此组织军队向阳城进军。汤迁居亳是进行灭夏的准备。

商汤尽力扩大自己的影响，争取各方国和部落的拥护和支持。当汤看到夏桀的统治基础已动摇，灭夏时机已经成熟时，便召集诸侯开会准备征伐夏王朝。

经过一番准备之后，商汤于公元前 1600 年征伐夏桀。汤攻夏的进军路线是从亳起兵先伐葛（今河南商丘北）、韦（今河南滑县东南）、顾（今山东范县东南），再伐昆吾（今河南濮阳），最后直捣夏都阳城。夏桀面对汤的进攻，毫无防备，不战而逃，后逃至南巢（今安徽南巢县）被囚而死。汤安抚夏朝臣民后举行祭天仪式，宣告夏王朝灭亡。其后，他在三千诸侯的拥戴下登上天子之位，宣告商王朝的

商汤像

23

目雷纹刀　商

成立。经过 20 年征伐战争，汤统一了黄河中下游地区，影响达于上游，统治区域空前辽阔，扩至"四海"东到黄海，北达渤海，西至青海湖，南抵洞庭湖。

商朝建立后，中原地区屡有江水为灾，国都一再迁移。从汤至阳甲时，迁都五次。约公元前 1300 年，商王盘庚把都城迁到殷（今河南安阳），此后商朝的统治稳定下来。因此后代又把商朝称为殷。商朝的建立，使生产力得到巨大发展，并且使古代文明的进步获得转机，它使中国成为与埃及、巴比伦并称的上古文明国家的代表。

贤臣伊尹

伊尹，出生于伊水流域（今河南洛阳附近），在他年龄很小的时候，就被卖到了有莘国（今开封陈留一带）做奴隶。

有一回，商汤的左相仲虺去给夏桀送贡品，途中在有莘国停留了几天。无意中，他发现送饭菜的奴隶伊尹才智出众，交谈之下，发现伊尹果然是个贤人。

回国后，仲虺就向商汤举荐了伊尹。求贤若渴的商汤，立即派了一名使臣带着聘礼，到有莘国去请伊尹。使臣到了有莘国后，明察暗访，费了很大劲儿，才在野外的一间小茅草屋里找到了伊尹。使臣上下打量了一番这个又黑又矮、蓬头垢面的伊尹，实在看不出这个人有什么出众之处，不由得显出一副傲慢无礼的神情来，他对伊尹说道："你就是伊尹吧，你的运气来了，我们商王想见你，赶快收拾东西跟我走吧！"伊尹被使臣傲慢无礼的言行激怒了，立即以一种凛然不可侵犯的态度，从容地回答说："我伊尹虽然贫寒，但我有田种，有饭吃，过得像尧舜一样痛快，为什么要去见你们商王呢？"商国的使臣讨了个没趣儿，只好垂头丧气地回商国了。

有莘国的国君听说商汤派使臣来请伊尹，他怕伊尹被商国请回去对自己不利，就找了个借口把伊尹抓了起来。后来仲虺亲自来请时，伊尹已失去了人身自由。

仲虺回商国后，把伊尹面临的处境向商汤汇报了一遍，商汤十分失望。后来，仲虺想出了一个主意，便对商汤建议向有莘国求婚，让伊尹作为陪嫁奴隶，和有莘国的女儿一起到商国来。这样，不仅可以请来伊尹，而且可以使有莘国免除疑虑。商汤表示赞同，马上派人到有莘国去求婚。

使臣到了有莘国，向有莘国求婚，有莘国的国君答应了商汤的要求，于是伊尹作为陪嫁奴隶来到了商国。

伊尹来到了商国后，经过交谈，商汤感到伊尹果然是个了不起的人才，于是就任命伊尹为商国右相，和仲虺共同策划处理各种国事。就这样，伊尹由一个奴隶一跃成为商国的宰相。

在伊尹的辅助下，商国的势力更加强大，最后终于灭掉了摇摇欲坠的夏王朝，建立了商朝。

商汤死后，伊尹成为商国的重要辅臣。商汤原来有三个儿子，大儿子太丁死得早，于是汤死后，伊尹扶持商汤二儿子外丙继位作了商王，但是外丙不久也死

伊尹像

了，于是伊尹又立他的弟弟中壬为王。过了不久，中壬又死了，伊尹只好立商汤的长孙太甲为王。

太甲从小生长在帝王之家，过着无忧无虑的生活，因此他即位后，政务民事从不过问，整天只知寻欢作乐。

伊尹一再教导太甲要勤政爱民，不能耽于游乐，但太甲根本听不进去。伊尹看到太甲执迷不悟，心想：太甲这样放纵下去说不定将来会成为夏桀一样的人。由于劝诫毫无结果，伊尹就和其他大臣商议后，把太甲软禁在汤墓附近的相宫（今河南偃师县西南），让他静心思过。

三年的时间过去了，看到太甲稚气脱尽，行为简朴，与三年前相比判若两人，伊尹非常高兴，便亲自携带商王的冠冕衣服到相宫，迎接太甲返回亳都再登王位，把国政交还太甲。

国家常备军

在商朝，商王既是国家的最高统治者，又是军队的最高统帅。商王直接决定军事行动，亲自或指派将领征集士卒、率军出征。军队的高级将领由王室或贵族担任，奴隶主贵族子弟是军队的骨干。

族邑之长平时管理众人（平民）和奴隶，进行生产活动。战时族邑之长担任各级地方的武装首领，接受商

龙纹戈　商

25

王的调遣，率领由众人组成的军队出征作战。这种兵民合一、亦民亦兵的民军是商朝军队的主体。奴隶没有服兵役的义务。

另外，还有王室贵族的族军。商朝末年，随着内部阶级斗争的加剧和对外战争的频繁，这些族军已经有了固定的军事编制，士卒有了固定的军籍和等级隶属关系。一些军队有了固定的军职、军营和常驻地。虽然大部分士卒没有脱离生产，但以贵族为主，在军中长时间服役的现象表明，商朝出现了国家常备军的萌芽。

盘庚迁都

商汤建立商朝时，将国都定在亳（今河南商丘）。后来300年当中，前后5次搬迁都城。其原因是多方面的，有王族内部经常争夺王位，发生内乱的缘故；还有黄河下游常常闹水灾的缘故。有一次洪水泛滥，把都城全淹了，商朝就不得不迁都。

从商汤开始，王位传到盘庚时，已传了20个王。盘庚是个很有才干的君主，为了改变当时社会不安定的局面，他决心再一次迁都。

可是，迁都的想法遭到大多数贵族的反对，他们贪图安逸，都不愿意搬迁。还有一些有势力的贵族煽动平民起来反对，一时间闹得满城风雨。

在强大的反对势力面前，盘庚丝毫没有动摇迁都的决心。他把反对迁都的贵族找来，耐心地劝说他们："迁都是为了我们国家的安定。你们要理解我的苦心，不要产生无谓的惊慌。我的主意已定，不容有所更改。"

殷墟殷代车马坑

盘庚坚持迁都的主张终于挫败了反对势力，他带着平民和奴隶，渡过黄河，搬迁到殷（今河南安阳小屯村）。在那里整顿商朝的政治，使衰落的商朝重新兴旺起来，以后200多年，一直没有迁都。所以商朝又称作殷商。

从那以后，又经过

3000多年的漫长岁月，商朝的国都就变为废墟。到了近代，人们在殷地旧址上发掘出大量古代的遗物，因为那里曾经是商朝国都的遗址，就把那里命名为"殷墟"。

从殷墟发掘出来的遗物中，有龟甲（就是龟壳）和兽骨十多万片，上面都刻着很难辨认的文字。经过考古学家的研究，才把这些文字弄明白。当时，商朝的统治阶级很迷信鬼神。他们在祭祀、打猎、出征时，都要用龟甲和兽骨来占卜吉凶。占卜之后，就把当时发生的情况和占卜的结果用文字刻在龟甲、兽骨上。现在，我们把这种刻在龟甲、兽骨上的文字叫做"甲骨文"。我们今天使用的汉字就是从甲骨文演变过来的。

在殷墟上发掘出的遗物中，还发现了大量的种类繁多的青铜器皿、兵器，工艺制作都很精巧。有一个叫做"后母戊"的大方鼎，重量为875公斤，高130多厘米，上面还刻着精美的纹饰。从这件青铜器上可以看出，在殷商时期，冶铜的技术和艺术水平都是很高超的。

武丁盛世

武丁是商王小乙之子，商朝的第23位国王（约公元前1250～前1192年在位），是上古的一位名王，在位达59年之久。他在位时期，任用贤臣良将，在国内推行有利于经济发展和社会安定的措施，对外讨伐那些不听号令或侵犯商朝利益的部落，把商朝推向鼎盛，史称"武丁中兴"。

相传武丁少年时，父亲不让他留在王宫中，而是让他隐瞒身份去民间游历。武丁来到民间后，与平民一起生活、劳动，了解了人民的疾苦和劳作的艰辛，广泛地接触了社会生活。他还拜有名的贤人甘盘为师，学习治理国家的本领。一次，在一个建筑工地上，武丁遇见了一个叫傅说的奴隶，他们两个人一边筑墙一边交谈。虽然傅说其貌不扬，但他知识丰富，说话幽默风趣，对国家大事有很精辟的见解，对王室进行直言不讳的抨击，武丁越听越佩服，心想："我即位后一定任命他为宰相，好好治理国家。"后来，傅说知道了武丁的真实身份，怕别人说他巴结权贵，就躲了起来，不愿再见武丁。

三联铜甗　商妇好墓出土

武丁四处寻找，但都没有找到。

后来武丁即位，三年内没有说一句话。每天上朝，只听大臣们的议论，从来不发表意见，大臣们一个个既纳闷又害怕。一天上朝时，武丁竟然睡着了，还发出轻微的鼾声。大臣们生怕吵醒了大王的美梦，都不再说话了，大殿上顿时鸦雀无声。过了一会儿，武丁长长地伸了个懒腰，揉了揉眼睛对大臣们说："刚才先王汤托梦给我，告诉我天帝派了一个圣人来辅佐本王。这个人有点驼背，身穿粗麻布衣，胳膊上拴着绳索，好像是个囚犯。"随后，武丁让画师按他的描述把圣人的像画了下来，命群臣四处寻访梦中的圣人。结果大臣们在虞、虢交界一个叫傅岩的地方找到了一个和画像很像的奴隶，便将他带到朝中。武丁一看之下大喜，这个人果然是傅说。便对众人说："他就是天帝派来辅佐我的梦中的圣人。"并马上任命傅说为宰相。原来武丁三年不说话，其实是在用心观察，看看哪位大臣是忠臣，哪位大臣是奸臣，以便摆脱奸臣的左右，选拔有用的人才。

傅说当上宰相后，开始整饬朝政。傅说首先劝说武丁节约，祭祀时减少供品，为群臣和百姓做好榜样。后来，武丁又任用贤臣祖己和老师甘盘。在这些贤人的辅佐下，武丁励精图治，商朝逐渐强大起来。

在武丁即位以前，商朝曾经多次发生王位之争，史称"九世之乱"，结果导致国力大衰，原先归附商朝的较大的部落和方国，纷纷摆脱商朝的统治，甚至出兵攻打商朝，掠夺商朝的庄稼、牲畜和人口。尤其是西北地区以羌族为主体的西戎，对商朝的西部边境构成了严重威胁。而那些小的部落和方国时而归顺，时而反叛，经常以种种借口拒绝向商进贡物品，甚至起兵反抗。

为了恢复商朝昔日的荣光，武丁开始四处征伐。

武丁首先将矛头对准了商朝周边的小部落和方国。武丁身先士卒，驾驶战车，率领车兵和步兵，一举征服了40多个部落方国，使商朝的统治基础得以稳固。

随后，武丁开始征讨商朝最大的敌人——以羌族为主体的西戎部落。武丁和他的妻子妇好率领全国的精锐军队，在西北征战多年，终于打败了西戎部落。有的部落被消灭，商人在他们的土地上建立城邑；有的部落战败投降，沦为奴隶；有的战败逃往更西更北的偏远地区。

随后，武丁又进攻南方的荆楚。南方江河纵横，湖泊众多，山势险要，道路难行。武丁不畏艰险，率军逢山开路，遇水搭桥，深入敌境，取得重大胜利，征服了很多部落方国。

据甲骨文记载，在一次战役中，武丁令妇好和另一位大将配合，先在西边埋伏好，武丁从东边进攻敌人，把敌人赶进妇好的包围圈，然后围而歼之。这是我国军事史上最早的关于事先埋伏、围歼敌人的文字记录。

武丁经过多年的征战，大大拓展了商朝的疆域和势力范围，促进了中原地区和周边各少数民族的交流，使商朝成为北到大漠，南逾江淮，西起甘肃，东至大海，包含众多部族的泱泱大国。

车战兴起

车战最早起源于夏代，约在夏末商初，已有小规模的车战。在商代晚期的甲骨文中，出现了最早的"车"字，至西周时期，车战就基本上取代了步战，成为主要的、占支配地位的作战方式，从而实现了中国古代战争样式的第一次巨变。据考古推测，商代可能拥有 300 辆战车。商代和西周时期军事角逐的中心区域是黄河中下游的关中和中原地区，战场都是广阔的平原。《诗经》中有关西周的篇章，凡写到命将出征，都要提备车备马，反映了车战的兴盛和威力。战车用木制作，一些部位装有青铜饰件或加固件。其形制包括独辕、两轮、长毂、车厢。辕前端横置车衡，衡上缚两

商代战车（模型）
先秦时期，战车一般为独辕两轮，初为两马牵拉，后来演进为一车四马。

轭以供驾马。战车大多数驾 2 马，称为"骈"，也有驾 3 马的，称为"骖"，只有少数驾 4 马。车上载 3 名甲士，其中右方甲士执长兵器（戈、矛等），是主要格斗者，并负责为战车排除障碍，称"车右"、"戎右"或"参乘"；居中的是控马驭车的御者，只随身佩带刀剑等短兵器。商代车阵已出现右、左的配置。商代晚期军队建制中右师、中师、左师概念的出现，反映了当时已经具有中军和两翼相配合的意识。

青铜器

古代以铜、锡、铅合金铸造成的器具。在我国仰韶文化早期及马家窑文化时期就已出现，到商代，品种、数量及其工艺水平都达到很高程度。据粗略统计，历年出土的商代青铜容器达数千件之多，兵器、车马器和工具等更以万计。商周

后母戊铜鼎　商

青铜器品种主要有礼器、兵器、工具和生活用具等，这些青铜器大致可分为两类：一类以造型生动奇特、刻镂精美见长，如湖南宁乡出土的四羊方尊，堪称代表作；一类以雄浑厚重、形体恢宏而取胜，如后母戊鼎。数量众多且工艺高超的青铜器，表明商周青铜冶炼和铸造技术高度发达，生产规模巨大。铸造青铜器时，需要很多工序，如制模、翻范、熔铸等，并需大量人力密切配合。目前发现的商代熔铜坩埚，一次约能熔铜12.7千克，而后母戊鼎重达875千克，铸造这样一件大鼎，就需70多个坩埚。若一个坩埚配备3至4人，就需要二三百人同时操作。此外，还要分别铸好各个部件，再行合铸。商代青铜作坊规模相当大，殷墟发现的青铜作坊遗址，面积达1万平方米。西周青铜铸造技术在商代基础上又有发展。到春秋、战国时期，青铜铸造业的地位逐渐为新兴的冶铁业取代。

天文历法

相传中国最早的历法是出于夏代的《夏小正》，是通过观察授时的方法进行编制的自然历。到商代，大规模的祭祀周期，加之农业生产的进步和社会生活的更高需求，使得商代历法在夏代的基础上进一步发展。商代历法为阴阳历，阳历以地球绕太阳一周，即365又1/4日为一回归年，又称"四分历"。阴历以月亮绕地球一周，即29或30日为一朔望月。商代用干支记日，数字记月；月有大小之分，大月30日，小月29日。12个朔望月为一个民用历年，它与回归年有差数，所以阴阳历在若干年内置闰，闰月置于年终，称为十三月。季节与月份有大体固定的关系。商代天文学中许多天象在卜辞中均有记载，如"日月有食"、"月有食"，卜辞还记载了观察到的"大星"、"鸟星"、"大火"等，不仅有恒星，还有行星，后世的二十八宿中的一些星座名亦见于卜辞，卜辞中"有新大星并火"，即是说接近火星有一颗新的大星。当时已有立表测影以定季节、方向、时刻的方法，卜辞的"至日"、"立中"等，就是这方面的记载。商人对气候的变化特别予以重视。卜辞记有许多自然现象，"启"、"易日"为天晴，"曀"为阴天及浓云密布，"晕"为出现日晕。记录自然界变化的有风、云、雨、雪、雷、虹、霜、雹，风有大风、小风、骤风。商人不止对一日之内，而且对一旬、数旬及至数月的气象变化进行了连续的记录。

商代宗教

商代的宗教观念可以从殷墟出土的几十万片甲骨卜辞中得到反映。可见商人十分崇信天帝和祖先，形成了天帝为最高神，与宗法血缘制度紧密结合的国家性宗教。从商问卜的对象及卜辞中可以看出，商人相信有日、月、风、雨、雷等天空诸神和土、地、山、川等地下诸神。天帝有巨大的威力，支配自然界，主宰人类祸福，决定战争的胜负和政权的兴衰。每逢战争，统治者便令巫师占问天帝。商人对鬼神的崇信还表现在他们的祭祀活动中。对于同属天空神的风、雨、云、雷诸神，多用火祭。祭山川等地上神祇则采用沉埋法，如祭河就把牛羊、玉璧以及奴隶沉入河中。卜辞中祭地又写作祭土，这与农业社会土地的重要性有关。卜辞中却没有明显祭祀天帝的记录。既然天帝是主宰，为什么会没有直接的祭祀活动呢？原来，在商代宗教，人的灵魂是不死的，也没有轮回转世之说，鬼魂永恒地留存于天地之间。商人祭祖不仅隆重，而且极虔诚、频繁。据卜辞记载，商人祖先都是以忌日天干为庙号的，祭日与忌日相应。为了表示对祖灵的敬畏，商人花费了大量的牺牲品，家畜有牛、马、羊、豕、鸡等，数量多时可达上百。商人甚至还用人作牺牲品来祭祀祖先或殉葬。在河南安阳西北冈商王大墓区发现了191座祭坑，其中所埋无头尸体、全躯人骨、人头、祭器等物，证明是商王室祭祀祖先的公共祭场，被杀者除了少数亲属、随从，多是奴隶和战俘。商王奉于祖庙的神主称为"示"，"大示"是直系先王，"小示"是帝系先王。祭祀"大示"用牛牲，祭祀"小示"用羊牲。

商代学校

商代的学校分为序、庠、学、瞽宗等，商代的序和夏代的序没有多少区别，都具有习射等职能，是讲武习礼的场所。学有"左学"、"右学"之分。甲骨文表明了商代学校已有读、写、算教学，出现了作为教材的典册。《尚书·多士》中有"唯殷先人，有典有册"的句子，说明商代学校具有读书写字的教学条件。由于几乎事事占卜，同宗教有密切关系的数术成为商代教育的重要内容。教育具有官师合一的特点，即执掌国家宗法祭典大礼的职官往往是在学校教授礼乐知识的教师，这种身兼两职的职官和教师统称为"父师"。商代奴隶主贵族为了培养自己的子弟，巩固奴隶制国家的统治，建立了序、庠、学、瞽宗等学校，教师由国家职官兼任，教学内容以宗教和军事为主，此外，还有伦理和一般文化知识。"六艺"教育初露端倪，为后世的教育开辟了道路。

甲骨文

大殿中灯火通明，商王武丁和大臣们都紧张地看着卜官（负责占卜的官员）用小刀在一片龟腹甲的背面上钻洞。当快钻透时，卜官放下小刀，起身来到卜坛。卜坛上早已燃起了熊熊烈火，卜官把龟甲放到火里烘灼，口中念念有词："上天保佑我大商，降罪于西戎。我大商必能取胜……"过了一会儿，龟甲发出了轻微的噼啪声，卜官把龟甲取了出来。这时龟甲的正面出现了几道裂纹。卜官仔细观察纹路的走向。突然，卜官高声对武丁说："恭喜大王，卜兆大吉。"武丁大喜，说道："太好了，上天保佑我们大商，这次征伐西戎，我军必胜！"随后，卜官用小刀把商王武丁和自己的名字、占卜的时间、内容刻在龟甲上，保管起来。商王武丁率领大军远征西戎，打败了商朝的劲敌，商朝进入了鼎盛时期。

后来商纣王昏庸无道，周武王率领诸侯讨伐暴君，在牧野之战中大败商军，商纣王自焚而死，商朝灭亡，商朝的国都殷（今河南安阳）也逐渐变为废墟。

清朝末年的一个夏天，天干地燥。河南安阳洹河南岸小屯村里，有一个叫李成的剃头匠，身上生了许多疥疮，又疼又痒，如果用手抓，更是难受。李成没钱医治，愁眉苦脸的不知该怎么办好。他看到人们在耕地时刨出了很多白片片，农民不知道这是什么东西，就随手扔掉了。李成捡起来了用力一捏，这些白片片竟然被捏成了粉末，他把这些粉末撒到自己身上生疮的地方，想用它来止止痒。这些粉末一撒到疮上，很快就起了作用，竟然不痒了。他身上的疥疮很快好了。李成非常高兴，他跑到田间地头把乡亲们扔掉的白片片收集起来，卖给城里的中药铺。他告

大型涂朱红牛骨刻辞　商
商朝的甲骨文是占卜时刻在龟甲或者兽骨上的象形文字，也称卜辞。河南安阳殷墟有大量出土。

·甲骨文研究·

甲骨文是商代后期王室用于占卜记事而刻在龟甲和兽骨上的文字，又叫甲骨卜辞。它是一种比较成熟的文字，以象形、假借、形声为主要造字方法，已经具备后代汉字结构的基本形式，今天的汉字仍然是以象形字为基础的形符文字。甲骨文所记载的内容涉及商代社会的各个领域，包括国家和阶级的构成，帝王及大臣的名字，战争、祭祀和狩猎的事迹，农业生产的情况，以及各种大事发生的时间和地点。它还记录了我国最古老的日月食和各种气候现象。从19世纪到目前为止，已经发现了16万片以上有字的甲骨，分别藏于中国、日本、美国、英国、加拿大等国。甲骨文是研究商代历史的重要史料，对于它的研究已经形成了专门的学问。

诉中药铺的掌柜，这东西是药材，能治疗疥疮。药铺掌柜开始并不相信，后来，他查了查《本草纲目》，才知道这就是中药里的龙骨（上古爬虫类动物的化石）。

不久，乡亲们都知道这种白片片是药材，能卖钱，纷纷去地里挖掘，然后送到城里的中药铺。龙骨这种药材用量也不大，很快中药铺就不想收了，就挑毛病说："凡有刻画的龙骨一律不收。"李成等人就用刀子刮掉龙骨上的刻画，再卖给药店。时间长了，药店真的一块也不收了。后来，李成在庙会上摆了个摊，专卖刀枪跌打药，一边卖，一边吆喝："刀枪跌打药！龙骨神药，生肌止痒，一包就好！"原来他把龙骨捣成了细粉，包成小包。

河南安阳在宋代的时候就开始出土青铜器，各地古董商经常来这里收购古董，再把这些东西带到北京等大城市，高价卖给那些名门世家、文人墨客。一天，一位名叫范维卿的古董商来到安阳收购古董，无意中收购了几片龙骨，带到了北京。

1899 年秋，北京一位叫王懿荣的官员得了疟疾病，吃了很多药，都不见效。一位老中医给他开了个药方，上面有一味叫龙骨的药。王懿荣觉得奇怪，怎么还有叫龙骨的药呢？不久他的朋友范维卿来探望他，送给了他几片龙骨。王懿荣发现这些龙骨上的刻画和字很像，难道这是古人的字吗？王懿荣陷入了冥思苦想之中。突然，王懿荣发现一片龙骨上的刻画很像"雨"字，再看看其他的刻画，有的像"日"，有的像"月"，有的像"山"。王懿荣欣喜若狂，冲出屋子对家人高喊："我发现古人的字了！我发现古人的字了！"他让家人立即把全京城中药铺的龙骨全部买来。王懿荣查阅了大量的史料典籍，在《周礼·春官》、《史记·龟策列传》中找到了上古之人占卜的资料，而这些龙骨就是占卜用的龟板！这些在地下沉睡了3000多年的中国最古的文字终于被发现了。因为这些文字都刻在龟甲或兽骨（主要是牛肩胛骨）上，所以后世的学者们把它称为"甲骨文"。

商代的统治者迷信鬼神，做什么事都要占卜，向鬼神询问吉凶，并将占卜的内容、日期和结果等刻在上面，所以甲骨文字又叫卜辞。甲骨文的内容涉及政治、经济、军事、气候、风俗等许多方面，为研究远古时期的中华文明提供了丰富的历史资料。

金文

殷商时期，随着青铜器铸造技术的提高和在人们生活中的广泛使用，一种刻在青铜器上的文字产生了，称为金文或铭文。金文不仅刻在青铜礼器上，而且还刻在青铜兵器、青铜杂器甚至青铜生产工具上。但刻得最多的是青铜礼器中的钟和鼎，因而又称为钟鼎文。

商代金文的字体和甲骨文相近，字数较少，形声字比甲骨文多，结构比甲骨文简单，字体仍不固定。金文的内容主要是记载器物归谁所有和纪念的先人的称号；还有的记载了制作青铜器的原因，并附记了年月日；少数记有比较重要的历史事实，反映了晚商记事文字有了进一步发展。商代前期的铜器上的金文一般只有一两个字，多为族徽和其他图形文字，笔道刚劲，有的还出现波磔。现已发现的最长金文有 40 多个字。商人在青铜器上铸造的金文，标志着汉字的发展已从甲骨文字逐渐走向金文阶段，对研究中国汉字的发展历史和商代社会经济文化状况具有重要价值，并为周代金文的通行奠定了良好的基础。

早期货币——贝币

贝壳成为中国的早期货币，并非偶然。贝壳是古代人们所喜爱的一种装饰品，它们色泽光彩美丽、坚固耐用，很容易成为日常交换的媒介。贝壳产生于海洋，夏商两代主要活动在我国东部近海但又与海岸有一定距离的地区。贝壳的供给量多少适中，既便于普及，又能在一段时间内保持价格稳定。而且贝壳比较容易加工成可以分合之物，易于计量。在史前的仰韶文化和二里头夏代文化的遗址都发现有贝，但数量很少，主要作装饰之用；在商代，用贝作为葬品的现象已相当普遍。同时在商代金文中也出现有商王将贝赏赐给臣下的记载，这说明贝已不仅仅作为装饰品，而是具有特殊价值的物品了。将单个的贝币用索穿连成串，每 5 个贝为一系，两个系为一朋，10 贝一朋，为一个计量单位。在商代墓葬中，还出现了石贝、铜贝、玉贝、骨贝等仿制品，说明人工铸币也开始使用。到西周时期，仍然以贝币为主要货币，这一时期天然的海贝数量减少，随着铜器铸造业的发展，铜铸贝币的数量增多。贝币是中国最早的货币形式，中国货币由此衍化，发展到后世的金、银、布帛和纸币，构成了自史前时期至明清两代独具特色的独立货币体系和货币文化。

姜太公钓鱼

盘庚死后，又传了 11 个王，最后王位传给了纣。

纣本来是帝乙少子，而此时以嫡庶为中心的宗法制度已初步形成，即立嫡不立长，纣是帝乙正妻所生，得立为太子。纣天资聪敏，身体魁伟，勇力超人，能赤手与猛兽搏斗，能言善辩，恃才傲物。帝乙死后，纣即位为帝王。

纣王喜淫乐，好酒色，修建了许多苑囿台榭。纣王宠爱美女妲己，对她言听计从；高筑"鹿台"，命乐师师涓作"兆里之舞"、"靡靡之乐"等淫声怪舞；又"以酒为池，悬肉为林"，不分昼夜地饮酒作乐，不理朝政，不祭鬼神，成为一个罕见的无道昏君。

纣王荒淫无道，引起百姓怨恨、诸侯离异。为重振自己天子威风，纣王作"炮烙之法"：用青铜制成空心铜柱，中间燃烧木炭，将铜柱烧红，但凡有人敢于议论他的是非的，全部绑在铜柱上，活活烙死。

纣的凶残暴虐，加速了商朝的灭亡。这时候，在西部的周部落正在一天天兴盛起来。

周本是一个古老的部落。夏朝末年，这个部落活动在陕西、甘肃一带。后来，为了躲避戎、狄等游牧部落的侵扰，周部落的首领古公亶父率领周人迁移到岐山（今陕西岐山县东北）下的平原，并在那里定居下来。

周部落首领传至古公亶父的孙子姬昌（后来称为周文王）的时候，部落已经很强大了，这对商朝构成了很大的威胁。于是，纣王派人把周文王拿住，关在叫羑里（在今河南汤阴县一带）的地方。周部落的贵族把许多美女、骏马和珍宝，献给纣王，又给纣王的亲信大臣送了许多礼物，才把周文王赎了回来。

周文王访贤　版画

35

周文王见纣王昏庸残暴，民心失尽，就决定讨伐商朝。但是，他身边缺少一个有军事才能的人来帮助他带兵打仗。他便开始留心物色这样的人才。

有一天，周文王带着他的儿子和兵士到渭水北岸去打猎。在渭水边，一个老头儿在河岸上坐着钓鱼。大队人马过去，那个老头儿丝毫不为所动，还是安安静静钓他的鱼。文王看了很惊奇，就下了车，走到老头身边，跟他交谈起来。

经过一番谈话，知道他叫姜尚（又叫吕尚，"吕"是他祖先的封地），是一个精通兵法布阵的高人，于是，周文王恳请姜尚同他一起回宫。

因为文王的祖父曾经盼望得到一位帮助周族兴盛起来的人，而姜尚正是这样的人，所以后来人们叫他太公望；在民间传说中，又称他为姜太公。

太公望做了周文王的助手后，一面发展生产，一面训练兵马。周族的势力越来越大。没过几年，周族逐渐占领了商朝统治下的大部分地区，归附文王的部落也越来越多了。但是，正当周文王打算征伐纣王的时候，却害了一场病死去了。

牧野之战

周文王死后，他儿子姬发继承了王位，就是周武王。周武王拜太公望为师，让他的兄弟周公旦、召公奭做太公望的助手，继续整顿政治，训练兵士，准备讨伐商纣王。

这时，纣的暴政已经达到了极点。商朝的贵族王子比干和箕子、微子十分担忧，苦苦地劝说他改邪归正。纣不但不听，反而将比干杀了，还残忍地叫人剖开比干的胸膛，挖出他的心，说要看看比干的心长什么样子。迫于无奈，箕子装疯卖傻总算免于一死，被罚作奴隶，囚禁起来。微子看见商朝已经没有希望，便离开了别都朝歌。

在公元前 11 世纪，周武王得知纣已经到了众叛亲离的地步，认为时机已经成熟，请精通兵法的太公望做元帅，领五万精兵，渡过黄河东进。八百诸侯在盟津会师。周武王在盟津举行誓师大会，历数了纣昏庸无道、残害人民的罪状，鼓励大家同心讨伐纣王。

一天，在周武王进军时，有两个老人挡住了军队的去路，要见武王。原来，这两人是孤竹国（在今河北卢龙）国王的儿子，哥哥叫伯夷，弟弟叫叔齐。孤竹国王钟爱叔齐，

错金铭文铜戈　西周

想把王位传给他。伯夷得知父王的心意后，便主动离开了孤竹国，叔齐不愿接受王位，也躲了起来。他们两人在周文王在世的时候，一起投奔周国，并定居下来。他俩听到武王要去讨伐纣王，就赶来阻止，并说这是大逆不道的行为。

太公望知道这两人是一对书呆子，吩咐左右将士不要为难他们，把他们拉走就是了。后来这两个人想不开，竟躲到首阳山（在今山西永济西南）上绝食自杀了。

周武王的讨纣大军士气旺盛，一路上所向披靡，很快就打到距朝歌仅有70里的牧野（今河南淇县西南）。

纣得知后，慌忙拼凑了70万人马，由他亲自率领，跑到牧野迎战。他以为，凭他70万人马，打败5万人马还不是轻而易举的事吗？

可是，那70万商军有一大半是由奴隶和从东夷抓来的俘虏组成的。他们平日受尽纣的压迫和虐待，对纣早就恨之入骨了，谁也不想为纣卖命。在牧野战场上，当周军勇猛地冲进商军队伍的时候，他们就掉转矛头，纷纷倒戈，配合周军一起攻打商军。70万商军，一下子就土崩瓦解了。太公望指挥周军，趁势一直追击到商都朝歌。

逃回朝歌后，商纣王看到大势已去，就于当夜躲进鹿台，烧了一把火，跳到火堆里自焚了。

周武王灭了商朝后，把国都从丰搬到镐京（今陕西西安市西），建立了周王朝。

周公辅政

周武王建立周王朝后仅仅四年就生病死了。他的儿子姬诵即位，就是周成王。那时，周成王只有13岁，不能处理政务。于是由武王的弟弟周公旦辅助成王掌管国家大事，行使天子的职权。历史上，通常不直接称呼周公旦的名字，只称周公。

周公尽心尽力辅助成王，管理政事，但还是遭到他的弟弟管叔、蔡叔的猜忌，他们在外造谣说周公有野心，想篡夺王位。

这时，纣王的儿子武庚不满足于周朝封给他的殷侯地位，想重新恢复殷商的王位。武庚一听说周朝内部动荡不安，就和管叔、蔡叔串通起来，联络了一批殷商的旧贵族，还煽动东夷中几个部落，起兵叛乱。

武庚和管叔等人制造的谣言，很快传到镐京，一时谣言四起，连召公听了也怀疑起来。成王年小，更分不清事实真伪，所以对这位辅助他的叔父也不太信任了。

周公内心很痛苦，他首先向召公推心置腹地表明心意，告诉召公，他绝没有

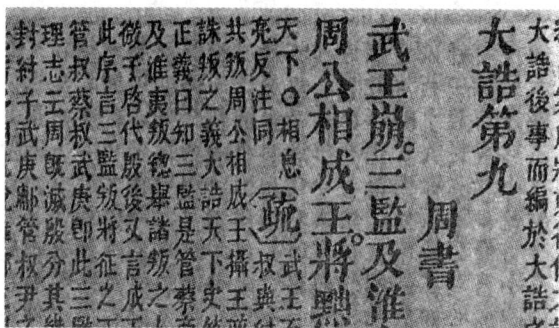

《尚书·大诰》内页
《尚书·大诰》中记载着周成王和周公的事迹。

野心，让召公顾全大局，不要听信谣言。他这番诚恳的话感动了召公，消除了大家对周公的误会。周公在调和了内部的矛盾之后，毅然调动大军，亲自东征武庚。

这时候，东方有几个部落都与武庚串通一气，蠢蠢欲动。周公授权给太公望：各国诸侯，有不服周朝的，都由太公望征讨。这样，由太公望控制东方，周公自己全力讨伐武庚。

周公花了三年时间，终于平定了武庚的叛乱，杀了武庚。周公平定了叛乱，把管叔革了职，将蔡叔充军。管叔觉得自己没有脸面去见他的哥哥和侄儿，便上吊自杀了。周公东征结束时，抓获了一大批商朝的贵族。因为他们反抗周朝，所以叫他们是"顽民"。周公觉得让这批人留在原来的地方容易滋生事端；同时，又觉得镐京远离东部的广大中原地区，控制起来很不方便，他就在东面新建一座都城，叫做洛邑（今河南洛阳市），把殷朝的"顽民"都迁到那里，派兵监视他们。

这样一来，周朝就有了两座都城。西都是镐京，又叫宗周；东部是洛邑，又叫成周。

周公辅助成王执政了七年，不仅加强了周王朝的统治地位，而且还为周朝制订了一套典章制度。到周成王满二十岁的时候，周公把政权交还给成王。

周成王死后，他的儿子康王即位，这段时间前后约五十多年，是周朝强盛和统一的时期，这就是历史上所说的"成康之治"。

雅乐

中国古代统治阶级在宗教、政治等仪式典礼中所用的音乐和乐舞，后世称为雅乐。雅乐的始创者是周武王姬发，在他兴师伐殷的过程中，军中常表演歌舞以鼓舞士气，灭殷后又作了《象》和《大武》等大型歌舞庆祝胜利。周成王在位时，周公姬旦辅政，他制定各种贵族生活中的礼仪和典礼音乐，以此来加强宗法制社会的等级制度，巩固王权。西周各种贵族礼仪应用雅乐的场合有：一是祭祀，二是宴飨，三是射礼，四是军事演习和军功庆典。可见，雅乐是为维持统治阶级内部秩序而设立的，普通百姓与之无涉。

雅乐的主要形式包括：一是六代乐舞，包括黄帝、唐尧、虞舜、夏禹、商汤、周武王留下的最高规格的乐舞，用于祭祀神明天地祖先；二是小舞，有羽舞、皇舞、干舞、人舞等名目；三是诗乐，大都载于《诗经》中的"大雅"、"小雅"、"颂"；四是宗教性乐舞。

雅乐所用乐器如编钟、编磬的制造要耗费大量人力物力，只有贵族才能配置。周王室为了推行雅乐，设置了专门机构大司乐，掌管音乐行政和贵族子弟的音乐教育。贵族子弟受教育的内容规定为"四术"，即诗、书、礼、乐。他们必须按规定的时间和严格的程序接受教育。

雅乐的制度和体系随着周朝中央政权的瓦解而衰落。

周历

周代历法。与夏历、殷历的主要区别在于它以冬至所在建子之月（夏历十一月）为岁首。从西周铭文和典籍看，当时已把 1 个月分为初吉、既生霸、既望、既死霸 4 个等分。这实为今日通行的星期的原形，但不久即废，未流传下来。另据文献记载，周人已使用土圭之法测量日影，以确定四时变化和地理的远近。所谓土圭，就是在地面树立一根垂直的表，与表相连成直角的座子称为圭。土圭之法就是利用正午的太阳照射在表上，观察表在圭上投影的长短，以确定四时的变化。当太阳走到最北而位置最高时，日影最短，这时叫夏至；当太阳走到最南，距地平面最低时，日影最长，这时就是冬至。从日影长短的变化周期中，测定一年的长度。土圭是我国最早的测天仪表。在长期观测的基础上，周人创立二十八宿，以确定天体的位置和日月五星在天空中的运行。所谓二十八宿，就是在黄道带与赤道带西侧，选取二十八组恒星作为观测的标志，每一宿由若干颗恒星组成，并以地上的事物去命名。二十八宿是古人测天的基础，通过观察太阳在二十八宿中位置的变化可以推定一年季节的变化，还可制定更精确的历法。

穆王西巡

周穆王元年（约公元前976年），周昭王之子周穆王即位，在位55年。周穆王好大喜功，企图向四方发展。穆王十二年（约公元前965年）西征戎，获其五王，并把戎人迁到太原（今甘肃镇原一带）。约公元前961年，乘着征讨的胜利，穆王向西巡行，一直到达了青海东部一带。艰苦的千里往返并没有打消穆王对西方乐土的向往。据说周穆王有个善于驾车的车夫，名叫造父，其先人以擅长养马驾车而著称。造父受宠于周穆王，精心挑选八匹毛色相配、力量相当的骏马，加以调驯，名为"骅骝"、"绿耳"等，献给周穆王。穆王乘坐八骏所驾之车，造父为驭，西行至西王母之邦，乐而忘返。穆王西征的故事，如战国竹简《穆天子传》所载，反映了当时穆王意欲周游天下，以及与西北各国部落往来的情形。周穆王环游西北地区的真正意图，后人有种种说法。从政治的角度看，他似乎是想向这些地区的民族展示一番周朝的力量，使他们不敢轻易反叛；或者是想转移国内的政治矛盾，以巩固自己的地位。殊不知，正是这种无谓的炫耀，才使周朝的势力进一步衰落下去。

周厉王毁国

在成王、康王之后，周朝逐渐加重了对平民和奴隶的统治与剥削，刑罚也变得严酷起来。周厉王是周王朝第十代国君，是个十分残暴的君主，他即位后，对人民的压迫更加严酷了。周国形成以后，渐渐破坏了原始部落公有制的土地制度。周朝初年，周天子又分封了70多个诸侯国，把土地山林赏赐给各级贵族，国人（指居住在"国中"的平民，多为各级贵族疏远的宗族成员）可以进山采集果实、砍柴、打猎，在江河湖泊捕鱼。人们利用这些收入来添补生活上的不足。

到了周厉王做国君，他宠信一个名叫荣夷公的大臣，荣夷公唆使他改变了原有制度，把原来公有的山林江河湖泊和贵族占有的山林土地收为国有，不准国人使用。荣夷公派兵在道路上设关立卡，盘查来往行人，不许人们上山打猎、下水

· 华夏族形成 ·

华夏族是汉族的前身。西周时才开始用夏作为中原之民的族称，春秋时改以华称之。华与夏连称则是汉代以后才出现的。夏、商、周三族都是古老的部族，三族先后兴起建立了夏、商、周三朝，后面的朝代比前一个朝代的疆域更加广大，将前朝的土地和人民都加以囊括。这三代一千多年的历史中，夏、商、周三族之间的关系既有冲突和征服，也有联合和归附，最后都促进了部族的融合。在融合的过程中，三族逐渐产生了民族认同的意识，他们在祭祀的时候，不仅上推到本族的先王和先公，还把本族的来源和黄帝族联系起来，都自认为是黄帝的后裔。西周推行的分封制，不仅封本族贵族，同时还分封了黄帝、尧、舜和夏、商之后，这也增进了各部族的团结。这样，到了西周末期，终于形成了统一的华夏族。

捕鱼，把人们采集来的果实、山珍统统没收。他们还勒索财物，虐待人民。这样一来，上至贵族、大臣，下至平民百姓，都毫无例外地蒙受了经济损失。周厉王的暴虐措施，激起国人的强烈不满。

周厉王在政治上独断专行，无论事情大小，都事必躬亲。为了防止人们的反抗，镇压人们的暴乱，周厉王施行残酷的刑法，导致国人怨声载道。

訇簋 西周

后来，大臣召公虎进宫奏报厉王，外面的百姓对朝政不满，到处都在议论国事，并劝说厉王即早改变做法，免得出乱子。周厉王不仅不听劝说，反而下了一道命令，禁止国人批评朝政。此后，还杀了一批国人，这样一来，国人都不敢大声说话，就连在街上打招呼也只能用眼光示意。

这样到了第四个年头，也就是公元前841年，人们终于忍受不了周厉王的残暴，举行了一次大规模的暴动，史称"国人暴动"。参加暴动的人有平民，也有贵族，开始仅几十人，后来迅速发展到几万人，整个镐京成了沸腾的海洋。国人拿起武器、农具，像洪水一样向王宫冲去。王宫卫士看到愤怒的人群，吓得纷纷躲避起来。周厉王顾不得体面，慌里慌张带了一批人逃命。他一直逃到彘地（今山西霍县东北）才停了下来，总算保住了一条命。

国人冲进王宫烧毁了宫殿，搜遍了各个角落也没有找到周厉王，听说他的儿子静躲在召公虎家里，于是又围住召公虎家。召公虎无法控制住人们愤怒的情绪，出于无奈，只好将自己的儿子冒充静交给人们处死，这样才平息了这场规模巨大的暴动。

周厉王被赶下台后，朝廷里没有国王，国内人民拥戴大臣周公和召公主持国政，替天行使职权，历史上称为"共和行政"。从共和元年，即公元前841年起，中国历史才有了确切的纪年。周厉王从这一年一直到共和十四年（公元前828年），一直待在彘地没敢回来，最后死在那里。

这次起义动摇了周王朝的统治。在起义者的打击下，周室王权大大削弱了，诸侯对王室的离心倾向越来越大。后来周厉王的儿子静即位，就是周宣王。此后，周王室虽然表面上仍维系着从前的制度，实际上已经外强中干，周王朝正走向分崩离析的道路，渐渐衰落。

宣王中兴

人面纹玉饰　西周
此物由青玉雕成，圆形人面像，方脸大耳，矩口獠牙，造型自然生动，别致有趣。

周宣王即位后，吸取他父亲周厉王的教训，决心效仿文王、武王、成王、康王，重用召公、周公、尹吉甫等贤臣，整顿朝政，振兴周朝。在他的励精图治和贤臣们的精心辅佐下，国家逐步恢复了往日的繁荣景象，诸侯们又纷纷来朝见周王了。

刚开始的时候，周宣王在召公和周公等大臣的辅佐下，废寝忘食、殚精竭虑地治理国家。可是时间一长，他就有些懈怠了。

周宣王的王后姜后，是一个既聪明又贤惠的女人。她看到周宣王天天早睡晚起，不想去上朝，心急如焚，心想："要是这种情况继续下去的话，不仅不能振兴周朝，还可能重蹈周厉王的覆辙，这可怎么办啊？"于是，她决定向周宣王进谏。

姜后脱下王后的衣服，摘下头上身上的金银饰品，然后穿上罪人的衣服，把自己关进监狱，命令宫女去禀告周宣王。宫女来到周宣王的寝室，告诉周宣王姜后的情况。正睡得迷迷糊糊的周宣王一听，立即从床上跳起来，急忙穿上衣服，来到监狱，看到自罚为囚犯的王后关在监狱里，周宣王急忙问怎么回事。

姜后跪下哭着说："臣妾的品德太差，致使大王迷恋上我，害得大王上朝经常迟到，给大臣、诸侯和百姓们留下了大王好色失德的印象。大王好色，必然会穷奢极欲、酒池肉林，导致社会动荡，国家灭亡。当年夏桀王迷恋妹喜，商纣王迷恋妲己，结果导致百姓怨恨、诸侯离心，落得个身死国灭的下场。如果说现在我们国家存在潜在的动乱，那么动乱的根源就是我，是我让大王沉迷女色荒废朝政。"周宣王听了，大受感动，非常羞愧，连忙把姜后扶起来，给她穿上王后的衣服，把她接回王宫。

从此以后，周宣王每天早晨准时上朝，勤于政事，不敢有丝毫倦怠。在大臣们的辅佐下，周朝逐渐恢复了过去的强盛。

周宣王非常重视黎民百姓的疾苦。有一年大旱，田里颗粒无收，周宣王亲自登上祭坛，向上天祈祷，希望上天把灾害降临在自己身上作为惩罚来拯救黎民百姓。

周朝四周的少数民族趁着周朝衰落不断侵扰。当周朝复兴后，周宣王命召公及卿士南仲、大师皇父、大司马程伯休父等率军讨伐，沿淮水东进，淮夷纷纷降服，向周朝进贡物品；派秦庄公兄弟五人和尹吉甫征伐猃狁（即西戎），大获全胜，迫使猃狁向西北退走。周宣王还命方叔率军征伐楚国，也获得了胜利。从此周朝天下太平，人民安居乐业。

在周朝的君王中，周宣王是仅次于周武王的明君，他在位期间，励精图治，使周朝复兴，史称"宣王中兴"。

烽火戏诸侯

周宣王在公元前781年死了，太子宫涅即位，这就是周幽王。周幽王又是一个昏君，只知吃喝玩乐，不理政事。

周幽王不仅残暴昏庸，而且耽迷女色。他整日派人四处寻找美女。有一个叫褒珦的大臣，劝谏幽王节制享受，幽王不仅不听，反而把褒珦判了罪。

后来，褒家人将褒姒进献给周幽王。周幽王一见褒姒貌若天仙，马上就把褒珦释放了。从此，幽王整天与褒姒在后宫饮酒作乐，将朝政抛在脑后。

然而，幽王虽然宠爱褒姒，但褒姒性格内向，不喜笑颜，任凭幽王想尽一切办法来讨她欢心，褒姒都笑不出来。

有一天，幽王忽然心血来潮，让人在宫外贴一个布告：有谁能逗王妃娘娘笑一次，就赏他一千两金子。

奸臣虢石父得知后，马上向幽王献计，用"烽火戏诸侯"的玩笑来博取褒姒一笑。烽火是古代军情危急时的报警信号，周王朝在骊山上建有二十多座烽火台，每隔几里便有一座，专门用来防备西戎的进攻。一旦西戎来犯，烽火台上的烽火会像接力棒一样点燃，一个地点一个地点传下去，附近的诸侯远远见了就会发兵来救援。

第二天，幽王兴致勃勃携爱妃

烽火戏诸侯
荒淫昏庸的周幽王为博得爱妃一笑，不惜假借烽火之名欺骗属国国君，使他们对其失去信任，最后亡国，可谓荒唐可笑又教训深刻。

褒姒上了骊山，他们白天在骊山吃喝玩乐，到了晚上，让士兵把烽火台的烽火点了起来。附近的诸侯一见黑烟滚滚的烽火狼烟，以为西戎兵打来了，立即率兵来援。赶到时，却不见西戎兵的影子，只听见山上丝竹管弦之声。这时虢石父从山上下来说，大家辛苦了，这里没有什么事，大王和王妃放烟火不过想取个乐，你们回去吧！

诸侯们从老远跑来，却被幽王耍乐一番，一个个气得肺都要炸了，掉转马头就走。褒姒在山上，借着火光看到诸侯们气愤、狼狈的样子，真的笑了一下。幽王瞧见了她这一笑，不由得心花怒放，马上赏给虢石父一千两金子。

幽王自宠幸褒姒以后，被她迷得颠三倒四。竟然废掉太子宜臼，改立褒姒生的儿子伯服为太子。

后来，西戎兵来犯，幽王下令点起烽火求援，结果各路诸侯对上次的羞辱记忆犹新，加上对幽王昏庸乱政的不满，连一个救兵也没有派。西戎兵很快攻破周都镐京，把逃到骊山脚下的幽王和伯服杀了，又把美貌的褒姒抢走了。

幽王死后，申侯、鲁侯和许文公在申国立原来的太子姬宜臼为王，这就是周平王。平王后来回到镐京，看到镐京已被西戎人破坏得面目全非，只好于公元前770年，东迁至洛邑。历史上把周朝定都镐京的时期，称为西周；迁都洛邑之后，称为东周。

分封制

西周的地方行政制度是"分土封侯"制，简称"分封制"。周天子将其子弟、亲戚、功臣等分封到全国各地建立诸侯国，并授予相应的土地和人民，在诸侯国中，同姓国是主体。对于异姓功臣封国，周室也通过缔结婚姻的方式，把它们纳入了"以蕃屏周"的轨道。诸侯对天子有隶属关系，有镇守疆土、捍卫王室、交纳贡税、朝觐述职的义务。被封的诸侯，在本国内也进行同样的对其属下的分封。国内一部分土地作为采邑分封给他的卿大夫。诸侯所封的人，基本为其同族，也有少数异姓，他们得到采邑，是为"卿大夫"。卿大夫继续分封，受封者称为"士"，有食地，士以下不再分封，直接统治、剥削庶民。这样自上而下层层分封的结果，形成一座政治宝塔，压在广大劳动人民头上。分封制打破了夏商时期众邦林立的状态，有效地加强了周王室对各诸侯国的经济、文化联系。西周的影响不断扩大，密切了同周边各少数民族的关系，推动了边远地区的经济开发和文化发展。

周礼制度的形成

西周初年，实际掌握周朝大权的摄政周公姬旦制定了完整的周礼系统，成为西周及东周数百年间统治人民的另一种手段。它决定了人们的生活方式，起着调节社会矛盾、稳定社会秩序的作用。周礼的思想基础和核心是天命观。天命观的本质是德。德是人的行为，"以德配天"是天人交合的方式，与殷商民族求天、祭天、问天的一元决定论有了区别。周公把周人取代殷商成为统治民族归因于德，文王"明德慎罚"，德行敦厚，勤劳谨慎，具备了"德"，才得到上天和小民的认可，被赐予王权。这不但是周人王统的理论论证，也是周公对周王朝统治构成的规定。"以

《周礼》书影

德配天"肯定了人的主观努力，把它作为天和上帝对人们的作用方式，从而形成了周礼中主动的伦理学。周礼之下的统治者同人民一样不能再像殷商民族那样依靠上天、列祖列宗的恩惠和启示生活，而要主动地靠有德的生活方式来取得上天的监督和赏罚。

由这种天、德二元基础出发，周礼形成了一系列伦理道德观念，它们成为周礼的精神和核心。在统治上，周公从"敬德"出发，阐发了"保民"和"慎罚"的主张，以之作为"德"。这一点不但是周统治的中心思想，经战国儒家张大后，也成为全部中国封建政权的根本规范。从"德"的各种涵义引申出"君子"，这个合德的人的概念，把"有孝有德"作为"君子"的规范，以君子为"四方之则"。"孝"与"德"并行，"孝"是传统宗族宗法观念的伦理化，"追孝"是周人用礼器追念、祭祀先人的活动的总称，以祖先为核心的宗族观念发展为"孝"的伦理范畴。

井田制

井田制是由原始氏族公社土地公有制发展演变而来的一种土地制度，它存在于西周以前的一段相当长的历史时期，但直到西周才臻于完善。这一制度因耕地划作井字形块状而得名，其特点是实际耕作者对土地无所有权，只有使用权。

在井田制下，凡遇需休耕轮种的土地，或土地质量相差悬殊，可据情调整各

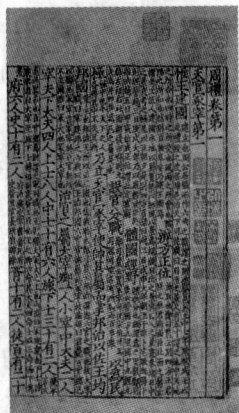

农户土地分配数额，甚至有时土地在一定范围内实行定期平均分配。成年农民，按一夫百亩的标准受田，至老死归田，对土地只有使用权，不能买卖。

井田制下劳动者的经济负担有田地税和赋。田地税不仅要缴纳地产实物，还要向领主以耕种公田的形式提供劳役地租。赋是军赋，是军队的装备连同士兵的服役合在一起的统称，它既有一部分以劳役支付，又有一部分以实物支付，因此井田制下受田的夫，也就是战争服兵役的丁壮，作战所用的器械、粮食、草料、牲畜，也由国家按井数来规定。

等级兵役制度

西周兵役征发的原则是：周天子和诸侯的虎贲（亲兵）从王族或公族中征集，属于贵族子弟兵；车兵称为"甲士"，从最低等级贵族"士"和"国人"平民（居住在"国"中的自由民）中征集；徒兵（步兵）从庶人（居住在"野"中的自由民和农业奴隶）中征集。

西周时期的军队以战车为基本单位，作战主力是"甲士"即车兵，主要由"士"和"国人"担任，每一战车又配备徒兵十人，主要从庶人即"野人"中征调。主要服军事差役。至于庶人，只有在特殊情况下才服兵役，"凡出军之法，先六乡，赋不止，次出六遂"。

西周还实行两级兵役制："正卒"和"羡卒"。"正卒"就是准备服现役的人员，"羡卒"是准备在"国有大敌"时参军的人，即预备役人员。服兵役的年龄为20岁至60岁。一般的"徒役"，一家只出一人，而当军事训练，即畋猎或追捕盗贼时，则是羡卒、正卒全部出动。春秋时期的兵役是民兵制度，"正卒"是从服兵役者的战士身份来说的。

军官中的军士（基层军事长官）是从"士"（等级最低的贵族）中选拔的。军官是从奴隶主贵族中的卿大夫等级中选拔的。

中原争霸

春秋·战国

　　春秋时期，中国社会各个领域都发生了极大的变化，周朝赖以立国的分封制逐渐瓦解，各个国家相互征伐、兼并。到了战国时期，几个强大的诸侯国相继实行变法，封建生产关系逐渐确立，其中，秦国从中脱颖而出，最终吞并六国，实现了统一大业。

春秋初霸郑庄公

周平王东迁以后，东周的统治区域日渐缩小，东到荥阳，南至汝水，西临潼关，北达沁水，只有方圆六七百里。周天子名义上是天下的共主，实际上不过是个大的诸侯国而已。

郑庄公（公元前 757～前 701 年），名叫姬寤生。他的祖父郑桓公是周厉王的小儿子，为辅佐周王室的卿士。相传郑庄公出生时，是倒着出生的，母亲姜氏非常痛苦，所以非常不喜欢他。后来他的弟弟姬段出生后，姜氏想让郑庄公的父亲郑武公废掉他，改立姬段为太子，但郑武公没有同意。郑武公死后，郑庄公即位。姜氏还不死心，向郑庄公要求把京这个地方封给姬段，郑庄公答应了。大臣们认为京是个要地，不能随便封给人，纷纷表示反对。郑庄公说："这是母亲的要求，有什么办法呢？"所以就把京封给了姬段。

姬段到了京后，横征暴敛，不断扩充军队，训练士卒，准备谋反。他还违反规定，大肆扩建京的规模。大臣们纷纷向郑庄公汇报，郑庄公只是笑了笑，说："多行不义必自毙。"姬段觉得自己准备充分了，决定起兵谋反，母亲姜氏做内应。但他们的一举一动早就被郑庄公所掌握，姬段刚起兵，郑庄公就率军进攻姬段，打他个措手不及，姬段被迫自杀。郑庄公平息了内乱，安定了郑国。

郑国地处中原的富庶地区，国力比较强盛，当时北方的晋国忙于内斗，西方秦国正在与西戎作战，东方的齐国与鲁国也连年交兵，南方的楚国刚刚兴起，势力还没有扩展到北方。郑庄公抓住机会，利用郑国的强大和身为卿士的有利条件，不断地进攻周边的小国，扩大自己的领土。

郑庄公首先交好齐、鲁两国，使宋国陷入孤立，然后假借周桓王的名义，自称得到周桓王的命令，讨伐宋国。宋国的国君宋殇公在交战中被杀，宋军大败。宋国被迫臣服于郑国，割让了大片的土地。此后郑庄公又发动了十余次对外战争，在诸侯中威望大增，许多小诸侯国都听从郑庄公的号令。

随着郑国的强大，郑庄公对周天子的态度也越来越傲慢。周桓王很生气，为了削弱郑庄公的势力，免去了他的卿士职位，让别的诸侯代替。郑庄公毫不示弱，派兵占领了周朝的一些土地，抢收周朝的庄稼，并拒绝去朝见周桓王。周桓王和郑庄公的关系恶化，矛盾日趋尖锐。

周桓王为维护王室尊严，亲率王师联合陈、蔡和卫国的军队进攻郑国。郑庄公忍无可忍，率军在繻葛（今河南长葛北）迎战。

周桓王将联军分为左、中、右三军。周左军由卿士周公指挥，配有陈军；周右军由卿士虢公指挥，配有蔡军和卫军；而周中军主力则有周桓王亲自指挥。

交战前，郑国的大夫公子元对周王联军做了一番分析。郑庄公采纳了公子元的建议。战斗打响后，郑军齐声呐喊，杀入敌阵。陈、蔡、卫三军本来就没有斗志，再看郑军犹如出山猛虎，吓得扔掉兵器，抱头鼠窜。郑军在击溃周军的左右两翼后，开始夹击周中军。周桓王势单力薄，兵微将寡，被郑军杀得人仰马翻，大败而逃。郑国大将祝聃率兵追杀，看到周桓王正乘着一辆车狂奔。祝聃立即弯弓搭箭，瞄准周王，"嗖"的射出一箭，正中周桓王左肩。周桓王惨叫一声，跑得更快了。祝聃见射中周桓王，心中大喜，正要再射，却被郑庄公拦住了。

繻葛之战后，诸侯国再也不把周天子放在眼里，诸侯争霸的时代开始了。

齐桓公称霸

春秋时期第一个称霸的是齐国（都城临淄，在今山东淄博）。齐国原是姜尚的封地。

公元前 686 年，齐国发生了内乱。在这次内乱中，国君齐襄公死于非命。襄公有两个兄弟，一个是公子纠，当时在鲁国（都城在今山东曲阜）；一个是公子小白，当时在莒国（都城在今山东莒县）。两个人身边都有辅佐的能人，辅佐公子纠的叫管仲，辅佐公子小白的叫鲍叔牙。两个公子听到齐襄公被杀的消息，都准备回齐国争夺君位。

鲁国国君庄公决定亲自把公子纠送回齐国。管仲对鲁庄公说："公子小白在莒国，离齐国很近。万一回到齐国去，事情就不好办了。让我先带一支人马在路上截住他。"

正如管仲所预料的那样，公子小白在莒国的护送下眼看快要赶到齐国了，管仲在路上截住了他。管仲拈弓搭箭，向小白射去。小白中箭倒在车里。

齐桓公与管仲画像砖
出土于山东嘉祥，反映了法家思想在春秋战国时期受到当政者的推崇与重视。

管仲以为小白真的死了，就不慌不忙地护送公子纠向齐国去。可是，管仲却不知他射中的不过是公子小白衣带的钩子，公子小白大叫倒下，原来是假装的。等到公子纠和管仲进入齐国国境，小白和鲍叔牙早已赶到了国都临淄，小白自然做了齐国国君，这就是齐桓公。

齐桓公即位以后，为报一箭之仇，立即发兵攻打鲁国，并且逼迫鲁庄公杀掉公子纠，把管仲送回齐国治罪。鲁庄公无可奈何，只好照办。

管仲被关在囚车里押送到了齐国。鲍叔牙立即向齐桓公推荐管仲，说他是个很有才干的人，可以帮助齐桓公干一番大事业。

齐桓公也是个豁达大度的人，听了鲍叔牙的话，不仅没有治管仲的罪，还任命管仲为相，让他管理国政。

管仲为相后，协助齐桓公整顿朝政，开发资源，大开铁矿，提高耕种技术，又大规模采用海水煮盐，鼓励老百姓入海捕鱼。后来，离海比较远的诸侯国都依靠齐国供应食盐和海产。海产可以不买，可盐是人们非吃不可的。因此齐国的综合实力大大提高了。

公元前681年，齐桓公奉周王之命，通知各国诸侯到齐国西南边境上的北杏（今山东东阿县北）开会。

这时候，齐桓公在诸侯中的威望并不高。通知发出以后，只有宋、陈、蔡、邾四个国家来了。还有几个接到通知的诸侯国，像鲁、卫、曹、郑（都城在今河南新郑）等国，采取观望的态度，没有来。

在这次会议上，大家公推齐桓公当盟主，并且订立了盟约。

曹刿论战

公元前684年，也就是齐桓公即位的第二年，齐桓公又派兵攻打鲁国。鲁庄公对一再欺负他们的齐国，忍无可忍，决心跟齐国决一死战。

齐国的行径，也激起鲁国百姓的愤慨。有个鲁国人曹刿去见鲁庄公，要求参加抗齐的战争。鲁庄公高兴地接见了曹刿，并向他问策。

曹刿见到鲁庄公后，就自己心中的疑虑询问了庄公，他问鲁庄公："请问主公凭什么去抵抗齐军？"

鲁庄公说："衣食之类养生的东西，我不敢独自享用，一定把它们分给别人。"

曹刿回答说："小恩小惠不能遍及众人，百姓是不会听从您的。"

齐刀币 春秋

随着经济的发展，春秋初期铜币和金币等金属货币相继面世，此时商品交易形式是以物易物和金属货币并用。齐刀币由古代石刀演化发展而来，主要流通地区是齐、赵、燕三国。

鲁庄公说："猪、牛、羊等祭品，玉和丝织品，我不敢虚报夸大，一定对神说实话。"

曹刿回答说："小的信用不能取得神灵的信任，神是不会保佑您的。"

最后，鲁庄公想了一下，说："每逢百姓打官司的时候，我虽然不能把每件事都查得很清楚，但是都会尽最大努力处理得合情合理。"

曹刿这才点头说："我看凭这件得民心的事，可以和齐国拼上一场。"

而后曹刿请求跟鲁庄公一起到战场上去，看见曹刿胸有成竹的样子，鲁庄公同意了他的请求。于是两个人坐在一辆兵车上，带领人马出发了。

两军在长勺（今山东莱芜东北）列开阵势。齐军凭借人多势众，最先擂响了战鼓，发动进攻。鲁庄公准备马上让士兵反击，曹刿连忙阻止道："等一下，还不到时候呢！"

这时齐军的第二通战鼓又擂响了，曹刿还是叫鲁庄公按兵不动。鲁军将士看到齐军张牙舞爪的样子，个个摩拳擦掌，焦急地等待着主帅的命令。

齐军主帅看鲁军站在那里不动，又下令擂响第三通鼓，鲁军还是按兵不动。齐军兵士以为鲁军胆怯怕战，耀武扬威地向鲁军冲杀过来。

曹刿这才对鲁庄公说："现在可以下令反攻了。"

鲁军阵地上擂响了进军鼓，兵士顿时士气高涨，像猛虎下山般扑了过去。齐军兵士面对勇猛的鲁军，没有丝毫的心理准备。一会儿就招架不住鲁军的攻势，一齐溃败下来。

鲁军反攻胜利后，鲁庄公对曹刿镇静自若的指挥，暗暗佩服，可心里想不明白这个仗是怎么打胜的。回到宫里后，他先向曹刿慰问了几句，接着说道："齐军头回击鼓，你为什么不让我出击？"

曹刿说："打仗这件事，全凭士气。对方擂第一通鼓的时候，士气最足；第二通鼓，气就松了一些，到第三通鼓，气已经泄了。对方泄气的时候，我们的兵士却鼓足士气，这时我们擂鼓出击哪有不打赢的道理？"

鲁庄公这才品味过来，称赞曹刿的见解高明。在曹刿指挥下，鲁军击退了齐军，鲁国也稳定下来。

假仁假义

齐桓公死后，他的五个儿子开始抢夺君王的位子，齐国爆发了内乱，齐国的霸主地位刹那间烟消云散了。

齐国内乱时，公子昭走投无路，就想起父亲嘱咐的话：大难之时请宋襄公帮助。于是公子昭逃往宋国。

宋襄公见齐国发生内乱，就想起齐桓公当初称霸诸侯时，何等显赫，现在乘其内乱，正是树立自己威信的大好时机。于是宋襄公号召各国诸侯出兵一起送公子昭回国当国王，把竖刁、易牙这些乱臣贼子杀死，将公子无诡赶下台来。

宋襄公的号召力不大，只有三个小国出兵跟他攻打齐国，公子昭被拥立为齐孝公。

本来齐国是诸侯的盟主，如今齐孝公依靠宋国的帮助，才得到了君位。所以，齐孝公对宋国感恩戴德，这样一来，无形当中提高了宋国的地位，宋襄公也真的萌生起做霸主的想法来了。但一想到上次扶立齐孝公，只来了三个小国，几个中原大国都不理睬他，便决定先教训几个小国，以挽回面子。他处罚了滕国国君婴齐，便邀曹、邾、鄫等国结盟，借口鄫国国君迟到，就叫邾国人把他抓起来杀了祭祀社神。

公元前638年，宋襄公出兵攻打郑国。郑国向楚国求救。楚成王没有直接去救郑国，而是派兵攻打宋国。

宋襄公得知本国告急后，立即撤军归国。宋军与楚军隔泓水对峙。

过了几天，公子目夷看到楚军准备渡河，连忙对宋襄公说："兵贵神速，此时乘敌军没有渡完河的时候，发起进攻，一定能战胜他们。"宋襄公摇头说道："宋是讲仁义的国家，怎么能趁人家渡河时与人开仗呢？那样岂不是太不仁义了吗？"说着说着，楚军已经全部渡过泓水，正在列队摆阵。公子目夷又对宋襄公说："楚军已经过了泓水，趁他们阵脚未稳，赶快杀将过去，

龙耳虎足铜方壶 春秋

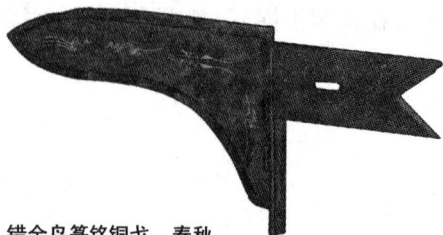

错金鸟篆铭铜戈　春秋

楚军一定战败，此时不动手，恐怕就来不及了。"宋襄公不高兴地对目夷说："这怎么行？你太不讲仁义了。人家队伍没排好，怎么能乘人之危呢？"

一会儿的工夫，楚国兵马已经排好阵势，接着擂响了战鼓，楚军如排山倒海般杀向宋军，宋军哪里抵挡得了，纷纷败下阵来。宋襄公见状，跳上一辆战车仗剑指挥。一阵乱箭射来，腿上中箭负伤。公子目夷等几员战将见状，拼命厮杀冲开一条血路，杀出重围，才没让宋襄公当楚国的俘虏。

宋襄公率残兵败将回到国都商丘。宋国百姓议论纷纷，都埋怨他不该和楚国交战，更不该采取那种打法，这些话传到宋襄公那里，他还不服气，气愤地说："君子要讲仁义。不能在对方有危险的时候攻击他们，不能碰到受伤的人再去伤害他，不能捕捉头发花白的老兵作俘虏。"目夷气愤地说道："打仗就是为了打败敌人。如果在敌人面前讲仁义，就不要打仗；如果碰到老兵不抓，就只有当别人的俘虏了。"

宋襄公志大才疏，又好大喜功，刚愎自用，最终自取失败。宋襄公因箭伤很重，过了一年就死了。

假途灭虢之战

春秋时，晋献公积极扩军，拓展疆土。晋献公为了夺取崤函要地，决定南下攻虢（初都厂阳，今山西平陆东北，后迁上阳，今河南三门峡东）、虞（今山西平陆北）两个小国。晋献公害怕两国联合，于是采用各个击破之计，先向虞借道攻虢，再伺机灭虞。周惠王十九年（公元前658年），晋献公派人携美女、骏马等贵重礼品献给虞公，请求借道攻虢。虞公贪利，不但应允借道，还自愿作攻虢先锋。

当年夏，晋虞联军攻下虢国重镇下阳（今山西平陆境），使晋控制了虢虞之间的要道。二十二年（公元前655年），晋又故技重演向虞借道。虞国大夫宫之奇用"唇亡齿寒"的道理，劝虞公绝不能答应借道。但虞公认为晋、虞是同宗，不会相欺，遂不听劝告。十月十七日，晋军围攻虢都上阳。十二月初一破城灭虢。晋军班师暂住虢国休整。后乘虞不备，发动突然袭击，俘虞公，灭其国。

重耳流亡

重耳是晋献公的儿子，晋献公宠爱一个妃子骊姬，想把骊姬生的儿子奚齐立为太子。后来晋献公年纪大了，想到立嗣的问题，便狠了狠心，将原来的太子申生杀了。申生一死，晋献公的另外两个儿子重耳和夷吾都感到性命难保，便都逃到别的诸侯国避难去了。

晋献公死后，夷吾回国夺取了君位。夷吾感到留着重耳是个祸患，便想除掉重耳，重耳不得不到处逃难。重耳在晋国时很有声望，一批有才能的大臣都愿意辅佐他。

重耳在狄国一住就是 12 年，后来有人行刺他，只好逃往卫国。卫国国君看他时运不济，也不肯接待他。

重耳一班人一路流亡到齐国。那时齐桓公在位，待他也不错，送给重耳不少车马和房子，还把本族一个姑娘嫁给他。重耳觉得留在齐国挺舒适，便不再想回国的事，可是跟随的人都思念晋国。于是，众人商量了个办法，把重耳带出了齐国。

后来，重耳又到了宋国。正赶上宋襄公生病，他手下的臣子对重耳的随从狐偃说："宋襄公是非常器重公子的，但是我们实在没有能力帮助你们回晋国去。"

狐偃明白宋国的意思，便与重耳等人离开宋国，又到了楚国。楚成王把重耳当做贵宾，还用招待诸侯的礼节招待他。由此，重耳十分尊敬楚成王。两个人渐渐成了朋友。

有一次，楚成王邀请重耳到王宫去，在宴会上开玩笑说："公子要是将来回到晋国当上国君，那么会怎样报答我呢？"

重耳说："我愿意和贵国永远友好。如果两国交兵打仗，在两军相遇时，我一定退避三舍。"等宴会结束，楚国大将成得臣对楚王说："重耳言谈没有分寸，我看他是个忘恩负义的人。不如趁早杀掉他，免得以后吃他的亏。"

楚成王对成得臣的意见不置可否，正好秦穆公派人来接重耳，成王就让重耳到秦国（都城雍，在今陕西凤翔东南）去了。

当初秦穆公帮助重耳的异母兄弟夷吾回晋国当了国君。没想到夷吾做了晋国国君以后，不仅不感恩戴德，还和秦国发生了战争。夷吾死后，他儿子又同秦国发生事端。于是，秦穆公决定帮助重耳回国。

秦穆公派人向重耳提亲，意将女儿怀嬴嫁给重耳。重耳大惊，自己已六十有一，与秦穆公年龄相仿，若做了他的女婿，以后晋秦相交，岂不凡事都吃亏三分？再说当年秦穆公为笼络夷吾，已将怀嬴嫁与入秦为质的夷吾之子子圉，秦晋翻脸后，子圉逃回晋国，怀嬴实为重耳侄媳。如今穆公提此要求，如何回答是好？重耳的谋士赵衰长思半晌，对重耳说："听说怀嬴美貌而有才华，穆公及夫人视为掌上明珠，如今提出此议，正是看重公子。公子如拒绝，就无法结好于秦国，自然无法得到秦国倾力相助。古人说，'欲人爱己，必先爱人；欲人从己，必先从人。'臣意公子不可拒绝穆公的美意。"重耳为难地说："怀嬴是我侄媳，我怎可乱辈夺爱？"狐偃说："公子今日赴秦，意在图晋，君位尚且可夺，何在乎区区一女子？"重耳想想有理，便依言允婚。

公元前636年，秦国的大军护送重耳渡过黄河，从此流亡了19年的重耳在晋国当上了国君。这就是晋文公。

晋文公复国图卷　南宋　李唐

晋文公称霸

晋文公即位以后，治理内政，发展经济，晋国又渐渐强盛起来。晋文公的机智、仁慈、勇敢与宽厚都预示着他将成为中原霸主。

这时候，逃往郑国的周朝天子周襄王派人到晋国讨救兵。原来周襄王有个异母兄弟叫太叔带，联合了一些大臣，向狄国借兵，夺取了周襄王的王位。

晋文公马上发兵攻打狄人，狄人大败，晋文公又杀了太叔带和拥护他的一帮人，护送天子重返京城。

周襄王设宴款待，并允许晋文公向自己敬酒。晋文公乘机请求周襄王，自己死后能用天子葬礼的仪制安葬。周襄王说："这是天子的典章。现在还没有人能取代周王室，天下不能有两个天子，那样您也不会喜欢的。"周襄王宁肯损失土地，也不愿损害周礼，他将阳樊、温、攒茅、原等地的田地赏赐给晋文公。

周襄王二十年（公元前632年），楚国攻打宋国，宋襄公的儿子宋成公又来向晋国求救，说楚国派大将成得臣率领楚、陈、蔡、郑、许五国兵马攻打宋国。大臣们都同意出兵救援宋国，扶助有困难的国家，以建立霸业。

晋文公知道，要拥有中原霸主的地位，就得打败楚国。他便将部队编为上、中、下三军（三阵），于公元前632年1月渡过黄河。根据战略方案，晋军进攻卫国并将其占领，又于3月攻克曹都陶丘，俘虏曹共公。因为曹、卫是楚的依附国，晋文公以为楚军必然弃宋而北上救曹、卫。然而楚不为所动，仍全力围攻宋都，宋再次向晋告急。

晋文公感到进退两难：若不救宋，则对不住宋襄公当年的礼遇，而且宋敌不过楚而降之会使晋失去一个盟友，对晋称霸中原计划不利；但若移兵救宋，则使原定诱楚决战曹、卫之地的战略意图泡汤；且南下主动攻楚一来违背了自己在楚国对楚成王的承诺，二来使晋军远离本土，劳师耗财，对手又是强大的楚国，取胜很难。晋文公一筹莫展。这时元帅先轸有了良策，他主张让宋国贿赂齐、秦两国，由齐、秦出面劝楚罢兵；并把曹、卫的一部分土地赠送于宋，使宋坚定抗楚决心；楚与曹、卫是盟友，看到自己盟国的土地为宋所拥有，更不会放过宋国，齐、秦再善意劝解楚也不会听的；齐、秦这样一定怨恨楚不给面子，就会放弃中立而站到晋国一边，晋国实力就将压倒楚国，楚军就须小心了。

晋文公大赞"妙谋"，立即实行。楚国果然不听齐、秦劝解，继续围宋。齐、秦恼楚眼空一切，于是宣布与晋国结盟抗楚。

楚成王见晋军降曹灭卫，深知其实力非比寻常，而又结盟齐、秦，形势已开始对楚不利，就命令楚军退到申地，并撤回戍守齐国穀邑的申叔军，令尹子玉也被要求撤去宋围，避免与晋军交锋。他训诫子玉，晋文公德高望重，并非等闲之辈，晋军不好对付，凡事量力而行，适可而止。但骄傲自负的子玉对楚成王之言不以为然，坚持要与晋军决一死战，并派伯芬去向楚成王请战，要求增兵。楚成王此时优柔寡断，最后抱着希望楚军侥幸取胜的心理同意了子玉的请求，但他又畏晋强大，怕失败了元气大伤，只派西广、东宫、若敖之六卒等人的少量兵力北上增援。

子玉得到支援，更坚定了与晋作战的决心。他派大夫宛春使晋，提出"休战"条件：晋让曹、卫复国，楚则撤离宋国。晋大夫子犯（即狐偃）认为子玉太无礼，晋应主动南下击楚；晋中军主帅先轸轻轻摇头以示不妥，他再次献策晋文公，表示这回管教楚师铩羽而归。

晋文公私下答应曹、卫复国，但前提是曹、卫必须与楚绝交；并扣留宛春以激怒子玉北上挑战。子玉见曹、卫已附晋，而楚使被扣，认为受到巨大侮辱，勃然大怒，下令撤去宋围，移军北上伐晋。

成得臣先派人要求晋军释放卫、曹两国国君。晋文公却暗地通知这两国国君，答应恢复他们的君位，条件是他们先跟楚国断交。曹、卫两国真的按晋文公的意思做了。

成得臣本想救这两个国家，不料这两个国家不讲道义倒先来跟楚国绝交，气得他率领全军直奔晋军大营。

楚军一进军，晋文公立刻命令往后撤。这种做法让许多晋军将领费解。狐偃解释说当初楚王曾经帮助过主公，主公在楚王面前许过愿：万一两国交战，晋国会退避三舍。今天后撤，就是为了信守这个诺言啊。

子玉见晋军不战而退，以为晋文公胆怯，不过徒有虚名，于是催军追逐。楚军中有人感到事有蹊跷，建议持重收军，伺机再追；子玉斥责他们当断不断，贻误战机，认为聚歼晋军，夺回曹、卫指日可待。楚军追晋军至城濮（今山东鄄城西南）。

晋军在城濮屯兵，齐、秦两军和刚被解围的宋成公军队赶来会合。而楚军此时军分三阵，严阵以待。公元前632年4月4日，晋军向楚军发起攻击，晋下军佐将胥臣把驾车马匹蒙上虎皮，突然攻向楚右军——战斗力最差的陈、蔡军，陈、蔡军遭此突袭，加之又被虎皮迷惑，顿时溃散。

接着晋军又"示形动敌"。晋上军主将狐毛在战车上竖两面大旗，引车后撤假装退却；晋下军主将栾枝也用战车拖曳树枝使尘土飞扬，造成晋后军也退却的假象以诱楚军出击。子玉不知是计，命楚左翼子西进击。晋中军主帅先轸见楚军上当，便命佐将郤臻率最精锐的中军迎击楚左军，而狐毛、栾枝也乘机回军侧击楚左翼。楚左军陷入重围，后退又无路，只能接受被歼的命运。子玉见两翼均被消灭，情知无力挽回败局，无奈下令中军脱离战场，才没有全军覆灭。

晋文公连忙下令，吩咐将士们不要追杀，把楚军赶跑就是了。成得臣带着残将败兵向后败退，自己觉得没法向楚成王交代，就在半路上自杀了。

晋国打败楚国的消息传到周都洛邑，周襄王和大臣都认为晋文公立了大功。晋文公趁机约了各国诸侯于践土（今河南原阳县西南）会盟，订立了盟约。这样，晋文公就成为中原霸主。

退避三舍

晋文公即位以后，治理内政，发展经济，晋国又渐渐强盛起来。

这时候，逃往郑国的周朝天子周襄王派人到晋国讨救兵。原来周襄王有个异母兄弟叫太叔带，联合了一些大臣，向狄国借兵，夺取了周襄王的王位。

晋文公马上发兵攻打狄人，狄人大败，晋文公又杀了太叔带和拥护他的一帮人，护送天子重返京城。

过了两年，宋襄公的儿子宋成公又来向晋国求救，说楚国派大将成得臣率领楚、陈、蔡、郑、许五国兵马攻打宋国。大臣们都同意出兵救援宋国，扶助有困难的国家，以建立霸业。

晋文公知道，要拥有中原霸主的地位，就得打败楚国。他便组建了三路大军，浩浩荡荡地去救援宋国。

公元前632年，晋军先后攻克了归附楚国的曹国和卫国，俘虏了两国国君。

楚成王并没有同晋文公交战，听到晋国出兵，立刻下令派大将成得臣退兵。

成得臣先派人要求晋军释放卫、曹两国国君。晋文公却暗地通知这两国国君，

兽头陶范　春秋
出土于山西侯马古代晋都遗址。此地出土有大量精美的铸铜陶范，证明这里曾大批铸造过青铜器。

59

答应恢复他们的君位，条件是他们先跟楚国断交。曹、卫两国真的按晋文公的意思做了。

成得臣本想救这两个国家，不料这两个国家不讲道义倒先来跟楚国绝交。气得他率领全军直奔晋军大营。

楚军一进军，晋文公立刻命令往后撤。这种做法让许多晋军将领费解。狐偃解释说，当初楚王曾经帮助过主公，主公在楚王面前许过愿：万一两国交战，晋国会退避三舍。今天后撤，就是为了信守这个诺言啊。

晋军向后撤了九十里（一舍为三十里），才停下来，在城濮（今山东鄄城西南）布置好了阵势。

楚国一些将领见晋军后撤，想停止追击。可是成得臣不肯作罢，一口气追到城濮，跟晋军对峙起来。

大战刚一展开，晋国的将领便用两面大旗，指挥队伍向后败退。他们还在战车后面拖着树枝，使地下扬起一阵阵的尘土。

成得臣一向骄傲自大，看到晋军十分慌乱。便不顾一切地指挥军队直追上去。晋军早就设好了埋伏。晋军的中军精锐，猛冲过来，把成得臣的军队一分为二。原来假装败退的晋军又回过头来，前后夹击，把楚军杀得一败涂地。

晋文公连忙下令，吩咐将士们不要追杀，把楚军赶跑就是了。成得臣带着残将败兵向后败退，自己觉得没法向楚成王交代，就在半路上自杀了。

晋国打败楚国的消息传到周都洛邑，周襄王和大臣都认为晋文公立了大功。晋文公趁机约了各国诸侯开了个大会，订立了盟约。这样，晋文公就成为中原霸主。

弦高退秦军

晋文公打败了楚国后，会合诸侯订立盟约，连归附楚国的陈、蔡、郑三国也与晋国成了盟约国。但是，跟晋国订了盟约的郑国，又暗地里跟楚国结了盟。

晋文公知道了这件事，非常生气，打算再次去征伐郑国，还与秦国约定，一起攻打郑国。

秦穆公一心想向东扩张自己的势力范围，就亲自带着兵马到了郑国边界。晋国的兵马在西边驻扎，秦国的兵马在东边驻扎，两军声势十分浩大。郑国的国君忙派辩士烛之武去劝说秦穆公退兵。

秦穆公衡量了一下利害关系，答应跟郑国单独讲和，自己带领兵马回国了。

临走之前，派了三个将军带了两千人马，替郑国守卫北门。

晋国眼看秦军走了，非常生气，有的将领便提议追打秦兵。

晋文公不同意攻打秦军，众人便想办法把郑国又拉到晋国一边，随后也撤兵回去了。

后来，秦国得知郑国又与晋国订立合约，但又没有什么办法，只好忍耐下来。

过了两年，晋文公病死，他的儿子襄公继承王位。有人对秦穆公说道："晋文公刚死去，还没举行丧礼。趁这个机会攻打郑国，晋国决不会去援救郑国。"

虎形灶　春秋
行军作战时使用的炊具。

留在郑国的将军也派人对秦穆公说，郑国北门的防守由我们掌管，要是秘密派兵来偷袭，一定大功告成。

秦穆公派百里奚的儿子孟明视为大将，蹇叔的两个儿子西乞术、白乙丙为副将，率领三百辆兵车，悄悄地前往郑国偷袭。

第二年二月，秦国的大军刚刚进入滑国地界（在今河南省），便有人自称是郑国派来的使臣，求见秦国主将。

"使臣"说道："我叫弦高。我们的国君听说你们要到郑国来，特地派我在这里等候三位将军，并让我送上一份微薄的礼物，慰劳贵军将士。"随后，他献上四张熟牛皮和十二头肥牛。

孟明视原来打算趁郑国毫无准备的时候，进行突然袭击。现在看来郑国使臣老远地跑来犒劳军队，这说明郑国早已有了准备，要偷袭已经不可能了。便收下了弦高送给他们的礼物，对弦高说："我们并不是到贵国去的，你们不必多虑。"

弦高走后，孟明视对众人说道："看来郑国已经得知了消息，作好了准备，偷袭没有成功的希望，我们还是回国吧。"随后，秦灭掉滑国，回国了。

其实，郑国根本就不知道秦国要去偷袭的事，孟明视上了弦高的当。弦高是个牛贩子，他赶了牛到洛邑去做买卖，正好碰到秦军。弦高得知了秦军的用意后，已经来不及向郑国报告，于是他急中生智，冒充郑国使臣骗了孟明视。

崤山之战

秦国军队偷袭郑国的消息，晋国那边早就知道了。晋国的大将先轸劝说晋襄公不要错过这次打击秦国的机会。于是，晋襄公亲自率领大军开到地势险要的崤山，晋军早在那里设下了埋伏，只等秦军到来。孟明视一进崤山，就被晋军包围起来。秦国的士卒死伤惨重，活下来的人，包括孟明视、西乞术、白乙丙三员大将在内全都成了晋国的俘虏。

晋襄公的母亲文嬴原是秦国人，不愿同秦国结仇，她对得胜回朝的襄公说："秦国和晋国原是亲戚，一向友好。如果把孟明视这些人杀了，恐怕两国的冤仇越结越深，还是把他们放了，让秦君自己去处置他们吧。"

晋襄公觉得母亲说得有道理，就把孟明视等人释放了。

孟明视等三人快到秦国的时候，秦穆公听到全军覆没，便穿了素服，亲自到城外去迎接他们。

孟明视等人跪在地上请罪。秦穆公说："责任在于我，没有听你们父亲的劝告，害得你们兵败受辱，我不怪你们。再说，也不能因为一个人犯了一点小过失，就抹杀他的大功啊！"

孟明视等人感激涕零，从这以后，他们认真训练军队，一心一意要报仇雪耻。

公元前 625 年，孟明视要求秦穆公发兵攻打晋国，去报崤山的仇，秦穆公同意了。孟明视等三员大将率领四百辆兵车打到晋国。晋襄公早有防备，又一次打败了孟明视。

这一来，秦国就有人说孟明视是无能之辈。附近的小国和西戎一看秦国连打败仗，纷纷脱离秦国的管制。

又过了一年，也就是崤山之战后的第三年。孟明视做好一切准备，在国内挑

· 春秋无义战 ·

春秋时期，周王室已经开始衰弱，一些较大的诸侯国开始争霸称雄。这时，齐桓公便乘机提出"尊王攘夷"的口号，经过多年征战，最终成为春秋时期的第一个霸主。齐桓公死后，齐国渐趋衰落，随着晋国的强大，晋文公成为春秋的第二个霸主。楚庄王继位后，北上与中原各国争雄，于公元前597年灭郑，成为春秋第三个霸主。后来，吴王夫差在战胜越国、齐国、晋国后，终于称霸中原。之后越王勾践卧薪尝胆，终于灭掉了吴国，成为春秋最后一个霸主。春秋时代展开的大国争霸战争，其最终目的是代替周王室并夺取其对各国的号令及索贡权，实际是兼并掠夺战争另一种形式的发展。这就是所谓的"春秋无义战"。

选精兵强将，拨发了五百辆兵车。秦穆公还拿出大量的粮食和财帛，安顿好将士的家属。将士们斗志旺盛，浩浩荡荡地出发了。

秦军渡黄河的时候，孟明视对将士说："咱们这回出征，只能成功，不能失败，我想把船烧了，大家看行不行？"大伙说："烧吧！打胜了会有船的。打败了，就不回来了。"孟明视的兵士们士气高涨，憋了几年的仇恨全在这时候迸发出来。没过几天，秦军就夺回了上次丢失的两个城，接着又攻下了晋国的几座城池。

面对秦国的凌厉攻势，晋国上下惊慌失措。晋襄公跟大臣商量以后，命令只许守城，不许跟秦国人交兵。

看到晋国人龟缩在城里不敢出来，秦穆公率领大军到崤山，收拾起三年前死亡将士的尸骨，掩埋在山坡上，并带领孟明视等将士祭奠了一番，才班师回国。

秦霸西戎

秦人是远古嬴姓部族的一支，游牧于黄河下游地区。西周王朝建立后不久，秦人参加了反对周朝的叛乱。叛乱平定后，秦人被强制迁到西方的黄土高原。

周穆王喜欢巡游天下，向西巡游时秦人先祖造父曾为周穆王驾车，因此被周穆王封于赵城（今山西省洪洞县故赵城）。秦人另一先祖非子为周孝王养马有功，周孝王把秦地封给他，这也是秦人得名于秦的原因，从此秦成为周朝的一个附庸小国。周厉王时，西戎进攻秦人。周宣王封秦人首领秦仲为大夫，征讨西戎，不料秦仲战败被杀。周宣王又派秦仲的5个儿子带兵7000去征伐西戎，大败西戎，秦仲的长子庄公被封为西垂大夫。

周幽王昏庸无道，烽火戏诸侯，后来甚至废掉太子宜臼，改立伯服为太子。中国国君申侯是太子宜臼的舅舅，他勾结西戎进攻西周的首都镐京（今陕西西安市西）。周幽王点燃烽火向诸侯求援，但没有一个人来救。西戎杀死了周幽王和伯服，将王室财宝洗劫一空，放火焚毁了镐京，西周灭亡。太子宜臼为了报仇雪恨，秘密来到秦人居住地，请求秦襄公发兵救援。秦襄公派精锐骑兵昼夜兼程，将西戎杀得大败。

周幽王死后，太子宜臼即位，就是周平王。周平王为躲避西戎，迁都到洛邑（今洛阳），东周从此开始。在周

秦乐府钟 春秋时期

该画取材于汉代刘向所著《神仙传》，相传春秋时秦穆公之女弄玉擅长吹箫，又与同样擅吹箫的仙人萧史喜结连理。秦穆公于都城外筑高台，弄玉夫妻吹箫，箫声婉转，引来凤凰，后二人乘龙凤升天而去。故后人称此地为凤城。本图即描绘秦穆公之女吹箫，凤凰起舞的场景。

平王东迁时，秦襄公派兵护送，周平王就把陕西岐山以西的地方封给秦襄公。后来秦襄公打败西戎，被封为诸侯，由此秦人正式建国。秦襄公和秦文公乘机收服了没有随周平王东迁的周朝的遗民，实力大增。公元前762年，秦文公迁都到关中平原的雍（今陕西凤翔）。经过几代人的励精图治，到秦穆公时，秦国成为一个强大的诸侯国。

中原霸主晋文公死后，秦穆公觉得自己称霸的机会到了，就派大将孟明视等人率军进攻晋国的同姓之国郑国，挑战晋国的霸主地位。不料郑国早有防备，秦军只好西返。回师途中，在崤山遭到晋军的伏击，全军覆没。秦穆公东进计划受挫，只好向西发展，攻打西戎。

当时在秦国的西北（今陕甘宁）一带，生活着许多西戎部落，如陇山以西有昆戎、绵诸、翟部落，泾河以北有义渠、乌氏、朐衍部落，洛川有大荔部落，渭南有陆浑部落。他们生产落后，过着游牧生活。西戎常常侵扰秦国的边疆地区，掠夺粮食、牲畜、人口，给秦人造成很大的损失。秦穆公在攻打西戎时，采取了先强后弱，各个击破的正确方针。

西戎诸部落中较强的是绵诸戎（在今甘肃天水市东）和义渠戎（在今甘肃宁县北）。其中，绵诸戎和秦国接壤。绵诸王听说秦穆公贤能，派使者由余出使秦国。秦穆公隆重接待由余，并采用内史廖的计策，扣留了由余。同时，秦穆公给绵诸王送去几个歌女。绵诸王整日观赏秦国的音乐舞蹈，饮酒享乐，不理政事，国内大批牛马死亡，人民饥寒交迫，他也不闻不问。等到绵诸国内政事一塌糊涂，秦穆公才放由余回国。绵诸王沉迷酒色正中，根本不听由余的劝谏。后来在秦人的规劝下，由余终于归顺秦国。秦穆公以宾客之礼接待由余，和他一起讨论统一西戎的策略。秦穆公以由余为向导，派军以迅雷不及掩耳之势，进攻绵诸戎，俘虏了绵诸王。义渠部落军事力量强大，曾多次打败秦军。为防御义渠的侵犯，秦国在北部边境修筑长城。但义渠的侵犯并未因此停止，秦国与义渠之间进行了长达百余年的战争。直到秦昭王时，秦国宣太后诱杀义渠王于甘泉宫，秦国才彻底击败义渠。

秦国灭掉西戎 20 余国，征服了大大小小 100 多个部落，开疆扩土 1000 里，控制了今天甘肃、宁夏等大片土地，史称"并国十二，开地千里，遂霸西戎"，周襄王送给秦穆公金鼓，以示祝贺。秦国国界东到黄河，南至秦岭，西抵狄道（今甘肃临洮），北达朐衍戎（今宁夏盐池），秦穆公成为继齐桓公、宋襄公、晋文公之后的春秋又一位霸主。

秦国在雍建都近 300 年，但由于地处西陲，经济文化落后，被齐、晋等中原国家所轻视，一直到战国初期，秦国一直是一个比较弱小的国家，经常被魏国打败。这种情况直到公元前 361 年商鞅变法，实行奖励耕战的政策才开始改变。

智慧的老子

老子曾做过周朝"守藏室之史"，就是管理"藏室"的史官。老子一向只注意研究学问，不在意个人得失荣辱，虽然学识渊博，却一直过着默默无闻的生活。公元前 516 年，在周王室内部的权力争斗中，贵族王子朝失败，带着所有典籍逃走。老子再无"藏室"可管，于是骑着青牛，离开东周来到函谷关。在镇守函谷关的周大夫尹喜的盛情邀请下，他写成了共有 5000 字的《老子》上、下两篇。写完书后，老子重新骑上青牛，出函谷关，从此不知去向。

《老子》以"道，可道，非常道"开篇，提出了一个最高的哲学概念"道"，老子哲学就是由"道"推演出来的，他也因此成为道家的始祖。

老子把天、地、人等宇宙万物连贯成为一个整体，突破了古代哲学以政治和伦理为轴心的局限。老子认为"道"是先于天地生成的，是天地万物之源，宇宙间的一切，包括人在内都是天地万物的一部分，"人法地，地法天，天法道，道法自然"。老子这种思想实际上就是中国古代最早的一种"天人合一"思想，这一思想为后来的庄子所继承和发展。这种"天人合一"的整体观念，对中国古代的各个领域都产生了深远的影响。

老子思想中最大的闪光点是他的朴素的辩证法思想。老子观察到宇宙间的万事万物都存在着互相矛盾的两个对立面，"有无相生，难易相成，长短相形"，世间万物有阴阳、刚柔、强弱、兴废等分别。他还发现对立的事物能够向其相反的方向转化，如："物壮则老"，"兵强则灭"，"木强则折"，"祸兮福之所倚，

老子骑牛图 明 陈洪绶

福兮祸之所伏"。为了防止物极必反，导致衰落，老子主张"去甚去奢去泰"，就是要去掉那些极端的、过分的举动，始终保持着像"道"那样冲虚而不盈满的状态。

老子的朴素辩证法思想表现在军事战略方面就是"善为士者不武，善战者不怒，善胜敌者不与"，同时还要注意"将欲弱之，必固强之"，"将欲夺之，必固与之"。他还提出了以柔弱胜刚强的指导思想，比如，天下没有比水更柔弱的东西，但以水攻坚，没有攻不下的，以此来说明柔弱能胜刚强。

老子的"道"的本性是自然的，他提出了天道自然的观念。他认为天地的运行是自然而然、不假外力的。人也应该和万物一样，是自然的，人生必须消除主观和外在的干涉，使其自然发展。

在自然人性论的基础上，老子提出了"无为而治"的政治论。老子把人民的饥荒、贫困看做是多欲的统治者横征暴敛的结果。人民起来为"盗"，轻生冒死，其责任完全在于统治者。老子主张用"天之道"来取代"人之道"，"损有余以补不足"，这样就能够解决社会所存在的一切弊端。

老子提倡的"无为"而治，是对统治阶级的"有为"进行的揭露和抨击。老子提倡这种"无为"之治的目标是建立一个"小国寡民"的社会，也就是"使民复结绳而用之，甘其食，美其服，安其居，乐其俗。邻国相望，鸡犬之声相闻，民至老死不相往来"。

千百年来，老子的思想深刻地影响着中国的哲学、伦理道德、政治、文化，甚至是中国人的思维，他的思想为战国时代的庄子等人所继承，形成了道家学派。《老子》也被奉为道教的三大经典之一，尊称《道德经》。老子还受到西方的推崇，《老子》的英译本多达40多种。老子的影响是极为深远的，可以说没有老子，中国乃至世界文化史将是不完整的。

　　《老子》一书共81章，上篇称为《道经》，下篇称为《德经》，总称《道德经》。无论在中国的哲学、政治、军事、管理、宗教、文学、伦理等诸多领域，此书都可称得上经典名作。它的主要内容有三个方面：

　　第一，宇宙。《老子》在第一章开宗明义说："道，可道，非常道；名，可名，非常名。无，名天地之始；有，名万物之母。"老子心目中的宇宙就是"道"，道无所不在，周行不止；道是万物的根本；道是视之不见、听之不闻、搏之不得的无形物。他的这一思想，冲破天帝造众生的神论观点，在中国哲学史和文化史上都是一个首创。

　　第二，人生。老子的人生观有两个基本点：一是贵身自养，摄生修行；二是柔弱不争，致虚守静。前者在第十三章有精彩的论述："贵以身为天下，若可寄天下；爱以身为天下，若可托天下。"既然身体能与天下并重，那么怎样贵身爱身呢？老子认为，首先应摈除五色、五音、五味这些物欲享乐，然后注意摄生，见朴抱素，加强个人修养。后者是老子反复强调的处理人际关系的原则，体现了一种以退为进、以静制动的人生哲学。

　　第三，政治。老子最著名的政治主张就是"无为"，这是他认为的治理天下的最高原则。他倡导顺应民心，符合天道，处无为之事，行不言之教，"治大国，若烹小鲜"，消除一己之心，使民众安居乐业，实现无为而治，达到"小国寡民"的理想境界。

　　此外，《老子》还有许多战争论述，深合兵家之要，是很多军事家奉行的准则。

　　《老子》的影响不仅在中国，在世界上，它也备受关注和推崇，形成了"老子热"。《老子》被译成多种文字，海外发行量居中国传统文化经典之首，堪与《圣经》比肩。他的思想影响了诸如托尔斯泰、奥尼尔、海德格尔、爱因斯坦、汤川秀树等世界级的文学家、思想家和科学家。

· 老子的思想对后世的影响 ·

　　《老子》对中国乃至世界的影响是无与伦比的。它对中国传统文化有着巨大的影响，对中国思想史有不可替代的作用。在中国几千年的历史里，每个朝代在其鼎盛时期，无一例外地采用"内用黄老，外示儒术"的治国理念，即内在的、起领导作用的是中国传统文化中的道家理想。

　　《老子》的影响不仅时间久，历史长，而且领域广、方面多。在宗教上，它是道教的开山之作；在修身方面，"功成身退"是文人入世的信条；在军事方面，"以柔克刚"成为军事家奉行的准则；在管理方面，老子的"以人为本"是日本企业最基本的信条；在艺术方面，"道法自然"成为书法家、绘画家、诗人遵循的理念；在文学方面，《老子》精警凝练，处处闪烁着哲人的智慧，妙语巧喻、格言警句比比皆是，蕴含人生哲理。

一鸣惊人

秦国打败晋国，报了崤山之仇后，一连十几年两国相安无事。这期间，南方的楚国却一天比一天强大起来。

公元前 613 年，楚庄王熊旅继位，当了国君。当年楚庄王还不满 20 岁，掌握楚国大权的是他的两个老师——斗克和公子燮。年轻的楚庄王根本不把国家大事放在心上，一切事务全由斗克和公子燮两人决断。在他即位的前三年时间里，白天打猎，晚上饮酒作乐，并下了一道命令：谁要是敢来劝谏，就处死谁。

三年过去后，楚庄王毫无悔改之意，仍然日夜歌舞欢宴不止。此时的朝廷政事，混乱不堪，公子燮和公子仪便乘机发动叛乱。幸好朝廷中有庐戢与叔麇两位忠臣，他们当机立断平定了叛乱。但此时，楚国的周边国家陈、郑、宋等小国都依附了晋国。按照楚国的国势，已经危若累卵了。

一天，大臣成公贾实在看不下去了，他请求面见楚庄王。在富丽堂皇的宫殿里，钟鼓丝竹之声绕梁不绝，楚庄王的面前几案上摆满美酒佳肴，楚庄王正在一面饮酒，一面欣赏美女们翩翩起舞。庄王一见成公贾便问道："你有什么事？"成公贾故作惊惶的样子答道："我是来出谜语为大王助兴的。"楚庄王听说他要出谜语，觉得挺有趣，就微笑地说："好吧，你说说看吧！"成公贾于是清清喉咙说道："南山上有一只大鸟，三年里站在大树上不飞不动也不叫，这是只什么鸟？"楚庄王沉思了一会，说："这是一只与众不同的鸟。这种鸟三年不飞，一飞冲天；三年不鸣，一鸣惊人。你的意思我明白了，你下去吧！"

成公贾以为楚庄王已幡然醒悟，朝政会有新的变化，就兴冲冲地告诉了好友大臣苏从，两人眼巴巴地等待。可是，楚庄王照旧宴饮享乐。

苏从见楚庄王依旧没有变化，便冒死直谏楚庄王，疾言厉色地说："大王身为楚国国君，继位三年，只知寻欢作乐，长此以往，难道是要做桀纣那样的人吗？"楚庄王听罢勃然大怒，抽出佩剑指着苏从心窝说："你不知我下的禁令吗？"苏从面无惧色，从容不迫地说："我知道，但是楚国政事已不可收拾，活着也没什么意思，请大王赐臣下一死！"说罢延颈怒目而视，正气凛凛。楚庄王也用眼珠子紧瞪着苏从。突然，他将宝剑插入剑鞘，上前紧走几步，双手紧紧抱住苏从双肩，激动地说："你才是我要寻找的国家栋梁呀！"

楚庄王立刻下令罢去乐师鼓手、歌妓舞女。然后与苏从相对而坐，促膝谈心。

苏从此时才知道，原来楚庄王因为当时朝政十分复杂，权臣乱政，依附者甚多，忠奸难辨，才故意装糊涂。这样做就是要让奸臣充分暴露，让忠肝义胆的贤臣挺身而出，然后做他的助手，整顿内政。

第二天，楚庄王上朝，召集文武百官，当众宣布一些重大人事任命，振乾立纲。楚国从此蒸蒸日上。

晏婴辅政

晏婴（约公元前585～前500年），后人尊称他为晏子。齐国夷维（今山东高密）人，春秋时期著名的政治家。

春秋时期，各国之间的兼并战争非常激烈。一次，晋国想攻打齐国。为了刺探齐国的虚实，晋平公派大夫范昭出使齐国，齐景公摆下盛宴款待范昭。范昭喝得醉醺醺的，对齐王说："请让我用您的杯子喝一杯酒！"齐王吩咐旁边的侍臣："用我的杯子给客人倒一杯酒。"范昭接过酒杯，一饮而尽。坐在旁边的晏婴立刻对侍臣说："马上把那个杯子扔掉！"按照当时的礼节，君和臣是不能共用一个杯子的，如果大臣用了君王的杯子，就是极大的不敬。但范昭却故意这样做，想看看齐国君臣的反应，结果被晏婴识破了他的心机。

范昭回国后，对晋平公说："现在还不是进攻齐国的时候。齐国有晏婴这样的贤臣辅佐，我们一定不会取胜。"晋平公听了以后，就放弃了进攻齐国的计划。

齐景公手下有三个勇士：田开疆、古冶子和公孙接。这三人结拜为兄弟，仗着立过大功，在齐国飞扬跋扈，胡作非为。晏婴决定设计除掉他们。

一次，鲁国国君鲁昭公和大夫叔孙到了齐国，齐景公设宴招待，晏婴和田开疆等三人在一旁陪坐。齐景公对鲁昭公说："我的桃园里种了一棵成寿金桃树，结了几个桃子，请您品尝品尝。"晏婴一听，自告奋勇前去摘桃。过了一会儿，晏婴端着盛着桃子的盘子走了上来，盘子里放着六个又大又香的桃子。晏婴对齐景公说："我只摘了六个熟的桃子，别的还没熟，请您和贵客尝尝。"鲁昭公和齐景公各吃了一个桃子。齐景公说："这桃子十分难得，叔孙和晏婴两位大夫都是贤臣，应当各吃一

晏婴像

个。"两人赶紧拜谢，各自吃了一个桃子。

晏婴对齐景公说："盘子里只剩下两个桃子了，不如让这三位勇士说说自己的功劳，看谁的功劳大，就把桃子赏给他。"齐景公点头同意。

公孙接第一个站起来说："当年我跟主公去打猎，赤手空拳打死了一只老虎，救了主公一命，这功劳大不大？"晏婴说："功劳很大。"给了他一个桃子。古冶子说："杀个老虎算什么？当年黄河里一个巨鼋（一种大龟）咬住了主公的马，是我跳进黄河里杀了它，救了主公一命，该不该吃个桃子？"晏婴也给了他一个桃子。

田开疆说："我领兵打仗，为齐国开疆扩土，功劳大不大？"晏婴说："田将军功劳很大，可是已经没有桃子了，怎么办啊？"田开疆气愤地说："我立了那么大的功劳，居然连一个桃子都吃不到，我还有什么脸面活世上？"说完拔剑自杀了。公孙接大吃一惊，说道："我的功劳没有田将军大，却吃了一个桃子，我也没有脸面活在世上了！"说完也自杀了。古冶子一看，说："我们三人是结拜兄弟，他们死了，我活着还有什么意思？"也拔剑自尽了。从此以后，齐国太平了很多。

一次，齐景公派晏婴出使楚国，当时楚国强大，齐国弱小，楚王得知晏婴身材矮小，决定戏弄戏弄他。晏婴来到楚国的都城城下，楚王对他说："你们齐国没人了吗？"晏婴说："我们齐国首都临淄就有百万人口，大街上人们挥汗如雨，怎么说能没人了呢？"楚王说："那齐王为什么派你这个矮子来出使我国？"晏婴说："我们齐国有个规矩：有才能、高大英俊的人出使大国，没有才能、矮小丑陋的人出使小国。"楚王没有讨到便宜，就指着城门旁边的一个洞说："请进城吧！"晏婴哈哈大笑："我要出使的是人国，这是狗洞！只有出使狗国的人才从这里进！"楚王无奈，只好请他从大门进去。

楚王设宴招待晏婴，这时几个武士押着一个罪犯从旁边经过。楚王问："那个人犯了什么罪？他是哪国人？"武士回答说："他犯了盗窃罪，是齐国人。"楚王扭头问晏婴："你们齐国人都是小偷吗？"晏婴说："淮河以南有一种橘树，结出的橘子又大又甜，但如果把它移植到淮河以北，就会结出又苦又涩的枳子，只是水土的原因啊。齐国人在齐国能安居乐业，到了楚国却成了小偷，一定是受到了楚国水土风俗的影响！"出使楚国期间，机智的晏婴有力地回击了楚王的挑衅，维护了自己和齐国的尊严。

楚庄王争霸

楚国经过整顿军队发展生产，出现了富国强兵的新局面，楚庄王认为与中原诸侯争霸的时机成熟了。

公元前 606 年，楚国讨伐陆浑的戎族，这是邻近东周的小国。得胜之后，楚庄王令大军在洛邑近郊举行一次盛大的阅兵式。一时间，洛邑周围旌旗蔽日，枪矛如林，鼓声号声震天动地。这一来可把那个挂名的周天子吓坏了，他摸不清楚庄王打的是什么主意，慌忙派殿前大臣王孙满前去打探消息。

王孙满见楚庄王后，代表周天子对楚庄王及楚军表示慰问，并送上了犒劳的礼物。

楚庄王和王孙满交谈了一会儿后，楚庄王问起周王宫里藏着的九鼎的大小重量情况。王孙满听话听音，心中对楚庄王此番阅兵用意也已明白大半了。原来九鼎是用九州贡铜铸成，它既代表了九州，又象征着国家权力。夏、商、周三代都将它视为国宝，尤其周朝周公制礼，宝鼎又被视为象征天子尊严的宝器，旁人是不能过问的，现在楚庄王居然问起九鼎，表明了他有夺取周天子权力的野心。王孙满是个善辩的人，面对楚庄王大逆不道的言行，他说："治理天下的人，主要靠德服人，不是靠鼎的作用。过去大禹有德，远方部落进贡山川珍奇，禹以美金铸鼎，周身饰鬼神和万物图案，护佑小民防祸备荒。后来，夏桀无德，鼎移至殷人之手；纣王暴虐，鼎归于周。由此可见，朝政清明，鼎虽轻不移；朝政昏乱，鼎虽重但必迁。至于九鼎的大小轻重，别人是不应当过问的。"

楚庄王听了王孙满的话，知道自己还没有灭掉周朝的能力，也就带兵回去了。

公元前 598 年，陈国发生内乱，楚国出兵征服了陈国，然后又迫使郑国归附。后来，郑国又派人前往晋国，表示愿意服从。楚庄王得知这一消息，勃然大怒，于第二年亲率楚军进攻郑国。

楚军很快到了郑国新郑城下。郑襄公命兵士深沟高垒，坚守不出，又派人前往晋国

王子午铜鼎 春秋
王子午为楚庄王之子。王子午鼎也是研究楚文化的标准青铜器之一。

求救。楚国日夜攻城，三个月后，由于晋兵久久未至，楚军最后攻陷新郑。

来救援郑国的晋军主将是荀林父，他听说新郑已被攻克，便下令班师回朝。副将先縠不听命令，偷偷率部分人马渡河追击楚军。荀林父见军队有分裂的危险，他控制不了先縠率领的兵马，于是横了横心，就下令三军渡河，与楚军主力决战。

楚庄王下令对晋军发起进攻，并亲自擂起战鼓助威。楚军将士如排山倒海般冲向晋军。由于晋军将领意见不一致，不能统一指挥，一下就被击溃了。晋军战败，渡黄河时，自相践踏落水淹死的不计其数。晋军受了这次挫折，元气大伤。

公元前593年，楚庄王又使宋国降服。这样一来，楚庄王就问鼎成功，成了春秋五霸之一。

楚庄王也真不愧把自己说成是一只一鸣惊人的大鹏鸟。

弭兵之会

从春秋中期开始，周王室中衰，诸侯并起，其中以晋国和楚国最强大。晋、楚两国为了争夺霸权，连年征战，给广大人民带来无穷无尽的灾难。尤其当时夹在两国中间的很多小国，比如宋国，经常成为两大强国的战场，更是苦不堪言。这些小国归顺楚国就会遭到晋国的进攻，归顺晋国就会遭到楚国的进攻，只能在两大强国的夹缝中忍辱偷生。公元前595～前594年，楚庄王率军队围宋国商丘达九个月，宋国人民粮食断绝，只好把自己的孩子与别人的孩子交换当食物，用人骨当柴火。经过长期的战争，晋楚两国也损失巨大，而且两国都面临着新的敌人。晋国对依附它的小国强取豪夺，引起了他们的强烈不满。晋国与西边的秦国结盟，不料秦国很快背盟，联合少数民族白狄攻打晋国。楚国爆发了一系列的内乱，楚国的叛臣巫臣跑到东边的吴国，教吴国人兵车作战。吴国很快强大起来，对楚国构成了严重的威胁。吴军不断骚扰楚国，害得楚军疲于奔命，损失了很多人力物力。

青铜马形饰　春秋

在这种情况下，晋国和楚国都有停战的意思，在激烈争夺的同时，又在互相试探，释放俘虏，派使臣互访，谋求媾和。

为了使自己免遭战乱之苦，宋国不遗余力地倡导"弭兵"运动，弭兵就是停止战争的意思。这得到了广大渴望和平、停止战争的小国国君和百姓的支持。宋国大夫华元得知晋、楚两国释放俘虏、使者互访的情况后，就主动出来斡旋，以促成晋、楚结盟。华元与晋国的正卿栾书、楚国令尹（宰相）子重的私人关系都很好，他不辞辛苦奔波于晋楚两国之间，促成两国停战。

鲁成公十二年（公元前 579 年），在华元的积极斡旋下，晋国上军师士燮与楚公子罢、许偃在宋国的西门之外会盟，并达成了协议，这就是第一次弭兵之会，也称"宋西门之盟"或华元弭兵。盟约规定互不侵犯。不久，晋厉公和楚公子罢会盟于赤棘，宋西门之盟一时得到了贯彻执行。但两国都没有诚意，盟约缔结四年后，两国爆发了鄢陵之战，宋西门之盟宣告失败。

鄢陵之战后，两国的内部矛盾日趋激化。晋国士大夫的实力越来越强，已经开始威胁到国君的地位。秦国一向与楚国交好，敌视晋国，在晋楚争霸中经常派兵援助楚国。终于，晋国忍无可忍，率兵攻打秦国。晋国与东面齐国的关系也不好，晋国虽然派兵打败了齐国，迫使它求和，但并没有解除齐国的威胁。

楚国的情况更加不妙。鄢陵之战以楚失败而告终，从此开始走下坡路，在与晋国的争霸中处于下风。楚国的统治阶级日益腐败，骄奢淫逸，国内的各种社会矛盾日益尖锐。公族与士族之间，士族与士族之间争权夺利，互相倾轧，造成一些士族逃到晋国和其他国家。西面的吴国逐渐强大，楚国虽然在对吴国的战争中取得了一些胜利，但始终消除不了吴国的威胁。在这种情况下，两国又开始谋求媾和。

宋国的大夫向戌与晋国执政大夫赵文子、楚令尹子木是好朋友，他趁机来往于两国之间，进行斡旋，谋划议和。晋、楚两国正求之不得，都很爽快地表示答应。另外两个强国齐国和秦国也表示答应。

鲁襄公二十七年（公元前 546 年）十月，晋国大夫赵文子、楚令尹子木与宋平公、

·卿大夫·

　　卿大夫最初是西周时期分封制度下的一个分封级别。在西周的分封制中，天子分封土地给诸侯治理，诸侯再将自己的土地分成小块交给卿大夫治理，卿大夫下面还有士，卿大夫在自己的领地内具有世袭统治权，同时效忠于诸侯。东周时期，在诸侯王脱离周天子控制崛起的同时，卿大夫阶层也开始崛起，许多诸侯国也出现卿大夫控制诸侯国政治的现象。比如孔子时期的鲁国朝政便是在季氏三家卿大夫的把持之下，甚至一些卿大夫干脆弑君自立。秦统一六国之后，由于分封制已经被郡县制所取代，卿大夫这个封建领主也便不再存在。"卿大夫"这个词分裂为"卿"和"大夫"，均是官职名称。"卿"是仅次于"公"的官职级别，秦汉朝廷"三公"之下设"九卿"，如大理寺卿、太常寺少卿等。清常以三品至五品卿作为官爵虚衔。另外"卿"还被皇帝用作对于大臣的爱称，乃至皇帝直接称大臣为"爱卿"。而"大夫"也是古代高级官员的称呼，秦汉之际的中央要职中便有御史大夫、谏议大夫等官职。

滕国、邾国三国国君，以及齐、秦、鲁、卫、陈、蔡、郑、曹和许14国的大夫会盟于宋国国都商丘的蒙门（东北门）。晋、楚两国达成盟约，盟约规定晋国的盟国要向楚国进贡，楚国的盟国要向晋国进贡，奉晋、楚为共同霸主；秦国和齐国也是大国，秦国不向晋国进贡，齐国也不向楚国进贡。邾国和滕国分别是齐国和宋国的属国，所以不参加会盟。在歃盟时，晋、楚两国争相争当盟主，都抢先歃血，争执不下。晋国大夫叔向劝赵文子说："我们晋国应当发扬我们的仁德，不必争先了。"于是晋国才让楚国先歃血。这就是第二次弭兵之会，也称"宋蒙门之盟"或"向戌弭兵"。

第二次弭兵之会后，晋国忙于内斗，楚国受制于吴国，所以结盟后，晋、楚40多年没有再发生战争。

子产铸刑书

子产（公元前580～前522年），姓公孙，名侨，字子产，号成子，春秋时期郑国（国都在今河南新郑）著名政治家，是郑国国君郑穆公的孙子，贵族子国之子。

子产从小就勤奋好问，博学多闻，被人们称为"博物君子"。青年时期就显露出政治上的远见卓识。一次子产的父亲大司马子国率兵攻打蔡国，大获全胜。郑国人非常高兴，纷纷称赞子国，只有子产忧心忡忡。

郑蟠龙纹铜方壶　春秋

子国问他怎么回事，子产说："咱们郑国是个小国，小国应该致力于内政，而不是热衷于侵略他国，打仗对小国来说是最危险的。蔡国是楚国的属国，楚国一定会替它报仇，我们肯定无法战胜楚国，到那时只好向楚国投降。但我们是晋国的属国，向楚国投降就会得罪晋国，晋国一定会兴师问罪。郑国处于晋国和楚国的夹缝中，处境将是十分艰难的。"子国生气地说："你一个小孩子懂什么，国家大事有正卿作主，不许胡说八道。"

果然，过了不久，楚国就以为蔡国报仇为名进攻郑国。郑国无力抵抗，只好投降。郑国国君郑简公怕晋国怪罪，就急忙派人前往晋国解释。晋国国君晋悼公生气地说："你们郑国是晋国的属国，怎么能向楚国投降呢？"随后，晋国也出兵向郑国兴师问罪，郑国国君只好求和。

晋军刚撤走，楚军又来问罪。就这样，晋国和楚国你来我往，郑国连续几年不得安生。后来郑国爆发政变，子产的父亲子国被杀，郑简公被囚禁。子产沉着应对，率领家兵救出郑简公，平息了叛乱，被任命为正卿。

郑国地处南北交通要冲，社会交往频繁，商业发达，人与人之间容易引起争端。当时的法律是不公开的，裁决权掌握在少数旧贵族的手里，郑国的一些旧贵族就利用手中的权力肆意压榨商人和迫害反对他们的人。子产的上一任就是因为进行改革，触犯了他们的利益，结果被杀。但子产没有被吓倒，为了使郑国富国强兵，子产继续推行改革。

子产宣布废除井田制，承认土地私有，丈量全国的土地，划分田地疆界，编制田亩，兴修水利，挖掘渠道，按亩收税，又把农民按什伍进行编制，这样就限制了旧贵族肆意兼并土地和掠夺农民，这可能是中国最早的土地制度改革。子产还规定那些立下战功的农民可以担任甲士（战车上的武士，以前只允许贵族子弟担任），甲士在平时担任小官吏，使普通民众也有希望成为统治阶级的一员。子产对那些生活简朴、遵纪守法的贵族予以嘉奖，而对那些飞扬跋扈、奢侈浪费的贵族则严厉惩罚，这样就使得那些贵族不敢再为所欲为了。

为了使改革做到有法可依，子产把郑国的法律——《刑书》重新修订，《刑书》原先写在竹木简上，后来子产把它铸在大铜鼎上，史称"铸刑书"，摆在王宫的门口，任人民观看。人民争相观看，了解了国家的法律，那些旧贵族再也不能肆意欺压和愚弄百姓了，从而使国家由礼治变为法治。子产的铸刑书是中国历史上第一次公开公布的法律，比古罗马的"十二铜表法"早一个世纪。当时郑国还出现了中国第一位"律师"——邓析。

他还广开言路，允许人民议论国政，并从中汲取有利于国家建设的意见和建议。有个人向子产建议禁止人民议论国政，子产说："为什么要禁止呢？让人民议论执政者的得失有什么不好？人民认为好的，我可以继续，认为不好的，我就要立即改正。他们都是我的老师啊！以前周厉王禁止人民议论朝政，使人侧目以视，结果爆发了国人暴动，将周厉王赶出了国都，我们要引以为戒啊！"

改革一开始遭到了旧贵族的强烈反对，有人说改革使当权者失去了权力，国家将会陷入混乱，甚至导致亡国，还有人率领家兵攻打子产。子产对那些反对改革的人坚决镇压，终于为改革扫清了障碍。子产改革，保障了社会公平，使社会稳定，经济发达，农民的生产积极性大大提高，粮食产量也增加了很多，当初反对改革的贵族得到了好处，转而拥护起改革来。其他国家看到后，也纷纷效仿。

孙武练兵

孙武，字长卿，孙子是人们对他的尊称。春秋时期齐国乐安（今山东惠民，一说博兴）人，我国古代伟大的军事家和军事谋略家，中国军事谋略的奠基人。

孙武的祖先妫满，被周天子封为陈国国君（陈国在今河南东部和安徽一部分，建都宛丘，今河南淮阳）。后来由于陈国发生内乱，孙武的远祖妫完携家人逃到齐国。齐桓公很赏识妫完，让他当了大官。妫完在齐国定居以后，改妫为田。孙武家世世代代为大将，为齐国立下了赫赫战功。后来因为孙武的祖父立下了战功，齐王将乐安封给他，并赐姓孙。孙武从小就受到家庭环境的影响，非常喜欢兵法，渴望将来能登坛拜将，沙场点兵，施展自己的才华，干出一番惊天动地的大事业。可惜当时齐国内乱不止，几个大家族争权夺利。孙武厌恶内斗，就举家迁到了南方的吴国，一边继续潜心研究兵法，一边寻求发展机会。不久，孙武结识了从楚国逃到吴国的伍子胥，两人谈得十分投机，很快成为好朋友。

公元前515年，吴国的公子光在伍子胥的帮助下，刺杀了吴王僚，然后自立为王，就是吴王阖闾。阖闾即位后，求贤若渴，非常希望吴国能强大起来，摆脱楚国的控制，然后称霸中原。伍子胥向他推荐了好友孙武。孙武将自己写的十三篇兵法献给吴王阖闾，吴王阖闾读完后，大加赞赏，对孙武说："你的兵书我已经读过了，受益匪浅。但不知道实行起来如何，你能不能操练一下，让我见识见识。"孙武回答说："可以。"吴王故意刁难他说："宫女可以吗？"孙武回答说："可以。"

于是吴王下令将180名宫女召到宫后的练兵场，让孙武去训练。孙武把180名宫女分为左、右两队，任命吴王最为宠爱的两位妃子为左、右队长，让她们带领宫

孙五（武）子演阵教美人战　版画
图中孙武作道士装束，举旗于城上教宫女演习战术，吴王坐于对面的台上，俯视两队演武的阵容。

女由孙武进行训练。

　　孙武站在指挥台上，大声对宫女们说："你们都要以鼓声为准，前后左右要服从我的命令，明白吗？"宫女们都以为这是个游戏，嘻嘻哈哈地乱成一团，一点都不严肃，根本不听号令。孙武非常生气，下令将吴王的两位宠妃斩首示众，以儆效尤。吴王大惊失色，连忙说："先生不要这样！我已经知道你的才华了，请你手下留情！"孙武严肃地说："一支军队没有纪律怎么行呢？士兵不遵守纪律，长官就应该受到惩罚！来人，将两名队长斩首！"吴王心疼得大叫一声，晕了过去。等他再醒过来时，发现宫女们在孙武的指挥下，起立、下蹲、前进、后退，有板有眼的，像正规军一样。吴王立刻封孙武为大将，让他去训练吴军。

　　经过几年的训练，吴军的战斗力大大增强。吴王、孙武和伍子胥开始率领吴军进攻楚国。孙武指挥吴国3万军队进攻楚国20万大军，五战五捷，势如破竹。吴军长趋直入，攻占了楚国都城郢，楚王仓皇逃跑。后来吴王阖闾的儿子夫差即位后，听信奸臣的谗言，杀害了伍子胥。孙武心灰意冷，躲到深山隐居，一心一意地整理兵书去了。

《孙子兵法》

　　孙武的主要思想都集中在《孙子兵法》中。传世本《孙子兵法》13篇，是孙武一派兵家的著作，其主要内容和核心思想属于孙武，但经过他的门生和战国兵家的整理补充。该书中所描写的战争规模，似是战国时代的情况。

　　现存的《孙子兵法》是经过三国时代曹操删定编注的，全书分为13篇：《计》、《作战》、《谋攻》、《形》、《势》、《虚实》、《军争》、《九变》、《行军》、《地形》、《九地》、《火攻》、《用间》，总结了春秋至战国时期长期战争的经验，揭示了战争的一些规律，具有朴素的唯物主义思想和原始的军事辩证法思想。其思想内容主要有三方面：

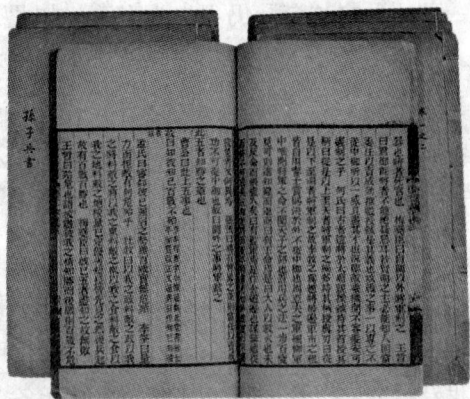

清版《孙子兵法》书影

正式称《孙子兵法》为武经，定它为武学教本，应当始于宋代。明代因之，亦列《孙子兵法》于武经七书之首。清时，言兵者亦莫不奉《孙子兵法》为圭臬。民国初年，蒋方震首以现代兵学为《孙子兵法》作新释，从而为孙子研究开辟一崭新途径。

孙武塑像

一、战略指导思想

战略论是孙子军事学说的主体部分。孙武在此书中首次提出了战略概念——"庙算"，具体论述"安国保民"的最高目标、"五事七计"的全局运筹、"不战屈敌"的止战谋划、"知彼知己"的作战指挥等战略思想。在战略论中孙子提出"安国全军"、"唯民是保"的战略目标，把"重战"、"慎战"作为根本用战原则。并从其对待战争的严肃态度出发，评述了"五事七计"的重要性。"重战"，即重视战争，提高警惕，加强戒备，应取态度是："无恃其不来，恃吾有以待之；无恃其不攻，恃吾有所不可攻也。"慎战即开始须慎重，其原则是："非利不动，非地不用，非危不战。""五事七计"书中详述"道"（治道）、"天"（天时）、"地"（地利）、"将"（将帅）、"法"（法度）五要素，及其"主孰有道、将孰有能、天地孰得、法令孰行、兵众孰强、士卒孰练、赏罚孰明"等七个对战备全局作正确估计的七个条件。但孙子并没有认为军事力量越强越好，而是主张顾及国力，有限地发展军事。孙子反复强调要以"伐谋"、"伐交"作为优先的决策，总结"不战而屈人之兵"的"全胜战略"。而在实战中争取一"军"、一"旅"、一"卒"、一"伍"之"全"仍不失为上策。如此，"谋""攻"思想已贯彻到底。

孙子关于"知彼知己"和"致人而不致于人"之说，为作战指挥的战略原则。并尽可能"策之而知得失之计，作之而知动静之理，形之而知死生之地，角之而知有余不足之处"。争取"先机之利"，"致人"、"不致于人"，掌握战争的主动权。

二、作战策略思想

以战略为基础，孙子提出相应用兵策略。其重要策略原则有六：其一，因利制权，因敌制胜。其二，奇正相生，出奇制胜。其三，避实击虚，击其惰归。其四，我专敌分，以众击寡。其五，攻其无备，出其不意。其六，示形用诈，诡道制胜。

三、军事哲学思想

孙子论"天"："阴阳、寒暑、时制也"，是自然界之天；论"道"："令民与上同意也"，具有民本主义因素。在书中把具有理性思维的人，放在认识和掌握战争规律的主体地位，并详细分析了战争对客观条件的依赖关系。孙子重视矛盾的相互依存，尤其重视矛盾的相互转化，说"乱生于治，怯生于勇，无恒形"，关键是造成"胜兵先胜"的条件，促使矛盾向有利方面发展。

《孙子兵法》除三个主要方面以外，各篇均有其主题思想，又构成一个完整的思想体系。

孙武的战略思想对后世产生了巨大的影响："世俗所称师旅，皆道《孙子》十三篇"，孙膑、吴起的兵书吸收了很多孙武的思想；曹操亲自为《孙子兵法》做过注释；唐太宗曾赞曰："观诸兵书，无出孙武。"宋神宗颁定《孙子兵法》为《武书七经》之首。

孙武以及他的《孙子兵法》在国际上也很有影响。唐代时传到日本。1772年，《孙子兵法》被译成法文版本。英国的汉学家称《孙子兵法》为"世界最古的兵书"，美国人则盛赞孙子是"古代第一个形成战略思想的伟大人物"。孙武的确堪称"百世兵家之祖"。

孙武的军事思想还被广泛地应用于政治、外交、经济、科技、体育竞赛等社会生活的各个方面，《孙子兵法》在现代企业经营管理和商业竞争中也具有不可估量的指导意义。

伍子胥复仇

楚庄王死后，他的孙子楚平王即位。

公元前522年，楚平王要废掉太子建。这时候，太子建和他的老师伍奢镇守在城父（在河南襄城西）。楚平王怕伍奢反对他这么做，就先把伍奢关进监狱。

楚平王派人去杀太子建的同时，逼迫伍奢给他的两个儿子伍尚和伍子胥写信，叫他们回来，以便斩草除根。伍尚回到郢都（今湖北江陵西北）后，就跟父亲伍奢一起，被楚平王杀害。太子建事先得到消息，便带着儿子公子胜逃往宋国。

伍奢的另一个儿子伍子胥，也逃离了楚国，他在宋国找到了太子建。不久，宋国发生了内乱，伍子胥又带着太子建、公子胜逃到郑国，他们请求郑国出兵攻打楚国。郑国国君郑定公

伍子胥画像镜

没有同意。

太子建情急之中，竟勾结郑国的一些大臣想夺郑定公的权，结果被郑定公杀了。伍子胥带着公子胜从郑国逃了出来，投奔吴国（都城在今江苏苏州）。

楚平王为了捉拿伍子胥，叫人画了伍子胥的像，挂在楚国各地的城门口，并用重金悬赏。

伍子胥和公子胜逃出郑国后，怕被楚国人发现，白天躲藏起来，到了晚上才赶路，到了吴楚两国交界的昭关（在今安徽含山县北）时，关上的官吏盘查得很严。传说伍子胥为了过关而忧虑不安，一夜之间，头发都愁白了。幸亏遇到了一个好心人东皋公，他同情伍子胥等人的遭遇，把他们接到自己家里。东皋公有个朋友，长得有点像伍子胥。东皋公让他冒充伍子胥蒙骗关上的官吏。守关的逮住了假伍子胥，而真伍子胥因为头发全白了，面貌也变了，守关的人没认出来，混出了关。

伍子胥到了吴国，吴国公子光正在谋划夺取王位。伍子胥帮助公子光杀了吴王僚，公子光登上了王位，这就是吴王阖闾。

吴王阖闾即位之后，封伍子胥为大夫，帮助自己处理内政大事；吴王手下还有一位将军孙武，是个精通兵法的大军事家。吴王依靠伍子胥和孙武，整顿兵马，先后兼并了临近几个小国。

公元前506年，在伍子胥的一再请求下，吴王阖闾拜孙武为大将，伍子胥为副将，亲自率领大军，向楚国进军。吴军所向披靡，攻无不克，战无不胜，楚国的军队一路兵败，吴军乘胜一直打到郢都。

那时，楚平王已经死去，他的儿子楚昭王在吴军到来之前就跑了。伍子胥对楚平王恨之入骨，刨了他的坟，还把平王的尸首挖出来狠狠地鞭打了一顿。

吴军占领楚国郢都。楚国人申包胥逃往秦国求救兵，秦哀公没有答应。申包胥在秦国宫门外赖着不走，日夜痛哭，一连哭了七天七夜。秦哀公终于被感动了，派兵救楚国，并击败吴军。

先师孔丘

吴国在伍子胥、孙武的治理下，成为强国。齐国的齐景公继承国君之位后，重用大臣晏婴，改革朝政，国家也日渐兴盛。

公元前500年，齐国发现鲁国渐强，便想了一个计策，假装要与鲁国媾和，齐景公约定要与鲁定公在夹谷相会。于是，鲁定公决定让鲁国的司寇孔子一同前去。

　　孔子名丘，字仲尼，是鲁国陬邑（今山东曲阜）人，春秋末年的思想家、政治家和教育家，同时也是儒家学派的创始人。孔子的祖先是殷商王室的后裔。孔子父亲孔纥做过陬邑的大夫，是一员武将。孔纥在孔子 3 岁时去世，他随母亲颜氏和其兄孟皮搬到曲阜住下来。由于父亲早逝，家中贫困，孔子只好瞒着母亲，辍学在叔孙氏家放牛。叔孙氏家有许多藏书，孔子经常借来阅读，成了知识渊博的人，孔子的名声也渐渐传开了。

　　20 岁时，他的妻子为他生了一个儿子，鲁昭公闻信，派人送来鲤鱼，表示祝贺。昭公赐鱼之事，使孔子在曲阜声名鹊起。随后季平子根据孔子的业绩，擢升他为管理人口的司职吏。孔子上任以后，施行了五条措施，鲁国人奔走相告，外邦人陆续迁入，鲁国人口剧增。孔子不到 30 岁，就已经掌握了"六艺"，也就是礼节、音乐、射箭、驾车、书写、计算。此外，还掌握了以《诗》、《书》、《礼》、《乐》、《易》、《春秋》为代表的各种文献资料，真正是才高八斗、学富五车了。这样一来，许多人都愿意拜他为师，他便办了一些私塾，收了许多学生提出有教无类的教育方针。

　　孔子在 34 岁时，赴洛阳会见道家学派的创始人老聃。这一次会见，使孔子学到了周朝的礼乐及文物制度。孔子对老子的道家思想佩服得五体投地，称他为云中之龙。公元前 513 年，鲁国发生"三桓"之乱，鲁国掌权的三家大夫——季孙氏、孟孙氏、叔孙氏把鲁昭公轰下了台。这时，孔子也在鲁国待不下去了，只好来到齐国。这一次齐景公待他很客气，还向孔子询问了治国的道理，孔子提出了"正名"的主张，即所谓"君君、臣臣、父父、子子"，也就是说，君、臣、父、子都应当名副其实，各自都按等级名分的要求行事。齐国宰相

孔子讲学图　清
此图表现了春秋时期孔子在杏坛讲学的情景。图中孔子端坐讲授，弟子们在周围恭敬地聆听。作品因是宫廷绘画，所以特别讲求用色和整体结构。

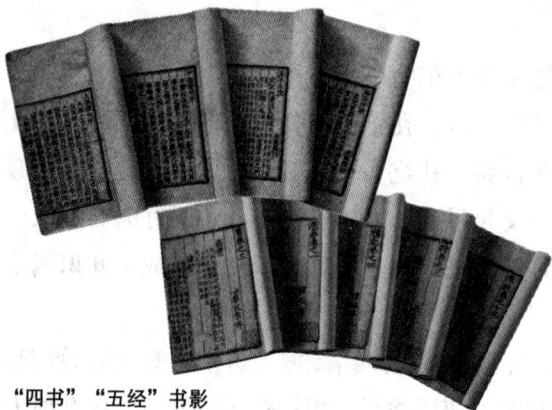
"四书""五经"书影

晏婴认为孔子学说不过是书生之见罢了，并非齐国的当务之急。齐景公听从晏婴的话，决定不用孔子。这样，孔子便离开齐国，又回到鲁国教书，跟他学习的人越来越多。

到了公元前501年，鲁定公任命孔子做了中部宰，后来又提升为司空、司寇。这时，齐国要与鲁国假意会盟的事引起了孔子的注意。他建议鲁定公防备齐国的阴谋，多带一些大将和兵马前去。在夹谷会盟上，孔子发挥了重要作用，使鲁国在外交上取得了胜利。鲁定公被胜利冲昏了头脑，以为天下太平了，便不过问政事，整天吃喝玩乐。孔子想劝说他，但他总是躲着孔子。无奈之下，孔子便离开了鲁国。

孔子先后到过卫国、曹国、宋国、郑国、陈国、蔡国、楚国。这期间，孔子曾经在陈、蔡之间受困，七天没吃上饭，但孔子依旧不改其初衷，坚持讲诵弦歌，表现了他乐观豁达的人生态度。

公元前484年，孔子又回到了鲁国。鲁哀公季康子和大臣们多次向孔子问政，但最终还是没有起用孔子。此后的5年里，孔子专心从事文献整理和教育事业，删《诗》、《书》，定《礼》、《乐》，修《春秋》，授徒多达三千多人，其中，道德高尚精于六艺的就有七十二贤人。

公元前479年，孔子去世。孔子死后，为后代留下了丰富的思想遗产。孔子强调仁，这是充满人道主义的光辉思想，也是春秋时期社会动荡不安的客观反映。经孔子编著整理保存下来的诸如《春秋》、《尚书》、《诗经》等书籍，对后世的学术思想影响极大。

《乐记》

《乐记》是中国古代儒家音乐理论的重要经典，是荀子学派的著作。《乐记》主要论述了音乐的产生和形成过程，指出音乐产生于人的思想感情，人受到外界事物的影响而感情激动起来，就表现为"声"（包括乐音和噪音），这种声互相应和，其变化有一定规律的就成为"音"（乐音）。把音按照一定规律组织奏作起来，再加上舞蹈，就成为"乐"（音乐歌舞）。

《乐记》中认为音乐表现不同的感情，因而反映并影响社会的治、乱。它列举了哀、乐、喜、怒、敬、爱各种不同感情在音乐上的不同表现，进而指出社会的治、乱和国家的兴亡必然会影响人的思想感情，因此必然会从音乐中得到反映；反之，音乐表现的不同，也必然会对社会的治、乱和国家的兴亡起反作用，给予潜移默化的影响。《乐记》强调音乐的社会教育作用。音乐应成为社会教育的工具，与礼、刑、政一起，在不同的方面发挥作用，以安定社会，使国家有大治。它在后世被称为"乐教"。

在音乐美学方面，它要求以善为准则。提倡"德音"、"和乐"，反对"溺音"、"淫乐"；认为音乐美的最高境界在于个体与社会、人与自然的和谐统一。《乐记》对后世有深远影响，在2000余年的封建社会中，它所表达的音乐思想被视为正统。

第一部诗歌总集

《诗经》是我国第一部诗歌总集，本来只叫《诗》，汉代儒者奉为经典，乃称《诗经》。

《诗经》共收入西周初期（公元前11世纪）至春秋中叶（公元前6世纪）五百余年间的诗歌305篇，另6篇有目无诗。按照音乐的不同，作品分为风、雅、颂三大类。在这个按音乐关系划分的诗歌世界里，展现了久远的年代里，我们的祖先关于政治风波、春耕秋获、男女情爱的悲欢哀乐。

"饥者歌其食，劳者歌其事"，"风"又称为"国风"，是《诗经》的精华所在。共160篇，包括周南、召南、邶、鄘、卫、王、郑、桧、齐、魏、唐、秦、豳、陈、曹15个国家和地区的乐歌。这些作品主要来自民间，不少是当时人民的口头创作，因此比较直接地反映了下层民众的思想、感情和愿望，诗歌中对黑暗世道的怨恨十分强烈，对不公正现实的讽刺也非常尖锐，具有彻底的批判精神。如《魏风·硕鼠》中，诗人把奴隶主直呼为"贪而畏人"的大老鼠；在《鄘风·相鼠》中，诗人痛骂统治阶级的无耻淫乱；在《魏风·伐檀》中，诗人辛辣地讽刺剥削者无偿占有劳动成果的贪婪。从《卫风·氓》里弃妇的哀伤，到《王风·君子于役》里思妇的忧愁；从《郑风·风雨》爱情的缠绵，到《鄘风·柏舟》誓言的坚贞，《诗经》为我们真实地展现了那个年代的感情生活。不管是展现爱情、婚姻的悲剧，还是表达怀念和思慕，抑或是描绘幽会的甜蜜，莫不生动活泼，感人肺腑。

豳风 清 吴求

豳风图册表现的是《诗经·国风》中产生时间最早的诗的内容，一些章节与周公有关。"豳"原是周人的祖先公刘的居住地，由于周人对农业极为重视，所以豳诗多与农桑稼穑有关。本图描述农历八月，枣子已熟，农人打枣、拾枣、剥枣的情景。

《诗经》的第一篇《周南·关雎》，就是一曲火热的情歌：

关关雎鸠，在河之洲。窈窕淑女，君子好逑。

参差荇菜，左右流之。窈窕淑女，寤寐求之。

求之不得，寤寐思服。悠哉悠哉，辗转反侧。

参差荇菜，左右采之。窈窕淑女，琴瑟友之。

参差荇菜，左右芼之。窈窕淑女，钟鼓乐之。

诗人以河洲上雌雄和鸣的雎鸠起兴，写一个男子对一个采荇菜的美丽姑娘的单恋。此篇尽管被后世的学者硬加上了"纲纪"与"王教"的帽子，但这热烈而坦率的恋曲，却在千年后依然感动无数为爱情献身的人。

"雅"是指周王朝直接统治地区的音乐，共105篇，分为大雅、小雅，多数是朝廷官吏和公卿大夫的作品，但也有大量针砭时弊、怨世忧时的作品。如《小雅·巷伯》痛骂了朝廷中的奸佞小人，《小雅·十月之交》通过自然灾异而警告了当权者，《大雅·荡》则以商朝的覆灭给最高统治者周王敲响了警钟。这些诗篇对社会现实的揭露，对于政治的关注，都启迪了后代文学的现实批判精神。

"颂"是贵族在宗庙中祭祀鬼神和赞美祖先、统治者功德的乐曲，共40篇，分为周颂、鲁颂和商颂。其中周颂是周王室的宗庙祭祀诗，除了单纯歌颂祖先功德外，还有一部分于春夏之际向神祈求丰年或秋冬之际酬谢神的乐歌，从中可以看到西周初期农业生产的情况。如《丰年》中唱道："丰年多黍多稌，亦有高廪，万亿及秭。为酒为醴，烝畀祖妣，以洽百礼，降福孔皆。"而《噫嘻》则描绘了大规模耕作的情形："噫嘻成王，既昭假尔，率时农夫，播厥百谷。骏发尔私，终三十里。亦服尔耕，十千维耦。"

总之，《诗经》从多方面表现了那个时代丰富多彩的现实生活，反映了各阶层人民的喜怒哀乐。不管是个人的失意忧伤之情，军中的厌战思乡之情，还是男女之间的甜美恋情，都以"乐而不淫，哀而不伤"为抒情基调，显得节制而婉转，总体上形成了委婉曲折、细致隽永的特点，深刻地影响了中国诗歌以含蓄为美的审美精神。

土地私有制

春秋时期，土地私有制萌芽产生，这是社会生产力发展的必然结果。在井田制尚未完全瓦解的情况下，私有土地主要有四个来源：周天子或诸侯赐田。如赵简子赐给名医扁鹊田4万亩，晋惠公夷吾允诺赐里克"汾阳之田百万"，这些赐田都成为私有财产。其次，贵族之间通过转化关系，将部分土地转向私有。第三是贵族之间互相劫夺土地，据为己有。第四是开荒地占为己有。开荒地一般不向国家登记，隐瞒在私人手中，成为私有财产。土地私有制的产生和不断发展，表明封建地主私有制正强有力地冲击着奴隶制的国有制，即井田制。井田制彻底瓦解了。

卧薪尝胆

晋国打了败仗，霸业开始衰落。楚国渐渐强盛起来。此后，晋、楚争霸，各不相让。后来，经宋国调停才罢兵讲和。

在中原局势渐趋平静的时候，南方的吴越争霸开始了。吴国的国君阖闾，依靠伍子胥、孙武等人的辅佐，在柏举之战中打败了楚国，但就在吴军攻入郢都的时候，越国军队向吴国发起了进攻，从而揭开了吴、越争霸的序幕。

吴王阖闾得知越国攻吴的消息，立即从前线回师攻打越国。公元前496年，越王允常病死，其子勾践继位。吴王阖闾趁越国刚刚遭到丧事，发兵攻打越国，两军在槜李展开大战。结果，吴军大败，阖闾中箭受了重伤。阖闾临死前，对儿子夫差说："千万不要忘记越国的仇恨。"

吴王夫差矛　春秋　　　　越王勾践剑　春秋

越王勾践卧薪尝胆图

夫差即位后，发誓一定要打败勾践，为父亲报仇。他任命伍子胥为相国，伯嚭为太宰，励精图治，准备攻打越国。

过了两年，勾践探知夫差昼夜练兵，就想先发制人。吴王夫差率兵迎战，双方大战于夫椒。结果，越军大败，勾践战败逃到会稽山上，被吴国追兵围困起来。

勾践以为局面已临近最后关头，准备杀妻与吴王决一死战。他手下有两个很有才能的人，一个叫文种，一个叫范蠡。他们认为一味蛮干，只有死路一条，不如先贿赂吴国权臣伯嚭，以求生路。便暗中派人把一批越女和奇珍送给他，托他在夫差面前说好话。伯嚭果然接受礼物，在夫差面前劝说一番。

夫差不顾伍子胥的反对，答应了越国的求和条件，但要勾践到吴国去赎罪。

勾践把国家大事托付给文种后，就带着夫人与大夫范蠡去了吴国。夫差派人在其父阖闾墓旁筑了一个石屋，将勾践夫妇、君臣赶进屋中，换上囚衣，去做喂马的苦役。夫差每次坐车出去，叫勾践牵马，叫范蠡伏在地上当上马凳。

这样过了两年，勾践在吴国吃尽了苦头。文种又给伯嚭送去珍宝美女，请他在夫差面前进言放回勾践。夫差对伯嚭一向唯命是听，又觉得勾践这两年的表现的确是真心归顺了他，也就微笑点头了。

勾践回到越国后，发誓要报仇雪耻。他号召全国上下艰苦奋斗。他自己身穿粗布衣服，不吃肉食，住在简陋的屋子里，把席子撤去，用柴草作褥子；在吃饭的地方悬挂一个苦胆，每逢吃饭的时候，先尝一尝苦胆，然后大喊一声："勾践，你忘记会稽的耻辱了吗？"他不断激励自己，振作精神。这就是"卧薪尝胆"故事的由来。

面对越强吴弱的发展态势，伍子胥忧心如焚，他对夫差说："我听说勾践卧薪尝胆与百姓同甘共苦。"夫差不仅不听，反而疏远了伍子胥。又过了两年，夫差带兵进攻齐国，得胜而归。文武官员全说恭维话，只有伍子胥在夫差面前批评说："这次进攻齐国，只能算是一次小胜利。如果越国不灭，才是心腹大患。"吴王夫差大怒，赐伍子胥一把宝剑，令他自杀了。

不久，勾践留下文种处理朝政，自己与范蠡率精兵五万袭击吴国，打败吴国守军，杀了吴国太子。

公元前 473 年，勾践再次进攻吴国，把夫差包围在姑苏山上。

随后，越军消灭了吴军。勾践封给夫差一块地方——甬东，在会稽东边的一个海岛。夫差痛悔自己相信伯嚭之言，而忠言却听不进去，于是他以布蒙面，伏剑自杀了。勾践以国王的礼节埋葬了夫差，又诛杀了伯嚭。

吴越战争是春秋时期的尾声。到了公元前 475 年，进入战国时期。我国封建社会开始了。

木匠师傅鲁班

鲁班的父亲是一位老木匠。受父亲的影响，鲁班小时候活泼好动，喜欢摆弄父亲的斧、锛。他还用它们把圆木头砍成方条，把粗的木头劈成薄板。10 岁的时候，小鲁班便会使用所有的木工工具。他一天到晚闲不住，自己做了很多小木柜、小板凳、小车等，摆列得到处都是。

随着年龄的增长，鲁班逐渐成长为一名优秀的木匠。他不仅做出了很多精美实用的家具，建造了众多富丽堂皇的住宅，还热衷于发明、改进木工用的工具。相传，锯就是由鲁班发明的。有一年，鲁班奉王命建造一座规模宏大的宫殿。建造这座宫殿需要很多木料，鲁班吩咐徒弟们上山砍伐树木。由于当时还没有锯，徒弟们都是用斧头伐木，效率非常低。他们起早贪黑地忙活，累得精疲力竭，进展却很慢，眼看工程期限越来越近。

鲁班急得像热锅上的蚂蚁。他决定亲自上山察看砍伐树木的情况。山路崎岖不平，杂草丛生。他无意中抓了一把路旁的一种野草，不小心将手划破了。鲁班很纳闷，一根小草怎么能把长满老茧的手划破？于是，他摘下一片叶子来细心观察，发现叶子两边布满了小细齿，用手轻轻一摸，这些细齿非常锋利。他这才明白，

·鲁班的发明·

鲁班除了发明锯和石磨之外，还有许多发明创造。他曾发明了一系列木工用具，如刨子（刨光木料的工具）、钻（打孔的器具）、铲、凿子、墨斗（木工画线的用具）和曲尺等，以及弹墨线时用的小弯钩——"班母"，刨木料时顶住木料的卡口——"班妻"。他制造过一种攻城用的云梯。鲁班还对古代的锁进行了改进，把锁的机关设在里面，只有通过特定的钥匙才能开启，安全性和实用性大大增强。据记载，鲁班曾用竹子做成一只木鸟。它能借助风力飞上高空，三天三夜不落地。这在当时引起很大震动。

《鲁班经匠家镜》营造家具图

手就是被细齿划破的。正在思忖这个问题时，鲁班又看到一只蝗虫正啃吃草叶，只见它的两颗大板牙一开一合，很快就吃下一大片叶子。出于好奇，他顺手抓住那只蝗虫，仔细观察它的牙齿，发现大板牙两侧同样排列着许多小细齿，蝗虫正是靠细齿来咬断草叶的。

这两件事使鲁班大受启发。他想，如果把伐木工具的刃口做成齿状，不是同样会很锋利吗？说干就干，他用大毛竹做成几条带小齿的竹片，然后在小树上做试验。结果，几下子就把树皮拉破了，再拉几下，树干上就划出一道深沟。鲁班高兴之余，发现竹片质地比较软，强度不够，拉了一会儿，有的齿断了，有的变钝了，需要更换新竹片。这显然不能适应大量砍伐树木的需要。看来，竹片不宜作为制作齿的材料，必须找一种硬度、强度较高的材料才行。

鲁班左思右想，试验了多种材料，觉得铁片比较适宜。他找到几位铁匠，让他们制造了一些带有小齿的铁条，然后拿到山上实践。鲁班和徒弟各拉一端，在一段树干上拉了起来，一来一往，一会儿就把树干割断了，既快又省力。鲁班就这样发明了锯。

他到别人家做木工活的时候，发现人们用一种叫做"杵臼"的碾米工具舂米，这种装置比较费时费力。鲁班决心解决这道难题。他反复观察杵臼的工作原理，认为它的主要弊端在于：它是上下运动，操作时需要抬高手臂，向下用力，时间长了肯定会腰酸胳膊痛。另外，操作这种装置，必须细致，还得把握方向和分寸，故只能由人来做。

针对这两个弊端，鲁班开始考虑解决办法，同时经常深入老百姓的日常生活，询问他们的看法和要求。经过几个月的刻苦努力，鲁班终于发明了一种更为简单，且省时省力的碾米工具。

鲁班在很多方面取得成就，很大程度上得益于刻苦钻研、勇往直前的精神。有一次，他雕刻一只凤凰。还没有雕成时，有人讥笑他，说："你刻的凤凰脑袋不像脑袋，身体不像身体。"鲁班听了很生气，但没有发作，而是继续认真工作。他决心用事实反击他人的讽刺。于是，他更加努力学习、刻苦钻研，最后终于将凤凰刻成。

这只凤凰栩栩如生，神采飞扬，赢得了大家的交口称赞。曾经讥笑鲁班的人也为他的高超技艺所折服。

在兵器方面，鲁班曾为楚国发明攻城的"云梯"和水战用的钩强。这里还有一个很有趣的故事，根据《墨子·公输篇》记载，鲁班为楚国造了攻城机械，墨子赶去与他斗法，终于制止了一场战争。后来，鲁班就不再造兵器了，而是潜心于造福人类的发明。

无论是在典籍记载还是在民间传说中，鲁班都是一个勤奋多产的发明家。他不停地发明新的工具，改进旧的工具。他的发明创造大大改善了人民的生活，也提高了劳动效率，为我国早期的土木建筑发展作出了杰出的贡献。他对人类贡献非常之大，连欧美一些建筑家们也认为：在世界古代建筑史上，鲁班是一位罕见的大师。

墨家：兼爱非攻的墨子

墨子，名翟，鲁国人，战国时期的思想家和科学家，开创了墨家学派，被后世人尊称为墨子。

墨子提出了"兼爱"、"非攻"的思想，认为人们应在平等的基础上友爱。墨子还认为"人无幼长贵贱，皆天之臣也"，"天之爱民之厚"，所以，君主顺从天意，就会得到奖赏，否则就会受到惩罚。他还主张尚同尚贤，就是说从君主到百姓应上下一心，他认为"贤"是政事之本，应当任用贤能的人治理国家。墨子还提倡节俭，对奢侈浪费行为提出批评，认为"俭节则昌，淫佚则亡"，反对儒家鼓励的厚葬风俗。

墨子曾经提出许多问题，例如，为什么在街上杀一人是犯罪，在战场上杀一万人是英雄？为什么抢夺别人的鸡鸭是盗贼，抢夺别人的国土是名将？为什么一个人死后要用活人殉葬？为什么埋葬一个死人要花费许多钱？为什么父母死了，儿子要守丧三年，不去劳动，却要平白受人供养？

这些问题，说明了墨子务实的思想。因此，当孔子的信徒在各国传播自己的学说时，墨子的弟子却在努力耕田。墨子死后，他的门徒把他生前的言论编纂为一本书，命名《墨子》，书中记载了墨子的言行，阐述了墨家的思想，成为墨家学派的经典。他的信徒都自称墨者，组成小的团体，其首领被称为巨子。

三家分晋

春秋末期，各诸侯国家经常发生战争，使生产遭到破坏，各国财政贫乏，中原大国晋国也日渐衰落。这时，晋国国君的权力也旁落了。

晋的权力由范、中行、赵、魏、韩、智六家大夫把持，他们又以自己的地盘和武装，争权夺利，互相攻战。后来只剩韩、赵、魏、智四家。四家中智伯瑶势力最大，野心也最大。智伯瑶打算下一步侵占韩、赵、魏三家的土地，于是把赵襄子、魏桓子、韩康子三大夫请到家中，设宴款待。席间智伯瑶对三家大夫说："晋文公时，晋国是中原霸主，后来霸主地位被吴、越夺去了。为了重振晋国雄风，我主张每家献出一百里土地和相应的户口交国君掌管。"韩康子害怕智伯瑶的势力，首先表示赞同，愿把韩家土地和一万家户口交给国家；魏桓子心里不愿意，但也不得不表态，也把百里土地和九千家户口交给智家，智伯瑶见赵襄子一言不发，便用言语威胁他。赵襄子性格耿直，看智伯瑶贪婪的样子，非常气愤，便说："土地是祖宗遗产，要送给别人，我实在不敢做主。"智伯瑶听罢立刻翻脸，智、赵两家在席上争吵不休，赵襄子一甩袖子走了。智伯瑶立刻决定讨伐，并亲自带兵马为中军，让韩为右军，魏为左军，三军直奔赵城。赵襄子寡不敌众，边战边退，退到晋阳（今山西太原）闭关固守。整整打了两年的仗，智军就是攻不下赵城。

智伯瑶无计可施，十分恼火。一天智伯瑶绕赵城察看地形时，看到晋阳城东北有晋水河，水势湍急，受到启发。智伯瑶便命令士兵筑坝蓄水，想把晋阳全城淹没。

大水淹进晋阳城以后，赵襄子焦虑不安，愁眉不展，就与谋士张孟谈探讨对策。赵说："目前百姓情绪稳定，只是水势若再往上涨，全城就难保了，这可怎么办呢？"

·赵氏孤儿·

公元前583年，因奸臣诬陷赵同、赵括造反作乱，晋国诛杀赵同、赵括，将赵氏全族杀戮，并四处搜捕赵氏遗孤赵武。赵家门客程婴与公孙杵臼定计，以程子假冒赵武替死，从而救出赵武。程婴将其抚养成人，最终平反昭雪，报了冤仇，赵武当上了大夫，赵氏势力重新恢复。

张孟谈分析说："攻城不如攻心。我看韩、魏把土地割让给智家，并不是心甘情愿的，我们何不派人游说，把韩、魏争取过来，请他们帮我们一起对付霸道的智伯瑶。"赵襄子同意这主意，就派张孟谈连夜出城，直奔韩、魏两营。韩、魏二大夫正担忧自己的前途，经张孟一说，都赞同合力对付智伯瑶。

第二天深夜，智伯瑶在营帐里睡得正香，突然听见一阵喊杀声。他连忙披衣察看，发觉床下到处是水，以为大堤决口的水是从晋阳城漫过来的，心理还挺高兴。但出帐外一看，兵营里一片汪洋，士兵给突来的大水，弄得惊慌失措，乱作一团。智伯瑶惊魂未定，转瞬间，三家军兵分由韩、赵、魏大夫带领，撑着木筏，从四面八方冲杀过来，打得智家军措手不及，被砍死的和淹死在水里的不计其数，智伯瑶也死于乱刀之下。

韩、赵、魏全歼了智家后，并乘势瓜分了晋国土地。公元前403年，三家派使者上邑去见周天子，要求晋封他们为诸侯。周天子见木已成舟，也就顺水推舟送个人情，正式晋封韩康子、赵襄子、魏桓子三人为诸侯。

从此以后，韩、赵、魏都成为中原大国，与秦、楚、燕、齐四个大国并称为"战国七雄"。

李悝变法

李悝（约公元前450～前390年），又称李克，战国时期魏国人，著名政治家、思想家，法家的始祖。据说他是孔子弟子子夏的学生。

春秋末年，赵、魏、韩三家分晋后，魏国定都安邑（今山西夏县），占据今山西西南部的黄河以东地区，这里地势险要、土地肥沃、经济发达。魏国国君魏文侯励精图治，招纳人才，魏国逐渐强盛起来。

魏文侯四十年（公元前406年），魏军攻灭了中山国（在今河北中部一带），魏文侯派太子击前去治理，并把中山国的灵寿封给攻灭中山国的大将乐羊，同时派李悝为中山相。在三人的治理下，中山的局势逐渐稳定。

后来魏文侯又任李悝为上地（今陕西北部黄河以西一带）守（守在当时既是地方最高行政长官，又是地方最高军事将领）。上地孤悬在黄河以西，周围都是秦国的地盘。李悝到任后，秦军向上地发起进攻，结果李悝被打败。秦军退走后，他组织上地人民一面发展生产，一面加强军事训练。为了增强当地的军事实力，李悝规定，以后老百姓如果出现什么矛盾纠纷，就比赛射箭，谁射得远、射得准，

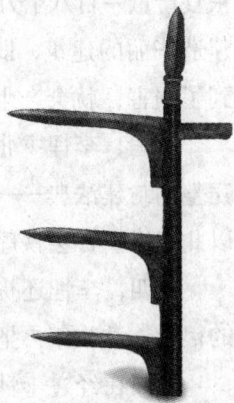

三戈铜戟　战国

就判谁赢。这样一来，上地的男女老少，纷纷练起了射箭。后来秦军再次侵犯上地，李悝率军迎战，上地的人民也纷纷拿起弓箭反抗，秦军大败而走，从此再也不敢侵犯上地。李悝乘胜追击，占领了很多秦国的领土，建了15座城。

李悝在中山和上地显露出他不凡的才华，被魏文侯所赏识，所以就任他为相国。魏文侯问李悝："怎样才能治理好国家呢？"李悝说："要想治理好国家，必须使老百姓有饭吃，给有功劳的人赏赐，做到言而有信和赏罚分明。"魏文侯说："这些我都做到了，但老百姓为什么还不满意呢？"李悝说："这是因为国家有很多寄生虫啊！我认为应该剥夺那些世袭贵族的俸禄和特权。贵族立功可以给予高官厚禄，但他们的儿子倚仗父亲的功劳出门乘着马车，穿着名贵的皮衣，整日欣赏歌舞，无所事事，所以老百姓才不满意。您应该剥夺这些贵族的俸禄，把它用来赏赐那些有本事的人。"魏文侯觉得有理，连连点头，任用他为相国。

李悝当上相国后，开始进行大刀阔斧的变法。第一，他废除官爵世袭制，重用有才能有功劳的人。以前的官爵是世袭制，父亲的官爵由儿子继承，也不管儿子有没有才能和功劳。李悝把废除世袭制作为变法的第一项内容，而且"有功必赏，有罪必罚"。这就沉重地打击了旧贵族势力，许多人才纷纷前来。

第二，充分发挥土地的效用。他首先废除了"井田制"，鼓励人民垦荒种田，扩大土地面积。耕地面积扩大了，粮食产量自然也就提高了，农业得到了大发展。他提倡在一块土地上种植各种粮食作物，并要求农民在住宅四围种植桑树，充分利用空闲土地扩大农民的副业生产，还规定增产者赏，减产者罚。李悝对魏文侯说，方圆百里之内，有土地九万顷，除去山林、河流、城镇所占的面积，还有六百万亩土地。如果精耕细作，每亩可多收粮食三斗（即三十六斤），六百万亩就可以增加粮食产量一百八十万石；如果耕作不力，就会减产一百八十万石。他还对魏文侯说，建造华丽的建筑，既耗费民力，又耽误农事，这就损害了农业生产；农业生产受到了损害，就会产生饥荒。因此要千方百计为农业发展生产提供便利条件。

第三，李悝主张实行法治。他收集了各国的法律，编成了中国历史上第一部完整的封建法典——《法经》，分为盗法、贼法、囚法、捕法、杂法、具法六篇，以此来维护社会秩序。

第四，李悝还提出国家应实行平籴法。平籴就是国家在丰收年大量买进农民的粮食，歉收年再把粮食以平价卖给农民，以保证农民不会因饥饿而逃亡。

魏国在经过李悝变法后，迅速发展起来，成为战国初期最强大的国家。而李悝本人也被奉为法家的鼻祖，此后的商鞅变法、吴起变法，无不受到他的影响。

西门豹治邺

西门豹，生卒年月不详，战国初期魏国著名的政治家。

公元前422年，魏国国君魏文侯任命西门豹为邺（治在今河北邯郸临漳县邺镇）令。

西门豹来到邺地后，发现这里人烟稀少、土地荒芜、百业萧条，就把当地有名望的老人召集到一起，询问情况。

老人们都说："这都是让河伯娶亲给闹的呀。"

西门豹奇怪地问："什么河伯娶亲啊？"

豹纹瓦当　战国

老人们说："河伯是漳河（邺地的一条河）的河神，巫婆说河伯每年都要娶一个媳妇，要是不给他娶媳妇，漳河就会发大水，把农田、村子全淹了。所以本地的三老（古代掌管地方教化的乡官）、迁掾（古代辅佐县令的官吏）每年都要向老百姓额外征税，搜刮的钱多达数百万，只拿出其中的二三十万给河伯娶媳妇，剩下来的钱就和巫婆共同私分，结果弄得老百姓苦不堪言。"

西门豹问："那新娘子是哪里来的？"

老人们回答："每年快到河伯娶亲的时候，三老、迁掾和巫婆就会四处巡视，见到哪户人家的女儿长得漂亮，就说这个姑娘该做河伯的媳妇，然后不由分说立即放下聘礼就把人带走。有钱的人家花点钱就没事了，没钱人家的女儿只好让人家带走。他们先给姑娘沐浴、穿新缝制的丝绸衣服，然后住在河边盖的房子里，房子外面挂上大红帐子，让姑娘住在里面每天吃斋，静心养性。他们还宰牛造酒准备饭食，弄得好像真的跟出嫁女儿一样。到了河伯娶媳的那天，他们在漳河边放一张苇席，装点得和出嫁女儿的床帐枕席一样，然后再把姑娘打扮一番，让她坐在苇席上，放到河里，顺水漂走。苇席开始还在水上漂着，漂几十里就沉下去了，巫婆说是让河伯接走了，然后就举行仪式庆祝。所以有女儿的人家都逃到外地去了，这里的人口也就越来越少，地方也变得越来越穷。"

西门豹问："河伯娶亲以后就不发大水了吗？"

老人们说："也发。但巫婆说要是河伯不娶亲，洪水发得更大。"

西门豹沉思了一会儿，忽然笑着说："这么说来河伯还挺灵验的。好吧，今

年到河伯娶亲的时候，我亲自去看看。"

到了河伯娶亲的那天，漳河两岸站满了人。西门豹带领十几个卫士真的去了，三老、迁掾等地方官、豪绅和巫婆急忙跑过来迎接，巫婆已经70多岁了，后面还跟着几个穿红戴绿的女徒弟。西门豹说："把新娘子带过来让我看看漂不漂亮！"巫婆的女徒弟把新娘从帐子里面扶出来，来到西门豹面前。

西门豹看了看这个哭哭啼啼的新娘子，皱着眉头说："长得这么丑，河伯怎么能满意呢？麻烦巫婆你去跟河伯说一声，告诉他我们再重新选一个，过几天再送去。"说完手一挥，两个卫士走到巫婆前面，不由分说架起她，"扑通"一声就扔到河里。巫婆在水里挣扎了几下就沉到河里了。

过了一会儿，西门豹叹了一口气，说："年纪大了就是不中用了，这么长时间还不回来。来人，把巫婆的徒弟送到河伯那里去催一催。"两个卫士又架起巫婆的一个徒弟，扔到了河里。就这样，一连把巫婆的三个徒弟都扔到了河里。

又过了一会儿，西门豹说："巫婆和她的徒弟是女人，不中用，去了这么多人这么长时间没有一个回来的。还是麻烦三老你去跟河伯说一说吧！"三老又是磕头又是求饶，可卫士们根本不理他那一套，架起他就扔到河里了。

等了一会儿，西门豹扭头看了看迁掾和豪绅们，说："还是不行啊，你们谁去催一催？"迁掾和豪绅们都吓得面如土色，跪在地上不停地磕头，把头都磕破了，鲜血直流，嘴里还不住地求饶。西门豹说："看来河伯是把他们留在那里了。你们都起来吧。"

西门豹高声对漳河两岸所有人说："河伯娶亲是骗钱害人的把戏！如果今后谁再敢提这件事，就把谁扔到漳河里去见河伯！"从此以后，邺地再也没有发生过河伯娶亲的闹剧。

后来，西门豹发动百姓修建堤坝，疏通河道，漳河再也没有发过大水，还开凿了12条渠道，引漳河水灌溉农田，粮食年年丰收，人民安居乐业。

韩国申不害改革

韩国是战国七雄中比较弱小的一个国家，它东边是魏国，西边是秦国，都是很强大的敌人。在韩昭侯时，他任命申不害为相，推行改革，使韩国的实力一度有所提高。

申不害是战国时期法家的代表人物之一，郑国人。申不害吸收了道家"君人南面之术"的学说，即主张加强君主的中央集权制度，用权术来驾驭臣子。他主张"因任而授官，循名而责实，操杀生之柄，课群臣之能"，主张君主应该考核臣下在工作中是否称职，禁止臣下越权办事，并根据考核的情况对臣下进行升降奖惩。

申不害将君主比做身体，将大臣比做双手，认为君主应该掌握立法、任免、赏罚等大权，至于具体的事务就交给大臣们去办。

申不害要求君主"藏于无事，示天下无为"，他认为君主应该"去听"、"去视"、"去智"，但同时要装作听不见、看不见并且明明知道了还要装糊涂，用这种做法使大臣不清楚君主的想法，也就没有办法有意讨好君主，只能按自己的真实想法做事，君主也就可以辨明忠奸。

在申不害推行改革的15年间，韩国的君主集权政治得到大力加强，吏治严肃，使韩国国治兵强，诸侯不敢侵犯韩国。申不害开创了法治的思想，被后世尊为法家之祖。但是他的思想实施的效果与君主个人的才能有密切关系，因此韩昭侯死后，韩国很快又衰落了。

名将吴起

吴起（约公元前440～前381年），战国初期卫国左氏（今山东曹县北）人。吴起家境富裕，他周游列国，整日舞枪弄棒，同乡的人都讥笑他不务正业。吴起非常愤怒，杀死了嘲笑他的30多人，然后咬掉手臂上的一块肉，和母亲告别，发誓说："要是不当上大官，我绝不回家！"吴起从东城门跑到了鲁国，拜孔子得意门生曾参（一说是曾参的孙子曾申）为师，学习儒术，日夜苦读，渐渐的学有所成。一次，齐国大夫田居出使鲁国，遇见了吴起，交谈之后，田居非常赏识他，就把女儿嫁给他为妻。

过了不久，吴起听到母亲去世的消息，本想回去奔丧，但忽

《武经七书》

北宋神宗时，健全了武学制度，每年招收武生，练习兵法，演练武艺，三年后考试，按等第授官。1078～1085年，朝廷颁布《武经七书》作为武学和武举的统一教材，这在军事学术史上是一个创举。作为第一套军事教科书，它包括《孙子》、《吴子》、《司马法》、《六韬》、《尉缭子》、《三略》和《唐太宗李卫公问对》。

然又想起了誓言。吴起只仰天长啸了三声，就立刻停止擦掉眼泪，继续埋头苦读。吴起的老师曾参以孝道闻名当世，看到吴起如此不孝，认为他的品德很差，就立即把他赶出师门。

当时天下各国之间的兼并战争愈演愈烈，吴起看到这种情况，就放弃儒术，学习兵法。经过三年的刻苦学习，终于学成，鲁国国君任命他为大将。

一次，齐国进攻鲁国。鲁国国君想任命吴起为大将，但吴起的妻子是齐国人，因此迟疑不决。吴起知道后，回家杀了妻子，然后把妻子的头颅献给鲁国国君，表示自己和齐国已经没有任何关系了，史称"杀妻求将"。鲁国国君大惊失色，只好任命吴起为鲁军统帅，率军与齐军作战。

吴起治军严谨，与士卒同甘共苦，士兵们都愿意听从他的命令。吴起率军来到前线，没有立即同齐军作战，而是把精锐士卒都隐藏起来，只让那些老弱病残来回巡逻。吴起又派人到齐军军营去谈判，齐军果然中计，以为鲁军不堪一击，根本不敢和齐军打仗，就放松了戒备。吴起看到这种情况，率领精锐士卒乘机进攻，齐军毫无防备，一触即溃，大半被杀。吴起得以凯旋。

鲁国人厌恶吴起的为人，看到他取得了胜利，就开始攻击他，说他不孝顺，母亲死了都不回去奔丧，为了当官把老婆都杀了，品德实在是太差了。鲁国只是个小国，现在却战胜了齐国，那么各大诸侯国就会谋划灭亡鲁国，而且鲁国和卫国本来是兄弟之国，现在鲁国重用吴起，就是抛弃卫国。鲁国国君听到后就辞退了吴起。

吴起听说魏国魏文侯很贤明，正在求贤，就前去投奔。于是魏文侯便任命吴起为将，率军攻打秦国。吴起率军大败秦军，攻取秦国河西地区（今黄河与北洛河南段之间的地区）的临晋（今陕西大荔东）、元里（今澄城南）两座城池。第二年，吴起又攻占了秦国至郑（今华县），筑洛阴（今大荔南）、合阳（今合阳东南），将秦国的河西地区全部占领。魏文侯在那里设置了西河郡，并任命吴起西河郡守，吴起任西河郡守达27年之久。在此期间，吴起率军与各诸侯国大战76次，获胜64次，曾率5万军队打败了50万秦军，占领了大片土地，使魏国成为战国初期第一强国。魏文侯死后，魏国的大臣嫉妒吴起，在魏国新国君面前造谣诽谤他，

·《吴子》·

中国古代著名兵书之一。题名作者吴起，曾师事左丘明的弟子曾申。他初为鲁将，后为魏将，因率兵击秦并参加攻取中山之战，被荐为西河郡守。魏武侯时，吴起甚有声名，后受大臣王错排挤，去魏入楚。楚悼王任吴起为令尹进行变法，楚因而强盛一时。悼王既死（公元前381年），宗室大臣作乱，吴起被攻杀于治丧之所。吴起是先秦时代著名的政治家和军事家，他的兵书在战国和西汉十分流行。

吴起只好逃到楚国。

楚国国君楚悼王早就听说吴起很有才能，所以吴起一到楚国就被任命为楚相。吴起变法图强，建议裁汰那些不必要的官员，疏远那些王室的远支，把节省下来的财物奖励士卒，楚王欣然接受，楚国国力蒸蒸日上，但吴起也由此遭到了楚国贵族的怨恨。吴起率领楚军南面征服了百越，北面兼并了陈国和蔡国，遏制了赵、魏、韩三国的扩张，西面打退了秦国的进攻，楚国强盛一时，各诸侯国都非常害怕楚国。

后来楚悼王病死，楚国反对变法的贵族立即拿起弓箭射杀吴起，吴起知道自己必死无疑，就趴在楚悼王的尸体上。当时楚国的法律规定，凡是侮辱楚王尸体的，灭三族。但楚国贵族已经顾不了那么多了，结果吴起被乱箭射死，可是箭也射到了楚王的尸体上。太子即位后，将那些射杀吴起和射中楚王尸体的贵族全部诛杀，有70多个贵族因此被灭族。

儒家：主张仁政的孟子

儒家学派对中国人的影响至为深远，继它的创始人孔子以后，孟子将儒家学派的理论体系发展得更为完善。

孟子名轲，邹国（今山东邹城）人，是孔子的第四代门徒，后世尊称他为亚圣，与孔子并称为"孔孟"。他也曾效仿孔子，带着学生到各国去宣传自己的学说，但没有被各国统治者所接受。孟子最主要的政治思想，就是"性善论"、"王道"和"仁政"。

孟子认为，人一生下来便具备四善：仁，恻隐之心；义，羞恶之心；礼，辞让之心；智，是非之心。而君子能将这四善一直保存下去。

孟子认为道德规范包括仁、义、礼、智四种，人与人的关系分为"父子有亲，君臣有义，夫妇有别，长幼有序，朋友有信"五种。四种道德规范中，仁、义最为重要。

王道是孟子的主要政治主张，孟子对王道的阐述是："不违农时，谷不可胜食也；数罟不入洿池，鱼鳖不可胜食也；斧斤以时入山林，材木不可胜用也。谷与鱼鳖不可胜食，材木不可胜用，是使民养生丧死无憾也。养生丧死无憾，王道之始也。"也就是说，不违背自然规律，使百姓衣食富足，虽死而无憾，就是"王道"。

孟子还提出了"民为贵，社稷次之，君为轻"的民本思想，他认为君主应该保护人民；如果君主无道，人民就可以推翻他。这一思想，说明孟子认识到了民心的向背对于稳定统治的重要意义。

庄子

庄子（公元前369～前286年），名周，宋国蒙（今河南商丘）人。他出身穷苦，一度在蒙做过漆园小吏，以后便终身不仕。庄子生性孤傲，曾拒绝楚威王的厚币相聘，一生过着贫困的隐居生活。

庄子常以寓言的形式表达哲学思想。他吸收老子《道德经》的思想，并进一步发挥，形成自己的思想体系。在先秦百家争鸣的学术氛围中，庄子哲学占有重要的地位，他因此与老子并称道家宗师。

庄子思想中对人最有启发性的是相对主义。他指出通过"道"来观察宇宙万物，事物之间的差别都是相对的。

庄子崇尚自然，认为自然万物都是一个统一体，不能分割，人与自然应该和谐发展。他主张人应该顺其自然，无为而治。要忘记社会，忘记自己，放弃外在一切事情，去追求精神上的绝对自由。

荀子

荀子（公元前313～前238年），战国末期儒学大师。名况，字卿。赵国人。古书中多作孙卿，《史记》作荀卿。

荀子学识渊博，继承了儒家学说，并有所发展，还能吸收别家之长，故在儒家中自成一派。对人性，荀子主张性恶，和孟子的性善针锋相对。认为人的本性是恶的，因而不可能有天生的圣贤；人性善是受教化的结果。对于天道观点，荀子受老子的影响，认为天没有意志，不过是能长万物的自然界，不能决定人事的吉凶、祸福。提出人应该顺应自然但也可改变自然，即所谓"制天命而用之"的人定胜天的思想。对于礼，荀子认为礼在调节社会上人与人的关系中起重要作用。

他宣扬儒家的王道思想，主张以德服人，反对用强力压人。王道的具体内容是礼义和仁政。他继承了儒家"为政以德"的传统，认为治国应该"亲政爱民"。他将君主比作舟，庶民比作水，认为"水则载舟，水则覆舟"。

荀子是礼法兼用、王霸并重，和他以前的儒家有明显的不同之处。《荀子》

一书收入荀子的著述，其中如《劝学》、《王霸》、《性恶》、《天论》、《解蔽》、《正名》、《礼论》、《乐论》等篇，应是荀子的作品。

南门立木

　　在战国七雄当中，秦国的政治、经济、文化各方面落后于中原各诸侯国。

　　公元前 361 年，秦国的新君即位，这就是秦孝公。他下决心发奋图强，把秦国治理成强国，他做的第一件事就是搜罗人才。有一个卫国的贵族公孙鞅（就是后来的商鞅），在卫国的时候，国君不重用他。听说秦国在招收人才，便来到秦国，托人把自己引荐给了秦孝公。

商鞅像

　　商鞅对秦孝公说："一个国家要富强，必须发展农业，奖励将士；治理国家，必须有赏有罚，赏罚分明，朝廷就会树立起威信，一切改革也就容易施行了。"

　　商鞅的一席话非常符合秦孝公的心意。可是秦国的一些贵族和大臣却竭力反对。

　　过了两年，秦孝公控制了朝廷，稳定了君位，就拜商鞅为左庶长（秦国的官名），并把改革制度的事全权给予商鞅决断。

　　于是，商鞅起草了一个改革的法令，但是担心老百姓不信任他，不遵守新法令。他便想了个法子，叫人在都城的南门竖了一根三丈高的木头，下命令说："谁能把这根木头扛到北门去，就赏这个人十两金子。"

　　不一会儿工夫，南门口围了一大堆人，大伙儿你瞧我，我瞧你，就是没有一个人上前扛木头。

　　商鞅知道老百姓不相信他的命令，就把赏金又加了四十两。可是，赏金越高，看热闹的人越觉得不近情理，仍旧没人敢去扛。

　　正在大伙儿犹豫不定的时候，从人群中跑出来一个人，那人说："我来试试。"边说边扛起木头就走，一直扛到北门。

　　商鞅立刻派人赏给扛木头的那个人五十两金子。

　　这件事立即传播开了，一下子轰动了秦国。从此，百姓都知道左庶长的命令不含糊。

　　商鞅看到他的法子得到了预期的效果，就把他起草的新法令公布了出去。

从商鞅变法以后，秦国的农业产量增加了，军事力量也强大了。不久，秦国进攻魏国，从河西打到河东，最后攻下了魏国的都城。

公元前350年，商鞅又推行第二次改革。这次改革遭到了许多贵族、大臣的反对。有一次，秦国的太子犯了法。商鞅对秦孝公说："国家的法令人人都要遵守。如果当官的人不去遵守，老百姓就不信任朝廷了。太子犯法，应当惩罚他的师傅。"

后来，商鞅治了太子的两个师傅公子虔和公孙贾的罪，一个割掉了鼻子，一个在脸上刺上字。这样一来，一些贵族、大臣都不敢触犯新法了。

又过了十年，秦国果然越来越富强。

围魏救赵

魏惠王也想仿效秦孝公，搜罗一个商鞅式的人才来治理国家。他不惜重金招徕天下豪杰。当时有个叫庞涓的人来到魏国，魏惠王亲自接见了他。庞涓讲了一些富国强兵的道理。魏惠王听了很赞赏，就拜庞涓为大将。

后来，魏惠王又听到孙膑很有才干，跟庞涓说起孙膑。庞涓派人把孙膑请来，跟他一起在魏国共事。庞涓发现自己的能力不如孙膑，怕有朝一日孙膑会取代他的地位，就告发孙膑私通齐国。魏惠王十分恼怒，治了孙膑的罪，在孙膑的脸上刺了字，还剜掉了他的两块膝盖骨。

正巧齐国有一个使臣出使到魏国，便偷偷地把孙膑带回了齐国。孙膑到了齐国后，齐威王对他大为赏识。

公元前354年，魏惠王派庞涓进攻赵国，齐威王就拜田忌为大将，孙膑为军师，发兵去救赵国。

田忌血气方刚，欲直奔邯郸与魏军主力厮杀以解赵围；孙膑深谋远虑，认为不妥，他提出"批亢捣虚"、"疾走大梁"的策略，并解析这样可以避实击虚，不必付出惨重代价即可解邯郸之围。田忌认为此策妙极，于是统率齐军主力向魏都大梁挺进。魏国此时已成四面受敌，更可怕的是齐国人击向了魏的心脏，庞涓无奈，以少数兵力控制千辛万

魏嵌金银兽首形辕饰　战国

苦刚刚攻克的邯郸，自己率魏军主力撤出赵国，回救大梁。这时，孙膑已安排齐军在桂陵（今山东菏泽）潜伏，庞涓率军行至这里即遭到已等待多时的齐军突然截击。魏军在攻邯郸时已消耗很大兵力，再加上日夜兼程地行军，疲惫不堪，于是大败而溃；与此同时，邯郸也被赵军夺回。

公元前341年，魏国又派兵进攻韩国。韩国也向齐国求救。那时候，齐威王已经死了，他的儿子齐宣王继承了王位。齐宣王派田忌、孙膑带兵救韩国。孙膑采用他的老办法，不去救韩，却直接去攻魏国。庞涓接到本国的告急文书，只好退兵往回赶。这时，齐国的兵马已经攻进魏国了。

庞涓率军撤回魏国，并加速追赶齐军。当追到齐军第一天扎营之地时，发现齐军营寨占地面积很大，从齐军做饭的炉灶数推测，齐军人数有10万左右。庞涓为齐军力量之大担忧。

当第二天追到齐军扎营之地时，发现营地已缩小，炉灶也减少，推算齐军已由10万人减少至5万人左右。庞涓担忧之心渐轻，心里知道齐军的士兵人心不齐，有逃跑的士卒。当他追到齐军第三天扎营之地时，发现营地更加缩小，炉灶也大为减少，估计此时齐军只剩3万人左右。他不由心中大喜，于是舍弃一部分军队，亲自率领精锐之师加紧追击。

魏军披星戴月，一直追到马陵（今河北大名县东南），天色渐渐黑了下来，马陵道十分狭窄，路旁边都是障碍物。庞涓恨不得一步赶上齐国的军队，命令大军摸黑前进。忽然前面的路给木头堵住啦。

庞涓到前面一看，见道旁树全被砍倒了，只留下一棵最大的没砍。那棵树上面还刮去了树皮。裸露的树干上面影影绰绰地写着几个大字，因为天色昏暗，看不太清楚。

庞涓叫兵士拿火一照，看见上面写的是："庞涓死于此树下。"

庞涓大惊失色，连忙命令将士撤退。霎时间，四周的乱箭，像飞蝗似的向魏军射来，马陵道两旁杀声震天，齐国的兵士铺天盖地地杀过来。

原来这是孙膑设下的计策，他故意让军队装出逃跑的样子，引诱庞涓追上来。他算准魏兵在这个时辰到达马陵，预先埋伏下一批弓箭手，吩咐他们只等树下出现火光，就一齐放箭。庞涓见无路可逃，便拔剑自杀了。

齐军乘胜大破魏军，把魏国的太子申也俘虏了。从这以后，孙膑的名声传遍了各诸侯国。

苏秦合纵

苏秦，字季子，生卒年不详，东周洛阳（今河南洛阳）人，排行第五，他的哥哥苏代、苏厉、苏辟、苏鹄，都是当时著名的纵横家。当时，正值战国中期，各国彼此攻伐争斗，很多纵横家纷纷游说诸侯，献计献策，以言辞博取功名利禄。苏秦对此非常羡慕，加上兄长的影响，从小便立志献身此道。他独自前往齐国颍川阳城（今河南登封），拜一代纵横大师鬼谷先生为师，学习纵横之术。

学成之后，苏秦踌躇满志，前往秦国游说秦王。苏秦对秦惠王说："秦国沃野千里，人口众多，实力强大，应该实行连横，东出函谷关，兼并六国，统一天下。"但当时秦国国力有限，还没有足够的实力，所以秦惠王拒绝了他的建议。苏秦在秦国待了一年多，上书十余次，但始终没有被秦所用。苏秦盘缠用尽，只好灰溜溜地回家了。

回到家，他的妻子埋头织布，不理睬他，嫂子不给他做饭，父母也不和他说话。苏秦大受刺激，开始发愤读书。为了争取一切时间读书，苏秦准备了一把锥子，困的时候就拿起来刺自己的大腿，这就是锥刺股的故事。苏秦日夜刻苦攻读《阴符》、《揣情》、《摩意》等书，仔细研究了各国的政治、军事、经济、山川地理。经过一年的努力，苏秦终于做到了"天下大势，如在掌中"。

士的崛起
战国时期，养士之风盛行，著名的"战国四公子"都有养士千人。养士与主人之间建立起一种新型的隶属关系。张仪、苏秦便出自这样的阶层。

公元前334年，苏秦再次辞别亲人，开始到秦以外的六国兜售其"合纵"主张。当时天下各国中齐、楚、燕、韩、赵、魏、秦最强大，而七国之中秦国最强。苏秦经过反复思考，初步形成了一个促成六国结盟以共同对抗秦国的战略思想，即"合纵"。

苏秦先来到最北面的燕国，对燕王说："燕国之所以没有受到秦国的进攻，完全是因为燕国南边的赵国是燕国的屏障。如果秦国想攻打燕国，则必须过赵国这一关；而赵国如果想攻打燕国，则没有任何阻碍。所以，大王如果想让燕国平安无事，就应该和赵国结盟，这样就不怕秦国了！"

燕王听后觉得十分有理，就为苏秦备好车马，给了他大量的金银珠宝，让他到赵国去游说赵王，促成联盟。

苏秦来到赵国，对赵王说："现在六国中赵国最强大，所以秦国最嫉恨赵国。但是，秦国为什么不敢进攻赵国呢？那是因为秦国害怕韩、魏两国乘机发起攻击，断秦军的退路和切断补给线。但是如果秦国进攻韩、魏两国，两国肯定抵挡不住秦国的进攻，必然会投降秦国。秦国没有了后顾之忧，就一定会进攻赵国！"

赵王一听，急忙问苏秦："那你说赵国该怎么办呢？"

苏秦归家，妻不下机

苏秦说："臣研究了天下的地图，六国的土地是秦国的五倍，兵力是秦国的十倍。如果六国联合起来进攻秦国，秦国必败。大王如果和韩、魏、齐、楚、燕五国结盟，联合起来，共同抵抗秦国，那么秦国肯定会吓得龟缩在函谷关（今河南灵宝北）内不出的。"

赵王觉得苏秦说得十分有理，就赏给苏秦 100 辆马车、1000 镒黄金、100 双白玉璧和 1000 匹锦绸，让他游说各国，联合抗秦。

苏秦来到韩国，对韩王说："韩国土地方圆 900 余里，士卒数十万，天下精良的兵器都是韩国出产的。韩国士卒英勇善战，能以一当百，天下没有哪国能比。韩国如果向秦国称臣，秦国必然会让韩国割让土地，今年给了它，明年它还会来要。韩国的土地有限，但秦国的贪欲是无限的。那样的话，韩国早晚会亡国的！大王不如和赵国联盟，共同抵御秦国。"韩王欣然接受。

接着苏秦又说服了魏国和齐国，最后来到最南面的楚国。

苏秦劝楚王说："楚国是天下疆域最大的国家，土地方圆 6000 余里，士卒百万、战车千辆，粮食可以支撑十年，这可是称霸天下的资本啊。六国中秦国最害怕的就是楚国。如果大王和其他五国结盟，就会孤立秦国，楚国就会称霸天下。"楚王欣然答应。

公元前333年，六国共同推举苏秦为合纵联盟的纵约长，同时担任六国的相国，身佩六国相印。六国在赵国的洹水"歃血为盟"，苏秦手捧盛满牛血的铜盘请六国君王歃血，拜告了天地和六国的祖宗，写了六份盟约，共同抵抗秦国。

合纵之后，秦国十多年不敢进犯六国。

张仪连横

秦国经过改革，国力日渐增强。面对势力不断扩张的秦国，其他六国都感到恐慌。为了抵抗秦国，有人建议六国采取联合抗秦的策略。这种策略叫做"合纵"。另有一些人站在秦国一边，拉拢各国与秦国合作，打击其他国家，这种策略叫做"连横"。在主张"连横"的政客当中，要数张仪最有名望。

张仪是魏国人，他早年和苏秦同在鬼谷子先生门下求学。

张仪学完课业之后，告别了老师和同学，到各诸侯国去进行游说。

张仪历经千辛万苦到了秦国。这时，秦孝公已经死了，他的儿子秦惠王即位，张仪凭借他的口才，果然得到秦惠王的信任，当上了秦国的相国。这时候，六国正在组织合纵。

在六国当中，要数齐、楚两国最强大。张仪认为要实行"连横"，必须拆散齐国和楚国的联盟，他向秦惠文王献了个计策，他假装辞去秦国相位，带着厚礼，以游说者的身份投奔楚国。

楚怀王对张仪在秦的显赫地位早有耳闻。张仪一到楚国，楚王就盛情款待了他。

楚王对张仪说："您来我们这个偏僻落后的国家，有什么指教吗？"

张仪接过话茬说："大王如果能听我的意见，首先同齐国断交，不再同它往来，我能把秦国商、於一带的六百里土地献给贵国；让秦王的女儿嫁给大王作妻妾。秦、楚两国之间娶妇嫁女，结为亲戚，永远和好。这样，削弱了北边齐国的力量，西边得到秦国的好处，我看没有比这更好的主意了。"楚王喜出望外，赞成张仪的主张，一群溜须拍马的大臣都向楚王祝贺。

楚国把相印交给张仪，宣布与齐国解除盟约，并派使臣随张仪接收商、於之地。

张仪出使楚国的目的达到了，他一回到秦国便假装从马上掉下来伤了脚，一连三个月都不理楚国使臣。

后来，齐国见楚国不讲信义，便与秦国联合了。张仪见计划实现了，便把楚国使者打发走。楚国使者再一次向张仪索要土地时，张仪耍赖不承认有这回事了。

使者回来一报告，气得楚怀王直翻白眼，发动十万大军攻打秦国。秦惠王也发兵十万人迎战，齐国也赶来助战。楚国一败涂地，十万人马只剩了两三万，商於六百里地没到手不说，还被秦国夺去了汉中六百里地。

后来，张仪又放心大胆地去韩国、齐国、赵国、燕国等国逐一地推行他的连横策略。最后，六国的合纵彻底瓦解了。

胡服骑射

北方的赵国看到秦国恃强凌弱的做法，知道只有发奋图强，才能国泰民安。赵国的国君武灵王，是个很有远见的国君，面对周边的诸侯国日益强大，便考虑着赵国的发展前途。

有一天，赵武灵王对他的臣子楼缓说："咱们国家东边有齐国、中山（古国名），北边有燕国、东胡，西边有秦国、韩国和楼烦（古部落名），我们如果不强大起来，随时都会遭受灭顶之灾。要发奋图强，就必须改革一番。我觉得咱们穿的长袍大褂，干活打仗都不方便。相比之下，胡人（泛指北方的少数民族）的短衣窄袖，倒是很灵活。我打算效仿胡人的风俗，把我们的服装改一改，你看怎么样？"

楼缓一听，连声说好，他说："咱们

赵武灵王胡服骑射复原图

效仿胡人的穿着，也能学习他们打仗的本领啦！"

赵武灵王说："对啊！咱们打仗全靠步兵，或者用马拉车，这样不如骑马灵活机动。我们学胡人的穿着，就是要学胡人那样骑马射箭。"

这个想法一传开去，就遭到许多大臣的反对。

但是，赵武灵王的决心很坚定，非实行改革不可。他知道要推行这种改革方案，必须排除内部的阻力。他首先去找他的叔叔公子成，跟公子成反复地讲穿胡服、学骑射的好处。公子成最终被说服了，越武灵王立即赏给公子成一套胡服。

大臣们一见最保守的公子成也穿起胡服来了，便都不再提反对意见，都跟着改了。

赵武灵王看到条件已经成熟，就发布了一道改革服装的命令。不久，赵国人不分贫富贵贱，都穿上了胡服。一开始，人们还觉得有点不习惯，后来觉得穿了胡服实在方便灵活得多。

赵武灵王接着又号令国人学习骑马射箭。不到一年，训练了一支强大的骑兵队伍。公元前305年，赵武灵王亲自率领骑兵打败了临近的中山，又收服了东胡和临近几个部落。到了实行胡服骑射以后的第七年，中山、林胡、楼烦都被收服了，赵国的土地扩大了许多。

赵武灵王经常带兵外出打仗，把国内的事务交给儿子处理。公元前299年，他把国君的位子传给了他的儿子，就是赵惠文王。武灵王自己改称叫主父（意思是国君的父亲）。

狡兔三窟

孟尝君像

孟尝君名叫田文，是齐国的贵族，他与信陵君、平原君、春申君合称四公子。这四位公子都有养士之好，凡是投奔他们门下的人，都被留下来供养着。据说，各家都有数千食客，尤其是孟尝养士的声名最大。

孟尝君有个门客叫冯煖，齐国人，家里穷得几乎无法生存，只好托人转求孟尝君，愿意在门下当一名门客。

孟尝君手下的门客，以为冯煖没有什么本领，都瞧不起他，尽给他吃粗茶淡饭。有一天，午饭后，冯煖背靠大厅的圆柱上，有节奏地敲击长剑，高声唱起歌来："长剑归去吧，这里没有鱼吃。"孟尝君听到禀报后，说："给他鱼吃，把他安排在食客当中。"一天，冯煖从街上回来后，又靠在圆柱上唱起来："长剑回去吧，在这里出门没车坐呀！"孟尝君听到禀报后说："给冯煖的待遇要跟所有食客同等，他出门时，要给他备车。"过了不久，冯煖又唱道："长剑回归吧，在这儿无法奉养老人。"恰巧孟尝君亲自听到歌的内容，就吩咐每天三餐派人给冯煖的母亲送去食品。从此，再也听不到冯煖击剑高歌了。

一天，孟尝君派冯煖到薛邑去收租债。临别时，冯煖问："收完后，需要买些什么回来吗？"孟尝君说："你看我家里缺什么，就买什么吧！"

冯煖到薛邑后，就叫当地官吏马上召集所有欠债户，来验对票据凭证。待欠债的百姓到齐，票据也验对完毕，冯煖即假托奉孟尝君的决定，宣布所有应收的债款，统统赏赐给大家。说罢当众把所有票据用火烧了，老百姓万分感激孟尝君。

冯煖第二天见到孟尝君。孟尝君见他回来得这么快，很惊讶地问："债都收回来了？"冯煖答："收了。"孟尝君又问："买什么回来了？"冯煖答："遵您的吩咐，看您家缺什么买什么。我看，您家里只缺少'义'，所以替您买了'义'回来。"孟尝君一时还没有品出话的意思。冯煖解释道："我自作主张，擅称是您的命令，宣布把债全部免了，把票据全都烧了。百姓感动得高呼不忘您的恩德。这就是我替您买回来的'义'呀！"孟尝君听后很不高兴。

一年后，齐王革了孟尝君的职位。孟尝君无奈之中，只好回到封地薛邑去安家。薛邑的百姓得知这个消息，个个扶老携幼，倾城而出，站在离城百里的路边，等候迎接孟尝君。孟尝君看到这番情景，十分感动，他回头看着冯煖说："今天见到先生买回的'义'了。"冯煖趁机说："狡兔有三窟，所以才能保全性命。如今，薛邑才算一窟，还不能高枕无忧。请允许我再给您营筑另两个窟。"孟尝君点头赞许。

后来冯煖去梁国对梁惠王说："齐国把大臣孟尝君放逐国外，而他是个非常有才德的人。哪个诸侯国任用他，哪个国家就会强盛起来。"梁惠王觉得很有道理，便决定请孟尝君为相。梁惠王派遣使者带一百辆车子、黄金千斤前往薛邑聘请孟尝君。

齐王听到消息后，大为震惊。他懊悔自己当初太冒失了，马上派太子的老师带上千斤黄金和花纹精美的华贵车子，以及齐王自己佩挂的宝剑，作为馈赠孟尝君的礼物，并写了谢罪书。孟尝君答应回朝任相，并按照冯煖的策略提出请齐王把先王传下来的祭祖器分给薛邑一些，在薛邑建一座宗庙。齐王马上答应了。此后，孟尝君当了几十年的齐国宰相，一直顺顺当当，没有受到任何祸患和危害。这是"狡兔三窟"起的大作用啊！

燕王哙内乱

燕王哙的时候，任用子之为相国，采纳了公孙衍合纵的建议，与齐、楚、赵、韩共同支持魏国改用公孙衍为相，把张仪驱逐去了秦国。

公元前318年，苏代作为齐国使臣出使燕国。燕王哙问他："你觉得齐王怎么样？"苏代回答说："齐王必不能称霸。"燕王哙问："这是为什么？"苏代回答说："因为齐王不信任和重用他的大臣。"苏代想用这番话激燕王哙重用子之。果然，燕王哙更加重用子之。为此，子之送给苏代百余金，表示要听从苏代的吩咐。

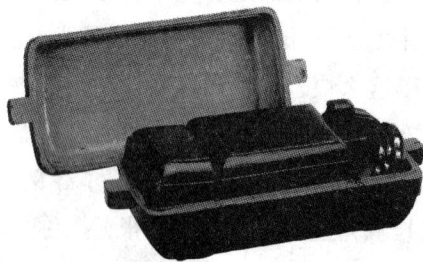

大臣鹿毛寿见状劝燕王哙说："不如把国家让给子之。当年，帝尧之所以被后世称为贤君，是因为他曾经要把国家让给许由，许由没有接受，所以尧既得到了让贤的美名，又没有失去天下。现在，大王如果将国家让给子之，那么子之必然也不敢接受，这样一来大王便可以与当年的尧相媲美了。"

酒具盒　战国中期

燕王哙听信了蛊惑，使子之的权位更大了。这时又有大臣劝燕王哙说："当年，禹把伯益定为自己的继承人，但他任用的官吏却都是启的党羽。等到禹老了，觉得启的党羽不足以担当统治天下的大任，就传位给了伯益。而启却和他的党羽攻打伯益，最终夺了伯益的国君之位。所以天下人都认为禹虽然名义上传位给了伯益，但不过是给了他一个虚位，而实际上是要让启取而代之。现在，大王您说要把国家让给子之，但所任用的官吏都是太子的人，这就和当年的禹一样，表面上要把国家让给子之，但实际上还是太子说了算。"

燕王哙一听，竟将300石俸禄以上大官的玺全部收回，由子之擢贤任用。子之大权在握，成了实际上的君主，燕王哙却再也不上朝听政了。

公元前314年，太子率军围攻子之数月，一时燕国人心惶惶。齐国乘此时机派兵入燕干涉，燕王哙死于战乱，因为他把国家让给了子之，所以死后连谥号都没有。子之也没落个好下场，被齐人抓住砍成了肉酱。赵武灵王趁燕国内乱，将燕王哙的庶子姬职从韩国送回燕国，继承王位，是为燕昭王。

燕昭王求贤若渴

燕昭王继位后，立志要使燕国重新强大起来。

燕昭王登门拜访老臣郭隗，说："齐国趁我们国家内乱侵略我们，这个耻辱我是忘不了的。但是现在燕国国力弱小，还不能报这个仇。要是有个贤人来帮助我报仇雪耻，我宁愿伺候他。您能不能推荐这样的人才呢？"

郭隗摸了摸自己的胡子，讲了一个故事：古时候有个国君，最爱千里马，派人到处寻找，找了三年都没找到。有个侍臣打听到远处某个地方有一匹名贵的千里马，就跟国君说，只要给他1000两金子，准能把千里马买回来。国君挺高兴，就派侍臣带了1000两金子去买。没料到侍臣到了那里，千里马已经害病死了。侍臣想，空着双手回去不好交代，就把带去的金子拿出一半，把马骨买了回来。侍臣把马骨献给国君，国君大发雷霆，说："我要你买的是活马，谁叫你花了钱把没用的马骨买回来？"侍臣不慌不忙地说："人家听说你肯花钱买死马，还怕没有人把活马送过来？"这个消息一传开，大家都认为那位国君是真的爱惜千里马。不出一年，果然从四面八方送来了好几匹千里马。

郭隗讲完了这个故事，说："大王要征求贤才治国，我愿意当马骨。"

燕昭王大受启发，马上派人造了一座精致的大房子给郭隗住，还拜郭隗为老师，礼遇丰厚。各国有才干的人听到燕昭王这样真心实意招揽人才，纷纷赶到燕国，其中最出名的就是赵国人乐毅。燕昭王拜乐毅为亚卿，请他整顿国政，训练兵马，燕国一天天强大起来。

乐毅伐齐

齐王在位期间，骄横霸道，常常欺负弱小的国家。这样一来，许多诸侯国对他都不满，特别是燕国。

燕国也是战国七雄之一，在燕王哙做国君时，用子之为丞相，后来，燕王哙听信了坏人的主意，把国君的位子让给了子之，结果把国家搞得混乱不堪。齐国趁机进攻燕国，燕差点被灭掉。燕王哙死后，燕昭王即位，他恨透了齐国，总想报仇雪恨，但自

燕王职戈 战国

知国小地僻，力量对比悬殊，于是他礼贤下士，希望招揽人才。有人对燕昭王说，老臣郭隗有见识，请他帮助招贤纳士准错不了。燕昭王与郭隗一交谈，果然觉得郭隗很有才能，便为他造了一座精美的住宅，还拜郭隗作老师。各国有才能的人听说燕昭王真心实意地招募人才，便纷纷来到燕国。乐毅以魏昭王使节的身份来到燕国，燕王用宾客之礼接待他，被乐毅婉言谢绝，并在昭王面前声声称臣。燕昭王高兴地任他为亚卿，经过考察，发现他非常有才能，便把国家大事交他处理。

经过几年的努力，燕国国力日盛，燕昭王看到齐国潜在的危机逐渐暴露，便与乐毅商讨如何征伐齐国。乐毅认为齐国地广人多，单靠燕国的力量不容易取胜，建议联合其他国家一同攻齐。燕昭王赞成乐毅的意见，派乐毅去赵国联络，派其他使者联合楚、魏两国，还叫赵国去说服秦国共同出兵。诸侯各国深受过齐王骄矜暴戾之害，都愿意跟燕国讨伐齐国。

乐毅等回来禀报燕昭王，燕昭王见时机成熟，便任命乐毅为上将军，统领全国军队。与此同时，赵惠文王也把相国的印交给了乐毅，授给他全权。公元前284年，乐毅统领赵、魏、秦、韩、燕五国的军队进攻齐国，在济水西侧首战告捷。随后，乐毅率领燕军，乘胜追击齐军，一鼓作气，攻到齐国都城临淄。齐王逃出都城临淄，最后逃出莒城。乐毅出兵半年，前后攻下70多个齐国的城邑，都划归为燕国的郡县。当时只剩下莒城和即墨尚未攻破。

田单复国

田单家是齐国王室的远支。齐湣王时，田单在齐都临淄担任管理街市贸易与治安的小官。他善于学习，喜读兵法，对军事很有研究。

燕将乐毅率领燕、赵、魏、韩、秦五国联军攻打齐国，在济水以西大败齐军的主力，兵锋直逼临淄。田单逃到临淄附近的小城安平（在今山东临淄东北）。燕军攻占临淄后，紧接着又进攻安平，齐人惊惶失措，纷纷携带财物逃跑。田单命族人把露在车轮外面的车轴锯断，并用铁皮把车轮包起来。在逃跑的时候，由于道路狭窄，车辆互相撞击，许多车由于车轴过长而被撞坏，很多人被燕军俘虏。只有田单和他的族人因为车轴短而且包有铁皮，逃到了齐国东部的大城即墨（今山东即墨北）。燕军很快占领了齐国绝大部分城邑，只剩下莒和即墨两城没有攻破。

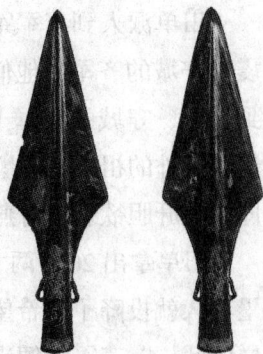

蝉纹铜矛 战国

齐湣王逃到了莒（今山东莒县）。这时楚王为了夺回以前被齐国占领的土地，派大将淖齿以援齐为名，率领楚军进入齐国。齐湣王幻想依靠楚国的力量复国，就任命淖齿为相，结果被淖齿杀死，楚国夺回了被齐国占领的淮北之地。后来，齐国大臣王孙贾等杀死淖齿，拥立齐湣王之子为王，即齐襄王。乐毅率军进攻莒，企图灭亡齐国，昼夜猛攻。齐襄王号召民众坚守莒城，抵抗燕军，保卫齐国。燕军久攻不下，乐毅改变了战略部署，留下一部分兵力继续攻打莒，自己则率兵去攻打即墨。即墨的守将率军出城迎战，结果战败被杀。即墨人推举在逃跑中显示出聪明才智的田单为即墨守将，田单欣然受命，担任起了领导即墨军命抗燕的重任。

即墨是齐国一座较大的城池，地处富庶的胶东地区，土地肥沃，物产丰富，人口众多，即墨城的城墙坚固，还有部分军队。田单领导即墨军民构筑城防工事，加固城墙，深挖护城河，收容了7000残兵，并把自己的族人也编入军队，参加守城。他还拿出自己的家产犒赏士卒，与他们同甘共苦。即墨军民深受感动，士气高昂，决心誓死保卫即墨城。从此，即墨和莒成为抵抗燕军的两大坚固堡垒。燕军攻打了一年多，始终没能攻克即墨。乐毅令燕军后撤9里扎营，然后对城中的军民展开了攻心战，声称只要城中军民前来投降，一律优待，有困难的一定帮助。双方一直相持了三年多。

公元前279年，燕昭王死，燕惠王即位。燕惠王在做太子的时候就和乐毅不合，这次两座城池乐毅3年都没有攻克，燕惠王对他更加不满。田单见有机可乘，就派间谍到燕国散布谣言，说即墨和莒其实很容易被攻克，之所以没有攻克，是乐毅想做齐王，只是齐人尚未全部归附，所以缓攻两城，等待时机。燕惠王听了以后，立即命骑劫代替乐毅，并召乐毅回国。乐毅见燕惠王这么不信任自己，害怕回燕国后有杀身之祸，就投奔了赵国。

骑劫是一个骄傲狂妄、有勇无谋的人，他一到齐国，就下令对即墨强攻。由于即墨军民的顽强抵抗，燕军没能攻克即墨。

田单派人到燕军军营中散布谣言，说只要把齐军俘虏的鼻子割掉，押到城下震慑守城的齐军，他们就会投降。骑劫果然令人把齐军俘虏的鼻子割掉，然后押到城下，守城的齐军士兵无不义愤填膺。田单又派人去散布谣言，说只要挖了即墨人城外的祖坟，即墨人就会投降了。骑劫再次中计，派燕军挖了即墨人的祖坟。即墨人肝胆欲裂，对燕军的暴行恨之入骨，纷纷要求与燕军决一死战。

田单拿出2000两黄金，派即墨城中的豪绅偷偷出城，送给燕军将领，说："即墨不久就投降了，希望燕军入城后不要掠虏我们族人和妻妾，让我们能和往常一样生活。"燕军将领满口答应。田单把精锐士卒都隐藏起来，只派一些老弱病残到城墙上巡逻，骑劫看后以为齐军精锐已经死伤殆尽。这时田单又派人来投降，燕军听说即墨要投降，都欢呼万岁，戒备从此松懈下来。

田单命人在千余头牛的牛角上绑上尖刀，身上披上着五彩龙纹的外衣，牛尾绑上浸过油脂的苇草，在城墙上挖了十几个洞，又组织了5000人的敢死队，扮成鬼神模样。当天夜里，田单命人点燃牛尾的苇草，千余头火牛怒吼着从城洞中冲出，直奔燕军军营，敢死队随后杀出。城中的老弱病残登上城头，敲锣打鼓，大声呼喊。

燕军从睡梦中惊醒，仓皇逃跑，死伤无数，骑劫也在混乱中被杀。田单乘胜进军，齐国各地的军民纷纷响应，很快将燕军赶出齐国。田单复国后，把齐襄王从莒接回临淄，齐襄王任田单为相国，封于安平邑，号安平君。

田单在任齐相期间，无重大建树。后赵国割济东3城57邑给齐国，求田单为将，田单入赵任将军。公元前265年，他率赵军攻燕，夺取3城，又攻韩。次年，田单为赵相。田单最后的结局却无人知道。

屈原投江

楚国被秦国打败后，楚怀王又想重新和齐国联合起来。这时，秦昭襄王继承了王位，他很客气地写信给楚怀王，请他到武关（今陕西丹凤县东南）相会，当面订立友好盟约。

楚国大夫屈原劝楚怀王不要去，他说，秦国一定会设下圈套等着我们上当呢。

正如屈原预料的那样，楚怀王刚进入秦国的武关，立刻被秦国预先埋伏下的人马截断了后路。在会见时，秦昭襄王逼迫楚怀王把黔中的土地割让给秦国，楚怀王拒绝了。秦襄王下令把楚怀王押到咸阳软禁起来，并派人通知楚国让他们拿土地来赎人。

　　楚国的大臣们听到国君被押，非常气愤，拒绝了秦国的无理要求，并立太子为国君，这个国君就是楚顷襄王。

　　楚怀王在秦国被关一年多，吃尽苦头，后来病死在秦国。

　　楚国人为楚怀王被害死心里很气愤，大夫屈原更是怒不可遏，他劝楚顷襄王搜罗人才，远离小人，鼓励将士，操练兵马，为国家和怀王报仇雪耻。

　　可是他的劝告却招来了令尹子兰和靳尚等人的仇视。他们抓住一切机会在顷襄王面前诬陷屈原。

　　楚顷襄王听信谗言，把屈原革了职，放逐到湘南去。

　　屈原到了湘南以后，经常在汨罗江（在今湖南省东北部）一带徘徊，吟诵着伤感的诗歌。

　　有一天，屈原在汨罗江边遇见一位打鱼的渔父。渔父对屈原说：“您不是楚国的大夫吗？怎么会落到这种田地呢？”

饮酒读《离骚》图　明　陈洪绶
《离骚》历来为忧愤之士所爱，图为一位士人坐于兽皮褥上正饮酒读《离骚》，一副激愤而又无可奈何之状，大有击碎唾壶一展悲吟之意。

　　屈原说：“我落到这个地步，是因为许多人都是肮脏的，只有我是干净的；许多人都喝醉了，只有我还醒着。”

　　屈原不愿意屈辱地活着，到了公元前278年五月初五那天，他抱着一块大石头，跳到汨罗江里自杀了。

　　附近的百姓，得到消息，都划着小船去救他。人们在汨罗江上打捞了许久，也没有找到屈原的尸体。

　　那位渔父很难受，他对着江面，把筒子里的米撒到江里表达他对屈原的哀思。

　　在第二年五月初五的这一天，当地的百姓想起这是屈原投江一周年的日子，又划船到汨罗江中，把竹筒子盛了米撒到水里去祭祀他。后来，人们把盛米饭的竹筒子改为粽子，划小船改为赛龙船。这种纪念屈原的活动渐渐成为一种风俗。

人们把每年农历五月初五称为端午节。

屈原生前写下了许多优秀的诗篇，其中最有名的是《离骚》。他在这篇诗歌里，痛斥卖国的小人，表达了他忧国忧民的心情，对楚国的一草一木，都寄托了无限的深情。

楚辞

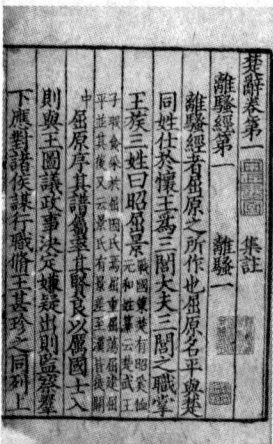

《楚辞》书影

战国后期，在南方的楚地，楚辞的创作大放光彩，成为战国时代诗歌的主流。楚辞是屈原在楚地民歌基础上改造而成的一种新诗体，其名称最早见于汉初，人们用它来称指屈原、宋玉等人的作品以及汉代作家的模仿之作。当时这种文体又简称"辞"，或与赋连称为"辞赋"，由于它以屈原的《离骚》为代表，所以有"骚"之名。

在南方的江汉沅湘流域，有着和中原地区不同的自然条件，当地人民创造了灿烂的楚文化。春秋战国时代，楚国又接受了中原文化的影响。楚辞就是楚文化和中原文化相结合的产物，它的语言、形式、风格以及其中的神话传说、历史人物、风俗习尚、山川物产等等，都带有鲜明的楚国地方色彩。

楚地有浓厚的宗教气氛。民间祭祀时，这种祀神的巫歌与音乐舞蹈结合在一起，风格热烈活泼，富于浪漫情调。《九歌》本来就是这种民间祭歌，屈原把它们加工改造成了楚辞。另外，战国时代纵横驰说、铺采骋辞的文化气氛和当时散文中的繁辞华句，也对楚辞的出现产生了一定影响。

屈原去世后，在楚襄王年间，出现了宋玉等一大批楚辞的作者，兴起了具有浪漫主义色彩的文学潮流，是中国纯文学诗歌的第一个高潮。

扁鹊

扁鹊，姓秦，名越人，渤海郑郡（今河北任丘）人，是春秋战国时期著名的医学家。

扁鹊年轻的时候，是一家馆舍的主管人，他认识了一个叫长桑君的人。通过长时间的交往和了解，长桑君觉得扁鹊人不错，就把自己多年来的医疗经验和珍藏多年的药方都传授给他。扁鹊经过钻研学习，成了一名杰出的医生。

扁鹊此后就在今陕西、山西、河北一带行医，为人民解除疾病痛苦。

扁鹊经过虢国的时候，听说虢国公子因血液运行不畅而忽然倒地身亡。他认真询问了公子的病情和症状，认为公子并没有真正死亡，他可以把公子救活过来。于是他求见虢国国君，

· 《难经》 ·

《难经》相传为扁鹊所作，以问难的形式，亦即假设问答，解释疑难的体例予以编纂。但据考证，该书约成书于东汉以前（一说在秦汉之际）。内容包括脉诊、经络、脏腑、阴阳、病因、病理、营卫、腧穴、针刺等基础理论，同时也列述了一些病证。该书以基础理论为主，结合部分临床医学，在基础理论中更以脉诊、脏腑、经脉、腧穴为重点。该书还明确提出"伤寒有五"（包括中风、伤寒、湿温、热病、温病），并对五脏之积，泻痢等病多有阐发，为后世医家所重视。全书内容简扼，辨析精微，在中医学典籍中常与《内经》并提，被认为是最重要的古典医籍之一。

用针石药剂很快就救活了公子。大家都认为扁鹊能够使死了的人复生。扁鹊谦虚地说，不是我能起死回生，是他本来就没有死，我只不过是让他恢复过来而已。

扁鹊经过蔡国的时候，看见蔡桓公气色不好，就很直率地告诉他："您生病了，病在皮肉之间，现在还比较容易治。"可是蔡桓公自我感觉很好，坚称自己没病。又过了5天，扁鹊见到蔡桓公说，你的病已在血脉里，不治就要恶化。蔡桓公又没有听扁鹊的劝告。又过了5天，扁鹊见到蔡桓公，见他面色灰暗，又说："您的病已在肠胃之间，再不治的话，就有生命危险了。"这次蔡桓公还是没理会。又过了5天，扁鹊最后一次见蔡桓公，见他面色已全无光彩，知道已是无药可救，就走了。没过多久，蔡桓公就发病而亡。

此后，扁鹊开始周游列国，随俗为变，处处为病人考虑。经过邯郸时，那里重视妇女，他就当妇科医生；经过洛阳时，那里尊重老人，他就当起了耳目科医生；在咸阳时，那里人疼爱小孩子，他就做儿科医生。总之，他各种科目都很擅长，努力为天下百姓解除疾病。

扁鹊是一代神医，因为名声太大，遭到小人的嫉妒。秦国太医令李醯，觉得自己的医术不如扁鹊高明，就派人把扁鹊杀了。

扁鹊在医学上的成就，有以下几个方面：第一，在诊断方面，扁鹊采用了望色、闻声、问病、切脉的四诊合参法，尤其擅长的是望诊和切诊。在给蔡桓公看病的过程中，通过察看蔡桓公气色，就知道其疾病症结，就是望诊的体现。因此《史记》中称赞道："至今天下言脉者，由扁鹊也。"第二，在经络藏象方面，扁鹊提出

扁鹊像

病邪沿经络循行与脏腑的深浅，以及病由表及里的传变理论。在诊治虢国公子时，他就深入分析了经络循行与脏腑的关系，并给出了救治的方案。第三，在治疗方法方面，扁鹊提出辨证论治与综合治疗结合。从史籍记载中，我们看出扁鹊已经熟练掌握了砭石、针灸、汤液、按摩、熨帖、手术、吹耳、导引等方法，并将其灵活兼用于具体病案之中，综合治疗。第四，在科学预防方面，扁鹊提出了6种病不能治。即"骄恣不论于理，一不治也；轻身重财，二不治也；衣食不能适，三不治也；阴阳并藏、气不足，四不治也；形羸不能服药，五不治也；信巫不信医，六不治也。"其中不治"信巫不信医"，反映出扁鹊朴素的唯物主义思想。

把中药制成丸、散、膏、丹、汤剂等品类也是他的创造。他是我国中医发展史上一位承前启后的重要医学家，为我国传统中医学的发展奠定了基础，人们把他比作传说中黄帝时代的神医扁鹊，后来的中医都尊他为祖师。扁鹊的医学理论，被后人整理成一部医书，名叫《难经》，是中医学的宝贵文献。

综上所述，扁鹊是中国医学史上第一位继往开来的大医学家，他奠定了我国传统医学诊断法的基础。他对我国传统医学的贡献将永载史册。

完璧归赵

赵惠文王在位时，得到了楚国丢失的和氏璧。这时，强大的秦国曾几次派兵攻打赵国。因赵大将廉颇英勇善战，秦国占不到丝毫便宜。

公元前283年，秦昭襄王得知赵国得到了和氏璧，便派使者对赵惠文王说："秦国愿意用十五座城池换取和氏璧。"

赵王和大将军廉颇等大臣商议对策。他们考虑到，如果把"和氏璧"给了秦国，秦国不守信，只会白白地被骗；要是不给，秦国会借口攻打赵国。他们讨论了许久也没找出一点办法。后来决定先找个使者去秦国周旋，但又没有理想的人选。这时，有人推荐蔺相如可以出使。

秦昭襄王听说赵国使臣来到，立即在别宫接见了蔺相如，蔺相如捧着和氏璧恭敬地献给秦王，秦王高兴地接过观赏。随后，递给左右大臣们传看，又传给姬妾和侍人们赏玩，大臣们祝贺秦王得到稀世珍宝。蔺相如在朝堂上等了半天，发觉秦王没有换城的诚意。可是和氏璧已落到别人手中，怎么才能拿回来呢？蔺相如急中生智地对秦昭王说："这玉璧确实好，但还有个小毛病，让我指给大家看。"秦王信以为真，叫手下把璧交给蔺相如，相如捧璧退了几步，身子靠着殿柱，怒气冲冲而理直气壮地说："当初大王派使者送国书，愿意以十五城换这块玉璧，赵国大臣都认为大王在骗人。我却认为普通百姓交朋友都讲信用，何况秦国是泱泱大国。赵国诚心实意派我把璧送来，大王却态度傲慢，在一般殿堂接见我，显然是没有诚意换璧。现在请按诺言以城换璧。如果大王逼迫我，我就把我的脑袋和这块璧一起撞碎在柱子上。"说完蔺相如抱着玉璧用愤怒的目光斜视着柱子，做出要去撞的样子。秦王唯恐砸碎了玉璧，赶紧劝他不要这样做，并连连表示歉意。他马上命令大臣把地图拿来，指着那换璧的十五座城给蔺相如看，蔺相如知道秦王又在使用欺骗手段，也将计就计。他对秦昭王说："和氏璧是无价之宝，在我把它带来之前，我国举行隆重仪式，斋戒五天。大王也要斋戒五天，我才敢献上和氏璧。"

秦王想，反正你也跑不了，就答应斋戒五日，蔺相如回到住处，叫自己的随从化装成百姓的模样，把璧藏在怀中，从小路偷偷地回国去了。

五天后，秦王在朝廷备了九宾大礼接见赵使蔺相如，相如对秦王说："秦国自穆公以来的二十多个君主，没有一个是讲信用的。我实在怕被骗上当，所以派人把璧先送回赵国了。"秦昭襄王听到这里，大发雷霆，气呼呼地对蔺相如说："我今天举行这么大的仪式，你竟敢把和氏璧送回去。来呀！把他绑起来。"蔺相如不慌不忙地说："请大王别发怒。天下诸侯都知道秦国是强国，赵国是弱国，

· 精致的战国玉器 ·

从春秋晚期开始，玉器发生了比较明显的变化。玉器上的花纹由简单向繁密的方向发展，并流行隐起的涡纹，器物显得圆润丰满。体现战国玉器高度工艺水平的是战国中、晚期的玉器，其代表作有辉县固围村魏王室墓出土的大玉璜、平山中山国王墓出土的青玉带钩等。魏王室墓出土的大玉璜中有7块美玉、2个鎏金铜兽头，以铜片贯联起来成为一器，呈弧形，全长20.2厘米，玉质温润。色白而泛浅灰，是精美的和田玉。中间一玉微曲似折扇形，上侧琢一回首垂尾卧兽，口部钻有一个小孔，便于穿系，下弧一鼻穿孔，供系玉佩用。此中心玉与其左右的扇面形玉琢有变形蟠虺纹饰，成为龙身，其外两侧为玉龙首，龙首口含鎏金铜虎首，虎首口衔有着卷云饰纹的椭圆形玉，图案匀称饱满，琢工细腻精巧。战国时玉器玉质优良，王侯多使用和田玉，玉质细腻温润，光泽晶莹，青白色较多，偶见白玉。

完璧归赵画像石

只有强国欺负弱国，从来没有弱国欺负强国的道理。如果大王真心想要和氏璧的话，请先交十五座城给赵国。弱国是不敢背信弃义而得罪大王的。如果杀了我，天下人也就看透您的用心，都知道秦国不是讲信誉的国家。望你们仔细想一下吧！"秦王与大臣们被说得哑口无言。秦王只得在正殿上以欢送赵国特使的礼节把蔺相如送回去。

蔺相如因完璧归赵，为赵国立了大功，赵惠文王提拔他为上大夫。秦昭襄王本来也没打算以城换璧，后来再没提过这件事。

将相和

秦昭襄王一心想要制服赵国，接连入侵赵国国境，而公元前 279 年，又突然表示愿与赵国和好，约请赵惠文王渑池相会。赵惠文王担心秦国又在耍花招不想去。廉颇、蔺相如都认为不去会被人瞧不起。最后赵惠文王决定冒一次险，他叫蔺相如随行，让廉颇率领精兵守候在赵国边界，准备抵御秦兵进犯赵国。

到了渑池相会这天，秦昭襄王大摆酒席款待赵惠文王。席间，秦王假装醉意让赵王为他鼓瑟助兴，赵惠文王不好推辞，勉强演奏一段。秦王马上吩咐史官，把这件事记录下来。蔺相如见秦昭襄王有意侮辱国君，立即走到秦王跟前，也请秦昭襄王演奏一段曲子。遭到秦王拒绝后，蔺相如进逼两步，献上陶盆。目光盯着秦昭襄王说："大王未免太欺负人了。如果您不敲盆，在五步之内，我的血将溅到大王身上。"秦王不得已也敲了陶盆，相如马上让赵国史官记录下：某年某月某日，秦王为赵国击缶。随后，秦大臣又提出无礼要求，让赵国拿出十五城给秦王献礼。蔺相如也说："请秦国把都城咸阳给赵国献礼。"席间，秦国不能占到一点便宜，而且赵国边境也早有防备，秦国就不敢轻举妄动了。

回到赵国后，赵惠文王对蔺相如的勇敢机智大加赞赏，拜他为上卿，地位在廉颇之上。大将军廉颇很不满意，私下里对自己的门客说："蔺相如有什么本领，职位反比我高。就凭一张嘴，能说会道那叫什么本事。我南征北伐，攻下多少城池，立过多少次大功，日后见面一定要给他点颜色看看。"这话传到相如耳里，蔺相如便尽量避开廉颇，并且装病不去上朝。

有一天，蔺相如坐车上朝，在路上看见廉颇的车马迎面而来，赶紧叫车夫把车躲进小弄堂里，给廉颇让道。蔺相如的属下有点看不过去，责怪蔺相如不该那么怕廉颇。蔺相如笑着问他们："你们说，廉颇将军厉害，还是秦王厉害？"手下人都说秦王厉害。蔺相如又说："秦王我都不怕嘛！我会怕廉颇吗？今天秦国不敢入侵我国，是因为有我和廉颇在，一旦我们不和，就会削弱内部力量，秦国就会乘机入侵。所以我不与廉颇争高低，为的是国家稳定。"后来，蔺相如的话传到廉颇耳里。廉颇仔细一想，觉得是自己的错。于是，他马上脱光上身反绑双手，背插荆条，去蔺相如府上请罪。他见了蔺相如低头说道："我私心太重，只顾论功争权，幸亏您以大局为重！我实在是没脸来见您，请处罚我吧！"蔺相如连忙搀起廉颇，说："咱们两人都是赵国的大臣，您能理解我，我已经万分感激了，何必给我赔礼呢！"

从这以后，他们互相谅解，成了生死与共的朋友，赵国也更加强盛了。

远交近攻

赵国因为将相和睦，使秦国不敢侵犯。秦国便把矛头指向其他国家。到了公元前270年，秦国又派兵攻打远离秦国的齐国。

秦金柄铁剑　战国

正在这时，有人向秦昭襄王推荐一个人，他叫范雎。

范雎是魏国人，才高八斗，能言善辩，但家境贫寒，在魏国大夫须贾府里当门客。

有一回，魏昭王要与齐国结盟，派遣须贾出使齐国。须贾带着范雎一起去了。齐襄王听说范雎很有才能，便想与他交好，特意叫手下人赏赐给范雎很多黄金以及佳肴美酒。范雎想到自己只是随员身份，不配接受这份厚礼，再三不肯接受，有人把这件事告诉了须贾。

几天后，须贾率随员回到魏国，向魏国的相国公子魏齐告发。魏齐立即派人把范雎抓起来，严刑拷问，几次把范雎打得昏死过去，牙齿打掉了，肋骨也打折了，浑身上下皮开肉绽。范雎只好直挺挺地一动不动，假装已经被活活打死。魏齐以为范雎死了，叫人把范雎用破席卷起来扔到厕所里，天黑后，范雎才从席子里爬出来。

郑国的郑安平与范雎有很深的交往，他钦佩范雎是个难得的人才，暗地里把范雎救下来，连夜帮他逃出虎口，改名张禄。

秦武士斗兽纹铜镜　战国

后来，秦昭襄王派使臣王稽访求贤士，郑安平扮作士兵模样服侍王稽，找机会向王稽推荐了张禄。经过交谈，王稽觉得张禄的确是个难得的人才，便设法把张禄带到秦都咸阳。

秦王非常恭敬地请范雎进宫，虚心求教。范雎分析了各国的情况，主张对于远离秦国的国家，要采取联合的策略；对于邻近秦国的国家，采取进攻的策略。如果攻打遥远的国家，即使打胜了，也不好管理。而攻占了邻近的国家，那么这个国家的土地，都是自己的了。秦昭襄王听后大加赞赏。立刻拜范雎为客卿。过了几年，正式拜他为秦国宰相。秦王振兴朝政后，准备攻打魏国。

魏王听说秦国要发兵攻魏，忙派须贾出使秦国求和。范雎听说须贾来到秦国，便扮作贫寒落魄的样子，前往馆舍见须贾。须贾见到范雎还活着，吓了一跳，问道："你还活着呀，你现在在干什么？"范雎答："我就在这儿给人家干杂活。"须贾看到范雎的可怜相，就让人取了一件锦袍送给范雎。须贾顺便问道："听说秦国宰相张禄很得秦王的赞赏，我很想见见他，不知有没有人能给我引见！"范雎笑了笑说："我家主人同张相国很有交情，我倒愿意替须大人说句话。"须贾说："那太好了。"

到了第二天，范雎带须贾到了相府门口，范雎让须贾在门口等候，自己一直走进相府内，门卫们不加盘问还肃然施礼，须贾都一一看在眼里觉得有些不对劲儿，便忍不住向守门人打听："我今天特来拜会你家主人，不知你家主人在不在家？"守门人告诉他："刚才陪你一起来的就是我家主人，秦国宰相张大人。"须贾一听吓得目瞪口呆。一会儿听到里面传唤："相爷叫须贾进去。"须贾慌忙匍匐在地爬着进入大厅，见到高堂上坐的丞相正是范雎，便连连磕头说："须贾罪该万死，请相国饶恕小人的罪过吧！"范雎愤怒地痛斥须贾一番。接着又说："昨天你送我一件锦袍，念你还有一点良心，饶你一命。今天交你一个任务，回去替我告诉魏王，把魏齐脑袋送来。不然的话，我要发兵直取魏都大梁。"须贾狼狈地退出相府，赶紧回国把范雎的话告诉了魏王，魏齐知道在魏国会成为牺牲品，再也无法待下去了，他偷偷地逃到赵国去，躲在平原君门下避难。

后来，秦国答应了魏国的求和条件，按照范雎的远交近攻计策，向邻近的韩国发动进攻。

纸上谈兵

公元前 262 年，秦昭襄王派大将白起向韩国进攻，切断了上党郡（治所在今山西长治）和韩都的联系。在形势危急的情况下，上党的韩军将领打发使者去赵国请降。赵孝成王（赵惠文王的儿子）派军队接收了上党。过了两年，秦国又派王龁带兵把上党团团围住。

赵孝成王得知消息，连忙派廉颇率领 20 多万大军去援救上党。他们到长平（今山西高平西北）时，听说上党已经落入秦军之手。

王龁转而进军长平。廉颇连忙叫兵士们修筑堡垒，坚守阵地准备作长期抵抗的打算。

王龁无计可施，只好派人回报秦昭襄王。

秦昭襄王请范雎出主意。范雎说："要打败赵国，必须把廉颇调开。"范雎沉思了一会儿，想出了一条计策。

过了几天，赵孝成王听到左右纷纷议论，说："秦国就是怕让年轻有为的赵括带兵；廉颇老了不中用了，眼看就快投降啦！"

他们所说的赵括，是赵国名将赵奢的儿子。赵括自幼爱学兵法，谈起用兵之道，口若悬河，自以为天下无敌，不把任何人放在眼里。

赵王听信了左右的议论，叫人把赵括找来，问他能不能打败秦军。赵括说："秦国的大将白起比较难对付。但是王龁没有什么了不起的，不过是廉颇的对手。要是换上我，打败他轻而易举。"

赵王听了很高兴，就拜赵括为大将，去接替廉颇，这个决定遭到了蔺相如的反对，可是赵王听不进去蔺相如的劝告。

赵括的母亲也给赵王上了一道奏章，不赞成赵王派她儿子去换廉颇。赵王把她召了来，问她什么原因。赵母说："他父亲临终时再三嘱咐我说，'赵括这孩子把用兵打仗看作儿戏似的，派不上用场。将来大王不用他还好，如果用他为大将的话，只怕赵军断送在他手里。'所以我请求大王千万别让他当大将。"

赵王说："你不要管了，我已经决定了。"

赵括替换廉颇的消息传到秦国，范雎知道自己的反间计成功，就秘密派白起代替王龁为上将军，去指挥秦军。白起一到长平，布置好埋伏，故意打了几个败仗。赵括不知是计，带兵拼命追击秦军。白起把赵军引到预先埋伏好的地区，把赵括

121

的兵马围在当中，赵括无计可施，他想带兵向外突围，被秦军乱箭射死。

40万赵军，全部葬送在纸上谈兵的主帅赵括手里。

毛遂自荐

秦国大将白起在长平大败赵军后，挥师长驱直入，包围了赵国都城邯郸。情况万分危急，赵王派遣平原君赵胜出使楚国，请求援兵。平原君是赵国的相国，又是楚王的叔叔。平原君接受了使命后，决定选拔二十名文武全才的宾客同他一起去楚国。平原君在数千名门客中仔细挑选，选来选去只选出十九人，再也选不出合适的人选了。正在为难之时，门客毛遂走到平原君面前自我推荐。平原君感到陌生，忙问："你在我这里几年了？"毛遂答："三年了。"平原君对他没有一点印象，便笑着说："一个真正有才能的人，处身在世上正像一把锥子放在袋子里，锐利的锥尖很快就会露出来。你已经来三年了，我没有听说周围的人夸奖过你，因此还是请你留在家里吧！"毛遂从容不迫地说："我这把锥子要是早就放进口袋里它就不是只露一点尖角了，而是整个锥子都露出来了。我今天请您把我放进口袋里。"平原君频频点头，表示赞许，同意毛遂跟大家一起前往楚国。

毛遂自荐图

他们到了楚国，平原君反复对楚王说联合抗秦的好处和不联合抗秦的弊端，谈判进行得十分艰难，楚王任凭平原君怎么说，就是不同意出兵。

毛遂见谈判没有丝毫进展，便几步跨上台阶，高声喊道："合纵不合纵，三言两语就可以说清楚了，怎么从早晨说到现在，还决定不下来，这是为什么？"

楚王听了这样盛气凌人的话，不高兴地问平原君："这个人是干什么的？"

平原君答："这是我的门客毛遂。"

楚王一听是门客，便大声呵斥道："我在跟你主人谈判，没你的事，赶快给我走开。"

毛遂紧握宝剑凑近楚王跟前说："大王竟然呵斥我，是依仗楚国军队多吧？现在大王与我只有十步的距离。大王此刻的性命就握在我的手里，你兵再多，也帮不上忙。听说从前商汤只有七十里地，后来做了天下之王，周文王土地也不多，诸侯都服从他的调遣，难道他们都依仗军队吗？不是！他们只是发挥他们在诸侯中的威望和把握有利的形势。现在楚国有五千里土地，百万雄兵，本来可以做霸主了，您自己也以为楚国强大，没有一个国家可以相比。但是白起只领几万兵力，就把楚国打败，还烧毁了楚王祖先的坟墓，这应是楚国百年不忘的家仇国恨。连我们赵国人都感到可恨。大王却一点也不羞惭。联合抗秦，不仅为了赵国，更是为了楚国。您还呵斥什么？"

楚王连连点头赞同。就这样，楚王代表楚国，平原君代表赵国，在楚王殿上签订了联合抗秦的盟约。

楚国按盟约派兵日夜兼程赶到邯郸，救援赵国。

李牧却匈奴

李牧（？～前229年），战国时期赵国人，杰出的军事家。

战国时期，北方匈奴部落逐渐强大起来，经常南下进入赵国、秦国和燕国的北部边境烧杀抢掠，成为三国的大患。三国纷纷修建长城进行抵御。赵国的赵孝成王即位后，派大将李牧率军驻守在代郡（今河北蔚县）和雁门（今山西代县北）一带，抵御匈奴入侵。

李牧到任后，采取了一系列的措施，如调整官吏，任命有才干的人，使当地的机构更适合战备；将地方的财政收入充作军费，每天杀猪宰羊，让士兵们吃肉，改善他们的生活，增强他们的体质；加强军队的军事训练，每天让士兵们骑马射箭，提高了军队战斗力；增加和完善烽火等报警、通讯联络设施，提高信息的传输速度；派出大批情报人员，深入匈奴境内，以便及时掌握匈奴的动态。针对以往赵军与匈奴的作战败多胜少的情况。李牧改变过去匈奴来犯就立即出兵迎击的策略，规定一旦发现匈奴军队来犯，全军要立即把财物、牲畜转移到城里，全军退入城中，坚壁清野，避免作战。如果谁敢擅自出战，斩首示众。后来匈奴骑兵来犯的时候，赵军严密的警报系统发挥威力，赵军迅速收拾财物，赶着牲畜退回城中，坚壁清野，进行固守，不敢擅自出战。匈奴骑兵由于没有攻城的器具，无法攻城，又抢不到什么牲畜粮食，每次都空手而归，赵国的损失极少。赵国在人员、物资上没有多少损失，保存了实力，为以后的反击奠定了物质基础。

匈奴金冠 战国

但李牧的措施，被匈奴认为是胆小怕战，很瞧不起他，连赵军将士也认为自己的统帅李牧是个胆小鬼。这个情况传到赵王那里后，赵王派使者前往边境严厉斥责了李牧，但李牧置之不理，依旧我行我素。赵王很生气，另选将军代替李牧驻守。新到任的将领在一年多时间里，每当匈奴来犯时，都派赵军出城交战。由于赵军是分散戍守，战时仓促结集出战，在与机动性很强的匈奴骑兵的交战中，屡次失败，伤亡很大。边境地带变成了战场，一片荒凉。老百姓无法种地、放牧，只好纷纷逃亡。赵王只好再命李牧出任原职。李牧说自己生病了，闭门不出。赵王无可奈何，只好承认了自己的错误，李牧说："如果用我，要使用我以前的方法。大王也不能干涉。"赵王只好同意。

李牧到了边境后，还是按照以前的方法行事。几年下来，匈奴没有抢走多少财物，赵国的实力逐渐恢复。又经过几年的经营、训练，赵军战斗力大为提高，士兵们每天好吃好喝，军饷丰厚，求战愿望日益强烈，都纷纷向李牧表示愿意与匈奴决一死战。而匈奴则依旧认为李牧怯战，更加轻视李牧。李牧认为歼灭匈奴机会已经成熟，便着手进行战斗准备，选拔精兵强将，组建一支由战车1300辆，骑兵1.3万人，步兵5万人，弓箭手10万人，总兵力约20万人的由各兵种组成的大军，日夜操练，加强各兵种之间的配合。

李牧派人让人民满山遍野地放牧牛羊，以引诱匈奴。匈奴人看到后，立即派一小部分骑兵来抢牲口。李牧假装失败逃走，故意丢弃大量的牛羊，让匈奴抢掠。匈奴单于得到赵军失败逃跑的消息后，亲率骑兵10万人深入赵境，准备大肆抢掠。

李牧见时机已到，立即派大军出击，迎战匈奴。开始赵军采取守势，以车阵从正面迎战，利用庞大的战车阻碍和迟滞匈奴骑兵的前进，再派以弓箭手向敌人不停地射箭，赵军的骑兵和精锐步兵则在战车后方按兵不动。当匈奴骑兵的攻势受挫后，李牧乘机派骑兵从两翼夹击匈奴，发动钳形攻势，随后步兵紧紧跟上，将匈奴团团包围。经过激烈的战斗，匈奴单于仅率少量部队突围逃走，10万匈奴骑兵全部被歼。李牧在歼灭匈奴主力后，又乘胜追击，攻灭襜褴(在今河北蔚县北)、击破东胡(在今内蒙古东部)、迫降林胡(在今山西北部)，声威大振。在此后的 10 多年里，匈奴再也不敢接近赵国边境了。赵国得到了长期的和平，可以腾出手来与中原各国进行争霸了。

嬴政执掌秦国

长平之战 4 年后（公元前 256 年），秦国军队在征讨韩、赵两国的路上，顺手灭掉了周朝。公元前 246 年，少年嬴政继位，吕不韦主持朝政。

吕不韦是赵国人，嬴政的父亲嬴异人在赵国当人质的时候，与吕不韦结识。吕不韦把嬴异人视为奇货，投下大量赌注。他亲自去咸阳，靠谋略和贿赂，使得嬴异人排挤了所有的弟兄，被立为太子。不仅如此，吕不韦还把自己最宠爱的赵姬送给嬴异人，这位赵姬一年后生了一个儿子，就是嬴政。后来，异人回到秦国，将嬴政母子留在赵国做人质。吕不韦买通了华阳夫人，使得异人认华阳夫人为母，改名子楚，最终取得了华阳夫人的信任，后来继承王位，就是秦庄襄王。嬴异人继位三年就病死了。公元前 246 年，13 岁的嬴政坐上宝座，因其年幼，由太后和相国吕不韦执掌朝政。

由于嬴政年幼，吕不韦时常与太后（赵姬）偷情，后来他为了摆脱太后，献假宦官嫪毐给太后，嫪毐与太后生下两个私生子，又在太后的帮助下被封为长信侯，逐渐壮大自己的政治势力。

公元前 237 年，嬴政亲政，他先是打败了嫪毐的叛军，将嫪毐五马分尸，又将专权的吕不韦免职并放逐到巴蜀。然后，他听从了秦国贵族的建议，下"逐客令"驱逐客卿，但在看了李斯的《谏逐客书》后又取消了逐客的命令。他任命法家学派的李斯当宰相，制定了统一中国的伟大战略。

韩非罹难

韩非（公元前 280 ~ 前 233 年），战国末期韩国人，出身贵族，著名的思想家、法家代表人物，先秦法家思想的集大成者。韩非非常喜欢法家学说，日夜苦读申不害、商鞅等人的著作，希望有一天自己也能像他们一样建功立业，使韩国强大起来，不再受秦国的欺凌。后来他和李斯拜荀子为师，学问更加突飞猛进。韩非有些口吃，所以不善于言辞，但他文章写得非常精彩，连李斯也自叹不如。

韩非学成以后，看到韩国政治腐败，日益衰落，不断受到秦国的进攻，一再割地受辱。于是他多次上书给韩王安，希望韩国能够修明法度以富国强兵，但不为韩王安所采纳。韩非只好退而著书立说，写成《孤愤》、《五蠹》、《内外储》、《说林》、《说难》等55篇、十余万字的书。

当时韩国与秦国接壤，经常受到秦国的侵扰。韩国为了转移秦国的注意力，派了一个叫郑国的水利专家前去秦国，极力劝说秦王兴修水利。因为兴修水利要耗费巨大的人力物力，秦国如果兴修水利，势必无暇东顾，韩国将得以苟延残喘。但是过了不久，秦王政发现了这个阴谋，大怒，要杀掉郑国。郑国不慌不忙地对秦王说："大王，兴修水利固然会消耗秦国的人力物力，但水利工程修成后将会使秦国获利巨大啊。大王只不过是推迟了几年灭亡韩国而已。"秦王政一听，觉得他说得有道理，就继续让他兴修水利。秦军在搜查郑国的住处时，发现了几本韩非的书，献给了秦王政。

秦王政读了以后，大为感慨，说："唉！我要是能见到这本书的作者，能和他交谈，就算是死也不会感到遗憾！"秦国的丞相李斯笑了笑说："大王要见韩非，容易得很。"秦王政惊讶地问："你认识他？"李斯笑着说："何止认识，我们还是同学。"秦王政大喜，急切地问："他是哪国人？现在什么地方？"李斯回答说："他是韩国贵族，现在在韩国。"秦王政笑着说："那真是太好了！你去把他请来！"李斯说："大王，如果我们直接去请韩非，那么就会引起韩王的怀疑，韩国将会认为韩非是个人才而重用他，对我们秦国就不利了。"秦王政问："那你说该怎么办？"李斯走到秦王政身边，在秦王政的耳边小声说了几句话，秦王政听完大笑，说："哈哈哈哈！妙计！妙计！"

公元前234年里的一天，秦国的30万大军向韩国发起了进攻，接连攻破了韩国好几座城池，韩国君臣惊惶失措。韩王安把大臣们召集到大殿之上，议论了半天也不知道怎么惹了秦国，大殿上一片唉声叹气的声音。这时朝官忽报秦国使者到了，韩王安慌忙起身相迎。

秦国使者开门见山地说："秦国与韩国世代友好，要使秦军退兵也不难，只要贵国的一人到秦国去一趟。"韩王安急忙说："究竟是敝国什么人得罪了秦王？寡人一定要把他捆起来送到秦国谢罪。"使者说："请问贵国的韩非在哪里？"

韩王与大臣们面面相觑，都很吃惊，不知道韩非怎么得罪秦国了。韩王急忙命令朝官去找赋闲在家著书立说的韩非，韩非一听韩王召见自己，非常高兴，急忙和朝官来到大殿。到了大殿见了秦国使者后，韩非才明白，真正想见自己的不是韩王，而是秦王。几天后，韩非作为韩国的使者奔赴咸阳，30万秦军也班师回国。韩王安终于松了一口气。

秦王政听说韩非到了，非常高兴，召集百官上殿，举行了盛大的仪式欢迎韩非，晚上又举行宴会款待。宴会后，秦王政和韩非对席而坐，深入讨论了治国之道。韩非向秦王政结结巴巴地阐述了自己的政治主张，韩非的精辟见解令秦王政听得如痴如醉，大加赞赏，有一种相见恨晚的感觉，决定重用韩非。

秦王政要重用韩非，却遭到了李斯的嫉妒。李斯害怕韩非受到重用后会取自己而代之，于是就向秦王政进谗言，说："韩非是韩国贵族，绝不可能忠于秦国的。与其用他，冒着被背叛的危险，不如送他回国。但如果放他回国，无异于纵虎归山，不如现在杀了他以绝后患。"秦王听了下令将韩非投入监狱。李斯见阴谋得逞，就派人毒死了韩非。

窃符救赵

楚国派兵救赵的同时，魏国也同意出兵救援赵国。魏国领兵的大将是晋鄙。

秦昭襄王得知魏、楚两国发兵的消息，亲自前往邯郸督战。他派人对魏安王说："秦国早晚会把邯郸打下来。谁敢来救邯郸，等我灭了赵国，就攻打谁。"魏安王害怕了，连忙派人去追晋鄙，叫他停止前进，按兵不动。

赵孝成王见魏军驻扎在邺城，不来求援，十分着急，他叫平原君给魏国公子信陵君魏无忌写信求救。平原君的夫人是信陵君的姐姐，两家是亲戚关系。

信陵君接到信，一再央求魏安王命令晋鄙进兵，无论信陵君怎么说，魏王也不答应。信陵君没有办法，对门客说："大王不愿意进兵，我决定自己去赵国，与秦军拼个死活。"

他手下的很多门客都愿意跟信陵君一起去。

信陵君有个他最尊敬的朋友，叫做侯嬴。临行前信陵君去跟侯嬴告别，侯嬴说："你们这样去救赵国，像把一块肥肉扔到饿虎嘴边。"

侯嬴接着说："听说国家的兵符藏在大王的卧室里，只有如姬能把它拿到手。当初如姬的父亲被人害死，是公子叫门客找到那仇人，替如姬报了仇。为了这件事，如姬非常感激公子。如果公子请如姬帮忙，让她把兵符盗出来，如姬一定会答应。公

错金杜铜虎符 战国

127

信陵君夷门访侯嬴图

子拿到了兵符，就能接管晋鄙的兵权，然后带兵救援赵国。这比空手去送死不是强多了吗？"

信陵君马上派人去求如姬，如姬一口答应了。当天午夜，如姬趁魏王睡觉的时候，把兵符盗了出来，交给一个心腹，送给了信陵君。

侯嬴见信陵君拿到了兵符，又对信陵君说："将在外，君命有所不受。万一晋鄙接到兵符，不肯交出兵权您打算怎么办？"信陵君皱着眉头答不出来。

侯嬴说："我已经替公子想好了。我有个朋友叫朱亥，是魏国数一数二的大力士，公子可以把他带去。要是晋鄙能痛痛快快地把兵权交出来最好；要是他推三阻四，就让朱亥来收拾他。"

信陵君带人到了邺城，假传魏王的命令，要晋鄙交出兵权。晋鄙验过兵符，仍旧有点怀疑，不愿意交出兵权。这时站在信陵君身后的朱亥大喝一声："你不听大王的命令，是想造反吗？"

朱亥边说边从袖子里拿出一个四十斤重的大铁锥，向晋鄙的脑袋上砸过去，结果了晋鄙的性命。

当下，信陵君选出八万精兵，由他亲自指挥，向秦国的兵营冲杀。秦将王龁没防备魏国的军队会突然进攻，慌忙抵抗。

这时邯郸城里的平原君见魏国救兵赶到，也带着赵国的军队杀出来。两下夹攻，打得秦军一败涂地。

李斯谏逐客

秦国虽然在邯郸打了一个败仗，但是第二年(公元前256年)战胜了韩、赵两国。后来，索性把挂名的东周王朝也灭掉了。秦昭襄王死去后，他的孙子秦庄襄王即位。没到3年，秦庄襄王也死了，继承王位的是年仅13岁的太子嬴政。吕不韦被尊为相国，主持朝政。大权落入太后赵姬、吕不韦和假宦官嫪毐手中。

公元前239年，也就是嬴政亲政的前一年，吕不韦嫪毐不甘心放弃自己的权力，采取种种手段，力图保住自己的地位。同样，富有谋略的嬴政也不甘心听任吕不韦嫪毐的摆布，一场激烈的政治斗争开始了。

公元前238年，嬴政下令发兵镇压嫪毐叛乱，并将其车裂。因为嫪毐是吕不韦一手引荐的，因此牵连到吕不韦。秦王政觉得吕不韦不听摆布，便免了吕不韦的职。后来又逼吕不韦自杀。

吕不韦一死，秦国的一些大臣就议论起来，说：各国的人跑到秦国来，都是为他们本国的利益考虑，还有一些是来当间谍的。他们请秦王政把所有的客卿都撵出秦国。

秦王政表示赞同，就下了一道逐客令，让所有不是秦国人的官员都离开秦国。

有个楚国来的客卿李斯，原是著名的儒家学派代表荀子的学生。他来到秦国后，受到吕不韦的赏识，留下来当了客卿。这次，李斯也在被驱逐之列。离开咸阳的时候，他给秦王上了一道奏章。

李斯在奏章上说："从前秦穆公在位时，有了百里奚、蹇叔，当了霸主；秦孝公在位时用了商鞅，变法图强；惠文王在位时，用了张仪，拆散了六国联盟；昭襄王用了范雎，建立了功业；现在大王执政，却把外来的人才都撵走，这不是帮助其他国家增加实力吗？"

秦王政看了奏章，觉得李斯说得有道理，便派人把李斯追回来，恢复了他的官职，把逐客令取消了。

从这以后，秦王政很信任李斯，李斯也给秦国出了不少好主意。这样，一面加强对各国的攻势，一面派人到列国游说诸侯，拆散他们的联盟。

韩非与李斯曾一同从学于荀子，李斯自认为比不上韩非。

韩非的著作流传到秦国，秦王政读后，十分感慨：我如果能够见到这个人并与他一起畅谈，就死而无怨了。李斯告诉秦王，这是他的同学韩非的著作，于是秦王急忙发兵攻韩，向韩索要韩非。韩王遂派韩非出使秦国。

秦王政十四年（公元前233年），韩非来到秦国，秦王政很高兴，和韩非促膝畅谈天下大事，但韩非口吃，善著书而不善谈。韩非劝秦王不要先征伐韩，应将赵国先消灭掉。秦王以为韩非存有私心，便开始对他猜疑，置之而不重用。此时李斯、姚贾因嫉妒韩非的才能，怕韩非夺了他们的地位。李斯便在秦王面前说："韩非是韩国的公子，肯定要为韩国打算。如果让他回国，会为大王兼并诸侯制造麻烦，不如找个罪名把他杀了。"

秦王政听了这话，下令先把韩非扣押起来。韩非进了监狱，没机会为自己辩白。后来，李斯送来毒药，毒死了韩非。

秦王政扣押了韩非，也有点后悔，后来听说韩非服毒自杀了，十分懊恼。正在这时候，魏国人缭到秦国来，秦王政觉得他是个难得的人才，就拜缭为秦国尉，后来人们称他尉缭。

《尔雅》与生物分类

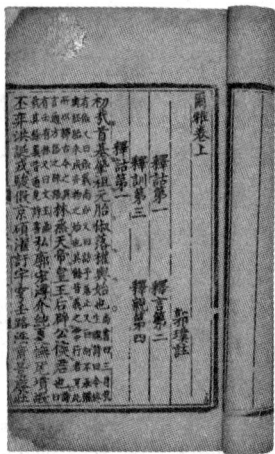

《尔雅》书影

《尔雅》是我国古代的一部百科词典。在汉代，儿童识字之后，就要读《尔雅》，来认识鸟兽草木虫鱼，增长知识。

从字面上看，"尔"就是近正的意思；"雅"是"雅言"，即某一时代官方规定的规范语言。"尔雅"就是接近、符合雅言，即以雅正之言解释古语词、方言词等，使之近于规范。

《尔雅》是我国最早的一部解释词义的专著，也是第一部按照词义系统和事物分类来编著的词典。

关于《尔雅》的作者和成书年代，历来说法不一。《尔雅》最早著录于《汉书·艺文志》，但是没有记载作者姓名。有人认为是西周初年周公旦所作，也有人认为是孔子及其门人编写；后人大都认为是秦汉时成书，经过不断增益，到了西汉才被整理加工成今日规模。分析原因，《尔雅》的成书上限不会早于战国，因书中引用资料均来自战国时的《楚辞》、《庄子》、《吕氏春秋》等书；下限亦不会晚于西汉初年，因为汉文帝已设置了《尔雅》博士。

《尔雅》全书共收词语4300多个，分为2091个条目。这些条目按照类别又分释诂、释言、释训、释亲、释宫、释器、释乐、释天、释地、释丘、释山、释水、释草、释木、释虫、释鱼、释鸟、释兽、释畜19篇。前3篇所解释的是一般语词，相当于语文词典，较抽象；后16篇根据事物分类来解释事物名称，相当于百科名词词典，比较具体；尤其是后6篇，完全是讲生物的，包含了我国古代早期丰富的生物学知识。

《尔雅》把生物分为动物和植物两大类，又把植物分为草、木两类，动物分为虫、鱼、鸟、兽四类。其中动物分类里面：虫包括大部分无脊椎动物，鱼包括鱼类、两栖类、爬行类等低级脊椎动物及鲸、虾、蟹、贝类等，鸟是鸟类，兽是哺乳动物。这个分类，比起18世纪近代分类学奠基人瑞典植物学家林奈的天纲系统，只少了两栖和蠕虫两个纲，却比他早了1800多年。在世界生物分类学史上，《尔雅》是最早的生物分类学方面的著作。

·名 家·

名家也称辩者、察士或刑名家。名家代表人物为惠施与公孙龙。名家有两大分派，一派是以惠施为首的合同异派，该派认为事物不论性质上的同异，都可在大同的基础上，不计小异而混合于一。另一派是以公孙龙为代表的离坚白派，该派认为事物的概念可以脱离事物本身而独立，有著名的"白马非马"辩。名家的学术活动，极大地促进了中国逻辑学的发展。

《尔雅》所记载的生物分类和动、植物的解释，成为人们研究我国古代动植物的重要书籍。晋代郭璞对《尔雅》的研究，在生物学史上占有很重要的地位，他将《尔雅》视作研究动、植物的入门书。他在《尔雅注》序言中讲道："若乃可以博物不惑，多识于鸟兽草木之名，莫近于《尔雅》也。"他研究和注释《尔雅》达18年之久，书中引经据典，解释各种动、植物在当时的正名和别名，并对许多动、植物的形态以及生态特征作了具体的描述。因为郭璞的研究和注释，《尔雅》所包含的分类思想不仅得以保存和继续，而且更加彰显出来。

在郭璞的带动影响之下，宋元以至明清，研究《尔雅》者层出不穷，仅清代研究《尔雅》的著作就不下20种。其中与生物学关系密切的有罗愿的《尔雅翼》和陆佃的《埤雅》。《尔雅翼》共30卷，全部讲生物，分为释草、释木、释鸟、释兽、释虫、释鱼等部分。

《尔雅》对生物分类以及动植物的研究，成为中国传统生物学的重要组成部分，也成为研究我国古生物的重要参考文献。

战国时期水利工程

战国时期的水利工程包括修筑堤防、开凿运河和兴办水利工程。大规模修筑堤防主要是黄河中下游的齐、赵、魏三国，目的是防止洪水泛滥。

春秋末年已开始开凿运河，公元前486年，吴国在邗（今江苏扬州市西北）筑城，在长江、淮河间开凿运河，称邗沟。后又从淮河开一条运河通齐、鲁两国，沟通了济水和泗水。战国时期，魏邺（今河北磁县东南）令西门豹为加强农业灌溉，修建了"引漳水灌邺"水利工程。

魏惠王时又开凿运河，引圃田（今河南中牟县西）水到大梁（今河南开封市）

北郭，后又开凿从大梁到荥（今河南荥阳北）的运河，引黄河水入颍水，沟通黄河和淮水的交通，称鸿沟。

秦昭王时，秦蜀郡（今四川成都市）守李冰在灌县西岷江中开凿都江堰，"中流作堰"分水，用水门节制水量，既免除江水泛滥，又利于灌溉航运。战国末年，秦修建郑国渠，从仲山（今陕西泾阳县西北）引泾水向西注入洛水，全长150千米，使关中干旱的平原得到灌溉。

兴建都江堰

李冰是战国时期杰出的水利工程学家，都江堰的设计者和兴建的组织者。大约在秦昭襄王五十一年（公元前256年），李冰被任命为蜀郡守。他到任以后，看到当地严重的自然灾情，就着手开始进行大规模的治水工作，设计并组织兴建了都江堰。整个工程是由分水堰、飞沙堰和宝瓶口三个主要工程组成的，规模宏大，地点适宜，布局合理，同时有防洪、灌溉、航行三种作用，充分体现了李冰和劳动人民的智慧，在世界水利工程史上也是罕见的奇迹。

李冰和他的儿子二郎首先对岷江两岸的地势进行了实地考察，仔细地记录了水情。根据具体情况，制定了治理岷江的合理方案，开始了都江堰工程。他先是在岷江的上游打开了一个20米宽的口子，叫它"宝瓶口"，形状就好像是大石堆，这就是后人称作的"离堆"。在江心，采取了构筑分水堰的办法，把江水分做两支，

都江堰（鸟瞰图）
都江堰是世界上现存最悠久的无坝引水工程，发源于大雪山的岷江沿着四川盆地倾斜的地势，冲积成都平原，都江堰使成都平原南部免除洪涝之苦，北部旱地得以灌溉，并获舟楫之利。历经2000多年，至今仍发挥作用。

强迫其中的一支流进宝瓶口。为了实现在江心的建筑，他另辟新路，吩咐竹工们编成长三丈、宽二尺的大竹笼，装满鹅卵石，然后一个一个地沉入江底，终于战胜了急流的江水，筑成了分水大堤。这样，岷江汹涌而来的江水被分成东西两股。西面的叫做外江，是岷江的正流；东面的一股叫做内江，是灌溉渠系的总干渠。渠道的头上就是宝瓶口，在经过这个地方的时候再分成许多河道，组成一个纵横交错的扇形水网，灌溉成都平原的千里农田。灌溉面积达20多万公顷（300多万亩）。飞沙堰高度适中，具有分洪和减少宝瓶口泥沙的功用。从此以后，岷江水开始为民所用。以后，他又多次对都江堰进行改进，彻底保证了都江堰对水患的遏制作用。

李冰在治水的过程中，排除了种种迷信的阻挠，坚决用科学的方法来治理水患，而且他还成功地解决了秦王的亲戚华阳侯的妒嫉，以及制造的一系列谣言和中伤事件，及时地处理了工程当中的问题和紧急状况。但是华阳侯的险恶用心还是让李冰受到了革职的处罚。温柔贤淑的李夫人甘当人质，为李冰赢得了宝贵的治水机会，工程才取得了最后成功。百姓们对李冰感恩戴德，但李夫人却病死在咸阳。以后，他又多次对都江堰进行改进，保证了都江堰对水患的遏制作用。

除了都江堰，李冰在蜀郡还兴建了许多有益于民的水利工程，他在成都市建了7座桥，修了石犀溪，对沫水（又名青衣水）进行了治理。他组织百姓开凿河心中的山岩，整理水道，便利了航行。李冰还对管江、汶井江、洛水进行过疏导，又引水到资中一带灌溉稻田。李冰还在蜀郡修筑桥梁，在广都主持开凿了盐井，为开发成都平原，发展农业生产作出了重大贡献。

成都平原能够如此富饶，被人们称为"天府"乐土，从根本上说，是李冰创建都江堰的结果。所以《史记》说：都江堰建成，使成都平原"水旱从人，不知饥馑，时无荒年，天下谓之'天府'也"。

李冰作为第一个治理都江堰的人，筚路蓝缕，功不可没，千百年来一直受到四川人民的崇敬，被尊称为"川主"，在许多地方修有"川主祠"，来表达对他的怀念。

荆轲刺秦王

尉缭得到重用后，用计拆散了燕国和赵国的联盟，秦国趁机攻占了燕国的几座城池。

燕国的太子丹原来留在秦国当人质，他见秦王政有兼并列国的野心，又夺去

荆轲刺秦王石像图

了燕国的土地，便设法逃回了燕国。太子丹回国后，寻找能刺杀秦王政的人。

太子丹物色了一个很有本领的勇士，名叫荆轲。他把荆轲奉为上宾，把自己的车马给荆轲坐，让荆轲一起享用自己的饭食、衣服。

公元前 230 年，秦国灭韩国。两年后，秦国大将王翦攻占了赵国都城邯郸，向燕国进军。

燕太子丹十分着急，就去找荆轲，商议如何刺杀秦王。

荆轲说："要挨近秦王身边，必须先让他相信我们是去向他求和的。听说秦王早就想得到燕国的土地督亢（今河北涿州一带），还有流亡在燕国的秦国将军樊於期，秦王正在悬赏抓他。我要是能拿着樊将军的头和督亢的地图去进献，秦王一定会接见我。这样，我就可以下手了。"

太子丹说："把督亢的地图带去没有问题，但是樊将军受秦国迫害来投奔我，我怎么忍心伤害他呢？"

荆轲知道太子丹不忍心杀樊於期，就私下去找樊於期，跟樊於期说："我决定去行刺，怕的就是见不到秦王的面。现在秦王正在悬赏捉拿你，如果我能够带着你的头颅给他送去，他一定会接见的。"

樊於期二话没说，他拔出宝剑，刎颈自杀了。

荆轲临行前，太子丹交给他一把锋利的匕首，这是一把用毒药煮炼过的匕首，只要被它刺出一滴血，就会立刻气绝身亡。太子丹又派了个年仅十三岁的勇士秦舞阳，做荆轲的助手。

荆轲到了咸阳。秦王政一听燕国派使者送来了樊於期的头颅和督亢的地图，十分高兴，就传令在咸阳宫接见荆轲。

到了秦国的朝堂上，荆轲从秦舞阳手里接过地图，捧着装了樊於期头颅的木匣上去，献给秦王政。秦王政打开木匣，看到里面果然装着樊於期的头颅。秦王政又叫荆轲把地图拿来。荆轲把一卷地图慢慢打开，到地图全都打开时，荆轲事先卷在地图里的那把浸过毒的匕首就露了出来。

秦王政见了，惊呼。荆轲连忙抓起匕首，左手拉住秦王政的袖子，右手里的匕首向秦王政的胸口刺去。

秦王政使劲挣断了那只袖子，便往外跑。荆轲拿着匕首追了上来，秦王政一见跑不了，就绕着朝堂上的大铜柱子跑。荆轲紧紧地在后面追，两个人在柱子的周围转起圈来。

过了一会儿，有个伺候秦王政的医官，急中生智，把手里的药袋向荆轲扔了过去。荆轲一闪身的工夫，秦王政往前一步，拔出宝剑，砍断了荆轲的左腿。

这时候，侍从的武士一拥而上，杀死了荆轲。台阶下的勇士秦舞阳，也死在了武士们的刀下。

铁器、牛耕的使用和推广

春秋时期，社会生产力有很大的发展，其主要表现为铁器和牛耕的出现。中国铸造铁器大约开始于西周末年或春秋初年。自春秋时期起，铁制工具开始广泛应用于农业生产领域。随着冶铁业的发展和冶铸技术的突飞猛进，铁器已普及到生活的各个方面。春秋时期，牛耕已经出现。孔子的弟子冉耕的字为伯牛，司马耕的字为子牛，这都是当时出现有牛耕的证明。

春秋时期的铁器主要有武器、生活用具和生产工具。生产工具主要是铁农具，种类有锄、铲、镰、耙、镢等。生活用具的铁制品更多，如铁刀、铁斧、铁削、铁铣、铁锛、铁凿等。

战国时期，冶铁业发展迅速，各种农具已普遍用铁制造。铁镰、铁锄已成为农民不可离开的必备生产工具。铁农具已能使用于农业生产的各个环节：垦地、翻土、开沟、整地、除草和收获。同一器类的铁农具还有不同的形制。

战国时期的农具绝大多数都是木心铁刃的，即在木器上套了一个铁制的锋刃，这就比过去的木、石农具大大提高了生产效率。从考古看，不论是在山西、陕西，还是河北、河南，或在山东出土的犁铧，均作"V"形刃，后端比较宽阔，前端尖利，并有直棱，有利于减少耕地时的阻力，这是耕作技术的一大进步；铁锸可增加翻土深度；铁耨则可有效地用于除草、松土、复土和培土。此外，这一时期推广的连枷，是一种有效的脱粒农具，为后世所长期沿用。

战国中期以后，铁农具的成型和加工工艺技术都达到相当高的水平，普遍采用白口铁铸件经控制脱碳热处理的方法来制造农具。解决了某些农具既要求有坚硬锋利耐磨的刃口，又要具有韧性的矛盾。铁农具的制造此时也趋于规范化。

铁器、牛耕的使用和推广，大大提高了生产效率，使个体生产逐渐取代大规模的强制性集体耕作，个体小农逐渐成为社会的基本生产单位。新兴地主阶级开始登上历史舞台。

春秋战国时期的货币

货币 战国

春秋战国时期，诸侯割据，政制不一，各诸侯国通用本国的货币。那时的货币种类有布、刀、钱、贝等，它们都属于区域性货币。

公元前 336 年，秦国开始统一铸造铜币，流通于市。铜币形制为无郭圆钱，有"一铢重一两"、"半两"等种，以两为重量单位。"圆钱"与"刀"、"布"等同为货币的一种，但"圆钱"对后世币制影响很大，并被一直沿用下来。

刀币是由古代的石刀演化发展出来的。刀币的流通地区是齐国、赵国和燕国的部分地区，而以齐国最为典型。齐国专门使用刀币，其刀币形制较大而币头较小。楚国金爰在战国时代大量使用，成为当时主要黄金铸币。黄金质量均一，价值稳定，耐久耐磨，又可以任意分割，携带贮藏方便。黄金的单位价值高，比各种铜铸币更适合于高额交易。因此，随着春秋战国时期货币经济的发展，黄金开始成为货币。

青铜工具的普及

春秋战国时代，因礼崩乐坏，使王室之器衰退，诸侯之器兴起，日用器也发达起来。尤其是春秋晚期以来，随着经济生产发展，青铜工具开始增多。此时青铜器物的形制突破了商、西周时的厚重、方板的特点，而代之以轻便、新颖的造型，种类也更多。

由于经济发展，战争频繁，铸钱、铸镜、铜剑等成了重要的铸造门类。这一时期出现的层叠铸造、失蜡法铸造和金属型铸造，使青铜器铸造进一步简化；锻打、钎焊、镂刻、镶嵌、鎏金银，以及淬火回火技术，都得到了较大发展。青铜工具的数量大大增加。

春秋时期开始，青铜农具大量地生产和使用，而且品种繁多。到了战国晚期，青铜礼器的主导地位已被青铜工具所代替。

商业自由发展的时代

春秋战国井田制的瓦解和土地私有制确立，带动了商业的发展，出现了一些富可敌国的大商人。春秋时期民间商品交换有较大发展，出现了很多以私人资本经商的大商人。

春秋战国时期，商人在社会大变革中所起的作用，甚至不逊色于政治家、军事家和思想家。据司马迁说，齐国的上卿管仲、鲍叔牙在入仕前曾合伙经商，分红的时候，因管仲有母而贫，鲍叔牙主动让利。

辅佐越王勾践打败吴王夫差的范蠡，功成名就后做了商人，"十九年之中，三致千金"，被人称作"陶朱公"，成为人们顶礼膜拜的财神爷。

孔子的大弟子子贡学成之后改作商人，"意则屡中"，发了大财，经商所至，"国君无不分庭与之抗礼"。孔子之所以能名扬天下，其中也有子贡的帮助。

据《左传》记载，郑国商人弦高巧计骗走秦国军队，使郑国免遭袭击。而郑国的另一个商人则在楚国设法营救晋国的大夫荀莹。

而大商人吕不韦左右秦国政治的史事，更为人所熟知。吕不韦出巨资帮助落拓的秦公子子楚，使其成为秦庄襄王，自己则被封为秦国国相。应该说，在秦国统一六国的历史进程中，作为大商人的吕不韦的活动是不容忽视的。当时土地买卖的出现，很大程度上得力于商人的经营和他们试图使世上一切都商品化的努力。

战国刺绣工艺

中国刺绣工艺源远流长，在战国时期已经十分成熟。湖北江陵马山砖厂一号战国楚墓出土的丝绸刺绣数量之多、保存之完好、色彩之绚丽缤纷，都是前所未有的。在这里发现的刺绣品有对凤对龙纹绣浅黄绢面衾、凤鸟花卉纹绣、蟠龙飞凤纹绣浅黄绢面衾等。

通过考古发现，战国时期刺绣纹样、题材基本上是图案化并互相穿插的花草、藤蔓和动物。

花草、藤蔓的分布，都严格按照垂直线、水平线或对角线组成的方形骨格或菱形骨格布局，穿插灵活，既起装饰作用，又起骨格作用。在枝蔓交错的大小空位中填饰动物纹样。动物纹样的头部比较写实，而身部或经过简化，或直接与藤蔓结成一体，或彼此互相蟠叠。

写实形与变体形共存，数种动物或数个动物合体，动物体与植物体共生，利用几何学的原理，把动物图案变形与几何形骨格结合，这些都是春秋战国时期刺绣纹样的重要特征。

由于采取了按几何骨格对位布局、同位对称与移位对称并用等方法，因而纹样既有严格的数序规律，又有灵巧的穿插变化。战国刺绣的色彩，每一花样一般只配三色到五色，在色相上多数采取暖色基调的缓和对比或邻近调和，在色彩明度上则拉开层次，富丽缤纷又和谐统一。

战国时期刺绣纹样的题材具有一定的象征含意。当时最为流行的龙凤，既象征宫廷昌隆，又象征婚姻美满。鹤与鹿都与神话有关，象征长寿。翟鸟是妃子身份的标志。猫头鹰则象征胜利。

纵横家言论汇编：《战国策》

《战国策》，又名《国策》、《国事》、《短长》、《事语》、《长书》、《修书》等。

西汉末年，刘向在皇家藏书中发现了6种对纵横家事迹进行记录的写本，但是内容混乱，文字也不全。于是刘向按国分类，编订了《战国策》。可见，战国策并非一时一人所作，刘向只是对《战国策》进行了校订和编订。全书对东周、西周、秦国、齐国、楚国、赵国、魏国、韩国、燕国、宋国、卫国、中山国等国分别编写，共33卷，总字数约12万。因这部书主要记录了战国时纵横家对其所辅之国的政治主张和外交策略，刘向就把这本书定名为《战国策》。

《战国策》不仅是一部史书，也是一部历史散文，其内容反映了战国时代的社会风貌和士人的精神风貌。这部历史资料比较客观地记录了当时的一些重大历史事件，对当时的历史进行了生动的描写。它对当时纵横家的言论和事迹进行了比较详细的描述，使这些人的精神风貌和思想才干得到了充分的展现。

《战国策》也取得了很突出的文学成就，尤其体现在对人物形象的刻画、语言文字的安排、寓言故事运用等方面，具有非常鲜明的艺术特色。

在思想内容方面，《战国策》主要体现了纵横家的思想倾向，同时，对战国时期思想活跃、文化多元的历史特点也有所反映。

第一部编年体史书：《左传》

《左传》又名《春秋左氏》，是《春秋左氏传》的简称，我国第一部编年史，与《春秋公羊传》、《春秋谷梁传》合称为"春秋三传"。《左传》的作者一般认为是左丘明。《左传》既是一部史学名著又是一部文学名著，起自鲁隐公元年（前722年），迄于鲁悼公十四年（前453年），通过记述春秋时期的具体史实来说明《春秋》的纲目，是儒家的重要经典之一。

《左传》除了记述列国的政治、军事、外交等方面的重大事件外，还对列国的天道、鬼神、占卜、占梦之事等有所涉及，有鲜明的政治与道德倾向。《左传》的取材范围包括王室档案、鲁史策书、诸侯国史等，是记录春秋时期社会状况的重要典籍，是研究先秦历史和春秋时期历史的重要文献，对后世史学产生了很大影响，特别是对确立编年体史书的地位起了很大作用。

《左传》的叙事能力惊人，许多变化多端的历史事件都能处理得有条不紊，其中关于战争的描写尤其出色。作者将每一场战役都以简练而不乏文采的文笔来处理，对后来的历史著作具有极其重要的意义。它有系统、有组织的史书编纂方法，使其被评论为是继《尚书》、《春秋》之后，开《史记》、《汉书》之先河的重要典籍。

千金难易一字：《吕氏春秋》

《吕氏春秋》是秦国相国吕不韦组织属下门客们集体编纂的杂家著作，又名《吕览》，在公元前239年写成，当时正是秦国统一六国的前夕。

《吕氏春秋》共分为12纪、八览、六论，共26卷，160篇，20余万字。全书内容驳杂，有儒、道、墨、法、兵、农、纵横、阴阳等各家思想，所以《汉书·艺文志》等将其列入杂家。《吕氏春秋》的编著目的就是为了集各家之精华，成一家之思想，就是以道家思想为主干，融合各家学说。据吕不韦讲，此书对各家思想的取舍完全是从客观出发，对各家都持公正的态度，并且是一视同仁的。因为"私视使目盲，私听使耳聋，私虑使心狂。三者皆私没精，则智无由公。智不公，则福日衰，灾日隆"（《吕氏春秋·序意》）。

《吕氏春秋》的十二纪是全书的大旨所在，分为《春纪》、《夏纪》、《秋纪》、

《冬纪》等。每纪都是5篇，共60篇，使用12月令作为组合材料的线索。《春纪》主要讨论养生之道；《夏纪》论述教学道理及音乐理论；《秋纪》主要讨论军事问题；《冬纪》主要讨论人的品质问题。八览现存63篇，从开天辟地说起，一直说到做人务本之道、治国之道以及如何认识、分辨事物，如何用民、为君等。六论共36篇，杂论各家学说。因此司马迁称它"备天地万物古今之事"。

《周易》

《周易》是儒家重要经典之一，一名《易》，又称《易经》，包括经和传两部分。经本是占筮书，其基本因素为阳爻（—）、阴爻（- -），把三爻重叠起来，构成八卦，即乾、坤、震、艮、离、坎、兑、巽。八卦再重叠起来，构成六十四卦，如泰、否，每卦均有六爻。经包括六十四卦的卦象、卦名、卦辞、爻辞四部分。卦辞是解释全卦的含义，爻辞是解释每一爻的意义。

《周易》中传的部分称为《易传》，司马迁称之为《易大传》，以区别于汉代其他各家易传。《易大传》是最早解释《周易》的著作。《易传》包括《彖传》上下、《象传》上下、《系辞传》上下、《文言传》、《说卦传》、《序卦传》、《杂卦传》七部分共十篇，称为《十翼》。翼者羽翼，辅助之意，表明《十翼》在解释阐述《易经》。

《彖传》是经卦象、爻象来判断每一卦的意义。《象传》是解释卦象和卦辞爻辞的，分为《大象》和《小象》，解释卦象和卦义的称为《大象》，解释爻象和爻义的称为《小象》。《系辞传》是《易经》的通论，以阐述《易》理及其作用为主，系于经之后，故曰系辞。《文言传》是解说乾坤二卦的卦辞和爻辞的，有《乾文言》一章、《坤文言》一章。《说卦传》的前一部分简要地说明《易》的卦爻为观变穷理，贯天、地、人三才之道。后一部分解说八卦所像的事物。《序卦传》说明六十四卦排列的顺序和意义。《杂卦传》将性质相对或其义相近的卦组合起来说明其卦义，因不按照《易经》六十四卦的顺序，错杂而述之，故名。

九州一统

秦·汉

　　秦朝是中国历史上第一个统一的多民族中央集权王朝。秦始皇实行的郡县制等行政制度，统一文字、度量衡、车轨等经济、文化措施，对于消除分裂，加强各地交流具有重要作用。两汉时期，民族融合进一步加强，对外交流逐渐扩大，尤其是汉武帝实行"罢黜百家，独尊儒术"，形成了中国2000年来思想文化的基础。

天下归一统

公元前238年，秦王嬴政扫平吕不韦、嫪毐势力，开始亲政。他任李斯、尉缭分别为丞相和军师，周密制定出了统一中国的战略步骤，继续远交近攻，分化瓦解六国合纵的同时攻灭韩、赵、魏以及楚、燕、齐，各个击破，统一全国。

韩、魏是六国合纵之脊，秦王要拔掉这两颗妨碍吞食的龅牙，但牙龈是赵国，因此要先削弱赵这三晋最强国。公元前236年，秦王乘赵东攻燕、国内空虚之际发兵大举攻赵。赵国多出名将，继赵奢、廉颇之后，李牧在危难关头脱颖而出。尽管秦军凭借顽强的战斗力和先进的打法给了赵军沉重打击，但李牧几乎凭一己之力阻挡了秦军的迅猛攻势，使其不得前进。秦王灭赵未逞转而攻韩，公元前231年，韩国重镇南阳陷落，朝廷震动，韩向赵求救，但赵勉强能自保，哪有能力救韩？眼睁睁地看着韩地逐一失守。

公元前230年，秦王派内史滕率军东进，攻占韩国都城阳翟，俘虏韩王安，在韩设置颍川郡，韩国灭亡。

唇亡齿寒，秦王下一个要剪掉的对手就是赵国了。灭韩这年，赵发生地震和旱灾，经济损失巨大。公元前229年，秦王派名将王翦、杨端和兵分两路大举攻赵；主力王翦军由上党出井陉，杨端和由河内进攻赵都邯郸。赵派大将李牧迎敌，王翦与李牧无愧当时最优秀的两位军事将领，双方互有胜负，相持不下。秦王施反间计，收买赵王宠臣郭开诬告李牧谋反，赵王听信谗言，要撤换李牧。李牧以国家危在旦夕、不宜临阵换将为由拒命，结果惨遭杀害，副将司马尚也被换下，赵军士气顿挫，军心涣散，失去了与秦军僵持的能力，终致溃退。公元前228年，王翦向赵国发起总攻，不久攻克邯郸，赵王迁被俘，公子嘉率亲族逃入代郡，赵国基本灭亡。

·"皇帝"的由来·

君王称为"皇帝"是从秦始皇开始的。在此之前，中国古代的最高统治者称"王"，如周文王、周武王等。春秋战国时期，王室渐衰，一些国力强大的诸侯国的国君也自称为王，如秦王、楚王、齐王等。

秦王嬴政统一天下后，自认为这是自古未有的功业，如果不改变"王"的称号，"无以称成功，传后世"。于是，让李斯等人议改称号。他们和众人商议后报告秦王说："上古，有天皇、地皇、泰皇，泰皇最贵，可改'王'为'泰皇'"。秦王反复考虑，认为自己"德高三皇，功高五帝"，决定兼采"帝"号，称为"皇帝"。从此以后，"皇帝"的称号便为历代君主所袭用。

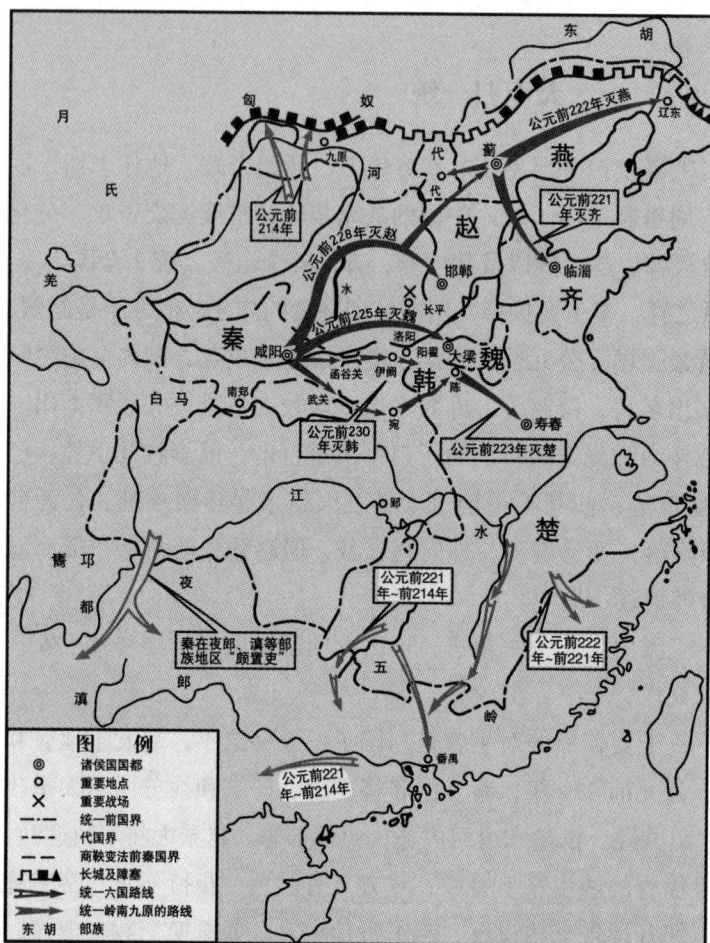

秦统一形势图

灭赵同时，秦已兵临燕境。燕国自知无力抵抗，太子丹于是孤注一掷，重金雇勇士荆轲，公元前227年遣其入秦刺杀秦王，结果刺杀未遂，秦王大怒并以此为借口，派王翦、辛胜攻打燕国，在易水以西大败燕军，歼灭其主力。公元前226年十月，王翦攻陷燕都蓟（今北京市），燕王喜率残部逃往辽东，燕国灭亡。

伐燕同时，秦王命王翦之子王贲率军南下攻楚，攻下十余座城。公元前225年王贲以胜楚之师回军攻魏，迅速包围魏都大梁（今河南开封）。此时中原诸侯只剩一魏，孤立无援，困守大梁；魏王眼见形势一天比一天危急，却一筹莫展。王贲引黄河、鸿沟水灌城，魏人不堪承受，守城力乏，秦军旋攻破大梁，魏王假遭擒杀，魏国灭亡。中原北方大部分地区已为秦有。

灭魏同时秦已策划伐楚。秦王问诸将灭楚需多少兵力，青年将领李信说需20万，而老将王翦则认为非60万不可。秦王以为王翦年老怯战，否定了他的意见，而派李信、蒙恬领兵20万攻楚。公元前225年秦军南下伐楚，楚将项燕率军抵抗，初时秦军进展顺利，在平舆和寝击败楚军，进抵城父。但楚国毕竟地大兵多，项燕在城父集结数十万楚军发起反击，大败秦军，李信败逃回国。秦王方知王翦估兵不虚，屈尊亲自登门向王翦赔礼，命他征楚。

公元前224年，王翦率60万秦军攻楚，楚集中全部兵力迎战。秦军在陈遭遇楚军，王翦即令秦军坚守不战，违令者斩。项燕见王翦按兵不动，即遣将到秦军阵前挑战，但无论楚军怎样百般叫骂，王翦就是不出来与之交战。项燕于是引军东归，但正当楚军撤退时，王翦一声令下，挥师追击。60万秦兵排山倒海杀向楚军，在蕲大破楚军，楚帅项燕被杀。公元前223年，楚都郢沦陷，楚王负刍被俘，秦在楚地设置郢郡，楚国灭亡。

公元前222年，王贲率军歼灭辽东燕军，俘燕王喜；回师途中攻打代郡，俘赵代王嘉，燕、赵彻底灭亡。王贲乘势由燕地南下，直逼齐国，齐王忙在河西集结军队，驻守防御。公元前221年，王贲率秦军避开西线齐军主力，迂回到齐北，从北面南下直插齐国都城临淄（今山东淄博市）；齐因长期"事秦谨"，"不修攻战之备"，在秦军大兵压境、虎视眈眈的形势下，齐军未作任何有效抵抗，齐王建便出城投降，齐国灭亡。

从公元前230年灭韩至此，秦用十年时间兼并了东方六国，结束了春秋、战国长达550年之久的割据局面，建立起统一的多民族的专制主义中央集权的封建国家——秦朝。

秦朝官制

在确定皇帝的称号后，秦始皇为了加强集权，对原来的中央和地方管理体制进行了变革，在中央设立三公九卿，在地方实行郡县制，官吏都由皇帝任命。

秦朝的三公指的是丞相、御史大夫、太尉。丞相是百官之长，它的职责是协助皇帝处理全国的政事。秦丞相多设左、右二人。秦朝建立之初，分别以隗状、王绾为左、右丞相，后来则有右丞相冯去疾和左丞相李斯。在秦始皇统治时期，不但丞相的任免完全由皇帝决定，而且各项政事的处理，也完全取决于皇帝，丞相并无决断之权。

御史大夫，负责监察工作，同时还要帮助丞相处理政事。在秦朝以前就有御史一职，但只是很低微的一种官职。秦始皇为了牵制相权，加强监察，于是改设御史大夫，位列三公。

太尉的职责是协助皇帝处理军事事务，是中央政府中的最高军事长官。太尉在战时有领兵作战的权力，但是没有权力调兵，军队的调动权只属于皇帝一人。

在三公下，秦朝还设有九卿（但是数目不只是九），分掌朝廷和国家的不同

行政事务，分别受丞相、御史大夫和太尉的领导，并直接听命于皇帝。秦朝的九卿主要有掌宗庙礼仪的奉常、掌宫殿掖门户的郎中令、掌宫门卫屯兵的卫尉、掌舆马的太仆、掌刑辟的廷尉、掌诸少数民族事务的典客、掌亲属的宗正、掌谷货的治粟内史、掌山海池泽之税的少府、掌徼循（卫戍）京师的中尉、掌治宫室的将作少府（负责营建宫室、宗庙、陵园等土木工程）。

以三公九卿为主的中央行政机构，是秦朝封建专制主义政治体制的核心，是绝对听命于皇帝的最高权力机关。

确立郡县制

在广袤的领土上，秦始皇没有分封任何一个诸侯，而是把全国划分为36个郡。

郡县制形成于战国时期，秦统一后，经过两次朝廷上的辩论，始皇帝决定在全国废除分封制，实行郡县制，郡县制得以健全。郡是地方行政单位，郡下再划分为若干县，县下再划分为若干乡。与分封制不同，郡县的长官不再世袭，而是由秦始皇亲自任命，从中央到地方，每一级都有明确的职责分工，地方官员完全听命于中央，便于统治者一级一级地对百姓进行统治，使得中央集权得以加强。

统一度量衡和货币

秦国是消灭其他六国而统一起来的，但是由于七雄并立时间长久，各国在货币、度量衡等方面有很大差异。秦统一六国后，为加强统治、维护统一，实行了统一货币、度量衡的措施。

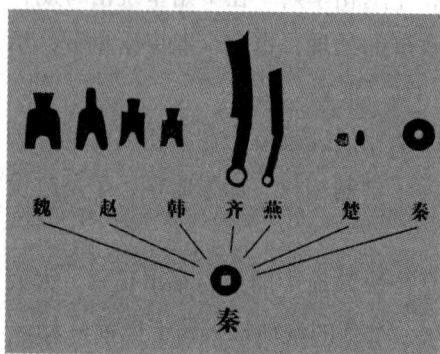

秦统一六国货币简图

春秋战国时期是我国商品经济迅速发展的时期，不同的国家，铸币也往往不同。但是，铜币已成为当时流通领域里的主要货币，各国的铜币在形状、大小、轻重以及计算单位上却有很大差异。从形状上看，当时各国的铜币可以分为布币、刀币、圆钱、郢爰和铜贝四类。布币的形状类似金属农具铸（布），主要在赵、魏、韩等国使用。刀币的形状像刀，主要在齐、燕、

146

赵国流通。圆钱分为外圆内有方孔和圆孔两种，主要是在秦、东周、西周以及赵、魏的黄河沿岸地区使用。郢爰是一种铸有"郢爰""陈爰"等印文的金饼；铜贝形状类似海贝，俗称"蚁鼻钱"，是郢爰的铺币，二者主要是在楚国使用。

始皇铜权 秦
权身刻有秦始皇二十六年（前221年）统一度量衡的诏文。

币制的不统一，严重阻碍着各地商品的流通及统一国家的财政收支。所以，秦统一后，秦始皇下令统一全国货币，采取的措施主要有三项：首先将铸币权收归国家，禁止地方和私人铸币。对于私自铸币者，不仅没收其所铸钱币，还要拘捕和严惩私自铸币者。其次，明确规定货币种类。秦朝的法定货币为黄金和铜钱，黄金属于上币，铜钱属于下币。铜钱为圆形方孔钱，上面铸有"半两"的字样，每钱重十二铢。再次是废除原来六国使用的布币、刀币、铜贝等各种货币，不准以龟贝、珠玉、银锡等充当货币。

秦始皇统一货币，消除了各地区间的币制上的不统一状态。秦王朝制定的圆形方孔钱，成为中国封建社会货币的基本形制，沿用了两千多年。

秦统一前，各国的度量衡也十分混乱，计量单位不统一。单以长度而论就有数种传世铜尺可以为证，如长沙楚国铜尺两边长度分别为22.7厘米和22.3厘米；安徽寿县楚铜尺长为22.5厘米；洛阳金村铜尺长22.1厘米。1尺的长度相差多达0.6厘米。在量制方面，各国的差异更大。齐国自田氏以来，实行以升、豆、釜、钟为单位，即"五升为豆，各自其五以登于釜，十釜为钟"，而魏国则以益、斗、斛为单位。至于衡制方面则更加混乱，单位名称差别更大。楚国的衡器是天平砝码，以铢、两、斤为单位；赵国则以镒、钅斤为单位；东周、西周以寽、折为单位。

度量衡是商品交换中所必不可少的，而且是国家收取赋税的重要标准。秦统一后，秦始皇下令，以秦国的度量衡为标准，统一其他六国的度量衡器。具体措施是将统一度量衡的诏书全文刻在新制作的度量衡标准器上。这样既可以提供更多的标准器，又可以宣传秦始皇的功绩。统一后，秦朝的度制以寸、尺、丈、引为单位，以十为进位制度；量制方面以龠、合、升、斗、桶（斛）为单位，也是十进制；衡制方面以铢、两、斤、钧、石为单位，进位是24铢为1两，16两为1斤，30斤为1钧，4钧为1石。

文字、货币、度量衡的统一，在中国历史上占有重要地位，成为维护中国封建国家统一的重要基础。

"书同文"

汉字产生后，经过长期的发展演变，至春秋战国时期，随着社会的动荡和急剧变化，各地文字的形体和读音都有所不同，出现了"言语异声，文字异形"的现象。当时，同样的字，不同的国家往往写法不同。典型的例子是"马"的诸多字形：在齐国有3种写法，在楚、燕国有另外2种的写法，在韩、赵、魏还有2种不同的写法。这不但不利于文化的发展和各地人民间的交流，而且给秦朝的各种文书、档案的书写、阅览和传播造成巨大困难。

面对这种情况，秦始皇接受李斯的建议，于公元前221年发布"书同文"的诏令，规定以秦国小篆为统一书体，与小篆不同者全都废掉。为了在其他六国推广小篆字，秦始皇命李斯、赵高、胡毋敬分别用小篆书写《仓颉》、《爰历》、《博学》3篇，作为文字范本。

李斯等人所书的小篆字范，其实是对中国几千年来文字自然发展的一次总结。尽管上述3篇范本早已失传，但是小篆被大量使用在秦始皇出巡时的记事石刻中。据记载，这些石刻大多是李斯的手笔，其中《泰山刻石》存有九字，《峄山刻石》有南唐的摹本，《瑯玡台刻石》尚存86字。这些小篆字形结构有较大的变化：其形体长方，用笔圆转，结构匀称，笔势瘦劲俊逸，体态典雅宽舒；字形图画性减少，线条符号性增强，异体字已经很少，偏旁部首的写法和位置基本固定，字形比较简化，是中国文字发展史上的一大进步。小篆之后的文字称今文，之前的则是古文。在秦朝，除了小篆以外，还流行一种比小篆更为简易的隶书。这种字体，以前认为是程邈创造的，但是实际上是人们在抄写公文狱讼时，仓促中用不规则的草书篆体，渐渐创造出来的。这种"草篆"最初主要由狱吏使用于徒隶，所以叫隶书。秦始皇对隶书也进行了整理，经过整理后的隶书，笔划直线方折、结构平整、书写方便，不仅民

小篆体十二字砖　秦

间使用甚广，而且各级政府的官方文体也多用隶书，只有少数重要诏书除外。

秦始皇和李斯改革并统一文字，结束了战国以来文字异构丛生、形体杂乱的局面。篆书成为官方文字，具有权威的意义，之后历代官方更采用篆书作印章文字。文字改革对于中央集权国家政令的统一、文化的传播和经济的发展，起了巨大的作用，对于中国此后历史文化的发展也产生了不可忽视的作用。从此，汉字的结构基本定型。

秦筑驰道

秦始皇完成消灭六国、统一中国的大业后，为了控制广阔的国土，并便于政令军情的传送和商旅车货的往来，下令在全国各地修筑驰道。筑道工程以秦的都城咸阳为中心向各地辐射，东至燕齐（今京津地区及山东），南达吴、楚（今江苏与两湖地区），北抵九原（今内蒙古包头西北），西通陇西（今甘肃临洮），形成较为完整的交通网络。驰道宽 50 步，路基较为坚固；道中央宽 3 丈，为天子专用道路，每隔 3 丈植松树一株，作为标志。驰道两旁辅以小径，为百姓行走之途。公元前 212 年，秦始皇又命令大将蒙恬主持拓筑从九原至云阳（今陕西淳化西北）的直道，其间凿山填谷全长 700 千米，解决了许多工程技术难题。

这两项工程，历时数年，花去大量的人力财力。但驰道、直道修成之后，极大地方便了国家的陆路交通；而且，这些工程作为秦始皇"车同轨"的大一统政策的主要措施，迅速促进了全国政治、经济、文化诸方面的联系，有效地维护了秦朝的统治。

秦代万里长城

战国时期，北方邻近匈奴的秦、赵、燕三国分别修筑长城以防匈奴侵袭。秦长城西起临洮（今甘肃岷县）、东北经固原至黄河。赵长城西起高阙（今内蒙古临河）、东至代（今河北蔚县）。燕长城西起造阳（今河北独石口）、东至辽东。3 条长城互不连接。公元前 222 年，秦灭赵后，匈奴乘机占领赵属河套地区的河南地。

秦始皇统一六国后，一方面派蒙恬大军征伐匈奴，一方面征集民工将原秦、赵、燕旧时长城，随地形修筑连接，重新加固，修建成我国历史上最伟大的军事防御工程——万里长城，以防御匈奴的侵入。修建长城的条件是十分艰苦的。30 万以

万里长城第一台遗址
在秦代修筑长城时，榆林这个地方是当地处势最高、烽火台最大、里面驻军最多，也是两路长城汇合的地方。自秦以后，历代均以此台为镇守北方的重要军事要地，号称镇北台。

上的农民及囚犯，在北方风雪萧萧的边塞上，肩挑手抬，积土垒石十余年，在留下无数的白骨后，终于修成了西起临洮、东至辽东的秦代万里长城。万里长城修好后，蒙恬率军 30 万，屯驻上郡（今陕西榆林东南）十余年，声名赫赫，威震匈奴。匈奴与胡人从此不敢南下放牧、袭扰。在秦代万里长城的基础上，经西汉、北魏、北齐、北周、隋唐、明朝历代增修，形成今天的西起嘉峪关、东至山海关长 5500 余千米的万里长城。万里长城，对于抵御匈奴的骚扰，保障内地人民生产和生活的安定，起了重要作用。它是世界历史上最伟大的建筑之一和中国历史上七大奇迹之一。万里长城充分体现了中国劳动人民的高度智慧和无限的创造力，成为中华民族悠久文明的象征。

秦兵马俑

　　秦始皇为了向后人炫耀他的天下归一的盖世武功，在动工修建规模浩大的皇陵工程时，还修建了举世闻名的皇陵兵马俑坑。

　　兵马俑坑有 1、2、3、4 号坑，均为规模巨大的土木结构建筑。其中 4 号坑内有坑无俑。最大的是 1 号坑，平面呈长方形，面宽 9 间，四周绕以回廊，总面积约 12600 平方米，6000 个兵马俑以及战车、步卒相间排列，呈长方形军阵；2 号坑总面积约 6000 平方米，内容为战车和骑、步兵混合编组的大型军阵；3 号坑面积最小，总面积约 520 平方米，有驷马漆绘的木质战车和执殳的仪仗，象征军阵的指挥部。

　　兵马俑塑造了各种各样的秦军形象，有指挥的将军，也有一般武士的步兵、骑兵、车兵、弓弩手等。形体高大魁梧，一般均在 1.75 米左右，指挥官身高在 1.95 米以上。很多将士手中握着真正的青铜兵器。其面相多数表情刚毅，昂扬奋发。五官位置准确，富于质感。陶俑细部的雕塑颇费匠心。

兵马俑的制作，是先用泥做好内胎，再上一层细泥，然后在细泥上雕塑出俑的五官、衣纹等细微部分。俑的头、手、躯干都是分别制作然后组合的。细部加工完以后，送入窑烧制，最后进行彩绘。

而陶马和真马一般大，用于骑兵的战马高约1.72米，体长2.03米，剪鬃，备鞍，一看便知处于临战状态。驷马体型略小，筋骨起伏变化似真马一般。马头抬起，耳前倾、双目大睁、鼻孔翕张，体现出战马静中有动的状态。

战车多为木质结构，因年久而朽毁，但从残存的遗迹中也可以看出其大概来。

秦兵马俑

秦皇陵兵马俑群，是昔日秦王朝强大国力和军威的象征。它集中体现了我国古代劳动人民高超的烧陶技巧和智慧，为后人研究秦史提供了丰富的原始资料。

蒙恬伐匈奴

秦尚未统一六国前，逐渐强大起来的匈奴经常掠夺内地的人民、牲畜、财产，使相邻的燕、赵、秦深受其害。尤其是秦灭六国的最后阶段，匈奴趁中原各诸侯国激烈征战无暇顾及，占领了河套地区的所谓"河南地"。秦王朝建立后，匈奴的威胁成为最突出的问题。公元前215年，传说奉命入海求仙的卢生回到咸阳，向始皇报告鬼神事，奏上的《录图书》有"亡秦者胡也"的语句。此胡本指"胡亥"之胡，但始皇却认为"胡"谓匈奴，为此，遂派大将蒙恬率军30万大举北伐匈奴。

蒙恬，其祖先为齐国人。祖父蒙骜，从齐入秦事奉秦昭王，官职为上卿。父亲蒙武，弟蒙毅，都是名将。公元前221年，蒙恬因家世殊勋被拜为秦将，受命攻陷齐国，拜为内史。第二年，蒙恬又率军越过黄河，夺取了被匈奴控制的高阙（今内蒙古杭锦后旗东北）、阳山（今内蒙古狼山）、北假（今内蒙古河套以北、阴山以南、大青山以西地区）等地。

匈奴首领头曼单于在秦军的打击下，放弃河南地及头曼城向北退却。秦王朝收复河套以北、阴山一带地区后，增设44县，重新设置九原郡，在黄河岸上构筑城堡戍守。公元前211年，秦迁内地人3万户到北河、榆中（内蒙古伊金霍洛旗以北）屯垦，进一步巩固了对这一地区的统治。当时人们把这一新开垦的地区叫做"新秦"。蒙恬北伐匈奴，不仅有力地制止了匈奴奴隶主贵族对中原的抢掠，而且大大促进了这一地区的开发。在长期的劳动和交往中，不少匈奴人南迁中原，逐渐同秦人及其他各族人民共同居住和生产，促进了民族的大融合。

焚书坑儒

公元前213年，秦始皇在咸阳大宴群臣，博士淳于越指责郡县制，提出分封制的主张。秦始皇将此事交给群臣讨论。丞相李斯以"五帝不相复，三代不相袭，各以治"的例证反驳淳于越，并指责儒生们颂古非今，各尊私学，诽谤朝政，扰乱民心。李斯认为古代天下动乱，无法一统，招致诸侯并起，四海分裂，根源在于各种儒门学说和私学的存在，致使人心不一。他建议秦始皇消灭私学，除《秦记》之外的史书一律烧毁；除秦博士官所藏《诗》、《书》百家语等书外，都要将书交到所在郡，由郡守、尉监督烧毁；敢谈论《诗》、《书》的斩首弃市，以古非今的灭族；官吏看到、知道而不举报的，同罪；令下后30日内不烧毁该烧的书，处黥刑，到边疆修筑长城4年；医药、卜筮、种树的书不在烧毁之列；若要学习法令的，以吏为师。秦始皇采纳了李斯建议，下令焚书。一时，大量文化典籍被付之一炬。次年，方士侯生、卢生因求仙药不得，两人议论讥讽秦始皇"刚愎自用"，又指责他"乐以刑杀为威"、"贪于权势"，不值得为他求仙药，并相约逃跑。秦始皇得知后，认为卢生等诽谤他，夸大他的过失，而且其他儒生也有妖言惑众之嫌，遂责令御史审问在咸阳的儒生。儒生们互相揭发，牵连出460多人。为昭示天下，以儆效尤，460多人全部被坑杀于咸阳。始皇长子扶苏对此做法有异议，也被令离开都城，去上郡（今陕西榆林东南）监蒙恬军。

始皇暴政

强大的秦王朝从建立到灭亡不过十几年，秦朝灭亡的根本原因就在于秦始皇的暴政，这主要体现在赋役和刑罚两方面。

秦始皇时期，征收的赋税十分沉重。秦朝的赋税可分为田税、口赋两种，据汉代董仲舒所言，秦朝赋税"二十倍于古"。

另外，秦朝的徭役更是十分繁重。秦朝规定：一般人民从 15 岁开始服役，至 60 岁。一生中须正卒一年，屯戍一年，每年还要更卒一个月。

秦始皇不断大兴土木，在咸阳及别的地方修建宫殿，其中以阿房宫的修建为最。公元前 212 年，秦始皇仍感到已有的宫殿太小，于是决定修建阿房宫。根据原定设计，阿房宫规模庞大，东西 500 步，南北 50 丈，宫中可容纳万人，其宫殿之高，可以将高 5 丈的旗杆竖于其中。在南山上的山峰之顶还建筑了门阙，这是建在宫殿之前的建筑物。另外，还要修建复道。所以后来唐代诗人杜牧在其《阿房宫赋》中对阿房宫的规模作了较详细的描绘："蜀山兀，阿房出。覆压三百余里，隔离天日。骊山北构而西折，直走咸阳，二川溶溶，流入宫墙，五步一楼，十步一阁；廊腰缦回，檐牙高啄；各抱地势，钩心斗角。"阿房宫设计之初欲作为秦始皇举行朝会、庆典、议决国家大事的场所，其整体布局自然要体现其身为皇帝的尊贵。但因工程规模浩大，加之秦二世而亡，工期短促，阿房宫终未竣工。

秦始皇不仅活着要享尽人间富贵，而且死后仍要穷奢极侈，为自己在骊山修建了规模宏大的陵墓。在他即位之初，就开始为自己修墓。统一六国后，更役使数十万人继续营造，其陵高为 120 多米，周长 2167 米，陵下则"穿三泉，下铜而致椁，宫观百官奇器珍怪徙藏满之。令匠作弩矢，有所穿近者辄射之。以水银为百川江河大海，机相灌输，上具天文，下具地理。以人鱼膏为烛，度不灭者久之"。

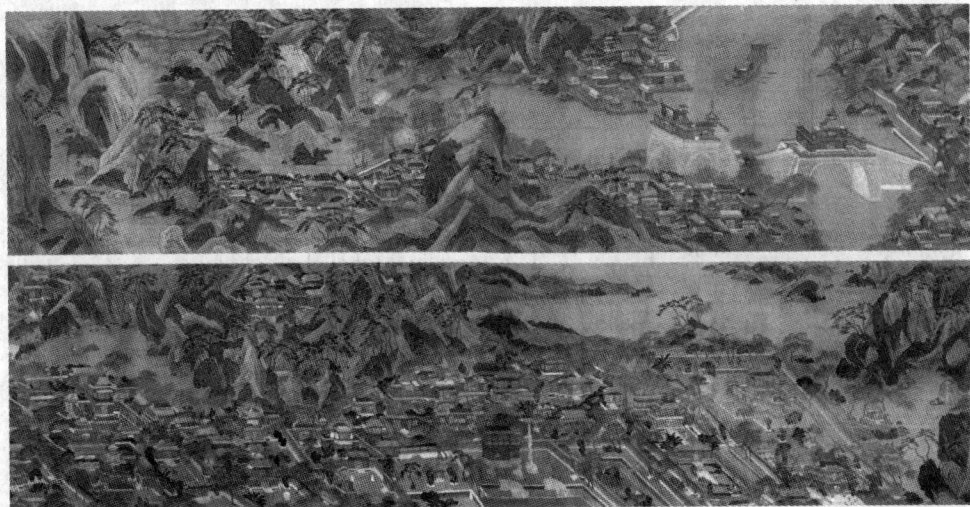

阿房宫图屏　清　袁江
此图所绘依山殿阁，傍水楼台，山水相连，花木并茂，并有龙舟、游艇、宫人等点缀。

除陵墓主体外，还有许多作为陪葬的工程。兵马俑和铜赤马的出土即可作为明证。至今已发掘了三个秦兵马俑坑，出土的兵俑与真人大小差不多，造型生动、神态逼真，被联合国教科文组织确定为世界第八大奇迹。

据统计，秦朝人口约有 2000 万，每年服徭役的就达 200 多万人，由此可见秦朝徭役之重。

秦始皇统一六国后，山东六国的贵族与百姓，特别是原来六国的旧贵族，反秦情绪尤为强烈。为了巩固自己的统治，秦始皇采用严厉的镇压手法，实行严峻的刑罚。其名目繁多，可分为死刑、肉刑、徒刑、连坐等 12 种，并且秦朝法律规定，各种刑罚可以重用、单用、合用。

秦朝的种种刑罚，主要是针对农民和奴隶的，对农民和奴隶往往是轻罪重处。例如，服役的刑徒在生产中若稍稍损坏器具，就会遭到很重的鞭笞。总之，秦始皇称帝后，秦朝的法律更为严苛了。

病亡沙丘

公元前 210 年，秦始皇在最后一次出巡中于沙丘宫病死。

秦始皇一生曾 5 次出巡各地。第一次是在公元前 220 年，巡行陇西、北地。第二次出巡则在公元前 219 年，这次出巡的主要目的是东抚东土、封祀泰山。秦始皇登临泰山封禅时，于半山坡曾遇暴风骤雨，不得不避雨于一棵大松树下。雨过天晴后，秦始皇称赞此松树遮雨有功，于是当即封之为五松大夫，百官则高呼

十二字瓦当　秦
十二字为"维天降灵，延元万年，天下康宁"。

皇帝万岁。现在泰山山腰的五松亭，据说就是秦始皇当年封禅的避雨处。第三次出巡是在公元前 218 年。秦始皇再次东出函谷关巡行东方，当其车驾行至河南阳武博浪沙时，从道旁的杂草树丛中突然跳出一个人，此人将手中的凶器掷向安车。但是秦始皇坐在安车后面的专车中，因此没有受伤。这个刺客为张良所选派，他以 120 斤的大铁锥袭击秦始皇，没有成功。秦始皇十分愤怒，下令搜遍天下，张良于是改名换姓逃走。第四次出巡则是巡行碣石和北边。

据史书记载，公元前211年，有一陨石落在东郡（今河南省东北部和山东省西部部分地区），有人在上面刻上了"始皇帝死而地分"。秦始皇听说后，便派人到东郡调查此事，但没有结果，于是便下令把陨石落地附近的居民全部杀掉。此后，秦始皇一直不高兴。到秋天，朝廷使者在一天夜里路过华阴平舒时，突然有人持着一块玉璧，拦住使者，说："今年祖龙死！"使者正待查问，那人则放下璧，转身逃走。秦始皇闻听此事，召使者询问，并不解其意，退朝后，方想到祖龙就是指人的祖先。于是命人仔细查看玉璧，这玉璧竟是秦始皇几年前

天尽头

在山东省最东端的荣成成山头。据传秦始皇巡游至此，见海中巨石凸立，令修桥至东海仙岛，求长生不老药，故又有"秦桥遗址"之称。

不慎掉入江中的那块。秦始皇更加觉得不可思议，于是命人占卜，依据占卜的结果，秦始皇迁徙北河榆中（今河套地区北部一带）3万家，并决定于公元前210年再次出巡。

秦始皇这次出游，本来是打算随行官员只带左丞李斯，但是其子胡亥也要随从，秦始皇也应允了。十月，秦始皇一行从咸阳出发巡行江南，一路上，秦始皇游云梦，登庐山，过会稽（今浙江绍兴市南），游兴正浓，因此，并没有感觉到阴冷潮湿的江南天气给他的身体有什么不良影响。然后他们渡江北上，至琅琊（今山东胶南境），沿海滨寻仙求药，在海上捕杀大鱼。秦始皇非但没有求得长生不死之药，反因海风的侵袭，使得秦始皇因长期巡行而下降的体质，已无法抵御病魔。当车驾到达沙丘平台（今河北平乡东北）时，秦始皇已经病入膏肓，只好在沙丘宫住下来，不久病死于沙丘宫。

据记载，秦始皇在病危期间，曾留下遗诏赐位于扶苏，但是遗诏落到了赵高、李斯手中。面对秦始皇的突然死亡，赵高、李斯决定秘不发丧，知道秦始皇死讯的只有胡亥、赵高、李斯及秦始皇身边的几个宦者。为不引起人们的怀疑，李斯等人决定将秦始皇尸体放在辒辌车中运至咸阳。但是时值七月，天气炎热，不几日，秦始皇的尸体便发出臭味。他们只好命令随后的车载一石鲍鱼，用鱼的臭味掩盖尸体的臭味，所以，沿途臣民并不知秦始皇已死。

另一方面中东府的赵高则利用这一时机，勾结李斯，篡改遗诏，立胡亥为太子，并以"为人子不孝"、"为人臣不忠"的罪名赐死扶苏。

不久，皇帝车驾回到咸阳，李斯等先宣读改过的遗诏，立胡亥为太子。然后胡亥以太子身份主持秦始皇的葬礼，并继皇位，是为秦二世。

秦始皇一生50年，但这50年却使秦始皇成为千古一帝。他开创了中国第一个统一的封建专制主义的多民族国家，统一了文字、货币、度量衡，并确立了郡县制，对后世影响深远。可是，另一方面，秦始皇又是一代暴君，后期的暴政导致秦朝二世而亡。

腰斩李斯

李斯受到秦王嬴政的重用后，以卓越的政治才能和远见佐助秦王一统天下，并设立了郡县制，统一了文字、法律、货币、度量衡和车轨等。这些措施让秦国的经济得以快速发展，并对后世产生了极为深远的影响。

沙丘之变后，赵高开始离间李斯和胡亥的关系，并借机陷害李斯。陈胜、吴广起义时，李斯的长子李由曾镇守荥阳，没有挡住义军西进的队伍。赵高于是抓住这一点，诬陷李由和陈胜是邻县的同乡，因此不肯积极镇压，而李斯身为丞相，仍然心怀企图，想自立为王。

李斯明白过来后，立即上书揭发赵高的罪行。但此时的胡亥已经被赵高所蒙蔽，因此下令将李斯关进监狱。胡亥还安排赵高来审理此案，赵高自然求之不得。他指使狱卒对李斯严刑拷打，让其招认谋反之事，位居三公的李斯哪受过这种酷刑，再加上年岁已高，最后迫不得已，只好承认了"谋反"之罪。

这时的李斯虽已招供，但依然心存侥幸，他认为自己并没有反叛之心，而且有功于秦朝，当年被秦始皇治罪时，曾依靠一篇《谏逐客书》而力挽狂澜，如果将自己的冤情告知皇上，说不定还能得到赦免。

可惜李斯聪明一世，糊涂一时，赵高耳目众多，他精心炮制的申辩书根本没送到胡亥眼前，就被赵高扣下了。赵高派人四处搜捕李斯的宗族，宣布李斯因谋反罪被判腰斩，株连三族。

在刑场上，李斯对儿子说："多想与你牵着黄犬，回老家上蔡东门去打猎呀！可现在却办不到了。"后来的文人墨客，把李斯这句将死之言缩成了"东门犬"三字，既表示恨不如初，也表示对自己追逐一生的权力的彻底决绝，但这种决绝却只有在人鬼交替、阴阳分界的这一刻，才能领悟。

司马迁在《史记·李斯列传》的结尾处，写到了这次残酷的屠杀："二世二年七月，具斯五刑，论腰斩咸阳市，夷三族"，"一人有罪，延及三族"，即"父族，母族，妻族"，而这条残酷的法律正是出自李斯之手。

陈胜吴广起义

胡亥夺取皇位的这一年，即公元前209年七月，爆发了我国历史上第一次大规模的农民起义，领导这次起义的人是陈胜、吴广。

陈胜又叫陈涉，是阳城（今河南登封东南）人。吴广又叫吴叔，是阳夏（今河南太康县）人。

陈胜对自己的苦难遭遇一直愤愤不平，可更不幸的事情又落在了他的身上。他和吴广以及其他的穷苦农民，一共九百多人，被秦二世征发去渔阳驻防。

那时候正赶上雨季，他们走到蕲县大泽乡（今安徽宿县西南）的时候下起了大雨。大泽乡靠近淮河的支流浍河，地势低洼，大水淹没了道路，没法走了。他们只好停下来，等天晴了再走，按照秦朝的律法，叫你什么时候到达什么地方，你就得按时到达，误了日期，就要杀头。陈胜、吴广计算了一下，估计无论如何也不能按期到达渔阳，这样，他们已经犯下死罪了。

陈胜、吴广一起商量办法。陈胜说："如今要是逃走，抓回来是死；起来造反，夺天下大不了也是死。这样下去等死，还不如拼出一条生路呢！"

吴广认为陈胜说得有道理，便决定跟着陈胜干一场。当时的人们很迷信，想要号召众人起来造反，除了假借像扶苏等人的名义外，还得采用装神弄鬼一类的办法，取得众人的信任。他们为此想出了办法。

第二天，伙夫上街买鱼回来，剖开一条鲤鱼的时候，在鱼肚子里发现一块绸子，绸子上用朱砂写着"陈胜王"三个字。这件事一下子就传开了，众人都认为这是老天爷的旨意，原来陈胜是个真命天子呀！

过了几天，陈胜和吴广带领着一大帮人，趁押

铜盾 秦

·秦代军队的平时编制·

步兵的编制分为六级，即：五人为伍，二伍为什，五什为屯，二屯为百，五百人，一千人。前五级分设一人为长，第六级设"二五百主"也称"千人"，已属中级军官。骑兵的编制，很可能是四骑一组，三组一列，九列一百零八骑为一队，并能属战车六乘。车兵的编制，没有步兵配合时，每八乘为一偏（即一行），二偏为一组，四组一队；有步兵配属时，则以兵车一乘、甲士三人、步卒八人为一个基本单位，六乘为一组，十八乘加指挥车一乘为一队。

送他们的军官喝醉了酒，故意去要求释放他们回家。军官一听，又急又气，先抽打了吴广几鞭子，接着又拔出剑来要杀吴广。这时大伙儿一拥而上，陈胜乘机杀死了军官。

陈胜、吴广杀死了军官，大伙儿都感到出了一口恶气。看到大伙儿都很齐心，陈胜、吴广就决定立即起义。他们派人上山砍伐树木、竹竿作为武器。然后，用泥土垒个平台，作为起义誓师的地方。还做了一面大旗，旗上绣上了一个大大的"楚"字。

陈胜、吴广在大泽乡起义的消息很快传开，附近穷苦的老百姓扛着锄头、铁耙、扁担，纷纷赶来加入起义军，起义军一下子壮大了起来，并且很快地占领了陈县。陈胜在陈县称了王，国号"张楚"。

陈胜称王后，派周文去攻打咸阳。周文虽懂得点军事，作战也勇敢，但最终还是寡不敌众，被秦军打败，被迫自杀。吴广率领队伍去进攻荥阳，没想到，被自己的部下田臧假借陈胜的命令杀害了，最后只剩下了陈胜。陈胜称王后骄奢虚荣，六亲不认，以致众叛亲离，在秦军强大的攻势面前，只好向东南退却。不料想，最后死于他的马夫庄贾之手。

刘邦和项羽

陈胜、吴广起义以后，各地的百姓纷纷响应。农民起义像一阵风暴，很快就席卷了大半个中国。

在南方会稽郡有一支强大的起义队伍，领导这支队伍的首领是项梁和他的侄儿项羽。项梁是楚国大将项燕的儿子，秦国大将王翦攻灭楚国的时候，项燕兵败自杀，项梁一直想重建楚国。他的侄儿项羽身材魁梧，力大无比，跟项梁学了不少本领。

项梁本是下相（今江苏宿迁西南）人，因为跟人结了仇，躲避到会稽郡吴中来，项梁能文能武，吴中的年轻人都很佩服他，把他当老大哥看待。项梁教这些年轻人学兵法，练本领。这时，他们听说陈胜起义，觉得是个建功立业的好机会，就杀了会稽郡守，占领了会稽郡。不到几天，就拉起了一支八千人组成的队伍。因为这支队伍里都是当地的青年，所以称为"子弟兵"。

项梁、项羽带着八千子弟兵渡过长江，攻克了广陵（郡名，治所在今江苏扬州市），接着又渡过淮河，向北进军。一路上又有各地方的起义队伍来投奔项梁。

泗水亭

此亭在今江苏省沛县，据《沛县志》记载，汉高祖刘邦曾做过泗水亭长。

第二年，刘邦带着一支100多人的队伍，来投靠项梁。

刘邦是沛县（今江苏沛县）人，在秦朝做过亭长（秦朝十里是一亭，亭长是管理十里以内的小官）。有一次，上司要他押送一批民夫到骊山做苦工，在去往骊山的山路上，每天总有几个民夫跑掉，刘邦想管也管不了。这样下去，到了骊山，刘邦也交不了差。

有一天，他把民夫们叫到一起，对大家说："你们到骊山去做苦工，累不死也得被打死；就算不死，也不知道哪年哪月才能返回家乡。我现在放你们走，大家各自去找活路吧！"

民夫们非常感激刘邦，当时就有几十个民夫愿意跟着他走。刘邦就带着这些人逃到芒砀山（两山在今河南永城）躲了起来。

沛县县里的文书萧何和监狱官曹参知道刘邦是个好汉，都愿意与他交好，他们之间来往不断。

等到陈胜打下了陈县，萧何和沛县城里的百姓杀了县官，并让人到芒砀山把刘邦接了回来，请他当了沛县的首领，大家称他"沛公"。不久，张良也投到了刘邦麾下。

项梁见刘邦也是一个人才，就拨给他人马。从此，刘邦成了项梁的部下。

这时各地起义军的领导权都落在旧六国贵族手里，彼此争夺地盘，互相攻打。秦国的大将章邯、李由，想趁机把起义军各个击破。

面对这种形势，项梁在薛城开始整顿起义队伍。为了增强号召力，项梁听了谋士范增的建议，立楚怀王的孙子为楚王。因为楚国人对当年楚怀王受骗死在秦国一直愤愤不平，所以大家把他的孙子仍称为楚怀王。

巨鹿大战

项梁整顿了起义军后，打败了秦朝大将章邯。项羽、刘邦带领另一支队伍，杀了秦将李由。不久，章邯重新补充了兵力，趁项梁不备，发动了猛烈的进攻。项梁死在了乱军之中，项羽、刘邦也只好退守彭城去了。

章邯打败项梁，认为楚军已经元气大伤，就暂时放弃攻击楚军，带领秦军北上进攻赵国（这个赵国不是赵国时代的赵国，而是新建立起来的一个政权），很快就攻下了赵国都城邯郸，赵王歇逃到巨鹿（今河北平乡西南），坚守不出。

章邯派秦将王离包围巨鹿，自己率大军驻扎在巨鹿南面的棘原，为了给王离军运送粮草，他在棘原和巨鹿之间修筑了一条粮道。

赵王歇一面守城，一面派人向楚怀王求救。当时，楚怀王正在筹划进攻咸阳。见赵国来求援，就派刘邦打咸阳，另派宋义为上将军，项羽为副将，带领二十万大军到巨鹿解救赵国。

宋义带领的军队到了安阳（今河南安阳东南），听说秦军气势很盛，就命令楚军停止进军，等秦军和赵军打上一阵，让秦军消耗一下实力，再去进攻。

宋义按兵不动，在安阳一停就是四十六天，这下可急坏了项羽。

项羽对宋义说："现在军营里粮食不多了，但是上将军却按兵不动，自己喝酒作乐，这样对得起国家和兵士吗？"宋义不但不听，还下了道命令：军中如有不服从指挥的，立即斩首。

戏马台
在今江苏徐州，始建于公元前 206 年，据传西楚霸王项羽定都彭城后，在此建高台，作为指挥士兵操练、观赏士卒赛马的场所。

第二天，项羽趁朝会的时候，拔出剑来把宋义杀了。

将士们大多是项梁的老部下，宋义在军中本来威望就不高，大伙见项羽把他杀了，都表示愿意听项羽指挥。

项羽杀了宋义以后，立刻派部将英布、蒲将军率领两万人做先锋，渡过漳水，切断秦军运粮的通道，把章邯和王离的军队分开了。然后，项羽率领主力渡河。

过了河，项羽命令将士，每人带

三天的干粮，把军队里做饭的锅砸掉，把渡河的船凿沉（文言叫做"破釜沉舟"，釜就是锅子），然后，对将士说："咱们这次打仗，没有回头路可走，三天之内，一定要打败秦兵。"

项羽的决心和勇气，极大地鼓舞了将士们的士气。楚军把王离的军队包围起来，个个士气振奋，越打越勇。经过九次激烈战斗，活捉了王离，其他的秦兵死的死，逃的逃，包围巨鹿的秦军一下子就瓦解了。

约法三章

秦将章邯在棘原眼看王离全军覆没，但干着急支援不上。他上了一份奏章，把前线的消息告知朝廷，请求救兵。二世和赵高不但不发救兵，还要治章邯的罪。章邯怕赵高害他，只好率领部下 20 万人马，向项羽投降了。那时候，赵高害死了李斯后，秦朝的大权完全操纵在他手里。他知道大臣中有人不服他。有一天，他牵着一只鹿到朝堂上，当着大臣的面对二世说："我得到了一匹名贵的马，特来献给陛下。"

二世虽然糊涂，但是鹿是马还是能分清的。他笑着说："丞相开什么玩笑，这明明是头鹿，怎么说是马呢？"

赵高绷着脸说："怎么不是马？让大家说是鹿是马。"

不少人懂得赵高的用意，就附和着说："真是匹好马呀！"只有少数大臣说是鹿。几天之后，那几个说是鹿的大臣，都被赵高找借口治了罪。

从那以后，宫内宫外的官员没有不害怕赵高的，再没有人敢在二世面前说赵高的不是了。

公元前 206 年，刘邦的人马攻占了武关（今陕西丹凤县东南），离咸阳不远了。二世惊慌失措，连忙叫赵高发兵去抵抗。赵高知道再也混不下去了，就派心腹把二世弄死了。

赵高杀了二世，对大臣们说："现在六国都已复国了，秦国再挂个皇帝的空名也没有什么意思，应该像以前那样称王。我看可以立二世的侄儿子婴为秦王。"这些大臣不敢反对，只好同意。

子婴知道赵高害死了二世，想自立为王，只是怕大臣们反对，才假意立他为王。子婴和他的两个儿子商量好对付赵高的

青玉高足杯　秦

计策。到即位那天，子婴推说有病不去，赵高只好亲自去催子婴，子婴命手下人把赵高杀了。

子婴杀了赵高，派了5万兵马固守武关（今陕西商县西北）。刘邦采用了张良的计策，派兵在武关附近的山头插上无数的旗子，迷惑敌兵；另派将军周勃带领全部人马绕到武关东南，从侧面打进去，杀死了守将，消灭了这支秦军。

刘邦的军队开进武关，到了灞上（今陕西西安市东）。秦王子婴一看大势已去，便带着秦朝的大臣投降了。

刘邦进了咸阳，召集了附近各县的父老，对他们说："你们被秦朝残酷的法令害苦了。今天，我跟诸位父老约定三条法令：第一，杀人的偿命；第二，打伤人的治罪；第三，偷盗的治罪。除了这三条，其他秦国的法律、禁令，一律废除。父老百姓可以安居乐业了。"

百姓听到了刘邦的约法三章，高兴得不得了，都争先恐后地来慰劳刘邦的将士。

从那时起，刘邦的军队给关中的百姓留下了良好的印象，人们都希望刘邦能留在关中做王。

鸿门宴

项羽在巨鹿大战中打败了王离，收降了章邯，而后率领40万大军开到函谷关，看见关口有兵把守着，不准项羽的军队进关。项羽得知是刘邦的将士守着关口，肺都要气炸了，命令将士猛攻函谷关。关口很快被打开，项羽军队长驱直入，直到新丰、鸿门（今陕西临潼东北）才驻扎下来。这里离刘邦军队驻扎地灞上只有40里路，项羽决定第二天攻打刘邦。

项羽的叔父项伯和刘邦的谋士张良是好朋友，他怕打起仗来张良会送命，就

鸿门宴壁画　汉

连夜赶到刘邦军营告知张良，叫张良赶快逃命。

张良把项伯的话告诉了刘邦。刘邦一听慌了神，连叫："这可怎么办，怎么办呢？"张良说："你先叫项伯帮帮忙，叫他在项王面前给求求情。"刘邦急忙叫张良把项伯请来，摆上酒席，热情招待。为了结交项伯，刘邦提出两人结为儿女亲家。项伯答应了，并对刘邦说："明天一大早，你要亲自来给项王赔礼。"

第二天一大早，刘邦就带领张良、樊哙和100多人赶到鸿门，拜见项羽。刘邦装作十分热情地说："我和将军一起攻打秦朝，您在黄河的北面作战，我在黄河的南面作战。没想到我能先打进关中，攻破咸阳，今天有机会和将军见面，真是件令人高兴的事。听说有些小人在您面前挑拨我和您的关系，请将军千万别听信这些话。"项羽是个直性人，见刘邦这样可怜兮兮，怒气很快就烟消云散了。项羽叫人摆上酒席，举杯劝刘邦喝个痛快，态度越来越和气。

酒席上，范增一再给项羽使眼色，并多次举起胸前佩挂的玉瑗作暗示，要项羽下决心杀掉刘邦。项羽默不作声，好像没看见一样。范增急了，找个借口走出营门。他把项羽的堂兄弟项庄找来，交代他说："项王心肠太软，你到席上敬酒，然后舞剑助兴，趁机杀了刘邦。"项伯见项庄在宴席前不怀好意地舞起剑来，害怕刚结的亲家刘邦吃亏，也拔出宝剑说："一个人舞剑没有两个人来劲。"就用身子护着刘邦，与项庄对舞起来，项庄没机会对刘邦下手。

张良见形势危急，找个机会溜了出去，对樊哙说："宴会上项庄拔剑起舞，总想对沛公下毒手。"樊哙听了急得大喊："我去同他们拼了！"他带上宝剑和盾牌赶到帐前，把几个阻拦的卫兵撞倒，怒目圆睁地冲了进去。

项羽看到冲进一个怒容满面的人，急忙按住剑把，喝问道："你是什么人？"张良急忙上前解释说："他是沛公的车夫樊哙，一定是肚子饿了。"项羽用赞叹的口气说："好一个壮士！快赏给他一斗酒，一只猪腿。"项羽看了樊哙一会儿，越发觉得这人豪壮，说："壮士，还能喝酒吗！"樊哙粗声说："我死都不怕，

还怕喝酒吗！当初，楚怀王跟大家有约：谁先打败秦军攻破咸阳，谁就做王。如今沛公先打进咸阳，他没拿一点东西，只是封了库房把军队驻在灞上，等到大王您的到来。如此劳苦功高的人，大王不但没给他奖赏，反而听信小人的挑拨，想去杀害他，这不是跟秦王没区别了吗？大王这种做法未免太不近情理了！"项羽一时答不上话来，招呼樊哙坐下。樊哙就挨着张良坐下了。

刘邦镇定了一会儿，假装要上厕所，樊哙和张良也跟着出去了。刘邦想趁早溜回军营，又怕没有告辞失了礼数。樊哙说："干大事业的人不拘泥于小礼节。如今我们好比任人宰割的鱼肉，性命都难保了还讲什么礼数！"

刘邦走后，张良在外面等了好一会儿，估计刘邦已经到达军营了，才进去对项羽道歉说："沛公酒量小，今天喝多了，不能当面来向大王辞别。他嘱咐我奉上白璧一双敬献给大王；玉杯两只送给亚父。"项羽接过白璧，放在席位上，范增气得把玉杯扔在地上，又用宝剑劈碎，叹着气说："唉，真是没用的人，不值得让我操心！将来争夺项王天下的人，一定是刘邦。等着瞧吧，将来咱们这些人都会成为刘邦的俘虏！"

鸿门宴拉开了楚汉战争的序幕。

楚汉之争

刘邦听从萧何的建议，拜韩信为大将，执掌兵权，准备攻打汉中。萧何整顿后方，训练人马。

公元前206年，汉王和韩信率领汉军进攻汉中。

战争开始后，由于关中的老百姓对"约法三章"的汉军本来就有好感，所以，汉军每到一处，士兵、百姓都不愿抵抗。不到三个月的时间，刘邦就消灭了秦国降将章邯的兵力，牢牢地控制了关中地区。项羽得知刘邦攻占了整个汉中，准备率兵来打。但是东面齐国的田荣也起来反抗项羽，把项羽所封的齐王赶下台，自立为王，项羽只好扔了刘邦这一头带兵去镇压田荣。

刘邦趁项羽和齐国相持不下的时候，率军东进，攻下了西楚的都城彭城。项羽赶紧往回撤兵。双方在濉水展开了一场大战。战斗一开始，双方谁也不知道对方有多少人，只打得昏天黑地，尸横遍野。到最后，汉军战败，刘邦的父亲太公和妻子吕氏也被楚军俘虏了。

刘邦领着残兵败将，退到荥阳成皋一带，严密布防。另一方面派韩信带领兵马向北收服了魏国、燕国和赵国的地盘，又派陈平用重金挑拨项羽和范增的关系。项羽本来疑心很重，听信了谣言，真的怀疑起范增来。范增一气之下告老还乡，又气又伤心的他死在路上。范增一死，项羽身边少了一位得力的谋士，汉军的压力也减轻了。刘邦又叫彭越在后方截断楚军的运粮道，这样就有效地控制了楚军。楚汉双方这样对峙了两年多。

公元前 203 年，项羽决定自己带兵去攻打彭越。临走时，他再三叮嘱成皋守将曹咎，无论如何也要坚守城池不许出战。刘邦见项羽一走就向曹咎挑战。曹咎说什么也不战。后来刘邦叫士兵整天隔着汜水辱骂楚军。曹咎受不了刘邦士兵的辱骂，渡江作战被刘邦打得大败。曹咎觉得没脸见项羽，就刎颈自杀了。

项羽听说成皋被汉军占领，曹咎自杀，急忙赶回来，楚汉两军在广武（今河南荥阳东北）又对峙起来。

正当刘邦想和项羽决一死战的时候，项羽派使者给刘邦传话说："现在天下不安定，都是由于你我两人相持不下造成的，你敢不敢与我比试高低，别让老百姓受连累了。"刘邦也叫使者回话说："我愿意比文斗智。"刘邦和项羽各自出阵来，刘邦为了叫项羽在楚、汉军面前威风扫地，便历数项羽有"十大罪状"。

项羽听刘邦述说自己的"十大罪状"，忍无可忍，也不回答，回头作了个暗示，钟离眛带领弓箭手一阵乱箭齐发，刘邦刚要回头，胸口已经中了一箭，他忍住疼痛，故意弯下身，大叫道："不好，贼兵射到我的脚趾了。"众将士急忙把他扶到营里，叫医官医治。张良怕军心动摇，便劝刘邦勉强起来，坐在车上巡视军营。

项羽见刘邦没死，还能巡视军营，而楚军粮草已供应不上，感到进退两难。

刘邦重伤在身，见双方相持不下，也非常着急。这时，洛阳人侯公从中调和了一下，双方定下协议，楚汉双方以荥阳东南的鸿沟为界，鸿沟以东属楚，鸿沟以西属汉，双方各守疆土，互不侵犯，停止攻战。协议达成后，项羽把太公和吕氏也放了回来。

四面楚歌

楚汉议和还不到两个月，刘邦便组织了韩信、彭越、英布三路大军会合一处，在韩信统率下，追击项羽。

公元前 202 年，项羽被汉军围困在垓下（今安徽灵璧东南），韩信在垓下的周围布置了十面埋伏。项羽的人马少，粮食也快吃光了。他想带领人马冲杀出去，但是被汉军和各路诸侯的人马层层包围，项羽打退一批，又来一批；杀出一层，还有一层，项羽没法突围出去，只好回到垓下大营，吩咐将士小心防守。

这天夜里，项羽在营帐里愁眉不展。他身边有个宠爱的美人名叫虞姬，看见他闷闷不乐，便陪伴他喝酒解愁。

到了午夜，只听得一阵阵西风吹来，风声里还夹着歌声。项羽仔细一听，歌声是从汉营里传出来的，唱的都是楚人的歌曲，唱的人还挺多。

项羽听四面到处是楚歌声，失神地说："完了！恐怕刘邦已经打下西楚了！汉营里没有那么多的楚人呀。"

项羽愁绪满怀，忍不住唱起一曲悲凉的歌来：

> 力拔山兮气盖世，
>
> 时不利兮骓不逝。
>
> 骓不逝兮可奈何，
>
> 虞兮虞兮奈若何？

项羽唱着唱着，禁不住流下了眼泪。旁边的虞姬和侍从也都伤心地哭了起来。

当天夜里，项羽跨上乌骓马，带了八百个子弟兵冲出汉营，马不停蹄地往前跑去。天亮后，汉军才发现项羽已经突围出去，连忙派了五千骑兵紧紧追赶。项羽一路奔跑，后来他渡过淮河时，跟着他的只剩下一百多人了。

但后面的追兵又围上来了。项羽对跟随他的士兵们说："我从起兵到现在有八年了，经历过七十多次战斗，从来没有失败过，才当上了天下霸王。今天在这里被围，这是天要叫我灭亡，并不是我打不过他们啊！"

霸王别姬　年画
这是杨柳青年画中表现项羽兵败、痛别虞姬的场面，可见"霸王别姬"的故事在民间流传之广。

项羽说罢又几次冲出重围，一直到了乌江（在今安徽和县东北）边。此时，他的身边只剩下二十几个人了。恰巧乌江的亭长有一条小船停在岸边。亭长劝项羽马上渡江，说："江东虽然小，可还有一千多里土地，几十万人口。大王过了江，还可以在那边称王。"

项羽苦笑了一下说："我当年

在会稽郡起兵时，带了八千子弟渡江。到今天他们没有一个能回去。我一个人回到江东，即便是江东父老同情我，立我为王，我也没脸见他们呀。"

项羽说完跳下马来，把乌骓马送给了亭长，兵士们也跳下马。他们的手里都拿着短刀，跟追上来的汉兵展开肉搏战。他们杀了几百名汉兵，楚兵也一个个倒下。项羽受了十几处创伤，最后在乌江边拔剑自杀了。

西汉建立

公元前202年正月，诸侯都上书，请尊汉王刘邦为皇帝。二月，刘邦假意推让之后，在汜水（在山东曹县）即皇帝之位。

刘邦得天下，绝非偶然。他与群臣在洛阳南宫聚宴，道出了自己的法宝，他说："运筹帷幄之中，决胜千里之外，我不如张良；管理国家，供应军需，我不如萧何；率领千军将士，百战百胜，我不如韩信。但是，这三个杰出人才，我能任用他们，就得了天下；项羽仅有一个范增，却不能任用，最终败在我手下。"项羽的部将季布及其同母弟丁公，在楚汉之争中都曾追杀过刘邦。刘邦称帝之后，季布得到赦免，还做了郎中，丁公却被斩杀。原因是，在当初，季布忠于项羽，对刘邦毫不留情，而丁公却曾放过刘邦一马。从中可见刘邦的用人之道和对忠臣的理解。

汉王刘邦正式做了皇帝，这就是汉高祖。汉高祖定都洛阳，后来迁都到长安（今陕西西安）。

西汉初年，刘邦大封功臣，异姓王有7人，史称"异姓诸王"。这些王侯据有关东广大区域，势力强大，朝廷奈何不得。异姓王的存在为汉朝的长久稳定留下无穷隐患。

汉高帝五年（公元前202年）七月，距离刘邦称帝不到半年，燕王臧荼首先叛乱，刘邦亲自率兵征讨。两个月以后，臧荼成为阶下囚，刘邦又立长安侯卢绾为燕王。九月，颍川的原项羽部将利几谋反，没多久即被刘邦平定。一时举国上下，谈兵色变，有人告发楚王韩信意图谋反，刘邦决定采纳陈平的建议，采取智取的办法。他假装巡游云梦（古大泽，在今湖北南部和湖南北部），命令各路诸侯于十二月在陈县会集。韩信见到诏令后，虽然有点儿疑惧，但自认为没有什么过失，便前往会见刘邦。武士当即将韩信逮捕押往洛阳，刘邦废其王号，改封他为淮阴侯。韩信因此非常忧郁。他经常称病不上朝，还常常发牢骚："果真像别人所说的那样，'狡兔死，走狗烹；飞鸟尽，良弓藏；敌国破，谋臣亡'。天下已经安定，我固当亡。"

高帝十年（公元前197年），有人说韩信与陈豨谋反。陈豨是刘邦子代王如意的部下，如意年幼，长期留居长安，代王相陈豨独自掌握王国大权。据说，陈豨与韩信商定反汉，以韩信为内应，陈豨带将守边，内外呼应。高帝十年的秋天，刘邦借"太上祖驾崩"的名义召见陈豨，陈豨称身体不适，不应召见，并与王黄、曼丘臣一同造反，自立为代王。刘邦亲自赴邯郸坐镇，派周勃等率军北征。当时陈豨部将侯敞、王黄、张春四处招兵买马，号召反叛，叛乱几乎波及华北全境。而刘邦则处于劣势，他多次以羽檄征集彭越、英布等人，但无人应召。最后刘邦采用重金收买陈豨手下部将的计谋，方得以将陈豨打败。到了高帝十二年（公元前195年），周勃斩陈豨于当城（今河北蔚县）。

刘邦亲自征讨陈豨时，要求韩信随军出征，韩信以身体有病为借口，没有一同前往。后来有人检举韩信想利用刘邦出征的机会，策划在长安动手，与陈豨里应外合。高帝皇后吕后与丞相萧何设计将韩信骗入宫中处死，并诛灭了其亲人家属。至此，在楚汉战争中立下赫赫战功的韩信不复存在了。

高帝十一年（公元前196年）三月，梁王彭越的部下告发他谋反，刘邦不动声色地遣使前往梁王王都定陶，乘其不备，一举将彭越逮捕，押往洛阳。刘邦念其战功，没有将其处死，只是将其贬职为民，发放蜀地。恰巧在去流放地的途中，彭越偶遇从长安去洛阳的吕后。彭越自以为遇见了大救星，恳求吕后向刘邦求情，殊不知吕后为人刚毅，心肠狠毒。她假装答应了彭越的要求，将彭越带回了洛阳。她不但没有践约为彭越求情，反而对刘邦说让彭越这种有才能、有威望的人去蜀地是自留祸患，不如斩草除根。刘邦认为其妻言之有理，改判彭越死刑，并灭其全族。

争功图　汉
此图描绘汉初天下始定，各位将领争功的场面，最后叔孙通奏议立礼仪规范，使高祖体会到做皇帝的尊贵。

韩信与彭越的死对英布震动很大，同病相怜的处境使得他不得不首先防范。他暗中部署兵力，小心刺探周围各郡的动静。后来有人将英布的活动报告给刘邦，刘邦派遣使者到淮南国查明情况。英布得知此事，如惊弓之鸟，只好于高帝十二年七月宣布反叛。叛乱之初，英布气焰很高，他认为刘邦已 61 岁高龄，又身患疾病，无法也不会再带兵出征了，他信心十足地东进击杀了荆王刘贾，占据了大片的土地。刘邦深知年老体衰，意图让太子刘盈率兵出征。但太子宾客认为英布是善于用兵的猛将，诸将曾经与高祖一同打江山，平起平坐，威望较高，恐怕未必肯听太子的调遣，因此太子的出征，前景令人担忧。于是他们策划让吕后去请求皇帝亲自出征。刘邦思前想后，觉得别无选择，只好不顾年老体衰，于十月亲率大军东征，连连打败英布的队伍。高帝十二年十月，刘邦与英布在蕲西（今安徽宿县北）短兵相接，英布不敌，逃往江南鄱阳（今江西鄱阳东），被当地人杀死于乡民田舍。英布所发动的叛乱是刘邦在位期间最大的一次叛乱，这次叛乱的平定，对汉王朝的长治久安起了重要的作用。

刘邦平定了英布叛乱后，在凯旋的路上，回故乡沛县住了几天。他邀集了故乡的父老子弟和以前的熟人，举行了一次宴会。他在与父老乡亲团聚畅饮当中，想起过去自己战胜项羽的经历，又想到以后要治理好国家，可真不容易。想到这里，他感慨万千，情不自禁地唱道：

　　大风起兮云飞扬，
　　威加海内兮归故乡，
　　安得猛士兮守四方。

匈奴的崛起

在西汉王朝建立的同时，匈奴部落也在漠北完成了统一。

在秦始皇时，因为蒙恬率军进取河套，匈奴部落的酋长头曼带领自己的部族向北迁徙；秦末边防松弛，他又带领部族回到南边。因为他打算在自己死后传位给幼子，所以就派长子冒顿到月氏王国（今甘肃张掖）当人质。冒顿去后，这位狠心的父亲随即发兵猛攻月氏，希望月氏国王在大怒之下把人质杀掉。不料其计策被冒顿察觉，没有成功。没办法，头曼只得分给冒顿一部分人马，但仇恨的种子还是种下了。

不久，冒顿发明了一种射出时能发声的响箭——鸣镝，他下令给他的部属说：

匈奴武士像

"响箭射什么，你们就射什么，不射的处死。"最初这种响箭用在打猎上，冒顿在响箭射出后，发现有未跟着射的，就立即杀掉。后来，冒顿用响箭射自己的马，有的部属不敢跟着射，就立即被杀掉。接下来，冒顿又用响箭射自己的妻子，部属中还有不敢跟着射的，也立即被杀掉。一段时间以后，冒顿用响箭射他父亲的坐骑，部属们全都跟着射。

公元前201年，冒顿用响箭射他的父亲，头曼死在了儿子的乱箭之下。冒顿把他的继母与弟弟同时杀掉，宣称自己是"单于"，建立了匈奴汗国。匈奴汗国在冒顿的统领下，四处征伐。

"休养生息"

公元前202年5月，刘邦采取了一系列旨在恢复经济的"休养生息"的政策和措施，以谋求解决政权建立之初濒临崩溃的经济问题。

秦朝末年，由于统治阶级大肆挥霍，社会经济已到了面临崩溃的地步，又经陈胜、吴广起义和历经数年的楚汉战争与诸侯混战的影响，汉朝初年，社会经济形势更加严峻，人口锐减，生产凋敝，物资匮乏，物价飞涨，百姓缺食少衣。有鉴于此，刘邦乃采取了一系列的政策和措施，力求社会的稳定和经济的恢复与发展，如：下令解散大量军队，让士兵回乡务农；入关灭秦的关东人愿留关中的免徭役12年，回关东的免徭役6年；军中卒吏无爵位或爵位在大夫以下的，一律晋爵为大夫；大夫以上的皆晋爵一等，并免除本人及全家徭赋；爵在士大夫以上的，首先给予田地和住宅，并给以若干户租税的封赏，称"食邑"；让在战乱中流亡的百姓各自返回故乡，恢复原来的爵号和田地住宅；因饥饿而自卖身为奴婢的一律免为"庶人"即普通老百姓；商人不得穿丝、携带兵器、乘车骑马，不允许做官，并加倍征收其租税；减轻徭役，把田租从原来的"十税一"减到"十五税一"，即征收总收成的十五分之一；令萧何制定《九章律》以代替临时颁行的约法三章；对匈奴采取"和亲"政策，力求边境地区暂时的缓和与安宁等等。

白登被围

就在汉高祖刘邦同西楚霸王项羽在中原展开大战的时候，北方的匈奴也趁乱一步步向南打过来。

汉高祖做了皇帝后，匈奴的冒顿单于（单于是匈奴王）带领了40万人马向汉朝攻来，并包围了韩王信（原韩国贵族，和韩信是两个人）的封地马邑（今山西朔县）。韩王信抵挡不了，便向冒顿求和。汉高祖得知这个消息，派使者责备韩王信。韩王信害怕汉高祖办他的罪，就投降了匈奴。

冒顿占领了马邑，又继续向南进攻。汉高祖亲自带兵赶到晋阳，和匈奴对峙。

这是公元前200年的冬天，寒风刺骨，天气特别冷。中原的士兵没碰到过这样冷的天气，冻得受不了，战斗力明显减弱。但是，汉朝的军队和匈奴兵一交战，匈奴兵就败走。一连打了几回，匈奴兵都败下阵去。后来，听说冒顿单于逃到代谷（今山西代县西北）。

汉高祖进晋阳后，派出兵士侦察，回来的人都说冒顿的部下全是一些老弱残兵，连他们的马都是瘦得皮包骨头。如果趁势打过去，准能打赢。

汉高祖担心这些兵士的侦察不可靠，又派刘敬到匈奴营地看看虚实。

刘敬回来说："我们看到的匈奴的确都是些老弱残兵，但我认为冒顿一定把精兵埋伏起来了，陛下千万不能上他们的当。"

汉高祖听罢大怒，说："你胆敢胡说八道，是想阻拦我进军吗？"说完，命令士兵把刘敬关押起来。

汉高祖率领一队人马刚到平城（今山西大同市东北），就被四下里涌出的匈奴兵包围起来。这些匈奴兵个个身强体壮，原来的老弱残兵全不见了。汉高祖在部下的掩护下，拼命杀出一条血路，退到平城东北面的白登山。

冒顿单于的四十万精兵，把汉高祖围困在白登山。周围的汉军无法救援，汉高祖的一部分人马在白登，

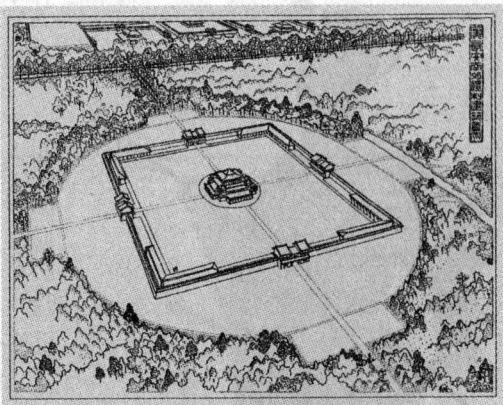

汉长安城南郊礼制建筑复原图

整整被围困了七天，脱不了身。

后来，高祖身边的谋士陈平打发了一个使者带着黄金、珠宝去见冒顿的阏氏（匈奴的王后），请他在单于面前说些好话。阏氏一见汉朝使者给她送来这么多贵重礼物，心里挺高兴。

当天晚上，阏氏对冒顿说："我们即使占领了汉朝的地方，也没法长期住下来。再说，也会有人来救汉朝皇帝的。咱们不如早点撤兵回去吧！"

冒顿听了阏氏的话，第二天一清早，就下令将包围圈闪开一个缺口，放汉兵出去。

经过这一次险情，汉高祖知道汉朝没有力量再去征服匈奴，只好回到长安。以后，匈奴一直侵犯北方，使汉高祖大伤脑筋。他问刘敬该怎么办，刘敬说："最好采用'和亲'的办法，大家讲和，结为亲戚，彼此可以安安稳稳地过日子。"

汉高祖同意了刘敬的建议，派刘敬到匈奴去说亲，冒顿当即同意了。汉高祖挑了一个宫女所生的少女，假称作大公主，送到匈奴去，冒顿把她立为阏氏。

从那时候起，汉朝开始采用"和亲"的政策，跟匈奴的关系暂时缓和了下来。

韩信忍辱

韩信小时候，父母双亡，家中很穷，常常吃不饱穿不暖。他实在没有办法就跟远房的哥嫂住在一起，靠他们施舍的残羹剩饭度日。吃人家的饭，就得受人家支使。韩信白天帮哥哥在田里干活，晚上躲在屋子的一隅刻苦读书。但嫂子很刻薄，讨厌他读书，认为读书会耗费许多灯油，又不会给家里带来好处。韩信不能忍受嫂子的冷言冷语，只好流落街头。

韩信像

离韩信的住处不远，有一位为别人当佣人的老婆婆。她很同情韩信的处境，不但每天供给他饭食，还支持他读书。面对老婆婆的一片好心，韩信由衷地感激。他时常对老人说："我长大了一定要重重地报答你的恩情。"老婆婆则笑着说道："我一个孤老婆子，图什么报答，再说等你长大后我早就入土了。"但韩信对老婆婆的好处念念不忘。后来，他成为汉朝名将，被封为楚王，还一度把这位老人接到自己的宫殿里，像对待自己的亲生母亲一样侍奉。

儿时的韩信，尽管贫穷落寞，但凡事爱动脑筋，常常表现出惊人的才智。传说有一天，街上的两个卖油郎争吵了起来，喋喋不休。围观的人越来越多，恰好韩信从这里路过。出于好奇，他挤进了人群。呆呆地看了一会儿，他才明白，原来这两个人合伙卖油，后因意见不合，二人准备把剩下的10斤油平分，之后分道扬镳，但怎么也分不匀，故而争执不下。

韩信环视了一下场地，发现他们没有秤，只有一个能装7斤的瓦罐、一个能装3斤的油葫芦，以及一个油桶。他们把油倒来倒去，每个人总说对方的多。这使得周围的人想要劝解都无从说起。办法只有一个，那就是把油精确地分成两等份。韩信面对两个争得面红耳赤的卖油郎和眼前的油桶、瓦罐、油葫芦，沉思了半响，忽然眼前一亮，大声说："你们不要吵了，我能让你们把油分匀！"

两个卖油郎面面相觑，同意听听韩信的看法。韩信当众把自己的想法说出来：先用油葫芦连装3次，共装9斤，把油注入瓦罐，这时能装7斤的瓦罐已灌满，油葫芦里还剩2斤油，油桶中还剩1斤油；再将瓦罐的7斤油全部倒入油桶，这时油桶中有8斤油；然后再将油葫芦中的2斤油全部倒进瓦罐；最后用空葫芦在油桶里打出3斤油倒进瓦罐。这样，油桶中剩下的油与瓦罐中装的油正好都是5斤。至此，油被分匀，双方各分一份，满意而去。

年少时的韩信虽然有着非凡的才智，但淮阴城里许多年轻人看不起他。人们看到韩信身材高大却经常佩带宝剑，更以为他懦弱，胆小如鼠。其实，宝剑是父亲唯一的遗物，韩信非常珍视它，故时时刻刻带在身边，即便是外出乞食时也不例外。

有一天，一个游手好闲的泼皮无赖正在大路边舞枪弄棒，虽然只是一些花拳绣腿，但人们怕得罪这号人，都附和着连声叫好。韩信经过此处，头也不抬就走了过去，不巧正被无赖瞅见。无赖想要在众人面前炫耀一番，便抢上一步拦住韩信，说："韩信！你先不要走。别看你天天佩剑，看起来很威风，其实最懦弱不过。宝剑佩在你身上仅仅是一个摆设。"说完这句话，无赖瞄了韩信一眼，见他没有什么反应，胆子就更大了。他以挑衅的口气说道："你若是个有血性的男子，就拔剑刺我；如果是懦夫，就从我的裤裆下钻过去。"

韩信忍无可忍，刚想发作，转念一想，虽然他是个泼皮无赖，但杀了他也免不了要吃官司，甚至搭上自己的性命。

这时，围观的人都为韩信捏紧了拳头，以为韩信会好好地教训他一番。出人意料的是，韩信迟疑了一下，不声不响地从那人的裆下钻过去了。在场的人瞠目结舌，继而哄然大笑，说韩信是天下第一胆小鬼，说他身为七尺男子枉活于世。韩信毕竟是韩信，其胸襟和气度当然不是一般人所能理解的。

韩信受此胯下之辱后，更加奋发图强。此后，他勤习武艺，钻研兵书，文韬武略样样精通，终于在秦末农民战争和楚汉战争中崭露头角。陈胜、吴广起义后，韩信投奔了项梁起义军，项梁阵亡后归属项羽，但未受到重用，后来归属刘邦。他协助刘邦制定了还定三秦以夺天下的方略，并率军开辟了北方战场，先后击破魏、赵、齐、楚，并参与指挥了垓下（今安徽灵璧西南）决战，围歼楚军，迫使项羽自刎。在整个楚汉战争中，韩信发挥了卓越的军事才能，为汉王朝的创建作出了重要贡献，他的用兵之道也为后世兵家所推崇。

谋士张良

张良（？～前186年），字子房，战国时韩国城父（今河南郏县东）人，出身于贵族。他的祖父和父亲都曾担任过韩国宰相，家世显赫。后来韩国被秦国所灭，张良失去了施展抱负的机会和显赫荣耀的地位。张良身负家仇国恨，他散尽家财结交刺客，连弟弟死了都顾不上埋葬，企图暗杀秦始皇，为韩国报仇。

秦灭六国之后，秦始皇曾多次巡游天下，这为张良的行刺计划提供了机会。公元前218年三月初六，秦始皇又一次出巡。当秦始皇的车队浩浩荡荡地行进在阳武博浪沙（今河南原阳东南）的官道上时，丝毫没有觉察到危险降临。张良结交了一个大力士，让他向秦始皇的御车投掷120斤的大铁椎，但没有击中秦始皇的御车，而误中了随从人员的车辆。刺客当场被擒，张良仓皇逃走。秦始皇大怒，下令捉拿刺客，天下因此戒严了十天。张良被迫隐姓埋名躲在下邳（今江苏睢宁县北）。

张良吹箫破楚兵　年画
这是杨柳青年画中关于楚汉战争的描绘，生动再现了楚霸王兵败乌江的悲怆。

秦二世元年（公元前 209 年）七月，陈胜、吴广起义后，天下大乱，张良聚集上百人响应，后来投奔了刘邦。他为刘邦出谋划策，使刘邦的势力逐渐强大起来，刘邦对他非常器重和信任。张良念念不忘恢复韩国，他游说当时势力最强大的起义军将领项梁立韩国公子成为韩王，项梁一口答应。项梁派人找到了公子成，立他为韩王，并让张良任丞相，辅佐韩王。后来韩王被项羽所杀，张良再次投奔刘邦。

趁着项羽和章邯率领的秦军主力决战之机，刘邦和张良率军准备进攻咸阳。抵达南阳郡时，南阳郡守退入宛城(今河南南阳)固守。刘邦见宛城一时难以攻取，打算绕过宛城继续西进。张良说："现在不拿下宛城，一旦宛城的秦兵从后面追杀过来，秦军前后夹击，我们就危险了。"刘邦认为他说得有理，就命令军队立即更换旗帜，乘夜抄小路悄悄返回，将宛城重重围住。接着，刘邦采用攻心术，招降了南阳太守，兵不血刃地轻取了宛城，为西进解除了后顾之忧，南阳郡的其它城池见太守投降，也纷纷归附刘邦。刘邦军威大振。

秦王子婴派了 5 万兵马守住峣关（今陕西商县西北）。刘邦用张良的计策，派兵在峣关前的山上插满旗子，以迷惑敌人；另派将军周勃率军绕到峣关侧面，一举攻占。子婴见大势已去，只好向刘邦投降。秦朝至此灭亡。

后来刘邦和项羽争夺天下，张良继续为刘邦出谋划策。他建议刘邦拉拢英布、策反彭越、重用韩信，共同抗楚，并反对重建六国，以防力量分散。鸿沟之盟后，项羽率兵东归。张良又建议乘胜追击，不要放虎归山。汉军终于打败了楚军，项羽在垓下被迫自杀。

刘邦统一天下后，大封群臣，说"运筹策帷帐中，决胜千里外，子房功也"，封他为留侯。人们把张良、萧何、韩信并称为"汉初三杰"。

善始善终的萧何

萧何与刘邦是同乡，且是贫贱之交。刘邦率军进入关中时，萧何就负责督办军队的后勤供应。刘邦建立西汉后，论功封赏，定萧何为首功，给他的食邑最多。很多功臣因此表示出不满，刘邦说："你们知道猎狗吗？打猎的时候，追杀野兽的是猎狗，放狗追兽的是人。如今诸位只是能猎获野兽，相当于猎狗的功劳。至于萧何，他能放出猎狗，指示追逐目标，相当于猎人的功劳。况且你们只是一个人追随我，多的也不过带两三个家里人，而萧何却是全族好几十人跟随我，这些功劳怎么能抹杀呢？"大家这一下都无言以对了。不仅如此，刘邦还将萧何在朝堂之上的位置排在了首位，准许他穿鞋带剑上殿，并封了萧何的父子兄弟10多人。

然而，在铲除异姓王时，刘邦的疑心也用到了萧何身上。为了消除刘邦对自己的疑忌，萧何只得故意做些侵夺民间财物的坏事，自污名节。很快，有人将萧何的所作所为密报给了刘邦。刘邦听了，好像没有这回事一样，并不查问。当刘邦从前线撤军回来，百姓拦路上书，说萧相国强夺、贱买的民间田宅，价值达数千万。刘邦笑着把百姓的上书交给萧何，意味深长地对他说："你身为相国，竟然也和百姓争利！你自己向百姓谢罪去吧！"其实刘邦表面上让萧何向百姓认错，补偿田价，可他心里却十分欢喜，对萧何的怀疑也就消失了。

过了一段时间，萧何看到长安一带耕地太少，可是天子的上林苑中却有许多荒地用来放养禽兽。萧何觉得太浪费了，便上奏请刘邦把这些荒地分给百姓去耕种，收了庄稼后留下禾秆照样可以供养禽兽。刘邦见了这道奏章后，疑心病又犯了，他认为萧何是想借此事来讨好百姓，一怒之下，命令将萧何抓起来。

王卫尉见状对刘邦说："办事忠于职守，只要对百姓有利，就为民请命，这是相国应该做的事啊！陛下怎么能疑心相国呢？当初您与项羽相争数年，后来英布等人谋反，陛下亲自上前方征讨，萧相国镇守关中。他若想取得关中，不过是举手之劳。萧相国对这样的大利尚且不图，您怎么还能疑心他呢？何况秦朝之所以灭亡，就是因为秦皇听不见臣下对自己过失的批评，一意孤行。您这样怀疑相国，一定是没有仔细考虑吧！"

刘邦心里虽不高兴，但想想这话毕竟有道理，又给了自己台阶，便派使者拿着符节去赦免萧何。萧何当时已是60多岁的老人了，因为全身都被带上刑具，手足麻木，连路都快走不动了。他蓬头赤足、污秽不堪地来见刘邦，刘邦也觉得过意不去，便安抚了他一番。

从此以后，萧何对刘邦更是诚惶诚恐，恭谨有加。刘邦也照旧以礼相待。但萧何从此对国事不再议论。刘邦死后两年，萧何也死了。

刘邦分封诸侯王

其实，韩信等功臣的被杀，主要还是刘邦在建国时废除了秦朝的郡县制，大量分封异姓王造成的。

西汉建立之初，刘邦对同他一起攻打项羽的七位功臣一一封王，他们是：楚王韩信（都下邳）、长沙王吴芮（都临湘）、梁王彭越（都定陶）、淮南王英布（都六）、燕王臧荼（都蓟）、赵王张敖（都襄国）、韩王韩公子信（都晋阳）。这七个王所辖的领土几乎占了国家的一半，且他们都拥有军队，逐渐让刘邦感到了威胁。为了遏制诸侯王的权力，刘邦开始对这些功臣良将下手，并大肆分封自己的兄弟子侄为王。

汉并天下瓦当　西汉

这七个异姓王，刘邦一年除掉一个，只剩下势力最弱的长沙王吴芮。与此同时，刘邦分封了八位同姓王，希望以此确保刘家江山永固。这些诸侯王虽然对刘邦称臣，但在自己的封国内却是君主，有自己的谋臣、军队，有征收赋税的权力，实际上也等同于一个独立的王国。虽然刘邦分封同姓王的目的是依靠同姓王来与异姓王相抗衡，以稳固刘氏江山，但因为同姓诸侯王的权力很大，随着时间的推移，同姓王逐渐成为地方割据势力，与汉中央政府的矛盾也日益突出。汉文帝时期，已有同姓王谋反的事件发生，贾谊、晁错主张除掉同姓王，但文帝没有这样做。到汉景帝时期，景帝采纳晁错的建议削藩，终于使矛盾激化，以致酿成七国之乱。

与劳役相结合的兵役制度

西汉时期，兵役和劳役不分，实行兵役和劳役相结合的制度，统称为"徭役"。凡是登记在册的男子，必须服兵役和劳役，具体有正卒、更卒、卫卒、戍卒等。

正卒：西汉的男丁必须服两年兵役，称为"正卒"。

更卒：西汉的男丁除了服正规兵役外，每年还必须服一个月的劳役，过后即行更换，所以叫"更卒"。

车骑材官卒，也就是郡国兵，这是傅籍的男丁必须服的兵役。此役由郡国的太守、都尉负责征发和派遣，在本郡国充当车骑、材官、骑士、楼船等士卒，进行军事训练，获得军事技能。役期一年，然后回家务农，此后就成为国家的预备役，遇到战事，随时应征入伍，或被征为卫卒，或被征为戍卒。

卫卒：又称卫士，就是在京城中央禁卫军中服役的卫士，役期一年。

戍卒：又称外徭，就是在边防军中服役的戍边的士卒，役期一年。

投明主陈平展大志

陈平本是项羽手下的谋士，但始终得不到项羽的重视。在鸿门宴上见到刘邦后，陈平认为刘邦将来必成大器。不久刘邦被项羽困在咸阳，刘邦求助于张良，可张良也身陷敌营，一筹莫展。这时，张良决定孤注一掷，暗中去找陈平。陈平定计帮助刘邦脱险，自己也彻底投靠了刘邦。

西汉建立后，陈平被拜为户牖侯。公元前195年，病榻上的刘邦听说燕王叛变，气得大叫，令樊哙以相国身份率军讨伐。樊哙走后，有人对刘邦说："樊哙跟吕后串通一气，想等皇上百年之后图谋不轨，您可要小心呀。"刘邦一听，不但皇后干政，连樊哙也靠不住了，于是决意临阵换将，让陈平前往樊哙军中传诏，在车中暗藏大将周勃，等到了军营里，再宣布立斩樊哙，由周勃夺印代替。

陈平、周勃当即动身，在途中边走边合计。陈平说："樊哙是皇帝的老部下，劳苦功高，又是吕后的妹夫。现在皇帝不知听了谁的挑唆，在气头上说要杀樊哙，万一他将来后悔，咱们怎么办？再说皇帝病得这么厉害，万一吕后大权在握，到那时一样会归罪咱们的。"周勃一听也没了主张，便问："难道把樊哙放了？"陈平说："放是不能放的，咱们不如把他绑上囚车，送到长安，或杀或免，让皇上自己决定。"

两人顺利地接管了樊哙的兵权，陈平押解囚车返回长安。走到半路，陈平忽然听说刘邦病故，心中暗喜没杀樊哙。陈平跌跌撞撞地跑入宫中，跪倒在汉高祖的灵前，放声大哭，边哭边说："您让我就地斩决樊哙，我不敢轻易处置大臣，现在已经把樊哙押解回来了。"

这话当然不是说给死去的刘邦听的，而是在向吕后表功。吕氏姐妹听说樊哙没死，都松了一口气。看着陈平泪流满面的样子，就宽慰陈平，并拜他为郎中令，辅助新皇。陈平从而避免了一场灭顶之灾。

此后吕氏专权，陈平便不治事，事事都不违背吕后的意思。待吕后一死，陈平与周勃定计，诛杀了诸吕。陈平迎立代王为文帝，自己任丞相，后改任左丞相，直至去世。其实，自从刘邦做皇帝后开始清除权臣，陈平便学到了黄老之术中藏而不露的精髓，果然成功地保全了自己。

吕后专权

汉高祖晚年时宠爱戚夫人。戚夫人生了个孩子，名叫如意，被封为赵王。汉高祖觉得吕后所生的太子刘盈性格软弱，担心他成不了大事，倒是如意说话做事很合自己的心意。因此，想废掉太子刘盈，立如意为太子。

他为这件事召集大臣们商量，但大臣们都反对，连他一向敬重的张良也不同意。大臣们还把当时很有名望的四个隐士——"商山四皓"（就是白发老人的意思）请了来，帮助辅佐太子刘盈。这样一来汉高祖就没法废掉太子了。

汉高祖知道自己快不行了，便把大臣召集在他跟前，吩咐侍从宰了一匹白马，要大臣们歃血为盟。大臣们当着高祖的面，歃了血，发誓说："从今以后，不是姓刘的不可以封王，不是功臣不可以封侯。谁违背这个盟约，大家就共同讨伐他。"汉高祖病情越来越重了，便叫吕后进去，嘱咐后事。

公元前195年，汉高祖死了。吕后封锁了消息，秘密地跟他的一个心腹大臣审食其说："大将们和先帝都是一起起兵的，这些人很难控制。如今先帝去世，他们就更靠不住了，不如把他们都杀了。"

审食其觉得这事不好办，就约吕后的哥哥吕释之做帮手。吕释之的儿子吕禄偷偷地把这个秘密消息泄露给他的好朋友郦寄，郦寄又把这件事告诉他父亲郦商。

郦商听到这消息，马上去找审食其，对他说："听说皇上去世4天了。皇后不发丧，反倒打算杀害大臣。这样做，一定会激起大臣和将军们的反抗，不仅天下会大乱，只怕您的性命也难保。"

审食其害怕了，忙去找吕后。吕后也觉得杀大臣这件事没有十足的把握，就下了发丧的命令。

大臣们安葬了汉高祖，太子刘盈即位，就是汉惠帝。吕后做上了太后。

汉惠帝仁弱孝顺，高祖死后，国家大权落入吕后手中。吕后怨恨戚姬和赵王如意，高祖一死，吕太后命永巷令将戚姬囚禁在宫内幽禁犯罪嫔妃的永巷之中，同时派使者召赵王如意入京。赵王的相国周昌认为这次召见是凶多吉少，便让赵王声称有病而不

皇后之玺　西汉

汉高祖和吕后合葬之长陵

刘邦和吕后同茔而不同穴，实为两座陵墓，位于陕西咸阳窑店乡三义村北，西为高祖陵，东为吕后陵。长陵又称长山，也叫长陵山。以"长"为陵，可能是取首都长安的第一个字。高祖陵封土高32.8米，底部和顶部平面均为长方形；吕后陵在高祖陵东南280米，封土高30.7米，高祖陵和吕后陵在同一陵园内。陵园四面墙垣的中央各开一个门作为通道。

前往。为敦促赵王来京，使者往返再三，周昌仍是坚持不让赵王入京，并对派来的使者说："高祖把赵王嘱托给我，赵王又年少，私下听说太后怨恨戚夫人，想要征召赵王入京，一起杀害，我因此不敢放赵王前往。况且赵王也真是有病在身，不能奉诏前往。"

使者返京后，把周昌说过的话如实向太后汇报，太后大怒，认为只要有周昌在赵王身边，就难以把赵王召到京来。她决定首先征召周昌，周昌不得不奉诏入京。到达长安后，周昌拜见吕太后，太后骂周昌："你不知道我最怨恨戚氏吗？你不放赵王来京，是何道理？"周昌沉默不言，从此便推托有病而不肯入朝，3年后悲愤而死。

周昌到达长安后，吕太后又再次派使者召赵王来京，赵王动身离开赵都邯郸。

汉惠帝知道太后要加害弟弟如意，便亲自把如意接到宫里，他俩吃饭睡觉都在一起，使吕太后没法下手。

有一天早晨，汉惠帝起床出外练射箭。他想叫如意一起去，一看如意睡得很香，不忍叫醒他，便自己出去了。等惠帝回宫，看到如意已经死在床上了。惠帝知道弟弟是被毒死的，抱着尸首大哭了一场。

吕太后杀了如意，还残酷地把戚夫人的手脚都砍去，挖出她的两眼，给她吃了哑药，把她扔在厕所里。

后来，汉惠帝看见戚夫人被太后折磨成这个样子，不禁放声大哭，然后生了一场大病。他派人对太后说："这种事不是人能干得出来的。我是太后生的，但没有治理天下的能力。"从那以后，汉惠帝很少过问朝廷的事务。

萧规曹随

汉惠帝即位第二年，相国萧何年纪大了，身患重病。汉惠帝亲自去慰问他，就将来谁来接替相位的人选一事，向萧何请教。

萧何不愿意直接说出自己的意见，只说："陛下是最了解臣下的。"

汉惠帝问他："你看曹参这个人怎么样？"

萧何说："陛下的主意太好了。有曹参接替，我可以放心地走了。"

曹参文武全才，先做了将军，后做了丞相。在灭秦、击楚以及平定叛军的诸多战役中，他披荆斩棘，立下赫赫战功，攻占两个诸侯国、一百二十二县，俘二诸侯王、三个诸侯相、六个将军，另大莫敖、郡守、司马、军侯、御史各一人。刘邦论功行赏，他功居第二。韩信被诛杀后，刘邦封长子刘肥为齐王，曹参出任齐国相国。

萧何死后，汉惠帝马上命令曹参进长安，继任相国。萧何在世时制定的规章、制度主要有：《九章律》，这是以秦朝《六律》为蓝本，增加《户律》、《兴律》、《厩律》，合为九章；田赋、口赋、献费三种构成赋役；徭役制度，有正卒、戍卒、更卒三种。还有许多其他制度。曹参对这些规章制度不做任何变动，而是全盘执行。在他出任相国的三年内，没提出任何建议和措施。

一些大臣见曹参这种无所作为的样子，有点着急，也有人去找他，想帮他出点主意。但是他们一到曹参家里，曹参就请他们一起喝酒。有些人想借机向他说起朝廷政务，他总是岔开话头，让人开不了口。

汉惠帝看到曹相国这种做法，认为他瞧不起自己，心里挺不舒服。于是，他把在皇宫里侍候他的曹参之子曹窋叫来，对他说："你回家的时候，找个机会问问你父亲，高祖归了天，皇上年轻没有经验，国家大事全靠相国来处理。可您天天喝酒，不管政事，这么下去，能治理好天下吗？看你父亲怎么说。"

曹窋回去的时候，就照惠帝的话对曹参说了。

曹参一听，马上火了，他骂道："你这个毛孩子懂得什么，国家大事也轮到你来啰唆。"说着，竟叫仆人拿板子打了曹窋一顿。

曹窋莫名其妙地挨了一顿打，非常委屈，回宫的时候就一五一十地向汉惠帝说了。汉惠帝听了很不高兴。

第二天，在朝堂上，惠帝就对曹参说："曹窋跟你说的话，是我让他说的，你打他干什么？"

曹参向惠帝谢过罪，接着说："请问陛下，您跟高祖比，哪一个更英明？"

汉惠帝说："我比不上高皇帝。"

曹参说："我跟萧相国比较，哪一个能力强？"

汉惠帝禁不住微微一笑，说："好像萧相国强一些。"

181

曹参说："陛下说得对。陛下比不上高皇帝，我又比不上萧相国。高皇帝和萧相国平定了天下，又给我们制订了一套规章。我们只要照着他们的规定办，不要失职就行了。"

汉惠帝这才明白了过来。

曹参采用黄老无为而治的学说，做了三年相国。那个时候，正处于长期战争的动乱之后，百姓需要安定，他那套办法没有加重百姓的负担，国家也得以休养生息。

周勃夺军

汉惠帝一直没有儿子，吕太后作主从外面找来一个婴儿，对外说是惠帝生的，立为太子。公元前188年，惠帝一死，这个婴儿接替了皇位。小皇帝不能处理朝政，吕太后便名正言顺地临朝执政。

吕太后为了巩固自己的权力，要立吕家人为王，向大臣们征求意见。

右丞相王陵提起汉高祖临终前与大臣们立下白马盟约的事，不赞成吕太后的想法。吕太后大为不满。

陈平、周勃说："高祖平定天下，分封刘家的子弟为王，这当然是对的；现在太后临朝，封自己的子弟为王，也没有什么不可以。"

散朝以后，王陵批评陈平和周勃违背了誓言。

陈平、周勃说："您别着急。当面在朝廷上和太后争论，我们比不上您；将来保全刘家天下，可就要靠我们了。"

从这以后，吕太后就陆续把她的娘家人，像吕台、吕产、吕禄等一个个都封了王，还让他们掌握了军权。朝廷大权几乎控制在吕家的手里了。

吕太后临朝的第八个年头，患了重病。临死前封赵王吕产为相国掌管北军；吕禄为上将军，掌管南军，并且叮嘱他们说："现在吕氏掌权，朝廷里有很多大臣不服。我死了以后，你们要带领军队保卫宫廷，不要出去送殡，提防被人暗算。"

执戟骑马俑　西汉

吕太后死后，兵权都在吕产、吕禄手里，他们便策划发动叛乱。

刘章得知了吕家的阴谋,就派人去通知哥哥齐王刘襄,约他出兵攻打长安。

齐王刘襄起兵,吕产得到了这个消息,立刻派将军灌婴带领兵马去征讨。灌婴一到荥阳,就跟部将们商量说:"吕氏想夺取刘家天下。如果我们向齐王进攻,这不等于帮助吕氏叛乱吗?"

大家商量了一下,决定按兵不动,暗地里通知齐王,要他联络诸侯,等时机成熟,一起起兵讨伐吕氏。齐王接到通知,马上就地安营扎寨,停止前进。

周勃、陈平知道吕氏要发动叛乱,便想先发制人,但是兵权掌握在吕氏手里,必须想办法夺回兵权。

他们想出了主意,派人鼓动郦寄去劝说吕禄道:"太后死了,皇帝年纪又小,您身为赵王,却留在长安带兵,大臣诸侯都怀疑您。如果您能把兵权交给太尉,回到自己的封地,齐国的兵就会撤退,叛乱也就会平息。"吕禄相信了郦寄的话,把北军交给太尉周勃掌管。

周勃拿到了将军的大印,马上赶到北军军营中去。向将士下了一道命令:"现在吕氏想夺刘家的天下,你们看怎么办?支持吕家的把右臂袒露出来,帮助刘家的把左臂袒露出来。"

北军中的将士本来都是向着刘家的。命令一传下去,一下子全脱下左衣袖,露出左臂来。这样,周勃顺利地接管了北军,夺了吕禄的兵权。

吕产不知道吕禄的北军已全部落在周勃手里,他跑到未央宫想要发动政变。周勃派朱虚侯刘章带了1000多兵士赶来,杀了吕产。接着,周勃带领北军,把吕氏的势力全部铲除了。

经大臣们商议废掉小皇帝,立高祖的儿子代王刘恒为皇帝,这就是汉文帝。

文景之治

白登之围后,刘邦知道现在汉朝的实力还不足以和匈奴相抗衡,于是决定实行休养生息政策,黄老学派的无为而治思想成了治理国家的主导思想。黄老学派是道家学派的一友,道家把黄帝、老子尊奉为道家创始人,主张"无为而治",认为统治者只要政治措施简单,不劳民伤财,老百姓就能安居乐业而不会起来造反。

刘邦死后,他的儿子汉惠帝和吕后继续执行休养生息的政策。

公元前180年,吕后病死,丞相陈平、太尉周勃与朱虚侯刘章等宗室、大臣

"文帝行玺"金印
出土于广州象岗南
越王墓。

杀光想篡权的吕氏族人，迎立刘邦的第四子代王刘恒为帝，这就是汉文帝。

汉文帝的母亲是薄太后。当年吕太后在宫中专横跋扈，为了躲避灾祸，薄太后就和儿子刘恒一起来到了刘恒的封地代国（今山西、河北北部一带，国都在今河北蔚县）。刘恒在做代王时，就以勤政孝顺闻名天下，他又是刘邦健在的儿子中最年长的一位，因此被拥立为皇帝。

汉文帝即位后，在刘邦休养生息政策的基础上又进一步采取了轻徭薄赋、与民休息的措施。他十分重视农业生产，多次鼓励农民发展生产，兴修水利，为了减轻农民负担，先后两次把田租减为三十税一，就是农民交纳的田税是收成的三十分之一，甚至连续12年免收全国田租，赋税由每人每年一百二十钱减为四十钱，徭役也改为每三年服役一次；开放归国家所有的森林大山、河流湖泊，允许人民进去砍柴、挖矿、煮盐、捕鱼。他还减轻了刑罚，取消了连坐法和割鼻、砍脚、在脸上刺字等肉刑，改用笞刑代替。

汉文帝还能关心百姓的疾苦，刚当皇帝不久，他就下令：80岁以上的老人全部由国家供养，每月都要发给他们米、肉和酒；对90岁以上的老人，再增加一些麻布、绸缎和丝棉，给他们做衣服。汉文帝还曾亲自下地种田，皇后也去采桑、养蚕、纺线、织布。

为了对付匈奴的侵扰，汉文帝把大批百姓迁到边疆地区，派大量军队驻扎在北方边疆以增强防御力量的同时，继续奉行"和亲"政策。在匈奴入侵后，汉文帝派军队进行抵御，匈奴退走后，汉文帝禁止军队追赶，避免扩大战争，以保存有生力量。南越国国王的赵佗自称南越武帝，派兵侵扰长沙国，与汉朝分庭抗礼。汉文帝没有出兵讨伐，而是派人修葺了赵佗老家真定（今河北正定）的祖坟，并封赏他的亲属，然后派使者出使南越国劝说赵佗。赵佗深受感动，除去了帝号，复称南越王，再次归附汉朝。

汉文帝生活非常简朴。一次，汉文帝想修建一个露台来观赏风景，他问大臣需要多少钱。大臣告诉他："大概需要100斤金子。"汉文帝吃了一惊，接着问："100斤金子合多少户人家的财产？"大臣回答："大概合十户中等人家的财产。"汉文帝急忙摆手说："不修了，不修了。现在国家的财力不足，用钱的地方还很多，还是省省吧。"汉文帝穿的都是粗布衣服，住的、用的都是前代皇帝留下的，从没有增添过新的东西，就连他宠爱的妃子们也不穿华丽的衣服，床上的帷帐也不绣花。汉文帝在位23年，没有修建宫殿、花园，车马衣服也没有增添。

刘恒在位23年，于公元前157去世，终年46岁，葬于灞陵（今陕西西安市东），庙号太宗，尊谥孝文皇帝。他的儿子刘启即位，就是汉景帝。

汉景帝继续采取文帝时的政策，把三十税一的田税定为长期田租制度，又进一步减轻刑罚。他果断地平定了七国之乱，维护了统一。他在位期间，三次与匈奴和亲，使得汉朝北部边境保持了安定和平。他也像汉文帝一样亲自下地种田，为国民做表率。

经过汉文帝和汉景帝近半个世纪的励精图治，国库里的钱堆积如山，有些钱由于很久不用，串钱的绳子都腐烂了，仓库里新粮食压陈粮食，都堆到了仓库外面，陈粮食都腐烂得不能吃了。街道上、田野里牛马成群，国家安定团结，人民安居乐业，史称"文景之治"。

"文景之治"为汉武帝反击匈奴提供了雄厚的物质基础。文景之治时期的"与民休息"政策看似对农民有利，其实对地主、商人更为有利。比如文景减免田赋，地主获利最大；入粟拜爵则提高了商人的政治地位。文帝为求得政治上的安定，没有限制诸侯王势力，结果爆发了七国之乱。

周亚夫细柳阅兵

汉文帝在即位之初，对匈奴继续采取和亲的政策，双方没有再发生过大规模的战争。后来，匈奴听信了汉奸的挑拨，跟汉朝绝交。在公元前158年，军臣单于起兵六万，侵犯上郡（今陕西榆林东南）和云中（今内蒙古托克托东北），抢夺财物后还杀了许多老百姓。边境的烽火台放起烽火来报警，远远近近的火光，连长安也望得见。

汉文帝连忙派三位将军带领三路人马去抵抗。为了保卫长安，另外派了三位将军带兵驻扎在长安附近：将军刘礼驻扎在灞上，徐厉驻扎在棘门（今陕西咸阳东北），周亚夫驻扎在细柳（今咸阳西南）。

周亚夫像

一天，汉文帝去慰劳军队，到灞上后，刘礼和他的部下将士纷纷骑着马来迎接。接着，汉文帝又来到棘门，受到的迎送仪式也是一样隆重。

最后汉文帝来到细柳，周亚夫军营的前哨一见远远有一队人马过来，立刻报告周亚夫。将士们披盔带甲，弓上弦，刀出鞘，完全是准备战斗的样子。汉文帝的先遣队到达了营门，守营的岗哨立刻拦住，不让进去。先遣的官员威严地吆喝了一声，说："皇上马上驾到！"但营门的守将毫不慌张地回答："军中只听将军军令。将军没有下令，不能放你们进去。"

这时汉文帝的车驾到了，守营的将士照样挡住。汉文帝只好命令侍从拿出皇帝的符节，派人给周亚夫传话："我要进营来劳军。"周亚夫这才下令打开营门，让汉文帝的车驾进来。护送文帝的人马一进营门，守营的官员又郑重地告诉他们："军中有规定，军营内不许车马奔驰。"随从的官员都很生气，汉文帝却吩咐大家放松缰绳，缓缓地前进。

到了中营，只见周亚夫披戴着全身盔甲，拿着兵器，威风凛凛地站在汉文帝面前，拱拱手作了个揖，说："臣盔甲在身，不能下拜，请允许按照军礼朝见。"汉文帝大为震动，也扶着车前的横木欠了欠身，向周亚夫表示答礼，并向全军将士传达了他的慰问。

慰问结束后，汉文帝离开细柳。在回长安的路上，汉文帝的侍从都愤愤不平，认为周亚夫对皇帝太无礼了。但汉文帝却赞不绝口，说："这才是真正的将军啊！灞上和棘门两个地方的军队，松松垮垮，如果敌人来偷袭，不做俘虏才怪呢。像周亚夫这样治军，敌人怎敢侵犯他啊！"

在这一次视察中，汉文帝认定周亚夫是个军事人才，就把他提升为中尉，负责都城的治安。临终时，汉文帝把太子叫到跟前，特地嘱咐他说："如果将来国家发生动乱，叫周亚夫统率军队，准错不了。"

开创汉赋先河的贾谊

开创了汉赋先河的贾谊，18 岁时，因为能诵《诗经》、《尚书》和撰著文章而闻名于河南郡。当时的河南郡守吴公，是秦朝丞相李斯的学生，遂将贾谊收在门下。公元前 179 年，吴公被任命为廷尉，他向汉文帝推荐说："贾谊颇通诸子百家之书，是个年轻有为的人才。"汉文帝于是任命 21 岁的贾谊为博士，很快又破格提拔他为太中大夫。

贾谊向汉文帝提出了一系列改革建议。在《论积贮疏》中，贾谊指出当时社会上出现的"背本趋末"（弃农经商）的现象对统治不利，主张实行重农抑商的政策。但是，贾谊提出的一些改革措施触犯了功臣显贵们的利益，加上文帝要委以贾谊公卿重位，权贵们愤愤不平，众口一词地攻击贾谊说："这个洛阳人，小小年纪，学识浅薄，一心想专擅权力，要把国家的许多大事搞乱了！"

当时，在贾谊面前还有一个不可逾越的障碍，这就是文帝的宠臣邓通。邓通本是一个没有任何本事的人，受宠信的原因是因为文帝做的一个梦。原来，文帝做梦要上天，上不去，有一个"黄头郎"从后面推了他一把，他就飘飘然地上天了。文帝一觉醒来，就来到梦中升天的高台，碰巧见到一个正在划船的，头戴黄帽的年轻人，容貌很像梦中推他上天的人，这人就是邓通。文帝很高兴，就叫他随侍左右，并封他为上大夫。当时贾谊恰好和邓通一起随侍文帝，地位也相当。但贾谊讨厌这个没有才能而受文帝宠爱的佞臣，常讥讽他。邓通也在文帝面前说贾谊的坏话，使得文帝逐渐疏远了贾谊。

结果，贾谊被贬出京师，到长沙国去当长沙王的太傅。在被贬谪的日子里，贾谊写下了《吊屈原赋》、《鵩鸟赋》等名篇。公元前173年，文帝想念贾谊，又把他从长沙召回长安，在未央宫祭神的宣室接见了他。当时祭祀刚完，祭神的肉还摆在供桌上。文帝对鬼神的事存有不少疑问，就问贾谊。贾谊关于鬼神的见解使文帝感到很新鲜，文帝听得入神，两人一直谈到半夜。事后文帝感叹不已："我好久没有见到贾生了，自以为学问赶上了他，现在听了他的谈话，发现自己还是不及他啊！"对于这件事，唐朝诗人李商隐很不以为然，写了一首绝句来抨击汉文帝："宣室求贤访逐臣，贾生才调更无伦。可怜夜半虚前席，不问苍生问鬼神。"

当然，由于邓通的阻挠，文帝还是没对贾谊委以重任，只是把他分派到梁怀王那里去当太傅。这期间，贾谊仍然心系朝纲，上了居安思危的《治安策》。汉文帝十一年（前169年），梁怀王骑马摔死了，贾谊感到自己身为太傅，没有尽到责任，因而深深自责，经常哭泣。一年后，年仅33岁的贾谊便忧郁而死。

缇萦救父

汉高祖刘邦建立西汉，为了保卫刘家天下，建立了9个王国，派自己的子侄去当国王，齐国为其中之一。齐国太仓令淳于意自幼喜欢医术，看过《黄帝内经》、扁鹊的《脉书》，后来又拜齐国名医杨庆为师，从此医术更是突飞猛进。他经常

甩袖舞俑　西汉

替人看病，并且不计较医药费，人们都很尊敬他。淳于意个性刚直，淡泊名利，从不巴结权贵。杨庆死后，淳于意索性辞去太仓令一职，专门行医，并且经常帮助穷人，他的小女儿淳于缇萦经常在一旁协助他。

淳于意行医时常常根据病人病情的轻重，来确定医治顺序。有一次，淳于意在城外的一个村子里给一位村民治病，这位村民得了急症，两个时辰才能脱离危险，他就留下来照顾病人。

这时齐国首都临淄（今山东淄博）有一位富豪的儿子得了重病，派家奴骑马来请他前去看病。因为病人还没有脱离危险，淳于意告诉那位家奴，让他用马车把病人拉来。那位家奴死活不肯，非要淳于意和他一起去家里看病，淳于意警告他，再拖延就有生命危险了。那位家奴见淳于意死活不走，只好离开，回到家发现少主人已经死了。富豪之家就将淳于意告到官府，当地的官吏判淳于意"肉刑"，就是在脸上刺字、割去鼻子、砍去左足或右足、挖去膝盖等刑罚。因为淳于意做过太仓令，所以要押到西汉首都长安去受刑。

临走时，他看着五个女儿叹了口气，说："我只有五个女儿没有儿子，要是有儿子，在这个时候说不定还能想想办法。女儿真是没用。"其他的几个女儿只是低着头哭泣，最小的缇萦既悲伤又气愤，她想："为什么女儿没有用呢？"缇萦挺身而出，表示要陪父亲去长安，一来可以在路上照顾父亲，二来到长安再想办法救父亲。押送淳于意的差役见缇萦又瘦又小，都劝她说："长安千里迢迢，路途遥远，你恐怕受不了，还是不要去了。你年龄太小，到官府乱说话，很可能会没命。"家人也纷纷劝阻，但缇萦心意已决，坚持陪父亲去长安。缇萦简单收拾了一下行礼，就和父亲一起上路了。在路上，缇萦一边无微不至地照顾父亲，一边思索着如何营救父亲。

到长安后，淳于意被关进了监狱。眼看着父亲受刑的日子一天天临近，缇萦心急如焚，她左思右想，决定去向皇帝上书。

在一个秋风萧瑟的清晨，衣衫单薄、满脸泪痕的缇萦，双手高高举着诉冤书，在皇宫外的石阶上长跪不起。上朝的大臣们看见缇萦这个样子都非常吃惊，议论纷纷，就禀报给汉文帝。汉文帝一听，觉得其中必有冤情，就立刻召见了缇萦。缇萦把诉冤书呈递上去，汉文帝打开一看，上面写着："我叫淳于缇萦，父亲淳于意曾是齐国太仓令，为官清廉，齐国人都说他是个清官。他医术高明，救人无数。后来被人诬告，要处以肉刑。我不但为父亲难过，也为所有处过肉刑的人难过。一个人被砍去了脚，不能再长出来；割掉了鼻子，不能再安上。即使这个人想悔过自新，也成了残废了。我愿意到官府里当奴隶，来替父亲赎罪。"汉文帝看了大为感动，派人前去调查淳于意的案件，结果发现他是清白的。汉文帝立即赦免了淳于意。父女两人喜出望外，跪谢皇恩，欢天喜地地回临淄去了。

汉文帝召集大臣商议道："一个人犯了罪理应受到惩罚，但也应该给他重新做人的机会。肉刑却砍掉他们的脚，在他们的脸上刺字，这样的刑罚怎么能劝人向善呢？我决定从此以后废除肉刑。"大臣们觉得皇帝说得有道理，纷纷表示同意，建议用笞刑（打板子）代替肉刑。第二天，汉文帝正式下诏废除肉刑。

缇萦救父使汉文帝废除肉刑的事迹很快传遍了天下，人们纷纷写诗称赞缇萦："随父赴京历苦辛，上书意切动机定；诏书特赦成其孝，又废肉刑惠后人。""欲报亲恩入汉关，奉书诣阙拜天颜，世间不少男儿汉，可似缇萦救父还。"班固也写诗称赞道："百男何愦愦，不如一缇萦。"缇萦救父的故事被人们千古传颂。

晁错削藩

汉景帝即位后，也采用休养生息的政策治理国家。景帝当太子的时候，有个管家的官员叫晁错，挺有才能，大家都称他"智囊"。后来，汉景帝把他提升为御史大夫。

秦朝实行的是郡县制，但是汉高祖打下天下后，分封了20多个诸侯国。这些诸侯都是汉高祖的子孙。到了汉景帝时，诸侯的势力变得强大起来，土地又多，像齐国就有70多座城。有些诸侯不受朝廷的约束，简直成了独立王国。

晁错见各诸侯国的发展态势很有可能造成国家分裂的危险，就对汉景帝说："吴王私自开铜山铸钱，煮海水取盐，招兵买马，动机不纯。不如趁早削减诸侯国的封地。"

汉景帝有点犹豫，说："削地只怕会引起他们造反。"

晁错说："诸侯想造反的话，削地会反，不削地将来也会反。现在造反，祸患小；将来他们势力大了，再反起来，祸患就大了。"

汉景帝觉得晁错的话很有道理，便下定决心，削减诸侯的封地。过了不久，朝廷找了些理由，削减了诸侯的封地。有的被削去一个郡，有的被削掉几个县。

正当晁错与汉景帝商议要削吴王濞的封地时，吴王濞先造起反来了。他打着"惩办奸臣晁错，救护刘氏天下"的旗号，煽动其他诸侯一同起兵造反。

公元前 154 年，吴、楚、赵、胶西、胶东、菑川、济南七个诸侯王发动叛乱。历史上称为"七国之乱"。

叛军声势很大，汉景帝惊恐之余，想起汉文帝临终时的嘱咐：国家有变乱，就让周亚夫带兵出征。于是，他拜善于治军的周亚夫为太尉，统率 36 名将军去讨伐叛军。

那时候，朝廷中有人妒忌晁错，说七国发兵完全是晁错的过错，如果杀了他，七国就会退兵。接着，有一批大臣上奏章弹劾晁错，说他大逆不道，应该杀头。汉景帝看了这个奏章，为了平定叛乱只得批准了。

这样，一心想维护汉家天下的晁错成了政治的牺牲品。

汉景帝杀了晁错，下诏书要七国退兵。这时候，吴王濞已经打了几个胜仗，夺得了几座城池。他听说要他拜受汉景帝的诏书，冷笑说："现在我也是个皇帝，为什么要拜受别人的诏书？"

这时，汉军营里有个叫邓公的官员，到长安向景帝报告军情。汉景帝问他："你从军营里来，知不知道晁错已经死了？吴楚答应退兵了吗？"

邓公说："吴王一直有造反的野心。这次借削地的借口发兵，哪里是为了晁错呢？陛下把晁错杀了，恐怕以后没人敢替朝廷出主意了。"

汉景帝这才知道自己错杀了晁错，但后悔已来不及。亏得周亚夫善于用兵，把吴、楚两国的兵马打得一败涂地。这两个带头叛乱的国家一败，其余的五个国家也很快垮掉了。

汉景帝平定了叛乱，仍旧封七国的后代继承王位。但是从那以后，诸侯王只能在自己的封国里征收租税，取消了他们干预地方行政的资格，大大削弱了他们的权力，汉朝的中央集权才得以巩固。

武帝初登

公元前 156 年的一天深夜，汉景帝的第十子诞生，取名彻，他就是开创了大汉盛世的汉武帝。

刘彻自幼聪明，三岁能背典籍，无遗漏，汉景帝大为惊异，于是大为宠爱。一天，景帝把刘彻抱在膝头上，问道："我儿愿意当皇帝吗？"刘彻用稚嫩的声音答道："做皇帝不由儿臣，我愿天天在父皇膝前嬉戏，不失为子之道。"
景帝暗暗惊叹："三岁小儿竟如此口齿伶俐，真是天资聪颖
啊！"于是就有了立刘彻为太子的打算。

汉武帝的童年和少年的宫廷生活，决定了他一生的命
运，并给他54年的皇帝生涯打上了深深的烙印。

刘彻虽然也是汉景帝的儿子，但是按照当时的
继承顺序，皇帝的位子根本轮不到他。汉景帝在公元
前153年就立皇子刘荣为太子，与此同时封刘彻为
"胶东王"。但是刘荣的母亲栗姬和刘彻的母亲
王美人都不是皇后，和栗姬相比，王美人并不怎
么得宠。公元前151年，汉景帝废薄皇后，眼看皇后
之位就要落到栗姬手中。但是，栗姬自从亲生儿
子被立为太子后，就目空一切，专横跋扈，脾气

汉武帝刘彻像

越来越乖戾。汉景帝终于忍无可忍，景帝七年（公元前150年）正月，他不顾朝
臣反对，下诏废皇太子刘荣为临江王，将栗姬打入冷宫。

皇太子之位暂时空缺，诸子为争夺皇位继承权展开了激烈斗争。刘彻被立为
太子，他的姑母长公主刘嫖起了关键的作用。刘嫖是窦太后的女儿，汉景帝的姐姐，
她不仅受到窦太后的宠爱，与汉景帝的关系也非常密切。长公主生有一个女儿，
名阿娇。长公主一心想让阿娇当皇后，她本来想把阿娇许配给太子刘荣，可遭到
栗姬的回绝，长公主由此和栗姬结仇。王美人抓住这一机会，极力讨好长公主。
碰巧一天年仅五六岁的刘彻到长公主家玩耍，长公主见他聪明可爱，于是抱在膝
上问道："我儿想要娶个媳妇吗？"刘彻答道："想。"长公主指着左右侍女问刘彻：
"她们之中你喜欢哪一个呀？"刘彻摇摇头，表示一个也不喜欢，最后长公主指

·察举制·

汉武帝初年，儒生董仲舒提出了让列侯郡守2000石各自选择自己管辖范围内的贤者，每年
选择两名向朝廷推荐。到了元光元年（公元前134年），汉武帝向全国下令，各郡国举孝、廉各
一人，郡国岁举孝廉的察举制度就这样建立起来了。一开始，各郡国对中央要求举孝廉并不重
视，有的郡根本不举荐一人。汉武帝规定了严厉的惩罚措施：2000石如果不举孝，就是不奉行
诏令，应当以不敬论罪；不举廉，就是不胜任，应当免官。从此，孝廉一科成为士大夫的主要
仕进途径，被推举的孝廉多数在郎署供职，然后由郎迁为尚书、侍中、侍御史，或外任县令长
丞尉，再迁为刺史、太守。武帝还令公卿、郡国不定期地举荐茂才、贤良方正、文学等，以从
中选拔一些人才。

着自己的女儿问他："阿娇好不好？"刘彻这才高兴地说："好！我要是能娶阿娇做媳妇，一定要给她盖一座金屋，让她住在里面。"长公主听了非常高兴，后来在征得汉景帝同意后，便把阿娇许配给了刘彻。这样，长公主和刘彻的关系更近了一层，看到刘荣的太子之位被废，长公主和王美人乘机活动，终于说服汉景帝。景帝七年（公元前150年）四月，汉景帝立王美人为皇后，接着立7岁的胶东王刘彻为皇太子。

刘彻从公元前150年被立为太子，到公元前141年汉景帝驾崩，继承皇位，其间做了9年太子。在这9年中，聪颖过人的皇太子深得汉景帝的宠爱。他一方面协助汉景帝处理政务；另一方面博览群书，广泛涉猎琴棋书画、诗歌辞赋，这为他以后五十余年的政治生涯奠定了基础。

景帝后元三年（公元前141年），汉景帝为已年满16岁的皇太子举行了隆重的冠礼。不料冠礼大典之后，汉景帝突然患病，医治无效，正月二十七日驾崩于未央宫。国不可一日无君，皇太子当日在汉景帝灵前继承皇帝大位，君临天下，一代名君汉武帝登上了皇帝的宝座。

汉武帝在位54年，为以汉族为主体的统一的、多民族的封建国家的巩固和发展作出了重要贡献。武帝时期，西汉成为亚洲最富强繁荣的多民族国家，也是中国历代封建王朝中的盛世之一。

罢黜百家，独尊儒术

经过西汉几位皇帝的励精图治，汉朝的国力追逐渐强大起来。汉景帝去世后，他的儿子刘彻即位，就是汉武帝。

西汉初年，实行休养生息政策，推崇道家的无为而治思想。汉武帝即位后，为了进一步加强中央集权和统一全国思想，开始推崇儒家思想，实行自己的政治方略，安排自己的亲信掌管朝政大权，如让他的舅舅田蚡做太尉，掌握军权。同时，汉武帝还重用许多的儒生。为了选拔更多的人才，武帝下诏命令全国官吏推举"贤良方正"，就是向中央推荐人才，然后中央再选拔考试，考试的第一名叫董仲舒。

董仲舒像

董仲舒，广川（今河北枣阳）人，西汉著名思想家，

·三纲五常·

董仲舒在孔子提出的"君君、臣臣、父父、子子"的正名说和韩非提出的"臣事君、子事父、妻事夫"的思想的基础上，系统地提出了"三纲"、"五常"的社会道德规范，从而完成了对于先秦儒家伦理思想的改造。董仲舒以天道的阴阳对比作了论证。他把阳比为德，阴比为刑，天贵德而贱刑。根据这种阳尊阴卑的理论，在君与臣、父与子、夫与妻的关系中，前者对后者的统治以及后者对于前者的忠诚和服从，都是绝对的，无条件的。为了维系"三纲"的伦常关系，董仲舒还论证了仁、义、礼、智、信五种道德规范，他以阴阳五行为基础，认为"五常"也是永恒合理的。"三纲五常"是董仲舒的新儒学的重要内容，它是维护封建宗法制度的核心，是贯穿此后两千年封建社会的伦理道德规范。

当时儒家的代表人物。武帝召见他，向他询问治国的策略。董仲舒把儒家的治国思想讲给汉武帝听，汉武帝觉得非常合乎自己的想法，立即封董仲舒为大官。丞相卫绾建议："所推举的贤良，只要不是儒家学派的，一律不予录用。"武帝表示同意。太尉窦婴、丞相田蚡还荐举儒生王臧为郎中令，赵绾为御史大夫，宣扬儒家，排斥道家，建议从此以后实行政治改革，不要再向汉武帝的奶奶窦太后奏事。

但当时窦太后还奉行无为而治的道家思想，并任命她的族人担任重要官员，经常干涉朝政，汉武帝的政策在实施时受到很大阻力。当她得知那些儒生鼓动汉武帝不要向她奏事后，勃然大怒。她强迫汉武帝废除了刚刚实施的一系列改革，连汉武帝任命的丞相和太尉也被迫罢免，有的大臣还被逮捕下狱，甚至被逼死狱中。窦太后的族人很快接替了这些重要职位，窦太后把持了朝政。

汉武帝深受打击，但他并没有消沉，只是默默等待。公元前135年，窦太后病死，汉武帝掌握了朝政大权，他立即驱逐了窦太后的族人，任命田蚡为丞相，提拔重用董仲舒等儒生，从此儒家理论成为治理国家的理论基础。

董仲舒向汉武帝提出了"大一统"的思想。所谓大一统，就是抑制诸侯，听命于皇帝。他说天是世间万物的主宰，皇帝是天的儿子，称为天子，代表天来统治人民，皇权神授，因此全国人民都要服从皇帝的统治，诸侯也要听命于皇帝。要想政治统一，就需要思想上统一。如果像春秋战国诸子百家那样，各有各的学说，人们站在各自的立场上议论朝政，就无法做到思想统一，因此董仲舒建议"罢黜百家，独尊儒术"，也就是说只提倡儒家学说，把儒家思想作为统治国家的正统思想，其他诸子百家的思想都禁止传播。选拔官吏一定要选用儒生，其他学派的人一概排斥。因为董仲舒的主张适应了在政治上大一统的需要，所以"罢黜百家，独尊儒术"的主张被汉武帝所采纳。

董仲舒还主张"德主刑辅"，就是以实施仁政为主，法制为辅。先对百姓进行教育，当教育无效时再用法律来惩罚。这种软硬兼施、刚柔相济的治国方针，被武帝采用后成为汉朝乃至以后历代的治国指导思想。

五经博士除了参加政治活动外，主要还是从事教育。公元前124年，汉武帝采纳董仲舒和丞相公孙弘的建议，在长安设立了太学，在地方设立学校。太学以五经博士（教授儒家经典《书》、《诗》、《春秋》、《易》和《礼》的学官）为老师，博士的学生称为太学生。太学生经过系统的学习，考试合格者可直接担任官员，这标志着以儒家学说为教育内容的封建教育的开始，儒生成为封建王朝培养和选拔人才的唯一标准。后来儒学教育又扩展到私学、蒙学和家庭教育等各个领域。儒学教育制度的建立，结束了战国以来百家争鸣的局面，儒家学说正式取代了道家学说，确立了独尊地位，成为封建王朝的统治思想，成为中国2000多年封建专制统治的思想基础。"罢黜百家，独尊儒术"的政策，有利于加强封建中央集权和巩固封建大一统局面，对维护当时上升时期的封建统治具有积极作用，也促进了文化的繁荣和教育的发展。但"罢黜百家，独尊儒术"局面的形成，禁锢了人们的思想，扼杀了人们的聪明才智。

汉赋的集大成者司马相如

在汉朝广袤的土地上，各民族的交流逐渐增多，中国的文学也得到了更广泛的传播。继《诗经》和《楚辞》之后，"赋"出现了，并在汉朝盛行。

在"赋"的写作上，最有成就的作家，要算是在西南夷开拓中建立功勋的司马相如。武帝刘彻是一个喜爱文学的人，有一天，他读到《子虚赋》，惋惜说："我自恨不能跟作者生在同一个时代！"这时武帝身边的一个宦官说："陛下为何出此感慨，这篇赋的作者就是当代人啊！他就是我的同乡司马相如。"汉武帝大喜，立刻征召司马相如到长安。

司马相如字长卿，成都人，家里十分贫穷。司马相如素与临邛县令王吉友善，常去他家做客。临邛的大富翁卓王孙听说司马相如是县令的客人，就邀请相如和县令一起到他家来做客。当时卓王孙的女儿文君正好死了丈夫回到娘家，她看到司马相如相貌堂堂，心中十分爱慕。司马相如知道卓文君是才女，而且爱好音乐，于是他在宴会上故意弹出《凤求凰》的曲子，卓文君立时会意，不由得爱上了他，不久后即跟司马相如私奔了。

卓王孙气得发昏，跟女儿断绝了关系。司马相如饥寒交迫，但岳父家私万金，却一文钱也不肯给女儿女婿。司马相如无奈，便索性在岳父门前开了一家酒铺，自己短裤赤膊招待客人，而卓文君则亲自为客人烫酒。卓王孙觉得很难堪，从此不敢出门。后来在众亲戚的劝说下，不得已分给文君僮仆100人，钱100万，以及嫁时的衣被财物。于是文君与相如才回到成都，置下了田产。

正在此时，武帝刘彻征召司马相如，擢升他为中郎将。武帝一见司马相如，就夸赞他的《子虚赋》写得好。司马相如则说："《子虚赋》写的不过是诸侯的事情，不算好，请允许我再写一篇以天子游猎为主题的赋。"汉武帝听了很高兴，没有多久，司马相如便写出了《上林赋》。

《上林赋》辞藻华丽，描写细腻。虽然是劝诫帝王注意节俭，不要沉溺于游乐的文章，但这层意思只是在末尾说了一下，而且没有丝毫哀怨之声。文章不惜笔墨，极力夸赞皇家园囿的广大、物产的富饶，对游猎场面及歌舞戏乐细为描绘，结尾的几句规劝之言也不伤皇帝的面子，让汉武帝大为欣赏。

司马相如自此被称为"赋圣"，一生作赋二十九篇，不过现在仅存《子虚》、《上林》、《大人》、《长门》、《美人》、《哀二世》六篇。

司马相如虽然是汉赋的集大成者，但汉赋形成于汉朝初年，是贾谊以《吊屈原赋》和《鵩鸟赋》开创了汉赋先河，由枚乘作《七发》，创立了汉赋的基本体例。

推恩令

七国之乱平定后，各诸侯国还拥有相当的实力，汉景帝开始酝酿削弱诸侯国的政策，但他还没来得及实施就病死了。他的儿子刘彻即位，就是汉武帝，继续推行削弱诸侯国的政策。

其实早在汉文帝时，大臣贾谊就提出了类似推恩令的建议。自从文帝、景帝开始，如何限制和削弱日益膨胀的诸侯王国的势力，一直是令皇帝头疼的问题。文帝时，淮南王、济北王谋反，贾谊在他的《治安策》中提出"众建诸侯而少其力"的建议，就是让各诸侯王国分为若干小国，使诸侯王的子孙都能有封土，直到地尽为止；国家大而子孙少的王国，则先建国号，等他的子孙出生后再册封。汉文帝在一定程度上接受了这一建议，但执行得不彻底，

朱雀衔环杯　汉
该器造型丰满别致，制作精美，朱雀所衔环可摆动，为汉代出土文物中不可多得的艺术珍品。

195

·太学·

公元前124年，汉武帝创建了太学，标志着中国封建官立大学制度的确立。汉朝掌管文化教育的官员为太常，总负责太学的管理。皇帝也亲自到太学视察。太学的教授称博士，主要职责是教授学生。太学的学生称博士弟子，东汉时简称"太学生"，通常是太学直接挑选，各地方官员也可以选送条件优秀的人才。从西汉一直到清朝，太学（有时叫国子学）一直都是国家的最高学府。

诸侯国的势力依然很大。汉景帝即位后，采纳大臣晁错的削藩建议，结果引发了吴楚七国的叛乱。汉景帝迅速平定了叛乱，并采取了一系列措施，使诸侯王的势力受到了很大削弱。但直到汉武帝初年，一些大的诸侯国仍然连城数十，地方千里，诸侯王骄奢淫逸，蛮横不法，公然抗拒朝廷的命令，威胁着西汉中央集权的巩固。汉武帝元朔二年（公元前 127 年），主父偃在向汉武帝的上书中提出了新的建议。依照汉制，诸侯王的王位是由嫡长子（嫡长子就是正妻所生的第一个儿子）继承的，而其他的儿子和庶出的儿子没有继承王位的资格。主父偃说诸侯王子弟没有一点封地，仁孝之道就得不到传播。因此向汉武帝建议，令诸侯王推私恩分封其子弟为列侯。这样，名义是上施德惠，实际上是肢解诸侯国以削弱诸侯王的势力。这一建议既迎合了汉武帝巩固中央集权的需要，又使诸侯王找不到武装反抗的借口，因此这个建议立即被汉武帝所采纳。汉武帝下令："诸侯王或欲推私恩分子弟邑者，令各条上，朕且临定其号名。"这就是推恩令。

推恩令规定，以推广皇帝恩泽的名义，诸侯王可以将自己的封地再分封给弟弟或其他儿子，建立侯国，由皇帝定封号。侯国的侯只能衣食租税，无权过问政治。侯国的军事和民政由中央委派的官员进行管理。王国分封了大量的侯国后，封地愈来愈小，权力也愈来愈分散，再也没有力量与西汉中央政府对抗了。推恩令下达后，诸侯王的子弟很多被封为侯，他们对西汉中央政府感恩戴德。据《汉书·王子侯表》记载的王子侯，大部分是在汉武帝元朔年间受封的。实行推恩令后，河间王国先后被分 11 个侯国；淄川王国被分为剧、怀昌等 16 个侯国；赵王国被分为 13 个侯国。此外，城阳、广川、代、中山、济北、鲁、长沙、齐等诸侯王国也都分为几个或十几个侯国。按照汉制，侯国的地位相当于县，隶属于郡。所以王国分为侯国，就是王国的缩小和朝廷直辖郡县的扩大。这样，汉朝中央政府即使不废除各诸侯王国，也达到了同样的目的。到了后来，"大国不过十余城，小侯不过数十里"。诸侯王国的直辖地也仅有几个县了，根本无力与中央对抗。

此外，汉武帝还用种种的借口来剥夺诸侯国的爵位。根据汉制，每年的八月要举行宗庙大祭，各王侯要献出上等的黄金来助祭，称为"酎金"。公元前 112

年（汉武帝元鼎五年），汉武帝以诸侯王、侯所献的助祭"酎金"成色不好或数量不足为借口，被夺去爵位、收回封地的王侯达 106 人，占当时王侯的一半。后来又以其他借口不断剥夺王、侯的爵位。从此以后，诸侯王、侯二等封爵制度虽然还存在，但王、侯已经非常少了，而且只能"衣食租税"，不得过问封国的政事，封土而不治民，势力日益衰落。

西汉初年因功封侯的有 143 人，但到汉武帝太初年间（公元前 104～前 101 年）只剩下 5 人了。经汉武帝亲自封侯的有 75 人，但后来其中 68 人被剥夺了爵位。因推恩令而封侯的诸侯王子弟共 175 人，被汉武帝剥夺侯位的有 113 人，王国问题终于得到了解决。其中有个中山靖王，在祭祀祖先时，汉武帝以他所献的黄金成色不足为由剥夺了他的王位，他的后代子孙逐渐贫困，以至于有个叫刘备的后代不得不靠卖草鞋为生。

"飞将军"李广

公元前 129 年，匈奴又来侵犯汉朝边境。汉武帝派卫青、公孙敖、公孙贺、李广四位将军带兵抵抗。

在这四名将军中，李广的年纪最大，立下了无数战功。

李广是陇西成纪（今甘肃秦安县北）人，他的先祖叫李信，在秦始皇时当过将军。李广能骑善射，武艺高强。汉文帝十四年（公元前 166 年），匈奴大举入侵萧关（今甘肃东南）时，李广应征入伍，抗击匈奴。

到了汉景帝做皇帝时，李广担任陇西都尉，不久，又调任骑郎将。吴、楚等七国发动叛乱时，李广跟随周亚夫平定叛乱。在昌邑之战中，李广冲入敌营，拔掉敌军的帅旗，从此名声大震。李广曾在边境的许多地区担任过太守，经常打击匈奴的侵扰。李广每到一地，都以和匈奴奋力拼杀出名，他的战略战术更让匈奴谈虎色变。

武帝即位后，朝廷里的大臣们都夸奖

李广射石图　清　任颐

李广是员猛将，武帝便把李广从上郡太守的任上调往京师，担任未央宫的警卫。

这一次李广和卫青、公孙贺、公孙敖四路人马去抵抗匈奴，匈奴的军臣单于早已得到了消息。匈奴人最害怕的就是李广。军臣单于便把大部分兵力集中在雁门，并设了埋伏，要活捉李广。匈奴人事先挖下陷阱，再和李广对阵，假装被打败了，引诱李广去追赶他们。李广看到前面是平展的草地，没有想到匈奴人挖好了陷阱，就等他中计了。李广追着追着，只听"呼啦"一声，李广连人带马都掉进了陷阱，被匈奴人活捉了。

匈奴人捉住了李广，生怕他跑了，就把李广装在用绳子结成的网兜里，用两匹马吊着。

李广躺在网兜里，一动不动，像死了一样。走着走着，他微睁眼睛，偷偷地瞧见旁边一个匈奴兵骑着一匹好马，便使出全身力气，一跃跳上马，夺了那个匈奴兵的弓箭，将那个匈奴兵打翻在地，拼命地往回奔跑。几百个匈奴骑兵在后面追，李广一连射死了前面的几个追兵，终于逃了回来。

李广虽然跑了回来，但是打了败仗，按军法应当斩首。后来李广花钱赎罪，回家做了平民。

过了不久，匈奴又来进犯汉朝边境，李广被重新起用，到右北平做了太守。

李广有多年的防守经验，他行动快，箭法精，忽来忽去，敌军总是摸不清他的打法。所以匈奴人称他为"飞将军"。在他驻守右北平期间，匈奴人不敢来犯。

李广常常闲暇无事时，便带上一些将士外出打猎。当时右北平山里有不少老虎，李广一连射死了好几只。有一次，李广外出打猎，突然瞧见迎面的乱草丛中蹲着一只斑斓猛虎，正准备向他扑过来。李广急忙拈弓搭箭，用足全身力气，一箭射去，凭他百发百中的箭法，射个正着。将士们赶快提着剑跑过去捉老虎，可是跑近一看，都愣住了，原来草丛中并没有老虎，只有一块奇形怪状的大石头，李广的那支箭，竟然射进了石头！

飞将军李广一箭射进石头的消息，很快传开了。匈奴人听了，更加害怕李广，急急忙忙地往西迁移，再也不敢来侵扰右北平一带的边境地区了。

神勇两将军

在李广打了败仗逃回汉营的同时，另外由公孙贺、公孙敖带领的军队也打了败仗，只有卫青打了胜仗。以后，卫青又连续打败匈奴兵，被封为关内侯。卫青出身低微，他的父亲是平阳侯曹寿家里的差役。卫青长大后，当了平阳侯家的骑奴。后来，卫青的姐姐卫子夫在宫里受到汉武帝的宠幸，卫青的地位才渐渐显贵起来。

霍去病是卫青的外甥。霍去病从18岁开始就在皇帝左右担任侍卫，他擅长骑马射箭。公元前123年，匈奴又来进犯，霍去病也跟着卫青一起去抗击匈奴。

匈奴听说汉军大批人马杀来，立即往后逃走。卫青派四路人马分头去追赶匈奴兵，决定歼灭匈奴主力。卫青自己坐镇大营，等候消息。可是到了晚上，四路兵马回来了，谁都没有找到匈奴的主力，有的杀了几百个匈奴兵，有的连一个敌人也没找到，无功而返。

这次出击，霍去病是以校尉的职务带领八百名壮士组成的一个小队，这是他第一次带兵打仗。他们一直向北追赶了几百里路，才远远望见匈奴兵的营帐。他带手下兵士偷偷地

西汉军戎服饰复原图

绕道抄过去，瞅准最大的一个帐篷，猛然冲了进去。霍去病眼疾手快，一刀杀了一个匈奴贵族。他手下的壮士又活捉了两个。而后乘乱杀了两千多匈奴兵。

卫青正在大营等得焦急，只见霍去病提了一个人头回来，后面的兵士还押来了两个俘虏。经过审问，原来这两个俘虏，一个是单于的叔叔，一个是单于的相国，被霍去病杀了的那个，是单于爷爷一辈的王。霍去病因此被封为冠军侯。

后来，霍去病多次打败匈奴西部的浑邪王，先后把他手下的几万兵士都消灭了。单于非常恼火，要杀浑邪王，于是浑邪王就打算向汉朝投降。汉武帝得到消息后，怀疑敌人可能诈降，于是做了两手准备，先派霍去病率领军队去接应浑邪王，嘱咐霍去病见机行事。霍去病渡过黄河后，见过浑邪王，派人把他送到武帝巡行的处所，再领着投降的匈奴兵渡过了黄河，并平定了那些企图顽抗的匈奴人。汉武帝相应地封了来投降的匈奴首领浑邪王等人的职位。同时加封1700户的封邑给霍去病。

由于霍去病不畏艰险，接连不断地打击敌军，黄河上游沿岸的边塞地区，几乎避免了战争带来的灾祸。

第二年，匈奴又入侵右北平和定襄两郡，屠杀了汉朝的军民1000多人。

公元前119年，为了根除匈奴的侵犯，经过充分准备之后，汉武帝派卫青、霍去病各领五万精兵，分两路合击匈奴。卫青从定襄郡出发，穿过大沙漠，与匈

奴的伊稚斜单于率领的精兵相遇，双方展开了激烈的战斗。卫青冒着扑面的砂砾，命令骑兵分左右两翼夹攻匈奴。最后伊稚斜单于招架不了，只好带领残余的几百名骑兵向北逃去。

霍去病带领另一路人马也横越大沙漠，前进两千多里，大破匈奴左贤王的兵马，一直追到狼居胥山下。

这次追歼战，是汉朝规模最大、进军最远的一次。从此以后，匈奴被迫撤到大沙漠以北，沙漠南面就没有匈奴之患了。

河西之战

汉朝建立后，刘邦曾对匈奴发起过进攻，但是自己却被围困于白登。白登解困之后，汉朝对匈奴采取了"和亲"政策并积极防御。到了武帝时期，随着国力的鼎盛，为巩固边防，武帝开始了对匈奴的反击。

公元前121年，匈奴骑兵万余攻入上谷。同年三月，汉武帝派骠骑将军霍去病率精骑万人出陇西，越乌鞘岭，进击河西地区的匈奴。霍去病先采用突然袭击而后连续进击的战术，长驱直入，驰进匈奴脩濮部落，又渡过狐奴河，转战六天，连破匈奴五小王国，降服者赦之，反抗者杀之。匈奴军猝不及防，向北退走。

霍去病知道大军长途跋涉而来，宜速战速决。于是不敢逗留，即刻率军翻越

"马踏匈奴"石雕　西汉
这是霍去病墓前众多石雕之一，是汉武帝为表彰霍去病出征匈奴的战功而建立的纪念碑。

焉支山，向西北急驰千余里，以寻匈奴主力决战。在皋兰山下相遇匈奴浑邪王、休屠王军队，两军展开一场恶战。汉军挟胜余威，猛烈冲杀，浑邪王、休屠王却是仓促应战，部署并未完善，就遭到霍去病军暴风雨般的打击，自然难以招架。二王自知不敌，便下令匈奴军后撤，而汉朝军队的紧逼使匈奴军队无法有秩序地退走，而是溃不成军。匈奴士兵前头跑得慢的被后赶上来的撞倒后就再也爬不起来，后头跑得慢的被汉军赶上，做了刀下之鬼。这一战匈奴大败，被霍去病军斩首8900余级，浑邪王子、相国、都尉等多人被俘，休屠王的祭天金人也被汉军缴获。霍去病至敦煌班师凯旋而还。回到长安，汉武帝亲自出城迎接，加封2200户，是年，霍去病仅20岁。

汉武帝此次派霍去病征匈奴的初衷本是试探霍去病的军事潜能，不曾想霍去病如此骁勇善战，一举击溃河西匈奴。武帝感谢上苍又赐给他一个比卫青还优秀的大将，抗匈雄心更受鼓舞。同年夏天，武帝再命令霍去病统军北击匈奴，为了防止东北方向的匈奴左贤王乘机进攻，他又派李广、

·征辟制、察举制·

征辟制，即二千石以上的高官，可以直接征召一些人才到自己的官衙里做属僚。察举制，是由地方州郡以"贤良"、"孝廉"、"秀才"等名目，选拔德才兼备者举荐给朝廷，经国家考核合格后，授予官职。征辟、察举制，对世家大族集团的形成起重要作用，后来被九品中正制取代。

张骞率偏师出右北平，攻打左贤王以策应霍去病主力军的行动。

匈奴伊稚斜单于闻知亦不甘示弱，他亲率大军侵入代郡、雁门。霍去病自宁武渡河，翻越贺兰山后至居延海，然后转兵南下至小月氏陈兵张掖，挺进2000里至祁连山一带，迂回到河西走廊北面敌人后方，而后以秋风扫落叶之势率部对匈奴发起迅猛攻势，大破匈奴主力军。同时西逐诸羌，打通了河西走廊之路。

是役，霍去病军共杀敌3万余人，俘匈奴名王5人及王母、王子、将相百余人，收降浑邪王部4万众，汉朝占领河西走廊全部。

东线右北平方面，李广率4000骑先行，不料被左贤王4万骑包围。危难时刻，李广尽显"飞将军"本色：他令部下结为圆阵，士兵持弩向外。匈奴连续发起冲击，汉军箭如雨下，阵始终未破；战罢多时，弓箭将尽，李广令军士持弩不发，自己以大黄连弩射匈奴裨将数人，匈奴军惊恐，于是攻势稍缓。战至日暮，汉军兵士都面无人色，独李广意气自如，众将无不叹服。第二天双方又展开激战，广军危急，幸好博望侯张骞及时赶到，匈奴军见不能取胜，撤兵而去。

通过河西之战，汉朝从匈奴手里夺回了河西走廊，打开了通往西域的大门，使匈奴生存空间被压缩至苦寒之地。

漠北之战

漠南、河西两大战役后，虽然匈奴的势力遭到重创，但仍不停止南下骚扰汉边。元狩三年（公元前120年）匈奴又从右北平、定襄攻汉，杀掠千余人，还用汉降将赵信计谋，欲把汉军引至漠北歼之。

公元前119年，汉武帝怒匈奴两次战败仍贼心不改，遂决定来一次更大规模的军事行动。经过充分准备后，武帝命大将军卫青、骠骑将军霍去病各统骑兵5

万、4万随军私人马匹，几十万步兵及转运者，分别从定襄、代郡出发，深入漠北，寻歼匈奴主力，予以打击。

匈奴单于听说汉兵远来扫荡，不敢怠慢，"远其辎重，以精兵待于漠北"。卫青率精兵出塞，寻歼单于本部，同时令李广、赵食其从东面迂回策应。抵达漠北后，"见单于兵陈而待"，卫青当机立断，创造性地运用车骑协同的新战术，命令部队以武刚车"自环为营"，以防匈奴骑兵突袭，又令5000骑兵进击匈奴，伊稚斜单于乃以万骑迎战。两军从黎明激战至黄昏，杀得难分难解，临近日落时，突然刮起大风，飞沙走石，两军不辨敌我，卫青乘势分轻骑从左右两翼迂回包抄匈奴。伊稚斜单于见汉军人马尚强，情知再打下去会吃亏，遂趁夜幕降临时，跨上一匹千里马，率数百壮骑杀出重围向西北方逃走；匈奴军溃散，卫青乘势追击，斩杀和俘虏敌人1.9万余名。

与此同时，"飞将军"李广和赵食其肩负着迂回截击匈奴单于的任务，日夜兼程行军，然大漠深处一眼望去，全是无边无际的荒沙，找不到一个当地人。李广军因没有向导，迷了路，李广焦急却无可奈何，怕再往前走与卫青主力军队更会不上面，下令回军南还。

卫青经过殊死血战，击溃匈奴单于主力，本期望李广能在单于后方截断伊稚斜的退路，然后汉军前后夹击，围歼单于。但北追200余里却不见李广军，伊稚斜单于最终逃脱。卫青继续挥师挺进，兵至寘颜山赵信城，缴获了匈奴屯集的大批粮食和军用物资，并在其地休整一天，放火烧毁赵信城后班师回国。到达漠南以后与李广赵食其会合，卫青差人往李广军营询问迷路经过，并说要上报天子。卫青派去的人劝李广

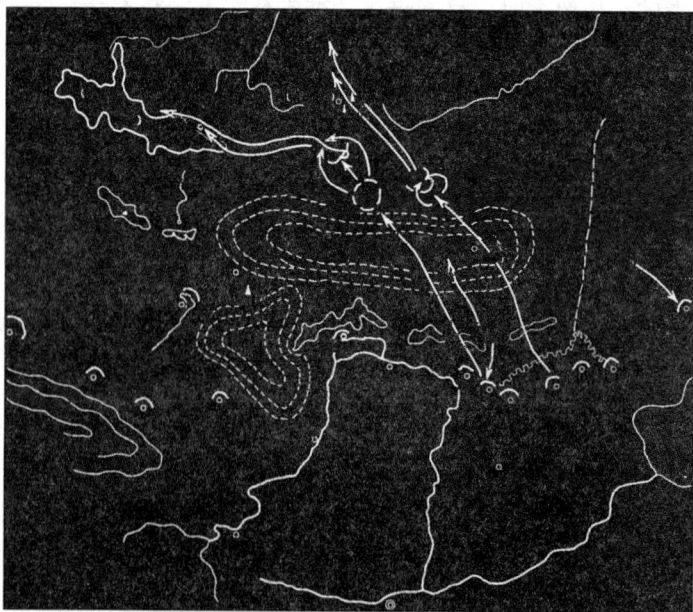

汉军漠北之战示意图

把走失单于的责任推给赵食其，以避惩罚，但李广正直，不答应。卫青恼怒，又遣人催逼李广的幕僚去中军受审，李广说："他们无罪，迷路责任在我，我自己去受审。"他把责任揽在自己身上。来人走后，李广慨然叹道："我自年少从军，与匈奴大小70余战，想不到今天却被大将军如此催逼，我已年过花甲，怎能再受这样的侮辱？"说罢拔剑自刎而死，左右无不泪如雨下。

率兵从东路出代郡的霍去病却取得了辉煌的战绩，足以使他彪炳史册。他深入2000余里，凭借兵精马壮的优势，对匈奴左贤王发起猛烈攻击。霍去病少年英雄，身先士卒，左贤王垂垂老矣，怎是他的对手？战不多时，左贤王就率亲信弃军而逃，匈奴兵大溃。霍去病即率众追击，一直追到狼居胥山，歼其精锐，斩杀北车旨王，俘屯头王、韩王等3王以及将军、相国、当户都尉等83人，俘虏7万多人。并封狼居胥，登临瀚海，祭告天地后班师凯旋。

漠北之战重创了匈奴势力，从此"匈奴远遁，而漠南无王庭"，危害汉朝百余年的边患基本得到解决。

张骞出使西域

汉武帝初年的时候，汉武帝从投降过来的匈奴人那里，得知了有关西域（今新疆和新疆以西一带）的情况。他们说有一个被匈奴打败的月氏国，向西迁移到西域一带。

汉武帝想，月氏在匈奴西边，如果汉朝能跟月氏联合起来，断绝匈奴跟西域各国的交往，这不是等于断了匈奴的右臂吗？

于是，他下了一道诏书，征求能到月氏去联络的人。

有个年轻的郎中（官名）张骞，觉得这件事很有意义，便自告奋勇去应征。随后又有100多名勇士应征，其中有个叫堂邑父的匈奴族人，也愿意跟张骞一块儿去找月氏国。

张骞像
字子文，西汉成固人。汉武帝时，张骞以军功受封为博望侯，后又拜为中郎将。

公元前138年，汉武帝就派张骞带着应征的100多个人出发了。但是要到月氏，中途必须经过匈奴占领的地界。张骞他们小心地走了几天，还是被匈奴兵给发现了，全都做了俘虏。

他们被匈奴扣押了十多年。日子久了，匈奴对他们管得不那么严了。张骞偷

偷找到堂邑父，两人商量了一下，瞅匈奴人不防备，骑上两匹快马逃走了。

他们一直向西跑了几十天，历尽千辛万苦，逃出了匈奴地界，进入了一个叫大宛（在今中亚细亚）的国家。

大宛和匈奴是近邻，当地人能听懂匈奴话。张骞和堂邑父便用匈奴话与大宛人交谈起来。大宛人给他们引见了大宛王，大宛王早就听说汉朝是个富饶强盛的大国，听说汉朝的使者到了，非常高兴，后来，又派人护送他们到康居（约在今巴尔喀什湖和咸海之间），再由康居到了月氏。

月氏被匈奴打败以后，迁到大夏（今阿富汗北部）附近，在那里建立了大月氏国。大月氏国王听了张骞的来意，不感兴趣，因为他们不想再跟匈奴结仇。但是张骞毕竟是个汉朝的使者，也很有礼貌地接待了他。

张骞和堂邑父在大月氏住了一年多，没能说服大月氏国共同对付匈奴，只好返回长安。

张骞在外面整整过了13年才回来。汉武帝认为他立了大功，封他为太中大夫。

到了卫青、霍去病消灭了匈奴兵主力，匈奴逃往大沙漠北面以后，汉武帝再次派张骞去结交西域诸国。

公元前119年，张骞和他的几个副手，拿着汉朝的旌节，带着300个勇士，还有一万多头牛羊和黄金、绸缎、布帛等礼物去西域建立友好关系。

张骞到了乌孙，乌孙王亲自出来迎接。张骞送给他一份厚礼，建议两国结为亲戚，共同抵御匈奴。

过了几天，张骞又派他的副手们带着礼物，分别去联络大宛、大月氏、于阗（在今新疆和田一带）等国。乌孙王派了几个翻译作他们的助手。

这些副手去了好久还没回来。张骞决定不再等下去了，乌孙王便派了几十个人护送张骞回国，顺便一起到长安参观，还带了几十匹高头大马送给汉朝皇帝。

汉武帝见乌孙人来了，很是高兴，又瞧见乌孙王送的大马，就格外优待乌孙使者。

一年后，张骞生病死了。张骞派到西域各国去的副手也陆续回到长安。副手们把到过的地方合起来一算，总共到过36个国家。

从那以后，汉朝和西域各国建立了友好交往的关系，汉武帝每年都派使节去访问西域各国。西域派来的使节和商人也络绎不绝。中国的丝和丝织品，经过西域运到西亚，再转运到欧洲，后来人们把这条路线称作"丝绸之路"。

东方朔

东方朔（公元前154～前93年），西汉文学家，字曼倩，平原厌次（今山东惠民）人。武帝即位，征四方士人，他上书自荐，诏拜为郎，后任常侍郎、太中大夫等职。善辞赋，言词敏捷，滑稽多智，玩世不恭，宫中呼之为"狂人"。常侍从武帝，应对敏捷，滑稽取乐。曾上书反对武帝修造上林苑，认为是"取民膏腴之地，上乏国家之用，下夺农桑之业，弃成功，就败事"。言政之得失，陈农战强国之策，皆未被重视，故作散文赋《答客难》，以主客问答形式，抒写怀才不遇的苦闷，揭露统治者轻视人才。其语言疏朗，议论酣畅，刘勰称其"托古慰志，疏而有辩"。《非有先生论》亦用主客问答形式，以历史故事，从正反两方面劝谕帝王虚怀纳谏，励精图治。东方朔另作有《神异经》、《海内十洲记》等，书已佚。

丝绸之路

西汉王朝在西域设置西域都护以后，促进了中国与中亚、西亚的经济、文化联系。当时，自长安经河西走廊通向中亚、西亚直到欧洲共有两条道路：一条出阳关，经鄯善（今罗布淖尔附近），沿昆仑山北麓西行，过莎车，西逾葱岭，出大月氏，至安息，西通犁轩（罗马共和国）；或由大月氏南入身毒。另一条出玉门关，经车

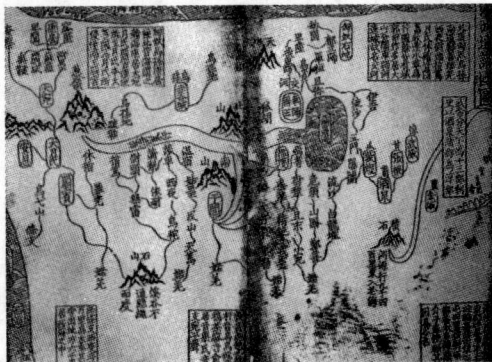

西域诸国图

师前国（高昌，今吐鲁番附近），沿天山南麓西行，出疏勒（今新疆喀什一带），西逾葱岭，过大宛，至康居、奄蔡。这就是闻名世界的"丝绸之路"。

汉朝遣使者至安息、奄蔡、犁轩、条支、身毒等国，在一年中，多时十余批，少时五六批。一批多则数百人，少则百余人，都携带金币帛等。近的，要二三年，远的要八九年，才能返回长安。

当时运往中亚、欧洲的商品，有蚕丝、丝织品、铁器、漆器等，铸铁和凿井技术也在这时西传。西方经"丝绸之路"输入中国的商品，有良马、橐驼、香料、

葡萄、石榴、苜蓿、胡麻、胡瓜、胡豆、胡桃等。中国丝织品早就享有国际盛誉，特别是欧洲的大秦(古罗马帝国)，把中国丝织品当作珍贵物品，称中国为"丝国"。

苏武牧羊

卫青、霍去病打败匈奴以后，双方停战了几年。这时，匈奴已经失去大规模进犯中原的实力，于是表示要和汉朝和好，实际上还是想借机进犯中原。

公元前100年，匈奴觉察出汉朝又有出兵的迹象，便派使者来求和，还把汉朝的使者都放回来了。汉武帝为了答复匈奴的善意，派中郎将苏武持旄节，带着副手张胜和随员常惠，出使匈奴。

苏武到了匈奴，送回汉朝以前扣留的匈奴使者，献上礼物。在等单于写个回信让他回去的时候，发生了一件意外的事儿。

原来，以前有个汉人使者叫卫律，在出使匈奴后投降了匈奴。单于特别器重他，封他为王。卫律有一个部下叫虞常，对卫律很不满，他跟苏武的副手张胜是故友，虞常和张胜在匈奴见了面，就暗地跟张胜商量，想杀了卫律，再劫持单于的母亲，逃回中原去。由于虞常办事不够严密，泄露了计划，被单于抓起来，交给卫律去审问。

事情发生后，张胜害怕了，才把虞常跟他密谋的经过告诉了苏武。卫律审问虞常，用尽了各种酷刑。虞常经受不住折磨，把和张胜密谋的事供了出来。因为张胜是苏武的副使，单于命令卫律去叫苏武来受审。苏武对常惠等人说："我们这次出使匈奴，是为了汉朝与匈奴和好。如今我出庭去受审，使汉朝受到侮辱，我还有什么脸面回到汉朝去呢？"说着，拔出佩刀向自己身上砍去。卫律急忙把他抱住，可是苏武已经把自己砍成了重伤，血流如注，晕过去了。

"单于天降"瓦当　西汉

单于暗暗佩服苏武是个有骨气的人，他希望苏武能够投降，像卫律一样为他效劳。他每天都派人来问候苏武，想要软化苏武，劝他投降。

后来，卫律奉单于之命，用尽了威胁利诱的手段，都不能使苏武投降，就只好回报单于。单于听说苏武这样坚定，便更希望苏武投降。他下令把苏武关在一个大地窖里，不给饭吃，不给水喝，想用饥饿来迫使苏武投降。但是，意志坚强的苏武却毫不动摇。

匈奴单于实在拿苏武没有办法，就只好命令把苏武送到北海边上（今俄罗斯西伯利亚贝加尔湖一带）去牧羊。单于对苏武说："等公羊生了小羊，就送你回汉朝去！"公羊怎么能生小羊呢？单于的意思很明白，他是决意不放苏武回汉朝了。

北海这个地方，终年白雪皑皑，荒无人烟，连鸟兽也很稀少。苏武饿了，就掘取野鼠洞里的草籽来充饥。过了不久，单于又派人来劝苏武投降，苏武依旧坚决地予以拒绝。每天，苏武一面牧羊，一面抚摸着出使时汉武帝亲手交给他的旄节。日子长了，旄节上的毛都脱落了，苏武还是紧紧地抱着那根光秃秃的旄节，艰苦地度过了漫长的岁月。

苏武牧羊图 清 任颐

一直到了公元前 85 年，匈奴单于死了，匈奴发生了内乱，分成三个国家。这时候，汉武帝已经死了，他的儿子汉昭帝即位。汉昭帝派使者到匈奴打听苏武的消息，匈奴谎称苏武死了，汉朝使者也就相信了。

后来，汉使者又去匈奴，苏武的随从常惠当时还在匈奴。他买通匈奴人，私下和汉使者见了面，把苏武在北海牧羊的情况告诉了使者。使者又惊又喜，他想出一个主意，见了单于，他严厉地责备说："匈奴既然有心同汉朝和好，就不应该欺骗汉朝。我们皇上在御花园里射下一只大雁，雁脚上拴着一条绸子，上面写着苏武还活着，而且在北海牧羊，你怎么说死了呢？"

单于听了，吓了一跳，他还真的以为苏武的忠义感动了飞鸟，连大雁都代他传达消息呢。他向使者边道歉边说："苏武确实还活着，我们马上就放他回去。"

苏武到匈奴的时候才 40 岁，在匈奴遭受了 19 年的摧残折磨，胡须、头发全白了。回到长安的那天，长安的百姓都出来迎接他。他们看见白胡须、白头发的苏武，手里还拿着光秃秃的旄节，没有一个不受感动的，说他真是个有气节的大丈夫。

南海交通

汉代中国与东南亚、印度的海上通道。由日南边塞（出海口在今越南岘港）或广东徐闻、合浦出发，沿印支半岛南下，船行 5 月，到都元国（今越南南圻一带），全程 1060 海里；船再行 4 月，到邑卢没国（今泰国华富里），全程 840 海里；再船行 20 余日，到谌离国（暹罗古都佛统），全程 160 余海里。由谌离国舍舟登陆，横越中南半岛，步行 10 余日，到夫甘都卢国（今缅甸蒲甘地区，包括萨尔温江入海处和仰光一带），全程 300 公里。再船行 2 月余，到黄支国（今印度东岸，出海口为马德拉斯），全程 1728 海里。黄支之南有已程不国（今斯里兰卡），汉使至此乃循原路而归。汉时，黄支国遣使至中国赠生犀牛，该国使臣自黄支出发，船行 8 月，到达皮宗（今印尼苏门答腊岛西北部一带），全程 1700 海里；再船行 2 月，经新加坡、胡志明市到日南、象林界（越南岘港），全程 1700 海里。由此可见，日南道又分南、北两线。北线自日南、徐闻或合浦，船行经都元、邑卢没、谌离后，舍舟登陆，步行至夫甘都卢，再乘船至黄支，汉使南下多循此线；南线则由黄支经皮宗至日南，黄支使臣北上即循此线。《汉书·地理志》载黄支国"其州广大，户口多，多异物"，所产明珠、璧琉璃、奇石等，自汉武帝以来，源源流入中国；中国的特产通过馈赠、贸易，不断输往上述各地。

赵过创代田法

赵过，西汉中期的农学家。史书上记载，大约在汉武帝征和四年（公元前 89 年），他被任命为搜粟都尉，主管当时的农业生产。

赵过为了使农业适应保墒抗旱耕作的需要，发明了代田法，并逐步推广。而且他还发明了耦犁和耧车，为实现代田法服务。

代田法是由畎亩法发展起来的，它的优点在于能够很有效地起到抗旱保墒的作用。

代田法在技术上有以下三方面特点：其一，沟垄相间。种子是播种在沟中的，等到苗出以后，再结合中耕除草来垄土壅苗。这种做法的好处就是防风抗倒伏和保墒抗旱。其二，沟垄

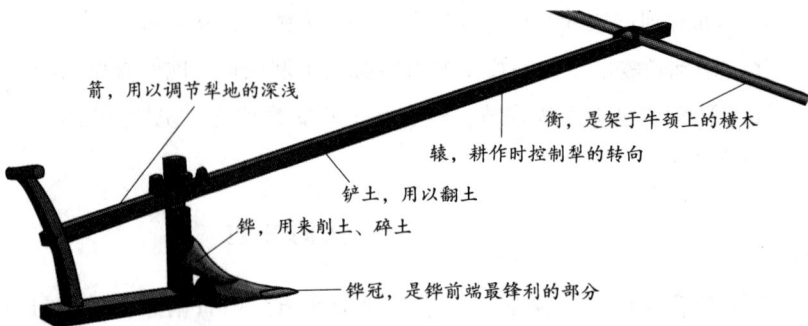

箭，用以调节犁地的深浅
衡，是架于牛颈上的横木
辕，耕作时控制犁的转向
铲土，用以翻土
铧，用来削土、碎土
铧冠，是铧前端最锋利的部分

二牛一人式耕作法使用的长辕犁示意图

互换。沟垄位置逐年互换，实现了土地轮番利用与休闲。其三，耕耨结合。每年开沟起垄，耕耨结合。

随着代田法的逐步推广，农田的单位面积产量得到提高。史称"用力少而得谷多"。赵过对汉代的农业贡献颇大。

从赵过的代田法，我们可以看到秦汉时期农业的主攻方向是抗旱保墒。为了实现这个目的，汉代不仅推广使用代田法，而且也使用区田法，都取得了很不错的效果。

在北方的旱地耕作时，人们从以下四个方面来防旱保墒。一是适时耕作。春耕的适时期在春初解冻之后，夏耕的适时期则在夏至时，而秋耕的适时期是在秋分时候。二是及时糖压。耕起的大土块要及时糖碎，不然就会跑墒，引起干旱。

①开沟作垄

②逐次培壅

③土地轮番使用

赵过代田法

代田法是一种适合北方地区自然条件的轮耕技术。在一亩田中，纵向分为三道沟和三道垄，垄各宽1尺。将粮种在此中。苗长高时，不断垄土培固根部，使秧苗耐风旱，抗倒伏。第二年，沟、垄换位，以调节土质肥力。赵过推广代田法的同时，也推行二牛三人耕作法，使之配合耕种。亩产量达到10石，比采用一般耕作方法的收获增加1倍以上。

三是因时耕作和因土耕作。根据不同的土壤性质，确定适宜的耕作时期和方法，才能达到除草、肥田以及保墒抗旱的目的。四是积雪保墒。在冬麦田多积雪来保墒，不仅可以抗旱，而且可以防虫害。

南方在水稻栽培方面，采用了水稻移栽技术和稻田水温调节技术。稻田水温调节技术主要是针对水稻不同生长期通过调节水温来促进其生长发育。

秦汉时期，人们在农作物的栽培管理方面也总结出了丰富的经验，越来越认识到适时播种的重要性。《氾胜之书》中记载"种麦得时，无不善"，"早种则虫而有节，晚种则穗小而少实"，并且能够根据历法和物候，参照各种因素来确定播种期，非常科学。在农作物的播种密度方面，主要是参考其种类和地力高下。对禾，"美田欲稠，薄田欲稀"；对于大、小麦和水稻，则"美田欲稀，薄田欲稠"，非常合理。在田间管理上，中耕引起相当重视，既达除草之效，又能间苗和保墒。

综上，我们不难看出，秦汉时期的农业伴随着一系列的技术进步得到了快速的发展，并且人们在生产实践中积累了丰富的经验。尤其是汉中期以后，随着铁犁牛耕的普及，我国古代农业取得了阶段性的突破，农业生产力获得长足发展。

巫蛊之祸

巫蛊是指祈求鬼神加害于仇人或使人迷惑昏狂的巫术，历朝历代对巫蛊都严刑惩治，比如汉朝法律规定巫蛊者处死。巫蛊的具体办法是在一个木头小人上写下诅咒之人的生辰八字，然后再把木头人的全身都扎上针，埋在被诅咒人的家的方向。

汉武帝刘彻晚年喜欢巡游天下。在一次巡游中忽然得了重病，被巫师治好，从此汉武帝便深信巫术。全国各地的巫师云集京城，用巫术迷惑百姓。女巫们来到宫中，教嫔妃们巫术，埋木人诅咒得宠的妃子。由于嫔妃们为了争宠而互相嫉妒，于是争相到汉武帝跟前告状，举报情敌用木人诅咒皇帝。汉武帝听了大怒，下令捕杀嫔妃和大臣，结果陈皇后被废，株连300人。后来还发生了很多巫蛊案件，历史上称之为"巫蛊之祸"，其中以太子刘据的巫蛊案件影响最大。

一天中午，汉武帝午睡时做了一个梦，梦见有几千个木头人在打他。汉武帝从梦中惊醒，出了一身冷汗。惊魂未定的他急忙召见宠臣江充，讲述了这个噩梦。

江充说："皇上，肯定是有人在用巫蛊诅咒你！"汉武帝一听大怒，马上令江充调查这件事，并派韩说、章赣、苏文协助。

江充和一个胡巫率人挨家挨户地找蛊，只要看见木人，无论是贵族大臣还是平民百姓，一律办罪。其实他从地里挖出的木偶，全是暗中预先埋下的。胡巫用烧红的铁钳或夹或烙，严刑逼供，很多人屈打成招，当时被陷害致死的官员、百姓多达数万人。因为有汉武帝的支持，那些被因巫蛊治罪的人都无处申冤。

后来，江充又把矛头指向了与他不和的太子。一次太子刘据的仆人犯了法，主管京城治安的江充就毫不客气地捉住了太子的仆人，没收了车马。太子听说后，忙派人前来谢罪说："我不是舍不得车马，只是怕皇上责怪我训导无方，请江先生高抬贵手。"江充不但不听，反而上奏了汉武帝，结果受到了汉武帝的夸奖。江充害怕太子当上皇帝后报复自己，所以处心积虑地想除掉太子。

江充率人在太子的住处和太子母亲卫子夫卫皇后的宫殿里四处挖掘，他将太子和皇后居住的宫室挖得如同菜地，以至于太子和皇后连放一张坐榻的平地都没有。太子和卫皇后尽管非常愤怒，但还是坚信清者自清，隐忍不发。

但江充宣布在太子的住处挖出了 6 个扎满针的桐木人和写有咒语的帛书，他得意扬扬地说要上奏皇上。太子非常震惊，要求去见汉武帝申辩，但被江充一口回绝。

太子惊恐万分，急忙问老师少傅石德该怎么办。石德说："现在皇上远在敦化甘泉宫避暑养病，巫蛊大案，可能是江充等人故意制造陷害殿下的。奸臣如此猖獗，殿下可以伪造皇上的文书先把江充抓起来，再进行审问。太子难道忘记了秦始皇的太子扶苏被陷害而死的教训吗？"太子于是下决心起兵杀江充。

太子派侍从伪装成皇帝的使者抓捕江充。韩说拒捕当场被杀，章赣、苏文逃走，江充被太子斩首示众，胡巫被活活烧死。

章赣、苏文逃到甘泉宫诬告太子谋反。汉武帝未经调查，草率地决定亲自来到长安西郊，征调附近郡县的军队，由丞相刘屈氂指挥，平定"叛乱"。太子此时已经骑虎难下，只好打开武库，释放长安的数万囚犯，发给他们武器，卫皇后也令皇宫侍卫进行抵抗。双方军队在京城血战五日，死伤数万人。太子抵挡不住，从长安东门逃走，卫皇后自杀。汉武帝下令通缉太子，太子走投无路，只好自杀。

一年多后，大臣车千秋上书为太子喊冤，汉武帝也觉得此事疑点太多，令车千秋调查，终于真相大白：太子根本没有造反的意图，是被逼无奈才发兵自卫，巫蛊之祸都是江充一手制造的。汉武帝追悔莫及，盛怒之下将苏文烧死，杀光了江充族人，又在长安建造了一座思子宫，并在太子自杀的地方建造了一座归来望思台，以寄托哀思。

轮台之诏

巫蛊之祸使卫皇后和太子自杀，对汉武帝打击非常大。事后一些正直的大臣又纷纷上书，揭露巫蛊之祸的真相，汉武帝心中非常懊悔。他清除了江充的余党，肃清了流毒，建思子宫和归来望思台，哀悼太子。

汉武帝是个好大喜功的皇帝，他在位时发动了对匈奴的长期战争，终于击垮了匈奴的主力，残余的匈奴逃到大漠以北，再也不能对西汉构成威胁了。另外汉武帝还向西打通了西域，使西域三十六国归附汉朝；向东征服了朝鲜，在朝鲜半岛设立了乐浪、临屯、玄菟和真番四郡；向南平定了南越国的叛乱，把南越国的故土直接划归汉朝中央政府管辖，大大扩展了汉朝的领土。据《汉书·地理志》记载：西汉疆域东西长 9302 里，南北长 13368 里，人口 5900 万人。当时的西汉成为名副其实的地大物博，人口众多的强国。汉武帝在位 54 年，战争打了 43 年。西汉用兵少则数万人，多则 30 万人，军马 10 万匹，军费动辄数十亿，军功赏赐所用的黄金一次竟达数 10 万斤。另外还征发农民修建长城和移民到边地屯田，加强对匈奴的防御。他即位之初，百姓家人人富足，官府仓库存满了多年用不着的钱粮，但经过常年连续的征战之后，百姓的生活贫困不堪，官府仓库的钱粮被耗费殆尽。

汉武帝还大兴土木，兴建了很多宫殿。他扩建甘泉宫，兴建明光宫、建章宫。新兴建的建章宫、明光宫和原有的未央宫之间建了在空中相连的阁道，汉武帝和他的后妃们不经地面就可以游走其间，可见这项工程是多么的浩大。此外，汉武帝征发大量农民修建了专为皇家游猎的上林苑，把终南山和原来皇家林苑之间的全部土地都划进去。上林苑建成后，周围有 400 余里的围墙环绕，苑中遍布山林湖泊，麋鹿成群，名贵的花木种类繁多，甚至南方的龙眼、槟榔、橄榄等也都移植到苑中。70 多座离宫别院壮丽辉煌，分布得错落有致。

汉武帝作为皇帝，享尽了人间的荣华富贵，但凡人都是要死的，这成了他的一块心病。于是他也开始效仿秦始皇，召集方士求不死药，求长生术，甚至渴望羽化成仙，享受当神仙的乐趣。汉武帝当了数十年的皇帝，耗费了大量的人力物力，修建了无数的庙宇神祠，派了许许多多的方士求仙问药，甚至派他们出海去寻找海外仙山，拜访仙人。汉武帝曾多次来到东海边巡视，希望遇到仙人。他还派人在建章宫中挖了一个大水池，命名为太液池，池中建有象征海外仙山蓬莱、瀛洲、方丈的小岛，以寄托思仙之情。元封元年（公元前 110 年），

无字碑 汉
此碑置于山东泰山玉皇殿大门西则，高 6 米，宽 1.2 米，厚 0.9 米，形制古朴，不著一字，故名。对此碑有两种说法：一说因秦始皇"焚书坑儒"，故于碑上"一字不鐫"；一说汉武帝登封泰山，为显示自己"受命于天"、"功德盖世"的超凡气概，立碑于古登封台前，史称"立石"，即今无字碑，至今仍莫衷一是。

汉武帝还去泰山封禅，大赦天下。

但长期频繁的对外战争耗费了大量的人力物力，文景之治时期留下的巨额物质财富被消耗一空，再加上统治阶级日益奢侈腐化，骄奢淫逸，更加重了人民的负担。汉武帝晚期，阶级矛盾异常尖锐，民怨沸腾，从河北到长江的广大区域相继爆发了许多农民起义，严重地威胁了汉朝的统治。汉武帝曾多次派兵镇压农民起义，但农民起义仍然此起彼伏，政治局势不断恶化。

这一切都迫使汉武帝晚年不得不改变统治政策。征和四年（公元前89年），汉武帝最后一次去泰山封禅。路过钜定县（今山东广饶县）时，汉武帝看到农民在田里辛勤地劳作，大为感慨，就亲自拿来耒耜，到田里参加劳动。汉武帝说："我即位以来，连年对外战争，耗尽了国家的财富，让百姓困苦不堪。从今天起，凡是不利于国家百姓的政策，全部废除。"大鸿胪田千秋请求斥退方士，不要再搞求神问药的事了，汉武帝也表示同意。大臣桑弘羊上书建议驻西域轮台的汉军扩大屯戍，修建亭障。但汉武帝却断然拒绝了桑弘羊的建议，并发布了历史上著名的《轮台罪己诏》。诏书说，以后要停止对外战争，转向对内发展生产，任命车千秋为丞相，封富民侯，表示"思富养民"、"与民休息"的意思，借以缓和阶级矛盾，使国家安定。

"轮台之诏"说明汉武帝是一位具有远见卓识的政治家，他能检讨自己过去的错误。经过几年的努力，社会又趋于安定，为后来西汉的"昭宣中兴"打下了基础。

司马迁写《史记》

苏武被匈奴扣押的第二年，汉武帝派贰师将军李广利带领3万人进攻匈奴，打了败仗，几乎全军覆没。李广的孙子李陵当时担任骑都尉，带着5000名步兵跟匈奴作战。后来，寡不敌众，又没救兵，李陵被匈奴俘虏，投降了。

消息传来，大臣们都谴责李陵贪生怕死。汉武帝也收押了李陵的妻儿老母，但司马迁却为李陵辩护。他说说："李陵带领5000步兵，深入敌人的腹地，打击了几万敌人。他虽然打了败仗，可是杀了很多敌人，也可以向天下人交代了。李陵不想马上死，自有他的打算。他一定还想将功赎罪来报答皇上。"

汉武帝认为司马迁这样为李陵开脱罪责，是有意贬低李广利（李广利是汉武帝宠妃的哥哥），不禁勃然大怒，说："你这样替投降敌人的人辩解，我看是存

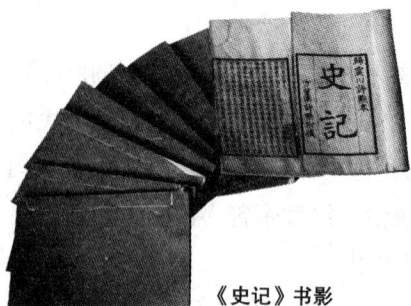

《史记》书影

心反对朝廷。"他命令侍从把司马迁送进监狱，交给廷尉审问，最后被判为宫刑（一种阉割性器官的肉刑）。

司马迁认为受宫刑是一件很丢脸的事，便想自杀。但他想到自己有一件极重要的工作没有完成，不能去死。他当时正用全部精力写一部书，这就是我国古代最伟大的历史著作之一——《史记》。

司马迁的祖上几代都担任史官，父亲司马谈也是汉朝的太史令。司马迁 10 岁那年，就跟随父亲到了长安。由于受到家庭环境的熏陶，司马迁从小就读了不少书籍。

为了搜集史料，开阔视野，司马迁从 20 岁开始，就游历祖国各地。他的经历，为他日后写作打下了坚实的基础。

他从传说中的黄帝时代开始写起，一直写到汉武帝元狩元年（公元前 122 年）为止，汇编成 130 篇、52 万字的历史巨著《史记》。

司马迁在他的《史记》中，把古代文献中过于艰深的文字改写成当时比较浅近的文字。人物刻画和情节叙述形象鲜明，语言生动。因此，《史记》既是一部伟大的历史著作，又是一部杰出的文学著作。

司马迁出狱以后，在朝中担任中书令。他的著作《史记》在我国的史学史、文学史上都占有很重要的地位。

汉朝柱石霍光

汉武帝晚年时，误信谗言逼死了太子刘据，后来十分后悔，准备立钩弋夫人生的刘弗陵为新太子。当时，弗陵才七岁，汉武帝觉得需要找一个忠实可靠的人来辅佐他。他叫画工画了一张"周公背成王朝诸侯图"，送给霍光。为防止后宫乱政，重蹈当年临朝覆辙，就狠下心让钩弋夫人自杀了。公元前 87 年，汉武帝病危，他嘱咐霍光辅政，霍光流着泪接受了。

汉武帝死后，即位的汉昭帝刘弗陵年仅八岁，朝中政事都由霍光决定。当时，上官桀与霍光同为汉武帝托孤的辅政大臣，现在看到霍光独揽大权，不留情面，就与汉昭帝的大姐盖长公主密谋排挤霍光，并勾结燕王刘旦，想方设法要陷害霍光。

公元前81年，霍光出去检阅羽林军，检阅之后，把一个校尉调到他的府里来。上官桀他们趁机冒充燕王刘旦上书，告发霍光阴谋造反。

汉昭帝接信后看了又看，然后就搁在一边。第二天，霍光等人上朝。霍光事前听说了这件事，不敢进金銮殿。汉昭帝临朝，见了霍光，就问："大将军在哪儿？"上官桀暗自得意，嘴上说道："大将军听说燕王告发他的罪行，躲在偏殿里不敢来。"

汉昭帝吩咐内侍传霍光进殿，霍光摘掉官帽，伏在地上请罪。昭帝说："大将军请起！"一边指着信笺道："这封信是假造的，我知道有人成心要害你。"霍光高兴地问："皇上怎么知道的？"汉昭帝说："大将军检阅羽林军是在临近地方，调用校尉也是最近的事，一共不到十天的时间。燕王远在燕京，离长安这么远，他怎么知道这件事？即便知道了，马上派人送信来，也来不及赶到这儿。再说，大将军如果真的要叛乱，也用不着靠一个校尉。这明明是有人谋害大将军，燕王的信是假造的。我虽然年轻，也不见得这么容易受人愚弄。"

上官桀见一计不成，就准备铤而走险。他们偷偷商量好由盖长公主出面邀请霍光赴宴，然后布置下刀斧手，准备趁酒酣耳热之际，行刺霍光。

谏议大夫杜延年得到这个消息，连忙告诉了霍光，霍光立即向昭帝报告，昭帝通知丞相田千秋火速带兵，把上官桀一伙统统抓起来处死。

早慧的昭帝在公元前74年病死，年仅21岁。昭帝没有儿子，霍光等大臣与皇后议定立汉武帝的孙子昌邑王刘贺为帝，使者到达昌邑已经是深夜，刘贺已睡下，赶紧起身接诏书。他得知是让自己去当皇帝，就高兴得手舞足蹈。刘贺进京的路上荒淫无度，即位后仍然旧习不改，荒淫无耻。霍光忧心如焚，他偷偷和大司农田延年商量挽救办法，决定废掉刘贺。

于是在刘贺即位后不久，霍光将所有大臣召集到未央宫举行会议，当众宣布了要废掉刘贺，另选贤明的意图。与会大臣听这个消息，都感到意外，因为废立之事关系重大，谁也不敢发言。田延年看到这种情况，立刻站起来发言，他假意斥责霍光，说汉

· 刺史制度 ·

西汉中期，中央统辖的郡国数量越来越多。为了加强中央对地方的管理，汉武帝在元封五年（公元前106年）把全国除了三辅（京兆、冯翊、扶风）、三河（河南、河内、河东）和弘农以外的地区分成了13个州部：冀州、青州、兖州、徐州、扬州、荆州、豫州、益州、凉州、幽州、并州、交趾、朔方。中央在每个州设立刺史一名，专职监察地方。刺史没有固定的治所，每年八月巡视所辖区域，考察吏治、奖惩官吏、决断冤狱。刺史当时在国家的官制中地位并不高，但是在地方时代表中央，可以监察2000石和王国相，也可以监督诸侯王；刺史权责虽重，但并不直接处理地方行政事务。刺史制度的确立，加强了中央对于地方的监控。

武帝把汉家天下寄托给霍光，就因为霍光忠诚于汉室，能使汉朝长治久安。现在如果继续维持刘贺的帝位，那汉家天下就会断送，你霍光将来死了，又有何面目去见汉武帝呢！大臣们见此情景，都同意由霍光主持，废除刘贺，另选贤明之主。于是，霍光联合大臣们十分慎重地写了一封奏章，列举了刘贺的种种劣迹，上奏当时主持汉室的上官太后，即日将刘贺废掉，并将他送回昌邑。

废掉刘贺后，汉武帝刘彻的曾孙刘询即位，这就是汉宣帝。汉宣帝吩咐众大臣有公事先奏明大将军霍光，然后再奏明皇上，这样霍光的地位就更高了。

昭宣中兴

汉武帝临终前任命霍光、金日磾、桑弘羊、田千秋四人为辅政大臣，受命辅佐太子刘弗陵。这四个人的安排也是作了精心选择的。霍光是西汉名将霍去病的弟弟，被授予军政大权，田千秋是新进大臣，桑弘羊是忠于汉武帝军政路线的老臣，金日磾则原是匈奴休屠部的王子，休屠部则是匈奴的大部落，很显然汉武帝是想借此安抚匈奴。

公元前87年，汉武帝病死，年仅8岁的太子刘弗陵登基，就是汉昭帝。他是汉武帝的幼子，母亲是钩弋夫人，据说她怀孕14个月才生下刘弗陵，大臣们都认为是尧帝降生，纷纷向汉武帝表示祝贺。汉武帝老年得子，更是宠爱有加。临终前，汉武帝想立刘弗陵为太子，但是防止"子幼母壮"，导致外戚专权，他下令赐死钩弋夫人。

汉昭帝聪明伶俐，每当遇到大事，他都和霍光等人商量，将国家治理得有声有色。昭帝始元六年（公元前81年），汉昭帝命大臣桑弘羊召集各郡国所推举的贤良、文学，询问百姓的疾苦。贤良、文学与桑弘羊等人意见不一，他们就汉朝的内外政策进行了辩论。这就是历史上有名的盐铁之议。

铜车马　西汉

在盐铁会议上，双方辩论的主要内容有三个方面：（1）民间疾苦的根源。贤良、文学认为民间疾苦的根源在于国家经营盐铁，提出废除盐铁。桑弘羊表示反对，认为国家垄断盐铁，扩大了财源，是抗击匈奴军费的主要来源。（2）对匈奴的政策。贤良、文学主张和亲。但桑弘羊则认为匈奴反复无常，只有通过战争才能阻止匈奴的侵扰。（3）关于治国的方针和理论思想。贤良、文学信奉儒家的仁义学说，主张德治。他们批判严刑峻法，认为这是亡国之道。桑弘羊施政以法家学说作为指导思想，主张法治，反对德治。他认为有了严刑峻法，百姓就小心谨慎，社会自然会安定。另外，这次会议还涉及农业、社会现状、伦理道德和古今关系等问题。这次辩论反映了西汉统治阶级内部儒法两派对汉武帝晚年的一系列政策的不同认识，并提出了自己的治国方略。

汉昭帝刘弗陵即位后，他的同父异母哥哥燕王刘旦很不服气，想篡位自立，辅政大臣霍光自然成了他的眼中钉。霍光认为"无功不得封侯"，坚决不同意封盖长公主的情人丁外人为侯，得罪了盖长公主。霍光的政敌上官桀，和丁外人、盖长公主、燕王刘旦勾结起来，阴谋策划先除掉霍光，再废掉刘弗陵，然后拥立刘旦为帝。

后来汉昭帝查明事情的真相，杀死了上官桀、丁外人，燕王刘旦和盖长公主也畏罪自杀。可惜汉昭帝只活到 21 岁就死了，霍光又立刘询为帝，就是汉宣帝。

刘询原名叫刘病已，是巫蛊之祸中的太子刘据的孙子。巫蛊之祸后，刚出生不久的他被投入监狱，幸亏一个狱卒可怜他，让两个女囚犯给他喂奶才活了下来。太子刘据的冤案平反后，他恢复了皇族的身份，寄居在祖母史良娣的娘家。刘询长期生活在民间，对人民的疾苦有深刻的了解。他登基后，实行了一系列利国利民的政策，有功必赏，有罪必罚，使官吏廉洁奉公，百姓安居乐业。

汉昭帝和汉宣帝在位期间，汉朝社会稳定，经济不断发展，汉朝盛世再现。后世把他们统治的时期称为"昭宣中兴"。

昭君出塞

汉宣帝在位的时候，由于有霍光等大臣辅助，国家渐渐强大起来。那时候，匈奴由于贵族内部争权夺利，国势渐渐衰落。后来，匈奴发生分裂，五个单于分立自治，互相攻打不休。其中一个单于名叫呼韩邪，被他的哥哥郅支单于打败了，丢掉不少人马。呼韩邪和大臣商量后，决心跟汉朝和好。呼韩邪还亲自带着部下来见汉宣帝。

呼韩邪是第一个来中原朝见的单于，汉宣帝像招待贵宾一样招待他，亲自到长安郊外去迎接他，为他举行了盛大的欢迎仪式。呼韩邪临行时，与汉朝使者订

王昭君像

立了此后"汉朝与匈奴合为一家，世世代代不相侵犯"的友好盟约。

公元前33年，汉宣帝死去，汉元帝即位。呼韩邪第三次到长安，提出愿意做汉家的女婿，结为亲戚，加强汉匈友好。汉朝经历了近百年的战火侵扰，也希望内外和平安宁。汉元帝答应了呼韩邪的要求。汉元帝决定从后宫的宫女中挑选出合适的人选，嫁给单于。

后宫中有个叫王昭君的宫女，长得十分美丽，又是个明大义、有远见的姑娘，为了自己的终身，自愿嫁到匈奴去。王昭君平时并未被人注意，可当她装束起来，竟是位绝色的姑娘。呼韩邪单于在五位列选的姑娘中，一下就看中了她。汉元帝吩咐办事的大臣选择吉日，让呼韩邪单于和王昭君在长安成亲。呼韩邪单于得到这样一个年轻貌美的妻子，又是高兴又是感激。

在汉朝和匈奴官员的护送下，王昭君离开了长安，千里迢迢地来到了匈奴单于的领地。到了匈奴后，呼韩邪单于封昭君为"宁胡阏氏"（王后），意思是说昭君嫁给匈奴，会带来和平安宁。呼韩邪单于娶了昭君很满意，他上书向汉元帝表示愿意为汉朝守卫边疆，让汉天子和百姓永享和平、幸福。

王昭君出塞的时候带去很多礼物，她在塞外同匈奴人民和睦相处，爱护百姓，教给当地妇女织布、缝衣和农业生产技术，受到人民的爱戴。

王昭君在匈奴生了一儿两女，这些子女长大后，也致力于汉与匈奴两族的友好。

王昭君的历史功绩是值得彰扬的。自从她出嫁匈奴后，匈奴和汉朝和睦相处，友好往来，有60多年没有发生战争。

西汉的衰败

汉宣帝死后，刘奭即位为汉元帝，西汉的衰败从这时开始显现。元帝"柔仁好儒"，在治理社会秩序时，采取放纵的策略，经常大赦，导致盗贼横行，土地集中的情况越来越严重。这也逐渐导致皇权旁落，外戚与宦官专权的现象日益严重。元帝死后，刘骜即位为成帝。

成帝好女色，先后宠爱的有许皇后、班婕妤和赵飞燕、赵合德姐妹，由于赵氏姐妹不能生育，因而对其他可以生育的妃嫔以及她们的子女都很嫉妒，赵飞燕姐妹害死成帝与其他妃嫔的子女，史称"燕啄皇孙"。成帝最终因"酒色侵骨"，竟死在"温柔乡"之中。

成帝不理朝政，这使得外戚王氏集团因此有了兴起的条件，皇太后王政君的权力也越来越大。成帝死后，定陶王之子刘欣即位，为汉哀帝。汉哀帝有"断袖之癖"，也就是今天所说的同性恋，他宠信董贤，终日与其厮混，使得国家的权力进一步集中到外戚王氏的手里。国家已呈现出非常衰败的景象，民间到处流传着"再受命"的说法。

王莽篡位

王昭君离开长安不久，汉元帝就死去了。他的儿子刘骜即位，是为汉成帝。汉成帝是个荒淫的皇帝，他当了皇帝后，朝廷的大权逐渐被外戚（太后或者皇后的亲属叫外戚）掌握了。

成帝的母亲、皇太后王政君有八个兄弟，除了一个死去的以外，其他人都封了侯。其中要数王凤的地位最显赫，他被封为大司马、大将军。

王凤掌了大权，他的几个兄弟、侄儿都十分骄横。只有一个侄儿王莽与众不同。他像平常的读书人一样，做事谨慎小心，生活也比较节俭。人们都说王家子弟中，王莽是最好的一个。

王凤死后，他的两个兄弟先后接替他的职位，后来又让王莽做了大司马。王莽很注意招揽人才，有些读书人慕名前来投奔他。

汉成帝死后，在十年之内，换了两个皇帝——哀帝和平帝。汉平帝登基时才9岁，国家大事都由大司马王莽做主。很多大臣都吹捧王莽，说他是安定汉朝的大功臣，请太皇太后封王莽为安汉公。王莽说什么也不肯接受封号和封地。后来，经大臣们一再劝说，他才勉强接受了封号。

王莽越是不肯受封，越是有人要求太皇太后封他。据说，朝廷里的大臣和地方上的官吏、平民上书请求加封王莽的人多达

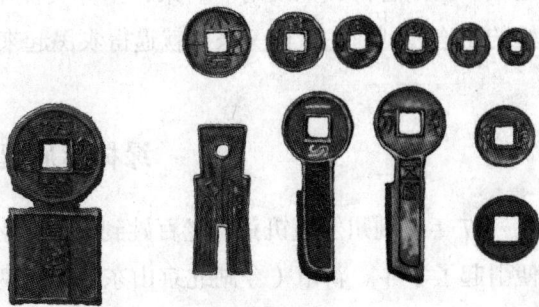

新莽货币改革时期发行的货币

219

四十八万人。有人还收集了各种各样歌颂王莽的文字，使王莽的威望越来越高。

渐渐长大的汉平帝越来越觉得王莽的行为可怕、可恨，免不了背地里说些抱怨的话。

有一天，大臣们给汉平帝过生日。王莽借机献上一杯毒酒。汉平帝没想到王莽胆敢做出这种事，接

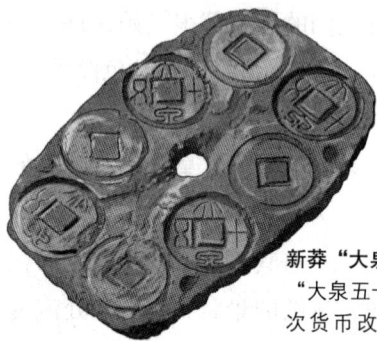

新莽"大泉五十"陶范
"大泉五十"是王莽第一次货币改革的新铸币之一，是王莽统治时期流行时间较长的一种币型。

过来喝了。

没过几天，汉平帝就得了重病，死去了。王莽假惺惺地哭了一场。汉平帝死的时候才14岁，没有儿子。王莽从刘家的宗室里找了一个两岁的小孩做皇太子，叫做孺子婴。王莽自称"假皇帝"（假是代理的意思）。

一些文武官员想做开国元勋，便劝王莽即位做皇帝。一直以谦让出名的王莽这会儿不再推让了。

8年，王莽正式称帝，改国号叫新，都城仍在长安。从汉高祖称帝开始的西汉王朝，历经了210年，到此结束了。

王莽刚做了皇帝，便打着复古改制的幌子，下令实行变法。变法的内容是：第一，把全国土地改为"王田"，不准买卖；第二，把奴婢称为"私属"，不准买卖；第三，评定物价，改革币制。

这些改革，听起来都是好事情，可是没有一件能行得通。这种复古改制，不但受到农民的反对，许多中小地主也不支持。

面对国内的混乱局面，王莽便想借对外战争来缓和一下。这当然要引起匈奴、西域、西南各部族的反对。后来，王莽又征用民力，加重捐税，纵容官吏对老百姓的压迫和剥削。这样一来，就逼得农民起来反抗了。

绿林赤眉起义

17年，荆州发生饥荒，老百姓到沼泽地区挖野荸荠充饥，野荸荠越挖越少，便引起了争斗。新市（今湖北京山东北）有两个有名望的人，一个叫王匡，一个叫王凤，出来调解，受到农民的拥护。王匡、王凤就把这批饥民组织起来举行起义。

王匡、王凤他们把绿林山（今湖北大洪山）作为根据地，接着攻占附近的乡村。

王莽派了两万官兵去围剿绿林军，被绿林军打得溃不成军。投奔绿林山的穷人越来越多，起义军很快就发展到五万多人。

这时候，另一个起义领袖樊崇带领几百个人占领了泰

玉虎队全出图　版画
这是一幅表现王莽年间，绿林、赤眉农民起义军传奇故事的版画。

山。不到一年工夫，就发展到一万多人，在青州和徐州之间来往打击官府、地主。

樊崇的起义军纪律严明，规定谁杀死老百姓就处死谁，谁伤害老百姓就要受惩罚。这样一来，得到了老百姓的拥护。

22年，王莽派太师王匡（和绿林军中的王匡是两个人）和将军廉丹率领十万大军去镇压樊崇起义军。樊崇为了避免起义兵士跟王莽的兵士混杂，叫他的部下把自己的眉毛涂成红色，作为识别的记号。这样，人们都称樊崇的起义军为"赤眉军"。

王莽的军队和赤眉军打了一仗，结果被赤眉军打得狼狈逃窜。赤眉军越打越强，队伍不断发展壮大。

绿林、赤眉两支起义大军分别在南方和东方打败王莽军的消息一传开，其他地方的农民也纷纷起义。另外，还有一批没落的贵族和地主、豪强也乘机起兵造反。

南阳郡舂陵（今湖南宁远北）乡的汉宗室刘縯、刘秀两人，怨恨王莽废除汉朝宗室的封号、不许刘姓人做官的做法，发动族人和宾客七八千人在舂陵乡起兵。他们和绿林军三路人马联合起来，接连打败了王莽的几名大将，声势越来越强大。

绿林军将士们认为人马多了，必须推选出一个负责统一指挥的首领，这样才能统一号令。一些贵族地主出身的将军，利用当时有些人的正统观念，主张找一个姓刘的人当首领，这样才能符合人心。

于是，舂陵兵推举刘縯，可是其他各路的将领都不同意。经过商议，众人立了破落的贵族刘玄做皇帝。

23年，刘玄正式做了皇帝，恢复汉朝国号，年号"更始"，所以刘玄又称更始帝。更始帝拜王匡、王凤为上公，刘縯为大司徒，刘秀为太常偏将军，又封了其他的将领。从此，绿林军又称为汉军。

昆阳大战

　　23年更始政权建立，为阻止王莽军的南下，保障主力夺取战略要地宛城，刘玄派上公王凤、大将王常、偏将刘秀统率部分兵力趁莽军严尤、陈茂军滞留颍川郡一带之际，迅速攻占昆阳（今河南叶县）、定陵、郾县，与围攻宛城的绿林军主力形成掎角之势。

　　更始军的动向引起了王莽的不安。23年三月，王莽遣大司空王邑、司徒王寻赴洛阳调集各州郡兵42万，号称百万，经颍川会合了严尤、陈茂军后直逼昆阳。此时，昆阳城中更始军只有八九千人，敌军兵力庞大又来势汹汹，不少将领提议与其寡不敌众，遭受重创，不如化整为零，退回根据地以图后举；但青年将领刘秀反对这一消极做法，主张坚守昆阳牵制、消耗王邑军兵力，掩护主力攻取宛城。还未定议，敌人已兵临城下，诸将于是同意坚守。王凤、王常率众守城，刘秀、李轶率13骑到定陵、郾城调集援兵。

　　莽军不久将昆阳围得水泄不通。大将严尤向王邑进言："昆阳虽小，但易守难攻。敌人主力在宛城，我们不如绕过昆阳赶往宛城寻歼其主力，到那时昆阳敌人受震动，城可不战而下。"但王邑拒绝说："非也非也！我军百万之师，所过当灭，今屠此城，喋血而进，前歌后舞，岂不快哉？"于是陈营百余座，挖地道，造云车，猛攻昆阳不已。王凤、王常率全城军民顽强抵挡，多次挫败敌人的进攻，敌军消耗很大。

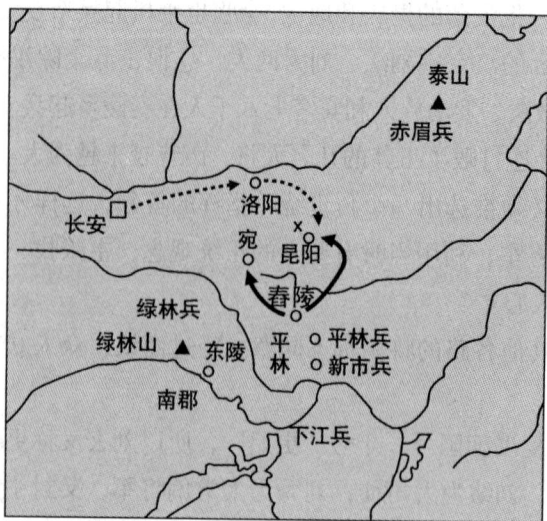

昆阳之战形势图

　　严尤见昆阳久攻不下，再次向王邑进言："围城应该网开一面，使城中一部分守军逃出至宛城，散布兵危消息，以使敌人情绪消沉，军心动摇，其士气低落下来后，城必可破！"但又为刚愎自用的王邑拒绝，他认为不久昆阳就会告破。

　　正当王邑将取胜战机丧失的时候，精明强干的刘秀已从定陵、郾县征集了1万步骑兵精锐，日夜兼程赶到了昆阳。他见昆阳仍未失守，而王莽军队形不整，显得士气低落，疲惫不堪，心下大喜。他立即投入战斗，他亲率1000轻骑为前锋，冲到王邑军阵前挑战；王邑以其人少不足畏惧，就派了3000人迎战。刘秀急忙挥军疾冲猛杀，转眼间莽军百余人被砍死，剩下的败退回去了。初战告捷，城内城外的更始军士气都为之一振，斗志立时高涨了许多。

刘秀为了更进一步振奋士气，同时动摇敌人军心，便假造宛城已为更始军攻克的战报，用箭射入昆阳城中；又故意遗失战报，让王莽军拾去传播。这一消息顿时一传十，十传百；城内军民守城意志更加昂扬，而城外王莽军情绪则更加沮丧。胜利的天平已开始向起义军这边倾斜了。刘秀见效果已经达到，便精选勇士3000人迂回到敌军侧后偷渡昆水，而后猛攻王邑大本营。

此时，王邑仍不把刘秀放在眼里，他担心州郡兵主动出击会失去控制，就令他们守营勿动；自己和王寻率万人迎战刘秀的3000义勇。然而王邑的轻敌应战怎奈得住刘秀部署严密的进攻？万余兵马很快被冲得阵势大乱，而州郡兵诸将却因王邑有令不得擅自出兵，谁也不敢去救援。于是王邑所部大溃，王寻也被杀死。莽军余部见主帅都溃退了，也纷纷逃命。刘秀乘势掩杀，城中王凤、王常见莽军崩溃，即从城内杀出，与刘秀部内外夹攻王邑。王邑军互相践踏，死伤无数，狼狈向洛阳方向逃去。昆阳围解。

刘秀隐忍建国

昆阳大战后，刘縯和刘秀的名声越来越大，更始帝借口刘縯违抗命令，把他杀了。

刘秀一听哥哥被杀，知道自己的力量还敌不过更始帝，就立刻赶到宛城（今河南南阳），向更始帝赔不是。有人问起他昆阳大战的情形，他也一点都不居功，说全是将士们的功劳。刘秀不敢给他哥哥戴孝，照常吃饭喝酒，有说有笑，一点也看不出难过的样子。

更始帝以为刘秀不记他的仇，反倒有点儿过意不去，于是拜刘秀为破虏大将军，但还是不敢放心重用他。直到杀了王莽后，更始帝才给了刘秀少数兵马，让他到河北去做招抚工作。此时，各地的豪强大族有的自称将军，有的自称为王，还有自称皇帝的，各据一方，刘秀也趁机占据了河北。

更始帝自从到了长安以后，便认为自己的江山已经坐定，逐渐开始腐败起来，整天在宫里喝酒作乐，还纵容手下的兵士抢劫。

赤眉军的首领樊崇眼看更始帝不行了，就率领 20 万人进攻长安。攻下长安后，樊崇觉得自己是汉军，所以一定要找个姓刘的来做皇帝。当时赤眉军中姓刘的一共有 70 多个，其中有个 15 岁的放牛娃刘盆子，据说跟西汉皇族的血统最近，樊崇就硬把刘盆子立为了皇帝。

赤眉军虽然声势浩大，可一直是土匪打法，没有稳固的后方，几十万将士的口粮问题几乎天天困扰着樊崇，因此他们只能边打边抢。刘秀在听到赤眉军向东转移的消息后，就带领 20 万大军分两路埋伏在那里，打扮得和赤眉军一模一样。双方混战在一起，分不出谁是赤眉兵，谁是汉兵。赤眉军正在为难的时候，打扮成赤眉军的汉兵高声叫嚷着："投降！投降！"赤眉军兵士一看有那么多人喊投降，一时没了主意。军心一乱，全缴了武器。

就这样，刘秀先是看着赤眉军击败更始帝，渔翁得利，然后几乎是兵不血刃地就消灭了赤眉军，消灭了统一的大部分障碍。

接着又消灭了割据陇右和蜀地的两个割据政权，统一了中国。史学家称刘秀建立的汉朝为东汉，追称刘邦建立的王朝为西汉。

班固与《汉书》

班固（32 ~ 92 年），字孟坚，东汉扶风安陵（今陕西咸阳市东）人。班固的父亲班彪是东汉光武帝时的望都长。班彪博学多才，专攻史籍，是著名的儒学大师。他不满当时许多《史记》的续作，便作《后传》65 篇，以续《史记》。班固从小就非常聪明，9 岁便能作诗文。长大之后，班固熟读百家书，并深入研究。渊博的学识以及很强的写作能力，为他以后的作史奠定了深厚的基础。在他 23 岁那年即建武三十年（54 年），班彪去世，班固私自修改国史，因此被捕入狱。他的弟弟班超赶到洛阳，为班固申辩。当明帝审阅地方官送来的班固书稿时，十分欣赏班固的才华，并任他为兰台令史，负责掌管图籍，校定文书。他与陈宗、尹敏、孟异等共同撰成《世祖本纪》。随后迁任为典

·《汉纪》·

《汉纪》全书为30卷，当时被称为"辞约事详"，就《汉纪》本身而言，只是对《汉书》删繁存要，但是它却采取以传释经的方法，用《汉书》的本纪为纲，采摘各传及志表之文，按其年月前后，记入本纪各年下。此书的作者是汉代的荀悦，他为用编年史体撰述断代历史创建了典范，对后世编年史的发展起了一定的影响。

校秘书，又写了功臣、平林、公孙述的列传、载记 28 篇。

后来明帝命令班固继续完成他原来所欲著述的西汉史书。班固通过一再的思索之后，经过潜精积思 20 余年，终于在建初七年（82 年）完成了《汉书》的大部分著述任务。和帝永元初年（89 年），班固以中护军随大将军窦宪出征北匈奴。永元四年（92 年），窦宪以外戚谋反而畏罪自杀，班固因此受到牵连。先被免官，后有人因曾受班固家奴侮辱便借机搜捕班固入狱。不久，班固死于狱中，时年 61 岁。班固死后，《汉书》尚未完成的八表和《天文志》分别由他的妹妹班昭和马续奉诏继续完成。书成后即产生巨大影响，所谓"当世甚重其书，学者莫不讽诵焉"。

《汉书》是我国第一部纪传体断代史，体制全袭《史记》而略有变更。《史记》包括本纪、表、书、世家、列传 5 种体裁，《汉书》有纪、表、志、传，改"书"为"志"，没有世家。凡《史记》列入世家的汉代人物，《汉书》均写入"传"。《汉书》这种体裁上的改动是符合历史时势变化的，是合理的。同时，《汉书》的体例较《史记》有了一些创新。在纪部分，《汉书》不称"本纪"，而改称为"纪"。在《史记》的基础上，《汉书》增立《惠帝纪》，以补《史记》的缺略；在《武帝纪》之后，又续写了昭、宣、元、成、哀、平等 6 篇帝纪。在表的部分，《汉书》立 38 种表，其中 6 种王侯表是根据《史记》有关各表制成的，主要记载汉代的人物事迹。只有《古今人表》和《百官公卿表》，是《汉书》新增设的两种表。《古今人表》专议汉代以前的古代人物，表现了班固评论人物的论事标准，暗示出他对汉代人物褒贬的立意，且网罗甚富，亦不无裨益。而《百官公卿表》记述了秦汉官制和西汉将相大臣的升迁罢免死亡，是研究古代官制史、政治制度史的重要资料，有重要的学术价值。在志部分，《汉书》改《史记》的"书"为"志"，而又予以丰富和发展，形成我国史学上的书志体。

《汉书》将《史记》的《律书》、《历书》并为《律历志》，《礼书》、《乐书》并为《礼乐志》，增写《史记·平准书》为《食货志》，改《史记·封禅书》为《郊祀志》、《天文志》，《河渠书》为《沟洫志》，还创设了刑法、五行、地理、艺文四志。《汉书》十志比较《史记》八书在先后次序上也有所不同，《汉书》的志包括律历、礼乐、刑法、食货、郊祀、天文、五行、

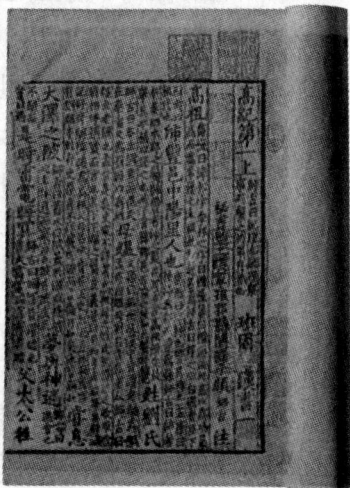

《汉书》书影

地理、沟洫、艺文等 10 种。其中，改变或者并八书名称的有律历、礼乐、食货、郊祀、天文、沟洫等 6 种，但它们的内容或者不同，或者有所增损。如《食货志》在继承了《平准书》部分材料的同时，又增加新的内容，分为上、下两卷。上卷记"食"，叙述农业经济情况；下卷载"货"，介绍工商及货币情况。《史记》列传篇题的定名，或以姓，或以名，或以官，或以爵，多不齐一，且排列顺序难为论析。《汉书》则一律以姓名题篇，排列顺序是先专传，次类传，后四夷和域外传，最后是外戚和王莽传，整齐划一。《汉书》将《史记·大宛传》扩充为《西域传》，详细记述了西域几十个地区和邻国的历史，是研究古代中国各兄弟民族和亚洲有关各国历史的珍贵资料。

《汉书》主要的特点体现在：

第一，《汉书》较真实地记述和评论了西汉一代的政绩及其盛衰变化，从一统功业的角度，对于各时期所取得的成就进行了热情的称颂。在评述西汉政治时，用"时""势"或"天时"变异来表达历史是发展的看法。

第二，广泛地评价了各种人物在西汉政治中的作用。书中记述到汉代的兴盛，是由于有众多的文臣武将和智谋极谏之士，在中央和地方的各方事务中竭其忠诚，作出贡献。

第三，以很多笔墨记录了王室及大臣聚敛财富，奢侈淫逸，皇权的争夺、外戚的专横，以及封建统治阶级的淫奢，反映了人民的痛苦生活和反抗斗争。

第四，详细记述了古代尤其是汉代的政治典制，表现了西汉文化的发展规模及其重要价值。其中《刑法志》记述了古代的兵学简史，叙述刑法典核详明，首尾备举，论其变化正本清源。《食货志》系统地记述了自西周以至王莽时期的农政和钱法，反映了 1000 多年以来社会经济发展的重要规律。《地理志》先叙古之九州说而进至秦的郡县变迁，是中国地理最为详尽的记载。

《汉书》是史书体例上的一个重大飞跃，继《汉书》之后，断代史为后来历代正史所效仿，因此《汉书》在我国史书体例的发展上具有重要意义。

光武中兴

全国平定后，光武帝于建武十三年（公元 37 年）开始安置有功之臣。他采取了两条措施：一是不让拥有重兵的功臣接近京师；二是对功臣封赏而不用。邓禹、贾复等开国元勋明白光武帝的意思后，率先解去军职，倡导儒学。刘秀对功臣只赏不用的政策是东汉政权重建过程中重要的一步，也是较为成功的一项治国安邦的措施。

刘秀深切地认识到，要使国家真正地长治久安，必须安民，与民休息，才能保持社会稳定，才能发展社会生产。

首先，是给老百姓一个安定的社会环境。刘秀生长在民间，经历过王莽的残暴统治，知道耕作的艰难及百姓的痛苦。因此建立东汉后，通过废除王莽的烦苛法令，恢复汉初的简政轻刑，给百姓创造一个宽松的社会环境。此后，他多次下诏裁减各地的监狱，不断地告诫各级官吏尤其是地方官吏要体恤百姓、宽松执法。光武帝年初，派卫飒担任桂阳太守。卫飒到任后，了解到桂阳地处边远、礼俗落后，便从教育入手，设立学校，端正风俗，不长时间便使境内风气大为改观。桂阳郡的含洭、浈阳、曲江原来是越族居住的地方，沿着河岸靠山居住的，多是一些在战乱中逃进深山的百姓，他们因为地处偏僻，也不向官府交纳田租。卫飒组织人凿山开道 500 多里，一路设置亭传、邮驿，不仅方便了那里的交通，也减轻了人民的负担，百姓逐渐搬到道路两边居住，使当地经济迅速发展起来，也开始向官府交纳田赋了。

其次，是有效减轻人民的负担。光武帝认为官吏的奢侈、官僚机构设置无度以致冗官无数，是百姓的最大负担。因此他在位期间，始终提倡节俭。公元 37 年，一国使者向光武帝献上一匹可日行千里的名马和一柄宝剑，光武帝接受后便下诏把这匹千里马送去驾鼓车，把宝剑赐给骑士。在光武帝的垂范下，节俭在东汉初年形成风气。在提倡节俭的同时，光武帝对冗官进行裁汰。公元 30 年，光武帝在河北、江淮、关中刚刚平定的情况下，下诏归并了郡、国 10 个，县、邑、道、侯国 400 多个。并官省职，直接减少了行政开支。

再次，是提高奴婢的社会地位。西汉中期以来，大量的平民沦为奴婢，成为严重的社会问题。为此，光武帝曾连续 6 次下诏释放奴婢。同时，他还在一年之内连续下诏 3 次，禁止杀、伤和虐待奴婢，使奴婢的地位有所提高。

最后，就是要设法解决土地问题，使百姓和土地结合在一起，便于发展社会生产。西汉中期以来，大规模的土地兼并使土地急剧集中。但那些占有土地的豪强们却不如实地向国家申报土地、交纳田赋。为准确地掌握全国的垦田数目和户口名籍，打击豪强，保证赋税收入和徭役征发，光武帝于公元 39 年下令在全国"度田"即丈量土地，同时也核定人口。但在度田过程中，官吏们和豪强相互勾结，或抵制清查，或隐瞒不量，而对百姓土地却是多量，连墙头地角、房前屋后也不放过。光武帝了解到这种情况后，曾经先后诛杀了大司徒、河南尹及郡守 10 多人，引起了一场大规模的地方骚乱。地方上的豪族大姓纷纷起来叛乱，光武帝用镇压和分化相结合的手段，好不容易才平息了叛乱。

光武帝刘秀通过集权加强了中央的统治，通过休养生息使人民安心从事生产，经济得到发展，社会比较稳定，这一历史时期被称为"光武中兴"。

强项令董宣

汉光武帝建立了东汉王朝之后，深知老百姓深受战乱之苦，便也学着西汉的做法，采取休养生息的政策。

汉光武帝一面扶持发展农业，一面注重施行法令。不过法令也只能管老百姓，要拿它去约束皇亲国戚，那就难了。

洛阳令董宣是一个执法严格的人。就是皇亲国戚犯了法，他都同样办罪。

汉光武帝的大姐湖阳公主有一个家奴行凶杀了人，躲在公主府里不出来。董宣不能进公主府去搜查，就天天派人在公主府门口守着，等那个凶手出来，以便捉拿。

有一天，湖阳公主坐着车马外出，那个杀人凶手也跟在身边侍候。董宣得到了消息，就亲自带衙役赶来，拦住湖阳公主的车。他不管公主阻挠，吩咐衙役把凶手逮起来。然后，就当场把他处决了。

湖阳公主怒气冲冲地赶到宫里，向汉光武帝哭诉董宣怎样欺负她。汉光武帝听了，十分恼怒，立刻召董宣进宫，吩咐内侍当着湖阳公主的面，责打董宣，替公主消气。

董宣说："先别动手，让我把话说完了，我情愿死。"

汉光武帝瞪着眼说："你还有什么话好说？"

董宣说："陛下是一个中兴的皇帝，应该注重法令。现在陛下允许公主放纵奴仆杀人，怎么能治理好天下？用不着打，我自杀就是了。"说罢，他仰起头就向柱子撞去。

辐车　东汉

汉光武帝连忙喊内侍拉住董宣，可是董宣已经撞得头破血流了。

汉光武帝认为董宣说得有理，不该责打他，但是为了照顾湖阳公主的面子，便要董宣去给公主磕个头赔个礼。

董宣宁愿不要命了，怎么也不肯磕这个头。内侍把他的脑袋往地下摁，可是董宣用两只手使劲撑着地，挺着脖子，不让内侍把他的头摁下去。

内侍知道汉光武帝并不想责罚董宣，可又得给汉光武帝个台阶下，就大声地说："回陛下的话，董宣的脖子太硬，摁不下去。"

汉光武帝也只好笑了笑，下令说："让这个硬脖子的人下去！"

后来，汉光武帝不但没办董宣的罪，还赏给他三十万钱，奖励他执法严明。董宣领了赏钱，全分给了手下的差役。

从此以后，董宣不断打击那些违法犯科的豪门贵族。洛阳的土豪听到他的名字，都吓得发抖。于是人们给他取了个名号——"卧虎"（意思是"躺着的老虎"）。

马援经略边疆

从王莽时开始，塞外羌族不断骚扰边境，不少羌族更趁中原混乱之际入居塞内，金城（治所在今甘肃兰州西北）一带属县多为羌人所占据。汉将来歙就此事上书，说陇西屡有侵扰祸害，除马援外，无人能平。35年夏天，光武帝刘秀任命马援为陇西郡郡守，征讨扰边羌人。

马援一上任便整顿兵马，派步骑3000人出征。先在临洮击败先零羌，斩首数百人，获马、牛、羊100多头，守塞羌人8000多望风而降。当时，羌族各个部落还有几万人在浩占据要隘进行抵抗，马援和扬武将军马成率军进击。羌人将其家小和粮草辎重聚集起来，在允吾各阻挡汉军。马援率部暗中抄小路袭击羌人营地。羌人见汉军突然出现，大惊，逃入唐翼谷中，马援挥师追击，羌人布精兵于北山坚守。马援对山摆开阵势佯攻以吸引敌人，暗中却遣数百骑兵绕到羌人背后，乘夜放火，并击鼓呐喊。羌人不知有多少汉军袭来，纷纷溃逃。马援大获全胜，斩首千余级。

因为汉军兵少，马援不敢穷追敌人，缴获了羌人大量粮食、牲畜及财物后，马援收军回营。此战，马援身先士卒，腿部被飞箭射穿，光武帝派人前去慰问，并赐给他牛羊数千头。马援像往常一样，把这些赏赐都分给了部下，将士们都十分感激他。

当时，金城破羌以西地区，离汉廷道途遥远，又常有动乱，不好治理。朝中多数大臣主张舍弃这一地区，独马援持异议，他有三条理由：一是破羌以西城堡都还完整牢固，适合防守；二是那里土地肥沃，灌溉便利；三是若放弃不管而让羌人占据湟中，将后患无穷。光武帝认为马援言之有理，便令武威太守把从金城

马援像

迁来的客民全部放还，3000 多客民返回了原籍。马援又建议朝廷为他们安排官吏，修建城郭，营造工事，开导水利，并鼓励发展农牧业生产，郡中百姓从此安居乐业。马援又派羌族豪强杨封说服塞外羌人，让他们结好塞内羌人，共同开发边疆。对武都地方背叛公孙述前来归附的氐人，马援以礼相待，奏明朝廷，恢复他们的侯王君长之位，赐给他们印绶。

37 年，武都参狼羌与塞外各部联合，杀死官吏，发动叛乱，马援率 4000 人前去征剿。大军行至氐道县境，发现羌人占据了山头，马援率军驻扎在适宜的地方，断绝了羌人的水源，控制了草地，以逸待劳，坚守不出。羌军水源乏绝，陷入困境，逃的逃，降的降，陇右遂平。

马援在陇西做了 6 年太守，恩威并施，使得陇西战事渐稀，百姓能安心从事农业生产。

41 年，卷地人维汜的弟子中一个名叫李广的聚会徒党，攻陷皖城，自称"南岳大师"。朝廷派张宗率军征讨，被李广击败，朝廷即以马援率诸郡兵马数万人出征。马援打败叛军，诛杀了李广。不久，岭南交趾女子征侧姐妹因与太守孙定不和，起兵反汉并占据交趾、九真等岭外 60 余城；朝廷任马援为伏波将军南征交趾。公元 42 年，马援在浪泊大破敌军，降服万余人，又乘胜追击，在禁溪击败征侧，公元 43 年正月诛杀征侧，传首洛阳。马援因功封新息侯，食邑三千户。不久后，马援还平定了岭南。

从交趾得胜回京，老朋友们都出城迎接慰问马援。马援对平陵人孟冀说："方今匈奴、乌桓尚扰北边，我想请求攻打它们；男儿当死边野，以马革裹尸还葬耳。"48 年，南方武溪蛮暴动，马援请命南征，光武帝因之年事已高，不让他去。在马援的说服下，刘秀答应了他。次年，马援在壶头山病死军中。

明章之治

光武帝去世后，其子刘庄继位为汉明帝，明帝死后，其子刘炟继位为汉章帝。东汉在明帝和章帝统治时期，实行息兵养民的宽松政策，使得社会稳定，经济发展，是汉王朝比较繁荣的一段时期，史称"明章治世"。

明章之治主要的政策及取得的成就有以下几点：

第一，减轻赋税和刑罚。明帝和章帝都鼓励农业生产，他们降低赋税，减轻徭役，兴修水利，又安置无地的贫民，使他们定居下来从事生产。到了明帝末年，"天下安平，人无徭役，岁比登稔，百姓殷富，粟斛三十，牛马被野"。章帝时期，又废除苛刻的法律 50 多条。

第二，推崇儒家学说。明帝曾亲赴太学演讲，当时的王公大臣都受到他的影响，学习儒家思想。章帝曾亲自祭祀孔子，又在白虎观召集儒家名流进行学术讨论，当时形成了较好的学术风气。

第三，讨伐匈奴，征服西域。明帝时，派窦固等打败了北匈奴，一直将北匈奴赶到天山和蒲类海（今新疆巴里坤湖）一带，同时派班超出使西域，使西域各国与匈奴断绝关系，重新归附于汉朝，为后来和帝年间，窦宪等再次出击北匈奴并大破之打下了基础。北匈奴共有 20 多万人投降，"遂登燕山，去塞 3000 余里，刻石勒功，纪汉威德，令班固作铭"，使得北匈奴最终向西远逃。

东汉募兵制

东汉时光武帝刘秀改革兵制，中央禁军多采取招募，地方郡县不设常备军，废除都试制度。遇到战事，临时招募士卒组成军队，将原来的西汉时期的征兵制改为募兵制。募兵制是当有战事时，以雇佣的形式招募士卒的一种兵役制度，最早形成于战国时代，比如魏国的"武卒"。西汉时也曾招募一些身强力壮、武艺高强的勇士组成精锐部队，但是不带有普遍性。

东汉募兵的来源主要有农民、商人和少数民族。主要方法有使用钱财、免除赋役和强抓壮丁等。由于募兵是临时招募的士兵，缺乏军事训练，战斗力很差，导致"是以每战常负，王旅不振"。募兵制的盛行，加重了国家财政负担，使一批农民长期脱离土地，影响了农业生产。应募者对将领有严重的人身依附关系，逐渐演变为私人部队，造成地方势力膨胀，为军阀割据的形成创造了条件。

沙盘的使用

东汉建武八年（32 年），光武帝刘秀亲征割据陇右的隗嚣。汉军行至漆县（今陕西彬州市），不少将领认为前方情况不明，地势险要，胜负难料，不宜进军。刘秀也犹豫不决，是战是退，难下决心。这时，大将马援进见，指出"隗嚣将帅有土崩之势，兵进有必破形状"。他命人取些米来，在光武帝面前堆成山谷沟壑的形状，然后指点山川形势，标示各军进退往来的道路，"分析曲折，昭然可晓"，对战局分析得也很透彻。刘秀大喜，说"如在吾目中矣"（《后汉书·马援传》），遂决意进军。汉军势如破竹，很快消灭了隗嚣。其中马援"堆米为山"起到了重要作用，这是中国历史上第一次使用军事沙盘，是战争史上的一个创举。

在战争中使用沙盘，能够使战场上双方的形势一目了然，为指挥者提供了形象直观的信息。

汉明帝刘庄

刘庄(27～75年)，东汉第二位皇帝，字严，庙号显宗。汉光武帝刘秀的第四子，母为阴皇后。建武十九年（43年）被立为皇太子，中元二年（57年）即帝位。

汉明帝即位后，一切尊奉光武制度，使政局得以继续。汉明帝提倡儒学，命皇太子、诸王侯及大臣子弟、功臣子孙等习经，又为外戚樊氏、郭氏、阴氏、马氏诸子立学于南宫，号"四姓小学"，设置"五经师"授课。他本人也很注重刑名文法，为政苛察，总揽权柄。他严令后妃之家不得封侯与政，对贵戚功臣也多方防范。

明帝在位期间，基本上消除了因王莽虐政而引起的周边少数民族侵扰的威胁，使汉族和少数民族的友好关系得到恢复和发展。永平八年（65年），明帝又设置度辽营，命中郎将吴棠任度辽将军，以监护南匈奴。十六年（73年），窦固、耿忠等分兵四路征伐北匈奴。汉军出酒泉，进抵天山，击呼衍王，斩首千余级，追至蒲类海（今新疆巴里坤湖），取伊吾卢地。明帝设置宜禾都尉，并屯田伊吾卢城。其后，窦固又以班超为假司马出使西域，西域诸国皆归附。自王莽始建国元年(8年)至此，西域与中原断绝关系65年后又恢复了正常交往。至十六年，自汶山以西白狼、槃木等100余国也皆称臣奉贡。随着对外交往的正常发展，佛教已在西汉末年传入中国。

明帝听说西域有神，其名曰佛，于是派使者赴天竺求得其书，并于洛阳建立中国第一座佛教庙宇白马寺。明帝之世，吏治比较清明，境内安定，加上多次下诏招抚流民，以郡国公田赐贫人、贷种食，永平九年至十二年（66～68年），出现了牛羊遍野的繁荣局面。

永平十三年（69年），王景修治汴渠完工，消除了自西汉平帝以来河汴决坏、汴渠东侵之害。史书记载当时民安其业，户口滋补。光武帝末年，全国载于户籍的人口为 2100 多万，至明帝末年，不到 20 年间激增至 3400 多万。

永平十八年（75 年），明帝病死。

思想家王充

王充是东汉时期杰出的唯物主义思想家。祖父、父亲在钱塘"以贾贩为事"。王充自幼聪明好学，青年时期曾到京师洛阳入太学，拜班彪为师。"家贫无书，常游洛阳市肆，阅所卖书，一见辄能诵忆，遂博通众流百家之言"。

王充一生在政治上很不得志，相传曾做过几任州、县的官吏，但都没什么实权，多系幕僚性质。他嫉恨俗恶的社会风气，常常因为和权贵发生矛盾而自动辞职。因此，每次仕进都为期极短。他把毕生的精力投入著书立说，居贫贱而不倦。他一生撰写了《论衡》、《政务》和《养性》等著作，其中《论衡》一书流传至今。

王充的著述活动也不是一帆风顺的，经常遭到社会舆论的非难，以致他的学说一旦问世，便被视为异端邪说，甚至遭到禁锢。王充冲破种种阻力，坚持著述。他在《论衡》一书中系统地清算和批判了神秘主义的思想体系，确立了唯物主义思想，难能可贵。

汉代的唯心主义神学，鼓吹天是至高无上的神，像人一样具有感情和意志，大肆宣传君权神授和"天人相与"的"天人感应说"。宣扬"天子受命于天"，"承天意以从事"；天神能赏善惩恶；君主的喜怒、操行好坏和政治得失都会感动天神做出相应的报答，而自然界的变异和灾害就是天神对君主的警告和惩罚。王充针锋相对地指出：天是自然，而不是神。他说，天和地一样，是客观存在的平正无边的物质实体，它有自己的运行规律。日月星辰也都是

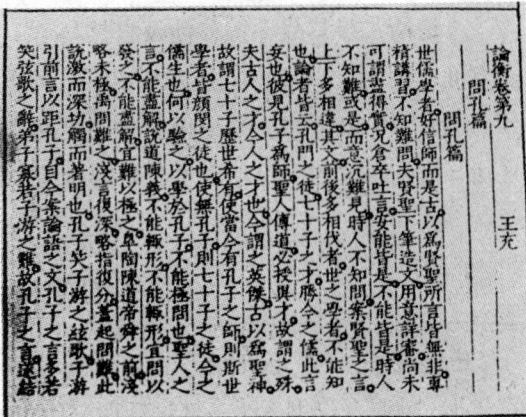

王充《论衡》书影

《论衡》的主要观念：1. 以自然元气说，否定神学、天命。2. 以自然元道观为基础，批判谶纬之学、天人感应等。3. 以命定说讨论人性和社会哲学。《论衡》的主要内容：1. 揭穿荒诞的迷信，排斥鬼神和禁忌。2. 反对盲目的崇拜，批评夸张的记载。3. 开厚古薄今之风，宣汉朝之德。

自然物质，"系于天，随天四时转行"。天和人不一样，没有口眼，没有欲望，没有意识。

在王充生活的时代，各种鬼神迷信泛滥。王充在《论衡》中对各种迷信活动极其禁忌，尤其是对"人死为鬼"的谬论进行了深刻的批判。他很风趣地说，从古到今，死者亿万，大大超过了现在活着的人，如果人死为鬼，那么，道路之上岂不一步一鬼吗？王充认为人是由阴阳之气构成的，"阴气主为骨肉，阳气主为精神"，"精神本以血气为主，血气常附形体"，二者不可分离。他指出："天下无独燃之火，世间安得有无体独知之精！"也就是说，精神不能

王充像

离开人的形体而存在，世间根本不存在死人的灵魂。

王充在《论衡》一书中还否定了圣人"神而先知"，"圣贤所言皆无非"。为了适应封建专制主义中央集权的统治需要，汉代的唯心主义神学极力推崇古代的圣人，说圣人是天神生的，"能知天地鬼神"、"人事成败"和"古往今来"。王充虽然也承认孔子是圣人，并且也不反对孔子所提倡的封建伦理道德，但他批判了圣人"前知千岁，后知万岁"，有独见之明，不学自知的唯心主义先验论。他认为圣人只不过是比一般人聪明一些，而聪明又是来自学习。

《论衡》极具战斗性，涉及自然科学、哲学、伦理学、宗教和社会生活等诸多方面，阐明了以唯物主义为基本特征的世界观。全书共85篇（现存84篇），分30卷，约30万字。《论衡》是王充从33岁开始，前后用了30多年的时间，直到临终才写成的，是他毕生心血的凝结，是中国传统文化中的宝贵财富。

投笔从戎

班彪死了以后，汉明帝任命班固为兰台令史，继续完成他父亲整理历史书籍的事业，就是《汉书》（一部记载西汉历史的书）。班超跟着他哥哥做抄写工作。哥俩都很有学问，可是性情和志趣不一样，班固喜欢研究百家学说，致力于他的《汉书》，而班超却不愿意皓首穷经地在案头写东西。

后来，班超听到匈奴不断地掳掠边疆的居民和牲口，就扔下了笔，气愤地说："大丈夫应当像张骞那样到塞外去立功，怎么能在书房里待一辈子呢？"就这样，

他下决心放弃文案工作，去立战功。

窦固为了抵抗匈奴，采用了汉武帝的办法，派人到西域去，与各国建立友好关系，共同对付匈奴。他赏识班超的勇气才干，派班超出使西域。

班超带着 36 个随从，先到了鄯善（在今新疆境内）。鄯善原来是归顺匈奴的，因为匈奴逼他们纳税进贡，勒索财物，鄯善王十分厌恶。

铜马和牵马俑　东汉

这次看到汉朝派了使者来，他很高兴，非常殷勤地招待班超一行。

几天后，班超发现鄯善王对待他们忽然变得冷淡了。班超料想到其中必有变故，他从鄯善的侍者口中得知匈奴也派使者来了，鄯善王何去何从犹豫不定。班超立即与同行的 36 个随从密商，必须先发制人，夜袭匈奴使者。于是，班超布置随从们乘夜纵火烧了匈奴营帐，将匈奴使者全部杀死。第二天，班超把鄯善王请来，鄯善王看到匈奴使者的人头，非常惊叹汉家将军的英勇行为，马上打消疑虑，摆脱匈奴的统治，与汉家复通友好。

班超回到洛阳，汉明帝提拔班超做军马司，又派他去于阗联络。于阗王接见班超的时候，并不怎么热情。班超劝他脱离匈奴，跟汉朝交好。于阗王犹豫不决，找来巫师向神请示。班超见巫师装神弄鬼，借神的名义不愿与汉朝结交，便拔刀杀了巫师。最后，于阗王同意和汉朝和好，并主动把匈奴派去奴役他们的"监护使者"杀了。

班超在西域联合弱小民族，团结抗暴，先后打败莎车(今新疆沙车一带)、龟兹、焉耆（今新疆焉耆一带）等国，匈奴北单于在西域北道上的势力也被驱逐出去，西域五十多国又同东汉王朝建立起友好的关系。

不久，汉明帝去世，他的儿子刘炟即位，即为汉章帝。

张衡制造地动仪

汉章帝在位期间，东汉的政治比较平稳。汉章帝死后，年仅十岁的汉和帝继承了皇位。窦太后临朝执政，她的哥哥窦宪掌握了朝政大权，东汉王朝便开始走下坡路了。

地动仪模型

这段时期里，出了一位著名的科学家——张衡。张衡是南阳人。十七岁那年，他离开家乡，先后到了长安和洛阳，在太学里用功读书。朝廷听说张衡很有学问，便召他进京做官，先是在宫里做郎中，继而又担任了太史令，叫他负责观察天文。这个工作正好符合他的研究兴趣。

经过观察研究，他断定地球是圆的，月亮的光源是借太阳的照射而反射出来的。他还认为天好像鸡蛋壳，包在地的外面；地好像鸡蛋黄，在天的中心。这种学说虽然不完全准确，但在 1800 多年以前，能得出这种科学结论，不能不使后来的天文学家感到钦佩。

张衡还用铜制作了一种测量天文的仪器，叫做"浑天仪"。上面刻着日月星辰等天文现象。

那个时期，地震发生频繁。有时候一年发生一两次大地震。发生一次大地震，就波及好几十个郡，城墙、房屋倾斜倒坍，造成人畜伤亡。

张衡记录了地震的现象，经过细心的考察和试验，发明了一个预测地震的仪器，叫做"地动仪"。

地动仪是用青铜制造的，形状类似酒坛，四周刻铸了八条龙，龙头朝着八个方向。每条龙的嘴里含了一颗小铜球；龙头下面，蹲着一个铜制的蛤蟆，蛤蟆的嘴大张着，对准龙嘴。哪个方向发生了地震，朝着那个方向的龙嘴就会自动张开来，把铜球吐进蛤蟆的嘴里，发出响亮的声音，发出地震的警报。

138 年二月的一天，地动仪对准西方的龙嘴突然张开，吐出了铜球。按照张衡的设计原理，这就是报告西部发生了地震。

过了几天，有人骑着快马来向朝廷报告，离洛阳一千多里的金城、陇西一带发生了大地震，还出现了山体崩塌。

张衡 61 岁那年得病死去。他为我国的科学事业做出了巨大的贡献。

蔡伦造纸

造纸术和火药、指南针、印刷术一起，是我国古代科技史上的四大发明，是中国人对世界文明的巨大贡献。它与蔡伦有着密不可分的联系。蔡伦，字敬仲，出生于农家，从小家境贫寒，为了生计，于东汉明帝永平末年入宫做了宦官。进宫之后，蔡伦从小黄门做起，小心谨慎，不敢有半点马虎。到了汉和帝年间，蔡伦升任中常侍，参与国家机密大事。后来又加官尚方令，掌管宫廷手工作坊，监督御用品的制造。89 年，蔡伦开始负责监管刀剑武器和其它器械的制造工作。蔡伦监督制造的器械，全都精工坚密，世人争相仿效。当然，他最杰出的贡献是改进了造纸术。

　　进宫之前，蔡伦就对造纸感兴趣，曾经用破旧的废物糅合在一起，作过许多加工试验，虽然不是很成功，却对造纸用的材料有了很深的了解，为他后来成功改进造纸术奠定了基础。

　　他认真总结西汉以来用麻质纤维造纸的经验，经过长期的实验，对造纸的原料和造纸工艺都进行了改革，引发了书写材料的革命。他把树皮、麻头、破布和旧渔网等作为造纸的原料，不但扩大了原料的来源，还降低了造纸的成本；在传统流程的基础上，增加了用石灰进行碱液蒸煮的工序，使植物纤维分解速度加快、分解分布得更加均匀细致；经过切断、捣碎、沤煮、化浆、定型、风干等一整套工艺流程，纸张的质量大大提高，书写起来极为方便。

　　105 年，蔡伦将他监造的优质纸张进献给汉和帝，因造纸有功，被封为龙亭侯。之后，植物纤维造纸开始代替竹简、缣帛，成为广泛使用的书写材料，蔡伦也被后世奉为造纸祖师。

　　经过蔡伦改革之后，造纸业开始成为一个独立的手工行业，在全国各地发展

1.浸湿原料

2.架火

3.蒸煮

4.洗涤

5.抄纸

造纸流程示意图

·蔡伦造纸的方法·

1.把树皮、麻头、破布等原料用水浸，切碎。

2.用草木灰水蒸煮，再经清水洗涤，去掉杂质。

3.用石臼将原料舂碎，配成浆液，放在槽里。

4.用抄纸器将纸浆捞起，漏去水分，晾干压平。

上述造纸方法已具备了原料处理、制浆、澄浆、抄纸、烘干等主要工序，为我国造纸业的发展奠定了基础。

起来。纸的推广使用，为保存文献、记载历史、交流思想、积累传播文化、促进科学技术的发展做出了巨大的贡献。后来，蔡伦的造纸术陆续传到朝鲜、越南、日本、阿拉伯以及非洲和欧洲，到19世纪，又传到大洋洲，被世界普遍接受。

蔡伦不仅被我国的造纸工人奉为造纸鼻祖"纸神"，还被日本等国的造纸工人尊为祖师，历代奉祀。我国大部分的产纸地区，都有为祭祀蔡伦而建造的庙宇。每年的阴历三月十六日是蔡伦的祭祀纪念日。元朝政府曾经在他的故乡耒阳重修蔡伦庙，蔡伦的墓地陕西洋县也有他的祠庙。

蔡伦发明的纸和造纸术，具有划时代的伟大意义，为人类文明与进步做出了巨大的贡献。它充分显示了中华民族古老悠久的历史和灿烂辉煌的古代科技成就，是中华民族的骄傲。

《神农本草经》

《神农本草经》是现存最早的药物学专著，为中国早期临床用药经验的第一次系统总结，被誉为中药学经典著作。在中国古代，大部分药物是植物药，所以"本草"成了它们的代名词，这部书也以"本草经"命名。《神农本草经》成书于东汉，并非出自一时一人之手，而是秦汉时期众多医学家总结、搜集、整理当时药物学经验成果的专著。

全书共收载药物365种，其中植物药252种，动物药67种，矿物药46种。书中叙述了各种药物的名称、别名、性味、毒性、功效、别名、生长环境、采集时节以及部分药物的质量标准、炮炙、真伪鉴别等，所载主治症包括了内、外、妇、儿、五官等各科疾病170多种，并根据养命、养性、治病三类功效将药物分为上、中、下三品。

书中有200多种药物至今仍常用，其中有158种被收入1977年版的《中华人民共和国药典》。

匈奴的南北分裂

东汉初年，匈奴内部接连发生旱灾、蝗灾，而且内讧不断。48 年，八位亲汉的匈奴部落首领拥立日逐王比为单于，这八部首领的祖先曾追随呼韩邪单于降汉，他们拥立日逐王比时，又恢复了呼韩邪单于的称号，日逐王比于是成为第二位呼韩邪单于。呼韩邪单于率众降附汉朝，屯居于五原西部塞，后又徙于云中、美稷、朔方、定襄、雁门一带。这部分匈奴被称为南匈奴，留在原处的被称为北匈奴。北匈奴在力量有所强大之后，不时南下侵扰。

73 年，刘秀之子汉明帝刘庄，采纳耿秉的建议，分兵四路出击北匈奴。最西一路，是奉车都尉窦固、骑都尉耿忠率领的酒泉、敦煌、张掖三郡的兵马和庐水羌胡的一万两千骑，击败了匈奴呼衍王，一直追到蒲类海（今新疆巴里坤湖），在当地置宜禾都尉，屯田伊吾（今新疆哈密）。

74 年，汉明帝再命窦固、驸马都尉耿秉击平车师前、后王，重置西域都护，断了北匈奴的右臂。北匈奴陷入困境，南下降汉者越来越多。

到了 89 年时，窦固、耿秉的汉军得到南匈奴的帮助，再次大败北匈奴，追逐了 5000 里，在燕然山（今蒙古杭爱山）勒石记功而返。两年后，汉军又连续大破北匈奴，单于逃遁。此后鲜卑在匈奴故地兴起，北匈奴部分降于鲜卑，部分西迁。匈奴对汉朝的威胁，自此消失。

东汉经营西域

鄯善、于阗是西域的大国，他们结交了汉朝后，别的西域国，像龟兹（今新疆库车一带）、疏勒（今新疆喀什噶尔一带）等也都跟着与汉朝修好。汉朝于是重设西域都护一职，由班超长期担任。西域经过了王莽时期的混乱，此时重返中国版图，班超功不可没。

102 年，班超卸任返回洛阳，职位由任尚接替。任尚向班超请教说："我初次担当这么大的责任，深感难以负荷。您在塞外 30 年，请赐指教。"班超说："塞外的汉朝官员，差不多在国内都犯过错误，才出塞立功求赎，并不都是小心谨慎的人。至于西域各国，更各有各的企图，很容易激起他们的反抗。你的性情严正，俗话说：'水至清则无鱼，人至察则无徒。'我建议你凡事求其简单，对小过错

· 西域都护府 ·

汉宣帝神爵二年（公元前60年），在西域设置都护府，行使对西域的全面管理。这一年九月，匈奴日逐王率其众投朝，骑都尉郑吉率西域诸国5万人迎之。封日逐王为归德侯。郑吉在西域，破车师归日逐，威震西域，遂并护车师以西北道，号称都护。郑吉在乌垒城（今新疆轮台）设置都护府，督察乌孙、康居等36国，使汉朝的号令更好地在西域得到执行。

多加宽恕。"班超走后，任尚却没把这番语重心长的话放在心上，反而讥讽道："我以为班超有什么了不起，原来只是个平凡人物。"

只四年时间，任尚就激起西域各国的不满。任尚的总督府继班超之后，设在疏勒王国（今新疆喀什）。106年，各国联合向疏勒进攻，任尚不能阻挡。东汉政府把他召回，另行派遣段禧继任。但混乱的局势已不可收拾，段禧转战到龟兹王国（今新疆库车），不能再进。龟兹王是支持段禧的，但龟兹人民叛离了他们的国王，与温宿王国（今新疆乌什）、姑墨王国（今新疆阿克苏）组织联军，攻击段禧和龟兹王。段禧虽然把他们击败，不过整个西域却只剩下龟兹一座孤城与汉朝修好。勉强支持了一年后，东汉政府只得再撤销西域总督，撤回所有残留的屯垦区。

119年，敦煌太守曹宗试探着派遣部将索班再进入伊吾卢（今新疆哈密）屯垦，鄯善王国（今新疆若羌）和车师前王国（今新疆吐鲁番）重又归附汉朝。不久，尚未向西移尽的北匈奴残余部落（今新疆阿尔泰山南麓）跟车师后王国（今新疆吉木萨尔）联合，攻陷伊吾卢，杀死索班。鄯善王国向汉朝求救，班超的儿子班勇担任西域长史，进驻敦煌，他率领6000人反击，生擒车师后王国国王，带到索班死难处斩首，并把其人头送到洛阳悬挂示众。北匈奴向北逃走，从此再没有出现。

继班勇之后，再没有了一个像样的西域长史。最后一任王敬，在152年击斩于阗（今新疆和田）国王。于阗人民反攻，把王敬杀掉。这时，汉朝正陷于内争，不能再派出使节，西域遂再一次脱离，但其与中原在经济文化上的交往并没有中止。

窦氏灭族

东汉中晚期的政治特点是外戚和宦官交替专权。第一个专权的外戚集团是窦氏集团。

汉章帝立东汉开国功臣窦融的曾孙女为皇后。窦皇后的哥哥窦宪被封为中郎将，弟弟窦笃被封为黄门侍郎。窦氏兄弟被封为高官之后，在京城飞扬跋扈，无人敢惹，连王公大臣都要让他们三分。一次，窦宪看上了沁水公主的庄园，就强行要以低价购买。沁水公主不敢和他争夺，只好同意。

乐舞杂技画像砖　东汉

一天，汉章帝经过这里，问窦宪这是谁的庄园。窦宪说不知道，并暗示大臣不许回答。后来，沁水公主向汉章帝哭诉。汉章帝大怒，大骂窦宪："你竟然敢夺取公主庄园，并不许别人告诉我，这和秦朝赵高蒙骗秦二世指鹿为马是如出一辙！想一想这是多么恐怖的事！以前汉明帝时，阴党、阴博和邓叠为纠察，百官豪强没有一个人敢犯法的！现在你连公主的庄园都敢夺，更不要说百姓的财产了！国家抛弃你窦宪，就像丢掉一只小鸟和腐臭的死老鼠一样！"窦宪非常害怕，磕头求饶。窦皇后也毁衣（降低服饰等级以示自责）谢罪，向汉章帝苦苦哀求，一再为窦宪求情，汉章帝的怒火才渐渐平息。汉章帝命令窦宪将庄园还给沁水公主。虽然没有治窦宪的罪，但汉章帝再也没有授予窦宪重要的官职。

后来汉章帝在31岁时去世，他10岁的儿子汉和帝即位，窦皇后晋升为窦太后，临朝称制。窦宪被提升为侍中，掌管朝廷机密，负责发布诰命；窦笃任虎贲中郎将，统领禁卫军；另外两个弟弟窦景、窦环任中常将，负责传达诏令和统理文书。窦家一门四侯，总揽朝政大权，权势熏天。窦姓亲属及其党徒纷纷担任中央和地方各级官员，造成了大批儒生不能当官的局面。官员们争着巴结窦氏兄弟，东汉的朝政更加混乱不堪。窦氏家族横行乡里，鱼肉百姓，没有人敢揭发他们的恶行。窦家的家奴狗仗人势，欺凌百姓，拦路抢劫，侮辱妇女，甚至公然在首都洛阳杀人越货，无人敢管。

窦宪为人脾气暴躁，心胸狭窄，睚眦必报，如今大权在握，开始对得罪过他的人疯狂报复。当年窦宪的父亲窦勋犯法，经大臣韩纡审判，被定为死罪，并被处斩，窦宪一直怀恨在心。现在虽然韩纡早已去世，他仍然不肯放过韩家，派人将韩纡的儿子杀死，并割他下头到窦勋的墓前祭奠。

都乡侯刘畅是东汉光武帝刘秀的哥哥齐武王刘縯的孙子，生得俊俏风流，能说会道。他从封地进京来为汉章帝奔丧，丧事办完还赖在洛阳不走。后来窦太后召见了他，两人言笑甚欢，打得火热。窦宪知道消息后，害怕妹妹将自己手中的权力移交给刘畅，于是派刺客将刘畅杀死。窦太后大怒，下令严查。当时刘畅兄弟不和，窦宪说是刘畅的弟弟利侯刘刚派人杀死刘畅。窦太后派人审问，结果发现真正的杀人凶手的竟是窦宪。窦太后恼羞成怒，立即下令将窦宪幽禁在宫里。

当时的匈奴分为南北两部，南匈奴亲汉，北匈奴反汉。北匈奴遭遇了蝗灾，又被鲜卑打败，南匈奴上书东汉朝廷，请求汉朝派兵共同进攻北匈奴。窦宪上书窦太后要求领兵征讨匈奴赎罪，窦太后许可了。汉军和南匈奴联军在稽落山大破北匈奴军，窦宪率军出塞3000里，登燕然山（今蒙古国杭爱山），刻石记功，班师而还。

窦宪得胜回朝之后，气焰嚣张，更加不可一世，升任大将军，封武阳侯。此时汉和帝也长大了，开始对窦氏兄弟的胡作非为感到不满。他依靠身边的宦官和掌握禁军，密谋除去窦氏。一天发生了日食，司徒丁鸿趁机对汉和帝说："日食出现，表示臣子要夺取君王的权力，陛下千万要小心。这是上天在警诫我们，如果陛下能亲自处理朝政，在灾祸还是萌芽的时候就消灭它，才能使汉朝国泰民安。"

随着窦家权势的日益膨胀，窦氏开始阴谋策划诛杀汉和帝。汉和帝知道后，联合自己的哥哥清河王刘庆和宦官郑众，一举消灭了窦氏的势力，郑众等人因功封侯。

消灭窦氏一族后，汉和帝才知道自己的生母不是窦太后而是早死的梁贵人，于是大封梁贵人的家人为官，这为后来外戚梁冀专权埋下了伏笔。梁氏专权，是东汉外戚专权的极盛时期。

宦官当政

东汉是中国历史上宦官专权最猖獗的时期之一。

东汉中后期大部分皇帝即位时的年龄都很小，朝政掌握在皇太后手里，皇太后依靠自己的父兄（被称为外戚）来管理朝政，从而形成了外戚专权的局面。皇帝长大后，不甘心做傀儡，想要亲政，夺回大权，但满朝文武都是外戚和他们的亲信，自己势单力薄，只好依靠身边伺候自己的人——宦官，宫廷中侍奉皇帝及其家人的人员。

汉和帝即位时只有10岁，实权掌握在窦太后和他的哥哥窦宪手里。朝中重要的职位都被窦家人占据，地方的主要职位也都被窦家的党羽占据。窦家人及其党羽横行不法，百姓深受其害。汉和帝成年后，决心夺回大权。但皇帝身居深宫，只有依靠宦官。永元四年（92年），汉和帝派宦官郑众指挥禁军，一举铲除了窦家的势力，夺回大权。郑众因功被封侯，参与朝政。这是东汉宦官专权的开始。从此以后，东汉出现了外戚和宦官两大集团争权夺利、互相厮杀的局面，东汉的政治日益黑暗。

汉安帝即位时只有13岁，实权掌握在汉和帝的皇后邓太后和他的哥哥邓骘手里。邓骘是东汉开国功臣邓禹的孙子，家世显赫，邓家封侯29人，公2人，大将军13人，高官14人，列校22人，州牧、郡守48人，权势熏天。邓太后还提拔士大夫，以求得他们的支持。邓太后去世后，汉安帝和宦官李闰、江京等人杀死邓骘，消灭了邓家势力，夺回大权。李闰、江京等掌握了朝政大权。

汉安帝死后，他的皇后阎氏及其兄长阎显拥立汉朝宗室刘懿为帝，史称汉少帝，阎氏家族掌握了朝政大权，汉少帝不久病死。延光四年（125年），宦官孙程等19个宦官发动政变，一举消灭了阎氏势力。逼太后交出传国玉玺，拥立汉安帝之子11岁的刘保为帝，就是汉顺帝，改元"永建"。

汉顺帝刘保为了报答宦官的大恩，封孙程等19个宦官为侯，执掌朝政。从此东汉宦官的势力空前膨胀。宦官们不仅操纵朝政，而且还可以将爵位传给养子，甚至取得了举孝廉的权力。东汉政权由外戚阎氏专政变为宦官专权，朝政更加腐败，社会更加黑暗，当时民间有"举秀才，不知书；察孝廉，父别居"的讽刺时政的民谣。

汉顺帝死后，梁太后和梁冀先后拥立2岁的汉冲帝、8岁的汉质帝和15岁的汉桓帝。梁冀把持朝政，一手遮天，飞扬跋扈。汉质帝对他非常不满，当面说他是跋扈大将军，结果被梁冀派人毒死。

全国各地向皇帝进贡时，供品中最好的都被梁冀挑走，剩下的才送到皇宫里。梁冀霸占民田，建造宅邸庄园，庄园里修建的亭台楼阁竟然和皇宫的一样。他还派人到西域去，购买珍

伎乐陶俑 东汉
这组陶俑由六俑组成，表现了一个完整的伎乐表演的场面，形象生动逼真。

奇异宝。一次，有个人打死了他庄园里的一只兔子，梁冀竟然株连了十几个人，将他们全部杀死。当时，官员升迁都要先到梁冀家向他谢恩，然后再到政府人事部门报到，梁冀还经常杀害与他不和的大臣。

梁冀掌权20年，梁家有7人被封侯，3人当上皇后，6人为贵人，2人为大将军，担任其他职位的不计其数。

延熹二年（159年），梁太后死，梁冀杀了汉桓帝宠爱的梁贵人的母亲。汉桓帝忍无可忍，就秘密联络了单超等5个与梁冀有仇的宦官，发动宫廷侍卫羽林军1000多人，围攻梁冀的住宅，梁冀被迫自杀。梁家的势力被彻底肃清，梁冀提拔的官员300多人全部被罢免，一时间朝廷里几乎空了。汉桓帝将梁冀的家财全部没收，竟有30亿之多，相当于国家半年的税收！

单超等五人因诛杀梁冀有功，同时被封侯，当时人们称他们为"五侯"，朝政被他们把持。五侯和他们的兄弟亲属横行天下，肆意欺压百姓。

189年，外戚何进密谋铲除宦官集团，不料计划泄漏反被宦官所杀。何进的部下袁绍领兵杀进皇宫，杀死宦官2000多人。宦官张让等挟持汉少帝逃到黄河边，被追兵赶上，投河自尽。自此，宦官专权的局面结束，但腐朽的宦官集团和外戚集团最终酿成东汉末年的黄巾起义的爆发，导致了东汉王朝的灭亡。

党锢之祸

"五侯"掌权以后，胡作非为，与梁冀相比，有过之而无不及。他们把持朝政，卖官鬻爵，党羽遍布朝廷和各郡县，搞得整个社会一片黑暗。历史上有名的"党锢事件"就在这时发生了。

当时，除了外戚和宦官两大势力集团的相互斗争外，还有第三股力量，即士人集团，主要由名士和太学生组成。这个士人集团当中的名士，是一批士族地主出身的官员，他们对宦官掌权十分不满，主张改革朝政，罢斥宦官；那些太学生主要出身于中小地主阶层，因为社会黑暗腐败，政治前途渺茫，便要求改革。这些人批评朝政，对飞扬跋扈的宦官及其党羽深恶痛绝。

165年，陈蕃做了太尉，名士李膺做了司隶校尉。他们都是读书做官、操行廉正又看不惯宦官弄权的人，

错金银弩机　东汉

因而太学生都拥护他们。

李膺做司隶校尉的职责是纠察京师百官及附近各郡县官吏。有人向他告发大宦官张让的弟弟张朔做县令时，横行不法，虐杀孕妇，事后逃到张让家躲避罪责。李膺打听到张朔藏在张让家空心柱子中，亲率部下直入张让家中，"破柱取朔"，拉出去正法了。

·农奴的悲惨生活·

汉朝土地私有化加剧，大量农民在土地兼并中破产，不少人沦为大庄园的农奴。大庄园一般有农民达万人，他们租种庄园主的土地，收获后要交大量的地租。此外，还要无偿为庄园主服劳役。奴婢是庄园中地位最低下的人，他们不仅失去土地，也失去人身自由，属于庄园主的私人财产。他们从事繁重的劳动，终生为庄园主服务。

张让马上向汉桓帝哭诉。桓帝知道张朔的确有罪，也没有责备李膺。

李膺执法公正，刚直不阿，轰动了京师，受到士人和百姓的推崇。

过了一年，有一个和宦官来往密切的方士张成，从宦官侯览那里得知朝廷即将颁布大赦令，就纵容自己的儿子杀人。杀人凶手被逮起来，准备法办。就在这时，大赦令下来了。张成得意地对众人说："有大赦诏书，司隶校尉也不能把我儿子怎么样。"这话传到李膺的耳朵里，李膺怒不可遏。他说："张成预先知道大赦，故意叫儿子杀人，这是藐视王法，大赦轮不到他儿子。"就下令把张成的儿子处决了。

张成哪肯罢休，他与宦官侯览、张让一起商量了一个鬼主意，叫张成的弟子牢修向桓帝诬告李膺和太学生，罪状是"结成一党，诽谤朝廷"。

汉桓帝接到牢修的控告，便下令逮捕党人。除了李膺之外，还有杜密、陈蕃和范滂等二百多人，均在党人之列。朝廷出了赏格，通令各地抓捕这些人。李膺和杜密都被关进了监狱。捉拿人的诏书到达了各郡，各郡的官员都把与党人有牵连的人申报上去，有的多达几百个。

第二年，有个颍川人叫贾彪，自告奋勇到洛阳替党人申冤叫屈，汉桓帝的岳父窦武也上书要求释放党人。李膺在牢里采取以守为攻的办法，故意招出了好些宦官的子弟，说他们也是党人。宦官害怕，就对汉桓帝说："现在天时不正常，应当施行大赦。"汉桓帝对宦官是唯命是从的，马上宣布大赦，把两百多名党人全部释放了。

党人被释放后，宦官不许他们在京城居留，打发他们一律回家，并把他们的名字向各地通报，罚他们一辈子不得做官。历史上称之为"党锢之祸"。"党锢之祸"实质上缘起于东汉士人与宦官专权之间的斗争，对后代产生了深远影响。

"党锢之祸"发生后不久，汉桓帝死了。窦皇后便和窦武商量，从皇族中找了一个年仅 12 岁的少年即位，这就是汉灵帝。

黄巾起义

汉灵帝昏庸腐败，宠信宦官，只知道吃喝玩乐。国库里的钱耗尽了，他们便在西园开了一个挺特别的铺子，专门用来搜刮钱财。有钱的人可以公开到这里来买官职，买爵位。

老百姓面对朝廷的腐败，地主豪强的压迫，再加上接二连三的天灾，活不下去了，纷纷起来造反。

巨鹿郡有弟兄三个，老大名叫张角，老二名叫张宝，老三名叫张梁。三个人不仅有本领，还常常帮助老百姓排忧解难。

张角通晓医术，给穷人治病，从来不要钱，深得穷人的拥护。

他知道农民只求安安稳稳地过日子，可眼下受地主豪强的压迫和天灾的折磨，多么盼望有一个太平世界啊！于是，他决定利用宗教把群众组织起来，创立一个教门叫太平道。

随着他和弟子们的传教广泛深入民间，相信太平道的人越来越多。大约花了十年的时间，太平道传遍了全国。各地的教徒发展到几十万人。

张角和其他组织者商议后，把全国八个州几十万教徒都组织起来，分为三十六方，大方有一万多人，小方六七千人，每方选出一个首领，由张角统一指挥。

他们秘密约定三十六方在"甲子"年（184 年）三月初五那天，京城和全国同时举行起义，口号是："苍天已死，黄天当立；岁在甲子，天下大吉。""苍天"，指的是东汉王朝；"黄天"，指的是太平道。

张角还派人在洛阳的寺庙和各州郡的官府大门上，用白粉写上"甲子"两字，作为起义的暗号。

可是，在离起义的时间还有一个多月的紧要关头，情况发生了变化，起义军内部出了叛徒，向东汉朝廷告了密。

面对突然变化的形势，张角当机立断，决定提前一个月举事。张角自称天公将军，张宝称为地公将军，张梁称为人公将军。三十六方的起义农民，接到张角的命令后，同时起义。因为起义的农民头上全都裹着黄巾，作为标志，所以称做"黄巾军"。

汉灵帝得到消息后，惊慌失措，忙拜外戚何进为大将军，派出大批军队，由皇甫嵩、卢植率领，兵分两路，前去镇压黄巾军。

　　然而，各地起义军声势浩大，把官府的军队打得望风而逃。大将军何进不得不请求汉灵帝调集各州郡的力量，让他们各自招募兵丁，对付黄巾军。这么一来，各地的宗室贵族、州郡长官、地主豪强，都借着攻打黄巾军的名义，乘机扩张势力，抢夺地盘，一时间，把整个国家闹得四分五裂。

　　黄巾军面对东汉朝廷和各地地主豪强的血腥镇压，进行了艰苦顽强的抵抗。在形势极为严峻的关键时刻，黄巾军领袖张角病死。张梁、张宝带领起义军将士继续和官兵进行殊死搏斗，先后在战斗中不幸牺牲。

　　起义军的主力虽然失败，但是化整为零的黄巾军一直坚持战斗了20年。经过这场大规模起义的沿重打击，东汉王朝的腐朽统治，也就奄奄一息了。

地主庄园

　　西汉后期以来有权有势的大地主都占有大量的田地和佃农，世代称霸一方。至东汉时，这一情况更有发展，宗室贵族也争占田地，广蓄奴婢。拥有大量田地和奴婢的地主可称为庄园地主。庄园就是田庄。不过对地主庄园而言，属于田庄范围的田地不仅为地主所有，而且其中的山林川泽也为地主所霸占。在地主庄园内，绝大多数农民是地主的佃客，实际是农奴。山林川泽的私有化和农民的农奴化，是以土地私有制为基础的封建生产关系进一步发展的标志。

　　在地主庄园中，以满足地主的生活需要为主，组织生产。佃农们在地主或其代理人的指挥下，按照时令，从事于农业或副业生产。如种植各种粮食作物、蔬菜、瓜果和各种经济作物以及药材等等。副业有造酒、酿醋、制酱、做饴糖、养蚕、缫丝、织缣帛和麻布、染色、制衣服和鞋袜等。农具和手工工具也由本庄园制作。庄园对地主经济来说，是一个自给自足的单位。

　　地主对农民的超经济的剥削是严重的。青壮年农民都要为地主充当部曲或家兵。每年二三月青黄不接，或八九月寒冻将临之时，地主们就驱使部曲、家兵在

陶院落　东汉
这个院落把住宅和防御设施结合了起来，是东汉时期豪强地主武装力量的一种真实反映。

庄园里进行战射训练，以防御贫苦农民对地主庄园的攻袭。地主庄园内都修有坞堡，是地主们藏身之处。坞堡四周有高墙、深沟围绕，还筑有三层、四层、五层、六层警楼，上有部曲、家兵守卫着。可是佃农们却低眉俯首，世代为地主做奴役。

华佗与五禽戏

华佗行医，并无师传。他主要是通过精研前代的医学典籍，在继承前人的基础之上，结合自己的实践总结，加以归纳，从而创立新的学说，自成一派。由于他天资聪颖，加上学习得法，理论联系实际，他的医术迅速提高，成为远近闻名的医学家。

中年的华佗，因中原动乱而"游学徐土"。他坚持深入民间，为百姓治病，足迹遍及当时的徐州、豫州、青州、兖州各地。根据他行医地名查考，大抵是以彭城（今江苏徐州市）为中心，东起甘陵（今山东临清）、盐渎（今江苏盐城），西达朝歌（今河南淇县），南至广陵（今江苏扬州），西南则到谯县（今安徽亳州），也就是在今天的江苏、河南、山东、安徽等广大地区。华佗学识渊博，医术高超，创造了许多医学奇迹，其中最突出的就是用麻沸散进行外科手术。

华佗的医术仁心，受到了广大人民的热爱和尊崇，他高超的医术常为人们所津津乐道。民间关于他的传说故事不胜枚举。像《三国演义》里关公刮骨疗伤，就是华佗做的手术。传说有一位郡守患病，百医无效。郡守的儿子找到华佗，对他详述病情，恳求施治。华佗到后看过，问病的时候，语气很不好，说话也很狂傲，索要的诊费非常高。这还不算，华佗压根就没有治病，临走的时候还留信大骂郡守。

虎戏图　　　鹿戏图　　　熊戏图　　　　　　猿戏图　　　鸟戏图

五禽戏
一套使全身肌肉和关节都能够得到舒展的医疗保健体操。模仿虎、鹿、熊、猿、鸟的动作姿态创作而成。华佗的学生吴普循此锻炼，活到90余岁，还"耳目聪明，齿牙完整"。

郡守大怒，吐黑血，老毛病一下就好了。

经过数十年的医疗实践，华佗的医术已到了炉火纯青的地步。在临床诊治方面，他灵活运用养生、针灸、方药和手术等手段，辨证施治，疗效极好，被誉为"神医"。他精通内科、外科、妇科、小儿科和针灸科等，尤擅外科。

华佗的医名远播，使得曹操闻而相召。原来曹操患有头风病，找了很多医生都不见效。华佗只给他扎了一针，曹操头痛立止。曹操为了自己看病，强把华佗留在自己府里。但是华佗立志为民看病，不肯专门侍奉权贵，于是就请假回家。曹操催了几次，华佗都以妻病为由不去。曹操大怒，专门派人将他抓到许昌，仍请他治自己的头风病。华佗直言要剖开头颅，实施手术。曹操以为华佗要谋害自己，就把他关进牢中准备杀掉。有谋士进谏相劝，曹操不听，还是处死了华佗。华佗临死，将所著医书交给狱吏，希望可以救济百姓。狱吏胆小，怕担责任，不敢要。华佗无奈之下，一把火烧了医书。后来曹操爱子曹冲患病，百医无效，曹操才后悔杀了华佗。

华佗晚年著有《青囊经》、《枕中灸刺经》等多部著作，可惜都已失传。他发明了一套"五禽戏"来强身健体，还培养了许多弟子，其中广陵吴普、西安李当之和彭城樊阿都是有名的良医。

五禽戏，也叫五禽气功、五禽操、百步汗戏，是华佗在运动实践中创编的成套导引健身术。因模仿虎、鹿、熊、猿、鸟5种禽兽的神态和动作而得名。华佗将前人的理论和实践加以总结，创编了这套保健医疗体操，并提出了预防疾病为主的理论，在中国运动史、气功史上有极重要的意义。

五禽戏五种类型动作的作用各不相同，一般说，虎势能使身体强健，加强肌腱、骨骼、腰髋关节功能；鹿势能引伸筋脉，益腰肾，增进行走能力；猿势能使脑筋灵活，记忆增强，培养灵敏性，开阔心胸；熊势能增强脾胃功能，增强力量；鹤势能加强肺呼吸功能，提高平衡能力。练五禽戏不仅要求形似，而且要求神似，要做到心静体松，动静相兼，刚柔并济，以意引气，气贯全身，以气养神，精足气通，气足生精。五禽戏以中医理论为基础，以人的生理特征为依据，运用五行、脏象、气血、经络等学说来解释它的作用。练五禽戏时要求守住意，运好气，集中精力，尽快入静，呼吸缓慢柔和、深长均匀、轻松自然，运动时劲蓄不露，做到"气行则血行"，每次练习应力求出汗，以促进新陈代谢，活血化瘀，祛邪扶正。全过程要贯穿单腿负重、步分虚实、躬身前进，还要注意神态模仿逼真，如模仿虎的威猛、鹿的回首、猿的灵敏、熊的浑厚、鹤的翘立等。五禽戏的出现，很大程度上推动了后世导引养生术的发展，对中国的运动史、气功史产生了极深远的影响。

汉乐府

乐府始创于秦，与掌管庙堂音乐的"太乐"并立。汉初沿袭下来，有"乐府令"掌管音乐，汉武帝时大规模扩建乐府机构，对郊庙礼乐进行了重大改革，乐府的性质发生了变化。

汉武帝建立乐府，目的是改革传统的郊庙音乐，即用新声改编雅乐，以创作的歌诗取代传统的古辞。所以，乐府的任务就是采集各地的民歌来创设新声曲调；选用新创颂诗作歌词；训练乐工、女乐进行新作的排练。

乐府设在帝王游幸的上林苑，乐工组织庞大，有上千人，演奏南北乐等。乐府还拥有李延年、张仲春和司马相如等一批优秀的音乐家和文学家。乐府大规模地采集、整理和改编了大量民歌。采集的民歌几乎来自全国各地。现今留存的乐府民歌，多是东汉作品，共有三四十首。由于乐府专事搜集、整理民歌俗曲，因此后人就用"乐府"代称入乐的民歌俗曲和歌词。六朝时人们已将乐府唱的"歌诗"也称为"乐府"，与"古诗"相对并举，把入乐的歌词和讽诵吟咏的徒诗两种诗歌体裁区别开来；宋、元以后，"乐府"又被借作词、曲的一种雅称。所以，作为文学体裁的"乐府"却流传了下来。

汉乐府民歌今存不足百篇，大部分保存在宋代郭茂倩的《乐府诗集》中，分《鼓吹曲辞》、《相和曲辞》和《杂曲歌辞》三类。《孔雀东南飞》成为古代汉民族最长、最优秀的叙事诗。汉乐府或为杂言诗，或为五言，标志着诗歌形式得到了更充分的发展，为后代杂言歌行及五言诗的繁荣奠定了基础。

道教的兴起

道教是以道为最高信仰的宗教，是在中国古代宗教基础上，沿用了神仙方术、黄老思想等一些宗教观念和修持方法而逐渐形成的。道教大致产生于东汉中叶，太平道和五斗米道是早期道教的两大派。

五斗米道是天师道的前身，其创建者是张陵。张陵，字辅汉，东汉时沛国（今江苏省丰县人）人，本来是太学生，精通五经。后来张陵归隐，于141年，作了道书，自称"太清玄元",以符水、咒法为人治病,创立了"五斗米道"。因为入道者必须缴纳五斗米以作酬谢,所以称作"五斗米道"。

张陵于 143 年到达青城山,在这里建立了二十四教区,并在各区设治头,张陵自称天师,掌管全教事务。张陵的五斗米道,其活动主要在巴蜀地区。张陵死后,由其子张衡承其业。张衡死后,五斗米道的领导权为张修所有,一时五斗米道声势甚大。黄巾起义失败后,张角被杀,张修也躲藏起来,最后被张陵之孙张鲁杀害。在张鲁的领导下,五斗米道的势力在汉中达到鼎盛。

几乎就在张陵父子忙于创立五斗米道的同时,在河北一带也有一个人在民间传道,同时着手组织道教教团的工作,他就是张角。两人一南一北,一文一武,不过结局却不尽相同。

东汉灵帝时期,由于外戚、宦官把持朝政,压制清议,豪强地主兼并土地,农民流离失所,加之灾疫流行,社会危机十分严重。信奉黄老道的巨鹿(今河北平乡西南)人张角利用《太平经》中某些宗教观念和社会政治思想,创立起一支庞大的宗教组织,并以此组织为基础,发动了中国历史上规模最大的一次以宗教形式组织起来的农民起义——黄巾起义。

黄巾起义是利用道教组织发动的第一次大规模农民起义,也是标志道教开始登上历史舞台的一件大事。

佛教东来

佛教发源于古印度。两汉之际,佛教主要经由西域传入中国内地。东汉初,汉明帝曾派秦景等使臣出使天竺(印度)求佛法。他们从大月氏(在今阿富汗、巴基斯坦北部)取回佛教的《四十二章经》,并译成汉语。他们还请来了两位天竺高僧,并用白马驮回了大量经书,促进了佛教在我国的传播。汉明帝还专门为在洛阳西门外两位高僧建造了我国第一座佛教寺院即白马寺。

东汉末年,佛教在民间流传开来。这时期,安息国僧安世高于桓帝年间来洛阳开始译经,在 20 多年中共译经 34 部 40 卷。

印度僧人支娄迦谶于桓帝末年至洛阳,灵帝年间译出佛经 14 部 27 卷,如《般若道行品经》、《首楞严经》、《般舟三昧经》等,都是大乘佛教经典,首次向中国人介绍了印度大乘般若学的理论。

汉代纺织业

　　中国的纺织业历史悠久，技术先进。两汉时期是纺织技术发展的一个高峰期，丝、麻、毛纺织技术都已达到较高水平，边远地区的棉纺也有所发展，缫车、纺车、络丝工具，以及脚踏斜织机都已广泛使用，提花机已经产生，染色技术进一步发展，发明了多色套版印花和蜡印工艺。"薄如蝉翼"的素纱可与今天的尼龙纱相媲美。精练后的蚕丝重量能减轻 25%，质地柔软，雪亮光泽，竟与现代用科学方法计算出的丝胶占总量的 1/4 的数量相吻合。平纹的绢，其经线密度达每厘米 164 根。满城中山靖王墓出土的绢，经纬密度达 200×90 根 / 平方厘米。还有精美的锦、瑰丽的刺绣，都名冠天下。

　　西汉时原料加工技术发展迅速。当时的原料主要有蚕丝、葛、麻、毛、棉等。蚕丝主要产自黄河中下游的山东、河南、四川等地，出现了临淄、襄邑（今河南睢县）、任城（今山东济宁市）等著名的蚕业中心。汉代制毯和纺织用的毛纤维主要是羊毛，精密稀疏程度几乎与丝织罗相仿。产棉区从边境地区拓展到东南、南部沿海、新疆和云南一带。

　　缫纺技术进一步推广，手摇纺车早已普及，并发明了脚踏纺车。纺车的发明和推广使丝麻产品的产量和质量大大增加。织造技术得到提高。西汉初年，巨鹿人陈宝光的妻子创制了一种新的提花机，用 120 蹑 60 天能织成一匹散花绫，"匹值万钱"。此后又有人把它简化，使片综提花机发展为束综提花，是一次大的飞跃。

　　此时的罗织机已能织出四经绞素罗和以四经绞罗为地，两经绞起花的菱纹罗；主要用于织造地毯、绒毯等类毛织物的立织机能织出新疆民丰尼雅东汉遗址出土的那种毛织彩色地毯，其表面用橙黄、朱红、翠绿等色起绒，花纹历历在目。梭和筘分别是引纬和打纬的重要工具，它们的普遍使用，使得织造过程形成脚踏提综开口、一手投梭、一手持筘打纬的完整体系，这种织机一直沿用到近现代。西汉时期，练、染、印工艺都有了进一步发展，染印技术广泛使用。

离析与交融

三国·两晋·南北朝

　　三国两晋南北朝是中国社会一个大分裂的时期，在数百年的时间里，只有西晋有短暂的统一，其他时间中华大地上由汉族和各少数民族建立的政权有20多个。这一时期虽然社会矛盾尖锐，但民族融合加速，为以后大一统帝国的出现奠定了基础。

袁绍拥兵自立

袁绍凭借家族的权势，官运亨通，年轻时就当上了中军校尉。

汉灵帝在黄巾军起义的风潮中，一命呜呼了。他死后，年仅 14 岁的皇子刘辩继承皇位，这就是汉少帝。由于少帝年幼，何太后便按惯例临朝，这样一来，朝政大权又落入了外戚、大将军何进的手里。何进想依靠袁绍消灭宦官的势力，就任命他为司隶校尉。

袁绍，字本初，汝南汝阳（今河南商水西北）人。他出生于一个世代为官的地主家庭，从祖上袁安起，一直到袁绍的父亲袁逢，四代人中出了五个"三公"，人称"四世三公"。

由于何太后不同意消灭宦官，袁绍就劝何进密召驻扎河东的董卓带兵进京，用武力胁迫何太后。不料董卓还没有到达洛阳，宦官已得到消息，提前下手把何进杀死了。袁绍得知消息后，就和他的兄弟袁术带兵进宫，将搜捕到的宦官，全部杀死了。

这时，董卓已率关西军进入洛阳。为了控制住局面，董卓假造声势，收编了何进的部下，独掌了朝政大权。此后，他便想废掉少帝刘辩，但又害怕众人不服，便找袁绍来商量，希望能借重袁绍的影响来控制朝野内外，谁知袁绍表示坚决反对，两人话不投机，拔刀相向。袁绍待在京师，总担心董卓对他下手，便匆忙离开了京师。

袁绍走后，董卓立即废掉少帝刘辩，另立陈留王刘协为帝，这就是汉献帝。袁、董虽然反目成仇，但袁绍世代为官，是当时声名显赫的世家大族，董卓顾及袁绍势力太大，为了缓和同袁绍的矛盾，就听从一些官员的劝告，任命袁绍为渤海太守。

不久，袁绍号召各地豪强贵族势力反对董卓废立皇帝，董卓因此而杀死袁氏一族在洛阳和长安的 50 多人。董卓残忍地对待袁氏家族，反而使袁绍更具有号召力。在反对董卓的队伍中，有一支不太引人注目的队伍，带领这支队伍的首领，名叫曹操。

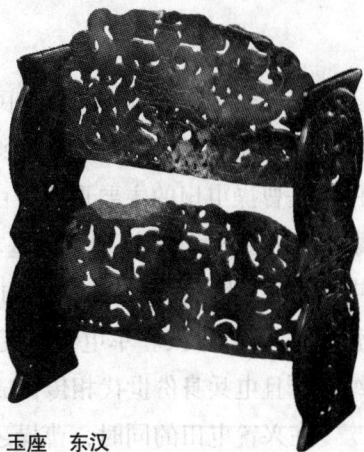

玉座　东汉

挟天子以令诸侯

曹操的祖父曹腾，是东汉末年宦官集团十常侍中的一员。父亲曹嵩是曹腾的养子，曾任司隶校尉、大司农、太尉等官。曹操"少机警，有权数"，博览群书，善诗词，通古学，还有着过人的武艺。素以知人名世的太尉桥玄一见到曹操，就大为惊奇，说道："天下将乱，非命世之才不能济也，能安之者，其在君乎！"随后，桥玄又让曹操去拜访汉末主持"月旦评"的名士许邵，许邵评价曹操说："子治世之能臣，乱世之奸雄。"由此，曹操渐知名于世。

20 岁的曹操被举为孝廉，任命为洛阳北部尉。洛阳为东汉都城，是皇亲贵势聚居之地，很难治理。曹操一到职，就申明禁令、严肃法纪，造五色大棒十余根，悬于衙门左右，"有犯禁者，皆棒杀之"。皇帝宠幸的宦官蹇硕的叔父违禁夜行，曹操毫不留情，立即将其处死。于是，"京师敛迹，无敢犯者"。

董卓进入洛阳后，曹操不愿与其合作，于是逃出京师，在陈留组织起一支5000 人的军队，准备讨伐董卓。当时声称要讨伐董卓的军队很多，实际上他们是各怀鬼胎，意在伺机发展自己的势力。不久，诸军之间相互火并，形成了诸侯割据的局面。曹操经过六年的经营，也终于有了一块自己的根据地。

董卓死后，汉献帝刘协逃回洛阳，曹操率领他的兖州军队赶来，请刘协迁都到他的根据地许县（今河南许昌）居住。这一举动，让曹操得以使用皇帝的名义向全国发号施令，即"挟天子以令诸侯"，这是曹操政治上的一大成功。

曹操在北方屯田

东汉末年，连年战乱，人民流离失所，社会经济萧条。

因为粮食短缺，军队也遇到了粮荒，196 年，曹操在许昌进行了大规模屯田。民屯是曹操屯田的主要形式，由设在中央的大司农及地方上的典农校尉、典农都尉等官员进行分级管理，最基本的单位是"屯"，每屯 50 人，设有屯司马管理屯田事宜。为了保证统一战争的需要，曹操还创办了军屯，军屯最基层的单位是"屯营"，每营 60 人。军屯实行无偿劳役制，所得谷物就地充当军粮。军屯兵士束缚较严且屯兵身份世代相传，成为军户，如果兵士逃亡将罪及其妻子。

在兴置屯田的同时，曹操还采取各种措施，扶植自耕农经济。针对当时人口流失、田地荒芜的情况，曹操先后采取招徕流民、迁徙人口、劝课农桑、兴修水利、检括户籍等办法，充实编户，恢复农业生产。此外，曹操还陆续颁布法令，恢复正常租调制度，防止豪强兼并小农。这一系列措施，不仅在一定程度上解决了军粮问题，也使农业生产得到了恢复，使濒于崩溃的经济得到了发展。

水田附船陶器 汉
东汉末年，曹操占据北方，实行屯田，这样既能纾解军粮短缺的压力，又可操练军队，控制军纪。汉代规定，作战士兵每人以月供应粮物，粮物的进出都有严格的手续，曹操更是规范了这一程序，并且更为严密。此器即是军屯的士兵在水田中劳作的形象反映。

屯田制使北方的农业经济得以恢复，加强了曹操的政治经济力量，为其在东汉末年群雄逐鹿中争取了优势，并为其统一北方霸业奠定了坚实的经济基础。不久后官渡一战的胜利，让曹操击溃了他最大的敌人袁绍，统一了北方。

迁都许城

东汉王朝经历了董卓之乱后，已经名存实亡，各地州郡割据一方，官僚、豪强趁机争城夺地，形成了大大小小的割据势力。

经过几年的苦心经营，曹操的势力渐渐壮大。他打败了攻进兖州（今山东西南部和河南东部）的黄巾军，在兖州建立了一个据点。他还将黄巾军的降兵补充到自己的军队中，扩大了武装。后来，他又打败了陶谦和吕布，成为一个强大的割据势力。

195年，长安的李傕和郭汜发生火并，互相攻伐。在这种情况下，外戚董承和一批大臣带着献帝逃出长安，回到洛阳。这时的洛阳宫殿，早已被董卓烧光了，到处是瓦砾碎石、残垣断壁、荆棘野草。汉献帝到了洛阳，没有宫殿，就住在一个官员的破旧住房里。一些文武官员，没有地方住，只好搭个简陋的草棚，遮风避雨。这些还不算，最大的难处是没有足够的粮食充饥。

这时候，曹操正驻兵在许城（今河南许昌），听到这个消息，就和手下的谋士商量，把汉献帝迎过去。随后，他派出曹洪带领一支人马到洛阳去迎接汉献帝。

董承等大臣怀疑曹操另有图谋，发兵阻拦曹洪的人马。后来，曹操亲自到了洛阳，向他们说明：许城有粮食，但是不便运输到洛阳来，只好请皇上和大臣们暂时迁到那里，免得在洛阳受冻挨饿。

汉献帝和大臣一听许城有粮食，都赞同了迁都的建议。

196年，曹操把汉献帝迎到了许城，从那时起，许城成了东汉临时的都城，因此改称为许都。

曹操在许都给汉献帝修建了宫殿，献帝便正式上朝了。曹操自封为大将军，从此以后，曹操以汉献帝的名义向各地州郡豪强发号施令。

但是日子一久，由于要支付大批官员和军队的粮食供应，许都的粮食也发生困难了。经过十年混乱，到处都在闹饥荒。如果粮食问题不解决，大家也无法在许都待下去了。

有个叫枣祗的官员向曹操提出一个办法，叫做"屯田"。他请曹操把流亡的农民召集到许都郊外开垦荒地，农具和牲口由官府提供。每年收割下来的粮食，官府和农民平分。

曹操接受了枣祗的建议，下令实行屯田。不久，许都附近的荒地就开垦出来了。一年下来，原来已经荒芜的土地获得了丰收。

曹操用皇帝的名义号令天下诸侯，又采用屯田的办法，解决了军粮供应问题，还吸收了荀攸、郭嘉等一批有才能的谋士，也就奠定了成就霸业的基础。

煮酒论英雄

曹操把汉献帝迎到许都的这一年，徐州牧刘备前来投奔他。那时，刘备驻守的徐州被袁术和吕布联军夺了去。

刘备是河北涿郡（今河北涿州）人，是西汉皇室的宗亲。他从小死了父亲，家境败落，跟他母亲一起靠贩鞋织席过日子。他对读书不太感兴趣，却喜欢结交豪杰。有两个贩马的大商人经过涿郡，很赏识刘备的气度，就出钱帮助他招兵买马。

汉漆具组件

当时，到涿郡应募的有两个壮士，一个名叫关羽，一个名叫张飞。这两人武艺高强，又跟刘备志同道合，日子一久，三个人的感情真比亲兄弟还密切。后来，三人就结拜为把兄弟。

刘备投奔曹操以后，曹操和刘备一起去攻打吕布。吕布兵败被杀。回到许都后，曹操请汉献帝封刘备为左将军,并且非常尊重刘备,走到哪儿,都要刘备陪在他身边。

这时候,汉献帝觉得曹操的权力太大了,又很专横,便要外戚董承设法除掉曹操。他写了一道密诏缝在衣带里,又把这条衣带送给董承。

董承接到密诏,就秘密地找来几个亲信,商量如何除掉曹操。他们觉得自己力量不够,认为刘备是皇室的后代,一定会帮助他们,就秘密与刘备联络。刘备果然同意了。

此后过了不久,曹操邀请刘备去喝酒。两个人一面喝酒,一面说笑,谈得很投机。他们谈着谈着,很自然地谈到天下大事上来了。

曹操拿起酒杯,说:"您看当今天下,有几个人能算得上英雄呢?"

刘备谦虚地说:"我说不清楚。"

曹操笑着对刘备说:"我看啊,当今的天下英雄,只有将军和我曹操两个人。"

刘备心里想着跟董承同谋的事,正感觉不安,听到曹操这句话,大吃一惊,身子打了一个寒战,手里的筷子掉在了地上。

正巧在这时,天边闪过一道电光,接着就响起一声惊雷。刘备一面俯下身子捡筷子,一面说:"这个响雷真厉害,把人吓成这个样子。"

刘备从曹操府中出来,总觉得曹操这样评价自己,将来会丢了性命,便等待机会离开许都。事也凑巧,袁绍派他儿子到青州去接应袁术,要路过徐州。曹操认为刘备熟悉那一带的情况,就派他去截击袁术。

刘备一接到曹操命令,就赶紧和关羽、张飞带着人马走了。

刘备打败了袁术,夺取了徐州,决定不回许都去了。

到了第二年春天,董承和刘备在许都合谋反对曹操的事败露了。曹操把董承和他的三个心腹都杀了,并且亲自发兵征讨刘备。

刘备听说曹操亲自带领大军进攻徐州,慌忙派人向袁绍求救,袁绍手下的谋士田丰劝袁绍乘许都兵力空虚的时候偷袭曹操,袁绍没有听从。

曹操大军进攻徐州,刘备兵少将寡,很快就抵挡不住,最后只好放弃徐州,投奔冀州的袁绍。

官渡之战

袁绍看到刘备兵败后,才感到曹操是个强大的敌人,决心进攻许都。

200年,袁绍调集了十万精兵,派沮授为监军,从邺城(冀州的治所,在今

·曹操生平记事·

155年	曹操出生于沛国谯县。
174年	举孝廉,成为曹操官僚生涯的起点。随即授官洛阳北部尉。
185年	因镇压黄巾起义有功,被提升为济南国相,但其廓清吏治的行动得罪了朝中权贵,不久托病辞官,回乡隐居。
189年	刺杀董卓未果,被迫出走。
190年	正月,关东州郡起兵,推袁绍为盟主,讨董卓,曹操晋衔奋武将军。
196年	八月,诣洛阳,迎献帝都许。募民屯田许下。
197年	九月,攻袁术,败之。
200年	正月,悉董承等谋,杀之,夷其三族。破刘备,取徐州。十月,大破袁绍于官渡。
204年	八月,破袁尚,取邺城,使人招慰乌桓。
207年	八月,大破乌桓于白狼山,斩蹋顿,胡汉降者二十余万,赎回蔡琰并令其整理其父遗作。
208年	六月,罢三公,自为丞相。八月,杀孔融,夷其族。孙权、刘备联军攻曹,败曹军于赤壁。
211年	击韩遂、马超等,大破之。
212年	汉帝加曹操赞拜不名,入朝不趋,剑履上殿。
213年	自为魏公,加九锡。
215年	七月,破汉中。十一月,张鲁降。
216年	四月,进号魏王。
217年	正月,自将击孙权。三月,孙权请降。
220年	正月,曹操病亡,子丕袭爵,嗣为丞相。十月,曹丕称帝。

河北临漳西南)出发,进兵黎阳(今河南浚县)。他先派大将颜良渡过黄河,进攻白马(今河南滑县)。

曹操采纳荀攸的意见,把一部分人马带到延津(今河南延津西北)一带假装渡河,吸引袁军主力。然后派出一支轻骑兵突袭白马。袁绍听说曹操要在延津渡河,果然派大军来堵截。哪儿知道曹操已经亲自带领一支轻骑兵袭击白马去了。包围白马的袁军大将颜良被打个措手不及。颜良死在乱军之中,他的部下全都溃散了,白马之围也解除了。

袁绍得知曹操救了白马,气得哇哇大叫。下令全军渡河追击曹军,并且派大将文丑率领五六千骑兵打先锋。

文丑的骑兵赶到南坡,看见曹兵的武器盔甲丢得满地都是,认为曹军已经逃远了,叫兵士收拾那丢在地上的武器。早已埋伏好的六百名曹兵一齐冲杀出来。袁军一下被杀得七零八落。文丑也糊里糊涂地丢了脑袋。

一连打了两场败仗,损失了手下的颜良、文丑两员大将的袁绍哪肯就此罢休,他带领十万大军,猛追曹操。一直追到官渡,才扎下营寨。曹操的人马也在官渡布置好阵势。

双方在官渡相持了一个多月,曹军粮食越来越少,兵士也疲惫不堪,眼看就要坚持不下去了。

袁绍的谋士许攸根据曹操缺粮的情况,向袁绍献计,劝袁绍派出一小支人马,绕过官渡,偷袭许都。袁绍很冷淡地拒绝了他的建议。

许攸在袁绍手下郁郁不得志，想起曹操是他的老朋友，就连夜投奔了曹操。

曹操在大营里刚脱下靴子，正想入睡，听说许攸来投奔他，高兴得顾不上穿靴子，光着脚板跑出来迎接许攸。他一见许攸的面便说："您来了，真是太好了！我的大事有希望了。"

许攸说："我知道您的情况很危急，特地来给您透露个消息。现在袁绍有一万多车粮食、军械，全都在乌巢放着。那里的守将是淳于琼，他的防备很松。您只要带一支轻骑兵去袭击，把他的粮草全部烧光，三天之内，袁兵就会不战自败。"

曹操得到这个重要情报后，立刻布置好官渡大营防守，自己带领五千骑兵，连夜向乌巢进发。他们打着袁军的旗号，对沿路遇到的袁军的岗哨说，他们是袁绍派去增援乌巢的。

曹军顺利地到了乌巢，放起一把火，把一万车粮食，烧了个一干二净。乌巢的守将淳于琼匆忙应战，也被曹军杀了。

正在官渡的袁军将士听说乌巢的粮草被烧光，都惊慌失措。袁绍手下的两员大将张郃、高览也带兵投降了曹操。曹军乘势猛攻，袁军顿时一败涂地。袁绍和他的儿子袁谭如丧家之犬，向北逃走，身边只剩下八百多骑兵。

经过这场大战，袁绍的主力损失殆尽。袁绍也在两年后病死了。尔后，曹操又花了七年的时间，消灭了袁绍的残余势力，统一了北方。

孙策入主江东

正当曹操经营北方的统一大业时，南方有一支割据势力渐渐壮大起来，这支队伍的首领就是入主江东（今长江下游的江南地区）的孙策、孙权两兄弟。

孙策，字伯符，吴郡富春（今浙江富阳）人，出生于当地一个名家大族。他的父亲孙坚因镇压农民起义有功，朝廷封他为长沙太守。

孙坚后来又参加了讨伐董卓的联军。他到鲁阳（今河南鲁山县）时遇上袁术，被袁术封为破虏将军。在袁术和刘表争夺荆州的战斗中，孙坚打先锋，击败了刘表的大将黄祖，孙坚乘胜追击。不料，在追击途中被黄祖手下一名躲藏在树丛中的士兵用暗箭射死。

孙坚死后，长子孙策接替他的职务，统领部队，继续在袁术手下供职。孙策打起仗来勇猛异常，总是一马当先，当时人们都称他为"孙郎"。

孙策想继承父志，干一番大事业，但总感到在袁术手下难以施展自己的抱负。

261

于是千方百计寻找机会脱离袁术，另寻出路。正巧孙策的舅舅、江东太守吴景，这时被扬州刺史刘繇赶出丹阳，孙策便向袁术请求，去平定江东，替舅舅报仇。

孙策带领袁术拨给他的一千人马到江东去，以此来开辟自己的地盘，他一路上招募兵士，从寿春到达历阳（今安徽和县）时，已招募了五六千人。这时，孙策少年时的好朋友周瑜正在丹阳探亲，听说孙策出兵，就带领一队人马前来接应，帮助他补充了粮食和其他物资。这样，孙策进一步充实了自己的力量，而且增加了一个得力助手。

孙策带领军队，渡过长江，先后几次打败刘繇的军队，最后把刘繇从丹阳赶走，还攻下了吴郡和会稽郡，同时控制了江东大部分地区。

孙策到江东后，军纪严明，不许士兵抢掠百姓财物、侵害百姓利益，深得江东百姓的欢迎。

孙策平时爱好打猎。有一天，他追赶一头鹿，一直追到江边，他的马快，跟从他的人都被远远地甩在后面。这时，原吴郡太守许贡的三个门客正好守在江边。孙策在攻下吴郡时，杀了太守许贡，因此，许贡的门客一直在寻找机会替许贡报仇。他们见机会来了，便一齐向孙策突发冷箭。孙策的面颊中了一箭。

孙策的病情很快恶化，他自知好不了了，便把张昭等谋士请来，对他们说："我们现在依靠吴、越地区的人力资源，长江的险固，可以干一番事业，请你们好好辅佐我的弟弟。"

南京古石头城遗址
这里古为长江故道，江涛逼城，形势险峻。东汉末，孙权依山傍江筑石头城，作为军事堡垒。所谓"石城虎踞"指的就是这里。

他又把孙权叫到面前，把自己的官印和系印丝带交给他，说："带领江东的人马，在战场上一决胜负，和天下人争英雄，你不如我；推举和任用贤能的人，使他们尽心竭力，保住现在的江东，我不如你。"当晚，这位纵横江东的"孙郎"便死去了。

孙策死后，弟弟孙权接替他的职务，掌管大权。在张昭和周瑜的帮助下，年仅十九岁的孙权，继承父兄业绩，担负起巩固发展江东的重任。

三顾茅庐

当曹操扫除北方残余势力的时候，在荆州依附刘表门下的刘备，也正寻找机会实现自己的政治抱负。他四处招请人才，为自己出谋划策。在投奔他的人当中，有个名士叫徐庶，刘备非常赏识他的才智，便拜他为军师。

有一天，徐庶对刘备说道："在襄阳城外二十里的隆中，有一位奇士，您为什么不去请他来辅助呢？这位奇士复姓诸葛，名亮，字孔明。此人有经天纬地之才，人称'卧龙'。"

刘备听到有这样的贤才，非常高兴，便决定亲自去拜访诸葛亮。第二天，刘备带着关羽、张飞启程前往隆中。

刘备一行三人来到隆中卧龙岗，找到了诸葛亮居住的几间茅草房。刘备下马亲自去叩柴门，一位小童出来开门，刘备自报姓名，说明了来意。小童告诉他们："先生不在家，一早就出门了。"

几天以后，刘备听说诸葛亮已经回来了，忙让备马，再次前往。时值隆冬，寒风刺骨。他们三人顶风冒雪，非常艰难地走到卧龙岗。当他们来到诸葛亮家，才知道诸葛亮又和朋友们出门了。刘备只好给诸葛亮留下一封信，表达了自己求贤若渴的心情。

刘备回到新野之后，一心想着诸葛亮的事，时常派人去隆中打听消息，准备再去拜谒孔明。三个人第三次去隆中时，为了表示尊敬，刘备离诸葛亮的草房还有半里地就下马步行。到了诸葛亮的家时，碰巧诸葛亮在草堂中酣睡未醒。刘备不愿打扰他，就让关张两人在柴门外等着，自己轻轻入内，恭恭敬敬地站在草堂阶下等候。

诸葛亮被刘备的诚心所打动，他根据自己多年来研究时势政治的心得体会，向刘备详细讲述了自己的政治见解，提出了

三顾茅庐图 明 佚名

263

实现统一的战略方针。他说："现在曹操打败了袁绍，拥有百万兵马，又借天子的名义号令天下，很难用武力与他争胜负了。孙权占据江东，那里地势险要，民心顺服，还有一批有才能的人为他效劳，也不可以与他争胜负，但可以与他结成联盟。"

接着，诸葛亮分析了荆州和益州（今四川、云南和陕西、甘肃、湖北、贵州的一部分地区）的形势，认为如果能占据荆州和益州的地方，对外联合孙权，对内整顿内政，一旦机会成熟，就可以从荆州、益州两路进军，攻击曹操。到那时，功业可成，汉室可兴。

刘备听完诸葛亮的讲述，茅塞顿开。他赶忙站起来，拱手谢道："先生的一席话，让我如拨开云雾而后见青天。"刘备从诸葛亮的分析中看到了自己广阔的政治前景，于是再三拜请诸葛亮出山。诸葛亮见刘备这样真诚地恳求，也就高高兴兴地跟刘备到新野去了。

从那时起，年仅二十七岁的诸葛亮用他的全部智慧和才能帮助刘备实现政治抱负，建立大业。从此，刘备才真正拉开了称霸一方的序幕。

马钧发明翻车

马钧，三国曹魏时扶风（今陕西兴平东南）人，字德衡，是我国古代著名的机械制造专家。他简化了当时织菱机复杂的构造，创造出一种只有十二个踏板的新型织机，不但提高了生产效率，而且大大地提升了生产工艺水平。他改革旧的灌溉工具，发明了新的灌溉工具——翻车，不但使用操作方便、快捷，而且能够连续提水，使得引水灌溉的效率大大提高。这是我国古代最先进的排灌工具，也是当时世界上最先进的生产工具之一。

翻车，在当时叫龙骨水车。东汉时期，有个叫毕岚的人做过翻车，但是它的用途只是用做道路洒水，跟后来的翻车不同。马钧制造的翻车，就是专门用于农业排灌的翻车。它的结构很精巧，而且运转轻快省力，连儿童都可以操作。

由于马钧发明的翻车具有巨大优点，故一问世就受到普遍欢迎，并迅速推广普及，成为农业生产的主要工具之一，并沿用了1000多年。

马钧是这一时期伟大的机械发明家，他的发明革新对后世产生了深远的影响。后人称颂他"巧思绝世"。

马钧曾任魏国博士，他非常喜欢研究机械，并刻苦钻研，取得了机械制造方面的杰出成就。但是因为当时的统治集团对机械发明非常不重视，所以他一生都受到权贵们的歧视，郁郁不得志。欣赏马钧的傅玄感慨地评价，马钧"天下之名巧也"，认为他可与公输般、墨子以及张衡相比，但是公输般和墨子见用于时，张衡和马钧一生未能发挥特长。

此外，马钧在手工业、农业、军事等诸多方面都有革新和创造。他改进了古代旧式织绫机，重新设计了织绫机。三国时的织绫机虽经简化，仍然是"五十综者五十蹑，六十综者六十蹑"，用脚踏动，非常笨拙，生产效率极其低下。马钧设计的新织绫机简化了踏具（蹑），改造了桄运动机件，将"五十蹑"、"六十蹑"都改成十二蹑，这样使新绫机操作简易方便，大大提高了生产效率，促进了纺织业的发展。

在军事方面，马钧改进了连弩和发石车。当时，诸葛亮改进的连弩一次可发数十箭，威力已很大。马钧在此基础上进行了再改进，威力又增加了5倍以上。马钧还在原来发石车的基础上，设计出了新式的攻城器械——轮转式发石车。它利用一个木轮，把石头挂在上面，通过轮子转动，连续不断地将石头发射出去，威力相当大。

马钧还制成了失传已久的指南车。指南车是一种辨别方向的工具。传说黄帝大战蚩尤之时，在雾气中迷失方向，于是制造指南车，辨明方向，打败了蚩尤。东汉时张衡制造过指南车，可惜失传了。马钧想把指南车重造出来，遭到了许多人的嘲笑，但他苦心钻研，反复试验，终于运用差动齿轮的构造原理，制造出了指南车，"天下皆服其巧"。

马钧还致力于研究传动机械，发明了变化多端的"水转百戏"。他用木头制成原动轮，用水力来推动，使上层陈设的木人都动起来。木人能做各种动作，十分巧妙。

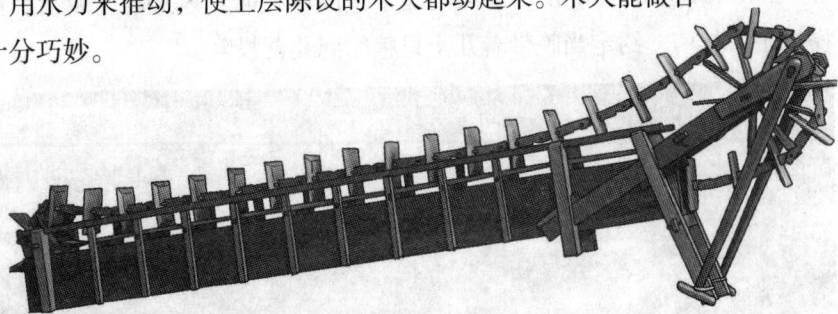

龙骨水车模型 东汉

翻车又称龙骨车，是一种农业灌溉用具。东汉灵帝（168~189年）时毕岚发明，三国时马钧予以完善、推广。它由手柄、曲轴、齿轮链板等部件组成，初以人力为动力，后进而利用畜力、水力和风力。由于制作简便，提水效率高，很多地方一直沿用至今。

赤壁之战

曹操统一北方后，于208年秋天率兵30万，号称80万，南下攻打荆州。驻守荆州的刘表那时已经病死了。他的儿子刘琮没有同曹兵交战，就投降了。

孙权、刘备为各自利益，决定联合起来对抗曹操。孙权任命周瑜为大都督，率3万精兵沿江西上，到夏口与刘备的队伍汇合，孙刘联军乘舟一直西上迎敌。孙刘联军在赤壁驻扎，与长江北岸的曹军对峙。

曹操的士兵因来自北方，初到南方个个水土不服，很不习惯南方潮湿的气候，再加上不习惯乘船，没多久就病倒了许多人。曹操见士兵们身体虚弱，只好召集谋士们商量对策。这时，有人献上连环计：将水军的大小战船分别用铁环锁住，十几条船一排，每排船上再铺上宽阔的木板，不仅人可以在上面行走自如，就是马也可以在上面跑起来。曹操听了非常高兴，立即下令：连夜打造连环大钉，锁住大小战船。这样做后，效果果然不错，人在船上走，如履平地，一点也不觉得摇晃。

驻防在长江南岸的孙刘联军看见曹操的战船连在一起，便想用火攻。正在发愁无法将火种靠近敌船时，周瑜手下的大将黄盖主动要求自己诈降，以便靠近敌船。

周瑜很赞成黄盖的主意，两人经过商量，派人给曹操送去一封信，表示投降曹操。曹操以为东吴的人看清了形势，害怕兵败身亡，便没怀疑黄盖的假投降。

周瑜在江东将各路人马布置停当，只等东南风起，火攻曹营。

208年冬至那天半夜，果然刮起了东南风，而且风势越来越猛。黄盖又给曹操去了一封信，约定当晚带着几十只粮船到北营投降。

赤壁大战图

当天晚上，黄盖率领二十只战船，船上装满干草、芦苇，浇了膏油，上面蒙上油布，严严实实地把船遮盖住。每只船后又拴着三只划动灵活的小船，小船里都埋伏着弓箭手。降船扯满风帆，直向北岸驶去。曹军水寨的官员听说东吴的大将前来投降，都跑到船间来观看。

黄盖的大船离北岸约二里左右时，只见黄盖大刀一挥，二十几只大船一齐着起火来，火焰腾空而起，二十几条战船像狂舞的火龙，一起撞入曹操的水军中。火趁风势，风助火威，一眨眼的工夫，曹军的水寨成了一片火海。水寨外围都是用铁钉和木板连起来的首尾相接的连环船，一时间拆也无法拆，逃也逃不走，只好眼巴巴地看着大火烧尽战船。黄盖他们则早已跳上小船，不慌不忙地接近北营，向岸上发射火箭。这样一来，不但水寨里的战船被烧，连岸上的营寨也着了火。一时间，江面上火逐风飞，一片通红，漫天彻地。

刘备、周瑜一看北岸火起，马上率水陆两军同时进兵，杀得曹军死伤了一大半，曹操只好率领残军从小道一直逃回许都。

赤壁之战，以孙刘联军胜利、曹操大败而告结束。这是东汉末年以少胜多，以弱制强的著名军事战役，为三足鼎立奠定了基础。

刘备入川

赤壁之战以后，周瑜把曹操的人马从荆州赶了出去。在荆州的归属问题上，孙、刘两家发生了分歧。刘备认为，荆州本来是刘表的地盘，他和刘表是本家，刘表不在了，荆州理应由他接管；孙权则认为，荆州是靠东吴的力量打下来的，应该归东吴。后来，周瑜只把长江南岸的土地交给了刘备。刘备认为分给他的土地太少了，很不满意。不久，周瑜病死，鲁肃从战略的角度考虑，认为把荆州借给刘备，可以让他抵挡北方的曹操，东吴便可以借机整顿兵马，图谋大业。为此，他劝说孙权把荆州借给刘备。

借人家地方总不是长远之计，刘备按照诸葛亮的计划，打算向益州发展。正好在这个时候，益州的刘璋派人请刘备入川。

原来，益州牧刘璋手下有两个谋士，一个叫法正，另一个叫张松。两人私交很深，都是很有才能的人。他们认为刘璋是无能之辈，在他手下做事没有出息，想谋个出路。

法正来到荆州后，刘备殷勤地接待了他，同他一起谈论天下形势，谈得十分融洽。

法正回到益州后，就和张松秘密商议，想把刘备接到益州，让他做益州的主人。

过了不久，曹操打算夺取汉中（今陕西汉中市东）。这样一来，益州就受到了威胁。张松趁机劝刘璋请刘备来守汉中。刘璋便派法正带了4000人马到荆州去迎接刘备。

刘备见到法正后，对于是否入川还有点犹豫。那时候，庞统已经当了刘备的军师，他坚决主张刘备到益州去。

刘备听从了法正、庞统的劝说，让诸葛亮、关羽留守荆州，自己亲率人马到益州去。

后来，张松做内应的事泄露了。刘璋杀了张松，布置人马准备抵抗刘备。

刘备带领人马攻打到雒城（今四川广汉北）时，受到雒城守军的顽强抵抗，足足打了一年才攻下来，庞统也在战斗中中箭而亡。随后，刘备向成都进攻，诸葛亮也带兵从荆州赶来会师。刘璋坚持不住，只好投降了。

214年，刘备进入成都，自称益州牧。他认为法正对这次攻进益州立了大功，便把他封为蜀郡太守，致使整个成都都归法正管辖。

诸葛亮帮助刘备治理益州，执法严明，不讲私情，当地有些豪门大族都在背地里吐露怨气。

法正劝告诸葛亮说："从前汉高祖进关，约法三章，废除了秦朝的许多刑罚，百姓都拥护他。您现在刚来到这里，似乎也应该宽容些，这样才合大家心意。"

诸葛亮说："您知道的并不全面。秦朝刑法严酷，百姓怨声载道，高祖废除秦法，约法三章，正是顺了民心。现在的情况与那时完全不同。刘璋平时软弱平庸，法令松弛，蜀地的官吏横行不法。现在我要是不注重法令，地方上是很难安定下来的啊。"

法正听了这番话，对诸葛亮十分佩服。

水淹七军

刘备巩固了在益州的地位后，自立为汉中王。他封关羽为前将军，派益州前部司马犍手下人费诗到荆州，把前将军的印绶送给关羽。关羽把他趁着曹操在汉中失败和士气低落的之机准备进攻襄阳和樊城的打算告诉了费诗，请他回去向刘备报告。关羽在南郡后方布置好防务后，就准备发兵去攻打襄、樊。

关羽叫南郡太守糜芳守江陵、将军傅士仁守公安，嘱咐他们随时供应粮草，必要的时候补充兵源，自己带着关平、周仓等率领一支人马去打樊城。樊城的守将曹仁听说关羽发兵，就向曹操报告求援。曹操派左将军于禁、立义将军庞德带领七队人马赶到樊城去帮助曹仁。

曹仁叫于禁、庞德屯兵樊北，互相支援。关羽的军队很快地渡过襄江，围住樊城，每天在城下叫战。虽然樊城内的兵马只有几千，可是驻扎在城北的却有七队兵马，声势浩大。曹仁就跟于禁商议好，一起夹攻关羽。于禁派两个部将董超和董衡带领两队人马先去试探一下，没有一顿饭的工夫，就被打得落花流水，死伤了三分之一，吓得曹仁不敢出来了。

关公秉烛夜读图

曹兵坚守不战，汉军也没法攻破城池。关羽便在白天带着十几个军士，登上高处观察地形。他看见樊城上曹军的旗号杂乱，士兵慌乱；又看到于禁营寨建在山谷里，四处一望，不禁喜上眉梢。

关羽回到营寨，马上吩咐将士们赶紧准备大小船只和木筏子。关平不解地问："我们在陆地打仗，为什么准备水具？"关羽说："现时是八月雨季，过不了几天就会有暴雨降临。我预料这场大雨，足以使江水泛涨，我们事先堵住各处水口，等到大水发来，就放水淹于禁营寨和樊城，战船可就有用了。"关平听了，连连表示赞同。

果然，开始下大雨了，过了很多天都没停下来。

一天夜里，庞德坐在帐中，只听帐外水声怒吼，战鼓震地。他急忙出了营帐观看，只见四面八方，全是白茫茫的大水，士兵们随波逐流，漂走的不计其数。于禁、庞德急忙攀上小山避水。好不容易等到天亮，狂风暴雨好像发了疯一般，樊北地势低，平地积水高达三丈，把七军都淹没了，就是樊城，大水也涨到城墙的半腰，曹仁、满庞他们早已爬到城门楼上去了。

关羽、关平、周仓等人坐着大船，别的将士们划着小船，摇旗呐喊着，冲了过来。于禁见无路可逃，便举手投降了。关羽命人脱下于禁的衣甲，把他押在大船里，又去捉拿庞德。

269

这时，庞德夺了蜀兵的一只小船，正往樊城划去。关羽身边的周仓见了，跳入水中，掀翻小船，活捉了庞德。

关羽杀了不肯归降的庞德，率军兵乘水势未退，上战船直奔樊城。

关羽水淹曹仁大军，震动了整个中原。

曹操得到消息，有些惊慌，打算暂时放弃许都，避开关羽的锋芒。这时，谋士司马懿献计说，关羽虽然智勇过人，但他与孙权不合。不如派人去游说孙权，约他从背后攻击关羽，这样，樊城之围会解除，中原也自然没有危险了。曹操听从了司马懿的计策。

建安七子

"建安七子"指建安年间（196～220年）的七位文学家，他们是：孔融、陈琳、王粲、徐干、阮瑀、应玚、刘桢。

"七子"之称，最早出现于曹丕的《典论·论文》："今之文人，鲁国孔融文举，广陵陈琳孔璋，山阳王粲仲宣，北海徐干伟长，陈留阮瑀元瑜，汝南应玚德琏，东平刘桢公干。斯七子者，于学无所遗，于辞无所假，咸以自骋骥录于千里，仰齐足而并驰。"这七个人是建安时期除曹氏父子之外的优秀文人的代表，所以有"七子"的称呼，被后世普遍承认。七子中，只有孔融与曹操政见不合，其他6人虽然各自经历不同，但都亲身体会过汉末离乱之苦，后来投奔曹操。他们多将曹操视为知己，想在他手下做出一番事业。他们在诗歌创作上与曹氏父子有许多共同之处。他们七人曾同居魏都邺（今河北临漳西南）中，故又号"邺中七子"。

"七子"中的每个人都有不同的创作个性。孔融善写奏议散文；王粲在诗、赋、散文方面，号称"兼善"；刘桢擅长诗歌；陈琳、阮瑀，擅作章表书记，在诗歌方面也都有一定成就；阮瑀的风格是自然畅达；徐干诗、赋皆能；应玚亦善于诗、赋。

· 建安文学 ·

建安（196～220年）是汉献帝的年号。建安时期是中国文学史上的一个非常重要的阶段，历史上称作"建安文学"，尤以诗歌为盛。建安文学的代表人物有曹操和他的两个儿子曹丕、曹植，以及建安七子（孔融、王粲、阮瑀、陈琳、徐干、应玚、刘桢）。由于他们亲身经历了东汉末年以来社会动荡战乱频仍之苦，本身又具有较高的才华，因此在继承汉代乐府民歌"感于哀乐，缘事而发"的优良传统和现实主义精神的基础上，创作出了大量优秀的诗篇，如曹操的《蒿里行》、《龟虽寿》，曹植的《白马篇》、《送应氏诗》，王粲的《七哀诗》等等，形成了慷慨悲凉的"建安风骨"，对于后代诗歌的发展有着至为深刻的影响。

"七子"的创作风格也具有一些共同的特点，刘勰在《文心雕龙·时序》中说道："观其时文，雅好慷慨，良由世积乱离，风衰俗怨，并志深而笔长，故梗概而多气也。"

火烧连营

蜀汉得知曹丕称帝的消息后，大臣们便拥立刘备承继汉家帝位。221年，汉中王刘备正式在成都即皇位，这就是汉昭烈帝。

由于孙权重用吕蒙，用计袭取了荆州，杀了关羽，使得蜀汉和东吴的矛盾越来越激化。刘备即位之后，便调集75万大军，以替关羽复仇为名，进攻东吴。刘备出兵前，张飞的部将叛变，杀了张飞投奔东吴。刘备旧恨未报又添新仇，报仇心切的他命令大军急进。蜀军先锋吴班、冯习很快攻占巫县（今重庆巫山）、秭归（今湖北秭归）。

东吴君臣吓得要命，赶紧派使者向刘备求和，但都没有效果。孙权正在着急的时候，大臣阚泽以全家担保举荐陆逊为统帅。于是孙权封镇西将军陆逊为大都督，赐给他宝剑印绶，带领五万人马抵御蜀军。

第二年正月，刘备到了秭归。蜀军水陆并进，直抵夷陵（今湖北宜昌东南）。刘备率领主力，进驻猇亭（今湖北宜都北）。他在长江南岸，沿路扎下营寨，水军也弃舟登陆。从巫峡到夷陵的六七百里山地上，蜀军一连设置了几十处兵营，声势非常浩大。

陆逊看到蜀军士气旺盛，又占据了有利地形，很难攻打，就坚守不出。这时，东吴的安东中郎将孙桓被蜀军包围在夷道（今湖北宜都西北），派人向陆逊求救。陆逊手下的将领，也纷纷要求派兵救援。陆逊对大家说："孙桓很得军心，夷道城池牢固，粮草也很充足，不必忧虑，等我的计谋实现以后，孙桓就自然解围了。"

东吴众将见陆逊既不肯攻击蜀军，又不肯救援孙桓，认为他胆小怕打仗，都在背地里愤愤不平。

刘备在夷陵受阻，从这年（222年）一月到六月，一直找不到决战的机会。他为了引诱吴军出战，命令吴班带领几千人马，到平地上扎营，摆出挑战的架势，又事先在附近山谷里埋伏了八千精兵，等候吴军。东吴众将以为机会来了，都想出击。陆逊阻止说："蜀兵在平地里扎营的兵士虽然少，可是周围山谷里一定有伏兵。我们不能上这个当，看看再说。"刘备见陆逊不上当，便把埋伏在山谷中的伏兵撤出。这一来，东吴诸将都佩服陆逊了。

陆逊通过观察，心中已经有数了，于是决定进行反击。陆逊先派一支军队试攻蜀军一处兵营。这一仗，吴军虽然打败了，但陆逊却找到了进攻蜀军的办法。

接着，陆逊命士兵每人拿着一把茅草冲入蜀营，顺风点火，发动火攻。那天晚上，风刮得很大，蜀军的营寨都是连在一起的，一个营起火，便延烧到另一个营。顿时，蜀军的营寨陷入了一片火海之中。陆逊率领大军，乘机反攻，一连攻破蜀军四十余座营寨，杀死蜀将张南、冯习等人。蜀军纷纷逃命，包围夷道的蜀军也都溃逃了。

刘备逃到夷陵西北的马鞍山。陆逊督促大军四面围攻，又杀死蜀军一万多人。刘备乘夜冲出重围，逃归白帝城（今重庆奉节东）。

这一场大战，蜀军几乎全军覆没，军用物资也全被吴军缴获。历史上把这场战争"夷陵之战"，又称为"猇亭之战"。

白帝城托孤

刘备不顾诸葛亮的劝阻讨伐孙权，结果被东吴的陆逊火烧连营，兵败后逃至白帝城。刘备大受打击，在白帝城的永安宫一病不起，他知道自己的病已经难以治愈，便派人到成都日夜兼程地请诸葛亮前来嘱托后事。

诸葛亮像

当时，太子刘禅留守成都，诸葛亮带着刘备的另外两个儿子刘永和刘理赶到白帝城。刘备病危之际，对诸葛亮托付后事说："自从我得到丞相的辅佐，终于建立了蜀国，但这次由于没有听从丞相的劝谏，以至有今天的失败。你的才华高过曹丕十倍，一定可以安定国家，成就北伐大业。如果我的儿子刘禅可以辅佐，你就辅佐他；如果他不争气，你可以取而代之。"

诸葛亮见刘备如此信任自己，十分感动，流着泪说："臣将竭尽全力辅佐幼主，贡献忠贞之节。"刘备又请诸葛亮在自己旁边坐下，叫刘永、刘理到面前，吩咐他们说："你们要记住，我死之后，你们弟兄三人，都要把丞相当做自己的父亲那样对待，不能有丝毫的怠慢。"说完，叫两个儿子向诸葛亮下拜，又对众将官说："我已经将国家大事都托付给了丞相，要我儿子像对待父亲一样对待他，也请诸位共同辅佐。"说完，刘备闭上了双眼，这一年他63岁。

从这时起，蜀国进入了"诸葛亮时代"。军政事务无论大小，都交由诸葛亮来裁决。蜀国开始恢复与东吴的关系，诸葛亮希望能够与吴国联盟共抗曹魏。

七擒孟获

刘备兵败后，在永安（今重庆奉节）一病不起，病势越来越重。他把诸葛亮从成都召到永安，托付了后事。过了几天，刘备就死了。

刘备死后，诸葛亮回到成都，扶助刘禅继了帝位。

后主刘禅继位之后不久，南蛮王孟获便带领十万蛮兵，不断侵掠蜀国边境。225年，诸葛亮亲自带领55万人马前去征讨。以赵云、魏延为大将，长驱直入攻向南中。

南蛮王孟获，听说蜀兵南下就带兵迎战，远远看见蜀兵队伍交错、旗帜杂乱，心里就想："人们都说诸葛丞相用兵如神，看来言过其实了。"孟获冲出阵去，蜀将王平迎战。没有几个回合，王平回头就跑，孟获放胆追杀，一口气就追赶了20多里。忽然四下里杀声震天，蜀军冲杀了出来，左有张嶷，右有张翼，截断了退路。南兵大败，孟获死命冲出重围。然而前边路狭山陡，后边追兵渐近，孟获只得丢下马匹爬山；紧跟着又是一阵鼓声，埋伏在这里的魏延带领500人冲杀了出来，结果毫不费劲儿就活捉了孟获。

孟获被押到大帐里，诸葛亮问："现在你被活捉了，有何话说？"孟获说："我是因为山路狭陡才被捉住的。"诸葛亮道："你要是不服气，我放你回去如何？"孟获答得倒也干脆："你要是放了我，我重整兵马，和你决一雌雄，那时再当了俘虏，我就服了。"诸葛亮立即让人给孟获解开绑绳，放他回去。

孟获回寨以后，派他手下的两个曾被俘虏后又放回的洞主出战，但他们又打了败仗。孟获说他俩是故意用败阵来报答诸葛亮，把他们痛打了100军棍。这两人一怒之下，带了100多个放回的南兵，冲进孟获的营帐，把喝醉了的孟获绑了起来，献给了诸葛亮。

诸葛亮笑着对孟获说："你曾经说过，再当俘虏就服了，现在还有什么话说？"孟获振振有词地说："这不是你的能耐，是我手下人自相残杀，这怎么能让我心服呢？"诸葛亮见他不服，就又放了他。就这样捉了放，放了捉，前后捉了孟获七次。

到了第七次擒住孟获时，诸葛亮也不和孟获说话，只是给他解了绑，送到邻帐饮酒压惊，然后派人对孟获说："丞相不好意思见你了，让我放你回去，准备再战。"孟获听了这话，流下了眼泪，他对左右说："丞相七擒七纵，从古至今没有发生过这样的事情。可以说，丞相待我仁至义尽了，我要是再不感谢丞相的恩德，可就太没有羞耻了。"说完来到诸葛亮面前，跪倒在地上说："丞相天威，南人永远不再造反了。"诸葛亮当场封孟获永远为南人洞主，蜀兵占领之地，全部退还。孟获及家人感恩不尽，欢天喜地地回去了，诸葛亮便率领大军回到成都。

从那以后，诸葛亮解除了后顾之忧，一心一意为北伐中原做准备。

马谡失街亭

诸葛亮平定南中之后，又做了两年的准备工作，在227年冬天，带领大军到汉中驻守。汉中接近魏、蜀的边界，在那里可以随时找机会向魏国进攻。

蜀军经过诸葛亮的严格训练，士气旺盛，阵容整齐。而且自从刘备死后，蜀汉多年没有出兵，魏国毫无防备。这次蜀军突然袭击祁山，守在祁山的魏军一下子就败退下来。蜀军乘胜进军，祁山的北面天水、南安、安定三个郡的守将都投降了蜀汉。

那时候，魏文帝曹丕已经病死。刚刚即位的魏明帝曹叡面对蜀汉的大举进攻，非常镇静，他派张郃带领五万人马赶到祁山去抵抗，还亲自到长安去督战。

诸葛亮到了祁山，准备派出一支人马去守街亭（今甘肃庄浪东南）。参军马谡主动请战，并立下了军令状。

马谡平时读了不少兵书，也很喜欢谈论军事。诸葛亮和他商量起打仗的事来，他就口若悬河，讲个没完。他也曾出过一些好主意，所以诸葛亮很信任他。但是刘备在世的时候，却看出马谡华而不实。他在生前特意对诸葛亮叮嘱说："马谡这个人言过其实，不可重用。"这次，诸葛亮派马谡去守街亭，想起刘备对马

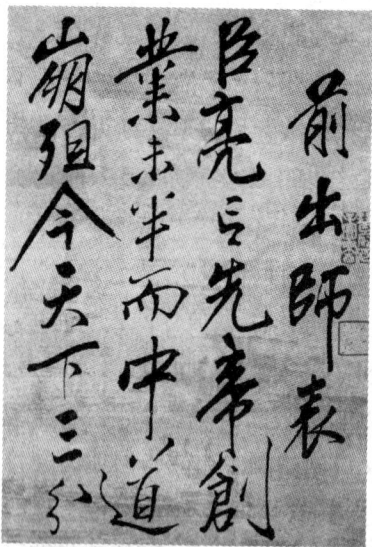

行书《前出师表》帖　南宋　岳飞

诸葛亮出师一表，天下闻名，千古传颂，评为表中杰作。历朝历代忠臣烈士、迁客骚人书之不倦，或寄托性情，或激励明志。岳飞此帖，传为行军至南阳，秋夜深深，秋雨绵绵，遥想徽钦二帝远囚北国，一时心念触动，挥泪如雨，写就诸葛武侯出师表，墨气淋漓，豪情毕现。

谡的评价，有所顾虑，便让王平做副将来帮助他。

马谡和王平带领人马刚到街亭，张郃也率领魏军从东面开过来。马谡看了地形，对王平说："这一带地形险要，街亭旁边的山上可以安营扎寨，布置埋伏。"

王平提醒他说："我们来这里之前，丞相嘱咐过，让我们坚守城池，稳扎营垒。在山上扎营是很危险的。"

马谡自以为熟读兵书，根本不听王平的劝告，坚持要把营寨扎在山上。王平一再劝说，马谡就是不听，只好央求马谡拨给他一千人马，驻扎在山下临近的地方。

张郃到了街亭后，看到马谡放弃现成的城池不守，却把人马驻扎在山上，暗暗高兴。他吩咐手下将士，在山下筑好营垒，把马谡扎营的那座山围困起来。马谡几次命令兵士冲击山下的魏军，但是由于张郃坚守营垒，蜀军不仅没法攻破，反而被魏军乱箭射死了许多士兵。

魏军又切断了山上的水源。蜀军在山上断了水，连饭都做不成，时间一长，军心动摇起来。张郃看准时机，发起总攻。蜀军兵士纷纷逃散，马谡阻止不住，只好自己杀出重围。

街亭的失守，影响了蜀军的战略局势。诸葛亮为了避免遭受更大损失，决定蜀军全部撤回汉中。

诸葛亮经过详细查问，知道街亭失守完全是由于马谡违反了他的作战部署。马谡也承认是自己的过错造成了失败。诸葛亮按照军法，斩杀了马谡。

诸葛亮虽然杀了马谡，但一想起他和马谡平时的情谊，心里就十分难过。

秋风五丈原

吴王孙权在曹丕、刘备先后称帝后，于229年四月，正式称帝。蜀汉的一些大臣认为孙权称帝是僭位，要求马上同东吴断绝往来。诸葛亮力排众议，认为蜀汉目前的主要敌人是魏国，应继续保持和东吴的联盟，攻伐魏国。

231年，诸葛亮第四次北伐魏国，出兵祁山。魏国派大将司马懿和张郃等一起率领人马开赴祁山。诸葛亮把一部分将士留在祁山，自己率领主力进攻司马懿。

司马懿知道诸葛亮孤军深入，带的军粮也不多，就在险要的地方筑好营垒，坚守不出。后来，魏军将领一再请求出战，并用话来讥刺司马懿。司马懿只好与诸葛亮打了一仗，结果被蜀军打得溃不成军。

诸葛亮几次出兵，往往因为粮食供应不上而退兵，这次又是如此。他接受了

指南车模型　三国

这个教训，设计了两种运输工具，叫做"木牛"、"流马"（两种经过改革的小车），用它们把粮食运到斜谷口（在今陕西眉县西南）囤积起来。

234年，诸葛亮作好充分准备后，带领十万大军北伐魏国。他派使者到东吴，约孙权同时对魏国发起进攻，两面夹击魏国。

诸葛亮大军出了斜谷口，在渭水南岸的五丈原构筑营垒，准备长期作战；另派一部分兵士在五丈原屯田，跟当地老百姓一起耕种。魏明帝派司马懿率领魏军渡过渭水，也筑起营垒防守，和蜀军对峙起来。

孙权接到诸葛亮的信，马上派出三路大军进攻魏国。魏明帝一面亲自率领大军开赴南面抵挡东吴的进攻；一面命令司马懿只许在五丈原坚守，不准出战。

诸葛亮焦急地等待东吴进兵的战况，但是结果令他很失望：孙权的进攻以失败而告终。他想跟魏军决战，但是司马懿始终固守营垒，任凭诸葛亮怎样骂阵，就是坚守不出。双方在那里相持了100多天。

诸葛亮在猜测司马懿的心理，司马懿也在探听诸葛亮的情况。有一回，诸葛亮派使者去魏营挑战，司马懿为了了解情况，假意殷勤地接待使者，跟使者聊天，问道："你们丞相公事一定很忙吧，近来身体还好吧！"使者觉得司马懿问的都是些无关大局的话，也就老实回答说："丞相的确很忙，军营里大小事情都亲自过问。他每天早早起来，很晚才睡。只是近来胃口不好，吃得很少。"使者走了以后，司马懿就跟左右将士说："你们看，诸葛孔明吃得少，又要处理繁重的事务，能支撑得长久吗？"不出司马懿所料，诸葛亮由于过度操劳，终于病倒在军营里。

后主刘禅得知诸葛亮生了病，赶快派大臣李福到五丈原来慰问。诸葛亮对李福说："我明白您的意思，您想知道谁来接替我，我看就是蒋琬吧。"

过了几天，诸葛丞相病死在军营里。按照诸葛亮生前的嘱咐，蜀军将领封锁了他去世的消息。他们把尸体裹着放在车里，布置各路人马有秩序地撤退。司马懿探听到诸葛亮病死的消息，立刻带领魏军去追蜀军。刚过五丈原，忽然蜀军的旗帜转了方向，一阵战鼓响起，兵士们转身掩杀过来。司马懿大吃一惊，赶快掉转马头，下命令撤退。等魏军离得远了，蜀军将领才不慌不忙地把全部人马撤出五丈原。

诸葛亮虽然没有实现统一中原的愿望，但是他的智慧和品格，一直被后代的人所称颂。

选才制度变革——九品中正制

三国鼎立的局面持续了40余年，各国间战争不断，唯一对社会有所贡献的，就是政治和文化了。

九品中正制是对东汉的官吏选拔制度的继承和改革。从三公九卿制建立以来，这种政府组织维持了500余年。魏国建立后，在九卿制度下建立了"尚书台"制度，负责收发皇帝的文件。其最高长官为"尚书令"，底下的官员称"尚书"，负责政策筹划，诏命颁布，以及随时向皇帝提出建议，工作效率大大提高。

所谓"九品"，是由政府任命一个官员，对全国的大小官吏进行考核，依他们的才能和道德行为，分别评定为九个等级，称为"九品"，即上上、上中、上下、中上、中中、中下、下上、下中、下下。评定等级后呈报给宰相，宰相审定后再送给尚书台，以此作为官员任免或升降的标准。这个制度虽然有不少漏洞和弊病，但却使审核官员的必要性被提上了台面，因此一直保持了300多年。

起初，这一制度是为了解决朝廷选官和乡里清议的统一问题，它既延续了汉代选官的传统，对曹操的用人政策也有所继承。但到了魏晋之交，因各个州郡的"著姓士族"垄断了大小中正官，在评定品级时，对士族人物很偏袒，"不计门第"已成空谈。此后政权逐渐被"上品无寒门，下品无士族"的门阀士族垄断。到了隋代，士族没落，九品中正制也被废除。

司马懿夺权

诸葛亮死后的一段时期内，蜀国再也没有足够的力量进攻魏国。魏国虽然外部的压力减弱了，但内部却乱了起来。

239年，司马懿奉命去关中镇守，在前往关中的路上，魏明帝曹叡给司马懿连续下了五道诏书，催他火速赶到洛阳。司马懿赶回洛阳宫中的时候，曹叡已经病势沉重，他握着司马懿的手，看着八岁的太子曹芳，说："我等你来，是要把后事托付给你。你要和曹爽辅佐好太子曹芳。"

司马懿说："陛下放心吧，先帝（曹丕）不也是把陛下托付给我的吗？"

曹叡死后，太子曹芳即位，这就是魏少帝。司马懿和大将军曹爽奉曹叡遗诏，共同执掌朝政。司马懿本人才智出众，文武双全。他在曹操执政时期，曾经帮助曹操推行屯田制。曹操儿子曹丕废掉汉献帝，自立为帝，司马懿也帮助出过许多主意，立了大功。因此，他得到曹丕的信任，掌握了军政大权。曹爽这个人没有什么才能，却依仗自己是皇帝宗室，总想排挤司马懿，独揽大权。

曹爽因司马懿德高望重，起初还不敢独断专行，有事总听听司马懿的意见。不久，他任用心腹何晏、邓飏等人掌管枢要，并奏请魏少帝提升司马懿为太傅。司马懿表面上升了官，实际上却被削了权。曹爽又安排自己的弟弟曹羲担任中领军，率领禁兵；曹训任武卫将军，掌管了一些军权。司马懿对曹爽专擅朝政，很是不满。他索性称风痹病复发，不参与政事，但是暗中却自有打算。

曹爽担心司马懿不是真的有病，正巧自己的心腹李胜调任荆州刺史，于是就命李胜到司马懿那里进行探察。李胜到了太傅府，求见司马懿。司马懿装出重病的样子。李胜回去后，把这次相见的情况告诉了曹爽，并说："司马懿已经形神离散，只剩下一口气，活不了多久了。"曹爽满心高兴，从此就不再防备司马懿了。

一转眼就是新年。少帝曹芳按规矩要到高平陵去祭祀。曹爽和他的兄弟曹羲等人也一道前往。

曹爽他们出了南门，浩浩荡荡地直奔高平陵。等他们走远了，司马懿立刻带着他的两个儿子司马师和司马昭，率领自己的兵马，借着皇太后的命令，关上城门，占据武库，接收了曹爽、曹羲的军营。同时假传皇太后的诏令，把曹爽兄弟的职务给撤了。曹爽接到了司马懿的奏章，不敢交给曹芳，又想不出主意。司马懿又派侍中许允、尚书陈泰来传达命令，让曹爽早些回去，承认自己的过错，交出兵权，那样就不会为难他们。

曹爽乖乖地交出兵权，回到洛阳侯府家中。司马懿把少帝曹芳接到宫里去，当天晚上就派兵包围了曹爽府第，在四角搭

魏正始二年造铜弩机　三国

上高楼，叫人在楼上察看曹爽兄弟的举动。没过几天，又让人诬告曹爽谋反，派人把曹爽一伙人全部处死了。

曹爽死后，司马懿担任丞相，掌握了魏国的军政大权。

司马昭之心

司马懿杀了曹爽，又过了两年，他也死去了。他的儿子司马师接替了他的职位。魏国大权落在司马师和司马昭兄弟两人手里。大臣中有谁敢反对他们，司马师就把他除掉。魏少帝曹芳早就对司马师兄弟的霸道行径极为不满，一直想撤掉司马氏兄弟的兵权。但还没等曹芳动手，司马师已经逼着皇太后，把曹芳废了，另立魏文帝曹丕的一个孙子曹髦继承了皇位。

魏国有些地方将领本来就看不惯司马氏的专权行为，司马师废去曹芳后，扬州刺史文钦和镇东将军毌丘俭起兵讨伐司马师。司马师亲自出兵，打败了文钦和毌丘俭。但是在回到许都之后，司马师也得病死了。

司马师一死，司马昭便做了大将军。司马昭比司马师更为专横霸道。

魏帝曹髦实在忍无可忍了。有一天，他把尚书王经等三个大臣召进宫里，气愤地说："司马昭之心，路人皆知，我不能坐着等死。今天，我要同你们一起去诛杀他。"

年轻的曹髦根本不懂得怎样对付司马昭。他带领了宫内的禁卫军和侍从太监，乱哄哄地从宫里杀了出来。曹髦自己拿了一口宝剑，站在车上指挥。

司马昭的心腹贾充，领了一队兵士赶来，与禁卫军打了起来。曹髦上前大喝一声，挥剑杀过去。贾充的手下兵士见到皇帝亲自动手，都有点害怕，有的准备逃跑了。

贾充的手下有个叫成济的，问贾充该怎么办？

贾充厉声说："司马公平时养着你们是干什么的！还用问吗？"

经贾充这么一说，成济胆壮起来了，拿起长矛就往曹髦身上刺去。曹髦来不及躲闪，被成济刺穿了胸膛，当时就死了。

司马昭听说他手下人把皇帝杀了，也有点害怕了，连忙赶到朝堂上，召集大臣们商量。

老臣陈泰说："只有杀了成济，才勉强可以向天下人交代。"

司马昭见没法拖下去，就把杀害皇帝的罪责全都推在成济身上，给成济定了一个大逆不道的罪，把他的一家老少全杀了。

之后，司马昭从曹操的后代中找了一个 15 岁的曹奂继承了皇位，这就是魏元帝。

邓艾智出阴平道

魏帝曹髦死后，司马昭的地位更加稳固了。于是，他决定进攻蜀国。

263 年，司马昭调集了十几万大军，准备一举消灭蜀国。他派邓艾和诸葛绪各自统率三万人马，派钟会带领十万人马，兵分三路进攻蜀国。钟会的军队很快攻取汉中。邓艾的军队也到达沓中，向姜维进攻。姜维得知汉中失守，就将蜀兵集中到剑阁据守，抵御魏军。

钟会兵力虽强，但姜维把剑阁守得牢牢的，一时攻不进去，军粮的供应也发生了困难。钟会正想退兵时，邓艾赶到了。邓艾让钟会在这里与蜀军对峙，自己领兵从阴平小道穿插到蜀国的后方，这样就会攻破蜀国。钟会觉得邓艾的想法根本行不通，但一看邓艾很坚决，也就马马虎虎地应付了几句。

邓艾派自己的儿子邓忠作先锋，每人拿着斧头、凿子，走在最前面，打开小路通道，自己则率领大军紧跟在后。

最后，邓艾他们到了一条绝路上，山高谷深，没法走了。大家一看悬崖深不见底，禁不住抽了一口冷气。好多人打了退堂鼓。邓艾当机立断亲自带头，用毡毯裹住身子先滚下去。将士们不敢落后，照着样子滚下去。士兵们没有毡毯，就用绳子拴住身子，攀着树木，一个一个慢慢地下了山。

邓艾集中了队伍，对将士们说："我们到了这儿，已经没有退路了，前面就是江油。打下江油，不但有了活路，而且能立大功。"镇守江油的将军马邈，没料想到邓艾会从背后像天兵一样出现在眼前，吓得他晕头转向，只好竖起白旗，向邓艾投降了。

邓艾占领了江油城，又朝绵竹方向前进。蜀军驻守绵竹的将军是诸葛亮的儿子诸葛瞻。魏军人数太少，双方一交战，就吃了个败仗。

魏军第二次出去跟蜀兵交战时都铁了心，反正打了败仗也不能活着回去。这一仗真非同小可，打得天摇地动。两军杀到天黑，蜀兵死伤惨重，诸葛瞻和他的儿子诸葛尚，都战死在疆场上。魏军占领了绵竹。

邓艾攻下绵竹，向成都进军。蜀人做梦也没有想到魏兵来得这么快，再要调回姜维的人马也已经来不及了。后主刘禅慌忙召集大臣们商议对策，大臣们你一言我一语，都找不出好的办法，最后大臣谯周提议投降。于是后主刘禅就派侍中张绍等捧着玉玺到邓艾军营里去请求投降。

蜀国就这样灭亡了。这时候，姜维还在剑阁据守，听到蜀国投降的消息后，前思后想，决定向钟会投降。钟会赏识姜维是个好汉，把他当作自己人一样看待。后来，姜维利用钟会和邓艾之间的矛盾，劝钟会告发邓艾谋反，杀掉了邓艾。

邓艾死后，兵权就全都掌握在钟会的手里。于是，钟会就想谋反自立。姜维一心想着复国兴汉，觉着有机可乘，便假意赞同钟会的想法。

后来，有人传言钟会和姜维要杀光北方来的将士，一下引起了兵变。钟会和姜维控制不住局面，被乱军杀死了。

乐不思蜀

蜀汉灭亡以后，后主刘禅还留住在成都。到了钟会、姜维发动兵变，司马昭觉得让刘禅留在成都，说不定还会引起麻烦，就派人把刘禅接到洛阳来。

刘禅是一个昏庸无能的人。当年全靠诸葛亮为他掌管着军政大事时，他还挺谨慎，遇事不敢自作主张。诸葛亮死后，虽然还有蒋琬、费祎、姜维一些文武大臣辅佐他，但是他已经有点不像话了。后来，宦官黄皓得了势，蜀汉的政治就越来越糟了。

到了蜀汉灭亡，姜维被乱军所杀，大臣们死的死，走的走。随他一起到洛阳去的只有地位比较低的官员郤正和刘通两个人。刘禅不懂事理，不知道怎样跟人打交道，一举一动全靠郤正指点。

司马昭宴请图

刘禅到了洛阳，司马昭用魏元帝的名义，把他封为安乐公，还把他的子孙和原来蜀汉的大臣共有50多人封了侯。司马昭之所以这么做，无非是为了笼络人心，稳住对蜀汉地区的统治罢了。但在刘禅看来，却是恩重如山了。

有一回，司马昭请刘禅和原来蜀汉的大臣参加宴会。宴会中，叫一班歌女为他们演出蜀地的歌舞。

一些蜀汉的大臣看了这些歌舞，想起了亡国的痛苦，伤心得几乎落下眼泪。只有刘禅咧开嘴，美滋滋地看着，就像在他自己的宫里观赏歌舞一样。

司马昭暗暗观察着刘禅的神情，宴会后，他对心腹贾充说："刘禅这个人没有心肝到了这个地步，即使诸葛亮活到现在，恐怕也没法使蜀汉维持下去了！"

过了几天，司马昭在接见刘禅的时候，问刘禅："您现在还想念蜀地吗？"

刘禅乐呵呵地回答说："这里挺快活，我不想念蜀地了。""乐不思蜀"的成语就是这样来的。

站在一旁的郤正听了，觉得太不像话。等刘禅回到府里后，郤正说："您不该这样回答晋王（指司马昭）。"

刘禅说："你看我该怎么说呢？"

郤正说："如果晋王以后再问起您，您应该流着眼泪说：'我祖上坟墓都在蜀地，我没有一天不想那边。'这样说，也许我们还有回去的希望。"

刘禅点点头，说："你说得很对，我记住了。"

后来，司马昭果然又问起刘禅，说："我们这儿招待您挺周到，您还想念蜀地吗？"

刘禅想起郤正的话，便把郤正教他的话原原本本地背了一遍。他竭力装出悲伤的样子，可就是挤不出眼泪，只好把眼睛闭上。

司马昭看了他这副模样，心里猜出是怎么回事，笑着说："这话好像是郤正说的啊！"

刘禅吃惊地睁开眼睛，傻里傻气地望着司马昭说："没错，没错，正是郤正教我的。"

司马昭忍不住笑了，左右侍从也笑出声来。

司马昭这才看清楚刘禅的确是个糊涂透顶的人，不会对自己造成威胁，就没有想杀害他。

刘禅的昏庸无能是出了名的。因刘禅小名"阿斗"，所以后来人们常把那种懦弱无能、没法使他振作的人，称为"扶不起的阿斗"。

羊祜蓄志灭东吴

司马昭灭了蜀汉，又准备进攻东吴。正在这时，他得了重病死了。他的儿子司马炎废掉魏元帝曹奂，自己做了皇帝，建立了晋朝，这就是晋武帝。从 265 年至 317 年，晋朝都以洛阳为国都，史称西晋。

西晋政权初步稳定以后，晋武帝司马炎接受羊祜的建议，积极准备攻灭东吴，统一中国。

羊祜是蔡邕的外孙，司马师的小舅子，从小喜欢读书，知识渊博，有辩才，文章写得好。有人把他比作孔子的弟子颜回。

从 269 年起，羊祜出任荆州都督，镇守襄阳，很受老百姓的爱戴。他到襄阳的时候，军营里的粮食还不够一百天用的，后来推行屯田政策，让士兵开垦荒地，粮仓里储满了粮食。他还对东吴军民讲究信用，投降过来的士兵想回去的随他们自愿。有些投降的人，回去后都说羊祜的好话。这样，投降的人就越来越多了。

晋武帝司马炎非常赞赏羊祜在襄阳的政绩，提升他为车骑将军。

羊祜决心采取一套攻心策略，用道义去争取民心。他每回跟东吴交战，一定按照约定的日子，决不偷袭，决不布置埋伏。将士当中有谁向他献计，只要听到话里有欺诈的苗头，他就拿出上等的好酒，请献计的人喝，让他喝得醉醺醺的，开不得口。羊祜行军的时候，经过东吴的地界，士兵割了稻谷，也必须报告吃了多少粮食，按价赔偿人家。他出外打猎，每次都郑重叮嘱手下将士只准在自己的地界内。碰巧，东吴的将士也在对面打猎，双方各不侵犯。如果有一只飞鸟或者一只野兽，先给吴兵打伤，飞到这边被晋兵抓住，必须送给对方。因此，吴人对他很是敬重，称他为羊公。

羊祜见时机慢慢成熟起来，积极筹备伐吴。276 年，羊祜上书，请示晋武帝征伐东吴。不料秦、凉二州的少数民族发生了动乱，朝廷大臣纷纷反对出兵东吴，只有杜预和张华赞成，于是建议被搁置下来。

又过了一年多，羊祜病了，他要求回到洛阳来。晋武帝请他坐车进宫，不必叩拜。后来又让他回家养病，不必上朝。接着，就派张华去向羊祜请教征伐东吴的计策。羊祜说："孙皓暴虐昏庸，今天去征伐，一定能够胜他。要是孙皓一死，吴人另立一个有能耐、爱护老百姓的新君，咱们即使有百万大军，恐怕也打不过长江去了。"

过了几天，张华向晋武帝详细报告了羊祜灭吴的谋略。晋武帝接受了羊祜的建议，拜杜预为平安东将军，统率荆州所有的军队。杜预受命后，召集兵马，储备粮草，准备伐吴。正在这个时候，羊祜病故了。

羊祜死后的第二年，杜预攻灭了东吴，统一了中国。在庆祝宴上，晋武帝拿起酒杯对大臣说："讨平东吴，统一天下，是羊太傅的功劳啊！"接着，他带领文武大臣到羊祜的墓前去祭奠，告慰已经安眠于地下的羊祜。

竹林七贤

曹魏后期，曹氏皇帝昏庸无能，司马家族重权在握，篡位自立，建立了西晋，这一段历史，文学史上称之为"正始时期"。这一时期，文人们不再把目光聚集在丑恶的当世生活，而是避开现实，以深具洞察力的眼光去观照哲学的世界。在他们的作品里，表现出的是深刻的理性思考和尖锐的人生悲哀，代表文人就是所谓的"竹林七贤"。

"竹林七贤"即谯国嵇康、陈留阮籍、河内山涛、河南向秀、沛国刘伶、陈留阮咸、琅琊王戎，此七人生性旷达，经常聚集在竹林下纵酒酣歌，嗜酒几乎是他们共同的特点。刘伶醉酒，千古闻名。他常乘着鹿车，拿着一壶酒，到处乱跑，让仆人跟着他，并且吩咐说："我死了，你就随便挖个坑把我埋了吧！"司马昭想让阮籍的女儿嫁给自己的儿子，派人去提亲，阮籍大醉60天，使得媒人无从开口，只得作罢。

除了嗜酒，他们也放任自己的行为举止，而不顾世人评说。阮籍为素不相识的夭亡少女扶棺痛哭，表达对一个美丽生命逝去的痛悼；他对谁都翻着白眼，唯独对嵇康青眼有加。刘伶则经常在家中裸奔，有人责备他，他却说，我以天地为

高逸图　唐　孙位
这是残存的《竹林七贤图》。图中只剩下了四贤：从左到右，分别是惯作青白眼的阮籍、嗜酒的刘伶、善发谈端的王戎、介然不群的山涛。人物重视眼神刻画，线条细劲流畅，似行云流水。

房屋，以屋宇为衣服，你怎么钻到我衣服里面来呢！

从实质上看，七贤的这种放达任性的林下之风，表现的是内心深处的无法解脱的痛楚。他们认识到自己面对现实的无奈，所以只有选择消极抗争的行为。他们的痛苦，为千秋后代留下了一个评说不尽的话题。

七人在文学创作上成就不一，以阮籍、嵇康为高。阮籍的五言诗，嵇康的散文，在文学史上都占重要地位。向秀的《思旧赋》，篇幅虽短，但感情深挚。刘伶有散文《酒德颂》。阮咸精通音律，善弹琵琶，但文学作品很少。山涛（字巨源）、王戎所遗留下来的著作文学性也不高。

嵇康天性旷达，文采斐然。散文方面，他的《与山巨源绝交书》，是传颂一时的名篇。山巨源就是"竹林七贤"之一的山涛，本与嵇康为至交，后来却投靠司马氏。他向朝廷推荐嵇康做官，于是嵇康写了这封信表明自己断然拒绝的态度，并宣布与山涛绝交。"人此犹禽鹿，少见驯育，则服从教制；长而见羁，则狂顾顿缨，赴汤蹈火；虽饰以金镳，享以佳肴，愈思长林而志在丰草也。"这种个人意识和追求个性自由的精神，是正始文学最为显著的特色。

嵇康的诗写得也不错，现存50余首，有四言、五言、七言和杂言诗，而以四言的成就为高。他在诗中表现出追求自然、高蹈独立、厌弃功名富贵的人生观，如在《幽愤诗》一诗中，他就自述身世和志趣，表达出对自由生活的无限向往。

然而在与强权的对抗中，嵇康最终还是免不了悲惨的一死。他被陷害下狱，3000名太学生上书请求免罪，但是这反而坚定了司马氏杀害嵇康的决心。东市临刑的时候，嵇康气定神闲，弹奏了一曲《广陵散》，然后不无遗憾地说："《广陵散》于今绝矣！"

而阮籍既不愿意与司马氏对抗一死，也不愿意像山涛那样阿附权贵。生活在夹缝中的阮籍，只好同司马氏虚与委蛇，佯装痴狂。所以其诗里大多透露着内心的无奈与惶恐，充满了苦闷、孤独的情绪。其诗以82首《咏怀诗》为代表。诗里他或者感叹人生无常；或者写树木花草由繁花密叶而花飘叶落，借以比喻世事的反复；或者写鸟兽虫鱼对自身命运之无奈；或者伤感于生命中不能承受之痛。

现实中没有出路，只有向精神世界寻求。阮籍在咏怀诗中讽刺历史上那些因贪图富贵而招致杀身之祸的名利之徒，羡慕仙人的生活，赞美古时的隐士。这是他为自己寻找到的精神出路。他是那个特定时代的悲剧人物，代表着那一批个性觉醒的知识分子，他们以极大的热情去追求人格和生命的完美，追求真诚自由的生活。

皇甫谧浪子回头

皇甫谧出身官僚世家，其曾祖父皇甫嵩是东汉时期的一位名将，官拜太尉。但到了他父亲这一代家境已经衰落，生活相当窘迫。皇甫谧的叔父没有子嗣，皇甫谧的父亲就把他过继给叔父。不久，皇甫谧随叔父迁居新安，并受到叔父的过度溺爱。

在叔父的娇惯、宠爱之下，少年时代的皇甫谧沾染上当时官宦子弟的恶习，整日东游西逛、吃喝玩乐，不肯用功读书。据《晋书》记载，皇甫谧到了 17 岁还目不识丁，以至人们认为他天生痴傻。

有一年，由于家中的田产、商铺经营不善，再加上皇甫谧挥霍无度，叔父家的家产变卖一空。婶母对依旧我行我素的皇甫谧非常气愤，也为他的前途忧虑。但不管她怎么说，怎么劝，皇甫谧都只把她的话当做耳旁风。

一天，怒不可遏的婶母把贪玩的皇甫谧赶出家门，想以此来惩戒他。不料，他到了外边市井上弄来一些香瓜、甜果之类的东西，扬扬得意地献给婶母。他以为这样"孝顺"婶母一番，便可以平息婶母的盛怒，谁知婶母更加气愤。她接过瓜果，狠狠地摔在地上，流着泪说："你都快 20 岁了，还是这样'志不存教，心不入道'。你要是想真心孝顺父母，就安下心来学习。否则，我再也不要见到你。"这件事使他深受触动。自此，他与先前的狐朋狗友断绝来往，拜乡里有名的学者席坦为师，刻苦学习儒学经典。

青瓷神兽尊　西晋

皇甫谧改邪归正，发愤读书之际，家境每况愈下，最后竟至无钱买书的地步。为了学习，他到处借书抄阅，有的时候为借阅一本书要长途跋涉数十里、数百里，借来之后赶紧抄阅，然后按期归还。同时，因为家中生计无着，他每天必须耕田劳动。于是，他每天带书下田，等别人在田埂休息时，就取出书来读上几页。晚上回到家里，别人呼呼大睡，皇甫谧却以冷水浇脸，然后就着微弱的灯光读书。就这样，他通读了诸子百家的著作，做了大量的读书笔记，使自己的学识很快有了不小的长进。

当皇甫谧在经学上有所成就的时候，年仅42岁的他却患上了风痹病：半边身子像针刺似的疼痛，有时痛得起不了身，又无药可治。病痛袭来，全身像被千万只蚂蚁咬一样难受，浑身上下颤抖得像筛糠。病痛暂时过去后，他必然大汗淋漓，有时候竟把身子下边的书籍浸湿一大片。尽管如此，他仍强忍着病痛，继续研究经史。看着他疾病发作时痛苦的样子，家人和朋友都劝他："别这样没命地干了，事已至此，再多的学问又有什么用呢？还不如在有生之年抓紧时间享乐一会儿值得。"一贯支持他的儿子此时也劝他放弃研究学问，听天由命。

皇甫谧却说："早晨起来学到知识，傍晚就死掉也没有什么遗憾的。"从此，他把精力转到对传统医学的研究上。皇甫谧凭着顽强的毅力自学了《黄帝内经》、《针经》和《明堂孔穴针灸治要》等医学典籍之后，就在自己身上扎针做实验。由于行动不便，有些穴位刺不到，他就叫儿子进针。时间一长，他的肋下和大腿的肌肉都被刺遍了，皮肤表面生了厚厚的一层茧。有一次，他为了找准小腹部的一个穴位，几次进针，不小心刺伤了脏器，要不是有人及时解救，他可能就一命呜呼了。

功夫不负有心人。他靠着针刺、拔火罐、按摩等治疗手法，奇迹般地治好了自己的风痹病。从此，他更加努力钻研，决心效法古人整理医学典籍，把自己的医术传承下来。

随着研究的深入，皇甫谧发现以前的针灸学书籍既晦涩难懂又错误百出，不便于阅读和学习。他仔细研读了周代的《足臂十一脉灸经》和《阴阳十一脉灸经》、战国时的《黄帝内经》等著作，对针灸学知识进行了系统总结。此外，他通过各种渠道搜求涉及针灸学的书籍，但普通人把这些书视为奇珍异宝，不轻易外借。

正在他为难之际，当时的晋武帝见他品格高尚、学识丰富，同时为了表示自己"礼贤下士"，居然送了一批医书给他。皇甫谧喜不自胜，日夜攻读。

他感到当时的针灸书籍"其义深奥，文多重复，错互非一"，不容易学习更不易流传。因此，他以《素问》、《针经》、《明堂孔穴针灸治要》三书中有关针灸内容为依据，总结秦汉三国以来针灸学成就，结合自己的临床经验，终于写出一部堪称针灸学典范的巨著——《针灸甲乙经》，这是我国现存最早的一部系统针灸学专著。他把针灸治疗和祖国医学的脏腑经络的生理、病理紧密结合起来，对腧穴的部位以及针灸操作方法、临床治疗等方面都作了系统的论述，确立了针灸学的完整理论体系，为针灸学成为临床的独立学科奠定了基础。

石崇斗富

全国统一后，晋武帝志满意得，整日沉湎在荒淫生活里。有他带头过奢侈的生活，朝廷里的大臣也仿效他，把摆阔气当作体面的事。

当时，在京都洛阳，有三个大富豪：一个是掌管禁卫军的中护军羊琇；一个是晋武帝的舅父、后将军王恺；还有一个是散骑常侍石崇。

羊琇和王恺都是外戚，他们的权势高于石崇，但是在豪富方面却比石崇逊色多了。石崇的钱到底有多少，连他自己也说不清。石崇的钱是哪儿来的呢？原来他在出任荆州刺史期间，除了疯狂地搜刮民脂民膏外，还干过抢劫的肮脏勾当。有些外国的使臣或商人经过荆州地面，石崇便像江洋大盗一样，公开杀人劫货。这样，他就掠夺了无数的钱财、珠宝，成了当时最大的富豪。

金谷园图
此图描绘的是西晋富豪石崇与小妾绿珠在金谷园中的宴乐情景。

石崇到洛阳后，听说王恺非常富有，就想跟他比一比。他听说王恺家里用饴糖水洗锅子，就命令他家厨房用蜡烛当柴烧火。

王恺为了炫耀自己富有，就在他家门前的大路两旁，用紫丝编成屏障，一直延伸四十里地。谁要上王恺家，都要经过这四十里紫丝屏障，才能到达。这个奢华的装饰，轰动了整个洛阳城。

石崇不服气。他用比紫丝贵重的彩缎，铺设了五十里屏障，不仅比王恺的屏障长，而且更豪华。

王恺又输了一回。但是他不甘心，他向外甥晋武帝请求帮忙。晋武帝觉得这样的比赛挺有意思，就把宫里收藏的一株两尺多高的珊瑚树赐给王恺，好让王恺在众人面前夸耀。

有了皇帝帮忙，王恺来了劲头。他特地请石崇和一批官员上他家喝酒。

宴席上，王恺不无得意地对众人说："我家有一件罕见的珊瑚，请大家一起来观赏怎么样？"王恺边说边让侍女把珊瑚树捧了出来。那株珊瑚有两尺高，长得枝条匀称，色泽鲜艳。大家看了赞不绝口，都说是难得一见的宝贝。

石崇在旁边冷笑了一下，顺手抓起案头上的一支铁如意，朝着大珊瑚树正中，轻轻一砸，那株珊瑚被砸得粉碎。

周围的官员们都大惊失色，主人王恺更是气急败坏。

石崇不慌不忙地喊来他的随从，让他回家去，把家里的珊瑚树统统搬来让王恺挑选。

不一会，石崇的随从们搬来了几十株珊瑚树。这些珊瑚中，三四尺高的就有六七株，大的竟比王恺的高出一倍。株株长得条干挺秀，光彩夺目。

周围的人都看呆了。王恺这才知道自己的财富远远比不上石崇，也只好认输了。

晋武帝跟石崇、王恺一样，一面搜刮暴敛，一面穷奢极欲。西晋王朝从一开始就这样腐败不堪了。

周处除"三害"

西晋时期，穷奢极欲的豪门官员比比皆是。这些人饱食终日，无所事事，只会空谈。

但是，另外也有一些正直实干的人，周处就是其中的代表之一。西晋初年，周处担任广汉（今四川广汉北）太守，当地原来的官吏腐败，积下来的案件，有的长达30年没有处理。周处到任后，很快就把积案认真处理完了。后来他到京城做了御史中丞，凡是违法的，无论是皇亲还是国戚，他都敢大胆揭发。

周处原是东吴义兴（今江苏宜兴县）人。他的父亲很早就死了，因而自小没人管束，成天在外面游荡。他个子长得比一般人高，力气也大，而且脾气暴躁，动不动就出手伤人，甚至动刀使枪。当地的百姓都害怕他。

义兴附近的山上有一只白额猛虎，经常出来伤害百姓和家畜，当地的猎户也不能把它制服。

当地的长桥下，有一条大蛟，出没无常。过往的船只常常受到威胁。义兴人把周处和南山白额虎、长桥大蛟联系起来，合称义兴"三害"。这"三害"之中，最使百姓感到头痛的要数周处了。

晋羽人驭龙金饰

有一次，周处看见人们都闷闷不乐的样子，就问一个老年人："今年收成挺好，为什么大伙那样愁眉苦脸呢？"

老人没好气地回答："'三害'还没除掉，能高兴得起来吗？"

周处第一次听到有"三害"一说，就问："你指的'三害'是什么？"

老人说："南山的白额虎，长桥的蛟，还有你，这就是'三害'。"

周处愣住了，他没有想到乡间百姓都把自己当作虎、蛟一般的大害了。过了一会儿，他说："这样吧，既然大家都为'三害'苦恼，我来除掉它们。"

第二天，周处果然带着弓箭、利剑，进山捕虎去了。在密林深处，随着一阵虎啸，一只白额猛虎窜了出来。周处躲在大树后面，一箭射去，正中猛虎前额，结果了它的性命。

又过了几天，周处穿上紧身衣，带了刀剑跳进水里去找蛟。那条蛟隐藏在水深处，发现有人下水，想过来咬。周处早就提防了，他猛地往蛟身上刺了一刀。那蛟受了重伤，逃向了江的下游。

周处一见蛟没有死，紧紧跟在后面追杀。

三天三夜过去了，周处还没有回来。大家议论开了，认为这回周处和蛟一定两败俱伤，都死在河里了。本来，大家以为周处能杀死猛虎、大蛟，已经挺高兴；这回"三害"都死了，大家更是喜出望外。

周处在第四天回到了家里才知道：他离家后，人们以为他死了，都为之高兴。这件事使他认识到，人们对他平时的行为痛恨到什么程度了。

他痛下决心，离开家乡到吴郡找老师求学。那时，吴郡有两个很有名望的人，一个叫陆机，一个叫陆云。他们见周处诚心诚意要改过自新，就收留了他。

从那以后，周处一面跟陆机、陆云读书学习，一面注意自己的品德修养。过了一年，州郡的官府都征召他去做官。等到晋朝灭掉东吴以后，他成了晋朝的名臣。

白痴皇帝

晋武帝和他的祖父辈都是善于玩弄权术的人，可是他的儿子——太子司马衷却是一个什么都不懂的白痴。朝廷里的大臣都很担心，晋武帝死后，要是让这个低能儿即位，不知道会把朝政搞成什么样子。

有些大臣想劝武帝另立太子，但又不敢开口明讲。

晋武帝也有些犹豫。他想试试他的儿子到底糊涂到什么程度。有一次，他派人给太子送去一卷文书，里面提到几件公事，要太子处理一下。

太子的妻子贾妃，是个脑瓜灵活的女人，见到这卷文书，赶忙请来宫里的老师，替太子代做答卷。那个老师很有学问，写出的卷子，引经据典，讲得头头是道。

贾妃看了非常满意，旁边有个太监却提醒她："这份卷子好是好，只是皇上知道太子平常不太懂事，看了这样一份卷子，难免生疑。万一追究起来，事情就不好办了。"

贾妃经他一提醒，便让略懂文墨的太监另外起草了一份粗浅的答卷，让太子抄写一遍，给晋武帝送去。

晋武帝一看，卷子虽然写得不高明，但是总算有问必答，可以看出太子的脑子还是清楚的，也就不再想废掉太子的事了。

290年，晋武帝病重。这时，太子司马衷已经30多岁了。按理说，30多岁的人可以处理政事了。但是晋武帝还是不放心，临死前立了遗诏，要皇后的父亲杨骏和他叔父汝南王司马亮共同辅政。杨骏想独揽大权，便和杨皇后串通起来，伪造了一份遗诏，指定由杨骏一人辅政。

晋武帝死后，太子司马衷继承皇位，就是晋惠帝。

晋惠帝即位以后，根本管不了国家政事，还闹出一些笑话来。

有一年，各地庄稼歉收。地方官员把灾情上报朝廷，说灾区饿死很多人。晋惠帝知道这件事，就问大臣说："好端端的人怎么会饿死呢？"

大臣回奏说："当地灾情严重，没有粮食吃。"

惠帝沉思了一下，说："为什么不叫他们多吃点肉粥呢？"

大臣们听了，目瞪口呆。

有这样一个白痴当皇帝，西晋王朝迟早要闹出乱子来。

八王之乱

晋武帝统一全国以后，为了保住司马氏的天下，吸取了曹魏皇权太弱的教训，大封自己的子侄兄弟做王，让他们像众星拱月一样来护卫皇室。然而，晋武帝没有想到，握有兵权的诸王野心越来越大，最终酿成了大祸。

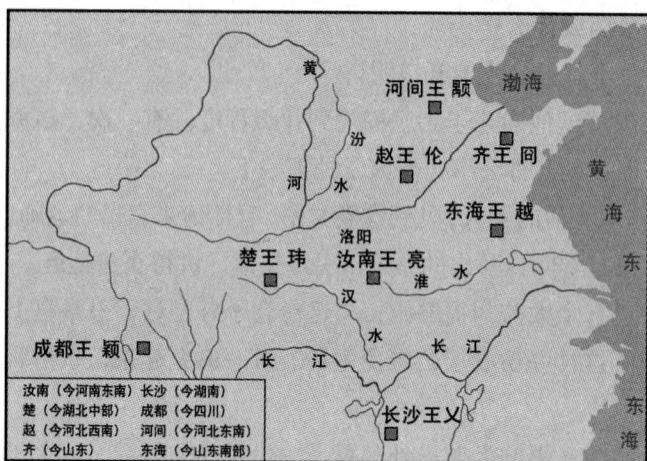

西晋时期八王封国略图

司马衷即位后，军政大权落到杨太后的父亲杨骏手中。杨骏用阴谋权术，排除异己，引起皇后贾南凤与晋宗室的强烈不满。

贾皇后不甘心让杨骏掌权，就暗中联系宗室诸王，让他们进京除掉杨骏。诸王早已心怀鬼胎，楚王司马玮一接到诏书，马上进了京城。贾后即以惠帝名义下诏，宣布杨骏谋反，在皇宫卫队的配合下，司马玮杀死了杨骏，并灭了他的三族，其他凡是依附杨家的官员也都掉了脑袋。

贾皇后除掉杨家势力后，为稳定大局，召汝南王司马亮入朝辅政。司马亮也是喜欢抓权的人，暗中谋划着夺取楚王玮的兵权。贾皇后感到诸王难以控制，便生出了除掉诸王的想法。她先让惠帝下诏，派司马玮杀了司马亮全家。接着，贾皇后以司马玮擅杀朝廷重臣的罪名，将司马玮处死。

这样，贾后夺得了西晋的全部大权。

可是，贾后没有生儿子，她怕大权将来会落到别人手里，就假装怀孕，暗地里把妹夫韩寿的儿子抱来，说是自己生的。有了这个儿子，贾后就决定废掉太子，并且派人把他毒死，立抱来的孩子做太子。这个消息传出去以后，宗室群情激愤，以贾后篡夺司马氏天下为名义，起兵讨伐贾后。

赵王司马伦当即领兵入宫，派齐王司马同废掉贾皇后，接着又将她毒死，之后司马伦废掉晋惠帝，自己称了帝。

在许昌镇守的齐王司马同，听说赵王司马伦当了皇帝，非常不满，他向各处发出讨伐司马伦的檄文，号召大家共同起兵。成都王司马颖、河间王司马颙也有夺取政权的野心，他们和齐王司马同联合起来，攻杀了司马伦。齐王司马同进入洛阳后，独揽大权，沉湎酒色。

长沙王司马乂乘机起兵发难，司马颖、司马颙互相声援。司马颙与司马乂打了几年，兵败被杀。司马乂乘机入朝辅政，控制了朝政大权。司马颙见司马乂又独揽了朝政大权，恼羞成怒，随即发大兵讨伐司马乂，与司马颖联合，大举进攻洛阳。正当他们打得昏天暗地的时候，在洛阳城里的东海王司马越乘机偷袭了司马乂，并把他用火烧死了。司马颖也就乘机进入洛阳，做了丞相，控制了政权。

东海王司马越认为自己杀司马乂有功，却没捞到半点好处，很不甘心，就假借惠帝的名义，起兵讨伐司马颖。司马颖挟持着惠帝，到了长安。长安是在河间王司马颙的掌握之中，他看到司马颖兵败势穷，就乘机排挤司马颖，把惠帝控制在自己手里，独揽了朝政大权。

被司马颖打败逃走的东海王司马越，见王浚的势力大，就和王浚联合起来，攻打关中。他打败了司马颙，进入长安。后来，司马越又把惠帝和司马颖、司马颙全都带回到洛阳，把他们全都杀死，然后，立司马炽做皇帝，这就是晋怀帝。晋怀帝把即位的这一年改年号为永嘉元年（307年）。至此，八个王围绕皇权的血腥争夺告一段落。

"八王之乱"时间长达16年，8个王中死了7个，西晋的力量大大削弱了。此后，北方和西部的少数民族乘乱进攻中原，西晋王朝处在了风雨飘摇之中。

李特起义

八王之乱给百姓带来了无穷无尽的灾难，天灾人祸造成许多地方的农民没有饭吃，被迫离开自己的家乡，成群结队地外出逃荒。这些逃荒的农民叫做"流民"。

298年，关中地区闹了一场大饥荒，庄稼颗粒无收。略阳（治所在今甘肃天水东北）、天水等六郡十几万流民逃往蜀地。有个氐族人李特和他兄弟李庠、李流，也夹杂在流民队伍中。一路上，李特兄弟常常接济那些挨饿、生病的流民。流民都很感激、敬重李特兄弟。

蜀地的百姓生活比较安定。流民进了蜀地后，就分散在各地，靠给富户人家打长工过活，流民的生活总算稳定了下来。

可是过了不久，益州刺史罗尚要把这批流民赶回关中去。流民们听到消息，想到家乡正在闹饥荒，回去没有活路，人人都发愁叫苦。

李特得知情况后，几次向官府请求放宽遣送流民的限期。并在绵竹设了一个大营，收容流民。不到一个月，流民越聚越多，约莫有两万人。

随后，李特又派使者阎彧去见罗尚，再次请求延期遣送流民。阎彧来到罗尚的刺史府，看到那里正在修筑营寨，调动人马，便立即返回绵竹把罗尚那里的情

持盾武士俑　西晋

况一五一十地告诉了李特。

李特立刻把流民组织起来，准备好武器，布置阵势，防备晋兵的偷袭。

到了晚上，罗尚果然派部将带了步兵、骑兵三万人，向绵竹大营进攻。

三万晋军刚进了营地，只听得四面八方响起了一阵震耳的锣鼓声。大营里预先埋伏好的流民，手拿长矛大刀，一起杀了出来。这批流民勇猛无比，把晋军杀得丢盔弃甲，四散逃窜。

流民们杀散晋军，知道晋朝统治者不会罢休。大家一商量，一致推举李特为镇北大将军，李流为镇东将军，几个流民首领都被推举为将领。他们整顿兵马，向附近的广汉进攻，赶走了那里的太守。

李特进了广汉，打开了官府的粮仓，救济当地的贫苦百姓。流民组成的军队在李特领导下，纪律严明，军威大振。蜀地的百姓平时受尽晋朝官府的压迫，现在来了李特，生活倒安定起来，都非常高兴。

过了不久，罗尚勾结当地豪强势力，围攻李特。李特在战斗中不幸牺牲，他的儿子李雄继续率领流民与晋军战斗。304 年，李雄自立为成都王。两年后，又自称皇帝，国号大成。李雄死后，他的侄子李寿即位，改国号为汉。历史上称之为"成汉"。

羯族的"后赵"

建立后赵的石勒是羯族人，他的家里世代都是部落的头目。年轻的时候，由于并州地方闹饥荒，石勒和部落失散了，曾经给人家做过奴隶、佣人。一次，石勒被乱兵捉住，关在囚车里。正好他的囚车旁边有一群鹿跑过。乱兵纷纷去追捕鹿群，石勒才趁机逃走。受尽苦难的石勒召集了一群流亡的农民，组成了一支强悍的队伍。刘渊起兵后，石勒投奔了刘渊。

羯族人的文化比匈奴人要低。石勒不像刘渊，受过汉族文化的教育，他可是连字都不认识。担任大将以后，石勒渐渐懂得要成大事业，光靠武力不行，于是就收留了一批北方汉族中贫苦的读书人，组织了一个"君子营"。

石勒做了皇帝后,删定律令,减百姓一半的田租,严禁兵士欺侮衣冠华族士人,并在都城内立小学十余所,崇文敬教,要他部下将领的子弟都进学校读书,还建立了保举和考试的制度。凡是各地保举上来的人经过评定合格的,就选用他们做官。

石勒不是一个好大喜功、奢侈浪费的君主,他对自己的地位和功绩很有自知之明。332年,石勒设国宴款待高句丽使臣,酒到半酣,石勒问臣子徐光:"你看我能和前代哪个皇帝相提并论呢?"

徐光说:"陛下您应该高过汉高祖刘邦,比您高的仅仅是轩辕黄帝。"

石勒笑道:"人应该有自知之明,我没有那么大的功绩,假如我能遇到刘邦,我会向他俯首称臣的。大丈夫做事要光明磊落,怎么能像曹操和司马懿那样,欺负孤儿寡母篡夺人家的天下呢?"大家听了,对石勒莫不心悦诚服。

因为是少数民族,石勒严禁部下提到"胡"、"羯"等字。但是为了安抚汉族士人,有时候也没有绝对执行禁令。一次,汉族官员樊坦被任用做官,进宫朝见的时候,他穿了一身破破烂烂的衣服。石勒吃惊地问他:"你怎么穷到这个地步?"樊坦忘了禁令,回答说:"刚刚碰到一批羯贼,把我的家当都抢走了,连一件像样的衣服都没留下。"石勒笑着说:"羯贼这样乱抢东西,太不应该!我来替他们赔偿吧!"樊坦这才意识到自己犯了禁令,吓得浑身发抖,连忙向石勒请罪。石勒则笑着说:"我这个禁令,是对付一般百姓的。你们这些老书生,我不怪你们。"说着,真的赔给樊坦一些衣服钱财,还赏给他一辆车,一匹马。

还有一次,有位饮酒大醉的羯人骑马闯入王宫,石勒大怒,立即怒问卫队小队长汉人冯翥:"君王威行天下,王宫之内,为何有人敢驰入,作为守卫值班的军官,你为什么不能阻止来人!"惶惧之间,冯翥忘了忌讳,回答说:"刚才那个羯胡乘马驰入,速度很快,我向他喊叫了半天,那个羯胡也听不懂我在说什么。"话音刚落,冯翥忽然意识到自己刚才犯了"国讳",叩头出血,以求宽恕。谁料石勒只是笑了笑,说:"胡人确实很难和他们讲话沟通。"

石勒因为自己不识字,便常找一些读书人把书讲给他听,一边听,一边还发表自己的见解。一次,他让人给他读《汉书》,听到有人劝汉高祖封旧六国贵族的后代的历史,就说:"唉!刘邦采取这样的错误做法,还怎么能够得天下呢?"讲书的人马上给他解释,后来由于张良的劝阻,汉高祖并没有这样做。石勒点头说:"这才对啦。"

由于石勒重用人才,在政治上比较开明,后赵初期出现了兴盛的气象。

鲜卑族的"前燕"

后赵国石勒死后，他的儿子石弘继位，石勒的侄儿石虎把石弘杀掉，自己上台。这时后赵内部发生大乱，石虎的养子冉闵称帝，建立了魏国，历史上称为冉魏。

冉闵称帝后四处征伐，虽屡战屡胜，但军队疲乏，缺少粮食，军队四处游击掠夺。当时大乱四起，人们根本无法耕种，饥荒成灾。

352年，燕王慕容俊派慕容恪、慕容霸等人深入中原，进击冉闵以及其他后赵的残存势力。

冉闵的大将军董闰和车骑将军张温久经战阵，谏劝说："鲜卑乘胜锋锐，彼众我寡，宜先避之；俟其骄惰，然后益兵以击之！"冉闵不听，大怒道："晋欲以此众平幽州，斩慕容俊。今遇慕容恪而避之，人谓我何？"见冉闵刚愎自用，司徒刘茂长叹："吾君此行，必不还矣，吾为何坐待戮辱？"说完便自杀了。

冉闵神勇的名声早已远播，燕兵也不敢贸然进攻。双方经过10次试探性的交锋，鲜卑燕兵虽然数倍于魏兵，但都吃了败仗。

慕容恪是鲜卑军中罕有的智勇双全的人物。最后，他想出一招毒计，利用"连环马"，诱冉闵步军于平地决战。燕军将领很是犹豫，认为自己的骑兵都打不过冉闵的步兵，平地决战更是没有胜算了。慕容恪说："冉闵性子轻锐，一定会与我军死战。我将大部分力量与他决战，等他的体力消耗尽了，你们再从旁边突袭，一定能够取胜！"

慕容恪的"连环马"，人马即使死掉了，仍旧是用锁连在一处的，这样就形成了重重障碍，阻挡了冉闵及其兵众的突围。三面受敌之下，冉闵又寡不敌众，激战半日，魏军悉数英勇战死。冉闵虽被围数重，最后仍向东跑出了20多里。本来他可以马上脱险了，但这时他所乘的朱龙宝马却忽然倒地死了，冉闵被重重摔在地上。鲜卑骑兵于是一拥而上，生擒了这位盖世英雄。

冉闵被俘送到燕国首都蓟城后，慕容俊高声斥责道："汝奴仆下才，何得妄自称帝？"冉闵一脸蔑视，大声说："天下大乱，尔曹夷狄，人面兽心，尚欲篡逆。况我中土英雄，何为不可做帝王？"

慕容俊大怒，下令把冉闵处斩。冉魏立国三年，即宣告灭亡。

337年，慕容俊的父亲慕容皝建立燕国称帝，史称前燕。

占田课田制

　　占田课田制，西晋经济制度之一。泰始四年（268 年），晋武帝下诏改典农官为郡县官，在全国范围内实行占田制和课田制，实际是一种租税制度。规定每户每人应种田若干亩，但不是按户口实际授予这个数额的田地，而是按规定的田数向每户每人征收规定的租税。此前司马昭改屯田官为郡县官，屯田农户成为普通农民，所耕官田成为私田。耕官田一般是 50 亩，屯田制废除后，加收 50 亩租税，作为官田变为私田的补偿。这是占田制的根据。屯田官强迫屯田客加种田亩，称为课田制度。占田制规定一户负担 100 亩的租税。朝廷不管农民实际种田多少，均按百亩收租税。屯田农户得私田 50 亩，普通农户得确定开垦地的占有权，百亩租税的负担可承受。课田制改按户加课，新垦田为按丁加课，农户也可接受。占田课田制实行时，额定田数与农户实有田数相差不远，所以占田课田制即租税制，也是农户土地占有制。

品官占田荫客制

　　品官占田荫客制，西晋经济制度之一。西晋规定，官吏根据官品占田，一品占田 50 顷，依次每品递减 5 顷，到第九品占田 10 顷。同时，还颁布了荫佃客和荫衣食客制。荫佃客制规定：一品、二品官不得过 5000 户，三品 10 户，四品 7 户，五品 5 户，六品 3 户，七品 2 户，八品、九品 1 户。荫衣食客制规定：六品官以上得荫 3 人，七、八品 2 人，九品及不入品的吏士 1 人。自九品中正制实施以来，士族严格区分各级门第，大体按高、中、下三级固定在政治上的地位。一、二品官与三品官所荫佃客户数悬殊，六品官以上与七品以下所荫衣食客人数不同。朝廷另给高级士族荫亲属特权，换取其在荫佃客制上的让步。为此，在荫佃客制的限制下，一部分农民从私属变成编户，归大族支配，向大族交纳租税，成为大族的依附民。受荫庇的亲属，不再交纳户调、田租，免服徭役。

刘渊反晋

　　李雄在成都称王的那一年（304 年），北方的匈奴贵族刘渊也自称汉王，反晋自立。

从西汉末年起，有一些匈奴人分散居住在北方边远郡县，他们和汉族人在一起生活久了，接受了汉族的文化。匈奴贵族以前多次跟汉朝和亲，可以说是汉朝皇室的亲戚，后来就改用汉皇帝的刘姓。曹操统一北方后，为了便于管理，把匈奴许多部落集中起来，分为五个部，每个部都设一个部帅，匈奴贵族刘豹就是其中一个部的部帅。

刘豹死后，他的儿子刘渊继承了他的职位。刘渊自幼读了许多汉族人的书，文才很好，同时武艺也很高强。后来，刘渊在西晋的成都王司马颖（八王之一）部下当将军，留在邺城，专管五部匈奴军队。

304年，刘渊回到左国城，匈奴人想借八王混战之机，复国兴邦，便拥戴他做大单于。他集中了5万人马，亲自率军南下，帮助晋军攻打鲜卑兵。有人不解地问他："为什么不趁这个机会灭掉晋朝，反倒去打鲜卑呢？"

刘渊说："晋朝现在已经腐朽透顶了，灭掉它非常容易，但是晋朝的百姓未必会归顺我们。我看汉朝立国的年代最长，在百姓中还很有影响，我们的上代又与汉朝皇室有血缘关系，不如借用汉朝的名义，也许可以得到汉族百姓的支持"。

刘渊称汉王后，不久便攻下了上党、太原、河东、平原等几个郡，声势越来越大。一些势力比较小的各族反晋力量也都前来归附刘渊。

308年，刘渊称汉帝。第二年迁都平阳（今山西临汾西南），集中兵力向洛阳进攻。洛阳的老百姓虽然恨透了腐朽的西晋王朝，但是更不愿受外族人统治。所以刘渊两次进攻，都遭到洛阳军民的顽强抵抗，没有占到一点便宜。

刘渊死后，他儿子刘聪接替了皇位，又派大将刘曜、石勒进攻洛阳。洛阳城终于在311年被攻陷，晋怀帝做了俘虏。

刘聪进洛阳后，大批屠杀晋朝的官员和百姓。有一次，刘聪在宴会上，让晋怀帝穿着奴仆穿的青衣为大家倒酒。一些晋朝的旧臣看了，禁不住失声痛哭。刘聪看晋朝遗臣还对怀帝这样有感情，便狠下心来，把怀帝杀了。

晋怀帝死后，在长安的晋国官员拥立怀帝的侄儿司马

匈奴人黄金铠甲

邺做了皇帝，这就是愍帝。

316 年，刘聪攻入长安。晋愍帝也遭到了与怀帝同样的命运，在受尽侮辱后被杀，西晋王朝终于灭亡了。

西晋灭亡之后，北方的各族人民（主要是匈奴、鲜卑、羯、氐、羌五个少数民族）纷纷起义，许多人像李雄、刘渊一样建立政权，前前后后一共出现十六个割据政权，历史上称为"十六国"（旧称五胡十六国，胡是古时候对少数民族的泛称）。

王马共天下

刘聪攻下长安后，晋朝还有江南的半壁江山。晋愍帝在被俘前留下诏书，让镇守在建康（原名建业，今江苏南京市）的琅琊王司马睿继承皇位。

司马睿在西晋皇族中，地位和名望都不太高。晋怀帝的时候，他被派去镇守江南。他还带了一批北方的士族官员，其中最有名望的是王导。司马睿把王导看作知心朋友，对他言听计从。

司马睿刚到建康的时候，江南的一些大士族地主嫌他地位低，看不起他，都不来拜见。司马睿为此常常不安，便让王导想想办法。

王导把在扬州做刺史的王敦找来，两人商定了一个主意。

这年三月初三，按照当地的风俗是禊节，百姓和官员都要去江边"求福消灾"。这一天，王导让司马睿坐上华丽的轿子到江边去，前面有仪仗队鸣锣开道，王导、王敦和从北方来的大官、名士，一个个骑着高头大马跟在后面，这个大排场一下轰动了建康城。

江南有名的士族地主顾荣等听到消息，都跑来观看。他们一见王导、王敦这些有声望的人都这样尊敬司马睿，不禁大吃一惊，怕自己怠慢了司马睿，一个接一个地出来排在路旁，拜见司马睿。

从那以后，江南大族纷纷拥护司马睿，司马睿在建康便稳固了地位。

后来，北方战乱不止，一些士族地主便纷纷逃到江南避难。王导劝说

·侨 置·

西晋永嘉之乱以后，由于北方战乱频繁，各少数民族统治者肆意烧杀掠夺，那里的汉族人民纷纷越淮渡江，南下避乱。据统计，北方人口迁到南方总数90万余，南方人口有1/6为北来的侨民。如何处置好这一大批北来侨民，关系到东晋政权的稳定与巩固。东晋政府对这部分人采取了侨置郡县的办法，即在地广人稀之处立侨州、侨郡、侨县，让北方人集中居住，仍沿用北方原籍地名。侨州郡县的官吏仍由北方人士担任。侨人不入当地户籍，与当地土著人有所区别，而且享有免除赋役的优待。

司马睿把他们中间有名望的人都吸收到王府来。司马睿听从王导的意见，前后吸收了100多人在王府里做官。

司马睿在王导的辅助下，拉拢了江南的士族，又吸收了北方的人才，他的地位就日渐巩固了。

317年，司马睿在建康即位，这就是晋元帝。在这之后，晋朝的国都一直在建康。为了和司马炎建立的晋朝（西晋）区别开来，历史上把这个朝代称为东晋。

晋元帝总认为他能够得到这个皇位，都是凭借王导、王敦兄弟的帮助，所以，对他们特别尊重。他封王导担任尚书，掌管朝内的大权，让王敦总管军事，又把王家的子弟封了重要官职。

当时，民间流传着这样一句话："王与马，共天下。"意思是：东晋的大权，由王氏同皇族司马氏共同掌握。

王敦掌握军权后，便不把晋元帝放在眼里。晋元帝也看出了王敦的骄横，于是渐渐疏远了王氏兄弟，另外重用了大臣刘隗和刁协。这样，刚刚建立的东晋王朝内部，又出现了裂痕。

石勒读汉书

晋元帝即位不久，汉国国主刘聪就病死了。汉国内部也闹起了分裂，刘聪的侄儿刘曜作了国主。他觉得再用汉朝的名义已失去了意义，便在319年，改国号为赵。汉国大将石勒在与晋朝的征战中，扩大了势力，不愿再受刘曜的管束，也自称赵王。

石勒是羯族人，祖辈都是羯族部落的小头目。石勒年轻的时候居住在并州，后来并州闹饥荒，他和部落失散了。为了生存，他先后给人家做奴隶、佣人。

石勒受尽苦难的折磨，没有出路，就召集一群流亡的农民，组成了一支强悍的队伍。刘渊起兵以后，石勒前去投奔他，并在刘渊部下当了一员大将。

石勒从小没有受过汉族文化教育，不识字。他担任大将以后，渐渐懂得要成大事业，光靠武力不行，必须要用脑子，用谋略。后来，他把汉族士人张宾请来为他出谋划策。他还收留了一批北方汉族中家境贫寒的读书人，组织了一个"君子营"。

由于石勒骁勇善战，加上有了张宾等一批谋士的帮助，石勒的势力越来越强大。到了328年，终于把刘曜消灭了。过了两年，石勒在襄国自称皇帝，国号仍是赵。

历史上把刘氏建立的赵国称为"前赵"，把石勒建立的赵国称为"后赵"。

石勒自己没有文化，但是对读书人却十分重视。他做了后赵皇帝后，命令部下，如果捉到读书人，不许杀害，一定要送到襄国来，让他自己处理。

在张宾的建议下，他又设立了学校，让他部下将领的子弟进学校读书。他还建立了保举和考试的制度，凡是各地保举上来的人经过考核评定，都可以做官。

石勒喜欢书，但自己不识字，就找一些文化人给他读书，他一边听，一边还随时发表自己的见解。

两赵大战

由于石勒重视文化教育，起用人才，施行开明的政治，后赵初期出现了兴盛的景象。

暴君石虎

石虎（295～349年），字季龙，羯族人，东晋十六国时代后赵的第三位皇帝，是后赵开国皇帝石勒的养子。庙号太祖，谥号武帝，是历史上有名的暴君。

333年，石勒死，太子石弘继位。次年，石虎废掉石弘，自称大赵天王。335年，石虎称皇帝，改元建武，并将都城由襄国（今河北邢台市）迁到邺（今河北邯郸市临漳县邺镇）。

石虎生性残忍，少年时最喜欢用弹弓打人取乐。成年后，由于他武艺高强，受到了石勒的重用，被封为征虏将军。在军中，凡是比石虎武艺高的，石虎都会设法陷害，死于他手下的人不可计数。石虎每攻下一座城后，不论男女老少一律杀死。一次，石虎攻下青州，下令屠城，全城仅有700多人存活。

石虎称帝后，不顾人民的负担，四处征伐，强迫人民服兵役。为了攻打东晋，他令人民每五人出车一乘、牛两头、米五十斛、绢十份，不交者格杀勿论。人民为了缴税，不得不把自己的子女卖掉，仍凑不够数的都在路旁上吊，从洛阳到长安的道路两旁的大树上挂满了百姓的尸体。石虎为聚敛金银，还大肆挖掘前代皇帝的陵墓。

后赵建武二年（336年），石虎为了装饰邺城，令大将张弥把洛阳宫中的钟虡、九龙、翁仲、铜驼、飞廉等物运到邺城。在运送途中，一只钟虡沉入了黄河，张弥令300多人潜到河底，把钟虡系上绳子，再用100多头牛把钟虡拉上来，之后造了很多大船，把这些东西运过黄河，又制造了特大的车子运送到邺城。

石虎在邺城内增修了曹魏时期的铜雀台，又增修了东城门和北城门。在东城门上又建了东明观，上有金制的博山炉，称为"锵天"。在北城门上修建了齐斗楼，高出群楼，巍峨耸立。在皇宫内，各个殿门上也都修建了楼观，上有飞檐，涂上丹青。石虎还在铜雀台东北修建了9座豪华宫殿，称为九华宫，里面有美女一万多人。石虎又修建观雀台，不料竟然坍塌，石虎大怒，下令重修，并且增高数倍。他还在城内修建了东西两宫，宫内建太武殿，殿基高达二丈八尺，东西长七十五步，由彩色的碎石头做成，全殿用漆瓦、金铛、银楹、金柱、珠帘、玉璧装饰而成，极尽奢华，下面有地下室，可藏兵500人。

342年，石虎发民工40余万，在邺城建台观40多座。5年后又征发民工16万，车10万辆，在城外建长墙和华林苑。在城外，石虎还命人修建了阅兵的宣武观和阅马台，还在城南建造飞桥。据说当时的邺城远在六七十里以外就能看见，亭台楼阁，好像仙人居住的地方一样。

在城西三里，石虎建了桑梓苑，苑内修建了很多座豪华的宫殿，以美女充之。

重装甲马作战图 西晋
此图表现了北方战争的场面，再现了重装甲马和步兵作战的特征。

苑内还养了很多奇禽异兽，石虎经常在此设宴游玩。从襄国到邺城约有200里，每隔40里修建一座行宫，每座宫里都有一位妃子和数十位侍婢居住。

石虎还别出心裁地发明了"凤诏"。石虎处理政事时和皇后一起坐在高高在上的楼观上，将诏书写在五彩的纸上，然后把诏书放在一只由木头雕刻成的凤凰口中。凤凰系在辘轳牵引的绳上，当下诏时，宫人摇动辘轳，凤凰就像从天空飞下来一样，大臣们都要跪下接旨。

每隔不久，石虎便会大宴群臣，狂吃滥饮，大殿上有数千名戴金银佩饰的宫女进行歌舞表演，鼓乐喧天，场面极为震撼。

石虎喜欢射猎，但因太胖而无法骑马，只好乘车。他的猎车由20人推行，座下有转轴，可以随猎物转动。石虎为了方便打猎，把黄河以北的大片良田辟为猎区，还把犯人装进大车内与猛兽搏斗，观赏取乐。

石虎的儿子石邃不满父亲宠爱弟弟石宣和石韬，决定弑父篡位。石虎得知后，下令把石邃和他的家人及其党羽200多人杀死。石虎的另一个儿子石宣因不满其父石虎宠爱弟弟石韬而将其杀死，并计划在石韬的丧礼上弑父夺位。石虎得知后将石宣烧成了灰烬，并将灰烬撒到道路上，任车马辗踏，又将石宣的妻子儿女杀死，并把石宣的卫士、宦官300多人车裂，将尸体投进漳河。

后赵太宁元年（349年），石虎病死，结束了他罪恶的一生。

祖逖中流击楫

自从匈奴兵攻占了长安，结束了西晋统治，中国开始进入了历史上的民族大迁徙时期。

那时，祖逖也夹在汹涌如潮的南逃人群中。在他经过淮泗的路上，他让老人和病人坐在自己家的马车上，自己的粮食、衣物与大家一起享用。遇有劫匪，他总是亲率家丁打退他们。南逃路上的祖逖获得了极好的口碑。

317年，琅琊王司马睿在士族王导等人支持下建立了东晋王朝。司马睿早就听说祖逖的声名，又得知他已经到达泗口，便下诏任命他为徐州刺史。后又调任军谘祭酒，驻防京口要隘。祖逖向司马睿进言说："中原大乱，胡人乘机攻进中原，百姓陷入水深火热之中，人人都想起来反抗。只要陛下下令出兵，派一个大将去讨伐乱贼，一定会收复

彩绘闻鸡起舞图 民国 魏墉生 瓷板画

本画源自《晋书·祖逖传》："祖逖与司空刘琨俱为司州主簿，情好绸缪，共被同寝。中夜鸡鸣，蹴琨觉曰：'此非恶声也'。因起舞。"祖逖立志为国效力，与刘琨互相勉励，半夜鸡啼起床舞剑。后成为有志者及时奋发的典故。

失地。"

司马睿只想偏安东南半壁江山，对于北伐并不抱太大希望，但是听祖逖说得很有道理，就任命祖逖为奋威将军、豫州刺史，发给他一千人吃的粮食、三千匹布，所有甲胄、武器、兵勇，都由祖逖自己解决。

祖逖带着招募的队伍，横渡长江。船到江心的时候，他拿起船桨敲打船舷（文言是"中流击楫"），向大家发誓说："我祖逖如果不能把中原的敌人扫平，就决不返回江南。"

祖逖渡江以后，将队伍驻扎在淮阴，又命人打造兵器，招兵买马，很快聚集了数千人。祖逖见士气旺盛，亲自率领人马进攻谯城，又连续攻破石勒的各地割据武装。至此，祖逖名噪大江南北，北方戎狄贵族闻风丧胆。祖逖乘胜出击，派部下韩潜分兵进驻河南封丘，自己则进驻雍丘，成为掎角之势，黄河以南的土地都回归东晋了。

就在祖逖积谷屯粮、厉兵秣马准备继续北伐、收复黄河以北的土地时，司马睿却任命了戴若思为豫州都督，叫祖逖听他指挥。

祖逖受到了主张偏安、不思进取的朝人牵制，很难施展北伐的抱负了。他心里又是忧虑，又是气愤，终于身染重病，郁郁而亡。

祖逖的北伐事业虽然没有完成，但他中流击楫的气概被后人所称颂。

陶侃搬砖

祖逖死后，东晋王朝连续发生几次内乱。晋元帝想削弱王氏的势力，王敦一怒之下，起兵攻进了建康，杀了一批反对他的大臣。到了元帝的儿子晋明帝即位后，王敦又一次攻打建康，结果以失败告终，他不久也病死了。后来晋成帝（明帝的儿子）在位时，历阳（今安徽和县）镇将苏峻起兵反叛，攻进了建康。东晋朝廷派荆州刺史陶侃出兵平叛，花了两年时间，才把苏峻的叛乱平定了。

陶侃原是王敦的部下。后来，陶侃立了战功，做了荆州刺史。有人妒忌他，在王敦面前说他坏话。王敦把他调离到广州。那时候，广州是很偏僻的地方，调到广州等于是降了他的职。

陶侃到了广州，并没有灰心。他每天早晨把一百块砖头从书房里搬到房外；到了晚上，又把砖头搬运到屋里。每天都这样做，别人看了感到很奇怪，忍不住问这是做什么。

陶侃说："我虽然身在南方，但心里一刻都没有忘记收复中原。如果闲散惯了，将来国家一旦需要我出力，怎么能担当得了重任呢？所以，我每天借这个锻炼身体。"

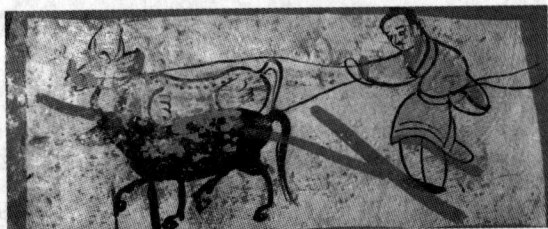

糖地图砖画　东晋
图中绘农夫半蹲于耢上，正持鞭驱二牛耢地。现在已知最早记载用耢耱地的典籍为北魏贾思勰所撰《齐民要术》，而砖画中的耢耱则比记载要早二百多年，是我国迄今发现最早的耢耱农具的图像资料。

王敦死后，东晋朝廷把陶侃提升为征西大将军兼荆州刺史。荆州的百姓听到陶侃回来，都跑出来欢迎他。

虽然提升了官职，可陶侃还是谨慎小心。荆州衙门里大大小小的事情，他都要亲自过问，从来不放松。他手下的一些官吏，经常喝酒赌博，因此而耽误了公事。陶侃知道后，非常生气。他吩咐人把酒器和赌具全都没收并毁掉，还鞭打了那些官吏。从这以后，谁都不敢再赌博喝酒了。

有一天，陶侃到郊外去巡视，看见一个过路人一边走，一边随手摘了一把没有成熟的稻穗，拿在手里玩弄。

陶侃马上命令兵士把这个人捆绑起来，狠狠地打了一顿。

人们听说刺史这样爱护庄稼，种田就更有劲了。荆州地方也渐渐富裕起来。

陶侃一生带了41年的兵，由于他执法严明，公正无私，大家都很佩服他。在他管辖的地区，社会秩序井然，真做到了夜不闭户、路不拾遗。

"书圣"王羲之

在东晋时期，王氏是门第高贵的士族，当时有"王马共天下"的说法。在王氏家族中，出了一个大书法家，他就是王羲之。

王羲之从小酷爱书法。他七岁时就开始练习写字。传说他在走路、休息的时候，也用手指比画着练字，仔细揣摩字体的结构和笔法，心里想着，手指在自己身上一横一竖、一笔一画地比画着。日子长了，衣服都被他划破了。他每天写完了字，总是要到自己门前的池塘里去洗刷毛笔和砚台，久而久之，池塘里的水都变成黑色的了。

王羲之每天在书房里全神贯注地练字，到了吃饭的时候，他都不肯放下笔来。

有一天，王夫人给他送来他喜欢吃的蒜泥和馍馍。他连头也不抬，仍然继续挥笔疾书。过了一会儿，王夫人到书房来，看见王羲之满嘴乌黑，手里还拿着一块沾了墨汁的馍馍，王夫人禁不住放声大笑起来。

王羲之出生在东晋大族世家，本来可以平步青云，做很大的官，可他喜欢逍遥自在，不愿做官。后来，扬州刺史殷浩与他关系很好，写信劝他出来，他才任职会稽内史。到那里做官，主要还是因为会稽的风景秀丽，可以娱人性情。王羲之曾经与谢安、孙绰等著名文人40多人到会稽山阴（今浙江绍兴）的兰亭举行宴会。这些文人在兰亭会上乘兴作诗，共得诗四十首，编成《兰亭集》。王羲之也在酒酣耳热之时，当场挥笔，为诗集作序，写成《兰亭集序》。这篇作品，共有28行，324字，笔飞墨舞，气象万千，历来被认为是我国书法艺术的极品。

由于王羲之长期勤学苦练，他的书法达到了炉火纯青的境界。谁能得到他的字，就像获得珍宝一样。据说，山阴地方有个道士很喜欢王羲之的书法，想请王羲之给写一本《道德经》。可是，他知道王羲之不肯轻易替人抄写经书。后来，他听说王羲之最喜欢白鹅，常常模仿鹅掌划水的动作来锻炼手腕，以便运起笔来更加强劲而灵活。于是他就买了几只小白鹅，精心喂养。几个月以后，鹅长大了，全身羽毛丰满，非常可爱。道士故意把鹅放在王羲之时常经过的地方。一天，王羲之经过那里，看见这些羽毛洁白，姿态美丽的白鹅后，心里有说不出的喜欢，

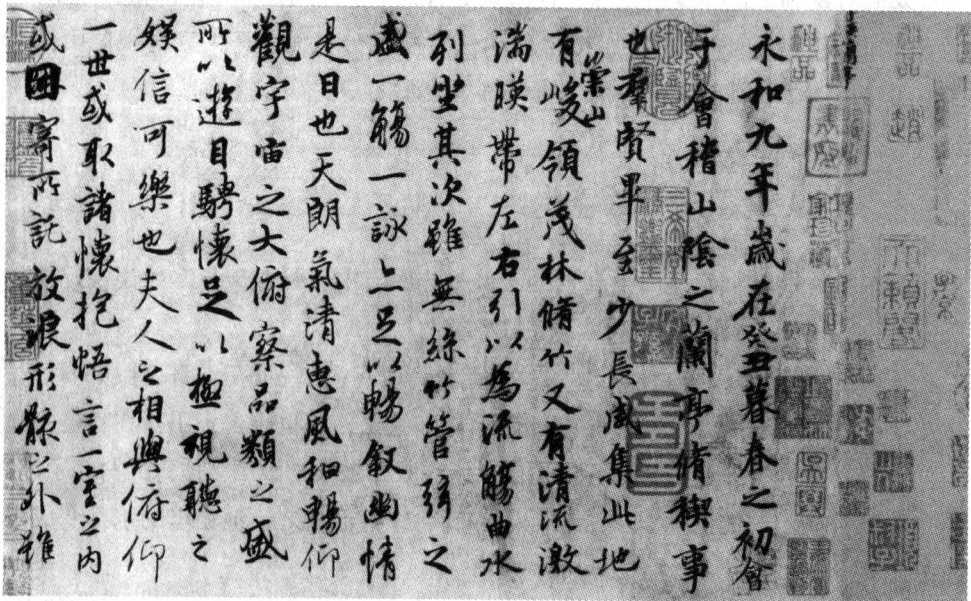

《兰亭集序》帖　东晋　王羲之

就向道士提出要买下这一群鹅。道士说："鹅是不卖的，不过，如果你能给我写一本《道德经》，我就把这群鹅赠送给你。"王羲之毫不犹豫地答应了，当场写好了《道德经》，交给了道士，带走了这群鹅。

"虎头三绝"顾恺之

顾恺之（约345～406年），字长康，又字虎头，晋陵无锡（今江苏无锡）人。他很有天赋，少年就成名。相传顾恺之20岁左右时，高僧慧力在建康募捐修建瓦棺寺。为了帮助慧力筹集捐款，顾恺之便在寺内白壁上画了一幅维摩诘像，这幅画像神采焕发，宛如真人，轰动一时，观者赞赏不绝，施钱很快超过100万。谢安非常器重他，以为"有苍生以来，未尝见之"。

顾恺之多才多艺，工诗赋、书法，尤擅绘画，尝有"才绝、画绝、痴绝"之称，又因他字虎头，因此人称"虎头三绝"。他的画多是人物肖像及神仙、佛像、禽兽、山水等。顾恺之的人物画的特色是"传神"。为了达到传神的效果，他在画人物时很注重"点睛"。据说，他曾经等了好几年，才为自己画中的人物"点睛"。

顾恺之创作丰富，传世的作品有文献可考者60余件，现存代表作《洛神赋图》、《女史箴图》、《列女仁智图》等，皆为后代摹本。

《洛神赋图》取材于魏陈思王曹植的名篇《洛神赋》。曹植在《洛神赋》中以神话故事曲折地表达自己失去爱情的痛苦，反映出曹氏家庭矛盾的尖锐，同时也反映出礼教束缚给男女青年带来的精神上的悲苦，题材很有意义。顾恺之利用绘画手段再现了文学原作的主题，生动感人。画卷从曹植和他的随从在洛水看到洛神起，到洛神离去为止，全卷交织着欢乐、哀怨、怅惘的感情。作品构思巧妙，表达人物内心活动十分细腻。曹植的精神依依难舍，怅然若失，浸沉在沉思默想之中，而洛神的回眸顾盼，含情脉脉，与神采飞动的境界相互生色。正如他自己曾说的，达到"悟通神化"的地步。

《女史箴图》是根据西晋文学家张华所撰《女史箴》一文而作的长卷。"女史箴"就是劝诫妇女的道德箴言。相传，此文是为讽喻当时的贾后而写的。《女史箴图》原作12段，现存9段。第四段绘有两名妇女对镜梳妆，另一女人对镜端详，画的右面有几行字大意是告诫妇女德行的修养比容貌的修饰更重要。画中线条非常纤细，如春蚕吐丝。

顾恺之的画对后世有深远影响，后人评论他的画"意存笔先，画尽意在"，"清

·《洛神赋图》·

中国传世名画之一。东晋著名画家顾恺之绘制。这幅画根据曹植著名的《洛神赋》而作，为顾恺之传世精品。传世的宋摹本在一定程度上保留了顾恺之艺术的若干特点，千载之下，亦可遥窥其笔墨神情。全画用笔细劲古朴，恰如"春蚕吐丝"。山川树石画法幼稚古朴，所谓"人大于山，水不容泛"，体现了早期山水画的特点。

全卷分为3个部分，曲折细致而又层次分明地描绘着曹植与洛神真挚纯洁的爱情故事。人物安排疏密得宜，在不同的时空中自然地交替、重叠、交换，而在山川景物描绘上，无不展现一种空间美。《洛神赋图》宋代摹本，保留着魏晋六朝的画风，最接近原作。顾恺之的《洛神赋图》发挥了高度的艺术想象力，富有诗意地表达了原作的意境。

淡雅奕，不求藻饰"，其笔法如春蚕吐丝，线条似行云流水，轻盈流畅，遒劲爽利，称为"铁线描"，与师承他的南朝陆探微、梁代张僧繇，并称"六朝三杰"。世人曾这样评价三人的作品："像人之美，张得其肉，陆得其骨，顾得其神，神妙无方，以顾为最。"

顾恺之还著有《论画》、《魏晋胜流画赞》、《画云台山记》等绘画理论著作，提出并阐发了"以形写神"、"迁想妙得"的理论，对中国画的发展产生重大影响，国画界尊崇他为"画祖"、"画圣"。

桓温北伐

桓温是东晋时谯国龙亢人（今安徽怀远）。桓温的父亲叫桓彝，在苏峻之乱中，被苏峻将领韩晃杀了。那一年桓温刚满15岁，他得知父亲被人杀害的消息后，悲痛欲绝，发誓要为父报仇。桓温长到18岁时，曾参与策划杀他父亲的江播死了，于是他怀揣刀剑大闹灵堂，杀了江播儿子江彪等6人。

生长在永嘉乱世中的桓温，青年时代就崭露头角。晋穆帝永和二年（346年），任职安西将军的桓温奉命率兵讨伐蜀地李势。

两军刚交兵时，形势对晋军极为不利，桓温的部下参军龚护战死，桓温的马也中了箭，桓温慌忙命令撤退。但击鼓士兵误解了桓温的意思，反而擂起了前进的战鼓，三军将士奋勇向前，李势完全没有料到桓温攻势这样猛烈，抵挡不住，连夜逃到葭萌关。后来，又派人求降。桓温大军浩浩荡荡进入成都，成汉王朝就这样灭亡了。桓温因此被提升为征西大将军，封临贺郡公，一时间声震朝野。

354年，桓温再次北伐，依然从江陵出兵，此次征伐的对象是羌族统治者姚襄。桓温率兵北上至河南伊水时，与姚襄主力展开大战。晋军英勇无比，一战就击溃了姚军，桓温率部进入洛阳。

369年，桓温又率五万人马北伐，攻打前燕慕容部落。当桓温进军到河南枋头时，与守将慕容垂展开激战。这时，桓温犯了一个错误，他下令由水路运粮，结果燕军占领石门渡口，切断了水运粮道，桓温军队面临断粮的威胁。无奈之下，桓温只好命令全军撤退。退兵时，遭到了慕容垂的拦截，等桓温逃到山阳（今江苏淮安）时，手下已经没有多少人马了。

这次北伐的失利，使桓温已升至如日中天的威信大大降低了。然而，由于桓温长期掌握东晋的军事大权，他的野心却越来越大。370 年，桓温

京口北固山图
东晋征西大将军桓温曾驻守京口，并有"京口酒可饮，箕可使，兵可用"的豪言。

以"昏浊溃乱"为由把司马奕废了，改立司马昱为皇帝，也就是简文帝。简文帝继位两年后因病驾崩。桓温以为简文帝临死会把皇位让给他，却没想到简文帝遗诏是让他做辅政大臣，这不免让他生了一肚子气。

司马曜继位为孝武帝，派谢安去召桓温入朝辅政。桓温进京后，先去拜谒先帝陵寝，回家就一病不起。不久，这位赫赫有名的北伐将领就死去了。

扪虱谈天下

桓温第一次北伐时，将军队驻扎在灞上。有一天，有个穿着破旧短衣的读书人来军营求见桓温。桓温很想招揽人才，一听来了个读书人，便马上请他进来相见。

这个读书人叫王猛，从小家里很贫穷，靠卖畚箕谋生。但是他喜欢读书，很有学问。当时关中士族嫌他出身低微，瞧不起他，但他毫不介意。有人曾经请他到前秦的官府里做小官吏，他不愿意去。后来索性在华阴山隐居了下来。这回他听说桓温来到关中，特地到灞上求见桓温。

桓温很想知道王猛的学识才能究竟如何，便请王猛谈谈当今的天下形势。

王猛像

王猛把南北双方的政治军事形势分析得清晰明了，见解也很精辟，桓温听了暗暗佩服。

王猛一边谈，一边把手伸进衣襟里摸虱子（文言是"扪虱"）。桓温左右的侍从见了，都忍不住想笑。但是王猛却旁若无人，照样谈笑自若。

桓温看出王猛是一个难得的人才，从关中退兵的时候，他再三邀请王猛跟他一起走，还封他一个比较高的官职。王猛知道东晋王朝的内部不稳定，就拒绝了桓温的邀请，又回华阴山去了。

如此一来，王猛却出了名。

后来，前秦的皇帝苻健死了，他的儿子苻生昏庸残暴，很快就被他的堂兄弟苻坚推翻。

苻坚是前秦王朝中一个有作为的皇帝。他在即位以前，有人向他推荐王猛。

苻坚派人把王猛请来相见，两个人一见如故，谈起时事来，见解完全一致。苻坚非常高兴，像刘备得到了诸葛亮一样。

苻坚即位后，自称大秦天王。王猛在他的朝廷里做官，一年里被提升五次，成为他最亲信的大臣。

有了王猛的帮助，苻坚镇压豪强，整顿内政，前秦国力日渐增强。王猛兼任京兆尹的时候，太后的弟弟、光禄大夫强德，强抢人家的财物和妇女。王猛一面逮捕了强德，一面派人报告苻坚。等到苻坚派人来宣布赦免强德时，王猛早已把强德杀了。以后几十天里，长安的权门豪强、皇亲国戚，有二十多人被处死、判刑、免官。从此以后，谁也不敢胡作非为了。苻坚赞叹说："我现在才知道国家要有法制啊。"

前秦在苻坚和王猛的治理下，国力越来越强大，在十几年内，前秦先后灭掉了前燕、代国和前凉三个小国，黄河流域地区全成了前秦的地盘了。

375 年，王猛得了重病。王猛对前来探望他的苻坚说："东晋远在江南，又继承了晋朝的正统，现在内部和睦。我死之后，陛下千万不要去进攻晋国。我们的敌人是鲜卑和羌人，留着他们终归是后患。要保证秦国的安全，就一定要先把他们除掉。"

苻坚一意孤行

王猛活着的时候，苻坚对他言听计从，但是王猛临死留下的忠告，苻坚却没有听。王猛把鲜卑人和羌人看成前秦的敌手，但是苻坚却信任从前燕投降来的鲜卑贵族慕容垂和羌族贵族姚苌。王猛劝他不要进攻东晋，但苻坚却一定要进攻东晋，非把它消灭不可。382 年，苻坚认为时机成熟，就下决心大举进攻东晋。

苻坚把大臣们都召集来，在皇宫的太极殿里商量出兵的事。苻坚说："我继承王位将近 30 年了，各地的势力差不多都平定了，只有东南的晋国，还不肯降服。我们现在有 97 万精兵。我打算亲征晋国，你们认为怎么样？"

大臣们纷纷表示反对。到后来，苻坚不耐烦了，他说："你们都走吧。还是让我来决断这件事。"

大臣们见苻坚发火，谁都不再说话，一个个退出宫殿。最后，只剩下苻坚的弟弟苻融没走。

苻坚把苻融拉到身边，说："自古以来，国家大计总是靠一两个人决定的。今天，大家议论纷纷，没有得出个结论。这件事还是由咱们两人来决定吧。"

苻融面露难色地说："我看攻打晋国不是很有把握。再说，我军连年打仗，兵士们疲惫不堪，不想再打了。今天这些反对出兵的，都是忠于陛下的大臣。希望陛下采纳他们的意见。"

苻坚没料到苻融也反对出兵，马上沉下脸来，说："连你也说这种丧气的话，太叫人失望了。我有百万精兵，兵器、粮草堆积如山，要打下晋国这样的残余敌人，还怕打不赢吗？"

面对一意孤行的苻坚，苻融苦苦劝告说："现在要打晋国，不但没有必胜的把握，而且京城里还有许许多多鲜卑人、羌人、羯人，他们都是潜在的隐患。如果他们趁陛下远征的机会起来叛乱，后悔都来不及了。陛下还记得王猛临终前的留言吗！"

此后，还有不少大臣劝苻坚不要进攻晋国。苻坚一概不理睬。有一次，京兆尹慕容垂进宫求见。苻坚让慕容垂谈谈对这件事的看法。慕容垂说："强国灭掉弱国，大国兼并小国，这是自然的道理。像陛下这样英明的君王，手下又有百万雄师，满朝都是良将谋士，要灭掉小小晋国，没有问题。陛下只要自己拿定主意就是，何必去征求别人的意见呢。"

苻坚听了慕容垂的话，喜笑颜开，说："看来，能和我一起平定天下的，只有你啦！"

苻坚不听大臣们的劝说，决心孤注一掷，进攻东晋。他派苻融、慕容垂当先锋，又封姚苌为龙骧将军，指挥益州、梁州的人马，准备出兵攻晋。

谢安东山再起

383年八月，苻坚亲自统率97万大军从长安出发。一时间，大路上烟尘滚滚，步兵、骑兵，再加上车辆、马匹、辎重，队伍浩浩荡荡，绵延千里。

一个月后，苻坚主力到达项城（在今河南沈丘南）。与此同时，益州的水军也沿江顺流东下，黄河北边来的人马也到了彭城（今江苏徐州市），前秦的军队从东到西拉开一万多里长的战线，水陆并进，直扑江南。

消息传到建康，晋孝武帝和京城的文武百官都乱了手脚。晋朝军民都不愿让江南陷落在前秦手里，大家都盼望宰相谢安拿出对敌策略。

谢安是陈郡阳夏（今河南太康）人，士族出身。年轻的时候，与王羲之十分要好，经常在会稽东山游山玩水，吟诗作赋。他在当时的士大夫阶层中很有名望，大家都认为他是个非常有才干的人。但是他宁愿在东山隐居，不愿出来做官。

谢安到了40多岁的时候，才重新出来做官。因为谢安长期在东山隐居，所以后来把他重新出仕称为"东山再起"。

前秦强大起来以后，经常骚扰东晋北面的边境。为此，谢安把自己的侄儿谢玄推荐给孝武帝。孝武帝封谢玄为将军，镇守广陵（今江苏扬州市），掌管江北的各路人马，防守边境。

谢玄是个文武全才的人。他到了广陵以后，就招兵买马，整顿军队。当时有一批从北方逃难到东晋来的人，纷纷投到谢玄的麾下。他们中间有个彭城人叫刘牢之，武艺高强，打仗也特别勇猛。谢玄派他担任参军，叫他带领一支精锐的部队。后来这支经过谢

东山携妓图　明　郭诩
东晋谢安曾隐居会稽东山，故后人多以"东山"称之。此图即描绘谢安东山携妓游玩之事。

玄和刘牢之严格训练的人马，成为百战百胜的军队。由于这支军队经常驻扎在京口（今江苏镇江市），京口又叫"北府"，所以人们把它称为"北府兵"。

这次，面对苻坚的百万大军，谢安决定自己在建康坐镇，派弟弟谢石担任征讨总指挥，谢玄担任前锋都督，带领8万军队前往江北抗击秦兵，又派将军胡彬带领5000水军到寿阳（今安徽寿县）去配合作战。

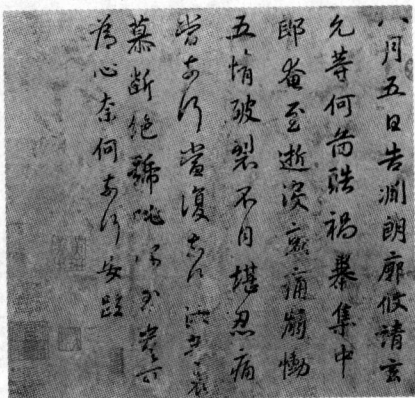

行书中郎帖

谢安史传善书，唐代李嗣真《书后品》赞之曰："纵任自在，有螭盘虎踞之势。"根据此帖玺印及纸、墨，当属南宋绍兴御书院所临摹的古帖。米芾有《谢帖赞》云："山林妙寄，岩廓英举。不繇不羲，自发淡古。"

谢玄手下虽然有勇猛的北府兵，但是前秦的兵力比东晋大十倍，敌我兵力对比悬殊，谢玄心里到底有点紧张。出发之前，谢玄特地到谢安家去告别，想让谢安给他出出主意。可是谢安连句嘱咐的话都没有。等了老半天，谢安还是不开腔。

谢玄回到家里，心里总有些忐忑不安。隔了一天，又请他的朋友张玄到谢安家去，托他向谢安探问一下。谢安一见张玄，也不跟他谈什么军事，马上邀请他到自己建在山里的一座别墅去下棋。整整玩了一天，张玄什么也没探听到。

到了晚上，谢安把谢石、谢玄等将领召集到家里来，把每个人的任务一件件、一桩桩都清清楚楚地交代一遍。大家看到谢安这样镇定自若，也增强了信心，都神情振奋地回军营去了。

那时，在荆州镇守的桓冲听到形势危急，专门派出3000名精兵到建康来保卫京城。谢安对派来的将士说："这里已经安排好了。你们都回去加强西面的防守吧！"

回到荆州的将士向桓冲复命，桓冲忧心忡忡地对将士说："谢公的气度确实令人钦佩，但是不懂得打仗。眼下大敌当前，他还那样悠闲自在；兵力那么少，又派一些没经验的年轻人去指挥。我看我们要大难临头了。"

淝水之战

东晋这边布置好了对敌之策，前秦那边也马不停蹄地向南进兵。

这年十月，苻坚求胜心切，他等不及各路人马聚齐，便命令苻融进攻寿阳。寿阳是军事重镇，它的得失对于整个战局的胜负，具有举足轻重的作用。奉命增援寿阳的晋将胡彬，在半路上就接到寿阳失守的消息，只好退守硖石（今安徽寿县西北）。苻融马上命令部将梁成率众五万进攻洛涧（今安徽淮南东），切断了胡彬与谢石大军的联系。

苻坚到了寿阳，派尚书朱序到晋军大营去劝降。朱序本来是东晋的将领，四年前在襄阳和前秦军队作战时兵败被俘，留在前秦。现在他见晋秦交战，知道自己为东晋出力赎罪的机会到了。他到晋营后，不但没有劝降，反而向谢石提出打败秦军的建议。他说："这次苻坚发动了百万人马攻打晋国，如果全部人马都到了，恐怕晋军无法抵挡。所以，应乘秦军还没集结的时候，赶快进攻秦军前锋。打败了它的前锋，便可挫伤秦军的士气，这样就可以战胜他们了。"

谢玄听从了朱序的建议，派战斗力较强的北府兵将领刘牢之带领一支兵马，在夜晚神不知鬼不觉地来到洛涧，向秦军阵地发起突然袭击。正在睡梦中的秦将梁成，听到喊杀声，吓出了一身冷汗，慌慌张张地从床上爬起来，上马迎战，结果被刘牢之一刀砍翻，送了性命。

秦军失去主将，四散奔逃，晋军乘胜追击。谢石带领晋军主力渡过洛涧，在离寿阳城只有四里地的八公山下，扎下营寨，与秦军主力隔淝水对峙。苻坚在寿阳城里，接到洛涧秦军失利的消息，有些沉不住气了。

东山报捷图 明 仇英

谢安（320~385年）是东晋的一代名相，《世说新语》中关于他的词条最多，记载也最丰富。图中表现的正是《世说新语》中描述的"东山报捷"场面：报捷的童子侍立在一旁陈述战事的胜利，而谢安仍专心下棋，镇定自如。

过了几天，谢石派人到寿阳城里，送给苻融一份战书，要求定期决战，条件是秦军把阵地向后撤出一些，腾出一块空地作为战场，让晋军渡过淝水决战。秦诸将都反对晋军的建议，苻坚和苻融却同意晋军的条件，说："让我们的士兵稍稍向后退一点，等他们渡河的时候，让我们的骑兵冲上去，一定能把他们消灭。"

谢石、谢玄得到前秦答应后撤的回音后，迅速整顿兵马，指挥渡河。

晋军渡过淝水，勇猛地冲向秦

军阵地。朱序见状，就在秦军阵后大声高喊："秦军败了，秦军败了！"正在后退的秦军，听到喊声，一时也分辨不清是真是假，逃的逃、躲的躲，整个队伍溃不成军。

符融赶快跑到队伍后面，去拦阻队伍，不料连人带马被挤倒在地。还没来得及从地上爬起来，就被赶上来的晋军一刀砍死。符坚见形势不妙，吓得丢下士兵，只顾自己逃命。到洛阳（今河南洛阳）时，符坚收拾残兵，只剩下十几万人了。

晋军乘胜追击，一口气追赶了30多里才收兵。谢石、谢玄连夜派人去建康报捷。当报捷的军士赶回建康的时候，谢安正在与客人下棋，他看过告捷的书信，悄悄地把它搁在床上，不露声色，照常下棋。等到客人问时，才漫不经心地说："孩子们已经打败贼军了。"

陶潜归隐

陶渊明又叫陶潜，浔阳柴桑（今江西九江）人，他祖上世代为官，曾祖父是陶侃，在东晋前期立过大功，曾掌管过八个州的军事，也就是那个每天搬运一百块砖以锻炼意志的人。不过到了陶渊明的时候，家道已经衰落了。陶渊明小的时候喜欢读书，有"济世救民"的志向，又很仰慕曾祖父陶侃，也想干一番事业。

陶渊明到了29岁后，才在别人的推荐下，陆陆续续做了几任"参军"之类的小官。他看不惯官场逢迎拍马那一套，所以在仕途中辗转了13年之后，一腔热情便冷了，决心弃官隐居。这里还有一个不为五斗米折腰的故事。

那是陶渊明最后做彭泽县（今江西湖口）令的时候。他上任之后，叫人把衙门的公田全都种上做酒用的糯稻。他说："我只要常常有酒喝就满足了。"他的妻子觉得这样做可不行，吃饭的米总得要有啊，就坚决主张种粳米稻。争执来，争执去，陶渊明让了步：200亩公田，用150亩种糯稻，50亩种粳米稻。陶渊明原想等收成一次再作打算，不料刚过八十多天，郡里派督邮了解情况来了。县衙内有一个小吏，凭着多年的经验，深知这事马虎不得，就劝陶渊明准备一下，穿戴整齐，恭恭敬敬去迎接。陶渊明听后叹了口气，说："我不愿为了五斗米的薪俸，就这样低声下气向那号人献殷勤。"他当即脱下官服，交出官印，走出衙门，回老家去了。

陶渊明回家以后，下田干起了农活儿，起先只是趁着高兴劲儿干一点。到后来，经济上的贫困逼得他非把这作为基本谋生手段不可，干得就比较辛苦了。他经常

归去来辞诗意图　明　李在

从清早下地，直到天黑才扛着锄头踏着夜露回来。

此后，陶渊明创作了许多劳动诗篇，获得了"田园诗人"的称号。他曾写过这样的诗句："相见无杂言，但道桑麻长。"可见，他与农民很有共同语言。同时，他还写出了封建时代农民的某些要求和愿望，晚年写作的《桃花源记》就是最突出的一个例子。

《桃花源记》是个虚构的故事，反映了当时饱经战乱的人们希望过安定的、没有剥削压迫的生活，为人们描绘了他们心目中的理想社会。

陶渊明同农民的关系很好，对那些达官贵人却是另一副样子。在他55岁那年，他住的那个郡的刺史王弘想结识他，派人来请他到官府里叙谈。陶渊明理都不理他，让他碰了一鼻子灰。后来，王弘想了一个办法，叫陶渊明的一个老熟人在他常走的路上准备好酒菜，等陶渊明经过时把他拦下来喝酒。陶渊明一见酒，果然停了下来。当他们两人喝得兴致正浓的时候，王弘摇摇摆摆地过来了，假装是偶然碰到的，也来加入一起喝酒。这样总算认识了，也没惹陶渊明生气。

几年后，东晋的一代名将檀道济到江州做刺史。他上任不久，就亲自登门拜访陶渊明，劝说陶渊明出去做官，并要送给他酒食，都被陶渊明回绝了。当时在那一带隐居的还有刘遗民、周续之两人。他们同陶渊明合称"浔阳三隐"。事实上，这两个人和陶渊明一点也不一样，他们很有钱，同当官的交往密切。这些人只不过想借"隐居"来找个终南捷径罢了。

刘裕灭后秦

416年八月，东晋太尉刘裕亲率大军大举伐秦。冀州刺史王仲德督前锋诸军自彭城经泗水北进，自巨野泽入黄河；建武将军沈林子率水军出石门，自汴水入黄河；龙骧将军王镇恶、冠军将军檀道济率步骑自淮泗向许洛；新野太守朱超石率陆军由襄阳直趋阳城；四路军均从正面进攻，目标是会师洛阳。另派振武将军沈田子、建威将军傅弘之领一支偏师由襄阳直趋武关，以牵制后秦军；刘裕自率水军主力屯驻彭城。待水路通后北上会诸军攻取关中。

九月，前锋诸军进展神速，所向披靡；秦将王苟生于漆丘降于王镇恶，徐州刺史姚掌于项城降于檀道济，其他要点屯守兵力亦望风降附。檀道济又破新蔡，执杀太守董遵，进克中原重镇许昌，擒获秦颍川太守姚垣；十月，王镇恶与檀道济会师成皋，进而克荥阳，朱超石军也进抵阳城。后秦镇守洛阳的征南将军姚沈向长安求援，但秦主姚泓因背后受赫连勃勃大夏牵制，只派出少量援军前往。王镇恶、沈林子长驱直入，秦将赵玄战死，石无违退保洛阳，刘裕军进逼洛阳，姚沈苦等援军不至，只好出城投降。晋军俘秦兵4000多，为争民心，檀道济命尽行释放，羌人感悦，归者甚众。秦援军阎生等得知洛阳失陷，遂止军不前。

417年一月，刘裕从彭城出发，率水师北上，三月，进入黄河。此时黄河为北魏所辖，北魏因与后秦有联姻关系，又怕刘裕以假道之名渡河进攻自己，于是以10万重兵屯驻在黄河北岸，并以数千轻骑沿河岸跟随着晋军舰船进行监视，不时杀戮漂流到北岸的晋军将士。刘裕在河北设奇阵"劫月阵"对付魏军的骚扰，强行通过魏境，艰险地向秦境进发。此时，沈、檀二军已围攻蒲阪多日，守将尹昭死守不降。沈林子对檀道济说：蒲阪城坚兵多，不可猝拔，攻之伤众，守之引日。镇恶在潼关，势孤力弱，不如与他合势并力，以争潼关；若得之，尹昭不攻自溃也。檀道济遂挥师南下与王镇恶会师，合力攻打潼关；三月攻占潼关，大败秦军，斩获以千计，迫使秦守将秦鲁公、姚绍退据定城据险拒守。此后，晋军与秦军在定城相持达5个月之久。

姚绍为逼退晋军，先后两次派兵截断晋军粮道，封锁水路，晋军一度陷入恐慌，沈林子一面用铿锵话语激励军士以安军心，一面向刘裕求援。但刘裕受魏军牵制，无力分兵援助；危急之下，北方人民挺身而出，他们感激刘裕来解放他们，自发地竞送义租，终于使潼关晋军转危为安。姚绍不肯罢休，再一次遣长史姚洽、予朔将军安鸾、护军姚墨蠡、河东太守唐小方率众2000进趋黄河北岸九原，设立河防以断绝王、檀的粮援，但被沈林子击破，将士被杀殆尽。姚绍受此打击，病发身亡；东平公姚瓒代之行驶兵权，引兵攻袭沈林子，被击退。七月，刘裕率军抵陕县，部署第二阶段战略。

沈田子、傅弘之率轻骑向青泥，出秦军南翼，是为疑军以迷惑牵制敌人。朱超石军渡河北上攻蒲阪，以掩护刘裕主力大军从潼关攻长安。晋军南北成犄角攻势相向，潼关主力待发，使后秦有三面受敌的危险。秦主姚泓想先消灭南面的沈田子、傅弘之军以解后顾之忧，再迎击正面的刘裕军，于是率步骑数万直趋青泥。沈、傅军本属疑兵，只有千余人，但沈田子认为，兵贵用奇，不在多寡。于是趁秦军阵未布好，先发制人，亲引部下主动出击秦军。这时秦军已合围数重，沈田子激励部下说：不击败秦军只有死路一条。于是千余晋军无不以一当十，如猛虎下山，大败秦军于青泥、峣柳之间，斩首万余，姚泓逃还灞上。

晋军南翼大胜，而北翼朱超石却出师不利，被坚守蒲阪的秦将姚璞击败，退回至潼关。大好的形势又变得复杂起来，此时王镇恶向刘裕提出建议：愿自率水军由黄河入渭，逆水而上，直捣长安，刘裕赞同。王镇恶率军乘艨艟舟舰溯渭而上，一路势如破竹，使潼关守敌纷纷后撤去保卫京都。刚从灞上撤回的姚泓急忙调军分守渭桥、石积、灞东等长安四周军事据点，自己率军据守长安城西的逍遥园。

八月二十三日，王镇恶军抵渭桥后弃舟上岸，因水流湍急，所乘大小船只都被水冲走，晋军已无退路。王镇恶激励士卒：只有拼力死战才可死里逃生；王镇恶首当其冲，麾下将士皆奋不顾身，大破秦姚丕军。姚泓与姚瓒引兵来救，遇姚丕部败退，自相践踏，不战而溃；姚泓单骑还宫，王镇恶自平朔门攻入长安；二十四日姚泓出降，后秦灭亡。

持盾武士俑　东晋

刘裕成帝业

刘裕帮助晋安帝复位后，自己掌握了东晋大权。

刘裕是丹徒县京口里（今江苏镇江）人，小名寄奴儿，出身贫苦，生逢乱世。

刘裕的远祖是汉高祖刘邦的弟弟刘交。汉王朝覆灭后，刘氏家族也渐渐没落了。他的祖父刘靖，曾做过东安太守，父亲刘翘却只是个小小的郡功曹。

刘裕一出生，母亲便死了，他也差一点被扔掉。后来，他父亲给他取名裕，即多余的意思。姉母给他取了小名叫寄奴儿，即从小寄养他家的意思。

刘裕15岁时，刘翘病死了，他的继母带着他和他的两个异母弟弟艰难度日。刘裕便做草鞋换粮食。生活虽然清贫，但他对继母却是十分孝敬，宁可自己饿肚子，也不让继母没有饭吃。

生活在贫困之中的刘裕，一直怀有建功立业的志向，于是他加入了东晋北府兵的行列，成为一名士兵。

后来，东晋北府兵将领孙元终让刘裕在他身边作了一名亲兵，不久又提拔他作司马。

刘裕作了参军后，更加勤勉卖力。他三次带兵打败了孙恩，迫使孙恩逃到海上，从而被刘牢之当做心腹爱将，逐渐掌握了北府兵权。

后来，桓玄自立为帝，刘裕起兵讨伐。他联络各方豪杰，于404年秋正式开始了他的讨桓行动。刘裕的军队只有两千人，但个个英勇无比，在覆舟山一战，把桓玄的军队打得大败。

405年，晋安帝司马德宗回到建康，大封平叛有功之臣，刘裕被任命为都督扬、荆、徐等十六州军事，成为一个封疆大吏。

409年初，南燕慕容超几次派兵侵犯淮北，杀东晋朝廷命官，抢劫财物，掳掠百姓。刘裕正想找机会立功，便上表请求北伐南燕。几个月后，刘裕灭了南燕，朝廷命他兼任青、冀二州刺史，并允许他相机行事。也就是说，他可以自作主张，不必请示朝廷了。

不久，卢循在广州起义反晋，刘裕又率兵南征广州。东晋官兵在刘裕的严令督促下，积极奋战，刘裕带着年仅4岁的儿子刘义隆亲自到前线布防，鼓舞士气。士气高昂的东晋士兵，一举打败了卢循的军队。东晋朝廷又加封刘裕为太尉中书监，加黄钺，从此刘裕正式执掌了朝政大权。

刘裕掌握了大权后，便起了取代晋安帝的念头。

晋安帝虽然是个白痴，但生命力却很旺盛。刘裕一心想做皇帝，但苦于安帝不死，便命王韶之入宫，将安帝活活勒死。刘裕见时机还没成熟，就立晋安帝的弟弟司马德文继位，这就是晋恭帝。司马德文在刘裕的控制下得过且过，成为一名傀儡皇帝。

这样勉强过了一年，已经57岁的刘裕，觉得自己时日不多了，更加急于当皇帝了。420年，刘裕派人劝说晋恭

宋记里鼓车模型　南北朝

帝让了位。之后他率群臣祭告天地，登上太极殿，正式称帝，改国号宋。

至此，东晋王朝在南方统治了100多年后，终于灭亡了。

拓跋珪建北魏

338年，鲜卑族拓跋部的首领拓跋什翼犍在平城（今山西大同）建立代国。371年，他的孙子拓跋珪出生在参合陂北（今内蒙古凉城县西北）。拓跋珪6岁时，前秦君主苻坚率兵进攻代国，拓跋什翼犍被杀死，部众离散，代国灭亡。拓跋珪依附鲜卑独孤部，开始了流亡生活。淝水之战后，前秦政权崩溃，北方短暂的统一又被分裂割据所代替。拓跋珪乘势纠集旧部，征服了北方的一些少数民族，俘虏了大批人口和牲畜。东晋孝武帝太元十一年（386年），拓跋珪在牛川（今内蒙古锡拉木伦河）召开大会，即代王位，建元登国。同年四月，拓跋珪迁都盛乐（今内蒙古和林格尔西北土城子），称魏王，改国号为魏，史称"北魏"。

当时北魏不仅面临匈奴、高车、库莫奚和后燕的威胁，而且内部还有企图拥立其叔窟咄的势力。拓跋珪当机立断击败窟咄，消除了内患，巩固了自己的地位。随后，他开始东征西讨。登国三年（388年）五月，拓跋珪击败库莫奚部，确保了北部安定。同年，拓跋珪率军西征，大破高车部，使其归附。

登国五年（390年），匈奴刘卫辰部进攻贺兰部，贺兰部势单力薄，求救于北魏。拓跋珪率兵救援，匈奴退兵。次年十月，匈奴主刘卫辰派其子直力提率军9万，进攻北魏南部。拓跋珪率军在铁岐山（今内蒙古阴山北）埋伏，大败匈奴军。直力提单骑逃走，魏军乘胜追击，直逼匈奴都城代来城（今内蒙古东胜县西）。刘卫辰和直力提弃城逃走。魏军穷追不舍，俘虏直力提，

鲜卑山
位于今内蒙古自治区呼伦春自治旗阿里镇西北约10千米处的嫩江支流甘河北岸，山上有北魏拓跋鲜卑祖先所居石室——嘎仙洞。

刘卫辰被部下所杀。魏军将刘卫辰族人5000余人全部杀死,投尸黄河。从此以后,河套以南的部落全部归降,魏军缴获战马30万匹,牛羊400万头,实力大增。

北魏南部的后燕是鲜卑族慕容部所建,与拓跋部有姻亲关系。南燕君主慕容垂是拓跋珪的舅舅,本来扶植北魏作为自己的附属国,但北魏实力强大后,不断进攻臣服于南燕的部落,与后燕争夺北方的霸权。拓跋珪让弟弟拓跋觚去拜见舅舅慕容垂。慕容垂的几个儿子扣留拓跋觚,要求拓跋珪送给后燕几匹良马,拓跋珪见后燕如此无礼,不仅没送给良马,反而与后燕断绝了关系。双方终于反目成仇。

登国十年(395年)七月,慕容垂以太子慕容宝为元帅,辽西王慕容农、赵王慕容麟为副元帅,率精兵8万,向北魏大举进攻。当时燕强魏弱,拓跋珪召集大臣们商量对策。大臣建议避敌锋锐,诱敌深入,然后寻机击敌。于是拓跋珪率领部众,撤离盛乐,西渡黄河。燕军一路上没有遇到抵抗,很快到了黄河东岸,慕容宝下令造船,准备渡河。这时魏军在黄河的西岸、北岸屯兵15万,严阵以待,并取得了后秦支持。燕军造好船后,突起大风,有数十艘战船被吹到对岸,300多名燕军当了魏军的俘虏。同时拓跋珪派人在半路上截击燕国的信使,得知了慕容垂生病的消息。魏军将燕使押到黄河岸边,强迫他高声谎报慕容垂病死,并释放了燕军俘虏。燕军信以为真,顿时军心大乱,无心作战。

天气逐渐变冷,燕军兵疲马困,慕容宝只好烧掉船只,准备撤军。撤退之前,部将曾向他建议:尽快撤军,如果天气变冷,黄河结冰,那么魏军就会渡河追击。慕容宝妄自尊大,不以为然。果然一天晚上,气温骤降,黄河在一夜之间结冰。拓跋珪立即率骑兵2万踏冰过河,突袭燕军,燕军猝不及防,大败而逃,一直退到参合陂才惊魂稍定,在蟠羊山下背水扎寨。

慕容宝以为万事大吉,放松了警惕,整天骑马打猎,毫无防备。魏军日夜兼程,穷追不舍。一天晚上,魏军进至参合陂,秘密登上蟠羊山,正在睡觉的燕军丝毫没有察觉。清晨,燕军发现山上都是魏军,大为惊恐。魏军居高临下,从山上纵兵掩杀,势不可挡,燕军一触即溃,争相渡水逃跑。魏军紧追不舍,燕军人马互相拥挤践踏,压死、溺死者不计其数。慕容宝仅率数千人逃走,其他数万燕军全部缴械投降,拓跋珪下令将俘虏全部活埋。这一仗,后燕损失惨重,元气大伤。

398年,拓跋珪迁都平城,改元天兴,即皇帝位,是为魏道武帝。

拓跋珪和他的后代拓跋嗣、拓跋焘等经过数十年的征战,先后征服了匈奴,灭西秦、北燕、大夏和北凉，于439年统一了北方。北魏疆域东北至辽西，南抵淮河、秦岭，西到新疆东部，北至蒙古高原，与南朝的刘宋形成了南北对峙的局面。

魏太武帝拓跋焘

魏太武帝拓跋焘（408～452年），北魏皇帝。鲜卑族，小字佛狸。在位30年，拓跋珪孙。泰常八年（423年），16岁的拓跋焘即位。自此东征西伐，始光四年（427年）率军进攻赫连夏，占领都城统万，与夏争夺长安。神䴥三年（430年）关中之地全入北魏，夏被消灭。太延三年（437年）攻灭北燕，向东北扩展了疆土。五年，击败北凉沮渠氏，占领河西，统一了北方。与江东的刘宋王朝对峙，形成南北朝的局面。拓跋焘保持游牧民族酋长的习惯，出军多亲自统率。他7次率军进攻柔然。太平真君十年（449年）大败柔然，北方边塞安宁。他注意西域的交通。太延三年（437年）派遣散骑常侍董琬、高明等多携金帛，招抚西域9国。他为人勇健，能征善战。拓跋焘维护鲜卑地位，猜疑各族权臣犯上作乱，动辄杀戮。他又倚重汉人，李顺、崔浩、李孝伯等先后掌握政权。崔浩修国史翔实记载北魏先祖事迹，涉及某些鲜卑习俗和隐私，拓跋焘不惜将三朝功臣司徒崔浩处死，连清河崔氏与浩同宗者以及姻亲范阳卢氏、太原郭氏、河东柳氏都遭灭族。拓跋焘受崔浩、寇谦之影响，奉道排佛。镇压盖吴过程中，在长安佛寺中发现大量兵器，认为佛寺与盖吴通谋，决心废佛，诛杀僧人，焚毁经像，佛教在中国历史上第一次受到沉重打击。宠臣宗爱行为不法，诬陷太子拓跋晃，拓跋晃忧惧而死。拓跋焘哀悼太子，宗爱惧诛，于承平元年（452年）谋杀了拓跋焘。

檀道济唱筹量沙

宋武帝只做了两年皇帝，就病死了。北魏趁宋举行国丧之机，大举渡过黄河，进攻宋朝，把黄河以南的大片土地都抢去了。刚即位的宋文帝派檀道济率领大军去征讨。

有一回，北魏兵进攻济南，檀道济亲自率领将士来到济水边。在20多天里，宋军打了30多个胜仗，一直把魏军追到历城（在今山东北部）。

这时候，檀道济有点自大起来，防备也松懈了。魏军瞅个机会，派两支轻骑兵向宋军的两翼发起突然袭击，把宋军的粮草全烧光了。军粮一断，宋军就没法维持下去了，檀道济便准备从历城退兵。

宋军中有个逃兵，到魏营把宋军缺粮的情况告诉了北魏的将领。北魏就派出大军追赶檀道济，想把宋军围困起来。宋军将士看到大批魏军围上来，都有点惊慌失措。只有檀道济不慌不忙地命令将士就地扎营休息。

骑马武士陶俑　北魏

当天晚上，宋军营寨里灯火通明，檀道济亲自带着一批管粮的兵士在一个营寨里查点粮食。一些兵士手里拿着竹筹唱着计数，另一些兵士用斗量米。

魏兵的探子看见一只只米袋里面都是雪白的大米后，赶快去告诉魏将，说檀道济营里有很多军粮，要想跟檀道济决战，准是又打败仗。

魏将得到消息，认为前来告密的宋兵是檀道济派来骗他们上当的，就把那个宋兵杀了。

其实，檀道济在营里量的并不是白米，而是一斗斗的沙子，只是在沙子上覆盖着少量的白米罢了。

天亮以后，檀道济命令将士披甲戴盔，自己则穿着便服，乘着一辆马车，不慌不忙地沿着大路向南转移。魏将经常被檀道济打败，本来对宋军就有点害怕，再看到宋军从容不迫地撤退，说不定他们在哪儿设下了埋伏，不敢去追。

檀道济以他的镇定和智谋，使宋军安全地回师。以后，北魏再也不敢轻易向宋朝进攻了。

檀道济在宋武帝、文帝两代，都立过大功。但是由于他功劳大，威望高，宋朝统治者就对他不放心了。

有一次，宋文帝生了一场病。宋文帝的兄弟刘义康就跟心腹商量说："如果皇上的病好不了，留下檀道济总是一个祸患。"他们就假借宋文帝的名义下了一道诏书，说檀道济有谋反的企图，把檀道济逮捕起来。

檀道济被捕的时候，气得眼睛里像要喷射出火焰来。他恨恨地把头巾摔在地上，说："你们这是在毁掉自己的万里长城！"

檀道济终于被杀了。这个消息传到北魏，魏朝的将士都高兴得互相庆贺，说：

"檀道济死了，南方就没有什么叫人害怕的人啦！"

后来，北魏的军队打到江北的瓜步（今江苏六合）。宋文帝在建康的石头城上向远处遥望，感慨地说："如果檀道济活着的话，胡骑就不会这样横行了。"

高允讲实话

北魏的统治者原本是鲜卑族拓跋部落的人。后来，鲜卑贵族拓跋珪建立了北魏王朝，任用了一批汉族士人。其中最有名望的就是崔浩了。

崔浩在北魏统一北方的战争中，立了大功，受到北魏三代皇帝的信任。魏太武帝拓跋焘即位后，崔浩担任司徒的高官。由于他派了许多汉族人到各地担任郡守，引起了魏太武帝的不满。

后来，魏太武帝派崔浩带几个文人编写魏国的历史。在崔浩他们做这件事之前，太武帝叮嘱他们，写国史一定要根据实录。

崔浩等人按照要求，采集了魏国上代的资料，编写了一本魏国的国史。当时，皇帝要编国史的目的，原意是留给皇室后代看的。但是崔浩手下有两个文人，偏偏别出心裁，劝崔浩把国史刻在石碑上，还把石碑竖在郊外祭天坛前的大路两旁。

国史里记载的倒是真实的历史，但是北魏的上代没有多少文化，做了许多不体面的事情。过路的人看了石碑，就纷纷议论起来。

有人向魏太武帝告发，说崔浩等人成心揭露皇室的丑事。太武帝一听就火了，下令把写国史的人统统抓起来办罪。

太子的老师高允也参加了编写工作。太子得到信儿后，非常着急。第二天，高允跟随太子一起上朝。

太子先上殿见了太武帝，说："高允为人向来小心谨慎，而且地位也比较低。国史案件全是崔浩的事，请陛下赦免了高允吧。"

太武帝召高允进去，问他说："国史全是崔浩写的吗？"

高允老老实实地回答说："不，崔浩只抓个纲要。具体内容，都是我和别的著作郎写的。"

太武帝对太子说："你看，高允的罪比崔浩还大，怎么能宽恕呢？"

太子又对魏太武帝说："高允见了陛下，心里害怕，就胡言乱语。我刚才还问过他，他说是崔浩干的。"

太武帝又问道："是这样吗？"

高允说："我不敢欺骗陛下。太子这样说，只是想救我的命。其实太子并没问过我，我也没跟他说过这样的话。"

魏太武帝看到高允这样忠厚老实，心里有点感动，对太子说："高允死到临头，还不说假话，这确是很可贵的。我赦免他无罪了。"

魏太武帝又派人审问崔浩。崔浩吓得面无血色，什么也答不上来。太武帝大怒，要高允起草一道诏书，把崔浩满门抄斩。

高允回到官署，犹豫了半天，什么也写不出来。他进宫对太武帝说："如果崔浩仅仅是写国史，触犯朝廷，不该判死罪。"

魏太武帝认为高允在跟他作对，喊来武士，把他捆绑起来。后来经太子再三恳求，太武帝才把他放了。

后来，魏太武帝到底没有饶过崔浩，把崔浩和他的一些亲戚满门抄斩。但是由于高允的正直，没有株连到更多的人。据太武帝自己说：要不是高允，他还会杀几千个人呢。

魏太武帝在 452 年，被宦官杀了。又过了一年，南朝宋文帝的儿子刘骏继承皇位，这就是宋孝武帝。

祖冲之创新历

宋孝武帝期间，有一个杰出的科学家——祖冲之。

祖冲之的祖上于西晋末年，为了逃避战乱而迁到江南。他家是科学世家，世代掌管国家的历法。祖冲之在这样的家庭里，从小就读了不少书。他特别喜爱天文学、数学和机械制造，并且常常显示出不凡的才华。到了青年时期，他已经享有博学的名声，受到宋孝武帝的重视，被朝廷聘到学术机关从事研究工作。

在数学上，祖冲之把圆周率数值准确推进到小数点后七位，成为世界上最早把圆周率数值推算到七位数字的科学家。直到 15、16 世纪，外国数学家才打破这个纪录。

中国当时是以农业立国，有着重视和研究天文历法的传统。祖冲之关心国计民生，极为注重天文历法的研究。当时朝廷采用的是《元嘉历》，它是天文学家何承天编订的。祖冲之对这本《元嘉历》作了深入研究和推算后，发现《元嘉历》仍然不够精密。经过长期的实际观测和仔细的验算，并吸取了历代各家历本的成就，他终于重新制订了一部新的历法——《大明历》。

《隋书·律历志》中关于祖冲之圆周率的记载

祖冲之经过长期观察，证实存在岁差，并计算出冬至点每四十五年要回向移动一度，测算出一个太阳年是365.24281481日，与近代科学测得的日数，只相差50秒，误差只有60万分之一。

462年，年方33岁的祖冲之把《大明历》送给朝廷，要求颁布实行。宋孝武帝命令懂历法的官员对它进行讨论。随即，爆发了一场革新派和保守派的尖锐斗争。

在这场论战中，祖冲之那精辟透彻、理实交融的分析，折服了许多大臣。

于是宋孝武帝决定在更元时改用新历。可是，还没多久，武帝就死了。直到祖冲之死去10年之后，他创制的大明历才得以推行。

孝武帝死后不久，掌管宋朝禁卫军的萧道成灭了宋朝。479年，萧道成称帝，建立南齐，这就是齐高帝。

孝文帝改革

自从太武帝被宦官杀死后，北魏政治腐败不堪，不断引起北方人民的反抗。471年，北魏孝文帝元宏即位后，顺应历史潮流，实行了一系列汉化改革。

493年，元宏召集满朝文武商议政事，他提出要动员北魏所有军力，南征南方的齐国。这一提议，无疑是一石击起千重浪，马上就招来了众多大臣的反对。任城王元澄是孝文帝的叔父，在朝廷里有很高的威望。他从国家利益出发，坚决反对此次南征。孝文帝见没有人支持他的建议，非常生气，宣布退朝。

散朝之后，孝文帝在后殿对任城王元澄交了底，他说："您以为我真要南征吗？老实告诉你，我不过是拿它做幌子罢了。我真正的意图是想迁都到洛阳去。我们这里不是用武的地方，不适应改革政治。现在我要移风易俗，非得迁都不可。所以我就想出这个主意，让它生米煮成熟饭再说。"元澄这才恍然大悟，他佩服孝文帝的英明果断，当即赞成孝文帝的决策。

有了任城王的支持，孝文帝的主张就可以施行了。493年，北魏正式迁都洛阳，孝文帝在改革的道路上迈进了一大步。

穆泰等元老重臣眼见孝文帝心醉改革，担心对自己不利。他们知道太子元恂留恋故都平城，就撺掇太子说服孝文帝，打消改革计划。孝文帝得知太子有回平城的打算，怕自己死后，改革会半途而废，就决定废掉元恂的太子身份。后来，又有人报告孝文帝，说元恂与一些元老旧臣，联络密切。孝文帝便一不做二不休，干脆派人把元恂毒死了。

农耕图 南北朝
太和九年，北魏孝文帝颁布了均田令，授给平民与奴隶农田耕种，农田不得买卖。均田制以法律形式确认了劳动者对于土地的占有权与使用权。其后，隋唐均沿用并完善了此土地制度。

在孝文帝为改革旧制杀掉太子这一年，穆泰等人联合东陵王元思誉、代郡太守元珍、阳平侯贺赖头等人从平城起兵反叛。孝文帝以快制慢，迅速派任城王元澄率师平叛，自己则率御林军大批捕杀朝中的反对派势力。一时间，反对改革的势力全都被清除了。

孝文帝平定了穆泰等人的政变后，出台了一系列改革措施：改用汉人的姓，他带头将拓跋姓改为元姓；改说汉话，三十岁以下的人和上朝奏事的官员都必须说汉话；改穿汉装、和汉人通婚；采用汉族封建制度，等等。

北魏孝文帝大胆推行汉化改革，使北魏的政治、经济焕然一新，促进了鲜卑族和汉族的大融合。

均田制

均田制，北魏朝廷颁布的土地制度。主要内容包括：15岁以上的男子受露田（未种树的田）40亩、桑田20亩，妇人受露田20亩。田加倍或加两倍授给（倍给的部分称倍田），以备休耕，满70年还官府。桑田作为世业，不须还官，但要种上一定数量的桑、榆、枣树。地主可以按其拥有奴婢和耕牛的数量，另外获得土地。奴婢受田办法同普通农民一样。耕牛每头受田30亩。土地不足的地方，居民可以向空荒地迁移，随力所及借用封建国家的土地，但不许从赋役重处迁往赋役轻处。由于犯罪流徙或户绝无人守业的，土地归国家所有，作均田授受之用。地方官吏按官职高低授给公田，刺史15顷，下至县令、郡丞6顷。所授之田不许买卖。北魏王朝还接受了李冲的建议，制订了与均田制相适应的新租调制。由于均田制和新的租调制名义上是以一夫一妇小家庭为受田纳租单位，不再有户等差别，所以废除了九品混通的征收租调办法。

梁武帝出家

梁朝趁北魏内乱之机，曾几次出兵北伐。但梁武帝出师不利，不但没能占到便宜，还死伤了不少军民。此后，双方都无力征伐，彼此相安无事。

萧衍没有当上皇帝之前，对百姓和士兵都挺关心，到了登上皇位后，就换了一副面孔。他对皇亲国戚格外宽容，对百姓却尽情搜刮掠夺。他的臣下更是贪得无厌。有人告发他的弟弟萧宏谋反，库里藏有兵器。梁武帝一听，这还了得！他亲自带人去萧宏家搜查，结果看到萧宏家的库房里堆满了布、绢、丝、棉，还有数以亿计的钱财。萧衍看到没有谋反的迹象，就对萧宏说："阿六呀，你的家当还真不少啊！"

其他的王公侯爷看到萧衍对此一点也不在意，就更加肆无忌惮地搜刮民脂民膏了。

萧衍到了晚年，开始崇信佛教，借佛教名义愚弄百姓，搜刮钱财。他修建了一座规模宏大、富丽堂皇的同泰寺为自己诵经拜佛之用，自己装成一副苦行僧的样子，早晚到寺中朝拜。有一次，他到同泰寺"舍身"，表示要出家做和尚。他这一出家做和尚，国中无主，大臣们急得像热锅上的蚂蚁，最后只得去寺中劝他回来。他做了四天和尚，大臣们出钱把他从同泰寺中赎了出来。这样的滑稽剧总共演了四次，大臣们一共花了四万万钱的赎身钱。这笔钱，都转嫁到老百姓身上去了。而且在他最后赎身回宫的那个晚上，竟派人把同泰寺的塔烧了，却说是魔鬼干的。为了压住魔鬼，又下诏要造一座几丈高的高塔来压住，继续叫百官捐钱。

梁朝就这样一天天地衰弱了，就像一个苹果，里头全烂了，外面看不出来，只要有人踏它一脚，就什么都完了。

河阴之变

尔朱荣（493～530年），字天宝，北魏秀容（今山西忻州市）人，契胡族（羯族的一支）。尔朱荣的先世一直居住在尔朱川（今山西西北部流经神池、五寨、保德县的朱家川）一带，所以以尔朱为姓。北魏孝文帝时，契胡族酋长尔朱新兴被任命为秀容酋长、平北将军。北魏孝明帝时，尔朱新兴传爵位给儿子尔朱荣。

北魏末年，北方六镇起义爆发。起义军屡次击败北魏军队，声势浩大，北魏政府惊慌失措。尔朱荣趁机发展自己的势力，组成了一支4000人的骑兵队伍，联合北方的北魏劲敌柔然部落，疯狂地镇压起义军。

六镇起义被镇压后，北魏政府将20万镇民迁到河北。当时河北连年大灾，颗粒无收，葛荣、杜洛周领导镇民和河北农民，举行了河北大起义。尔朱荣一面扩充自己的部队，一面从归降的起义军中提拔了许多大将，如高欢、宇文泰、侯景等，大大扩充了自己的实力。后来，尔朱荣又镇压了河北大起义，成为北魏唯一强大的军事集团。

北魏武泰元年（528年），北魏孝明帝因对其母后胡太后的荒淫生活和独掌大权表示不满，被胡太后毒死。胡太后随即立3岁的元钊为傀儡皇帝。在晋阳（今山西太原）的尔朱荣与北魏宗室元天穆等商议后，以此为借口率军攻入洛阳，立元子攸为帝，就是北魏孝庄帝。

尔朱荣虽然占领了洛阳，但是他在洛阳没有什么威望，洛阳的士族都瞧不起他。尔朱荣非常生气，准备杀光朝廷官员和北魏贵族，他的部下觉得太残忍了，劝他说："如果不分忠奸地杀人，恐怕会令天下人失望啊。"尔朱荣不听劝告，首先把胡太后和元钊投入黄河淹死，然后以祭天为幌子，诱骗王公大臣2000多人到河阴（今河南孟津县），派骑兵将他们包围，大开杀戒，2000多人死于非命，被抛尸黄河。这场骇人听闻的大屠杀，史称"河阴之变"。借助这场军事政变，尔朱荣把迁到洛阳的汉化鲜卑贵族和北魏政权中的汉族大族几乎消灭，此后尔朱荣的势力更加强大，完全控制了北魏朝政。他回到晋阳，遥控北魏政权。

尔朱荣发动"河阴之变"的时候，北魏宗室北海王元颢、汝南王元悦、临淮王元彧和北魏的一些官员渡江逃到了南朝梁。528年十月，梁武帝封北魏北海王元颢为魏王，派大将陈庆之率兵送他回北方即位。529年，梁将陈庆之率军攻克了梁国（今河南商丘南），四月，元颢在睢阳城南即位，改元孝基。北魏孝庄帝与元天穆等贵族北渡黄河逃走，洛阳被梁军占领，元颢

文吏俑 南北朝

北魏孝文帝改革时，厘定官制，依魏晋南朝制度，官吏着汉服，说汉话。此俑即是北魏官吏的形象，双手拱立，表情端正。

来到洛阳，改元建武。尔朱荣从晋阳率兵南下，到上党（今山西长子县）面见孝庄帝，随即渡过黄河大败梁军。陈庆之和元颢被迫南逃，后元颢被俘杀。北魏孝庄帝重新回到洛阳，封尔朱荣为天柱大将军。

尔朱荣权势熏天，封他的长子尔朱菩提为太原王世子，任骠骑大将军、开府仪同三司，次子尔朱义罗为梁郡王，侄子尔朱兆为颍川郡开国公，任汾州刺史。此外，他还安插一大批亲戚心腹担任朝廷和地方重要职位，比如得力助手元天穆被封为上党王，任侍中、录尚书事。北魏虽然还挂着元家的旗号，但实际上已经成了尔朱家的天下了。

但尔朱荣并没有满足，开始阴谋篡位。当时北方少数民族有一个传统的选择君主的习惯：要想成为君主的人必须铸铜像以请示天意，如果铜像铸成，说明此人受命于天，可以成为君主；如果铜像没有铸成，则此人不能成为君主。河阴之变后，尔朱荣先后四次为自己铸铜像，但都没有铸成。他不死心，又让自己最信任的阴阳术士占卜吉凶，结果占卜的结果也不吉利，尔朱荣见天意如此，长叹一声，只好作罢。

北魏孝庄帝元子攸感到皇位时时受到威胁，再加上河阴之变的教训，决定先下手为强，除掉尔朱荣。永安三年（530年）九月，当尔朱荣例行朝见的时候，北魏孝庄帝和几个亲信将尔朱荣杀死在大殿上。消息传出后，官员百姓无不欢呼雀跃。

但不久，尔朱荣之侄尔朱兆立太原太守元晔为帝，率兵攻入洛阳，杀死了北魏孝庄帝。

后来高欢杀死尔朱兆，立元脩为帝。534年，元脩与高欢的矛盾激化，逃奔关中的宇文泰，不久被杀。高欢又立元善见为帝，迁都邺，史称东魏。535年，宇文泰立元宝炬为帝，都长安，史称西魏。此后，东魏与西魏展开了20余年的大战。

侯景反复无常

梁武帝有一天晚上做了个梦，梦见北朝的刺史、太守都来向南梁王朝投降。这个梦无非是他日思夜想造成的。

20多天后，恰好西魏的大将侯景派人来，说他跟东魏、西魏都有冤仇，打算投降南梁，还表示愿意把他控制的函谷关以东13个州都献给南梁。

侯景原来是东魏丞相高欢部下的一员大将，高欢让他带兵在黄河以南镇守。

高欢临死的时候，怕侯景叛乱，派人召侯景回洛阳。侯景怕自己去洛阳会被害死，就不接受东魏的命令，带着人马向西魏投降了。

西魏丞相宇文泰也不信任侯景，打算解除他的兵权。侯景又转向南梁投降。

梁武帝接受了侯景的投降，把侯景封为大将军、河南王，并且派他的侄儿萧渊明带着 5 万兵马去接应侯景。

萧渊明带兵北上，受到东魏的进攻。梁军已经很久没有打仗了，人心涣散，被东魏打得几乎全军覆没。萧渊明也被俘虏了。

东魏又向侯景进攻，侯景大败，只带着 800 多人逃到南梁境内的寿阳。

东魏派使者到南梁讲和，还说愿意把萧渊明送回来。侯景知道了这件事，害怕对自己不利，就决定叛变。

侯景的人马很快就打到了长江北岸，梁武帝急忙派他的侄儿萧正德到长江南岸布防。

侯景派人诱骗萧正德做内应，说推翻了梁武帝后，就拥戴他做皇帝。萧正德利欲熏心，秘密派了几十艘大船，帮助侯景的军队渡过长江，还亲自带领侯景的军队渡过秦淮河。之后，侯景顺利地进入建康，把梁武帝居住的台城包围起来。

台城里的军民奋力抵抗，双方相持了 130 多天。到了后来，台城里的军民有的在打仗中死去，有的病死饿死，剩下的已不到 4000 人。

到了这个时候，谁也没法挽回败局。叛军攻进了台城，梁武帝也成了侯景的俘虏。

侯景自封为大都督，掌握了朝廷的生杀大权。他先杀了那个一心想做皇帝的萧正德，然后把梁武帝也软禁起来。最后梁武帝连吃的喝的也没有了，活活饿死在台城里。

梁武帝死后，侯景又先后立了两个傀儡皇帝。551 年，他自立为皇帝。

侯景当了皇帝后，到处搜刮掠夺，给百姓带来深重的灾难。第二年，梁朝大将陈霸先、王僧辩率领大军从江陵出发，进攻建康，把侯景的叛军打得一败涂地。最后，侯景只带了几十个人出逃，

南华禅寺
该寺位于今广东曲江东南，始建于南北朝时期。

半路上被他的随从杀死了。

南梁王朝经过这场大乱之后，分崩离析。557 年，陈霸先在建康建立了陈朝，这就是陈武帝。

北周武帝灭齐

534 年，北魏分裂成东魏和西魏，不久北齐代替了东魏，北周代替了西魏。两国为了统一北方，常年征战，互有胜负。

北周武成二年（560 年）四月，宇文邕即位，就是北周武帝。北周武帝即位后设计杀死了权臣宇文护，掌握了北周的大权，接着又展开大规模灭佛行动，使税收大幅增加，国家的实力增强。从此以后，北周武帝开始谋划消灭北齐，统一北方。

当时北齐后主高纬是个昏君，整日不理朝政，在后宫和嫔妃、宫女们饮酒作乐。他常常抱着琵琶唱《无忧歌》，老百姓讽刺他为无忧天子。高纬生活奢侈，后宫宫女的一条裙子费用竟然和一万匹布的价钱一样。他还大修宫殿，觉得不满意了，立即下令拆了重修。高纬荒唐透顶，竟然把他养的马、狗、鹰、鸡封为仪同、郡官、开府等高官，北齐政治一片黑暗。

576 年，北周武帝率军进攻北齐的重镇平阳(今山西临汾)，北齐守将抵挡不住，开城投降。北周占领平阳后，北周武帝率周军主力回国。在周军攻打平阳的时候，北齐后主高纬正在晋阳（今山西太原）和宠妃冯淑妃打猎，平阳告急的文书，从早晨到中午一共传了 3 次，但北齐右丞相高阿那肱却将文书扣下，说："皇上正在打猎，两国打仗不过是常有的小事，不能因此扫了皇上的雅兴啊！"所以一直不去通报。直到晚上，信使来报："平阳失陷了！"高阿那肱才去上奏。冯淑妃还想再去打猎，高纬置军国大事于不顾，竟然同意了。

过了几天，北齐后主率 10 万北齐军赶到平阳，将平阳团团围住，昼夜攻打。平阳的城墙坍塌多处，援军还没有来到，军心浮动，情况十分危急。正在这个时候，

北周天元皇太后
玺金印　南北朝

北齐后主却下令暂停攻城。原
来他听说平阳城西有圣人遗
迹，要和冯淑妃前去观看。冯
淑妃浓妆艳抹了很长时间才出
来。趁此机会，周军急忙把城
墙的坍塌处修好，齐军失去了
攻城的有利时机。

北周武帝听说平阳被围，
率 8 万精兵前来救援，在平阳
以南布阵，一字排开，东西长

骑兵和步兵战斗图 南北朝

20 余里。齐军为了阻止周军，挖了一条壕沟，东起乔山（今山西襄汾北），西到
汾河。周、齐两军对峙在壕沟两侧。周军越过壕沟进攻，结果被齐军击退。

北齐后主问大臣是否应该与周军决战。有大臣说北周武帝是天子，你也是天
子，怎么能躲在壕沟后面示弱呢？北齐后主一听觉得有理，下令填平壕沟。本来
北周武帝想与齐军交战，苦于被壕沟所阻，见齐军填平了壕沟，大喜过望，连忙
下令进攻齐军。

两军激战多时，不分胜负。这时齐军的东翼稍稍后撤，冯淑妃就惊慌失措地
大喊："齐军败了！齐军败了！"大臣穆提婆也劝北齐后主快逃。北齐后主急忙
带着冯淑妃和大臣们逃到晋阳。齐军见君主逃走，军心大乱，连战皆败，死者万
余人，武器辎重损失不计其数。平阳一战，北齐军主力损失严重。

北周军乘胜进攻，逼近晋阳。北齐后主惊惶失措，想投奔突厥，但大臣们
都不同意，只好逃回首都邺城（今河北邯郸市临漳县邺镇）。北周军随即攻克
晋阳。

北齐后主逃回邺城后，接见将士，企图重振军队。大臣斛律孝卿为他准备好
了演讲稿，告诉他演讲时要慷慨激昂，以振奋士气。北齐后主走到将士们面前，
却忘了演讲稿的内容，只好大笑起来。左右随从见状，也跟着大笑起来。将士们
见此情景，都非常气愤，说："你皇帝都不急，我们急什么？"于是军队全无战心。

北齐后主见大势已去，把皇位让给了太子高恒，自己当上了太上皇。不久，
北周武帝亲率大军进攻邺城，邺城军民人心惶惶，出城投降的贵族、大臣络绎不绝。

建德六年（577 年）正月，北周军攻入邺城，北齐后主率数百人逃到济州（今
山东茌平），北周武帝派大将追击。高恒把玉玺送给任城王高浩，禅位于他，自

己也跑了。北齐后主南逃，企图投奔陈朝，在南邓树（今山东临朐西南）被北周军俘虏，被押到长安处死。

随后，北周武帝又陆续击败了北齐的残余势力，俘虏任城王高浩，北齐灭亡，北周统一了北方。正当他准备平突厥、定江南统一全国的时候，不幸在出征前病逝，但他为代北周的隋朝统一全国奠定了基础。

佛教的传播

在这200余年的战乱中，佛教得到了很大发展，人们将对安定的希望，都寄托在了佛的世界。

佛教是印度宗教，后秦时期，法显从长安出发，一路向西，求取佛经。法显经过西域葱岭，进入北天竺（今印度北部）。北天竺对佛经只有口传，没有文字记录。于是法显再向南行，到了中天竺（今印度中部），学习了梵语、梵文。410年，法显携带11种佛经，从狮子国（今斯里兰卡）乘船返国，于414年到达牢山（在今山东青岛），随后在建康（今江苏南京）开始翻译佛经。几乎与此同时，高僧鸠摩罗什也在北中国翻译佛经。

佛经的汉译，让佛教得以迅速传播发展。北魏时，佛教的发展达到巅峰，北魏全境有僧尼200余万人，寺院三万余所，仅洛阳一地就有将近1400所。信徒们除了到寺院烧香捐献祈福外，还用雕刻佛像的方法祈福。北魏帝国的佛像雕刻，是最高的一种艺术成就。闻名世界的龙门石窟，鬼斧神工，令人叹为观止。

因北方与西域在地理位置上比较接近，两地僧人的交流比较频繁，佛经翻译较多；又因为佛学研究者众多，也促成了许多学派的发展。例如菩提流支所译的《入楞伽经》，是禅观最为重要的依据；同昙鸾所倡他力、易行思想等净土一系的基础是《往生论》，而昙无谶翻译的《大般涅槃经》（北本），形成了涅槃学，后来又传入南朝，得以弘扬。

彩绘贴金释迦牟尼石造像　南北朝

乾坤变幻

隋·唐·五代

　　隋朝结束了分裂局面，实现了中国历史上又一次大统一。隋朝开创的三省六部制和科举制，对中国此后的政治和文化发展起到了积极作用。唐朝是中国封建社会最为辉煌的时期之一，不仅在中国历史上，而且在人类文明史上也有重要地位。安史之乱之后，唐朝陷入藩镇割据的泥潭，逐渐衰落，最终灭亡。

杨坚夺权

杨坚（541 ~ 604 年）出身高贵，他家是从汉朝以来，直到魏晋、南北朝时期的名门望族。西魏时期，杨坚的父亲杨忠便和独孤信一起投靠了权臣宇文泰，此后杨忠因为屡建功勋，帮助宇文觉建立了北周政权，所以官爵升至柱国，封随国公。

据《隋书》记载，周明帝见杨坚面相不凡，顿生猜疑，曾派名誉京城的相面先生赵昭审视杨坚，赵昭诡言回禀周明帝："不过柱国耳。"之后，赵昭就私下跑到杨坚官邸，对杨坚说："公当为天下君，必大诛杀而后定，善记鄙言。"

575 年，周武帝下诏伐齐，杨坚在此次作战中功劳不小，进位柱国。不久周武帝驾崩，皇太子宇文赟即位，这就是周宣帝。他立了杨坚的女儿杨丽华为皇后，日常政务全由杨坚处理。年轻的宣帝是个酒色之徒，做皇帝不过两年，就禅位于七岁的皇太子宇文阐，也就是静帝，自己则做太上皇去了，北周王朝的统治迅速走向黑暗。这让觊觎着皇位的杨坚心中暗喜。

很快周宣帝就死了，杨坚趁机用假诏书夺取了军政大权，以及京城部队的指挥权。周宣帝的弟弟宇文赞在朝廷中和杨坚的地位不相上下，杨坚于是派人对他说，你不必再这样劳累地参与政事，以后的皇帝位置肯定是你的，你只管回家等着就行了。宇文赞年轻，也没什么谋略，就相信了他的说辞，回家等着杨坚来迎接他登基。

宇文家族还有五位有势力的亲王，都在地方统兵，如果他们联合起兵，杨坚还是很难对付的。所以，在他们得知宣帝病逝的消息之前，杨坚便用假诏书将他们召回长安，然后收缴了他们的兵权和印信。

五位亲王见自己无法与杨坚抗衡，便设下了"鸿门宴"。

杨坚对于五王的警惕不足，觉得自己

隋文帝像

既然已经解除了他们的兵权，谅他们也没什么作为了，见宇文招有请，遂带着杨弘、元胄等几个随员前往。到了王府，随从都被挡在门外，杨弘和元胄硬闯了进去。元胄进去一看就知道苗头不对，对杨坚道："相府有事，丞相不宜久留！"宇文招马上斥责元胄，喝令他退下。元胄不但不退，反而提刀上前保护杨坚。宇文招不敢动强，只得赐给元胄一杯酒，说："我哪有什么恶意，你何必如此紧张？"说完，装作呕吐，想要离开座位，却被元胄强行扶回座位上。宇文招几次想离开，都被元胄"劝"止。宇文招被置于元胄的威胁下，他手下的人也不敢轻举妄动。此时，元胄听到后堂有披挂盔甲的声音，急了，上前对杨坚说："相府的事那么多，丞相怎么这样，老坐着不走？"说完，拉着杨坚就走。宇文招快步追出来，元胄堵在门口，等杨坚出了府邸大门，他才紧走几步赶上。

杨坚回到相府后，马上以谋反罪杀掉了这五个亲王。宇文皇室的势力被消除后，杨坚的皇帝之路才彻底平坦了。

统一之初的政治

杨坚，史称隋文帝，是隋朝的建立者，他是弘农华阴（今陕西华阴）人，出身于武将王公之家。

隋文帝统一全国以后，一面躬行俭朴，一面采取了许多有利于巩固政权的措施。

隋文帝除了提倡节俭外，还建立了科举制度，选用称职的官员，严办贪官污吏等，这一系列政策使人口迅速增加，经济日渐好转，社会呈现了一派繁荣景象。隋文帝的年号是"开皇"，历史上就将隋文帝统治的这20年称为"开皇之治"。

这一系列措施中，对后世影响最大的要算建立科举制度了。隋朝以前，政府选用官员用的是九品中正制度，在一定程度上规定了门第出身，名门望族的子弟可以被选为上品做高官，庶族寒门出身的人只能被选为下品小官，以至出现了"上品无寒门，下品无士族"的现象。

隋文帝废除了九品中正制，命令京官五品以上，和地方总管、刺史等官员，以"志行修谨、清平干济"两个条件举荐人才，也就是要德才兼备的人。他希望通过这一制度缓和江南汉人的不满情绪，给中下层读书人提供入仕之途。考生不分出身，地位一律平等。到了隋炀帝杨广即位后，又创置了进士科，国家用考试的方法以才取人，考取的就可以到中央或地方政府中做官。

赵绰依法办事

隋文帝统一全国后，采取了许多巩固统治的措施：改革官制兵制；建立科举制度；严办贪官污吏。经过一番整顿治理，政局稳定，社会经济开始繁荣起来。

隋文帝又派人修订了刑律，把那些残酷的刑罚都废除了。这本来是件好事，但是隋文帝本人却不完全按照这个刑律办事，往往一时发怒，便不顾刑律规定，随便下令杀人。

隋文帝的做法，叫大理（管理司法的官署）的官员十分为难。大理少卿赵绰觉得有责任维护刑律公正，常常跟隋文帝顶撞。

在大理官署里，有一个叫来旷的官员，听说隋文帝对赵绰不满，想迎合隋文帝，就上了一道奏章，说大理衙门执法不严。隋文帝看了奏章，认为来旷说得很中肯，就提升了他的官职。

陶文官俑　隋

来旷自以为皇帝很赏识他的做法，就昧着良心，诬告赵绰徇私舞弊，放了一些不该赦免的犯人。隋文帝虽然嫌赵绰办事不合他的心意，但是对来旷的上告，却有点怀疑。他派亲信官员去调查，发现根本没有这回事，立刻下令处死来旷。

隋文帝把这个案子交给赵绰办理，他觉得这一回来旷诬告的是赵绰自己，赵绰一定会同意他的命令。哪儿知道赵绰还是说："来旷有罪，但是不该判死罪。"隋文帝很不高兴，问赵绰要奏什么事。赵绰说："我有三条大罪，请陛下发落。第一，臣身为大理少卿，没有管理好下面的官吏，使来旷触犯刑律；第二，来旷本不该被判处死，臣却不能据理力争；第三，臣请求进宫，本来无事可奏，只是因为心里着急，才欺骗了陛下。"

隋文帝听了赵绰最后几句话，禁不住笑了。在一旁坐着的独孤皇后，也很赏识赵绰的正直，便让侍从赐给赵绰两杯酒。隋文帝终于同意了赦免来旷，改判革职流放。

保闾制度

隋文帝即位之初，就制定了保闾制度，以加强政府对于户口的控制，进而扩大税源。

保闾制度规定，县以下五家为一保，五保为一闾，四闾为一族。设置保长、闾正、族正等职，分级负责检查户口。585年，又下令在全国整顿户籍，要求各州县按照户籍上的资料逐户核对，如有谎报掉队以逃避课役的情况，一经查出，其保长、闾正、族正等都要受到处罚。朝廷鼓励民间互相检举不实的户籍情况。同时，规定自堂兄弟以下都必须分居，另立户籍。这些措施完善了封建的户籍制度，打击了豪强的经济势力，也使国家的赋税大大增加。

杨广弑父杀兄

隋王朝在杨坚的统治下，社会出现了繁荣安定的局面。杨坚认为，不但他的国家安定，他的家庭也同样安定。杨坚的皇后独孤氏嫉妒心很强，他们有五个儿子，都是皇后所生，因此杨坚曾骄傲地说："从前的帝王，姬妾太多，儿子们不同母亲，所以往往分党相争；不像我的五个儿子，一母同胞，亲如手足。"

可是，世界上有两种东西能摧毁人性和人伦，那就是权力和金钱。

杨广，小名叫阿摩，从小就聪慧过人，深得父母的欢心。581年，隋文帝立长子杨勇为太子，将杨广封为晋王。杨广在南下灭陈和抵御北方突厥的战斗中立有大功，见父亲立了哥哥做继承人，开始对杨勇心怀妒恨，私下里与大臣杨素勾结，想夺取太子的地位。

杨勇是个花花公子，疏阔豪爽，不拘小节。独孤皇后最讨厌男人三妻四妾，杨勇偏偏有许多姬妾；杨坚最讨厌大臣花天酒地，杨勇偏偏喜欢音乐歌舞，常常通宵饮宴。

杨广就从这些细微之处下手，离间父母与杨勇的关系。杨广只有妻子萧妃一人，家里的乐器上都布满灰尘，有的连弦都断了。杨坚夫妇每次到儿子的府里去，杨勇总是礼数淡薄，而杨广夫妇一定是双双站到门口亲自迎接。杨广出镇江都（今江苏扬州），每次入朝辞行时，都痛哭流涕，依依不舍。杨坚夫妇见儿子如此孝心，也流下眼泪，不忍他远离膝下。再加上杨广有很好的文学素养，对任何人都很诚恳，且谦虚有礼，因此朝中对他是一片颂扬之声。

后来，杨广见杨坚渐渐疏远了杨勇，便在独孤皇后面前谮言，说杨勇要加害自己，还在父亲生病的时候诅咒，希望父亲早点死。独孤皇后不断对杨坚诉说杨广的好处，这让杨坚最终在600年下诏，废太子杨勇为庶人，改立杨广为太子。

602年，独孤皇后病逝，两年后，文帝也病重卧床。杨广认为登上皇位的时机已到，便迫不及待地写信给杨素，请教他怎样处理将要到来的文帝后事。不料送信人误将杨素的回信送给了文帝，文帝读后大怒，马上宣召杨广入宫，要当面责问他。此时，文帝最宠爱的宣华夫人衣衫不整地跑进来，哭诉杨广乘她换衣时无耻地调戏她，文帝这才明白自己受了杨广的蒙骗，于是拍着床大骂："这个畜生如此无礼，怎能担当治国的大任？皇后误了我的大事。"

文帝急忙命身旁的大臣柳述、元岩草拟诏书，废黜杨广，重立杨勇为太子。杨广早在文帝身边安插了爪牙，听说文帝要废了自己，忙与大臣杨素商量，带兵包围了皇宫，赶散宫人，逮捕了柳述、元岩。杨广的部下张衡猛击文帝的胸口，文帝口吐鲜血，立时死亡。

杨广即位后，马上假传文帝遗诏，要杨勇自杀。杨勇还来不及做出回答，就被来人杀死了。

杨广的弟弟汉王杨谅不服，在并州起兵，杨广即令杨素率兵镇压，杨谅降后被幽禁死去。

不久，杨广又派人毒死了杨勇所有的孩子，清除了家族中对自己构成威胁的对手。

隋炀帝三下江都

隋炀帝当上了皇帝，就开始追求享乐起来。他生性好玩，享乐游玩的兴趣要经常更换，因此频繁出巡。

605年，就是隋炀帝即位的头一年，他就下诏命令黄门侍郎王弘等人到江南造龙舟和各种船只上万艘。几十万人因此被征调去造船，许多民工劳累过度，死在工地上，运载尸体的车子，东至成皋，北至河阳，络绎不绝。同年八月，隋炀帝从洛阳出发游江都，随行的有嫔妃、文武百官、公主王侯和僧道尼姑等几十万人。炀帝乘坐的龙舟高达45尺，宽50尺，长200尺。沿途一些州县的官僚，为了巴结皇帝，不顾百姓死活，狠命敲诈，让百姓为隋炀帝一行准备吃的喝的，叫做"献食"。一些州县甚至强迫农民预交几年的租税，弄得许多百姓倾家荡产。

611年，隋炀帝第二次巡游江都。这次游幸，又是大肆挥霍。不仅如此，隋炀帝一行到了江都，还大摆酒席，宴请江淮以南的名士，炫耀豪华，向百姓摆威风。

617年，隋炀帝第三次出游江都时，农民起义的烽火已燃遍大河上下、长江南北，隋王朝的统治已是岌岌可危了。可是隋炀帝只顾个人享乐，根本不顾百姓

隋炀帝龙舟出行图　清　佚名

死活。在游江都之前，停泊在江都的几千艘龙舟全被起义军烧毁了。隋炀帝马上下令重新建造，规格比原来的还要豪华富丽，耗费了大量的钱财，百姓也已穷困到了极点。

隋炀帝的船队从宁陵向睢阳开进时，常常搁浅，拉纤的民夫用尽力气，一天也走不了几里路。炀帝十分恼火，下令追查这一段河道是哪个官员负责开凿的。经查问，原来这个河段的负责人是麻叔谋。这时，督造副使令狐达乘机上书告发麻叔谋蒸食婴儿、收受贿金等事。于是，炀帝下令查办麻叔谋，并将当时挖这一段河道的五万名民工统统活埋在河岸两旁。

隋炀帝到达江都后，更加荒淫无度，每天都与嫔妃美女一起饮酒作乐。此时，他见天下大乱，心中也常常烦躁不安。一天，他照镜子时对萧后说："我这颗头颅将会葬送谁手呢？"他还准备了毒药带在身边，准备在危急时吃。隋炀帝一人出游，几乎是全天下的人民都在为他准备行装、供奉食物。他的游幸，给人民带来了沉重的灾难，以致百姓没有饭吃，只能剥树皮、挖草根，或者煮土而食，有的地方还出现了人吃人的现象。

至此，隋朝江山已处于风雨飘摇之中了。

兴修大运河

魏晋南北朝时期，大量的汉人南迁，为江南地区带去了先进的生产工具和技术，使江南的经济有了显著的发展，尤其是会稽郡（今浙江绍兴一带）成为江南最富庶的地区。隋朝定都长安，政治中心在北方，北方经济发展水平虽然很高，但由于关中和洛阳地区的人口激增，当地的出产物已经远远不能满足皇室贵族、官员和军队日益增长的消费需求，需要从其他地区运输布帛粮食和财物，特别是富庶的江淮地区。如果用陆路运输,不但速度慢、运量小,而且费用大,根本无法满足北方的需要。所以开凿沟通南北的大运河,进行水路运输,已经成为当时社会经济发展的迫切需要。

从政治上看,隋朝中央政府为加强以对关东地区和江南地区的控制,也需要开通一条南北向的大运河。陈朝虽然已经灭亡,但它的残余势力还很多。终隋一朝,广大南方地区始终都有反隋起义爆发。隋文帝时有 597 年桂州(今广西桂林)的李光仕起义,600 年熙州(今安徽安庆)的李英林起义,601 年,潮州等五州相继起兵。到了隋炀帝时,613 年爆发了余杭刘元进和吴郡人朱燮、晋陵人管崇的起义。由于路途遥远,这些江南地区的起义常常使隋朝鞭长莫及。为了进一步控制江南,隋朝需要开凿一条运河来进行运兵,以便及时镇压当地的反隋起义,加强对江南地区的控制。在江南开凿运河,从迷信的角度讲可以泄掉当地的"王气"。此外隋炀帝屡次派兵攻打辽东,开凿运河还可以快速地向东北地区运兵运粮。

从隋炀帝个人来看,他迷恋江南的繁华,也有开运河乘龙舟到江都(今江苏扬州)看琼花、游江南,达到自己优游享乐的目的。

隋朝经过"开皇之治",国家的经济有了很大的发展,政府掌握了大量的粮食、布帛和财富。这为开凿大运河提供了足够的物质基础。605 年,隋炀帝下令开凿一条贯通南北的大运河。大运河以东都洛阳为中心,北抵涿郡(今北京),南到余杭(今浙江杭州),共分四段:

通济渠(又叫御河)。605 年,隋炀帝征发"河南、淮北诸郡民前后百余万"开通济渠。战国时期,魏国就已经开凿了鸿沟(引黄河水到汴水,再折向南循沙水入颍水)。通济渠是在鸿沟和下游的汴河(今已湮塞)两水基础上,加以疏浚拓宽而成的。通济渠从洛阳西引谷水、洛水到黄河,再从板渚(板城渚口的简称,在今河南荥阳氾水镇东北黄河侧)引黄河水入汴河,又经河南开封东南引汴水入泗水,最后再入淮河。

邗沟(又叫山阳渎)。605 年,隋炀帝征发"淮南民十余万"疏通邗沟。春秋时期,吴王夫差为了北上争霸中原,下令在长江和淮河之间开凿一条运河。因这条运河流经吴国的邗城(今江苏扬州),所以称之为邗沟。隋朝大运河的邗沟段,就是在春秋时期吴国邗沟的基础上疏浚拓宽而成的。邗沟沟通了淮河南岸的山阳(今江苏淮安)和长江北岸江都,再绕过江都入长江。

江南河。610 年,隋炀帝下令开江南河。从京口引长江到余杭,"八百余里,广十余丈"。

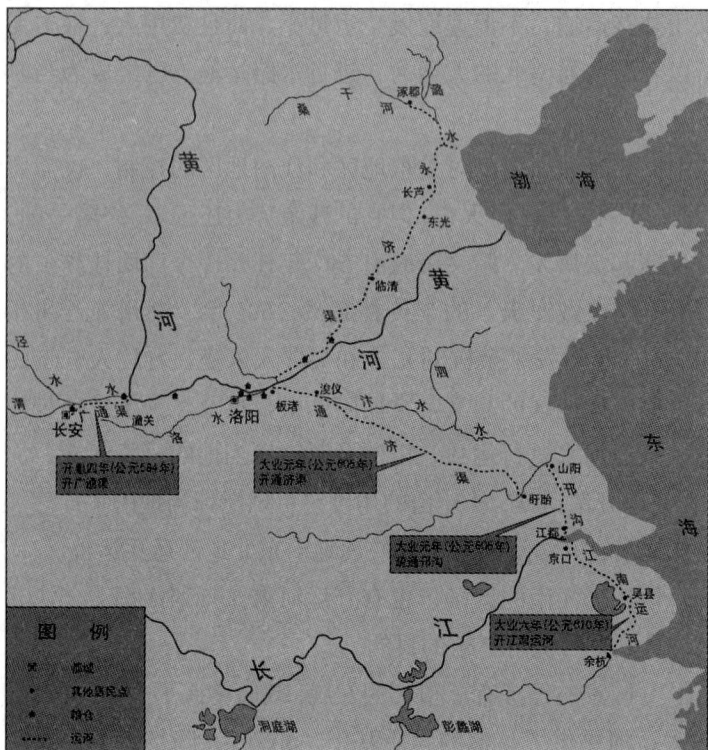

隋运河示意图

以上三段是大运河的主体航线，主要用于从江南地区向关中和洛阳漕运布帛粮食和财物。此外还有永济渠。608年，隋炀帝征发河北诸郡壮丁百万，开凿永济渠。男丁不够，就征发妇女补充。永济渠从洛阳的黄河北岸，引沁水、淇水东流入清河（卫河），再到今天的天津附近，最后经沽水（白河）和桑干河（永定河）到涿郡（今北京）。永济渠是专门为对辽东作战而开凿的。

隋代大运河全长2000多千米，河面宽30米到70米不等，北通涿郡，南达余杭，沟通了海河、黄河、淮河、长江、钱塘江五大水系，经过了河北、山东、河南、安徽、江苏和浙江等广大地区，使得南北的物资可直达长安。隋朝大运河与长城一样，是我国最雄伟的工程之一。大运河开通后，成为南北交通的大动脉，促进了南北的经济、文化的交流，维护了国家的统一。但在开凿大运河的过程中，隋炀帝征发了大量民夫，造成了严重的社会危机，是隋朝灭亡的原因之一。

三征高句丽

607年，杨广向北出游，到了突厥汗国启民可汗的王庭。启民可汗用最尊荣的礼节接待他，让杨广大为满意。此时，高句丽王国正巧派了使节到突厥汗国，杨广看见这个使节，便吩咐他，让高句丽的国王高元来朝觐见。可是，高元一直没有来，这让杨广感到很没有面子，于是下令讨伐高句丽。

610 年，杨广着手进攻高句丽的准备工作，造车造船，调集军队，征发物资。成百万的农民被征发来从事运输和各种劳役。被征发的农民昼夜不停地劳作，死亡者不计其数。恰巧这时黄河发大水，30 余郡成为水乡泽国。但征粮却毫不放松，交不上的农民纷纷逃亡，政府指称他们是"盗贼"，不但派兵征剿，还逮捕他们的家属处刑。于是，官逼民反，灾民纷纷武装起来，杀死官员，抢夺富民的粮食，天下于是大乱。

杨广一面派人平暴，一面毫不放松地进攻高句丽。612 年，集中了 100 多万大军的杨广，御驾亲征。

辽东（今辽宁辽阳）是高句丽王国西境第一大城，在隋朝大军的猛烈攻击下，城垣塌陷，高句丽守军悬白旗乞降。将领们既不敢接受，也不敢继续攻击，急忙停止攻击，向御营报告杨广。等到指示回来，守军已把缺口填住，恢复了抵抗。一连三次，都被耽误，加之渡鸭绿江深入高句丽国境的另一支军队失败，杨广只好狼狈撤退，这一战损失了 30 万人。

青瓷武士俑 隋

613 年，杨广第二次御驾亲征。此时，杨素的儿子杨玄感正在黎阳（今河南浚县）督运军粮。他突然发动叛变。杨广只得放弃辽东，回军迎战，第二次东征便这样草草收场。

614 年，国内的起义已经呈汪洋之势，但杨广仍打算第三次东征。高句丽王国一连三年受到攻击，筋疲力尽，他们把杨玄感的同党，去年投奔到高句丽的斛斯政，送还给杨广，以表诚意。杨广觉得争到了一点面子，便撤军来到洛阳，用酷刑把斛斯政处死后，杨广再次征召高元入朝。

没想到高元仍然不来，杨广火冒三丈，下令准备第四次东征。

瓦岗起义

瓦岗军的首领翟让，原来在东郡衙门里当差，因为得罪了上司，被关进了监牢，还被判了死罪。有个狱吏很同情他，在一天夜里，狱吏偷偷地给翟让解下镣铐，把翟让放了。

翟让出了监牢，逃到东郡附近的瓦岗寨，召集了一些贫苦农民，组织了一支队伍。当地一些青年人听到消息后，都来投奔他。这些人中有一个 17 岁的青年叫徐世勣，不但武艺高强，而且很有谋略。

翟让听从徐世勣的意见，带领农民军到荥阳一带，打击官府和富商，夺了大批钱粮。附近农民来投奔翟让的越来越多，队伍很快壮大到一万多人。

这时，有一个叫李密的青年前来投奔翟让，并且帮助他整顿人马。

李密对翟让说："从前刘邦、项羽，也不过是普通老百姓，后来推翻了秦朝。现在皇上昏庸残暴，民怨沸腾，官军大部分又远在辽东。您手下兵精粮足，要拿下东都和长安，打倒暴君，是很容易办到的事！"

接着，两人商量了一番，决定先攻打荥阳。荥阳太守见势不妙，慌忙向隋炀帝告急。隋炀帝派大将张须陀带大军前来镇压起义军。

李密请翟让在正面迎击敌人，他自己带了一千人马埋伏在荥阳大海寺北面的密林里。

张须陀根本没把翟让放在眼里，莽莽撞撞地指挥人马杀奔过来。翟让抵挡了一阵，假装败退。张须陀紧紧在后面追赶，追了十多里，路越来越窄，树林越来越密，进入了李密布置的埋伏圈。李密见敌军到了，一声令下，埋伏着的瓦岗军将士奋勇杀出，把张须陀的人马团团围住。张须陀左冲右突，没法突围，最后全军覆没。张须陀也被起义军杀死了。

经过这次战斗，李密在瓦岗军里声望提高了。李密不但号令严明，而且生活俭朴，对起义将士也十分关心。日子一久，将士们就渐渐倾向他了。

后来，翟让觉得自己的才能不如李密，就把首领的位子让给了李密。大家推李密为魏公，兼任起义军元帅。

瓦岗军在洛口建立了自己的政权。不久，又乘胜攻下许多郡县，隋朝官吏士兵都纷纷前来投降。瓦岗军一面继续围攻东都，一面发出讨伐隋炀帝的檄文，历数炀帝的罪恶，号召百姓起来推翻隋王朝的统治。这样一来，震动了整个中原。

正当瓦岗军不断发展壮大的时候，它的内部却发生了严重分裂。翟让让位给李密后，翟让手下有些将领很不满意。有人劝翟让把权夺回来，翟让却总是一笑了之。这些话传到李密耳朵里，李密就心生疑虑了。李密的部下也撺掇他把翟让除掉。李密为了保住自己的地位，终于起了杀心。

有一天，李密请翟让喝酒。在宴会中，李密把翟让的兵士支开后，假意拿出一把好弓给翟让，请他试射。翟让刚拉开弓，李密便暗示埋伏好的刀斧手动手，把翟让杀了。

从此，瓦岗军开始走向衰弱了。这时，北方由李渊带领的一支反隋军却日益强大起来。

江都宫变

隋炀帝杨广即位后营建东都洛阳，三次出征辽东，开凿大运河，穷奢极欲，穷兵黩武，浪费了大量的民脂民膏，极大地破坏了社会生产，给人民带来了无穷无尽的灾难。老百姓家破人亡，流离失所，很多地方赤地千里，农田荒芜，甚至出现了人吃人的可怕局面。人民终于忍无可忍，纷纷起义。山东人王薄自称"知世郎"，在长白山（今山东邹平南）首先起义，各地的老百姓纷纷响应，后来逐渐形成了以翟让、李密为首的活动在中原的瓦岗军，窦建德为首的河北起义军和杜伏威、辅公祐为首的江淮起义军等几支力量。起义军不断在各地打击隋军，声势浩大。

隋炀帝在位14年，但在首都长安的时间还不到一年。他喜欢巡游天下，曾西到张掖，南下江都，东征辽东，北至长城。

一次，隋炀帝到北方巡游时，突厥突然发兵将他包围在雁门关。当时情况十分危急，突厥兵的箭不断射入城中，隋炀帝束手无策，只知道抱着自己的小儿子号啕大哭。后来多亏了李世民率援军赶到才击退了突厥。惊魂初定的隋炀帝急忙回到了洛阳。这时农民起义军也活动于洛阳城下，发布讨伐隋炀帝的檄文，列举了他十大罪状。檄文说隋炀帝罪大恶极，以至于"罄南山之竹，书罪无穷；决东海之波，流恶难尽"。隋炀帝立即下令大造龙舟，准备南下江都，远离北方这片是非之地。

当时隋王朝已经处于风雨飘摇之中，大臣们纷纷劝阻，反对去江都，凡持异议者都被隋炀帝杀死，剩下的大臣再也不敢表示反对。隋炀帝乘坐龙舟，宗室、嫔妃、大臣、僧尼、道士、番客共乘数千艘大船，卫士们又乘数千艘船，前后相接200余里，两岸护卫8万多人，都穿着锦缎丝绸做的衣服，浩浩荡荡南下江都了。

隋炀帝到了江都后接见地方官，献礼多的就升官，献礼少的就罢免。于是地方官大肆搜刮百姓，甚至征收次年的赋税，用来向隋炀帝送礼。老百姓饥寒

铜虎符 隋
隋朝调发府兵的凭证。

347

交迫，连树皮草根都吃光了，甚至出现了人吃人的惨况。

这时，隋朝的太原留守李渊见隋朝大势已去，起兵占领长安，把隋炀帝13岁的孙子杨侑扶上帝位，遥尊隋炀帝为太上皇。与此同时，各地起义军也不断发展壮大。在农民起义风暴的猛烈冲击下，隋朝土崩瓦解，只剩下江都等几座孤城，江都的东、西、北三面都被起义军包围。

隋炀帝预感到末日就要来临，整天和皇后、妃子寻欢作乐，醉生梦死。他不愿听到失败的消息，禁止大臣向他汇报，对萧皇后说："听说外面有不少人想害我，不管他了，还是快快活活喝酒吧。"有一次，他拿起一面镜子，呆呆地照了半天，叹了一口气说："多好的头啊，不知道谁会来砍它？"萧皇后听了心惊胆战，掩面痛哭，隋炀帝轻描淡写地说："富贵荣辱本来就是不断交替，有什么好伤心的？"

隋炀帝的禁卫军，大多数是关中（今陕西一带）人。他们眼看着隋炀帝的末日将要来临，都想回关中老家，许多人都私下逃走。贵族宇文化及和大将司马德勘利用士兵的这种心理，煽动士兵发动兵变。宇文化及带领兵士，冲入行宫，准备杀死隋炀帝。隋炀帝吓得瘫在大殿上，战战兢兢地对叛乱的士兵说："我犯的什么罪，你们要杀我？"

宇文化及说："你发动战争，穷奢极侈；昏庸无道，杀害忠良；使男子死在战场，妇女儿童饿死他乡，百姓流离失所，你还说自己没罪吗？"

隋炀帝说："我确实对不起老百姓，但是你们这些人跟着我享受荣华富贵，我没对不起你们。今天这样做，是谁带的头？"

宇文化及说："全国的百姓都恨透你这昏君，哪儿是一个人带的头！"

隋炀帝知道今天必死无疑，但他害怕砍头碎尸，于是声嘶力竭地大叫："我是天子，应该按天子的死法去死，不能砍头碎尸！来人哪！拿毒酒来！"叛乱的士兵不耐烦了，齐声拒绝。隋炀帝无可奈何，只好取下了一条丝巾，缠在自己的脖子上，两头交给两名士兵，让他们使劲拉。一代昏君终于死了，统治中国38年的隋朝也就此宣告灭亡。

李渊起兵

李渊出身贵族，继承祖上的爵位，当了唐国公。617年，隋炀帝派他到太原去当留守（官名），镇压农民起义。

李渊有四个儿子，其中第二个儿子李世民是个很有胆识的青年，他很喜欢结交朋友。

晋阳（今山西太原）县令刘文静就是李世民非常赏识的一个朋友，他跟李密有亲戚关系，李密参加起义军以后，刘文静受到株连，被革了职，关在晋阳的监牢里。

李世民得知刘文静坐了牢，急忙赶到监牢里去探望。

李世民拉着刘文静的手，一面叙友情，一面请刘文静谈谈对时局的看法。

刘文静早就知道李世民的心思，他说："现在杨广远在江都，李密正进攻东都，到处都有人造反，这正是打天下的好时机。我可以帮您召集10万人马，您父亲手下还有几万人。如果用这支力量起兵，不出半年就可以打进长安、取得天下。"

李世民回到家里，反复想着刘文静的话，觉得很有道理。但是要说服他父亲，却不是一件容易的事。正好在这个时候，太原北面的突厥（我国古代北方民族之一）可汗向马邑进攻。李渊派兵抵抗，连连打败仗。李渊怕这件事传到隋炀帝那里，要追究他的责任，急得不知怎么办才好。

李世民抓住这个机会，就找李渊劝他起兵反隋。

李世民对李渊说："皇上委派父亲到这里来讨伐反叛的人。可是眼下造反的人越来越多，您能讨伐得了吗？再说，皇上猜忌心很重，就算您立了功，您的处境也将更加危险。唯一的出路，只有起来造反。"

李渊犹豫了许久，才长叹一声，说："我思考你说的话，也有些道理，我只是有些拿不定主意。好吧！从现在起，是家破人亡，还是夺取天下，就凭你啦！"

李渊把刘文静从晋阳监牢里放了出来。刘文静帮助李世民，分头招兵买马。李渊又派人召回正在河东打仗的另两个儿子李建成和李元吉。

李渊自称大将军，让李建成做左领军大都督，李世民做右领军大都督，刘文静做司马，带领3万人马离开晋阳，向长安进军。一路上他们继续扩充人马，还学着农民起义军的做法，打开官仓，给贫民发粮。

战争壁画
敦煌莫高窟第十二窟唐代的战争壁画。从双方隔河相峙、筑城而战的紧张场面，可看到"城"之于"战"的重要。

这样一来，加入队伍的人就越来越多了。

不久，唐军攻下霍邑城，然后继续向西进军，在关中农民军的配合下，渡过了黄河。

李渊率领了20多万大军攻打长安。守在长安的隋军，已经无力回天，很快就被李渊的军队攻破了城池。为了争取民心，李渊一进长安就宣布约法十二条，把隋王朝的苛刻法令全部废除，随后立隋炀帝的孙子杨侑做了挂名的皇帝。

第二年（618年）夏天，隋炀帝在江都被人杀了。消息一传来，李渊就把杨侑废了，自己登基称帝，改国号为唐，这就是唐高祖。

虎牢之战

唐朝建立后，李世民东出攻伐盘踞洛阳的王世充，唐军与王世充军在洛阳城下激战半年，王世充遭重创，不久洛阳被唐军重重包围。王世充困守孤城，粮食殆尽，危急之中连连遣使向河北夏王窦建德求救。窦建德明白"唇亡齿寒"的道理，意识到王世充被消灭后，李唐政权下一个要打击的就是自己，遂决定出兵救王。

621年春，夏王窦建德率十余万兵马西援洛阳，连下管州、荥阳、阳翟等地，很快进抵虎牢以东的东原一带。秦王李世民在洛阳坚城未下、窦军骤至的形势下召部下商量对策，大多数将领怕遭敌人内外夹攻而主张退兵以避敌锋；独宋州刺史郭孝恪、记室薛收反对退兵。郭、薛认为若让窦、王联合，其势更强，统一无期；主张留部分兵继续围攻洛阳，唐军主力去虎牢扼守以拒窦军；窦军一破，洛阳受震慑，可不战而下。李世民纳此议，留齐王李元吉、大将屈突通续围洛阳，自己率精兵3500人赴虎牢拒敌。

李世民一面令唐军坚守城防，一面率小拨人马骚扰试探窦军，尽数掌握了河北军的虚实。由于李世民拒守不出，窦军在虎牢城外屯扎数周却不得西进，心情郁闷，士气下降。四月，李世民又派军抄袭了窦军的粮道，窦军处境更加不利，将士思归河北。谋士凌敬献策窦建德转攻怀州、河阳，再越过太行山，向汾晋发展，从北面威胁唐都长安，则洛阳围可解。窦建德开始动心，但部将多不愿，王世充又频频告急，窦建德遂搁置其议，而决定趁唐军饲料用尽、到河北岸牧马之机袭击虎牢。李世民得到情报，遂将计就计，他派军一部过河，故意留马千余匹于河渚以诱窦军进攻。窦军果然上当，全军出动，在汜水东岸布阵，依河背山，准备进攻唐军。

李世民正确分析形势后，认为窦军犯险而进，逼城而阵，有轻视唐军之意，于是令军士严阵以待，待窦军疲惫后再行出击。窦建德等得不耐烦，遣将向唐军挑战。李世民命王君廓率200长矛兵出战，双方短兵交接，格斗数次，未分胜负。自辰时直至午时，沿汜列阵的窦军渐饥渴困乏，浑身酸软，很多人倒在地上；有的争着抢水喝，阵形开始混乱。李世民细心观察了这些迹象后，即遣宇文化及率300精骑经敌人阵西先行试阵，并指示说：如窦军严整不动，即回军返阵；若敌阵有动，则继续东进。

宇文军至窦军阵前，窦军阵势开始动摇；李世民见状，当机立断，下令唐军倾巢而出，自己率骑兵先出，主力步兵随后跟进，过汜水后直扑敌人大本营。窦军被突如其来的精骑疾冲，顿时大乱，预备抵抗唐军的战骑通道被向大本营走避的众臣将阻塞。窦建德下令群臣闪开，为骑兵让路，但为时已晚，李世民骑兵已经冲入。窦建德忙领军向东撤退，为唐将窦抗紧追不舍。突入窦军大本营的唐军与敌人展开激战，杀得河北军丢盔弃甲。李世民又遣骁将秦琼、程咬金率军迂回抄窦军的后路，分割窦军。窦建德见失败不可避免，便令全军撤退，唐军乘胜追击30里，斩杀并俘虏窦军5万余。窦建德本人也中槊，行走不便而被唐军俘获，其部属纷纷溃散，仅其妻领数百骑逃回河北。唐军大胜。

秦王破阵乐图 唐

玄武门之变

唐朝刚刚建立不久，李世民和皇太子李建成之间，就为争夺皇位展开了激烈的斗争。

李世民手下有大批人才：勇将有声名显赫的尉迟敬德、秦叔宝、程咬金，文人中有著名的十八学士，其中房玄龄、杜如晦多谋善断，都是一时俊秀。太子李建成在太原起兵之后，也统领过一支军队，打过一些胜仗，在他的周围聚集着一大批皇亲国戚。另外，他长期留守关中，在京城长安一带有牢固的基础，宫廷的守军(玄武门的卫队)也在他的控制之下。他还和齐王李元吉结成联盟对付李世民。因而，总的来说，李世民和李建成是势均力敌，旗鼓相当。

为了削弱李世民的势力，李建成和李元吉绞尽脑汁。凡是有调动兵马的机会，他们总是想方设法把李世民的部将调离。这样，他们之间由明争暗斗发展到了兵戎相见的地步。

这时正好突厥入侵，李建成便和李元吉策划，先夺了李世民的兵权，等出征的时候再把他杀掉。消息很快便传到李世民那里，他急忙找来长孙无忌、尉迟敬德商量对策，大家都主张立即动手，先发制人。

当天夜里，李世民进宫去控告李建成和李元吉，揭发他们在后宫胡作非为。高祖大吃一惊，说："有这样的事吗？"李世民说："不但如此，他们还想谋害我。如果他们得逞，儿就永远见不到父皇了！"说完便哭了起来。高祖说："你讲的事情，关系重大，明天你们一同进宫，我要亲自审问！"

第二天一早，李世民让长孙无忌等人带了一支精兵，埋伏在玄武门内。守卫玄武门的将领叫常何，原来是李建成的心腹，事先已被李世民收买过来了。他见李建成和李元吉走进玄武门，便迅速将大门关闭。

李建成和李元吉下了马，走上临湖殿。李建成眼光向周围一扫，发觉周围

的气氛有点反常。他扯一下齐王的衣袖，转身飞快走下石级，翻身上马，奔向玄武门。这时，只听有人喊道："太子、齐王，为什么不去上朝？"李建成回头一看，不是别人，正是对头李世民。李世民对准李建成一箭射去，先把李建成射死了。李元吉急忙向西逃去，也被尉迟敬德一箭射下马来。

正当他们兄弟三人火拼的时候，唐高祖正带着大臣、妃子在海池中乘船游玩。忽然看见岸上有一个全副甲胄的将军匆匆赶来，便问："你是什么人？"那位将

高台　窗棱　　　　　　鸱尾

玄武门壁画

352

军跪在地上说："臣就是尉迟敬德。"高祖又问："你来这里干什么？"尉迟敬德说："太子、齐王叛乱，秦王恐怕惊动陛下，特地派臣来护驾。"高祖大吃一惊，忙问："太子、齐王在哪儿？"尉迟敬德说："已经被秦王杀死了。"

高祖十分难过，吩咐游船靠岸。左右大臣听到李建成、李元吉已死，也就乐得顺水推舟做个人情。宰相萧瑀说："建成、元吉本来就没有大功，现在秦王已经杀了他们，也不是坏事。不如陛下把国事交给秦王，就没有事了。"

事已至此，唐高祖只好听从萧瑀的话，命令各路军队都接受秦王李世民的指挥。三天之后，唐高祖李渊立李世民为皇太子，国家军政大事一律由太子处理。又过了两个月，唐高祖被迫让位，自称太上皇。李世民当上皇帝，就是唐太宗。

贞观之治

李世民登基后，推行"偃武修文"、使百姓安乐的方针，采取轻徭薄赋、整饬吏治、健全法制等政策，努力做到虚怀纳谏、知人善任、以古为镜，取得显著效果，社会上出现兴旺景象。

唐太宗借鉴了隋灭亡的历史教训，制定了基本顺应当时历史发展要求的政治措施。唐初经济凋敝，人民生活十分困苦，国家财政也严重拮据。因此唐太宗首先实行了轻徭薄赋、与民休息的政策，尽量避免和减少战争，以减少军费支出，此举有力地保障了农民安居垅亩，发展了农业生产。

亲疏并举、德才兼备的人才政策是唐太宗政治统治的重要保证和基础。当时房玄龄、杜如晦被任用为丞相，二人各自发挥所长，被人称为"房谋杜断"。为了集思广益、纠偏补过，唐太宗建立了一套比较完整的监察和谏官制度：谏官直接参与政事，五品以上的京官在中书内省轮流值夜，以便随时召见、询访外事，讨论政教得失。从而朝廷上下形成了一种敬贤纳谏的政治风气。魏徵就是当时最有名的"净臣"，他性情耿直，敢于谏诤，据理力争，凡有所谏，多被唐太宗采纳。贞观年间的许多政策的制定都是魏徵参与和策划的。

唐太宗像

科举制度也得到了恢复和完善，并且最终定型下来，成为贯穿整个封建社会中后期的官吏选拔制度，各阶层的优秀人才得以进入政治统治集团，知识分子有了仕进的方便之门。在政治统治中，唐太宗李世民特别重视伦理教化，将其作为巩固统治的精神支柱。他以儒家思想为基础，在推行礼治的同时也十分重视法律的建设，制定和实施了一系列法律、法令，中国古代最完备的法典《唐律》就是他授意房玄龄、长孙无忌修订的。

通过这一系列的政治、经济和军事政策的制定和推行，唐初政治空气开明而清明，生产力得以迅速发展，经济空前繁荣，社会安定。人民获得了一个较为安定的政治环境，能够安心地从事劳动生产，从而创建了文化灿烂、国力鼎盛富强的景况，被后人誉为"贞观之治"。

以人为镜

魏徵在隋末参加了瓦岗起义军，后来随瓦岗军投奔了唐军，在皇太子李建成跟前当了一名侍从官。他曾几次劝太子杀掉秦王李世民。

玄武门之变后，有人向李世民告发了魏徵策划杀他的事。李世民找来魏徵，板着脸问道："你为什么在我们兄弟之间挑拨是非？"魏徵神色自如地回答说："要是皇太子早听我的话，就不会发生今天的事了！"左右大臣都替魏徵捏把汗，没想到李世民竟然转怒为喜。他觉得魏徵很正直，就任命他做了谏议大夫。

唐太宗派人征兵。有大臣建议说：有些十六岁以上的男孩，虽然不满十八岁，可长得身材高大，也应该让他们当兵打仗，唐太宗同意了。但是魏徵扣住诏书不发。唐太宗催了几次，魏徵就是不发。唐太宗气得火冒三丈，对魏徵说道："你好大的胆子！竟然敢扣住我的诏书不发？"魏徵不慌不忙地说："我不赞成您这样做！军队强大不强大，不在于人多人少，而在于用兵得法。好比湖里的鱼和水，您把水弄干了，可以捉到很多鱼，但是到明年湖中就无鱼可捞了。如果把那些不到十八岁的男子都征来当兵，以后还到哪里征兵呢？"唐太宗虽觉得有理，可就是不服气。魏徵也生气了，不顾一切地说："陛下，您已经好几次说话不算数、失信于民了！"魏徵一席话，说得唐太宗哑口无言。他别扭了好半天，才老老实实承认了自己的错误。于是，又重新下了一道诏书，免征不到十八岁的男子。

有一次，唐太宗去洛阳巡视，中途在昭仁宫（今河南寿安）休息，他对用膳安排不周大发脾气。魏徵当面批评唐太宗说："隋炀帝就是因为常常为百姓不献食物而发火，或者嫌进献的食物不精美，使百姓背上沉重的负担而灭亡了，陛下应该从中吸取教训。如能知足，今天这样的食物陛下就应该满意了；如果贪得无厌，即使食物再好一万倍，也不会满足。"唐太宗听后不觉一惊，说："若不是你提醒，恐怕我就难得听到这样中肯的话了。"

643 年，63 岁的魏徵得了重病。唐太宗不断派人前去探视他的病情。这一天，唐太宗听说魏徵病危，急忙领着皇太子，亲自到他府里去看望。唐太宗难过地问魏徵："您还有什么话要说吗？"魏徵用微弱的声音说："我最担心的就是国家的危亡啊！如今国家昌盛，天下安定，希望陛下您在太平的时候要想到可能出现的危险局面啊（文言是居安思危）！"唐太宗边听边点头，表示一定记住他的话。几天以后，魏徵病死了。

唐太宗十分悲痛，亲自为他撰写了墓碑的碑文。此后，他还时常怀念魏徵，有一次，唐太宗在朝堂上对大臣们说："用铜做镜子，可以整理衣帽；用历史作镜子，可以知道兴亡的道理；用人做镜子，可以明白自己的过失。我常常拿这三面镜子来检察自己的得失。如今魏徵去世了，我就少了一面镜子啊！"

魏徵的忠言直谏和唐太宗的虚心纳谏，使唐朝出现了繁荣的局面，形成了后世历史学家称赞的"贞观之治"的局面。

魏徵古帖
魏徵此帖字势雄强，布局宽博，用墨厚重，字划粗细安排适中，隐隐间正气凛然，正如古书论所说，字如其人。

房谋杜断

房玄龄 38 岁时才投到李世民手下，那时唐军正在与隋军作战，每逢打了胜仗，有的将士忙着打扫战场，有的争相搜罗金银财宝，有的抢夺年轻女子，房玄龄却是到俘房营里，将各级军官一一登记造册，挨个儿谈话。当唐军将俘房押回京都时，他已对这些人的身世、才干了若指掌。李渊要下令杀这些人时，他就将挑选出来的名册交给李世民，让他收罗这些人才。久而久之，李世民便拥有了许多可用之才，

势力也越来越强大。杜如晦就是那时被举荐给李世民的。

因为房玄龄坚持任人唯贤、不避仇过、才行兼顾、行重于才、扬长避短、明赏慎罚、用人不疑等原则，所以唐太宗李世民的身边聚集了一大批人才，成了兴国安邦的重要组织保证。

由于隋末以来十多年的战乱，社会经济遭到巨大破坏。有的地方千里萧条，人烟断绝。唐朝建立之初，内乱外敌此起彼伏，边境战事不断。为此，房玄龄手书"惧畏恐忧"四个大字，送与唐太宗，将其悬挂在显德殿上，太宗大为称赞："你这四个字，正巧是我心头的事。"

房玄龄组织朝内大臣进行讨论，首先在大臣中树立以农为本的思想。接着他又亲自带着一批人深入农村进行调查研究。农民们常看到一群穿着朴素的人在田间走，还以为是县官出来视察，却不知是宰相亲自出巡。

一天，房玄龄看到库中有很多兵器闲放着，就建议皇上将其中

彩绘文官俑 唐

一部分改作农家工具，以解决农具不足之虞。他发现劳动力严重不够之后，又提倡再婚再嫁，鼓励生育，取消家奴，提倡僧尼还俗。一时间，竟有十余万人走出寺院。另外，房玄龄还出台了暂免死刑、释放罪犯、让人口密集地区的人向着地广人稀处迁移等措施。

接着，他说服唐太宗重新颁布了《均田令》，甚至要求皇室以身作则，建议唐太宗把皇家园林芳华苑等地放弃，赐给当地穷人耕作。太宗果然依他所言，做出了很好的表率。

与房玄龄同时的还有一位名相杜如晦。杜如晦在太宗继位后出任兵部尚书，与房玄龄共同辅佐朝政。房玄龄善于谋划，比较会出主意，而杜如晦长于决断，在共同辅佐唐太宗期间，二人配合默契，被传为佳话。可惜杜如晦在贞观四年（630年）就去世了，年仅46岁，使太宗痛惜不已。

两朝良佐长孙无忌

长孙无忌字辅机，河南洛阳人。其先世乃鲜卑族拓跋氏，北魏皇族支系，后改为长孙氏。长孙无忌的妹妹就是李世民的皇后。

从李渊父子晋阳起兵叛隋，到建立唐朝，再到统一天下，长孙无忌一直追随

李世民东征西讨。在李世民夺取皇位继承权的兵变中，长孙无忌称得上是首功之人。唐太宗几次要任命长孙无忌为宰相，但长孙皇后一再推辞，她提醒太宗要吸取汉朝吕氏、霍氏等专权的教训。长孙无忌自己也要求逊职，但鉴于他的才干，太宗仍然拜长孙无忌为宰相，任命他为尚书右仆射。

晚年的唐太宗最烦心的就是太子问题。贞观十七年（643年），李承乾被废，最有资格被立为太子的，是长孙皇后的另外两个儿子：魏王李泰和晋王李治。两人相比，李泰的条件更为优越。他是长孙皇后的次子，比李治年长9岁，也是唐太宗比较满意的一个。李治是长孙皇后的三子，唐太宗的九子，不论从年龄还是父子感情看，均处于劣势。

作为舅父，长孙无忌大力支持李治，他希望未来的皇帝应该由一个仁孝听话的外甥充当，这样，自己才会得到尊重，权势也才能得到保障。魏王李泰聪明绝伦，稍长善作诗文，成人后喜好经籍、舆地之学，文武官员多投其门下，已然形成了一股政治势力。然而李泰恃才不恭，上品官员不放在眼里不说，关键是不去争取舅父对自己的支持。长孙无忌知道，如果李泰做了皇帝，依靠重用的必定是他自己的党羽，而绝不是他这个舅父。

一边是才华出众的李泰，一边是懦弱少能的李治，可唐太宗还是犯难了。李泰集团的主要成员是功臣子弟，他们靠祖上资荫，身处高官，希望通过李泰当皇帝，达到驱逐元老、自己掌权的目的。李治的支持者则是以长孙无忌为首的元老重臣。唐太宗希望自己死后，贞观政治依然坚持下去，那么就只能靠长孙无忌等元老重臣的辅佐，而绝不是李泰手下的那帮纨绔子弟。为此，他不得不舍弃李泰。由于李治仁弱，唐太宗即便在立了李治后，思想仍在动摇反复，一度向长孙无忌提出想改立三子吴王李恪，被长孙无忌挡了回去，说："晋王仁厚，守文之良王，且举棋不定则败，况储君乎？"唐太宗只好作罢。长孙无忌以回天之力促成李治继位，是为唐高宗。

有讽刺意味的是，正因为李治的懦弱，最终导致长孙无忌冤死。

李靖夜袭阴山

唐太宗刚即位的时候，中原战事基本结束，但边境还经常受到外族的侵扰。特别是东突厥，当时还很强大，常常威胁唐朝的边境。当初，唐高祖一心对付隋朝，只好靠妥协的办法，维持和东突厥的友好关系，但东突厥贵族仍旧不断侵扰唐朝边境，使得北方很不安宁。

唐太宗即位不到 20 天，东突厥的颉利可汗便率领 10 多万人马，一直打到离长安只有 40 里的渭水边。颉利以为唐太宗刚即位，内部不稳，一定无力抵抗，便先派使者进长安城见唐太宗，扬言 100 万突厥兵马上就到。

唐太宗亲自带了房玄龄等 6 名将领，骑马来到渭水边的桥上，指名要颉利出来对话。

唐太宗隔着渭水对颉利说："我们两家已经订立了盟约，几年来还给你们许多金帛，为什么要背信弃义，带兵进犯？"

颉利觉得理亏，表示愿意讲和。过了两天，双方在便桥上重新订立盟约。接着，颉利就退兵了。从这以后，唐太宗加紧训练将士，每天召集几百名将士在殿前练习弓箭。

第二年，一场大雪覆盖了北方。东突厥死了不少牲畜，大漠以北发生饥荒。颉利可汗加紧压迫其他部族，引起各部族的反抗。颉利派他的堂兄弟突利去镇压，反被打得大败。

唐太宗利用这个机会，派出李靖、徐世勣等 4 名大将和大军 10 多万，由李靖统率，分路向突厥攻击。

李靖很快便攻下定襄，得胜还朝。唐太宗十分高兴，说："从前汉朝李陵带领五千兵卒，结果被匈奴所俘虏；现在你以三千轻骑深入敌人后方，攻下定襄，威震北方，这是自古以来少有的成功战例啊！"

颉利逃到阴山以北，担心唐军继续追赶，便派使者到长安求和，还说要亲自前来朝见。唐太宗一面派唐俭到突厥安抚，另一方面又命令李靖带兵前去察看颉利动静。

李靖领兵来到白道（在今内蒙古呼和浩特西北），与在那里的徐世勣会师。两个人商量对付颉利的办法。李靖说："颉利虽然打了败仗，但是手下还有很多人马。如果让他逃跑，以后再要追他，就很困难了。我们只要选 1 万精兵，带 20 天的粮，跟踪袭击，把颉利捉住，就可以大获全胜了。"徐世勣表示赞成，两支军队便向阴山进发了。

颉利得知唐军骑兵来到，慌忙上马逃走。李靖指挥唐军追杀，突厥兵没有主帅，全军溃败。唐军歼灭突厥兵 1 万多，俘获了大批俘虏和牲畜。颉利东奔西逃，最后被他的部下抓住交给唐军，随后被押送到长安。

一度很强大的东突厥就这样灭亡了。唐太宗并没有杀死俘虏，同时，在东突

李世民便桥会盟图 辽 陈及之
此图是唐太宗李世民在长安近郊的便桥与突厥颉利可汗结盟。图中右侧全为突厥人，下跪者即颉利可汗。

厥原址设立了都督府，让突厥贵族担任都督，并由他们管理各部突厥。

这次胜利，使唐太宗在西北各族中的威信大大提高。这一年，回纥等各族首领一起来到长安，朝见唐太宗，拥护唐太宗为他们的共同首领，尊称他是"天可汗"。

从那以后，西域各族人和亚洲许多国家的人，不断来到长安拜见和观光。在这一时期，我国高僧玄奘也通过西域各国去天竺求取佛经。

玄奘取经

玄奘的原名叫陈祎，洛州缑氏（今河南偃师缑氏镇）人，是长安大慈恩寺的和尚。他从 13 岁出家做和尚起，就认真研究佛学。后来他到处拜师学习，很快就精通了佛教经典，被尊称为三藏法师（三藏是佛教经典的总称）。玄奘发现原来翻译过来的佛经有很多错误，就决定到天竺去学习佛经。

629 年（一说 627 年）他从长安出发，到了凉州（今甘肃武威）。当时，朝廷不允许唐人出境，他在凉州被边境兵士发现，命令他回长安去。他没有改变初衷，而是逃过边防关卡，向西来到玉门关附近的瓜州（今甘肃安西）。

出了瓜州以后，玄奘在玉门关守吏王祥及同族兄弟的帮助下，艰难地走出玉门关五堡，其中经历了沙漠缺水的考验，最终到达高昌。

高昌王麹文泰也笃信佛教，听说玄奘是大唐来的高僧，十分敬重，请他讲经，还恳切地要他留在高昌。玄奘坚决不肯。文泰没法挽留，就给玄奘备好行装，派了 25 人，带着 30 匹马护送；还写信给沿路 24 国的国王，请他们保护玄奘安全过境。

玄奘带着一行人马，越过雪山冰河，经历了千辛万苦，到达碎叶城（今吉尔吉斯北部托克马克附近），西突厥可汗接待了他们。从那以后，一路上十分顺利，

玄奘译《功德经》内页

通过西域各国进入到天竺。

天竺摩揭陀国有一座古老的叫做那烂陀的大寺院。寺里有个戒贤法师，是天竺有名的大学者。玄奘来到那烂陀寺，跟着戒贤法师学习。五年后，他把那里的经全部学会了。

摩揭陀国的戒日王是个笃信佛教的国王，他听到玄奘的名声后，便在他的国都曲女城（今印度北方邦境内卡瑙季）为玄奘开了一个隆重的讲学聚会。天竺18个国的国王和3000多高僧都到了会。戒日王请玄奘在会上讲经说法，还让大家讨论。会议开了18天，大家十分佩服玄奘的精彩演讲，没有一个人提出不同的意见。最后，戒日王派人举起玄奘的袈裟，宣布讲学圆满成功。

玄奘的游历，在佛学上取得了巨大成功，还促进了东西方的文化交流。645年，他带着600多部佛经，回到阔别十多年的长安。他的取经事迹，轰动了长安人民。当时，正在洛阳的唐太宗对玄奘的壮举十分赞赏，在洛阳行宫接见了玄奘。玄奘将他游历西域的经历向太宗作了详细的讲述。

从这以后，玄奘就在长安定居下来，专心致志地翻译从天竺带回来的佛经。他还和他的弟子合作编写了一本《大唐西域记》。

隋唐科举制

科举制始创于隋朝。隋文帝在位时改革选官制度，废除九品中正制，令各州每年向中央选送三人，参加秀才、明经等科的考试，合格者录用为官。隋炀帝即位后，创立进士科，这标志着科举制的产生。"科举"即分科取士之意。这一制度把读书、应考和做官三者联系起来，成为以后士人仕进的必由之路。科举制的产生，打破了数百年来士族门阀垄断仕途的局面，一般地主子弟甚至贫寒子弟也可以由科举走上仕途。从此，选拔官吏之权从世家大族手中收归中央政府，从制度方面限制了世家大族把持政治大权，为庶族地主参与政权开辟了道路。

科举制至唐朝进一步发展、完善，成为选拔官僚的主要方法。随着科举制的推行，学校教育也日益发展。中央设国子监，下辖国子学、太学、四门学、律学、书学、算学共六学。地方上设有州学、县学。学生称生徒，成绩优异者由学校保送参加科举考试。科举一般分为常举和制举两种。

常举每年举行考试，科目主要是明经、进士、明法、明书、明算、秀才等。常举的应考者有两个来源：一为生徒，即由各级各类学校保送者；二为乡贡，即经州县考试选拔的自学者。应考者主要集中在明经和进士两科。明经科主要考试儒家经义，比较容易；进士科主要考诗赋和政论，难度很大，却又是做高官的主要途径，因此很受重视。当时人们还有"三十老明经，五十少进士"的说法。常举初由吏部主持，后改由礼部主持。常举考中以后，只是取得做官的资格，必须再经吏部考试合格，方能授官。吏部的这种考试称为"释褐试"。释褐即脱掉民服、改换官服的意思。

制举是为了搜罗非常人才而临时设置的考试，不常举行。所设科目有贤良方正直言极谏、才识兼茂明于体用等100多种。一般士人和官吏都可以应考，录取者优先授予官职或提升。

科举制有利于庶族地主参政，进一步扩大了封建统治的阶级基础。

长安城

唐代首都长安城是当时全国的政治、经济和文化中心，也是亚洲各国经济、文化交流的中心；人口超过100万，是当时世界上规模最大的国际性都市。

长安城始建于隋朝建立的第二年（582年）六月丙申，于583年基本完成，三月迁入使用，初名"大兴城"。唐代在隋大兴城的基础上，经过修建和扩充，建造成规模宏伟的长安城。

长安城周长36.7千米，面积83平方千米，是明代西安城面积的8倍。比50多平方千米的北宋开封、元大都和70多平方千米的明清北京城都大，是6～9世纪东亚乃至世界第一大城。在古代世界著名的大城市中，罗马的面积为13.68平方千米，巴格达的面积为30.44平方千米，拜占庭的面积为11.99平方千米，它们都比长安城要小得多。

长安城分为宫城、皇城和外郭城三部分。宫城就是宫殿区，是帝王后妃居住的地方。宫城中部为大明宫，是皇帝起居、听政的地方；东部为东宫，是专供太子居住和处理政务的地方；西部为掖庭宫，是安置宫女学习技艺的地方。皇城又称子城，为中央衙署区，是军政机构和宗庙所在，是长安城的核心。外郭城中分布着 108 坊（住宅区），由 11 条南北大街和 14 条东西大街分割而成。还有东、西两市，对称地坐落在皇城外的东南和西南部，是商业场所。整个城市依照中轴对称的原则设计修建，布局严谨，街衢修直，殿堂宏大，楼阁栉比，四通八达，交通便利，是我国古代都城规划和建设中的创举。

唐长安城为人类建筑文化提供了一种特殊的见证，堪称同时代世界建筑中的杰作。

从城市规划来看，长安城气势恢宏，多重格局博大开阔。唐长安沿用隋代大兴城的"创制"规划，把皇室、官署和居住区严格分开。把宫城和皇城建在居中偏北，更突出了周天之内群星环拱紫微垣的思想。

从建筑类型来看，唐长安城造型多样，极富变化，建筑类型成熟完备。其垣门宫阙、离宫行馆、宫殿楼阁、寺院道观、府邸住宅、园林造景、别墅亭池等均有自己的特色。尤其是道观，沾了道教祖师爷李耳与唐皇室同姓的光，不但数量剧增，建筑艺术也获得长足发展，逐渐形成了与佛教建筑迥乎不同的风格与特色。

从建筑组群来看，唐长安城组群布局复杂。无论是庭院、宫殿，还是寺观和衙署的廊院，院落重叠并纵横双向扩展，构成了参差错落、变幻莫测的群体建筑。这种大规模的建筑组群，既有层次、深度又富有变化，颇具艺术审美性。

从环境建设来看，唐长安城开掘有龙首、清明、永安三条水渠，引河水入城，既解决了给排水问题，又可运输物资。水渠两岸种植柳树，风景宜人。城东南辟有曲江风景区，"花卉周环，烟水明媚，都人游赏盛于中秋节。江侧菰蒲葱翠，柳荫四合，碧波红蕖，湛然可爱"。

梁思成在《中国古代建筑史》绪论第六稿中指出："作为政治、经济、文化的综合反映，唐代的建筑也出现了突出的高峰。在隋大兴城的基础上，当时世界上最大的、规模最完善的都城——长安，建造起来了。近年来对于城墙和宫殿遗址的发掘证明了文献中所记载的宏伟规模和富丽的建筑。"

唐长安城作为精心规划、气象宏伟的大都城，在隋唐以前的中国不曾有过。长安城既具有典型的东方建筑风格，也吸纳了许多中亚、西亚和南亚建筑的精华，特别是有些石构建筑甚至完全吸纳了外来建筑的优点。可以说唐代长安城兼具中西建筑的特色。这种有中国特色的古代东方伟大建筑的风采辐射世界，对朝鲜、日本的都城建设有重要影响。唐长安城与意大利的罗马、希腊的雅典、埃及的开罗合称为世界四大古城，是屈指可数的最具有国际大都会特质的城市，其建筑特色和建筑风格代表了当时建筑的最高水平。

贸易往来

唐代的商业经济非常繁荣，对外贸易也非常发达。714年，在广州设市舶司，管理海外贸易，促进了对外贸易的不断发展。

唐代与南海国家的海外贸易尤为频繁。当时由海上来与唐开展贸易的有日本、新罗、天竺、狮子国、波斯、大食等许多国家和地区。这些国家都是航海到中国进行贸易，大多由波斯湾经印度，绕马来群岛，抵达现今的广州，然后再从广州分散到岭南的交州、江南的扬州、福建的泉州以及福州、明州、温州等通商口岸。海上贸易发展很快，贸易额很高。同时，唐对陆上贸易也极为重视，对周边各少数民族的互市非常关注。通过互市，唐不断加强与西域各国之间的往来贸易，曾专设"互市监"来管理互市贸易。内地和西域的富商大贾东来西往非常频繁，丝绸之路也逐渐繁华兴旺。虽然当时唐与突厥、吐谷浑、回纥、党项、吐蕃等各沿边少数民族的关系时战时和，但贸易活动始终非常频繁。

文成公主入藏

吐蕃人是藏族的先祖，唐初在青藏高原上生活，并日益壮大起来。大约在620年，吐蕃赞普（吐蕃人的首领）松赞干布的父亲统一了西藏各个部落。后来，松赞干布做了赞普，把都城迁到逻些（今拉萨），制定了官制和法律，建立了强大的奴隶制政权。

640年，松赞干布派得力的大相（宰相）禄东赞带着5000两黄金，数百件珍宝，去长安求婚。唐太宗向禄东赞仔细询问了吐蕃的情况，答应把美丽多才的文成公主嫁给松赞干布。

传说当时到长安求婚的一共有五个国家的使臣，唐太宗决定出几道难题，考一考这些使臣，谁回答得正确，就把公主许配给哪一个国王。

唐太宗叫侍从拿出一颗珍珠和一束丝线，对使臣们说："谁能把丝线穿过珍珠的小孔，就把公主嫁给谁的国王。"这是一颗中间有一个弯弯曲曲小孔的珍珠，叫九曲珍珠。一根软软的丝线怎能从弯弯曲曲的小孔中穿过呢？几位使臣拿着丝线不知怎么办。禄东赞灵机一动，他捉来一只蚂蚁，把丝线拴在蚂蚁的身上，再把蚂蚁放进小孔的一端，然后向小孔内吹气。一会儿，蚂蚁爬出了小孔的另一端，丝线也就在蚂蚁的带动下，穿了过去。

接着，唐太宗又出了第二道难题。他命令马夫赶来 100 匹母马和 100 匹马驹，要求辨认 100 对马的母子关系。其他使臣束手无策，只有禄东赞想出了办法。禄东赞把母马和马驹分别圈起来，只喂马驹草料，不喂水。过了一天，再把马驹放出来，小马驹渴得厉害，纷纷找自己的妈妈吃奶，就这样，禄东赞辨认出它们的母子关系。

于是，到了 641 年，唐太宗就派礼部尚书、江夏王李道宗护送文成公主，动身进入吐蕃。松赞干布亲自率领大队人马从逻些赶到柏海（今青海扎陵湖）迎接。松赞干布原来住在帐篷里，为了和文成公主成婚，在逻些专门建筑了一座华丽的王宫，就是现在的布达拉宫。在这座王宫里，松赞干布和文成公主举行了隆重的婚礼。

文成公主进藏，在吐蕃历史上是一件重大事件。文成公主到达吐蕃，不仅带去各种谷物、蔬菜种子，而且带去了工艺品、药材、茶叶及各种书籍。吐蕃过去没有文字，无论什么事都用绳打结，或在木头上刻符号表示。文成公主劝松赞干布设法造字。于是，松赞干布指令吞弥·桑布扎去研究，后来创制出了 30 个字母及拼音造句的文法。从此吐蕃有了自己的文字。所有这些，都极大地促进了经济文化的发展。

650 年，松赞干布不幸英年早逝，只活了 33 岁。松赞干布死后，文成公主又活了 30 年。文成公主受到吐蕃人世世代代的热爱，留下了许多美丽的传说。

步辇图　唐　阎立本
此图描绘了唐太宗会见吐蕃赞普派来迎娶文成公主的使者禄东赞的情景。

初唐四杰

王杨卢骆当时体，轻薄为文哂未休。

尔曹身与名俱灭，不废江河万古流！

只要对唐代文学略有了解的人就都知道，这是诗圣杜甫对初唐四杰的高度评价。四杰指的是生活在高宗、武后时期的王勃、杨炯、卢照邻、骆宾王四位诗人，他们都是英姿逸发的少年天才，但是在仕途上，又都是地位卑微，坎坷不遇。

王勃(650～676年)很小的时候就有才名，朋友们把他和他的两位哥哥比作"王氏三珠树"。他出名的机会在乾封元年（666年），这一年高宗要到泰山封禅，他向朝廷进献《宸游东岳颂》和《乾元殿颂》，文采菁华，风传一时。沛王李贤把他招到门下作文字工作。但没过多久，王勃因为一篇文章得罪了皇帝，被逐出了王府。他四处游历，先后到了江汉和蜀中，结识卢照邻，两人过从甚密。此后他也曾几度出仕，作过小官。有一次因为私藏钦犯差点被杀头，因为朝廷改元大赦天下才保住性命，但还是被革掉了功名。上元三年（676年），他远道看望父亲，途中落水受到惊吓而死。

与王勃相比，杨炯（650～？）的才气就少了一些。他的诗歌内容主要是抒写离别的情绪，形式上全部是五言，而且名篇佳句也不多，所以略而不论。

卢照邻（634～？）号幽忧子。在四杰当中，他的遭遇和命运是最苦的，一生几乎全在悲惨的岁月中度过。他的诗歌创作内容较为丰富，形式也比较完备，而其中成就最高的是七言歌行。他的名篇是《长安古意》，诗中有些句子读起来特别有意味：

梁家画阁中天起，汉帝金茎云外直。

楼前相望不相知，陌上相逢讵相识？

借问吹箫向紫烟，曾经学舞度芳年。

得成比目何辞死，愿作鸳鸯不羡仙。

……

节物风光不相待，桑田碧海须臾改。

昔时金阶白玉堂，即今惟见青松在。

寂寂寥寥扬子居，年年岁岁一床书。

独有南山桂花发，飞来飞去袭人裾。

这些诗句四句一换韵，读来自然流转，具有特别的音乐之美。

在四杰里，骆宾王（619～？）的年龄最大。骆宾王的创作大部分是五言律诗，其中最能表现他的豪迈遒丽风格的，是从军一类题材的诗。骆宾王有过从军的经历，对军旅生活有实际的观察和体验，故而以雄放见长，颇能见出诗人的豪迈气概。此外，骆宾王也写一些揭露黑暗现实的诗。这类诗或抨击统治者的荒淫腐朽，或反映妇女的不幸遭遇，或抒写个人的失意愁怨，都有一定的深度。和王勃有些类似，骆宾王的卓著名声，也不是因为他的诗，而是因为他的一篇骈文。这篇骈文题目是《代李敬业传檄天下文》，后人也称作《讨武曌檄》。684年，唐朝开国功臣李勣的长孙徐敬业在扬州起兵，讨伐临朝称制的武则天。骆宾王当时正在徐敬业幕府，代徐敬业写下了这篇著名的檄文。作者站在拥唐讨武的立场上，历数武则天屠兄杀姊、鸩母弑君、蓄谋篡唐称帝的种种罪名，号召天下起而伐之。文章挥洒自如，痛快淋漓，词采丰茂，声势雄壮。他在交代李敬业的军事实力后，这样写道：

班声动而北风起，剑气冲而南斗平。暗鸣则山岳崩颓，叱咤则风云变色。以此制敌，何敌不摧，以此攻城，何城不克！

声光赫赫，山岳震动，为徐氏义旗增色不少。他在晓谕唐室旧臣时说："言犹在耳，忠岂忘心？一抔之土未干，六尺之孤安在？"最后以"试看今日之域中，竟是谁家之天下"作结，气势磅礴，大义凛然，千载之下，犹能感觉到作者的虎虎生气。

女皇武则天

唐高宗是个懦弱平庸的人，他即位以后，把朝政大事交给他的舅父、宰相长孙无忌处理。后来，他又立武则天为皇后，武则天权力欲很强，逐渐掌握了朝政大权，成为中国历史上唯一的女皇帝。

武则天名曌，并州文水（今山西文水）人。她的父亲武士彟原来是一个很有钱的木材商人。隋末时弃商从戎，成了一名府兵制下的鹰扬府队正。李渊起兵反隋，武士彟转而参加了李渊的军队，后来在唐朝廷为官，官至工部尚书，封应国公。武则天9岁时，父亲死去。14岁时，已经近40岁的唐太宗听说她长得很美，便选她入宫，赐号武媚，人称媚娘，后来又封为才人。唐太宗死了以后，她和一些宫女依旧制被送到感业寺去做尼姑。李治当太子时曾与她有暧昧关系，于是让她蓄发入宫侍寝，封为昭仪。但武则天心里还不满足，想进一步夺取皇后的位子，于是武则天千方百计想陷害王皇后。

武则天生了一个女儿，有一天，王皇后来探望，爱抚地摸了摸，逗了逗。王皇后走后，武则天竟狠心地把女儿掐死，用被子盖好。当高宗来看时，她便诬陷是王皇后杀了她的女儿，使王皇后有口难辩。唐高宗因此大怒，从此动了废王立武的念头。

到了655年九月，唐高宗不顾褚遂良、长孙无忌等人的反对，正式提出废王皇后，立武则天为后。

有一天，唐高宗问李勣："我打算立武昭仪做皇后，褚遂良他们坚决反对，你看这事该怎么办呢？"李勣看见高宗废立决心已下，便为武则天说好话，他说："废立皇后，这是陛下的家事，何必一定要得到外人同意呢？"许敬宗也说："乡下人多割十斛麦子，尚且想换个新媳妇，何况天子富有四海，立新皇后没有什么不可以的！"于是高宗决定，废王皇后为庶人，册封武氏为皇后。

武则天当皇后以后，很快形成了自己的势力集团，参与朝政。她利用高宗与元老重臣之间的矛盾，在短短几年内，就杀了长孙无忌，罢免了20多个反对她的重臣。武则天对拥护她的人全都重用，李义府、许敬宗因而青云直上，当了宰相。到了后来，武则天甚至同高宗一起垂帘听政，当时朝臣并称他们为"二圣"，即称高宗为天皇，武后为天后。武则天作威作福，高宗一举一动都受她约束。唐高宗很不满，就秘密把大臣上官仪找来，让他起草废武后的诏书。消息传到武则天那里，武则天怒气冲冲地去见唐高宗。她厉声问高宗说："这是怎么回事？"唐高宗十分害怕，没了主意，就结结巴巴地说："我本来没有这个意思，都是上官仪教我这么干的。"武则天立刻命人杀掉上官仪等人。从此大小政事，都由武则天一人定夺。

唐高宗感到武氏一派的威胁越来越大，担心李家的天下难保，就想趁自己还在世，传位给

武后步辇图 唐 张萱

太子李弘(武则天的长子)。但是,武则天竟用毒酒害死了李弘,立次子李贤做太子。不久,又把李贤废为平民,改立三儿子李显为太子,弄得唐高宗束手无策。

到683年十二月,唐高宗病死,太子李显即位,就是唐中宗。武则天以皇太后的身份临朝执政。后来,她容忍不了唐中宗重用韦氏家族的人,又废了唐中宗,立她的四儿子李旦为帝,就是唐睿宗。同时,她不许睿宗干预朝政,一切事务由她自己做主。

唐宗室功臣看到武氏家族弄权,人人自危,于是激烈的斗争便公开化了。最先起来反抗的是李唐旧臣徐敬业、唐之奇、骆宾王等人。他们以拥戴中宗为号召,在扬州起兵反对武则天,在朝廷内部获得了宰相裴炎的支持,内外呼应,一时间聚集了十余万人马。骆宾王乘讨武军浩大的气势,慷慨激昂地写了一篇著名的《讨武曌檄》。武则天派出30万大军讨平了徐敬业,杀了倾向徐敬业的宰相裴炎等人。

690年九月,67岁的武则天自称圣神皇帝,改国号为周,以洛阳为神都,降唐睿宗为皇嗣。

名相狄仁杰

武则天对那些反对她的人,进行残酷的迫害;对那些有才能的人,不计较门第出身,破格任用。她手下有许多有才能的大臣,其中最著名的是宰相狄仁杰。

狄仁杰,字怀英,太原(今山西太原)人。祖父狄孝绪,贞观年间做过尚书左丞,父亲狄知逊做过夔州长史。狄仁杰在少年时热爱读书。有一次县吏下来询问一桩案情,他周围的人都争着向县吏说出自己的想法,唯独狄仁杰聚精会神地读书,不理不睬。县吏责怪他,狄仁杰说,我正和书中圣贤对话,没有工夫和凡夫俗子搭腔。

676年初,狄仁杰升任为大理丞。大理丞是负责掌管案件审判的官员。当时积压了许多纠缠不清的案件,狄仁杰以卓越的才能,一年内处理了一万七千余件,件件都处理得公平合理,没有一个喊冤叫屈的。

唐高宗知道狄仁杰这人不但有胆气,而且有才识,便擢升他为侍御史。

侍御史是负责监察弹劾百官的官员。狄仁杰常常置个人安危于不顾,与那些有权有势的贪官进行斗争。

武则天当上皇帝后,更加赏识狄仁杰的才干,不断提升他的官职,最后让他当了宰相。

692年，酷吏来俊臣诬告狄仁杰谋反，狄仁杰被捕下狱。狄仁杰为了不被冤死，等待时机，就承认自己谋反。来俊臣还要逼狄仁杰供出另外一些同谋的大臣。狄仁杰怒不可遏，气愤地把头向柱子撞去，血流满地，以至来俊臣不敢再审问。后来，狄仁杰乘看管松懈，偷偷写成一副冤状，放在棉衣里转给儿子。儿子接到冤状急忙向武则天上报，引起武则天的注意，武则天亲自招来狄仁杰，问他为什么要造反。狄仁杰回答说："如果不承认造反，我早死在酷刑之下了。"武则天又问他为什么要写谢罪表。狄仁杰说："没有这样的事。"武则天这才知道是来俊臣阴谋陷害他。

后来，狄仁杰又恢复了宰相官职。这时，武则天在立李氏为太子还是立武氏为太子的问题上犹豫不决。武则天的侄儿武承嗣、武三思为谋求太子地位，在暗地里频繁地活动，曾多次让人劝说武则天立武氏为太子。他们大肆宣扬自古到今从来没有一个皇帝立异姓为太子的。狄仁杰趁武则天还没有拿定主意，便劝她立李氏为太子。他说："陛下您想想，姑侄的关系和母子的关系哪个亲。陛下立儿子为太子，在千秋万岁之后，配食太庙，享受祭祀，承继无穷；如果立侄儿为太子，就没有听说太庙中供姑姑的！"狄仁杰的这些关键的话触动了武则天的心。

狄仁杰作宰相，善于推举贤才。先后推举的有桓彦范、敬晖、窦怀贞、姚崇等数十人，均官至公卿，有的后来成为宰相。

狄仁杰善于用人，能够让他们发挥各自的才能。就是已经归降的少数民族将领，狄仁杰也能使他们充分发挥作用。如契丹部落的两员大将李楷固和骆务整，骁勇异常，屡次打败唐朝军队，许多唐朝将领死在他们手中。后来，这两个人都来归顺唐朝，大臣们纷纷上书，要求处死它们。最后，武则天接受了狄仁杰的意见，赦免了他们的罪过，派他们到边境驻守。这两人驻守边境，尽忠守职，从此边境平安无事。

狄仁杰晚年的时候，武则天更加敬重他，尊称他为"国老"，而不直接叫他的名字。

700年，狄仁杰病死。武则天非常悲痛，罢朝三日，追封他为梁国公。以后，每有不能

狄仁杰像

决断的大事，武则天就想起狄仁杰，慨叹地说："老天为什么要那么早夺走国老呢！"言语中，对狄仁杰充满了无限怀念之情。

中宗复位

705 年，宰相张柬之奉迎李显复位，派兵把武则天逐回皇太后应该居住的上阳宫。当时武则天已经 82 岁了，因受不住这一生中最后的当头一棒，回到上阳宫后即一命呜呼。

李显史称唐中宗，复位后不久，他的妻子韦皇后就效法当年的武则天，跟李显同时出现在金銮殿上听政。因为唐中宗昏庸懦弱，大权不久就落入了韦皇后手中。韦皇后与李显最宠爱的小女儿安乐公主一起，公开招权纳贿，把国家官爵分别标定价格，公开兜售。

人们期待的唐朝中兴的局面没有出现，相反，朝政日益腐败起来。随着权力欲望的不断膨胀，韦皇后希望丈夫早日死掉，以便自己能够像武则天一样女主天下。安乐公主也要求父亲立她为皇太女，希望能登上权力的最高峰。李显知道大臣们不会接受这个决定，不肯答应。于是，母女二人合谋，在 710 年毒死了唐中宗。

这时，武则天的第四子李旦和女儿太平公主还有相当大的势力，是韦后登基的障碍。就在韦氏母女打算除掉李旦和太平公主的时候，李旦的第三子李隆基发动羽林军，抢先一步攻进皇宫，杀了韦后、安乐公主，并将韦氏党羽一并铲除。

三彩载乐伎骆驼俑　唐

李隆基发动政变时，李旦并不知道。等到知道时，政变已经成功。这时由太平公主出面，请李旦继承皇位，是为唐睿宗，李隆基被立为太子。

太平公主完全继承了她母亲的坚强性格，对政治充满野心。李旦在位时，太平公主通过哥哥的手控制政府。当时朝中的七个宰相，五个都是太平公主的党羽。

李旦是一个生性淡泊的人，对权力名位并不太在意。712 年，唐睿宗李旦让位给太子。李隆基即帝位，是为唐玄宗，改年号为"开元"。这时太平公主的势力已相当强大，与唐玄宗势同水火。唐玄宗再一次先发制人，展开大规模逮捕整肃，剿杀了太平公主的党羽，逼太平公主自杀。至此，经过一连串的宫廷政变，动荡的局面才稳定下来。

唐玄宗执政

唐玄宗李隆基即帝位后，首先把自己的兄弟都派到地方去做官，免得他们在长安积聚力量，由此堵塞他们发动宫廷政变的可能。

随后，唐玄宗先后任命干练正直的官员姚崇、宋璟、张嘉贞、张九龄、韩休等人为宰相，针对当时的弊政进行了一些改革。裁减了韦氏母女"出售"的冗官，精减了庞大的官僚机构，还下令减免赋税，让农民努力生产。

在武则天统治时期，修建了很多佛寺，许多人出家为僧。中宗、睿宗也信佛，佛教势力继续发展，全国的僧尼人数膨胀到数十万。因为僧尼不服役，不纳税，建寺造像又耗资无数。所以唐玄宗接受姚崇的建议，下令淘汰天下僧尼，强使还俗的有一万余人。并下令各地不得创办佛寺，禁止民间铸佛像和抄写佛经，抑制了佛教的发展。

唐玄宗在他即位以后的前20多年里，比较肯接受宰相和大臣们的正确意见，采取了一些有利于经济发展的措施。这个时期唐朝国力强盛，财政充裕。据说，当时各州县的仓库里都堆满了粮食布帛，长安和洛阳的米和帛都跌了价。历史上把这段时期称为"开元之治"。

口蜜腹剑

唐玄宗执政二十多年，见天下太平，便渐渐滋长了骄傲怠惰的情绪。他觉得，天下太平无事，宰相管政事，将帅守边防，自己何必那么为国事操心。于是，他就追求起奢侈享乐来了。

宰相张九龄看在眼里、急在心上，常常给唐玄宗提意见。唐玄宗本来对张九龄很尊重，但是到了后来，再也听不进张九龄的意见了。

有一个大臣叫李林甫，是一个不学无术的人。他什么事都不会，专门学了一套奉承拍马的本领。

抱武器石刻武士俑 唐

371

登科平乐舞图　唐

唐玄宗想提升李林甫为宰相，跟张九龄商量。张九龄看出李林甫是个心术不正的人，就直截了当地说："宰相的地位，关系到国家的安危。陛下如果拜李林甫为相，只怕将来国家就要遭难了。"

李林甫听到这些话，把张九龄恨得咬牙切齿。

朔方（治所在今宁夏灵武）将领牛仙客，没读过书，但是很会理财。唐玄宗想提拔牛仙客，张九龄不赞同。李林甫在唐玄宗面前说："像牛仙客这样的人，是宰相的合适人选；张九龄是个书呆子，没有大局观念。"

有一次，唐玄宗又找张九龄商量任用牛仙客的事。张九龄还是不同意。唐玄宗生气地说："难道什么事都得由你做主吗！"

经过几件事，唐玄宗越来越讨厌张九龄，加上李林甫的挑拨，终于找了个借口撤了张九龄的职，让李林甫当了宰相。

李林甫当上宰相后，第一件事就是要把唐玄宗和百官隔绝，不许大家在玄宗面前提意见。

有一个谏官不肯依附李林甫，上奏本向唐玄宗提建议。第二天他就接到命令，被降职去外地做县令了。大家知道这是李林甫的意思，以后谁也不再向玄宗提意见了。

李林甫自知在朝廷中的名声不好。凡是大臣中能力比他强的，他就千方百计地把他们排挤出朝廷。他要排挤一个人，表面上不动声色，笑脸逢迎，却在背地里暗箭伤人。

有一个官员叫严挺之，被李林甫排挤去外地做刺史。后来，唐玄宗想起他，跟李林甫说："严挺之在什么地方？这个人很有才能，可以任用。"

李林甫说："陛下既然想念他，我去打听一下。"

退朝后，李林甫忙把严挺之的弟弟找来，说："你哥哥不是一直很想回京城见皇上吗，我有一个办法能让他如愿。"

严挺之的弟弟见李林甫对他哥哥很关心，当然很感激，连忙请教怎么办才好。李林甫说："只要叫你哥哥上一道奏章，就说自己得了病，请求回京城来治病就行了。"

严挺之接到他弟弟的信，果然上了一道奏章，请求回京城看病。这时，李林甫就拿着奏章去见唐玄宗，说："实在太可惜了，严挺之现在已经得了重病，干不了大事了。"

唐玄宗叹了口气，也就作罢了。

像严挺之这样上当受骗的还有很多。但是，不管李林甫装扮得多么巧妙，他的阴谋诡计还是被人们识破了。人们就说李林甫这个人是"嘴上像蜜甜，肚里藏着剑"，成语"口蜜腹剑"就是这样来的。

李林甫在宰相的职位上，一干就是十九年，一个个有才能的正直的大臣全都遭到排挤，一批批阿谀奉承的小人都受到重用提拔。就在这个时期，唐朝的政治从兴旺走向衰败，"开元之治"的繁荣景象也消失了。

宠幸杨贵妃

杨玉环，蒲州永乐（今陕西华阴）人，出身宦门世家。其曾祖父杨汪是隋朝的上柱国，唐初被李世民所杀。其父杨玄琰是蜀州司户，在他去世后，杨玉环就被寄养在洛阳的三叔杨玄珪家。

杨玉环天生丽质，加上优越的教育环境，使她具备一定的文化修养，她性格婉顺，精通音律，擅长歌舞，并善弹琵琶。唐玄宗的女儿咸宜公主在洛阳举行婚礼时，杨玉环也应邀参加。咸阳公主之胞弟寿王李瑁对杨玉环一见钟情，遂册立她为寿王妃。婚后，两人甜美异常。

不料，唐玄宗对这个儿媳妇同样也是一见钟情。为了得到杨玉环，唐玄宗先是打着孝顺的旗号，下诏令她出家做女道士，说是要她为自己的母亲窦太后荐福，并赐其道号"太真"；不久后便正式纳她为自己的妃子。那年，玄宗61岁，杨玉环27岁。

玄宗对杨玉环的宠爱无与伦比，贵妃每次

杨贵妃像

杨贵妃(719~756年)，蒲州永乐（今山西永济）人，小名玉环，自幼丧父，在叔父家长大，后入选寿王府，被封为寿王妃。天宝四载(745年)八月，唐玄宗册封杨玉环为贵妃，从此恩宠十余年，杨门也随之显贵。

乘马，都有大宦官高力士亲自执鞭；专为贵妃制作衣服的织绣工就有700人；为了让心爱的人尝到她喜欢的新鲜荔枝，玄宗不惜动用800里加急来运送。

杨玉环自入宫以来，从不过问朝廷政治，更不插手权力之争，只是以自己的妩媚温顺及过人的音乐才华，受到了玄宗的百般宠爱。而玄宗为了表达这种宠爱，愿意将杨玉环家所有的亲戚都封为高官，给予重禄。

对于这段旷世爱情，后人写了许多诗歌故事来纪念，其中著名的有杜牧的《过华清宫》、白居易的《长恨歌》、白朴的《唐明皇秋夜梧桐雨》杂剧、洪昇的《长生殿》传奇等。

李白傲权贵

唐玄宗暮年时，宠爱年轻美貌的杨贵妃，并把她的近亲都封了官。

唐玄宗和杨贵妃每天都在宫里饮酒作乐，时间一久，宫里的一些老歌词听腻了，他便派人到宫外去找人来给他填写新词。就这样，贺知章推荐李白进了宫。

李白，字太白，自号青莲居士，又号谪仙人，祖籍陇西成纪，是凉武昭王李暠的后代。李白出生在西域碎叶城（位于今巴尔喀什湖南），5岁的时候，他父亲才千里迢迢拖儿带女回到内地，在绵州昌隆县（今四川江油）清廉乡（一作青莲乡）定居下来。

李白的父亲从小就对李白进行严格的教育和培养，所以李白5岁时就能诵六甲，10岁时就读遍了诸子百家的书，连佛经、道书他也拿来读。

20岁前后，李白游历了蜀中的名胜古迹，并作了《登锦城散花楼》、《白头吟》、《登峨眉山》等名诗。雄伟壮丽的山川，开阔了李白的视野，养育了李白广阔的襟怀、豪迈的性格和对祖国无比热爱的思想感情。李白决心像历史上一些杰出人物那样，干一番轰轰烈烈的大事业。但他不愿像当时的读书人那样，走科举入仕的道路，而是希望依靠自己的学问、品德，获得声誉，一举成名。

太白醉酒图　清　改琦
此画再现了李白的洒脱和轻狂。

　　抱着这种目的，李白在家乡时就开始了"遍访诸侯"的活动。出蜀之后十余年中，李白游历了大半个中国。他的求仕活动未获得成效，他的诗歌却越来越成熟了，而社会的阅历和生活的磨难，更使他洞悉到世态的炎凉。在这期间，李白写下了许多不朽的诗篇，他自己也因而名满天下。后来，贺知章利用唐玄宗找人填写歌词的机会把李白如何有才学、如何想为国出力的情况奏明了唐玄宗。唐玄宗很爱才，对李白的诗也十分欣赏，当即决定召见李白。

　　742 年，李白应召进宫。十余年来的愿望终在这一天实现，李白简直有点飘飘然了，于是他口中吟出"仰天大笑出门去，我辈岂是蓬蒿人"的诗句，高高兴兴地面见唐玄宗去了。

　　唐玄宗一见李白，顿时感到此人气概非凡，情不自禁地站了起来，叫内侍给他看座。深入交谈后，唐玄宗感到李白名不虚传。唐玄宗说："先生的大作我早已读过一些，今日见面，果然是诗如其人。"当下，唐玄宗任命李白在翰林院供职。李白见唐玄宗对自己很欣赏，心里自然高兴，便愉快地接受了任命。

　　李白非常喜欢饮酒，一有空闲就约集几个好朋友到野外饮酒作诗，当时人们把李白、崔宗等八个人称作"酒中八仙"。李白也常常独自跑到街上的酒楼里痛饮，经常喝个酩酊大醉。

　　李白行为放浪，又蔑视权贵，终为权贵所不容。李林甫、杨国忠、高力士、杨贵妃等常在唐玄宗的面前讲李白如何狂傲、如何不守礼节、如何轻慢大臣之类的坏话。因此，唐玄宗曾经几次想提拔重用李白，都遭到这些人的极力反对，于是就把这件事搁置起来了。

　　时间一久，李白看出唐玄宗没有重用自己的意思，原来那满腔的热情便渐渐冷却了，于是就请求辞官回家。唐玄宗也顺水推舟，批准他回家的请求，临行前赐给李白一块金牌，凭着它，李白无论走到哪里都能得到当地官员的接待。

　　李白离开长安以后，重新开始了他自由的生活。他遍游了祖国大好山河，写下了许多脍炙人口的诗篇。

　　李白 62 岁时，病逝在他的族叔李阳冰那里。

中流砥柱郭子仪

　　唐代著名军事家郭子仪（697～781 年），是华州郑县（今陕西华县）人，祖籍山西汾阳。

郭子仪的父亲郭敬之，曾任绥州、渭州、桂州、寿州、泗州等州刺史。郭子仪受其父亲的教育和影响，从小就爱读兵书，喜欢练武功。他身材魁梧，体魄强健，不仅有高强的武艺，还熟练掌握各种行兵的阵法。

他公正无私，不怕得罪权贵。传说他20岁在河东（今山西）服役时，曾违犯军纪，按律当斩。在押赴刑场的途中遇到了当时著名的诗人李白。李白见到他凛然不惧的样子，感到他死了很可惜。李白认定郭子仪将来一定会大有造化，甚至会成为国家的栋梁之材，于是他用自己的官职担保，救了郭子仪一命。

李白果然没看走眼，郭子仪参加武举考试后，便当上了高等补左卫长史，也就是皇帝禁军幕府中的幕僚长。后因屡立战功，职位不断晋升。安史之乱爆发的前一年，他已升任天德军使，兼九原太守，朔方节度右兵马使。

药王孙思邈

孙思邈（581～682年），京兆华原（今陕西铜川市耀州区孙家塬村）人，是我国隋唐时期伟大的医药学家，后世尊之为"药王"。孙思邈的医学造诣很高，是隋唐时期医药界的佼佼者。宋代林亿称道："唐世孙思邈出，诚一代之良医也。"

孙思邈出生于一个普通的农民家庭。他自幼聪颖好学，敏慧强记，7岁时每天能背诵1000多字，人称神童。他幼年多病，家中为他治病几乎倾家荡产。他经常见到老百姓生病没有钱医治而死去，加上自己的切身体会，他10岁时已决心要当一名医生。

他花了整整10年的时间来刻苦攻读医书，钻研医学，20岁时已能给亲朋邻里治病，他本人所患的疾病最后也由自己治愈。

30岁时，孙思邈离开家乡，长途跋涉到太白山隐居，边行医采药，边研究炼丹术。这期间他成功地炼成了太一神清丹（即氧化砷）。孙思邈用它来治疗疟疾，疗效非常好。后来这种方法经阿拉伯传入欧洲，引起较大反响。40岁时，孙思邈在切脉诊候和采药制丹等方面已

《千金方》书影

经卓然成家，医术也日臻成熟。

在民间治病救人的同时，晚年孙思邈主要从事著书立说。70岁时，孙思邈积50年医疗实践之经验，编写了《千金要方》，30年后，又写成《千金翼方》。《千金要方》和《千金翼方》相辅相成，成为中医学史上极有实用价值的医学手册。除此以外，孙思邈还著有《枕中素书》、《福禄论》、《会三教论》、《老子注》、《庄子注》、《明堂图注》、《孙真人丹经》、《龟经》、《玄女房中经》、《摄生真录》、《千金食治》、《禁经》等。

孙思邈扎针

针灸包括针法和灸法，起源于新石器时期的砭石疗法，后世不断地加以发展和完善。针法和灸法所依据的理论、施行的体位基本相同，并常常配合应用，故一般合称为针灸。灸法是将艾叶（或其他药物）揉碎，加工成艾绒，再制成艾条或艾柱，点燃后熏烤，烧灼体表的特定部位，如穴位、患处等来治疗疾病的方法。

孙思邈一生淡泊名利，隋文帝、唐太宗、唐高宗多次请他出来做官，他都托病辞而不受。他一生大部分时间生活在农村，为百姓治病。病人来向他求医，不论其贫富贵贱，亲近生疏，他都能做到一视同仁。遇到患传染病的危险病人，他也不顾个人的安危，及时为病人诊治。他高尚的医德颇受世人敬重，当时的大学士宋含文、名士孟诜和初唐四杰之一的卢照邻等均以"师资之礼"待他。擅长针灸的太医令谢季卿，以医方针灸著名的甄权、甄立言兄弟，长于药性的韦慈藏，唐初名臣魏徵，都是他的好友。

《千金方》是孙思邈的代表著作，书名取自"人命至贵，有贵千金；一方济之，德逾于此"之义。《千金方》是《千金要方》和《千金翼方》的合称。《千金要方》又称《备急千金要方》，共30卷，分医学总论、妇人、小儿、七窍、诸风、脚气、伤寒、内脏、痈疽、痔漏、解毒、备急诸方、食治、养性、平脉、针灸等法，总计232门，收方5300个。《千金翼方》是对《千金要方》的补编，也是30卷，其中收录了唐代以前本草书中所未有的药物，补充了很多方剂和治疗方法。这两部书，收集了大量的医药资料，是唐代以前医药成就的系统总结，对学习和研究我国传统医学有重要的参考价值。后人称《千金方》为"方书之祖"。

《千金方》首创"复方"形式，是医学史上的重大革新。孙思邈在《千金要方》中发展为一病多方，灵活变通了张仲景《伤寒论》中一病一方的体例。有时两三个经方合成一个"复方",以增强治疗效果;有时一个经方分成几个单方,以分别治疗某种疾病。

《千金方》把妇科列为临床各科之首,为中医妇科和儿科的发展作出了重要的贡献。《千金方》在食疗、养生、养老方面也作出了巨大贡献。《千金方》还谈到了系统的养生问题,提出去"五难"(名利、喜怒、声色、滋味、神虑)和"十二少"(思、念、欲、事、语、笑、愁、荣、喜、怒、好、恶),以及按摩、调气、适时饮食等。《千金方》是我国现存最早的一部医学百科全书,在中药学上有很高的价值。

"画圣"吴道子

吴道子(654～719年),唐朝第一画家,阳翟(今河南禹州市)人,又名道玄,后世尊称他为"画圣"、吴生,"画家四祖"之一,民间画工称他为"祖师"、"吴道真人"。

吴道子很小的时候就父母双亡,生活困难。由于唐朝的统治者崇尚佛教,所以在首都长安和东都洛阳建了很多寺院。人们把佛教中的故事绘在寺庙的墙壁上,来劝谕世人,因此画匠成了当时一种热门行业。东都洛阳附近的阳翟,有许多专门从事雕塑绘画的民间画师。为生计所迫,年幼的吴道子拜这些民间的画师为师,帮他们打下手来糊口。吴道子天资聪颖,再加上他刻苦勤奋,很快便掌握了绘画和雕塑技艺。

一次,吴道子跟师父在洛阳的寺庙绘画时,认识了在寺院中为父守孝的官员韦嗣立。韦嗣立非常喜欢这个聪明伶俐、勤奋好学、画技娴熟的少年。他把吴道子介绍给自己的好友——大诗人贺知章和大书法家张旭。吴道子跟两人学习书法,进步很快。后来吴道子认为自己的书法再好也无法超越这两位老师,于是毅然决定放弃继续学习书法,改学绘画。但吴道子受过名师指导并有很深的书法造诣,这对他以后的绘画有很深的影响。

吴道子在风景秀丽的四川住了三年,游遍了巴山蜀水。他到处写生,从壮丽的大自然中吸取营养,开创了山水画的创作体例,20岁左右就名满天下了。吴道子经韦嗣立的举荐,出任山东兖州瑕丘县尉,负责捉拿盗贼。当时政治动荡,他有感于宦海沉浮,为了更高的艺术追求,就辞去了官职,来到洛阳,为各个寺院绘制壁画,当了一名画工。

当时的洛阳聚集了很多画家，分成很多流派，创作了大量的壁画，吴道子虚心向他们求教。他还经常到各个寺院去观赏壁画，站着看累了就坐着看，坐着看累了就躺着看。吴道子注意利用一切机会观摩，学习张僧繇、郑法士、展子虔、范长寿、郑法轮、杨契丹、张孝师等名家的作品。他博众家之长，加以融会贯通，不仅使他的绘画技艺迅速提高，最重要的是形成了自己的风格，最终脱颖而出，成了洛阳最出色的画家。他在洛阳、长安等地的寺庙中创作了大量的杰出的佛教壁画，受到了人们广泛的赞誉。

唐玄宗听说后，就将他召入宫中，授予"内教博士"、"宁王友"（友是陪伴亲王的轻闲高官）之职，专门教皇族子弟学画，并为后妃、功臣、大将画像。唐玄宗后来又令吴道子"非有诏不得画"，他成了一名倍受恩宠的御用画师，极大地束缚了他的艺术才华。但这根本不能遏制这位天才的创作热情。他利用一切可能的机会进行创作，不仅创作了大量的佛教壁画，而且还创作了很多卷轴画。唐玄宗没有到过四川，让吴道子去四川写生。几个月后，吴道子回来了。唐玄宗发现他没有画一张画，吴道子说："四川的山水都在我的心中。"他仅用一天时间就把嘉陵江三百里的壮丽景象画在了墙壁上，令唐玄宗赞叹不已。

开元年间，吴道子与以舞剑闻名天下的裴旻将军相遇。当时裴旻正为亡母治丧，以重金恳求吴道子为亡母作画以超度亡灵。吴道子说："我不要将军的钱，只要观看将军舞剑。"裴旻爽快地答应了。只见他脱下丧服，拔出宝剑，健步如飞，剑光如白虹、寒光闪闪。喝得半醉的吴道子看了非常兴奋，当即起身，拿起画笔，一气呵成，在墙壁上画下了栩栩如生的鬼神形象。据说这是吴道子最好的一幅画。在一旁的张旭看了也很激动，挥毫泼墨，奋笔狂书。围

宝积宾伽罗佛像
吴道子常曰："众皆密于盼际，我则离披其点面，众皆谨于象似，我则脱落其凡俗。"

观的人都纷纷感慨，说："一天之内看了天下三绝。"三绝指的就是吴道子的画、裴将军的剑器舞和张旭的书法。

吴道子的代表作品，还有画在长安景公寺（一说景云寺）的《地狱变相图》。该画以地狱为背景，气氛阴森可怖，鬼神狰狞可怕，令人看后不寒而栗。《地狱变相图》震动了京师，观看的人们反思自省，以至于许多以屠宰、卖肉、捕鱼为职业的人看后，因害怕杀生遭报应而纷纷改行。据说当时许多小寺院，只要吴道子在寺中作画，很快就会香火旺盛。

安史之乱后，吴道子不愿意依附叛军，就逃到四川，最后病死在那里。

一行测子午线

唐代高僧一行（683～727年），俗名张遂，魏州昌乐（今河南南乐）人，是唐代著名的佛学家和数学家，也是我国古代最杰出的天文学家之一。

一行的曾祖父张公谨是唐太宗李世民的开国功臣，他的父亲张檀曾做过县令，但是张氏家族在武则天时期已经衰微。

一行自幼聪颖过人，读书过目不忘；稍长，博读经史书籍，对于历象和阴阳五行尤其感兴趣。那时的京城长安玄都观藏书丰富，观中的主持道长尹崇是远近闻名的玄学大师。一行前往拜谒，尹崇对于他的虚心求学极为嘉许，耐心地给予指导。

有一次尹崇借给一行一部汉代扬雄所作的玄学名著《太玄经》。可是没过几天，一行就把这部书还给了尹崇。尹崇很不高兴，严肃地对他说："这本书道理深奥，我虽已读了几遍，论时间也有几年了，可还是没有完全弄通弄懂，年轻人，你还是拿回去再仔细读读吧！"一行十分郑重地回答说："这本书我的确已经读完了。"然后，取出自己读此书的心得体会《大衍玄图》和《义诀》等交给尹崇，尹崇看后赞叹不已，称赞他是博学多识的"神童"。从此一行就以学识渊博闻名于长安。

武则天执政时，梁王武三思图谋不轨，四处网罗人才。一行为逃避武三思的拉拢，跑到嵩山，拜高僧普寂为师，剃度出家，改名敬贤，法号一行。普寂为了造就他，让他四处游学。从此，他走遍了大江南北的名山古寺，到处访求名师，一边研究佛学经义，一边学习天文历法、阴阳五行以及地理和数学等。唐代郑处诲的《明皇杂录》中记载了一则故事，说一行不远千里，访师求学，受到在天台山国清寺驻锡的一位精通数学的无名高僧的指导，为他以后编制《大衍历》打下了良好的数学基础。

一行像

唐玄宗李隆基即位后，多次征召一行，他均以身体欠佳为由婉辞。717年，唐玄宗特地派他族叔张洽去接，他才回到长安。一行一到京城就被召见，唐玄宗问他特长，他说只是记忆力好些。唐玄宗当即让太监取宫人名册。一行看过一遍，就将宫里所有人的姓名、年龄、职务依次背出。唐玄宗大为叹服，恭称"圣人"，并让他做了自己的顾问。在长安期间，一行住在华严寺，有机会和许多精通天文和历法的印度僧侣交往，获得了许多印度天文学方面的知识。他与印度高僧一起研讨密宗佛法，翻译了很多佛教经典。

为了观测天象，一行在机械制造家梁令瓒的援助之下，创制出了黄道游仪和水运浑象等天文仪器。通过实际的观测，一行重新测定了150多颗恒星的位置，发现与古代典籍所载的位置有若干改变，现代天文学称之为"恒星本动"。

724～725年，一行主持了规模宏大的天文大地测量，测得了子午线1°的长，这是世界上首次实测子午线。

从725年起，一行历经两年时间编制成了《大衍历（初稿）》20卷，纠正了过去历法中把全年平均分为二十四节气的错误，是我国历法的一次重大改革。

开元十五年（727年）十一月二十五日，一行陪同唐玄宗前往新丰（今陕西临潼东北新丰镇）时病倒，当晚即与世长辞，时年44岁。玄宗敕令将他的遗体运回长安安葬，并为他建筑了一座纪念塔。

实测子午线时，一行基本上按照隋朝刘焯的设计方案，派太史监南宫说在黄河南北选定四个地点（今河南的滑县、开封、扶沟、上蔡）进行实地测量，推翻了过去一直沿用的"日影千里差一寸"的谬论。一行根据测量的结果，经过精确计算，得出了"大率五百二十六里二百七十步而北极差一度半，三百五十一里八十步，而差一度"的结果。就是说，子午线每1°为123.7千米（近代测得子午线1°长110.94千米）。

这实际上是世界上第一次实测子午线长度的活动，英国著名的科学家李约瑟一再称："这是科学史上划时代的创举。"

玄宗后期的腐败

唐玄宗统治的后期，把唐朝的军事制度由府兵制改成了募兵制，在边疆设立节度使，形成了兵权外重内轻的格局，加上这一时期土地兼并日益严重，社会矛盾逐渐激化，唐朝慢慢由盛入衰，这一过程集中爆发的导火索，就是安史之乱。

唐玄宗设立募兵制的初衷，是为了加强边境的防御，在重要的边境地区设立了10个藩镇，长官叫节度使，不仅带领军队，还兼管行政和财政，权力很大，地位非常重要。按照惯例，节度使立了功，就可能被调到朝廷当宰相。

可惜当时是李林甫掌权，这个人心胸狭窄，不但排挤朝廷的文官，还猜忌边境的节度使。担任朔方等四个镇节度使的王忠嗣，立了很多战功。他手下的将领哥舒翰、李光弼，都是骁勇善战的名将。李林甫看王忠嗣的功劳大，威望高，怕他被唐玄宗调回京城当宰相，便派人向唐玄宗诬告王忠嗣想拥戴太子谋反，害得王忠嗣险些丢了性命。王忠嗣受不了这个冤枉，一气之下就病死了。

当时，边境将领中有一些胡人。李林甫认为胡人文化低，不会被调到朝廷当宰相，就在唐玄宗面前竭力主张重用胡人，理由是胡人善战，而且跟朝臣没联系，靠得住。唐玄宗本来就最怕边境的将领谋反，于是便听李林甫的话，提拔了一些胡人当节度使。在这些节度使中，唐玄宗、李林甫特别看中平卢（今辽宁朝阳）节度使安禄山。

安禄山年轻时在平卢军里当过将官，因为不遵守军令，打了败仗，边境守将把他解送到长安，请朝廷处分。当时的宰相张九龄为了严肃军纪，将安禄山判了死刑。可是唐玄宗听说安禄山挺能干，便下令把安禄山释放。

张九龄对唐玄宗说："安禄山违反军令，损兵折将，按军法不能不杀；而且据我观察，安禄山不是个善良人，不杀他恐怕会后患无穷。"

但唐玄宗不听张九龄的劝谏，还是赦免了安禄山。后来，张九龄被撤了职。安禄山却靠他奉承拍马的手段，一步一步地升官，当上了平卢节度使。不出三年，又兼任范阳（今北京）节度使。

安禄山起兵

安禄山当了节度使以后，就尽量搜罗奇禽异兽、珍珠宝贝，经常送到宫廷讨好唐玄宗。他知道唐玄宗喜欢边境将领报战功，就采取阴谋手段，诱骗平卢附近的少数民族首领和将士参加宴会。再在酒席上用药酒灌醉他们，并把兵士杀了，又把他们的首领割了头，献给朝廷报功。唐玄宗果然高兴，召安禄山到长安朝见。

安禄山长得特别肥胖，凸肚子，矮个子，装出一副傻乎乎的样子。唐玄宗一见到他就乐了，指着他的肚子开玩笑说："这么大的肚子，里面装的什么东西？"安禄山不假思索地回答说："没有别的，只有一颗赤诚的心。"

唐玄宗一听更高兴了，立即封安禄山为郡王，还替他在长安造了一座华丽的府第，并让杨贵妃把安禄山收作干儿子，亲热得像一家人一样。安禄山取得了唐玄宗和李林甫的信任，除了范阳、平卢两镇外，又兼了河东（今山西太原）节度使，控制了北方边境的大部分地区。

彩绘骑兵泥俑　唐

不久李林甫病死，杨贵妃的同族哥哥杨国忠凭着他的外戚地位，接任了宰相。杨国忠本来是个流氓，安禄山很瞧不起他。一次杨国忠向安禄山索取巨贿，被安禄山一口拒绝，而且他对杨国忠也不维持应有的礼貌。杨国忠不能忍受这种轻蔑态度，决心打击他。

杨国忠不止一次对唐玄宗说，安禄山会谋反，可唐玄宗不相信。于是，杨国忠采取了"逼他反"的手段，派遣军队包围了安禄山在长安的住宅，逮捕他的宾客，将他们全部处死，希望安禄山会有激烈的反应。安禄山果然震恐，随之愤怒起来，并决定叛变。

755年，安禄山经过一番周密准备，决定发动叛乱。这时候，正好有个官员从长安到范阳来，安禄山假造了一份唐玄宗从长安发来的诏书，召集将士宣布说："接到皇上密令，要我立即带兵进京讨伐杨国忠。"

15万步兵、骑兵在河北平原上进发，一路上烟尘滚滚，鼓声震地。中原一带已经有100年左右没有发生过战争了，老百姓好几代都没有看到过打仗，沿路的官员也是跑的跑，降的降。安禄山的叛军一直向南进攻，几乎没有遭到什么抵抗。

长安陷落

范阳叛乱的消息传到长安，唐玄宗认为是有人造谣，不相信。到后来警报一个个传来，他才慌了起来，立刻召集大臣商议。杨国忠得意扬扬地说："我早说安禄山要反，还不是被我说准了吗。不过，陛下尽管放心。他的将士不会跟他一起叛乱。不出 10 天，一定会有人把安禄山的头送来。"

唐玄宗听了这番话，便安心了。但是，安禄山的头没到长安，叛军却长驱直入，渡过黄河，直接占领了洛阳，安禄山自称大燕皇帝。756 年，安禄山向西进击，直逼潼关。

潼关是京城长安的门户，形势险要，道路狭窄。唐玄宗派大将哥舒翰带领重兵把守。叛将崔乾祐在潼关外屯兵半年，没法打进去。潼关的守军每天晚上在烽火台烧起一把火，作为平安的信号。关里的烽火台接到信号，也一座接一座放"平安火"，一直传到长安。

叛军攻不进潼关，但是关里的唐王朝内部却闹起矛盾来。哥舒翰主张坚守潼关，等待时机；郭子仪、李光弼也从河北前线给唐玄宗上奏章，请求引兵北上，攻打安禄山的老巢范阳。但是，宰相杨国忠却反对这样做。他想到重兵都掌握在哥舒翰手里，如果哥舒翰打胜了，回到长安，自己的宰相位子肯定就保不住了。于是，杨国忠天天在唐玄宗面前说哥舒翰守在潼关按兵不动，会丧失歼灭叛军的时机。唐玄宗听信杨国忠的话，接二连三派使者到潼关，逼哥舒翰带兵出潼关杀敌。

哥舒翰没法违抗皇帝的圣旨，只好带兵出关了。关外的叛将崔乾祐早已养精蓄锐，只等唐军出来。他派精兵埋伏在灵宝（在今河南西部）西面的山谷里。哥舒翰的 20 万大军一出关，就中了埋伏，几乎被叛军打得全军覆没。

明皇幸蜀图　唐　李昭道
此图描绘唐玄宗为避安史之乱而行于蜀中的情景，画中山石峻立，着唐装的人物艰难行于途中。

潼关一失守，关内也就无险可守了。从潼关到长安之间的一些地方官员和守兵，都纷纷弃城逃走。烽火台上的"平安火"再也见不到了，唐玄宗这才感到形势危急，不由着急起来，要杨国忠赶快想办法。杨国忠哪里想得出办法，只有劝玄宗逃走。

于是，唐玄宗、杨国忠带着杨贵妃和一批皇

子皇孙，在将军陈玄礼和禁卫军的护送下，逃出了长安，第三天到了马嵬驿（今陕西兴平西），随行的将士又饿又累，想到这一切都是受了奸相杨国忠的累，大家便不肯再走，并发生了哗变。

这个时候，有二十几个吐蕃使者拦住杨国忠的马，向杨国忠要粮。杨国忠还没来得及答话，周围的兵士已经嚷起来："杨国忠要造反了！"一面嚷，一面射起箭来。杨国忠慌里慌张想逃，几个兵士赶上去，把他的头砍了下来。

平定安史之乱

兵士们杀了杨国忠后，情绪激昂，把唐玄宗住的驿馆包围了起来。唐玄宗听到外面闹哄哄的，问是怎么回事，左右太监告诉他，兵士们已把杨国忠杀了。唐玄宗大吃一惊，不得不扶着拐杖，走出驿门，慰劳兵士，要将士们回营休息。兵士们不理唐玄宗的话，照样吵吵嚷嚷，要求将杨贵妃处死。

唐玄宗怎么舍得杀这个宠爱的妃子呢？他低着头站了半晌，才说："贵妃住在内宫，怎么知道杨国忠谋反呢？"高力士知道不杀杨贵妃，不能平息兵士的愤怒，就说："贵妃是没有罪，但是将士们杀了杨国忠，如果留着贵妃，将士哪会心安？希望陛下慎重考虑，将士心安，陛下也就安全了。"

唐玄宗迫不得已，只好叫高力士把杨贵妃带到别的地方，用带子勒死了。将士们听到杨贵妃已经被处死，总算消了气，撤围回营。

经过这场兵变，唐玄宗像惊弓之鸟一样，急急忙忙逃到成都去了。太子李亨留下来主持朝政。李亨从马嵬驿一路收拾残余的队伍北上，在灵武（今宁夏灵武西南）即位，这就是唐肃宗，他遥称唐玄宗为太上皇。

此时的安禄山虽然称帝，但他的集团内部却矛盾重重，加上安禄山在登上皇帝宝座后便得了眼病，双目全盲，心情烦躁，动辄杀戮。最后，当他要杀掉他的长子安庆绪时，反被安庆绪杀死。安庆绪即帝位后，史思明屯驻范阳，拥有重兵，不听调遣。

唐朝趁机从陇右、河西、安西、西域等地陆续调集了10多万军队，又向回纥借兵4000人，唐肃宗以其子李豫为天下兵马元帅，以郭子仪为副元帅，率军一举收复了长安。

759年，史思明杀掉了安庆绪，在范阳称大燕皇帝。两年后，史思明大败李光弼率领的唐军，乘胜向长安进犯，可是在途中被其子史朝义杀死。史朝义在洛阳称帝后，叛军内部更加分裂，从此没有力量再向唐朝发动进攻。

762年，唐朝宫廷内发生政变，宦官李辅国杀死了张皇后，唐肃宗受惊而死。随后李辅国拥立太子李豫即帝位，即代宗。

唐代宗调集各路兵马，又向回纥借到一部分军队，以其子李适为天下兵马元帅，仆固怀恩为副元帅，率军收复了洛阳、河阳、郑州、汴州等失地。史朝义逃往河北，河北叛将见他大势已去，纷纷向唐朝投降。763年，史朝义在唐军打击下，穷蹙自杀。历时七年多的安史之乱至此结束，可唐朝的繁盛却一去不复返了。

李泌归山

唐肃宗在灵武即位不久，身边的文武官员只有30人，这个临时建立的朝廷，什么事都没有秩序。一些武将也不太听指挥。肃宗想平定叛乱，非常需要有个能人来帮助他。

这时，他想起他当太子时的一个好朋友李泌，就派人从颖阳（在今河南省境内）把李泌接到灵武来。

李泌原是长安人，从小就很聪明，读了不少书。当时的宰相张九龄看到他写的诗文，对他十分器重，称赞他是个"神童"。肃宗当太子的时候，李泌已经长大了，他向玄宗上奏章，想给李泌一个官职。李泌推说自己年轻，不愿做官，玄宗就让他和太子交上了朋友。后来，他看到政局混乱，索性跑到颖阳隐居了起来。

这一回，唐肃宗来请他，他想到朝廷遭到困难，就到了灵武。唐肃宗看见李泌，高兴得像得到宝贝一样。那时候的临时朝廷，不太讲究礼节。唐肃宗跟李泌就像年轻时候一样，进进出出总在一起，大小事情，全都跟他商量。李泌出的主意，唐肃宗全都听从。

唐肃宗想封他当宰相，李泌坚辞不受。

后来肃宗只好任命李泌为元帅府行军长史（相当于军师）。

那时候，郭子仪也到了灵武。朝廷要指挥全国的战事，军务十分繁忙。四面八方送来的文书，从早到晚没有一刻的间歇。唐肃宗命令把收到的文书一律要先送给李泌拆看，除非特别紧要的，才直接送给肃宗。宫门的钥匙，由太子李俶（即李豫）和李泌两人掌管。李泌有时忙得连饭也顾不上吃，觉也不能睡安稳。

第二年春天，叛军发生内讧，安禄山的儿子安庆绪杀了安禄山，自己称帝。这本来是个消灭叛军的好机会，但是肃宗急于回长安，不听李泌的计划，让郭子仪的人马从河东回攻长安，结果打了败仗。后来，郭子仪向回纥借精兵，集中了 15 万人马，才把长安攻了下来。接着，又收复了洛阳。叛军头目安庆绪逃到了河北，不久，史思明也被迫投降。

唐军收复了长安和洛阳，唐肃宗便觉得心满意足起来，用骏马把李泌接到了长安。

一天晚上，唐肃宗请李泌喝酒，并且留他在宫里安睡。李泌趁机对肃宗说："我已经报答了陛下，请让我回家做个闲人吧！"

李泌邺侯书院 唐

唐肃宗说："我和先生几年来患难与共，现在正想跟您一起享受安乐，怎么您倒要走了呢？"

无奈李泌一再请求，唐肃宗虽然不愿让李泌离开，最终也只好同意。

李泌到了衡山（在今湖南省），在山上造了个屋子，重新过起了隐居生活。

中兴名将李光弼

李光弼从小擅长骑马射箭，为人严肃坚毅，沉着果断，具有雄才大略。早年担任左卫亲府左郎将，后来逐渐晋升为河西节度使王忠嗣的府兵马使，王忠嗣非常赏识他，对他十分优待。

安禄山发动叛乱后，大将军郭子仪知道李光弼是一位了不起的将才，就推荐他为河东节度副使，知节度使、兼云中太守。

李光弼执法严明，言行一致。唐肃宗即位后，李光弼奉命来到灵武，做了户部尚书。当时太原节度使王承业政务松弛，侍御史崔众掌握兵权，号令不行，唐王便命李光弼带兵五千到太原，接过了崔众的兵权。

757 年，叛将史思明、蔡希德以十万大军围攻太原。当时留守的李光弼军队不足一万人，双方力量相差很大。将士们都主张加固城墙，全力坚守。李光弼认为这是消极防守，应该在防守中积极主动地出击。李光弼动员百姓拆掉房屋做擂石车，叛军靠近则发石攻打。史思明则命令部下建造飞楼，围上帐幕，筑土山接近城墙，李光弼便组织人力挖地道直到土山下，这样，土山便自然倒塌了，然后出其不意派精兵出击。史思明害怕了，留下蔡希德继续攻城，自己先逃走了。李光弼看出叛军力量削弱，军心动摇，便抓住这一时机，组织主力军奋勇出击，史思明军队迅速溃败。

759年，史思明杀了安庆绪，改范阳（今北京西南）为燕京，自称为大燕皇帝，准备重新攻打洛阳，唐肃宗命李光弼去攻打叛军。李光弼到了洛阳，当地官员听说叛军势力强大，都很害怕，主张退守潼关。李光弼权衡了一下，认为这个时候官兵决不能退，但可以转移到河阳（今河南孟州）。史思明率兵进入洛阳后，发现是一座空城，只得率军到河阳南面与唐军对峙。

史思明为了显耀自己兵强马壮，每天把一批批战马牵到河边洗澡。李光弼见状，想出一计。他命令将军中500多匹马集中起来，把小马关在厩里，待史思明放马洗澡之时，把母马赶到城外。母马思念小马，便嘶叫起来，而史思明的马听到马群叫声，立即挣脱缰绳，浮水泅过河来。史思明一下子失去了千匹好马，气得咬牙切齿，立即纠集几百条战船，前面用一条火船开路，准备把唐军浮桥烧掉。李光弼得到消息，命令士兵准备几百条粗长竹竿，用铁甲裹扎竿头。待叛军的船靠近后，唐军几百条竹竿一齐顶住火船，火船无法靠近，很快便烧沉了。唐军又在浮桥上发射礌石机关炮攻击叛军，叛军死伤无数，仓皇逃窜。不久，李光弼打败了史思明。

李光弼多次扫平叛乱，战功卓著，被晋封为临淮郡王。后因受宦官牵制，在洛阳北邙山战败。宦官鱼朝恩和程元振屡次在皇帝面前进谗言，蓄意加害李光弼，李光弼也一度被撤了帅职。

后来，史思明被他的儿子史朝

迎玄宗图　唐　佚名
至德二年(757年)十月十九日，唐肃宗从凤翔起驾进长安，并派太子太师韦见素入蜀，奉迎玄宗。

义杀死。763 年，史朝义兵败自杀。从安禄山发动叛乱，到史朝义失败，中原地区经历了 8 年的战火浩劫，史称"安史之乱"。

刘晏改革

安史之乱后，唐王朝开始走向衰败，财政方面日渐紧缩。乾元元年（758 年），唐肃宗李亨决定对长江、淮河流域和四川地区的富裕家庭强行征收财产税，同时批准各地对商人携带的价值超过一贯的货物征收关津通过税。与此同时，大规模出售道士、和尚、高级知识分子、官员资格的活动也在进行。但是，这些应急措施所带来的收入仍然不能为平息战争和对功臣的赏赐提供足够的经费，政府急需开辟新的财政来源。于是，一大批原来名不见经传的官员开始上台执政，其中最为著名的就是刘晏。

刘晏是曹州南华（今山东东明）人，字士安。开元十三年（725 年）唐玄宗东封泰山，刘晏作为神童被地方举荐，作了一篇《东封书》，对玄宗封禅一事大加颂扬，因此得到玄宗的赏识，被称为"国之祥瑞"，封为秘书省正字，成为当时最年轻的政府官员，不过此后他的官运却并不亨通。

唐代宗上台后，信任大臣元载，而元载过去是刘晏的老部下。面对当时繁杂的经济事务，元载想到了刘晏，保荐他担任户部侍郎，并兼任度支、转运、盐铁、铸钱等使职，帝国的经济命脉一下子便归刘晏一手执掌了。

刘晏经过了几次官场沉浮后，意识到自己在政府上层缺乏强有力的支持者，因而除了继续维持好与元载的关系外，他又把眼光投向了当时权势熏天的程元振，送去不少礼物给程元振。

不幸的是，刘晏的赌注下错了。程元振在处理一次吐蕃入侵事件中表现得惊慌失措，被流放到江陵。元载不顾大臣们的反对，依然起用刘晏为河南、江淮以东转运使，全权负责当时对中央来说生死攸关的漕运。

也许是意识到了自己的政治才干不如元载，刘晏上任后，将政治上的抱负放到了次要地位，决心在经济工作中一展宏图。在元载的全力支持下，刘晏对漕运进行了全面彻底的整顿和改革，并很快就取得了令人震惊的成就，不但使原来已经断绝的东路漕运得以恢复，而且在效率方面较之前代也大有提高。当他组织运输的第一批粮食运达长安时，代宗皇帝欢喜异常，组织了军乐队到东渭桥迎接运粮船队，又派宦官对刘晏进行慰劳表彰，将他比喻成西汉开国皇帝刘邦那个在后

勤组织方面特别有天赋的助手萧何。

在继续做好漕运工作的同时，刘晏开始对食盐专卖制度作深入的改革，以增加专卖收入。通过对食盐专卖各环节所作的明智变通，政府得自食盐专卖的收入在短短的几年间翻了10倍有余，由刘晏接管时的每年60万贯猛增至大历末年的600万贯。刘晏在经济工作中所表现出来的殚精竭虑不但获得了代宗和元载的赏识，也为他本人带来了巨大声誉，甚至宋代一贯对财政官员嗤之以鼻的司马光，也在他的著作《资治通鉴》中不惜大费笔墨对刘晏进行夸赞。

筒车模型 唐

在户税的管理上，刘晏加重了官僚、寄庄户的户税，整顿了各种浮客户的户税，减轻了商贾的户税。地税和户税既扩大了征收面，又趋于合理负担，既加强了管理又增加了国家的财政收入，效果甚佳。

杨炎推行两税法

780年，宰相杨炎建议推行两税法，实质上就是以户税和地税来代替租庸调的新税制。它取消了租庸调及各项杂税的征收，保留户税和地税。量出置入，由政府先预算开支以确定赋税总额。户税是按户等高低征钱，户等高的出钱多，户等低的出钱少。地税是按亩征收谷物。无论户税和地税，都分夏秋两季征收，所以被称为两税法。

两税法在施行的初期取得了可观的成绩，德宗对杨炎的信任也因此与日俱增，而面对身为四朝元老的刘晏，德宗越来越感觉压力重重。谨慎的刘晏感到了德宗对自己的猜忌，为了避免有结党嫌疑，他开始减少与自己在朝廷中的近亲和过去的老部下之间的走动，但对于手中的财政大权，刘晏却一直紧抓不放。

杨炎不甘心让刘晏挡他的路，借口理顺财政管理体系，顺利解除了刘晏的所有财政职务，德宗又借口刘晏在工作汇报中有欺骗行为，将他贬为忠州刺史。

杨炎对此很是高兴，为了斩草除根，他派自己的亲信，也是从前元载的亲信庾准出任刘晏的顶头上司，诬陷刘晏谋反。杨炎通过表面的复查，证实了庾准的报告。

虽然一切罪名都已成立，德宗在最后关头却表现得心虚异常，他连将刘晏明正典刑的胆量也没有，而是派宦官以最快的速度赶赴忠州，将刘晏秘密杀害。在刘晏被杀的 19 天后，德宗才向全体臣民公布了刘晏的罪状，全国上下一片哗然。

杨炎害死刘晏后，刘晏的家人被流放到岭南，他的几十个部下都因受到不同程度的牵连而被贬官流放，但杨炎坚决主张抄刘晏的家。结果，刘晏的全部财产不过书籍两车、米麦数斛（每斛十斗）而已。而在对刘晏的罪行上，却写有"按问赃贿，不知纪极"的罪名。

刘晏的被害在朝廷内外引起轩然大波，对于那些为刘晏鸣冤的人，杨炎都不放过，一律予以打击。由于不少手握重兵的节度使对中央随随便便杀害刘晏这样的重臣表示愤慨，杨炎只得派遣大批人员到各节度使那里做解释工作。为了推卸自己的责任，他说自己完全是秉承德宗的意旨所为。德宗不久就对此有所耳闻，也派亲信宦官到淄青节度使李正己那里核实。李正己本来就曾为刘晏遇害一事向杨炎率先发难，遇此良机自然大加利用，使德宗对杨炎起了杀机。781 年，在德宗的支持下，杨炎被赶出京城到遥远的海南担任崖州司马，还未到达目的地，就被德宗派遣的宦官追上赐死。

唐朝就在这种不断的官场角逐中，陷入了更深的泥潭。

"诗圣"杜甫

安史之乱的结束，对于饱受战乱之苦的百姓来说，是一件大喜事。当时在樟州（今四川三台）过着流亡生活的诗人杜甫，得知消息，更是与妻儿老小一起欣喜若狂。

杜甫，字子美，出身于官僚地主家庭，祖父杜审言是武则天时的著名诗人。他幼年就失去母亲，父亲外出做官，他被寄养在洛阳的姑母家中。杜甫自幼聪明过人，七岁便开始作诗，十多岁就同当时的文人名士交游，受到广泛的称赞，他们把他的文章和汉代著名文学家班固、扬雄相比拟。杜甫年轻时代正是我国历

杜甫草堂
草堂位于四川省成都市，杜甫曾在此生活 3 年。

史上著名的开元盛世，也是他一生中最快意的时期。

735年，杜甫回洛阳应试，没有考中。两年后，他又北游齐、赵，与朋友一起呼鹰逐兽，饮酒赋诗，流连于山水之间，这一时期杜甫的诗具有浓厚的浪漫主义色彩。

杜甫年轻时代的一件大事，是与李白相见。744年，两位大诗人相会在洛阳。李白比杜甫大12岁，杜甫很佩服李白的才华，两人畅游了河南、山东，"醉眠秋共被，携手日同行"。共同的志趣和爱好使他们成为亲密的好友。

杜甫年轻时有远大的政治抱负，然而却屡试不中。寄居长安，经济来源已经不足以维持一家的生计。

杜甫寄居长安的十年，是唐朝由盛到衰急剧转变的时期，阶级矛盾、民族矛盾、统治阶层内部矛盾激化。杜甫作了著名的《兵车行》，控诉统治者的残暴，表现了对人民的深切同情：

车辚辚，马萧萧，行人弓箭各在腰。

爷娘妻子走相送，尘埃不见咸阳桥。

牵衣顿足拦道哭，哭声直上干云霄。

……

君不见，青海头，古来白骨无人收。

新鬼烦冤旧鬼哭，天阴雨湿声啾啾。

这首诗描绘了一幅妻离子散、白骨蔽野的凄惨景象，标志着杜甫的诗歌从浪漫主义向现实主义的重要转折。

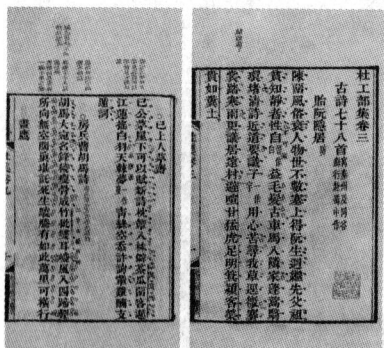

《杜工部集》书影
唐杜甫撰，明王世贞、王慎中，清王士祯、邵长蘅等评。

"安史之乱"开始后，叛军很快攻占洛阳和都城长安。杜甫在逃亡途中不幸被叛军俘虏。国破家亡的战俘生活使杜甫写下了不少政治性很强的诗篇，《春望》就是他被俘期间写下的名篇：

国破山河在，城春草木深。

感时花溅泪，恨别鸟惊心。

烽火连三月，家书抵万金。

白头搔更短，浑欲不胜簪。

757年四月，杜甫做了八个月俘虏后，终于逃出长安。那个时候，杜甫已经穷困得连一套像样的衣服也没有了。他穿着麻鞋，露着两肘朝见肃宗，被委任为左拾遗。后来由于杜甫上疏救宰相房琯得罪了肃宗，被外贬为华州司功参军。一次由洛阳回华州，一路上满目萧条，民不聊生，官府暴戾，欺压民众，杜甫感慨良久，写下了控诉官吏暴行、同情人民的"三吏"（《新安吏》、《潼关吏》、《石壕吏》）。从东部到潼关途中，杜甫看到战乱中新婚离异、老人应征，以及战乱造成劳动人民无家可归的凄惨情景，写下了"三别"（《新婚别》、《垂老别》、《无家别》）。"三吏""三别"，无论在思想性还是在艺术性上都达到了诗歌的高峰，在我国民间广为流传。

770年，杜甫在岳阳遭遇洪水。几天后，这位伟大的诗人死在船上，年仅59岁。杜甫死后，因家人无钱安葬，只好旅殡于岳阳。直到43年后，即813年，他的孙子杜嗣业才把他的遗体运到偃师，移葬在首阳山下杜审言墓旁。

杜甫是我国古代诗歌的现实主义大师，一生作诗3000多首。他的诗是时代的镜子，真实反映了当时的社会状况，所以，人们把他的诗篇称为"诗史"。

唐钱币

唐钱币，唐朝时国家法定的通货。武德四年（621年），唐高祖废隋五铢钱，铸"开元通宝"，钱径八分，重二铢四丝，每十文重一两，千文重六斤四两。字为欧阳询所书。自此以后，"钱"成为"两"以下一级的重量单位。中国钱币由此改称通宝、元宝或重宝，不再以重量为名称，钱文也由篆书改为楷书为主。"开元通宝"轻重大小比较适中，便于流通。

高宗乾封元年（666年），铸"乾封通宝"，径一寸，重二铢六分，每文当"开元通宝"十文。这是以年号名钱的开始，行用不到一年即废。高宗到玄宗开元年间，私铸盛行，恶钱泛滥。由于钱币数量不能满足流通的需要，政府严禁私铸和用好钱收买恶钱。

天宝时，政府增加铸钱量，全国共设99座铸钱炉，每年用铜200万斤，铸钱32.7万缗。肃宗乾元元年（758年），国家经费不足，铸"乾

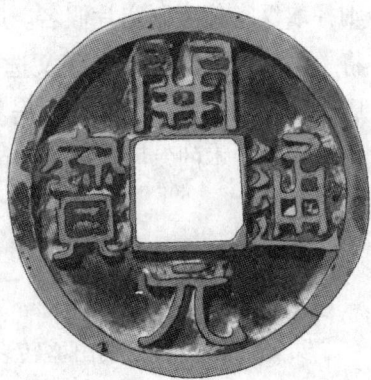

开元通宝 唐

元重宝"，钱径一寸，每缗重十斤，以一当"开元通宝"五十。又令绛州铸重轮"乾元通宝"，以一当开元通宝五十，与"开元通宝"钱并行。

代宗即位后，乾元钱和重轮钱皆以一当一。此后，铜贵钱贱，民间熔钱铸为铜器的越来越多，钱币越来越少，不能满足流通的需要。自德宗贞元以后，通货紧缩，货轻钱重，物价下跌。唐武宗时灭佛，没收寺院铜像及钟磬，许各地政府铸钱。淮南节度使李绅铸新"开元通宝"，背有"昌"字以表明为会昌年间所铸，其后各地则以郡名为背文，统称"会昌开元"。晚唐到五代十国，各地自行铸造货币，先后铸造的钱币多达30余种。

遣唐使

遣唐使，唐朝时日本派往中国的使者。中国隋唐时期，日本正处在奴隶制瓦解、封建制确立和巩固的阶段。出于学习借鉴唐文化的目的，日本朝廷曾多次派遣使团前来。

贞观五年（631年）日本派出了由留学生和学问僧组成的第一次"遣唐使"。唐初，遣唐使团人数一般不超过200人，从唐中叶起，人数骤增。开元五年（717年）、开元二十一年（733年）、开成三年（838年）这三次派出的遣唐使人数均在500人以上。遣唐使全面学习中国的文化，包括典章制度、文学、科学、技艺、佛学、医学等，致使日本在政治、经济、文化上深受唐朝影响。

日本留学生高向玄理曾协助孝德天皇完成"大化革新"，当时颁行的班田制、租庸调制、《大宝律令》等，均受唐朝影响。日本都城平安京亦模仿唐都长安而建。日本学问僧空海归国后，仿中国草书而制定平假名；留学生吉备真备回日本后，则择取汉字偏旁制定片假名。此二举大大推动了日本文化的发展。日本留学生还将《史记》、《汉书》、《文选》、《孙子兵法》等汉文书籍带回日本，广泛流传。唐人文集和诗歌，尤其是白居易的作品深为日本人民珍爱。日本遣唐使为中日文化沟通和日本的发展作出了不可磨灭的贡献。

李愬雪夜入蔡州

安史之乱使唐王朝由盛转衰，朝廷权威下降，地方藩镇势力强大，父死子继，不服从中央委派，控制财、政、军权，形成割据。代宗朝、德宗朝都实行削藩以加强中央集权，但成效甚微。唐宪宗即位时，长安毗邻的淮西镇已割据50余年，严重威胁朝廷，宪宗决定发兵征讨。

814年闰八月，淮西节度使吴少阳死，其子吴元济自领军务，并发兵四出攻掠。对淮西早有戒心的唐宪宗，遂于十月以严绶为招抚使，督诸道兵进讨。但严绶无能，被吴元济打败。宪宗以韩弘为将代之，但韩弘出于私心，想以贼自重，不愿淮西速平，以至损兵折将，让淮西军气焰更加嚣张。正当宪宗为淮西战事毫无进展而犯愁之际，身为太子詹事的李愬挺身而出，宪宗龙颜大悦，让宰相裴度领军，李愬为先锋，进征淮西。

817年一月，李愬任唐、随、邓三州节度使后，他着手制定奇袭吴元济老巢蔡州的战略方案。他至唐州抚恤伤卒，假装自己懦弱以使淮西军松懈、轻敌。在与叛军的几次交锋中，他对俘捉的敌方兵将，皆以礼相待，不加侮辱，让他们感恩而死心塌地地归顺，并详尽地把淮西的战备情况告诉李愬，使李愬知己知彼。有一次，唐军俘获了吴元济手下骁将丁士良，士兵们请求把他的心挖出以解众恨。但李愬见丁士良面无惧色，暗自叹服，令人为其松绑，免其死罪。丁士良本以为必死，没想到李愬放了他，泪水顿时倾眶而出，给李愬跪下感谢并愿以死报李愬之厚爱。李愬扶起他，任他为"捉生将"，又用其计擒住淮西又一骁将吴秀琳，并以礼相待，吴秀琳也感激不尽，愿报效朝廷。李愬发现吴秀琳部下有个叫李宪的人，智勇双全，很是喜欢，便为其改名"忠义"，帐下留用。

不久李愬设计生擒了吴元济军中骨干李祐，此人精于谋略又勇武善战，之前屡败官军，令唐军损失惨重。唐营部将纷纷请求杀掉他，李愬为保护他，在派人押他入京时，密奏宪宗，请求赦免李祐以为己用，并强调若杀之则淮西难平，宪宗在李愬的苦求下赦免了李祐。李愬当即任他为"六院兵子使"，让他配刀出入大本营；李祐为李愬对己信赖有加而感激涕零，随即献计"雪夜袭蔡州"。

李愬大喜。817年十月

王建《赠李愬仆射》诗中记叙了夜袭蔡州城时风雪交加、人马息声的行军场面，从这组唐骑兵蜡像可以想见当时的情景。

十日，大雪纷飞，寒风凛冽，这天下午，李愬突然号令三军紧急集合，以李祐、李忠义为先锋，率3000人马东进，自己率主力跟进，唐州刺史田进诚引3000人殿后。部队向东急行60里，袭占沿途要点，抵达汝南张柴村后，李愬令丁士良领500人留守以断诸道桥梁；又遣兵500警戒朗山，然后向全军宣布此行目的是去蔡州捉拿吴元济。全军将士大惊失色，监军大哭："果落李祐奸计！"李愬不作理会，令三军继续前进。士兵们以为此行有去无还，但将令不敢违抗，只得前进。时"大风雪，旌旗裂，人马冻死者相望"，夜半，风雪更加肆虐，唐军在李愬率领下于次日凌晨抵达了蔡州城下。蔡州自李希烈反唐以来，经吴少诚、吴少阳到吴元济，官军不至此已30多年了，因此，吴元济毫无防备。李祐、李忠义首当其冲，率兵在城墙上掘坎而上，杀掉熟睡的门卒，只留更夫继续打更，城中像什么也没发生一样平静如常，官兵神不知鬼不觉地已进至内城。

鸡鸣时分，风雪稍停，李愬军已占据吴元济的外衙，这时敌人才发现情况异常，忙告于吴元济。吴元济此时还未睡醒，听到报告，不以为然，说："慌什么？这是俘虏抢东西罢了，等天亮时把他们全杀了就是了。"稍后又有士兵来报城已失守，吴元济仍不在意，说这一定是驻洄曲的士兵索取寒衣来了。及至听到李愬军中号令之声，才大惊，忙组织军队登牙城抵抗，但此时唐兵已全蜂涌入城，他哪能挡得住？无奈之下吴元济出城投降，李愬命把他解送长安，淮西遂平。

李愬夜袭蔡州，沉重打击了安史之乱以来的藩镇势力，使唐朝削藩举措取得空前胜利，国家又暂时统一。

永贞革新

唐德宗宠信宦官，贪得无厌的宦官便想尽办法来盘剥百姓，不择手段地掠夺财物。他们设立了"宫市"，派太监专门到宫外采购宫里需要的东西。这些太监看到他们需要的货物，只付给百姓十分之一的价钱，强行购买。后来，索性派了几百个太监在街上瞭望，看中了就抢走，叫做"白望"。

还有一些宦官在长安开设"五坊"。五坊是专门替皇帝养调雕、养鹘、养鹰、养狗的地方。五坊里当差的太监，叫做五坊小儿。这批人吃饱了饭不干正经事，专门向百姓敲诈勒索。

那时候，太子李诵住在东宫，由两位官员——王叔文、王伾陪伴读书。太子读书之余，喜欢下棋写字。而王叔文和王伾，一个是个好棋手，一个写得一笔好字，于是他们俩就经常在东宫陪太子读书下棋。

王叔文是下级官员出身，多少了解一些百姓疾苦。他趁跟太子下棋的机会，向太子反映外面的情况。太子听到宦官借宫市为名在外面胡作非为，大为不满。有一次，几个侍读的官员在东宫议论起这件事，太子气愤地说："我见到父皇，一定要告知这件事。"

王叔文说："我看殿下眼下还是不宜管这些事。如果坏人在皇上面前挑拨离间，说殿下想收买人心，皇上怀疑起来，殿下很难辩白。"

太子猛然醒悟说："没有先生提醒，我很难想到这一点。"

从此，太子对王叔文更加信任。王叔文认为德宗已是暮年，太子接替皇位是迟早的事，就私下替他物色朝廷中有才能的官员，跟他们结交。

彩绘釉陶文吏俑　唐

没想到过了一年，太子得了中风病，说不出话来。年老的唐德宗为此事急出病来，一命呜呼了。805 年，太子李诵带病即了位，这就是唐顺宗。

唐顺宗不能说话，只得靠原来在东宫伴他读书的官员王叔文、王伾来帮他处理朝政。王叔文明白自己力量不够，不便公开掌握朝政大权，只好请一个老资格的官员韦执谊出来做宰相，自己当一名翰林学士，为顺宗起草诏书。他和韦执谊、王伾相互配合，又起用了刘禹锡、柳宗元等一些有才能的官员，这才把朝政大权抓了过来。

王叔文掌权后，第一件要做的就是整顿宦官欺压百姓的坏风气。他替唐顺宗下了一道诏书，免了一些苛捐杂税，取缔了宫市、五坊小儿一类欺负百姓的事。

这个措施一实行，长安百姓个个拍手称快，一些作恶多端的宦官却气歪了脸。

王叔文又对财政制度进行了改革，历史上称为"永贞革新"（"永贞"是唐顺宗的年号）。

王叔文大力度的改革，自然触犯了掌权的宦官。宦官头子俱文珍认为王叔文的权力过大，便以顺宗的名义解除了王叔文翰林学士的职务。

不出一个月，俱文珍又勾结一批拥护他们的老臣，以顺宗病重不能执政为由，由太子李纯监国。又过了一个月，太子正式即位，这就是唐宪宗。

顺宗一退位，俱文珍等一批宦官立刻把王叔文、王伾革职，贬谪到外地去。

第二年，又处死了王叔文。"永贞革新"不到一年就全盘失败，那些支持王叔文一起改革的官员也受到了牵连。

刘禹锡游玄都观

王叔文改革时，不但一批宦官恨王叔文，还有不少大臣因王叔文地位低而办事专断感到不满。到了唐宪宗时代，大伙都纷纷攻击王叔文，原来支持王叔文改革的八个官员，都被当作是王叔文的同党。宪宗下了命令，把韦执谊等八个人全部降职，派到边远地方做司马（官名），历史上把他们和王叔文、王伾合起来称作"二王八司马"。

"八司马"当中，有两个是著名的文学家，就是柳宗元和刘禹锡。他们俩是好朋友，柳宗元以写散文闻名，刘禹锡以写诗著称。这一次，柳宗元被贬到永州（今湖南零陵），刘禹锡被贬到朗州（今湖南常德）。永州和朗州都在南边，离长安很远，那时候还是边远落后的地区。

他们俩在那里一住就是十年。日子久了，朝廷里有些大臣想起他们来，认为他们都是有才干的人，放在边远地区太可惜了，就奏请宪宗，把刘禹锡、柳宗元调回长安，准备让他们在京城当官。

刘禹锡回到长安，感到长安已经发生了很大变化，朝廷官员中，新提拔了很多他过去看不惯、合不来的人，心里很不自在。

京城里有一座有名的道观叫玄都观，里面有个道士，在观里种了许多桃树。时值春暖季节，观里桃花盛开，招引了很多游客。有些老朋友邀刘禹锡到玄都观去赏桃花。

刘禹锡过了十年的贬谪生活，回到长安，看到这些新栽的桃花，触景生情，就写了一首诗：

紫陌红尘拂面来，无人不道看花回。

玄都观里桃千树，尽是刘郎去后栽。

刘禹锡本以诗著名，这篇新作品一出来，便在长安传开了。有一些大臣本来就不愿意召回刘禹锡，读到这首诗，就开始细琢磨里面的含意。也不知道是谁说，刘禹锡这首诗表面是写桃花，实际是讽刺当时新提拔的权贵的。

这一下子捅了马蜂窝，唐宪宗对他也不满意起来，本来主张留他在京城的人也不便说话了。刘禹锡又被贬到播州（今贵州遵义市）去做刺史。刺史比司马高一级，表面上是提升，其实是贬官，因为播州地方比朗州更远更偏僻，那时候还是荒蛮之地呢。

刘禹锡有个老母亲，已经80多岁了，需要人照顾，如果跟着刘禹锡一起到播州，上了年纪的老人很难受得了这个苦。这使刘禹锡感到为难！

这时候，柳宗元在长安也待不下去了，朝廷把他改派为柳州刺史。柳宗元了解刘禹锡的困难情形，决心帮助好朋友。他连夜写了一道奏章，请求把派给他柳州的官职跟刘禹锡对调，自己到播州去。

柳宗元待朋友一片真心，让许多人很受感动。后来，大臣裴度也替刘禹锡在唐宪宗面前说情，宪宗总算同意把刘禹锡改派为连州（今广东连州）刺史。以后，刘禹锡又被调动了好几个地方。14年后，裴度当了宰相，他才被调回长安。

刘禹锡诗意图 清 华嵒
本画取自刘禹锡《乌衣巷》中"旧时王谢堂前燕，飞入寻常百姓家"诗句。

刘禹锡重新回到京城，又是暮春季节。他到玄都观旧地重游。到了那里，知道那个种桃的道士已死，观里的桃树吹倒和枯死了很多，满地长着野葵燕麦，一片荒凉。他想起当年桃花盛开的情景，联想起一些过去打击他的宦官权贵在政治争斗中纷纷下了台，而他自己却是一如既往地坚持自己的见解。为抒发他心里的感慨，他又写了一首诗，诗里说：

百亩中庭半是苔，桃花净尽菜花开。
种花道士归何处？前度刘郎今又来。

一些大臣听到刘禹锡写的新诗，认为他又在发牢骚，很不满意，便在皇帝面前诬毁他。过了三年，他又被派到外地当刺史去了。

"诗杰"白居易

中唐时期的白居易是一位为世人所熟悉、所敬慕的诗人。在整个古代文学史上，他也是堪称一流的大诗人。

白居易，字乐天，号香山居士，出生在河南郑州新郑一个官僚士族家庭里。幼时的白居易聪明过人，五六岁起就开始写诗，八九岁时已能按照复杂的音韵写格律诗。

16岁时，白居易初次进京应举，当时的苏州太守韦应物把他引见给大诗人顾况。他送上新诗作《赋得古原草送别》，顾况看着诗卷，轻轻吟诵起来：

离离原上草，一岁一枯荣。

野火烧不尽，春风吹又生。

远芳侵古道，晴翠接荒城。

又送王孙去，萋萋满别情。

顾况读完后不禁拍案叫绝。从此，白居易的声名大振。

白居易20岁时回到安徽宿县家中，废寝忘食，发奋攻读。从28岁起，他完全靠自己的力量，"十年之间，三登科第"。

白居易《琵琶行》诗意图　明　仇英

白居易在中央和地方总共做了40多年官，中间也曾辞职和被贬过，但他为官清正廉洁，从来不向恶势力低头。

白居易在陕西周至县当县尉时，结识了陈鸿、王质夫，三人同游仙游寺，聊天中时常谈及唐玄宗和杨贵妃的故事。白居易感慨兴叹，于是大家鼓励他写一首叙事诗，后来终于写成名篇《长恨歌》。这首诗对唐玄宗"春宵苦短日高起，从此君王不早朝"的荒唐生活与杨贵妃"后宫佳丽三千人，三千宠爱在一身"的恃宠而骄进行了讽刺和谴责。

白居易为官期间也很关心百姓的疾苦,如诗歌《新丰折臂翁》就和杜甫的名作《兵车行》有些类似。诗中借一位八十八岁的老人追述他当年"夜深不敢使人知,偷得大石槌折臂"的惨痛故事,说明了百姓不愿参加不义之战的真实心态。《卖炭翁》则对下层劳动人民寄予了无限的同情,而对倚势凌人的官宦充满了憎恨。

807年,白居易被授翰林学士,三年后,被任为左拾遗。因屡次直言进谏和写了不少讽喻诗,白居易为权贵们所忌恨。在一连串的恶毒攻击下,唐宪宗不分青红皂白,把白居易贬为江州(今江西九江)司马。这一打击,使白居易郁郁不乐,在悲哀和愤恨中,写下了"似诉平生不得志"的传世名篇《琵琶行》。诗人从漂泊歌女的自述和凄怆曲调中,产生了共鸣,发出了"同是天涯沦落人,相逢何必曾相识"的叹息!

后来,白居易又被召回长安。在长安城,他看到昔日的朋友们个个为了权势明争暗斗,意识到此地不可久留,于是上奏本,力求外放,得到了批准。

白居易晚年目睹朝政黑暗,对政治斗争深感厌倦,便辞官隐居洛阳。在那里,他十分喜爱清幽的香山寺,便携书童移居那里,并和寺僧结社,经常唱酬,自号"香山居士"。

此后,白居易便把全部精力都投入诗歌创作中去了。他一生共写了2800多首诗,后人对他的为人和文学成就有着高度的评价。

孟浩然

孟浩然,唐代诗人,襄阳(在今湖北)人。前半生在家闭门苦读,曾一度隐居鹿门山。40岁入长安应进士试不第,在江淮吴越各地漫游几年后,重回故乡。后张九龄作荆州刺史,引他做幕僚,不久即归隐,以此终身。在盛唐诗人中,他年辈较早,人品和诗风深得时人赞赏、倾慕。李白《赠孟浩然》诗中曾云:"吾爱孟夫子,风流天下闻。"他的诗歌,意境清远,淳朴明丽,语言流畅,多蕴自然超妙之趣。他擅长五言律诗和排律,多写隐逸生活和山水田园风光,一向与王维并称。他对山水田园诗派的形成起了重要作用。但是他的诗歌内容比较狭窄,缺乏社会意义,苏轼曾说他:"浩然诗韵高而才短,如造内法酒手,而无材料耳。"(《苕溪渔隐丛话》)"春眠不觉晓,处处闻啼鸟。夜来风雨声,花落知多少",

《春晓》一诗，几乎人皆能诵。其他名作还有《过故人庄》、《望洞庭湖赠张丞相》等。著作有《孟浩然集》。

王维

王维，唐代诗人、画家，字摩诘，太原祁（今山西祁县）人，出身于官僚家庭。开元九年（721年），进士及第，作大乐丞，因事贬为济州司仓参军。后来回长安，历任右拾遗、监察御史、吏部郎中等职。40岁后过着亦官亦隐的生活。安史之乱中被强迫做伪官，乱后一度被贬，后升至尚书右丞，卒于官。故有王右丞之称。晚年淡漠世事，成为"以禅诵为事"的佛教徒。王维诗歌以40岁为界分为前后两期。前期诗歌多游侠、边塞题材的作品，风格豪放慷慨，意气风发。后期诗歌的主要题材是山水田园，隐居生活的闲情逸致。他的诗歌意境独特，想象新鲜，刻画细致，语言凝练，艺术成就极高。《山居秋暝》、《渭城曲》等是其诗歌代表作。《送元二使安西》又称《阳关三叠》，是著名的送别诗。王维也有极高的书画、音乐造诣。

张九龄

· 山水田园诗派 ·

唐代诗歌流派，形成于开元、天宝年间，代表作家有王维、孟浩然、储光羲、常建、祖咏、裴迪等人。盛唐山水田园诗人的出现主要是因为，老庄自然主义思想与外来佛教思想相混合，使得士大夫轻视世务，寄意于人事之外；虽不能出家，而往往自命为超出尘世，于是出现山水田园派；其次，当时社会重视隐逸，于是许多人不去应科举，却隐居山林，做隐士以博声名，于是隐逸文学自然产生。这派诗歌多歌颂山水田园生活以及自然风光，赞美山水的可爱，鼓吹乐天知命、适性自然的人生观，表现了他们寄情山水的闲情逸致，反映了他们不同流俗的清高，不同程度地存在消极避世思想。但是这派诗人在艺术上取得了较高的成就，描写细致，刻画逼真，状物传神，寓情于景，含蓄蕴藉。

张九龄，唐代诗人，一名博物，字子寿，曲江（今广东韶关）人。唐中宗景龙初年进士。玄宗时，官至同中书门下平章事、中书令。在朝直言敢谏，是开元时代贤相之一。后遭李林甫排挤，贬为荆州刺史。他早年以文学为张说所赏识，赞为"轻缣素练，实济时用"（唐刘肃《大唐新语》）。他曾提拔过孟浩然、王维，是受人钦慕的文坛宿将。他的诗歌多表现自己高洁的人格理想，以兴寄为主，含蓄蕴藉，词采富艳，情致深婉。他又喜游山水，写作了许多山水诗，其特点是突破前人仅求神似的写法，力求主观交融，《西江夜行》、《望月怀远》是优秀代表，尤其《望月怀远》中"海上生明月，天涯共此时"更是为人称道的名句。晚年他遭受谗毁，感慨加深，诗歌风格转向质朴简劲。著作有《张曲江集》。

崔颢

崔颢，唐代诗人，汴州（今河南开封）人。开元进士，官司勋员外郎。少年时诗歌多写闺情，风格浮艳轻薄。后赴边塞，诗风大变，多写边塞将士报国赴难、争斗杀敌的豪迈情操，热情洋溢，风骨凛然。后游武昌，登黄鹤楼，赋《黄鹤楼》，抒发了对昔人已逝而楼阁仍存的感慨，是其最为人称道的名作。全诗为："昔人已乘黄鹤去，此地空余黄鹤楼。黄鹤一去不复返，白云千载空悠悠。晴川历历汉阳树，芳草萋萋鹦鹉洲。日暮乡关何处是？烟波江上使人愁。"相传李白登楼吟诵《黄鹤楼》后曾叹曰："眼前有景道不得，崔颢题诗在上头。"无作而去。此外他的《长干行》"君家何处住？妾住在横塘。停船暂借问，或恐是同乡"也朴素清新，为人喜爱。他诗名很大，但作品流传下来的甚少，现存诗仅40首。明人辑有《崔颢集》。

古文运动

古文运动，唐代古文运动主要是对文风、文体和文学语言进行改革的一次文学运动。古文是唐朝人对先秦两汉通行的散文体文言文的称呼，其特征是散行单句，不拘格式，不同于骈文的讲究排偶、辞藻、音律、典故。唐中叶，一些文人反对六朝以来的浮艳文风，大力提倡古文，逐渐形成社会风尚，这就是古文运动。古文文风的倡导者是韩愈和柳宗元。韩愈主张重视文章的思想内容，其散文气势雄健，奔放流畅。柳宗元也主张"文者以明道"，他的散文峭拔俊秀，含蓄精深，对散文的发展也有很大的影响。

柳宗元

柳宗元，唐代文学家、哲学家，字子厚，河东解（今山西永济市）人，世称柳河东。贞元进士，又应博学宏词科及第。参加王叔文革新集团，失败后被贬为永州司马，后迁柳州刺史，故又称"柳柳州"。柳宗元最突出的文学成就在散文上面，与韩愈共同倡导古文运动，同列"唐宋八大家"。他的散文题材多样，论说文，表达自己的政治历史观，如《封建论》；传记叙事文，多取材于下层人物，发展了《史记》以来的人物传记，如《捕蛇者说》；寓言散文，篇幅短小，寓意深刻，《黔之驴》最为著名；尤其著名的是他的山水游记，这些作品，文笔清新秀美，富有诗情画意，代表作是《小石潭记》。柳宗元存诗较少，但他在独特生活经历和思想感受的基础上，借鉴前人经验，发挥自己才华，创造出独特的艺术风格，多传世之作。其诗歌精工密致，韵味深长，在简淡格调中表现深厚的感情。《江雪》是最为人传诵的诗歌名作。著作有《河东先生集》。

唐传奇

唐传奇，唐人小说，此名称始于晚唐裴铏《传奇》一书，宋以后人们概称唐人小说。历代正统文人对小说总采取鄙视的态度，而晚唐时期，许多人参加到传奇小说创作队伍中来，包括著名历史学家、古文家和诗人。他们的参加充实了小说的思想内容，提高了小说的艺术水平，逐渐改变了人们对小说的传统看法，标志着中国小说发展趋于成熟。唐传奇主要有以下题材：神怪类，以《枕中记》、《南柯太守传》等为代表，它们虽然谈神说鬼，但作品中也可以看到现实的影子，曲折地反映了现实；爱情类，以《任氏传》、《柳毅传》、《霍小玉传》、《李娃传》、《莺莺传》等为代表，它们在唐传奇中成就最高；剑侠类，以《虬髯客传》、《昆仑奴》、《聂隐娘》、《红线传》等为代表。

敦煌石窟

敦煌是位于西北交通要道的一个边陲重镇，是古代东西方文化交流的必经之地。

4世纪以来，历代王朝不断在敦煌地区开凿石窟。石窟内以汉式宫阙表现弥勒净土，弥勒菩萨交脚坐于宫殿内。两侧的垂楼高阁中，身着霓裳羽衣的飞天弹琴奏乐，载歌载舞。楼阁之外，菩萨摩顶受戒，天女凌空散花，构成一幅幅新颖画卷。人物造型也逐步走向写实，面相丰润而多样，比例适度，上身多着僧祇支，腰束锦裙，衣裙遍饰波斯风格的织物花纹，金碧辉煌，灿烂夺目，别具风格。敦煌石窟的彩塑分为圆塑和影塑两种。彩塑体态健硕，神情端庄宁静，姿态简单，风格简朴厚重，为唐代石窟的成熟和辉煌奠定了坚实的基础。敦煌石窟逐渐形成了一座博大精深的佛教艺术宝库，融建筑、壁画、雕塑为一体，富有中华民族特色。

庄园生活图 唐 敦煌石窟

阎立本

　　阎立本是初唐杰出的工艺家与人物画家。他的人物画将秦汉的纯朴豪放与魏晋的含蓄隽永融合在一起，线条圆转流畅，疏畅坚实，色彩渲染浓重凉净，富有韵律感，构图比例和谐，技法纯熟，刻画入微，使我国人物画进入一个精湛瑰丽的新时期。他常常配合当时政治上的重大事件来进行创作，以其敏锐的目光、纯熟的技法，留下了具有深远历史意义的一瞬间。他的作品以《步辇图》和《历代帝王图》最为典型。阎立本的丹青对后世影响颇大，体现了他的艺术风格，后人称赞他"兼能书画，朝廷号为丹青神化"。

李贺

　　李贺（790～816年），唐代诗人。字长吉，河南福昌（今河南宜阳）人。没落宗室后裔，家境困窘。元和六年（811年）任小官奉礼郎，3年后辞职。一生体弱多病，心情抑郁不展，27岁去世。诗名早负，7岁就名动京华。创作态度勤奋刻苦，流传有"骑驴寻诗"的佳话。《天上谣》、《梦天》等作品，后人称为"长吉体"的代表作。诗作多为诉说怀才不遇的悲愤，感慨人生的短促，带有幽冷凄婉的色彩。描写人民疾苦、揭露统治者残暴荒淫的诗，直陈时事，借古讽今，凝练清峭。另有《李凭箜篌引》、《苏小小墓》、《金铜仙人辞汉歌》、《将进酒》等名篇。最具特色的是描写神仙鬼魅的诗，想象诡异，形象新奇，语言力避平淡而追求峭奇，富有浓重色彩。他在艺术上继承屈原、李白的浪漫主义传统，又受古乐府、宫体诗及韩愈、孟郊的影响，以奇崛不羁、冷艳凄恻的诗歌个性在中国古代文学史上留下独特的一笔，对后世影响很大。传世有《李贺诗歌编》，存诗241首。

"颜筋柳骨"

颜真卿（709～785年），字清臣，琅琊临沂（今属山东）人，开元进士，任殿中侍御史，人称"颜鲁公"，唐代杰出的书法家。范文澜称其为"唐朝新书体的创造者"，《祭侄文稿》被称为"天下第二行书"。他广学博引，创造了雄伟刚劲、气势磅礴的独特字体风格，自成一体，被称为"颜体"。他的楷书端庄雄伟、气势开张，用笔横轻竖重，笔力雄劲而有厚度；竖笔向中略有弧度，刚中有柔，富有弹性，力足中锋；结构方正茂密，方中有圆。行书遒劲郁勃、凝练浑厚、纵横跌宕，用笔气势充沛、巧妙自然。使古法为之一变，开创了新风气，颜氏书法堪称登峰造极。他与稍后的柳公权并称"颜柳"。柳公权（778～865年），字诚悬，京兆华原人，唐宪宗元和初年，金榜题名考中进士。柳公权擅长行草，同时对楷书的研究功力也非常深厚。他早年的楷书已经取得卓著成就。后来，他进一步揣摩、研究颜体的笔法，融会成体势劲媚、法度谨严、方圆兼施、富有变化而自成一体的柳体。柳体字注重骨力，在转折、顿接处显出锋棱，结构紧密，在雄浑厚实中见锋利，在严谨中见开阔，刚劲挺拔。因柳公权的书法筋力丰满，气派雍容堂正，又曾受颜氏影响，偏重骨力刚健，故又有"颜筋柳骨"之称。

三彩双鱼瓶　唐

唐三彩

唐三彩在陶瓷领域中以其绚烂多彩的颜色、富丽堂皇的视觉效果充分体现了盛唐艺术的风格。唐代陶瓷艺人通过对多种金属氧化物的呈色原理的进一步认识，在原有的铅釉陶中加入铁、铜、钴、锰等不同金属氧化物，烧制出集黄、赭、绿、白、蓝等色中的一色或诸色于一器的彩陶，其中以白、绿、黄三色为主，这就是唐三彩。由于铅釉极易流动，烧制时施釉用量不同，更是参差变幻、效果奇妙，在交相辉映中显示出斑驳离奇的独特艺术魅力。

　　唐三彩的烧制始于初唐，盛唐时达到顶峰，唐三彩窑址只有河南巩县窑一处。唐三彩对中国乃至东方的陶瓷发展影响很大，中国的辽三彩、宋三彩以及外国的波斯三彩、新罗三彩、奈良三彩等，都深受其风格影响。

唐代金银器

　　唐代金属工艺在隋代基础上有很大发展，这主要是因为大唐盛世，经济繁荣，生活水平提高，消费水平提高，大量使用金银饰物和铜镜，刺激了金属工艺的大发展。据《唐六典》记载，当时金属加工技术有销金、拍金、镀金、捻金、织金、研金、披金、泥金、镂金、戗金、圈金、贴金、嵌金、裹金 14 种方法之多，工艺技术非常复杂。最能代表唐代金工水平的，是 1970 年在西安南郊何家村发现的唐代窑藏的 200 多件金银器，其中有碗、杯、盘、碟、壶、罐、锅、盒、薰炉、薰球等，器形精美，纹样生动。人物、动物、花草等纹样互相结合，整个看上去，富丽精致，非常华贵，不仅表现出很高的艺术水平，同时也表现出很高的科技水平。这批金银器，多为盛唐时的，有些明显受波斯金银器影响，有的本身是从西方进口的。唐代金银器大致可以安史之乱为界，分前、后两期。何家村出土的盛唐金银器代表前期，又可分两种类型：一种继承传统，仍然采用中国传统陶瓷、铜器、漆器的器形和纹样；另一种受外国影响，器形和纹样都受波斯萨珊金银器影响。法门寺出土的中唐金银器代表后期，外来影响减少，民族传统加强。这种情况与唐代织锦有些相似。

韩愈直谏

　　裴度、李愬平定了淮西叛乱后，唐宪宗觉得脸上光彩，决定立一个记功碑，来纪念这一次胜利功绩。裴度手下有个行军司马韩愈，擅长写文章，又跟随裴度到过淮西，了解淮西的情况。唐宪宗就命令韩愈起草《平淮西碑》。

　　韩愈是唐朝杰出的文学家，河南河阳（今河南孟州西）人。他认为自从魏晋南北朝以来，社会风气混乱，连文风也衰落了。许多文人写文章，喜欢堆砌辞藻，缺乏真情实感。他决心改革这种文风，写了不少散文，在当时产生了很大的影响。他的主张和写作实践实际上是一种改革，但是也继承了一些先秦传统的古代散文

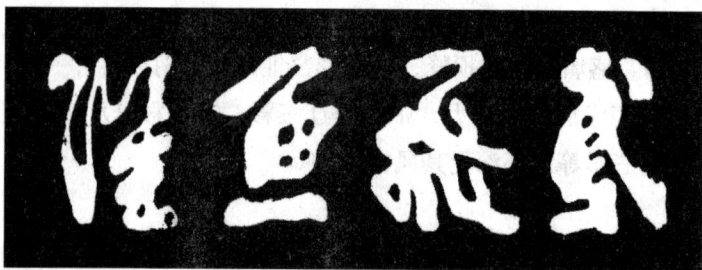

韩愈书法

技法，所以被称为"古文运动"。后来，人们把他和柳宗元两人称为"古文运动"的倡导人。

韩愈不但文章写得好，还是个直言敢谏的大臣。在他写完《平淮西碑》之后，便做出了一个得罪朝廷的举动。

原来唐宪宗到了晚年，迷信起佛教来。他听说凤翔的法门寺里有一座叫护国真身塔的宝塔，塔里供奉着一根骨头，据说是释迦牟尼佛祖留下来的一节指骨，每三十年才能开放一次，让人礼拜瞻仰。人们瞻仰之后，便能够求得风调雨顺，富贵平安。

佛骨崇拜本来就是违背释迦牟尼"四大皆空"的祖训的，但许多寺院为了迎合僧众的迷信需要，就人为制造一些假佛骨（影骨）或假舍利（舍利是火化时修行者体内结石遇高温后的结晶体，假舍利则大多为水晶制品）。唐宪宗对此深信不疑，特地派了三十人的队伍，到法门寺把佛骨隆重地迎接到长安。他先把佛骨放置在皇宫里供奉，而后送到寺里，让大家瞻仰。下面的一班王公大臣，也千方百计想得到瞻仰佛骨的机会。

韩愈向来不信佛，对这样铺张浪费来迎接佛骨，很不满意，便给唐宪宗上了一道奏章，劝谏宪宗不要干这种劳民伤财的迷信事。他说，佛法的事，中国古代没有记载，只是在汉明帝以来，才从西域传进来。历史上凡是信佛的王朝，寿命没有长的，可见佛是不可信的。

唐宪宗接到这个奏章，龙颜大怒，立刻把宰相裴度叫了来，说韩愈诽谤朝廷，一定要处死他不可。

裴度连忙替韩愈求情，唐宪宗才慢慢消了气，说："韩愈说我信佛过了头，我还可宽恕他；他竟说信佛的皇帝，寿命都不长，这不是在咒我吗？就凭这一点，我决不能饶了他。"

后来，有很多人替韩愈求情，唐宪宗没杀韩愈，把他降职到潮州去当刺史，一年后才回到了长安，负责国子监（朝廷设立的最高教育机构）的工作。就在这一年（820年），唐宪宗死在宦官手里。他的儿子李恒即位，这就是唐穆宗。

甘露之变

唐朝的宦官是从唐玄宗时开始得势的。开元、天宝年间，宫廷宦官人数激增到 3000 多人，官至五品以上的即达三成。唐玄宗宠信宦官高力士，连太子都称他为二兄，诸王、公主称他为阿翁，驸马称他为爷，满朝的王公大臣无不巴结。唐肃宗继位时，因为宦官李辅国拥立有功，于是受到重用。到了唐德宗时，宦官又掌握了军权。从此以后，宦官的权力膨胀到了极点，甚至连皇帝的废立都由他们说了算。从唐穆宗开始到唐朝灭亡，8 个皇帝中竟然有 7 个是被宦官拥立的。唐宪宗是被宦官王守澄、陈弘志所杀，唐敬宗被宦官刘克明、田务成等人所杀，朝廷官员都不敢过问，也没有人敢追究，皇帝死了，宫中朝上竟相安无事。在中国历史上，唐朝是宦官专权最为严重的一个王朝。但也有不甘心做傀儡的，比如唐文宗。

宝历二年（826 年）十二月的一天，唐敬宗深夜打猎回来，刚进寝宫，蜡烛忽然灭了，这时侍候在一旁的宦官刘克明等人立即扑上去杀死了唐敬宗，并准备拥立绛王李悟为皇帝，以执掌大权。宦官头子王守澄得知后，马上拥立唐敬宗的另一儿子江王李涵（后改名李昂）为帝，并率禁军杀死了刘克明。李昂即位，是为唐文宗。王守澄自恃拥立有功，在宫内朝中更加飞扬跋扈、不可一世。

但饱读诗书的唐文宗却不甘心做宦官的傀儡，一心想为被宦官杀死的父皇报仇。一次，唐文宗生了急病，正好王守澄手下有个精通医道的官员叫郑注，王守澄就派他给唐文宗治病。唐文宗服了他的药，病很快就好了。唐文宗非常高兴，召见郑注，把他提拔为御史大夫。

郑注有个朋友叫李训，是个不得志的小官员，听说郑注受到皇帝的重用，就带了一些礼物求见郑注，希望能得到他的提拔。郑注正好想找个帮手，就把李训推荐给文宗。李训很快得到了唐文宗的信任，后来竟当上了宰相。

李训、郑注两人成为唐文宗的心腹后，唐文宗把自己想杀掉宦官的心事告诉他们。他们就帮唐文宗出谋划策，想方设法削弱王守澄的权力。唐文宗封和王守澄有仇的宦官仇士良为左神策中尉，统领一部分禁卫军，分散了王守澄的权力。

王守澄失了兵权，就容易对付了。最后，唐文宗赐给王守澄一杯毒酒，让他自尽。但杀死了王守澄，仇士良的势力却越来越大。于是唐文宗和李训、郑注两人又开始对付仇士良。李训秘密联络了禁卫军将军韩约，决定杀死仇士良。

835 年的一天，唐文宗像往常一样在紫宸殿上朝，韩约上前说道："启奏陛下，左金吾听事房后大石榴树上，昨夜降下甘露。"李训趁机上前又奏道："甘露既降宫中，是天降祥瑞，陛下应亲自前去观看。"文武百官也一起向唐文宗表示庆贺。唐文宗假装表示不信，派李训去看看真伪。过了一会儿，李训回来说："陛下，这甘露可能是假的。"唐文宗很生气，就让仇士良带领很多宦官再去看看。

仇士良等人在韩约的陪同下来到金吾厅后的石榴树旁，抬头向树上张望。这时仇士良发现韩约满头大汗，仇士良奇怪地问："韩将军，你怎么了？"恰在此时，忽然起了一阵风，掀起了金吾厅幕帐的一角，仇士良惊讶地发现厅内站满了全副武装的士兵，并隐约听见兵器交鸣的声音。仇士良等宦官感到大事不妙，扭头就往紫宸殿跑。

李训见仇士良跑了回来，发觉计划泄露，就大呼侍卫保护皇上。500 名侍卫一起上殿，杀死了很多宦官。其他的宦官抬起皇帝就向后宫跑。李训死死抓住皇帝，大呼："皇帝不能走！"这时几个宦官跑过来抡起拳头将李训打倒在地。宦官们挟持皇帝逃入宣政殿，把大门关得死死的，外面兵将根本冲不进来，宦官都大呼万岁，外面的文武百官和侍卫们都傻了眼。

李训见消灭宦官的计划失败，只好换了衣服逃走。仇士良立即派兵出宫，大肆屠杀一些参与预谋的官员。李训在逃跑的路上被杀，郑注带兵从凤翔赶往长安，听到计划失败的消息，想退回凤翔，结果被监军的宦官杀死。

唐文宗和李训、郑注策划的诛杀宦官的计谋彻底失败，史称"甘露之变"。

"甘露之变"后，朝廷里的大臣几乎被宦官杀光，受株连的达 1000 多人。宦官更加飞扬跋扈，欺凌皇帝，蔑视朝官。不久，唐文宗郁郁而死。直到 902 年，朱温将宦官全部杀死，才结束了宦官专权的局面，但同时唐朝也灭亡了。

朋党之争

宦官专权时期，朝廷官员中凡是有反对宦官的，大都受到打击排挤。一些依附宦官的朝官，又分成两个不同的派别。两派官员互相攻击，争吵不休，这样闹了 40 年，历史上把这场政治争斗叫作"朋党之争"。

这场争吵开始于唐宪宗在位之时。有一年，长安举行考试，选拔能够直言敢谏之人。在参加考试的人中，有两个下级官员，一个叫李宗闵，另一个叫牛僧孺。两个人在考卷里都批评了朝政。考官看了卷子后，认为这两个人都符合选拔的条件，就把他们向唐宪宗推荐了。

宰相李吉甫知道了这件事。李吉甫是个士族出身的官员，他本来就对科举出身的官员有想法，现在出身低微的李宗闵、牛僧孺居然对朝政大加指责，揭了他的短处，更加令他生气。于是他在唐宪宗面前说，这两人被推荐，完全是因为跟考官有私人关系。唐宪宗对李吉甫的话深信不疑，就把几个考官降了职，李宗闵和牛僧孺也没有得到提拔。

李吉甫死后，他的儿子李德裕凭借他父亲的地位，做了翰林学士。那时候，李宗闵也在朝做官。李德裕对李宗闵批评他父亲这事件，仍旧记忆犹新。

唐穆宗即位后，又举行了进士考试。有两个大臣因为有熟人应考，就在私下里与考官沟通，但是考官钱徽没卖他们人情。正好李宗闵有个亲戚应考，结果被选中了。这些大臣就向唐穆宗告发钱徽徇私舞弊。唐穆宗问翰林学士，李德裕便谎称有这样的事。唐穆宗于是降了钱徽的职，李宗闵也受到牵连，被贬谪到外地去做官。

李宗闵认为李德裕存心排挤他，恨透了李德裕，而牛僧孺当然同情李宗闵。从这以后，李宗闵、牛僧孺就跟一些科举出身的官员结成一派，李德裕也与士族出身的官员拉帮结派，双方明争暗斗得很厉害。

唐文宗即位之后，李宗闵利用宦官的门路，当上了宰相。李宗闵向文宗推荐牛僧孺，把牛僧孺也提为宰相。这两人一掌权，就合力对李德裕进行打击，把李德裕调出京城，派往四川（治所在今四川成都）做节度使。

唐文宗本人因为受到宦官控制，没有固定的主见。一会儿用李德裕，一会儿用牛僧孺。一派掌了权，另一派就日子不好过。两派势力就像走马灯似地轮流转换，把朝政搞得十分混乱。

牛、李两派为了争权夺利，都向宦官讨好。李德裕做淮南节度使的时候，监军

朋党之争图
唐代党争既有传统士族与庶族斗争的一面，又混杂了大官僚地主阶级之间的斗争。争斗中两派又援引宦官做靠山，得势后便大力排挤政敌，从而演变成为掌权而进行的互相倾轧，结果进一步加深了统治危机。

的宦官杨钦义被召回京城，人们传说杨钦义回去必定掌权。临走的时候，李德裕就办酒席请杨钦义，还给他送上一份厚礼。杨钦义回去以后，就在唐武宗面前竭力推荐李德裕。

到了唐武宗即位以后，李德裕果然当了宰相。他竭力排斥牛僧孺、李宗闵，把他们都贬谪到南方去。

846年，唐武宗病死，宦官们立武宗的叔父李忱即位，就是唐宣宗。唐宣宗对武宗时期的大臣全都排斥，即位的第一天，就把李德裕的宰相职务撤了。

朋党之争闹了40年，最后终于收场，但是混乱的唐王朝已经闹得更加衰败了。

黄巢起义

唐朝末年，经过藩镇混战、宦官专权和朝廷官员中的朋党之争，朝政混乱不堪。尽管唐宣宗是一个比较精明的皇帝，但也不能改变这种局面。唐宣宗死后，先后接替皇位的唐懿宗李漼、僖宗李儇，只知寻欢作乐，追求奢侈糜烂的生活，腐朽到了极点。皇室、官僚和地主加紧剥削农民，税收越来越重；加上接连不断的天灾，农民断了生路，到处逃亡。有的忍受不了苦难，只有走上造反的路了。

874年，也就是唐僖宗即位第一年，濮州（治所在今河南范县）地方有个盐贩首领王仙芝，带领几千农民，在长垣（在今河南）起义。王仙芝称自己为天补平均大将军，发出文告，揭露朝廷造成贫富不等的罪恶。这个号召很快得到贫苦农民的响应。不久，冤句（今山东曹县北）地方的盐贩黄巢也起兵响应。

后来，黄巢和王仙芝两支起义队伍会合了，继而转战山东、河南一带。

后来，黄巢决定跟王仙芝分两路进军。王仙芝向西，黄巢向东。不久，王仙芝率领的起义军在黄梅（在今湖北）打了败仗，他本人也被唐军杀死了。王仙芝失败后，剩余的起义军重新与黄巢的队伍会合，大家推黄巢为王，又称冲天大将军。

当时在中原地区的官军力量还比较强，起义军进攻河南的时候，唐王朝在洛阳附近集中大批兵力准备围攻。黄巢看出唐军的企图，决定攻打官军兵力薄弱的地区，于是带兵南下。后来，一直打到广州。

起义军在广州休整后不久，岭南地区发生了瘟疫。黄巢于是决定挥师北上。880年，黄巢统率60万大军开进潼关，声势浩大。起义军攻下了潼关，唐王朝惊恐万状，唐僖宗和宦官头子田令孜带着妃子，向成都出逃，来不及逃走的唐朝官员全部出城投降。

过了几天，黄巢在长安大明宫称帝，国号叫大齐。经过7年的斗争，起义军终于取得了胜利。

但是，黄巢领导的起义军长期流动作战，攻占过的地方，都没留兵防守。几十万起义军占领长安以后，四周还是官军势力。没过多久，唐王朝便调集各路兵马，把长安围住。长安城里的粮食供应出现了严重困难。

黄巢像

黄巢派出大将朱温在同州（今陕西大荔）驻守。在起义军最困难的时候，朱温竟做了可耻的叛徒，投降了唐政府。

唐政府又调来了沙陀（古代西北少数民族）贵族、雁门节度使李克用，率领四万骑兵向长安进攻。起义军迎战，大败而回，最后只好撤出长安。

黄巢带领起义军撤退到河南时，又遭到朱温、李克用的围攻。884年，黄巢攻打陈州（今河南淮阳）失利，官军紧紧追赶。最后，黄巢在泰山狼虎谷英勇牺牲。

朱温篡唐

朱温（852～912年），唐朝宋州砀山（今安徽砀山）人，因排行第三，乳名朱三。朱温的父亲是乡村的私塾教师，父亲死后，因母亲改嫁，朱温来到了萧县刘崇家。朱温长大后狡猾奸诈，蛮勇凶悍，经常在乡里惹是生非，乡亲们都很讨厌他。25岁时，朱温参加了黄巢起义军。朱温作战勇敢，屡立战功，被升为队长。

880年，黄巢起义军攻陷了唐朝都城长安（今陕西西安）。黄巢在大明宫称帝，国号大齐。朱温被任命为东南行营先锋使，驻守在东渭桥（今西安东北），后来转战河南，攻占邓州（今河南邓州），切断了唐军从襄樊地区北攻起义军的道路，稳定了大齐政权的东南面局势。朱温得胜回长安时，黄巢亲自到灞上迎接，并犒赏三军。随后朱温奉命到长安以西，抵抗反攻的唐军，再次获胜，朱温成了大齐政权的功臣。

唐僖宗逃到蜀地后，号召各地将领勤王，唐朝河中节度使王重荣有精兵数万，进攻起义军。朱温率军迎战，但由于兵少，屡战屡败，只好向黄巢求救。但求援信总是被负责军务的孟楷扣压，朱温一筹莫展。

谋士谢瞳趁机向朱温献策说："黄巢也不过是平头百姓一个，只是趁唐朝衰

413

落才占领长安，不值得您和他长期共事。现在唐朝皇帝在蜀，各路勤王兵马又逼近长安，这说明唐朝气数未尽。将军您在外苦战，但在朝中却被小人制约，这就是为什么章邯背叛秦归楚的原因。"朱温听了觉得有理，为了自己的前途，便杀掉监军使严实，率部投降了王重荣。

唐僖宗在得知朱温投降的消息后，高兴得手舞足蹈，说："这真是天助我也！"他立即下诏封朱温为左金吾大将军、河中行营招讨副使，并赐名朱全忠。然而，就是这个朱全忠，像原来没有忠于黄巢、忠于大齐一样，也没有忠于唐朝，反而成了唐朝最终灭亡的掘墓人。

朱温投降唐朝廷后，和各路唐军一起围攻长安。黄巢抵挡不住，只好退出长安，向河南突围，最后被唐将李克用杀死在山东泰山虎狼谷，其部将秦宗权率领余部继续进行斗争。

朱温追击黄巢军，一直打到汴州（今河南开封）。此后，朱温便以汴州为根据地，不断扩大自己的势力。

后来起义军进攻汴州，朱温向李克用求援，李克用击退了起义军。朱温设宴招待，李克用年轻气盛，傲气十足，又对朱温出言不逊。朱温怀恨在心，当夜派兵把驿馆团团围住，四处放火，乱箭齐发。李克用靠亲兵拼命死战，才突围逃走，但他的几百名亲兵全部被杀。

从此，李克用跟朱温结下不共戴天之仇。但朱温的势力越来越大，李克用屡战屡败，只好退到河东地区（今山西一带）。

唐僖宗病死后，他的弟弟唐昭宗李晔想依靠朝臣来反对宦官，但遭失败。宦官把唐昭宗软禁了起来，另立新皇帝。

朱温见有机可乘，便派亲信偷偷溜进长安，跟宰相崔胤密谋。崔胤和朱温联合发兵杀死宦官头目刘季述，使唐昭宗复位。

唐昭宗和崔胤还想杀光宦官，但宦官投靠凤翔节度使李茂贞，把唐昭宗劫持到凤翔。

崔胤向朱温求救，朱温率军进攻凤翔，要李茂贞交出唐昭宗。朱军把凤翔城团团围住。最后城里的粮食吃光了，又碰到大雪天，兵士和百姓饿死、冻死的很多。李茂贞被围在孤城里，走投无路，只好投降。

朱温攻下凤翔后，把唐昭宗带回长安，被唐昭宗封为梁王。从此唐朝大权就从宦官手里，转到朱温手里。朱温掌握大权后，把宦官全部杀光，并挟持唐昭宗迁都洛阳。唐昭宗到了洛阳，想秘召各地藩镇来救他，结果被朱温发现，把他杀死。

朱温另立了一个 13 岁的小孩子做傀儡皇帝，就是唐哀宗。

这时的唐朝只剩下一批大臣了。朱温的谋士李振，因为当初没考上进士，所以痛恨朝臣。他对朱温说："这批人平时自命清高，自称'清流'，应该把他们全都扔到浊流（指黄河）里去。"朱温听了他的话，把这些大臣全部杀死，扔到了黄河里。

907 年，朱温废唐哀宗，改名朱晃，取如日之光的意思，自立为帝，改国号为梁，史称后梁，定都开封，他就是梁太祖，唐朝灭亡。

李存勖灭后梁

李存勖（885～926 年），唐朝应州（今山西应县）人，小名亚子，为李克用长子。他自幼喜欢骑马射箭，武艺高强，为李克用所宠爱。11 岁时，李存勖随父作战，获胜后随父亲到长安向朝廷报功，晋见唐昭宗。唐昭宗见了他，非常惊讶，说："这个孩子真是长相出奇！"然后轻抚着他的背说："这孩子日后必能成为国家的栋梁，不要忘了为我大唐尽忠尽孝啊！"接着，昭宗又赏赐他翡翠盘等物。唐昭宗对李存勖说："此子可亚其父。"意思是说他可以超过他的父亲，使父亲成为亚军，因而得名"亚子"。

唐朝后期，藩镇割据，军阀混战。占据河东（今山西一带）的李克用因兵少地小常常被控制河南的朱温（即朱全忠）打败，非常悲观。李存勖劝父亲说："朱全忠自恃武力强大，吞灭四邻，还想篡夺帝位，这是自取灭亡。我们千万不要灰心丧气，要积蓄力量，等待时机。"李克用听后非常高兴，重新振作起来，与朱温对抗。

幽州的刘仁恭父子在李克用扶持下才占据了幽州地区，后来却忘恩负义，李克用向他征兵时竟不发一兵一卒。一次，刘仁恭遭到朱温军队围攻，厚着脸皮向

唐代铠甲

李克用求援。李克用恨他毫无信用，不肯发兵。李存勖劝父亲说："现在看天下归顺朱温的人有十分之八九，黄河以北地区能和朱温对抗的只有我们和刘仁恭了。如果刘仁恭被朱温打败，我们就势单力薄了。现在他有难，我们去解救，他一定会因感恩而归顺我们，这是我们重振雄风的大好机会，千万不能错过。"李克用听从了儿子的话，出兵救援刘仁恭，阻止了朱温势力的发展。

开平二年（908年）正月，李克用病死。临死前，李克用给了李存勖三支箭，对他说："后梁是我们的仇人。燕王（刘仁恭）是靠我的支持才占领幽州的，契丹耶律阿保机曾是我的结拜兄弟，但他们都背叛我投奔了朱温。这是我一生的三大恨事！现在给你三支箭，替我报仇。"李存勖含泪接过，供奉在太庙里。每次外出打仗，都背上这三支箭，凯旋之后再放回太庙。李克用死后，李存勖袭晋王位。刚办完丧事，他就杀死了企图夺位的叔父李克宁，巩固了自己的地位。

朱温派兵10万进攻河东要地潞州，潞州守将李嗣昭紧闭城门，固守不出。梁军久攻不下，便在潞州城下筑长城，内防突围，外拒援兵，双方相持一年有余。李克用死后，梁军认为李克用新丧、李存勖新立，所以放松了戒备。但李存勖亲率大军从太原出发，经过6天的急行军抵达潞州城外的三垂冈，而梁军毫无察觉。

第二天早晨，天降大雾，李存勖指挥大军奇袭梁军大营。梁军还在睡梦中，仓促中来不及应战，结果被晋军杀得大败，丢盔弃甲，狼狈逃窜，马匹器械损失无数。这次奇袭重挫了梁军的锐气。朱温听到这个消息后，惊讶得张大了嘴，半天才说出一句话来："生儿子就应当生李亚子这样的！李克用虽死犹生，我的儿子们与他相比，简直就是无用的东西！"

割据河北的两个后梁将领王镕和王处直由于不满朱温的猜疑与滥杀，投靠了李存勖。朱温为了巩固河北，发兵征讨，王镕和王处直急忙向李存勖求救。李存勖率军来援，与梁军对峙于柏乡（今河北柏乡西南）。李存勖数次挑战，但梁军坚守不出。后李存勖采用周德威建议，向后撤军，退到高邑（今河北高邑）。梁将王景仁中计，率军追击。李存勖率骑兵两面夹击，梁军大败，精锐全部被歼。这一仗，后梁军在河北的地盘几乎全部丧失，李存勖与后梁朱温对峙黄河两岸。

接着，李存勖攻破幽州，将刘仁恭父子活捉回太原。9年后，他又击败契丹，将耶律阿保机赶回北方。

912年，朱温被他的儿子朱友珪所杀，另一个儿子朱友贞又杀朱友珪。李存勖趁后梁内乱，不断进攻后梁，终于在923年攻灭后梁，同年在魏州（河北大名县西）称帝，不久迁都洛阳，国号唐，年号"同光"，史称后唐，李存勖就是后唐庄宗。

"海龙王"钱镠

907 年，朱温代唐，建立了梁朝。以后 50 多年的时间里，中原地区前后更替了五个王朝——梁、唐、晋、汉、周（为了跟以前相同名称的王朝区别，历史上把它们称作后梁、后唐、后晋、后汉、后周），合称为五代。五代时期，在南方和巴蜀地方，还出现了许多割据政权，有的称王，有的称帝，前后建立了九个国（前蜀、吴、闽、吴越、楚、南汉、南平、后蜀、南唐），加上建立在北方的北汉，一共是十国。所以又把五代时期称做"五代十国"时期。

朱温刚一即位，镇海（治所在今浙江杭州）节度使钱镠第一个派人到汴京祝贺，表示愿意臣服于梁。朱温很高兴，立即把他封为吴越王。

钱镠原来家境贫寒，早年做过盐贩，后来给浙西镇将董昌当部将。黄巢起义军攻打浙东的时候，钱镠保住临安（今浙江杭州），立了功，唐王朝封他为都指挥使。不久，又提拔为节度使。

钱镠当了节度使后，开始追求奢华的生活享受。他在临安盖了豪华的住宅，出门时，坐车骑马，兴师动众。他的父亲对他这样的做法，很看不过去。

他对钱镠说："我家祖祖辈辈都是靠打鱼种庄稼过日子，没有出过做官的人。你处在今天的位置，周围都是敌对势力，还要跟人家争城夺地。我怕我们钱家今后要遭难了。"

钱镠听了，很有感触。从那以后，他做事谨小慎微，只求保住这块割据地区。当时，吴越是个小国，人少势弱，比北方的吴国弱小得多，吴越国常常受他们的威胁。

由于钱镠长期在混乱动荡的环境里生活，使他养成了一种保持警惕的习惯。他给自己做了个"警枕"，就是用一段滚圆的木头做枕头，倦了就斜靠着它休息；如果睡熟了，头从枕上滑下，人也惊醒过来了。

他除了自己保持警惕外，还严格要求他的将士。每天夜里，都有兵士在他住所周围值更巡逻。有一天晚上，值更的兵士坐在墙脚边打瞌睡，隔墙飞来几颗铜弹子，正好掉在兵士身边，惊醒了兵士。兵士们后来才知道这些铜弹子是钱镠打过来的，就不敢在值更的时候打盹了。

钱镠就是靠小心翼翼地做事才保持住他在吴越的统治地位的。吴越国虽然不大，但是因为长期没有遭到战争的侵扰，经济渐渐繁荣起来。

后来，钱镠征发民工修筑钱塘江的石堤和沿江的水闸，这样就有效地防止了海水倒灌；又叫人把江里的大礁石凿平，方便船只来往。民间因他在兴修水利方面的贡献，给他起了个"海龙王"的外号。

契丹建国

契丹是我国北方一个古老的民族，北魏时始见于史书记载。关于契丹族的起源，有一个古老的传说：有一个男子骑着白马从湟河（今西拉木伦河）而来，一个女子坐着青牛驾的车沿潢河而下，相遇在两河交汇的木叶山，二人结为夫妻，生了八个儿子。他们的子孙繁衍，形成了八个部落，后来逐渐发展成契丹族。"契丹"是镔铁的意思，表示坚固。

契丹人原是鲜卑族宇文部的一支。344年，鲜卑慕容部建立的前燕攻破宇文部，契丹就从鲜卑族中分裂出来，游牧于潢河与土河一带。契丹在南北朝时，分为八部，各部由经过选举产生的"大人"（酋长）统领。

唐朝初年，契丹八部开始联合组成了统一的大贺氏部落联盟，由八部"大人"推举一人做联盟首领，称为可汗。当时北方草原的突厥势力强大，契丹就辗转臣服于唐朝和突厥之间。唐太宗击败突厥后，契丹酋长窟哥率族人归顺唐朝。唐朝在契丹地区设置了松漠都督府，授窟哥松漠都督之职，并赐姓李。

唐玄宗时期，大贺氏部落联盟瓦解，契丹又建立了遥辇氏部落联盟，依附后突厥汗国。745年，后突厥汗国为回纥所灭，契丹又被回纥汗国所统治，后趁回纥内乱之机重新归附唐朝。

唐朝末年，由于中原混战，北方许多汉人纷纷逃到契丹地区躲避战乱。汉族的先进生产技术大大加快了契丹的经济发展。契丹八部中的迭剌部离中原最近，所以发展最快，势力远远超过了其他七部。迭剌部的酋长一直由耶律氏家族世袭担任，到了阿保机的祖父耶律匀德实担任酋长时，迭剌部的牧业和农业都非常发达，社会的发展也很快，开始由部落向国家过渡。

耶律阿保机出生时，契丹的贵族阶层正在为争夺联盟首领之位而互相残杀，阿保机的祖父耶律匀德实被杀，父亲和叔叔伯伯们也逃走，阿保机在奶奶的保护下长大成人。

阿保机长大后，身材魁梧，胸怀大志，武艺高强，率领侍卫亲军屡立战功。907年，八部大人罢免了软弱的遥辇氏的可汗，改选阿保机为可汗。阿保机为了巩固自己的地位，除了重用本族人之外，还重用妻子述律氏家族的人，获得了更多的支持。

阿保机知道契丹族落后，所以非常重视汉族的人才，一次，幽州节度使刘守光派韩延徽为使，祝贺阿保机当上可汗。韩延徽进见时不肯跪拜，阿保机大怒，将他投入监狱。阿保机的妻子述律氏说："我听说韩延徽是个不可多得的人才，你应该重用他。"阿保机随即把韩延徽招来，任命为谋士。后来阿保概率兵四处掠夺，满足了贵族们掠夺财富的欲望，再次当选可汗。

契丹可汗实行的是家族世选制，在可汗位转入耶律家族后，可汗就都要由家族的成年人担任，阿保机不让位，引起了他的兄弟们的强烈不满。他们先后发动了三次反对阿保机的叛乱。第一次是在911年五月，阿保机的兄弟们策划叛乱，阿保机得知后不忍心杀掉这些兄弟，就和他们登山杀牲对天盟誓，然后赦免了他们。兄弟们并没有领情，第二年再次叛乱。阿保机抢先按照传统习惯赶在他们的前面举行了烧柴告天的仪式，再次任可汗。913年三月，他们又一次叛乱。阿保机亲率侍卫亲军镇压，终于平息叛乱，巩固了自己的可汗地位。本部落内部叛乱平息后，其他七部大人联合起来，要求阿保机退让可汗之位，重新选举。阿保机拿不定主意，就问自己的汉族谋士韩延徽怎么办。韩延徽说："汉人的君王可不轮流选举！"阿保机于是下定决心，铲除反对势力。他对七位大人说："让我退位也可以，但你们吃的盐都是我的盐池里出产的。你们只知道吃盐方便，却不知盐池也有主人，你们应该来犒劳我和我的部下。"众人觉得有理，便带着酒肉赶来。阿保机布下伏兵，等他们喝醉时，将他们全部杀死。从此后，再也没有人和阿保机争夺可汗之位了。

916年，在除掉内外的反对势力

出行图 契丹

图中人物为典型契丹男子形象，留髡发，戴耳环，身着各色长袍，腰系革带，有拿笔砚的，有握短刀的，也有双手捧黑色皮帽的，表现等待出发的情形。

后，阿保机称皇帝，国号契丹，年号神册，定都临潢府（今内蒙古巴林左旗），阿保机就是辽太祖。契丹强盛时的地域东至大海，西逾金山（今阿尔泰山），北到胪朐河（今克鲁伦河），南达白沟（今河北中部的拒马河）。

儿皇帝石敬瑭

唐明宗死后，他的儿子李从珂做了后唐皇帝，这就是唐末帝。唐明帝在位时，唐末帝便与他的姐夫、河东节度使石敬瑭不和，等到唐末帝登基后，两人终于闹到公开决裂的地步。

李从珂派了几万人马进攻石敬瑭所在的晋阳。石敬瑭眼看要抵挡不住了，这时，有个叫桑维翰的谋士给他出个主意，让他向契丹人求救兵。

那时候，耶律阿保机已经死了，他的儿子耶律德光做了契丹国主。桑维翰帮石敬瑭起草了一封求救信，对耶律德光表示愿意拜契丹国主做父亲，并且答应在打退唐军之后，将雁门关以北的幽云十六州——幽州、云州等十六个州，即在今河北、山西两省北部的土地献给契丹。

耶律德光正打算向南扩张土地，听到石敬瑭给他优厚的条件，真是喜出望外，立刻出5万精锐骑兵援救晋阳。这样，内外出兵夹击，把唐军打得大败。后来，耶律德光来到晋阳，石敬瑭亲自出城迎接，卑躬屈膝地把比他小十岁的耶律德光称作父亲。经过一番观察，耶律德光觉得石敬瑭的确是死心塌地投靠他，便正式宣布石敬瑭为皇帝。石敬瑭称帝后，立刻按照原来答应的条件，把幽云十六州送给了契丹。

石敬瑭在契丹的支持下，带兵南下攻打洛阳，接连打了几个胜仗。唐末帝被契丹的声势吓破了胆，在宫里烧起一把火，带着一家老少投火自杀了。

石敬瑭攻下洛阳，灭了后唐，在汴京正式做了中原的皇帝，国号叫晋，这就是后晋高祖。石敬瑭对契丹国主耶律德光感恩戴德，向契丹上奏章，把契丹国主称作"父皇帝"，自己称"儿皇帝"。朝廷上下都觉得丢脸，只有石敬瑭毫不在乎。

石敬瑭做了七年的儿皇帝，病死了。他的侄儿石重贵即位，这就是晋出帝。晋出帝向契丹国主上奏章的时候，自称孙儿，不称臣。耶律德光借机说晋出帝对他不敬，带兵进犯。

契丹两次进犯中原，都被晋朝军民打败了。但是后来，由于叛徒的出卖，契丹兵攻进了汴京，俘虏了晋出帝，把他押送到契丹。后晋便灭亡了。

947年，耶律德光进了汴京，自称大辽皇帝（这一年契丹改国号为辽）。

后来，中原的百姓受不了辽兵的残酷压迫，纷纷起义，反抗辽兵。东方的起义军声势浩大，攻占了三个州。

取律德光害怕了，被迫退出中原。但是，被石敬瑭出卖的幽云十六州仍在契丹贵族的控制之中，这些地方后来成为他们进攻中原的基地。

周世宗斥冯道

辽兵被迫退出中原的时候，后晋大将刘知远在太原称帝。随后，率领大军向南进兵。刘知远的军队纪律严明，受到中原百姓的欢迎。刘知远很快收复了洛阳、汴京等地。同年六月，刘知远在汴京建都，改国号为汉。这就是后汉高祖。

刘知远只做了十个月皇帝就得病死了。他的儿子后汉隐帝刘承祐即位以后，嫌手下将领权力太大，秘密派人到邺都去杀大将郭威，导致郭威起兵反叛。950年，郭威推翻了后汉，并于第二年在汴京即位，国号周，就是后周太祖。

周太祖出身贫苦，很能体量民间疾苦，同时他也有些文化，注意重用人才，改革政治。在他的治理下，五代时期的混乱局面开始好转。

后周建国的时候，刘知远的弟弟刘崇占据太原，不服后周统治，成为一个割据政权，历史上称为北汉（十国之一）。刘崇见自己的力量无法抵御后周，便投靠了辽朝，拜辽主为"叔皇帝"，自称"侄皇帝"，多次依靠辽兵进犯周朝，但都以失败告终。

954年，周太祖死了。他没有儿子，生前把柴皇后的侄儿柴荣收作自己的儿子。柴荣从小聪明能干，练得一身武艺。周太祖死后，柴荣继承皇位，这就是周世宗。

北汉国主刘崇见周世宗刚即位，认为周朝局势不稳，正是进占中原的大好时机。他集中了三万人马，又请求辽主派出一万骑兵，向潞州（治所在今山西长治）进攻。

消息传到汴京，周世宗立即召集大臣商议对策。他提出要亲自出征。

大臣们看周世宗态度挺坚决，也不好说什么了。这时，有一个老臣站出来反对，他就是太师冯道。

冯道从后唐明宗那时候起，就当了宰相。后来，换了四个朝代，他都能随机应变，一些新王朝的皇帝，也乐得利用他。所以，他一直位居宰相、太师、太傅等职。周世宗对冯道说："过去唐太宗都是自己带兵最终平定了天下。"冯道说：

"陛下与唐太宗相比，谁更英明呢？"周世宗看出冯道瞧不起他，激动地说："我们有强大的军队，要消灭刘崇，还不是像大山压鸡蛋一样容易。"冯道说："陛下能像一座山吗？"周世宗听罢一甩袖子，怒气冲冲地离开了朝堂。后来，由于有其他大臣的支持，周世宗把亲征的事决定了下来。周世宗率领大军到了高平（在今山西省），与北汉兵相遇，双方摆开了阵势。刘崇指挥北汉军猛攻周军，情况十分危急，周世宗见状亲自上阵，指挥他的两名将领赵匡胤和张永德各带领两千亲兵冲进敌阵。周军兵士看到周世宗沉着应战，也奋勇冲杀。最后，北汉兵抵挡不住，大败而逃。

高平一战，大大提高了周世宗的声望。过了两年，他又亲自征讨南唐（十国之一），攻下了长江以北十四个州。接着，他又下令北伐，水陆两路进军，收复北方大片失地。

959年，正当周世宗要实现统一全国的愿望的时候，却病倒了。他死后，由年仅7岁的儿子柴世训接替皇位，就是周恭帝。

王朝更迭

宋·元·明·清

　　从北宋建立到清朝灭亡，中国历代王朝加强中央集权和君主专制，各民族之间的政治、经济、文化交流更加广泛和深入，统一的多民族国家进一步发展。但明中叶以后，中国开始落后于世界，到了清朝后期，随着国势衰弱，列强入侵，中国的封建社会走到了末路，最终辛亥革命推翻了清朝统治，结束了2000多年的封建专制政体。

黄袍加身

周恭帝刚即位时，由宰相范质、王溥辅政。这时京城里传出谣言，说赵匡胤有夺取皇位的野心。

赵匡胤原来是周世宗手下的得力大将，跟随周世宗南征北战，战功卓著。周世宗在世时，很信任赵匡胤，让他做殿前都点检，统帅禁军。禁军是后周一支最精锐的部队。

960年，后周接到边境送来的"紧急战报"：北汉国主和辽朝联合出兵，攻打后周边境。

赵匡胤得令后，立刻调兵遣将，带了大军从汴京出发。他的弟弟赵匡义和亲信谋士赵普也一同出征。

当天晚上，大军开出京城二十里后，到了陈桥驿，赵匡胤命令将士就地扎营休息。在陈桥驿宿营时，一些将领聚集在一起，有人说："现在皇上年纪那么小，我们拼死拼活去打仗，他也不会知道我们的功劳，倒不如拥护赵点检做皇帝吧！"大伙听了，都赞成这个意见。

没多久，这消息就传遍了军营。将士们拥到赵匡胤住的驿馆，一直等到天亮。

赵匡胤起床后，还没来得及说话，几个人把早已准备好的一件黄袍，披在他的身上，大伙跪倒在地上高呼"万岁"。

到了汴京，有石守信、王审琦等人做内应，没费多大劲儿就控制了京城。

将领们把范质、王溥叫到赵匡胤的住处。赵匡胤一见他们的面，就装出为难的模样说："世宗对我恩重如山，现在我被将士逼成这个样子，你们看怎么办？"

范质等吞吞吐吐不知该怎么回答好。这时有个将领声色俱厉地喊道："我们没有主人，今天大家一定要请点检当天子！"

范质、王溥吓得赶快给赵匡胤下拜。随后，周恭帝让了位，赵匡胤做了皇帝，国号叫宋，定都东京（今河南开封），历史上称为北宋。

河南封丘陈桥乡"宋太祖黄袍加身处"碑

赵匡胤就是宋太祖。这样一来，经过 50 多年混战的五代时期就结束了。

杯酒释兵权

宋太祖即位后不久，就有两个节度使起兵反叛。宋太祖亲自出征平定了叛乱。

经过这件事之后，宋太祖心里总感到不安稳。有一次，他单独找来赵普，对他说："自从唐朝末年以来，接连更换了五个朝代，战争从来没有停止过，不知道有多少老百姓死于非命，这到底是怎么回事呢？"

赵普说："道理很简单，国家混乱，病症就出在藩镇权力太大。假如把兵权集中到朝廷，天下就会太平无事了。"

宋太祖连连点头，表示赞同。

几天后，宋太祖在宫里设宴，请石守信、王审琦等几位老将聊天喝酒。

宋太祖趁酒酣耳热之际，命令身边的太监退出。他拿起一杯酒，请大家喝干之后说："我要不是有你们帮助，也不会有今天这个样子，但是你们哪儿知道，做皇帝也有很多难心事，还不如做个节度使自在。不瞒你们说，这一年来，我就没有睡过一夜安稳觉。"

石守信等人听了很吃惊，连忙问这是什么原因。

宋太祖说："这不是明摆着吗？皇帝这个位子，谁不眼红呀？"

石守信等人听宋太祖这么一说，都惊慌失措，跪在地上说："陛下为什么这样说呢？现在天下已经太平无事了，谁还敢对陛下不忠呢？"

宋太祖赵匡胤像

宋太祖摆摆手说："你们几位我是信得过的，只怕你们的部下当中，有人贪图富贵，往你们身上披黄袍，你们想不干,恐怕也不行吧？"

石守信等听宋太祖这么说，顿时感到大祸临头，连连磕头，流着泪说："我们都是粗心人，想得不周到，请陛下给我们指引一条出路。"

宋太祖说："我替你们着想，你们不如把兵权交给朝廷，去地方做个闲官，置些田产房屋，给子孙留点家业，平平安安地度个晚年。我和你们结为亲家，彼此毫无猜疑，这样不是很好吗？"

石守信等一齐说："陛下为我们想得太周到啦！"

第二天，石守信等大臣一上朝，每人都递上一份奏章，说自己年老多病，请求辞职。宋太祖马上准许，收回他们的兵权，赏给每人一大笔财物，打发他们到各地去做节度使。历史上把这件事称为"杯酒释兵权"（"释"就是"解除"的意思）。

后来，宋太祖又收回了地方将领的兵权，建立了新的军事制度，从地方军队挑选出精兵，组编成禁军，由皇帝直接指挥；各地行政长官也由朝廷委派。这些措施出台实行后，新建立的北宋王朝稳定了下来。

枢密院与三衙

北宋鉴于唐末五代藩镇割据的教训，奉行重文轻武，以文制武的国策，将军权完全掌握在皇帝手中。

北宋在中央实行了以枢密院掌管军政、三衙分掌马步军的训练和日常管理、战时遣将率军出征的分权制度。

枢密院是北宋最高军政机关。枢密院的长官是枢密使，由文官担任。枢密院主要负责制定战略决策，处理日常事务，招募、检阅、调遣军队。

三衙是北宋全国军队的最高指挥机关。三衙指的是殿前都指挥使司、侍卫亲军马军都指挥使司和侍卫亲军步军都指挥使司。各司的长官为都指挥使。三衙掌管全国军队的军事训练、番卫戍守、升迁赏罚。三衙互不统属，直接隶属于皇帝。

枢密院与三衙互相牵制，形成握兵权、调兵权和统兵权相分离，有效地防止了藩镇割据局面出现，保障了社会长期的安定，但由于互相牵制，往往贻误战机，招致失败。

幽州之战

后晋高祖石敬瑭为感谢契丹助其灭后唐，入主中原，把幽云十六州割给契丹，并自称"儿皇帝"。979年宋灭北汉，以幽云十六州为基地屡扰宋边的辽国成了宋王朝北面最大的边患。

979年六月，灭掉北汉的宋太宗踌躇满志，欲北上一举收复幽云十六州。宋

攻城云梯模型　宋

太宗亲率大军 10 万出镇州（今河北正定）北进，突破了辽军在拒马河的阻截，进围幽州，击败城北辽军 1 万余。二十六日，太宗命宋偓、崔彦进等四将率军分四面攻城。辽军韩德让和耶律学古一面安抚军民，一面据城固守待援。屯驻清沙河（今北京昌平境内）北的辽将耶律斜轸因宋军势大而不敢冒进，只声援城内辽军。六月二十九日，以耶律沙和耶律休哥为统帅的辽援军赶到，尽管宋军一度登上城垣，但终未能攻入城内，被迫撤退。

七月六日，宋辽两军在高粱河大战。辽军初战不利，稍稍退却。耶律斜轸和耶律休哥及时赶到，分左右横击宋军，城内辽军也杀出参战，宋军大败，宋太宗赵光义中箭受伤。辽军乘胜反攻，追至涿州，宋军大量军械资粮落入辽军之手，宋朝第一次幽州会战宣告失败。

高粱河落败后，宋辽平静了几年，但宋太宗积极筹划二度北伐，以雪前耻。982 年，辽景宗去世，耶律隆绪继位，是为圣宗，因年幼，其母萧太后摄政。宋雄州守将贺令图以辽帝年幼、内部不稳，建议太宗再攻幽州，太宗心动。参知政事李至以粮草、军械缺乏，准备不充分为由反对出兵，但太宗不听，于 986 年三月，发兵三路攻辽。东路曹彬 10 万人出雄州，中路田重进出飞狐（今河北涞源），西路潘美、杨业出雁门，三路合围幽州。

宋西路军很快攻下寰、朔、云、应等州，中路攻占灵丘、蔚州等战略要地，东路夺占固安、涿州。辽国获悉宋军北伐，即派耶律抹只率军为先锋，驰援幽州，萧太后偕辽圣宗随后亲往督战，辽军意图是以南京留守耶律休哥抵御宋东路军，耶律斜轸抵制宋西路和中路军，而圣宗、太后率大军进驻幽州，以重兵击溃宋东路，再击退西、中路。由于辽军主攻点不在西、中路，故宋中、西两路捷报频传，东路宋军将士纷纷主动请战，促主帅曹彬北上。曹彬难抑众愿，遂率军北进，一路不断遭到辽军袭扰，时值夏季，天气酷热，宋军体力消耗很大，抵达涿州时，东路军上下均疲惫不堪了。

此时辽圣宗和萧太后所部辽军已从幽州北郊进至涿州东 50 里的驼罗口，攻占固安，而与曹彬对峙的是辽悍将耶律休哥，他正虎视眈眈，欲伺机进击宋军。

曹彬鉴于敌军主力当前，难以固守拒战，而己方军队粮草将尽的形势，令军队向西南撤退。辽耶律抹只和耶律休哥见时机已到，即令辽军追击宋军；五月三日，宋军在岐沟关被辽军赶上，困乏的宋军根本抵挡不住锐气正盛的辽军，大败。辽军追至拒马河，宋军四散奔逃，溃不成军，死伤数万，遗弃兵甲，不计其数。

宋太宗得知东路军惨败，遂令中路军回驻定州，西路军退回代州，并以田重进、张永德等沉稳持重的将领知诸州，以御辽国可能发起的进攻。东路宋军已遭重创，而西路战事仍在进行。八月，宋西路主帅潘美、监军王侁拒绝副帅杨业的合理建议，迫令其往朔州接应南撤的居民，杨业不得以要求在陈家谷设伏以防御辽军追击。杨业与辽西路主帅耶律斜轸在朔州南激战，因遭辽萧挞览军伏击而败退。杨业按预定计划率军退到陈家谷，本以为此地有宋军埋伏将截击辽军，哪料潘美、王侁违约，早已率军逃走；杨业愤慨自己被出卖，但仍率孤军力战，终因势单力薄全军覆没。杨业身负重伤后被俘，绝食而死。

北宋朝廷发起的旨在收回幽云十六州的幽州之战，因自身的种种原因以惨败结束。

澶渊之盟

宋太宗死后，他的儿子宋真宗赵恒即位，有人向宋真宗推荐寇准，说他忠于国家，办事有决断。寇准在宋太宗时期曾经担任过高官，因为得罪了一些权贵人物，被排挤到地方做了知州。宋真宗看到边境形势日益紧急，于是接受了大臣的推荐，把寇准召回京城。

1004 年，辽朝萧太后和圣宗耶律隆绪亲自率领 20 万大军南下，前锋直达澶州（今河南濮阳）。寇准劝宋真宗带兵亲征，宰相王钦若和大臣陈尧叟却暗地里劝真宗逃跑。王钦若是江南人，主张迁都金陵（今江苏南京）；陈尧叟是蜀人，劝真宗逃到成都去。

宋真宗犹豫不决，只得让寇准拿主意。寇准一听迁都的建议，就知道是王钦若和陈尧叟搞的鬼，便声色俱厉地说："这是谁出的好主意？出这种主意的，应该先斩他们的头！皇上亲自带兵出征，可以鼓舞士气，一定能打退辽

高翅鎏金银冠　辽

撞车复原模型　宋

兵。如果南逃，人心动摇，敌人就会乘虚而入，国家就保不住了。"

宋真宗听了寇准的一番话，也壮了胆，决定亲征，由寇准随同指挥。

这时候，辽军已经三面围住了澶州。宋军在要害的地方设下弩箭，辽军主将萧挞揽带了几个骑兵视察地形，正好进入宋军伏弩阵地，弩箭齐发，萧挞揽中箭丧命。

澶州城横跨黄河两岸。宋真宗在寇准、高琼等文武大臣的护卫下，渡过黄河，到了澶州北城。这时候，各路宋军也已经集中到澶州，将士们看到宋真宗的黄龙大旗，士气高涨，欢声雷动。

辽军主将一死，萧太后是又痛惜又害怕；又见宋真宗亲自率兵抵抗，觉得宋朝不好欺负，就有心讲和了。

辽国坚持要索回被后周帝国夺取的瓦桥关（今河北雄县）以南的"关南地区"，包括莫州（今河北任丘）、瀛洲（今河北河间）。宋真宗不肯接受，他希望的是没有损失的和平。但是辽国后卫部队已对莫、瀛二州开始猛烈攻击，危在旦夕，如果陷落，辽国的条件势必更加苛刻。于是宋真宗表示，关南地区不可以割让，但宋国愿每年向辽国进贡，以作为补偿。于是宋辽双方正式达成和议，宋朝每年给辽朝绢20万匹，银10万两，称"岁币"；北宋与辽朝确立为叔侄关系；双方开放边境贸易等。历史上把这次和议叫做"澶渊之盟"。

宋朝向辽国进贡，显然大失面子。但是，两国对抗，最好能把敌人消灭；如果不能，那么也只有忍气吞声。长期的缠斗不休，再强大的国家都会因精疲力竭而瓦解。以当时的形势，和解确实是最明智的决策。

"澶渊之盟"是一次长时间的和解，宋辽两国自此100多年内没有发生大的战斗，这使沉沦在混战中200多年的黄河以北的人们，终于得到了安定。

王小波起义

宋太宗征讨辽朝，以惨败告终，不仅这样，还丧失了像杨业这样的勇将，再也没有跟辽朝作战的勇气了。加上国内局势也很不稳定，特别是川蜀地区连续爆发农民起义，弄得宋王朝手忙脚乱，穷于应付。

川蜀地区在五代时期，先后建立过前蜀、后蜀两个政权，长期远离战火，因此，后蜀时期，国库十分丰实。宋太祖灭蜀后，纵容将士在成都抢掠，把后蜀积累的财富运到东京，激起了百姓的怨恨。到了宋太宗的时候，又在那里设立衙门，垄断了蜀地出产的茶叶、丝帛买卖。一些地主、大商人趁机投机倒把，贱买贵卖。蜀地百姓的日子一天比一天艰难。

青城县（今四川都江堰市西南）有个农民叫王小波，和他妻子的弟弟李顺，都是以贩卖茶叶谋生的。官府禁止民间买卖茶叶后，王小波被断了活路，决心起义。消息传开后，各地贫民纷纷前来参加王小波的起义军。十天的工夫，就聚集了几万人。

王小波有了人马，先打下了青城。接着，又乘胜攻打彭山（今四川彭山）。在彭山百姓的响应下，起义军很快攻下了县城，杀了大贪官齐元振，把他平日从百姓那里搜刮得来的钱财，分给贫苦的百姓们。

王小波随后便带兵北上，向江原（今四川崇庆东南）进军。驻守江原的宋将张玘发兵抵抗，双方在江原城外展开一场大战。

王小波的起义军个个英勇顽强，张眼看支持不住了，就放起冷箭来。王小波没防备，前额中了冷箭。王小波不顾鲜血从脸上往下流，继续战斗，终于打败宋军，

戴盔帽、穿铠甲的武士 北宋

把凶恶的张玘杀了。

起义军进占了江原后，王小波因伤势太重死去。

王小波死后，起义将士推举李顺做首领，继续带领大家打击官军。

在李顺的指挥下，起义军不断壮大，连续攻下许多城池，不断取得胜利，最后攻取了蜀地的中心成都。成都的文武官员见势不妙，早就逃跑了。

994年正月，李顺在军民的拥戴下，建立了大蜀政权。李顺做了大蜀王，一面整顿人马，一面继续派兵攻占各州县。从北面剑阁到东面的巫峡，到处是起义军的势力。

消息传到东京，宋太宗非常惊慌，赶快召集宰相商量对策。随后派宦官王继恩为剑南西川治安使，前往镇压。王继恩兵分两路，派人从东面将巫峡的起义军堵住，自己率领大军向剑门进兵。

王继恩通过了剑门后，集合蜀地宋军，进攻成都。那时候，驻守成都的起义军还有十几万人，但是在敌人重兵包围之下，起义军渐渐抵挡不住，成都城终于被攻破，李顺也在战斗中牺牲了。

寇准谋国

宋太宗死后，他的儿子赵恒即位，这就是宋真宗。这时候，宋朝的边境上出了事。1004年，东北方的辽国，出动了二十万军队来打宋朝。

告急的消息不断地传到已经当了宰相的寇准那里，一个晚上竟来了五次。寇准不慌不忙，只说声"知道了"，照样喝酒下棋。宋真宗慌忙把寇准叫来，问："大兵压境，怎么办？"

寇准说："这好办，只要五天时间就够了。"没等真宗再发问，寇准接着说："现在只有陛下亲自出征，才能长我军士气，灭敌人威风，我们就一定能打败强敌！"站在旁边的一些大臣听后都慌了，怕寇准也让自己上前线，都想赶快走开。

宋真宗也是个胆小鬼，听了寇准的话，脸都吓白了，就想回皇宫躲起来。寇准郑重地说："您这一走，国家的事没人决断，不是坏了大事了吗？请您三思！"在寇准的坚持下，宋真宗才平静下来，商量起亲征的事。

过了几天，辽军的前锋已经打到了澶州（今河南濮阳），离东京只有几百里地了，情况万分紧急。同平章事王钦若趁机劝真宗迁都避敌，寇准据理力争，真宗才答应亲征。

宋真宗和寇准带领人马离开东京往北，来到韦城（在今河南省）时，听说辽国兵马十分凶猛，宋真宗又害怕了。有的大臣趁机再向他提出到南方去的事。

宋真宗派人把寇准找来，问他："有人劝我到南方去避风险，你看怎么样？"寇准心中生气，可还是耐心地说："您千万别听那些懦弱无知的人的话。前方的将士日夜盼您呢！他们知道您亲征，就会勇气百倍，您要是先走了，军心就会动摇，就要打败仗。敌人在后面紧紧追赶，就是想逃到南方也是不可能的了！"宋真宗听了，还是下不了决心，皱着眉头，一声不吭，停了一会儿，他让寇准出去。

寇准像

寇准刚出来，遇到将军高琼，连忙对他说："将军这次打算如何为国出力呢？"

高琼说："我是一个武人，愿意为国战死！" "好，你跟我来！"

寇准带着高琼又来到宋真宗面前，说："我对您说的，您要是不信，就再问高琼好了！"接着，他又把反对迁都和主张亲征的事说了一遍。

高琼听了，连声对宋真宗说："丞相说得非常对，您应该听他的。只要您到澶州去，将士们就会拼死杀敌，一定会打败辽军！"

寇准激动地接过话，"陛下，机不可失，眼下正是打败辽军的好机会，您应该立即出征！"宋真宗让寇准说得也露出笑容，抬头看了看站在旁边的卫官王应昌。王应昌紧紧握住挂在腰上的宝剑，说："陛下亲征，一定成功，假如停止前进，敌人更加猖狂！"寇准和两员武将抗敌的坚定态度感染了宋真宗，他这才下了决心去澶州亲征。

宋真宗亲征的消息传到前线，宋军将士士气大振。当辽军攻打澶州城的时候，宋军拼死抵抗，威虎军头张瑰眼疾手快，一箭射死了辽军统帅萧挞揽。辽军见不能取胜，只好答应和宋朝讲和。宋真宗也不愿再打仗，就派使者跟辽军谈判。曹利用去谈判了，经过一番讨价还价，最后商量好：宋朝每年送给辽国银十万两，绢二十万匹。辽军退走了。就这样，宋朝虽胜犹败，按约每年还要给辽国送东西。因为澶州也叫澶渊，历史上把这次和约叫做"澶渊之盟"。

元昊建西夏

宋真宗一味地妥协求和，这种做法虽然安下了辽朝那一头，但西北边境的党项族（古代少数民族之一）贵族却趁机侵犯宋朝边境，提出无理要求。宋真宗疲于应付，只好妥协退让，封党项族首领李继迁为夏州刺史、定难军节度使。1004年，李继迁死后，又封他的儿子李德明为西平王，每年送去大批银绢，以示安抚。

李德明的儿子元昊是个雄心勃勃的人。他精通汉文和佛学，多次打败吐蕃、回鹘等部落，势力范围不断扩大。他劝说李德明不要再向宋朝称臣。

李德明不肯接受他的意见。直到李德明死后，元昊继承了西平王的爵位，才按照自己的主张，设置官职，整顿军队，准备脱离宋朝的控制，自立门户。

1038年，元昊正式宣布即位称帝，国号大夏，建都兴庆（今宁夏银川市）。因为它在宋朝的西北，历史上叫做西夏。

元昊称帝以后，派使者要求宋朝承认。那时候，宋真宗已经死去，在位的是他的儿子赵祯，即宋仁宗。宋朝君臣讨论的结果，认为这是元昊反宋的表示，就下令削去元昊西平王爵位，断绝贸易往来，还在边境关卡上张榜悬赏捉拿元昊。元昊被激怒了，就决定大举进攻。

那时，在西北驻防的宋军兵士有三四十万，但是这些兵士分散在24个州的几百个堡垒里，而且各州人马都直接由朝廷指挥，彼此之间没有作战配合。西夏的骑兵却是统一指挥，机动灵活，所以常常打败宋军。

一年后，西夏军向延州进攻，宋军又打了一个大败仗。宋仁宗十分生气，把延州知州范雍革了职，另派大臣韩琦和范仲淹到陕西指挥抗击西夏。

范仲淹到了延州，改革边境上的军事制度。他把延州一万六千人马分为六路，由六名将领率领，

西夏王陵

西夏王陵是西夏历代帝王和达官贵戚的埋葬地。陵园内有九座西夏帝王陵墓，近二百座陪葬墓似众星拱月布列其周围。西夏王陵糅合了汉族传统风格与本族特色，气势宏伟，号称塞外戈壁的"金字塔"。

日夜操练，宋军的战斗力显著提高。西夏将士看到宋军防守严密，不敢进犯延州。

　　1041年二月，西夏军由元昊亲自率领，向渭州进犯，韩琦集中所有人马布防，还选了一万八千名勇士，由任福率领出击。

　　任福带了几千骑兵迎击西夏兵，两军相遇，双方打了一阵，西夏兵丢下战马、骆驼就逃。任福派人侦察，听说前面只有少量的敌兵，就在后面紧紧追赶。

　　任福带着宋军向西进兵，到了六盘山下，连西夏

西夏文敕牌　西夏

兵的影子都没看见。只见路边有几只银泥盒子，封得很严实，兵士们走上前去，凑近银泥盒子听了一下，有一种跳动的声音从里面发出。兵士报告任福，任福吩咐兵士打开盒子。只见里面接连飞出了一百多只带哨的鸽子，在宋军的头上飞翔盘旋。

　　原来，西夏兵采取了诱敌战术。在六盘山下，元昊带了十万精兵，早已布置好埋伏，只等那鸽子飞起，四面的西夏兵就一齐杀出，将宋军紧紧围在中央。宋军奋力突围。从早晨一直打到中午，大批的西夏兵不断从两边杀出。宋兵边打边退，伤亡不断增加。

　　任福身上中了十多支箭，兵士劝任福逃脱。任福说："我身为大将，兵败至此，只有以死报国。"他又冲了上去，死在西夏兵刀下。

　　这一仗，宋军死伤惨重，元昊获得大胜。韩琦听到这消息，非常难过，上书朝廷请求处分。宋仁宗撤了韩琦的职。范仲淹虽然没直接指挥这场战争，但是被人诬告，也被降了职。

　　从这以后，宋夏多次交兵，宋军连连损兵折将，宋仁宗不得不重新起用韩琦、范仲淹指挥边境的防守。两人同心协力，爱抚士卒，军纪严明，西夏才不敢再进犯。

宋夏和议

　　元昊虽然连续几次大败北宋，取得了三川口、好水川和定川寨等战役的重大胜利，但是自己损失也很严重，元气大伤。西夏国小人少，北宋国大人多，在综合国力上北宋占有很大优势。北宋政府任用范仲淹和韩琦防御西夏，他们令士兵在边境修建了大量的碉堡，引诱西夏军队来进攻，宋军用发射先进的火箭（在箭

杆上绑上一个火药筒，火药筒后面有一根引火绳，点燃导火线，火药燃烧产生气体，借助气体后喷的反作用力，箭飞向前方烧杀敌人）反击，西夏军队死伤惨重，损失了大量的人力、物力。

韩琦和范仲淹还重用大将狄青。狄青出身低微，原来只是京城禁军里的一个普通士兵，但他武艺高强，勇猛善战，被提拔为军官。后来北宋和西夏爆发战争后，狄青被调到边境的陕西保安军。有一次，西夏军进攻保安军，由于以前多次被西夏军打败，宋军一听西夏军又来了，都非常害怕。守将卢守勤也愁眉不展，不知该如何是好。狄青见状，主动请缨，要求担任先锋，出击西夏军。

卢守勤见狄青愿意当先锋，非常高兴，就立即拨给他一队人马。狄青披头散发，脸上戴了一个青面獠牙的铜面具，只露出两只眼睛。他手持一杆长枪，骑着一匹高头大马，大喝一声，杀入了敌阵，东挑西刺，西夏兵一下子就死了好几个人。宋军见军官这样奋不顾身，无不奋勇拼杀。西夏军多次大败宋军，根本不把宋军放在眼里，没想到今天碰到了这样厉害的对手。再看狄青这副打扮，早已吓得魂飞魄散了。经狄青和宋军一阵勇猛冲杀，西夏军溃不成军，纷纷逃跑。狄青带领宋军乘胜追击，打了一个大胜仗。

捷报传到朝廷，宋仁宗十分高兴，升了卢守勤的官，连升了狄青四级。宋仁宗还想召见狄青。后来因为西夏兵又进犯渭州，调狄青去抵抗，才不得不取消召见，只好叫人给狄青画了肖像，送到皇宫里去。

以后几年里，西夏兵不断在边境各地进行骚扰，烧杀抢掠，无恶不作。在4年的时间里，狄青前后参加了大小25次战斗，受了8次箭伤，但从来没有打过一次败仗。一次在攻打安远时，狄青身负重伤，但听到西夏的援军赶到，立刻翻身上马，率军冲锋陷阵。在宋夏战争中，狄青立下了赫赫战功。西夏兵士一听到狄青的名字，就吓得慌忙逃走。

在北宋和西夏发生战争之前，双方的贸易形式主要有三种：贡使贸易、榷场贸易和民间走私贸易。贡使贸易就是西夏派使者出使北宋，向北宋皇帝进贡，而北宋则给西夏大量的赏赐作为回报；榷场贸易就是北宋在宋夏边境设立榷场（即官办的贸易场所），双方进行贸易。北宋在保安军、镇戎军等地设立榷场；民间走私贸易就是两国人民在未经官方许可的情况下进行的走私活动。北宋和西夏爆发战争后，北宋政府停止了贡使贸易和榷场贸易，对西夏进行经济封锁，仅靠民间走私远远不能满足西夏的需要。元昊只好率军攻打宋朝，四处抢掠，结果引起了北宋更强烈的抵抗。

连年的战争，使西夏人民困苦不堪，怨声载道，编唱《十不如歌》等反战歌曲。再加上西夏和辽争夺辽境内的党项部落，导致两国关系紧张。为了避免两线作战，1042年六月，元昊派人前往东京议和，宋仁宗正求之不得。双方经过一年多的谈判，于庆历四年（1044年）达成协议，史称"庆历和议"。这次和议后，虽然又发生了几次战争，但仍以和平为主，北宋和西夏获得了近半个世纪的和平，有利于双方经济文化的发展和交往。

范仲淹推行新政

范仲淹在边境整顿军纪的同时，还注意减轻边境百姓的负担，使北宋的防守力量明显得到加强。范仲淹不但是个军事家，而且还是政治家、文学家。他是苏州吴县人，父亲在他很小的时候就死去了，因为家里贫穷，母亲不得不带着他改嫁了人家。范仲淹在十分艰苦的环境中成长，他在一座庙里居住、读书，穷得连三餐饭都吃不上，每天只得熬点薄粥充饥，但是他仍旧苦学不辍，苦读了五六年，终于成为一个学识渊博的人。

范仲淹最初在朝廷当谏官，因为看到宰相吕夷简滥用职权，谋求私利，就向仁宗大胆揭发。这件事触犯了吕夷简，吕夷简怀恨在心，诬陷范仲淹结交朋党，挑拨君臣关系。宋仁宗听信了吕夷简的话，贬谪范仲淹去了南方。直到西夏战争发生以后，才把他调到陕西去防守边境。

范仲淹在宋夏战争中屡立战功，宋仁宗觉得他确实是个难得的人才。这时候，宋王朝因为内政腐败，加上在跟辽朝和西夏战争中军费和赔款支出浩大，财政极为紧张。宋仁宗就把范仲淹从陕西调回京城，任命他为副宰相。

范仲淹回到京城后，宋仁宗马上召见了他，要他提出治国的方案。范仲淹知道朝廷弊病太多，不可能一下子都改掉，准备一步一步来。但是，

岳阳楼

437

禁不住宋仁宗一再催促，就提出了十条改革措施。

正在改革兴头上的宋仁宗，看了范仲淹的方案，立刻批准在全国推行。历史上把这次改革称为"庆历新政"（"庆历"是宋仁宗的年号）。

范仲淹的新政刚一推行，就捅了马蜂窝。一些皇亲国戚、权贵大臣、贪官污吏，见自己的利益受到威胁，纷纷闹了起来，散布谣言，攻击新政。那些原来就对范仲淹不满的大臣，天天在宋仁宗面前说坏话，又说起范仲淹与一些人结党营私，滥用职权。

宋仁宗看到有那么多的人反对新政，就动摇起来。范仲淹被逼得无法在京城立足，便主动要求回到陕西防守边境，宋仁宗就把他打发走了。范仲淹刚走，宋仁宗就下令废止新政。

范仲淹因改革政治一事，受了很大打击，但是他并不因为个人的遭遇感到懊恼。一年之后，他的一位在岳州（治所在今湖南岳阳）做官的老朋友滕宗谅（字子京），重新修建当地的名胜岳阳楼，请范仲淹写篇纪念文章。范仲淹挥笔写下了《岳阳楼记》。在这篇著名的文章里，范仲淹提到：一个有远大政治抱负的人，他的思想感情应该是"先天下之忧而忧，后天下之乐而乐"（意思是"担忧在天下人之前，享乐在天下人之后"）。这两句名言一直被后人传诵，而岳阳楼也因范仲淹的文章而名扬四海。

欧阳修改革文风

范仲淹遭遇排挤后，支持新政的大臣富弼，被诬陷是范仲淹的同党，丢了官职；韩琦替范仲淹、富弼辩护，也受到牵连。当时，虽然有些人同情范仲淹，但是碍于形势，不敢出头说话。只有谏官欧阳修大胆给宋仁宗上书说："自古以来，坏人陷害好人，总是说好人是朋党，诬蔑他们专权。范仲淹是难得的人才，为什么要罢免他？如果听信坏人的话，把他们罢官，只能使亲者痛，仇者快！"

《欧阳文忠公集》书影

欧阳修是著名的文学家，庐陵（今江西永丰）人。他四岁的时候，父亲就病死了，母亲带着他到随州（今湖北随州）投奔他的叔父。欧阳修的母亲一心想让儿子读书成人，可是家里穷，买不起纸笔。她就用屋前池塘边上生长的荻草秆儿在泥地上划字，教欧阳修认字。幼小的欧阳修在母亲的教育下，很早就爱上了书本。

后来，欧阳修读了韩愈的散文，觉得韩愈的文笔流畅，说理透彻，跟流行的文章完全不同。他就认真研究琢磨，学习韩愈的文风。长大以后，他到东京参加进士会考，连考三场，都得了头名。

欧阳修二十多岁的时候，已经在文坛上很有声誉了。虽然他的官职不高，但是十分关心朝政，正直敢谏。

这一次，欧阳修支持范仲淹新政，又出来替范仲淹等人说话，让朝廷一些权贵大为气恼。他们捕风捉影，把一些罪名安在欧阳修身上，最后又把欧阳修贬谪到滁州（今安徽滁州市）。

滁州四面环山，风景优美。欧阳修到滁州后，除了处理政事之外，常常游览于山水之间，怡情悦性。当地有个和尚在滁州琅琊山上造了一座亭子供游人休息。欧阳修登山游览之时，常常在这座亭上喝酒作文。他自称"醉翁"，便给亭子起了个名字叫醉翁亭。他写的散文《醉翁亭记》，成为人们传诵的杰作。

欧阳修做了十多年地方官，由于宋仁宗赞赏他的文才，才把他调回京城，在翰林院供职。

欧阳修积极提倡改革文风，在担任翰林学士以后，更把这种想法付诸实施。有一年，京城举行进士考试，朝廷派他担任主考官。他认为这正是选拔人才、改革文风的大好时机，在阅卷的时候，凡是发现华而不实的文章，他一概不录取。从此以后，考场的文风就发生了变化，大家都学着写内容充实和文风朴素的文章了。

欧阳修在大力改革文风的同时，还十分注意发现和提拔人才。许多原来没什么名气的人才，经过他的赏识和提拔推荐，一个个都成了名家。最出名的有曾巩、王安石、苏洵和他的儿子苏轼、苏辙。在文学史上，人们把欧阳修等六人和唐代的韩愈、柳宗元合称为"唐宋八大家"。

铁面包拯

随着范仲淹新政的失败，北宋的朝政越来越腐败不堪。特别是在京城开封府，权贵大臣贪得无厌，社会风气十分污浊。一些皇亲国戚更是肆无忌惮，眼里没有国法。后来，开封府来了个新任知府包拯，改变了这种状况。

包公像

在今河南开封包公祠内。包拯是宋朝有名的廉吏，秉公执法、刚正不阿，被人们称为"包青天"，千百年来一直为后人所景仰。

包拯是庐州合肥人，早年在天长县（今安徽天长）做县令。有一次，县里出了一个案子。有个农民夜里把耕牛拴在牛棚里，早上起来，发现牛躺倒在地上，嘴里淌着血，掰开牛嘴一看，原来有人割了牛的舌头。这个农民又气又心痛，来到县衙门告状，请求包拯为他追查割牛舌的人。

这个无头案该如何去查呢？包拯想了一会儿，就跟告状的农民说："你先不要声张，回去把你家的牛宰了。"

农民本来舍不得宰耕牛，而且按当时的法律，耕牛是不能私自屠宰的。但是，一来割掉了舌头的牛也活不了多久；二来县官叫他宰牛，也就不会追究法律责任了。

那农民回家后，便把耕牛杀掉了。第二天，天长县衙门里就有人来告发那农民私宰耕牛。

包拯把事由问了一遍，立刻沉下脸，大声说："好大胆的家伙，你把人家的牛割了舌头，反倒来告人家私宰耕牛？"

告状的人一听就呆了，马上趴在地上连连磕头，老老实实供认是他干的。原来，割牛舌的人跟那个农民有冤仇，所以先割了牛舌，等牛主人宰牛后再来告发。

从那以后，包拯审案的名声就传开了。包拯做了几任地方官，每到一个地方，都取消一些苛捐杂税，清理一些陈年冤案。后来，他被调到京城做谏官，也提出不少好的建议。宋仁宗见开封的秩序混乱，就把包拯调任开封府知府。

开封府是皇亲国戚、豪门权贵集中的地方。从前，不管哪个人当这差使，都免不了跟权贵勾通关节，接受贿赂。包拯上任以后，决心好好整顿一下这种腐败的风气。

按照宋朝的规矩，要到衙门告状的人，先得托人写状子，还得通过衙门小吏把状子传递给知府。一些讼师恶棍，就趁机敲诈勒索。包拯废掉了这条规矩，老百姓要诉冤告状，就可以直接到府衙门前击鼓。鼓声一响，府衙门就大开正门，让百姓上堂控告。这样一来，衙门的小吏就做不了手脚了。

一些权贵听说包拯执法严明，都吓得不敢为非作歹了。有个权贵打算送点什么礼物给包拯,通通关节。旁人提醒他:别白费心了,谁不知道包拯的廉洁奉公啊!

宋仁宗很器重包拯,把他提升为枢密副使。他做了大官,家里的生活照样十分朴素,与普通百姓没有区别。

由于包拯一生做官清正廉洁,不但生前得到人们赞扬,而且在他死后,人们也把他当作清官的典型,尊称他为"包公"。民间流传着许多包公铁面无私、打击权贵的故事,还编成包公办案的戏曲和小说。

王安石变法

宋仁宗在位 40 年,虽然朝中有像范仲淹、包拯等一些正直的大臣,但是并没有真正使他们发挥作用,因而国家越来越衰弱下去。宋仁宗没有儿子,死后由一个皇族子弟做他的继承人,这就是宋英宗。英宗只在位四年,就得病死了。太子赵顼即位,这就是宋神宗。

宋神宗即位的时候年仅 20 岁,想有一番作为。他看到国家衰弱的景象,有心改革一番,可是他周围的人,都是仁宗时期的老臣,就连富弼这样支持过新政的人,也变得暮气沉沉了。宋神宗想,要改革这种现状,一定得找个得力的助手。

宋神宗即位之前,身边有个叫韩维的官员,常常在神宗面前谈一些好的见解。神宗称赞他,他说:"这些意见都是我朋友王安石说的。"从那时起,宋神宗就对王安石有了一个好印象。现在他想找助手,便想到了王安石。于是下了一道命令,把正在江宁做官的王安石调到京城来。

王安石是宋朝著名的文学家和政治家,抚州临川(今江西抚州西)人。他年轻时,文章就写得很出色了,得到了欧阳修的赞赏。

王安石在地方做了 20 年的官,名声越来越大。后来,宋仁宗调他到京城做管理财政的官。他一到京城,就向仁宗上了一份近一万字的奏章,提出他对改革

·庆历新政·

庆历三年(1043年),范仲淹被宋仁宗任命为参知政事。他和富弼、欧阳修提出10项改革方案:属整顿官僚机构方面的有抑侥幸、精贡举、择长官、均公田等;属于富国强兵方面的有厚农桑、修武备、减徭役等;属于取信于民的有重命令等。其改革的中心是吏治,即加强对官吏的考核,调整地方官;改善科举制度,限制大臣子弟凭身份得到官衔;任命各州县设立学校等。但反对派极力攻击改革,诬陷范仲淹专权结党,甚至勾结契丹。范仲淹被排挤离开了朝廷,富弼等也被调到外地。实行一年多的新政措施被废除。

财政的主张。宋仁宗刚刚废除范仲淹的新政，一听到要改革就头疼，便把王安石的奏章束之高阁。王安石知道朝廷没有改革的决心，自己又跟一些官员合不来，就趁母亲去世的时机，辞职回家了。

这一次，他接到宋神宗召见的命令，又听说神宗正在物色人才，就高高兴兴地进京来了。

王安石一到京城，宋神宗就单独召见他。神宗一见面就问他说："你看要治理国家，该从哪儿入手？"

王安石从容地回答说："先从改革旧的法度，建立新的法度开始。"

1069 年，宋神宗把王安石提为副宰相。经过宋神宗批准，又起用了一批年轻的官员，并且设立了一个专门制定新法的机构。至此，王安石抓住了变法的权力。这样一来，他就放开手脚进行改革了。

王安石的变法巩固了宋王朝的统治，增加了国家收入，但也触犯了大地主的利益，遭到了来自朝廷内外各种势力的反对。

宋神宗听到反对的人不少，就动摇起来。

王安石眼看新法实行不下去，便上书辞职。宋神宗也只好让王安石暂时离开东京，去江宁府休养。

第二年，宋神宗又把王安石召回京城当宰相。谁知几个月后，天空出现了彗星。这本来只是一种正常的自然现象，但是在当时的人看来这是不吉利的预兆。宋神宗又慌了，要大臣对朝政提意见。一些保守派便趁机对新法攻击诬蔑。王安石竭力为新法辩护，让宋神宗不要相信这种迷信的说法，但宋神宗还是犹豫不定。

后来王安石无法继续贯彻自己的主张，便于 1076 年春天，再一次辞去宰相的职位，回江宁府去了。

沈括出使

自从宋真宗以后，宋朝每年给辽朝送大量银绢，以此来维持与辽朝边境的稳定局面，但是辽朝欺负宋朝软弱，想进一步侵占宋朝土地。1075 年，辽朝派大臣萧禧到东京，要求重新划定边界。

宋神宗派大臣跟萧禧谈判。在谈判的几天之中，双方争论不休，没有任何结果。萧禧一口咬定说黄嵬山（在今山西原平西南）一带三十里地方应该属于辽朝。宋神宗派去谈判的大臣对那里的地理不了解，明知萧禧提出的要求没有道理，也没

法反驳他。宋神宗就另派沈括去和
萧禧谈判。

沈括是杭州钱塘人，原是支持
王安石新法的官员。沈括不但办事
认真细致，而且对地理也十分精通。
他先到枢密院，从档案资料中查清
楚了过去议定边界的文件，证明那
块土地应该是属于宋朝的，随后向
宋神宗作了报告。宋神宗听了很高
兴。后来沈括画成地图送给萧禧，
萧禧才没有话说。

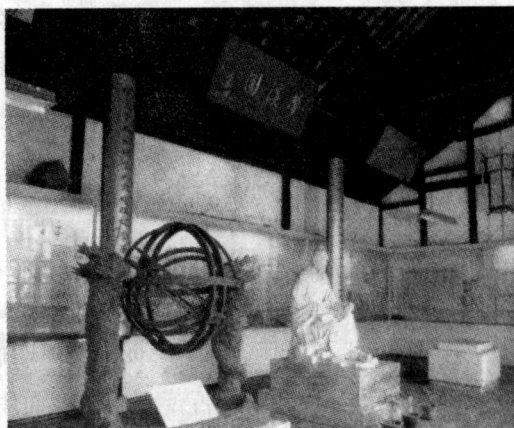

梦溪园内沈括纪念馆
这是镇江梦溪园内的沈括纪念馆。

宋神宗又派沈括到上京（辽朝的京城，在今内蒙古巴林左旗南）出使。沈括
首先收集了许多地理资料，并且叫随从的官员把资料背熟。到了上京，辽朝派宰
相杨益戒跟沈括谈判边界。对于辽方提出的问题，沈括和官员们都对答如流，有
凭有据。

辽朝官员见无法说服沈括，又怕闹僵了，对他们也没有好处，只好放弃了他
们的无理要求。

沈括带着随员从辽朝回来的路上，每经过一个地方，便把那里的大山河流、
险要关口，画成地图，还调查了当地的风俗人情。回到东京以后，他把这些资料
整理起来献给宋神宗。宋神宗赞扬沈括办事得力，拜他为翰林学士。

沈括十分重视地形勘察，为宋朝边境减少摩擦作出了重要的贡献。有一次，
宋神宗派他到定州（今河南定县）去巡视。他假借打猎的名义，花了20多天的
时间，详细考察了定州边境的地形，还用木屑和融化的蜡捏制成一个立体模型。
回到定州后，沈括让木工用木板根据他制成的模型，雕刻出木制的模型，献给宋
神宗。

宋神宗对沈括画的地图和制作的地图模型很感兴趣。第二年，就叫沈括做全
国地图的编制工作。12年后，沈括终于完成了当时最准确的一本全国地图——《天
下郡国图》。

沈括不但在地理研究上成就突出，而且是个研究兴趣非常广泛的科学家。他
曾经为了确定北极星的位置，一连三个月在夜里用浑天仪观察，终于计算出北极
星的确切位置。

沈括晚年时，在润州（今江苏镇江）的梦溪园闲居。在那里，他把一生研究的成果都记载下来，写成了一本著作《梦溪笔谈》。在那本书里，除了记载他自己研究的成果以外，还记录了当时劳动人民的许多创造发明。

毕昇发明活字

毕昇是一位普普通通的印刷工人，而且在印刷作坊一干就是 20 年。他每天的工作不是刻版、排版，就是一页一页地印刷书稿。他吃苦耐劳，不怕脏，不怕累，但眼睁睁地看着自己辛辛苦苦刻出的版面用一次就丢弃，觉得太可惜了。他总是思考这么一个问题：怎样才能重复使用这些版块呢？要是那样效率该有多高啊！

可当毕昇与伙计们谈起这事时，别人总打趣他："毕兄，你就省点脑子吧。这雕版印刷是老祖宗传下来的，都印了几百年，从来也没有人改进它。师傅也没说要改进，你操哪门子心？"

毕昇不同意伙计们的看法。他认为，雕版印刷也是人发明的，既然是人发明的就应该能够改进。经过总结历代雕版印刷的丰富实践经验，结合自己试验的结果，他终于在宋仁宗庆历年间制成了胶泥活字，并且进行了排版印刷，完成了印刷史上一次重大革命。

他的活字印刷试制成功后，同作坊的伙计们都来问询。毕昇也不保守自己的技术，当众给他们演示。他一边演示，一边讲解，毫无保留地把自己的发明介绍给伙计们。看着毕昇发明的活字印刷技术使印刷效率比以前提高了几十倍，伙计们禁不住啧啧赞叹。一位小伙计说："《大藏经》有 5000 卷之多，需要雕刻 13 万块木版，放在一起整间屋子都装不下，这得花多少年的心血呀！如果用毕兄的办法，几个月就能完成。毕兄，你是怎么想出这么巧妙的办法的？"

毕昇的回答出人意料："是我的两个儿子教我的！"大家一下子愣住了："你儿子，那怎么可能呢？他们还是只会玩泥巴、'过家家'的孩子呀！"毕

毕昇雕像

昇认真地说："你说得没错！就靠这玩泥巴、'过家家'。"他接着说："去年清明前，我带着妻儿回老家祭祖。有一天，俩儿子玩'过家家'，用泥做成了锅、桌、碗、盆、瓢、椅等，随心所欲地摆弄。我见他们的这些家什做得挺好，忽然想到，如果用泥巴刻成单字泥块，然后将其烧干，再顺次排列在一起，不就可以排成文章了吗。你看，这不是儿子教我的？"

师兄弟们听了，哈哈大笑。"但是'过家家'谁家孩子都玩过，大家都看过，为什么偏偏只有你发明了活字印刷呢？"一位小伙计问道。这时，师傅走过来说："这是因为你们当中属毕昇最用心。他一直在琢磨提高印刷效率的新方法，冰冻三尺，非一日之寒！"师兄弟们茅塞顿开。

其实，毕昇发明活字印刷术并没有那么简单。他从儿子那里得到启发后，开始用泥捏成小的方块。这倒是很容易，但如何在上面刻字呢？最初，毕昇在刚捏好后刻字，可是泥太软，字刻上去深浅不一，笔画粗细不匀，根本不能用。于是，他先把捏好的泥块拿出去晒干，然后再刻字。这次，字倒是能刻得很工整、得体，但是不能刻得太深，否则泥块极容易碎掉。刚捏好时不能刻，晒干了又刻不深，到底怎么样才行呢？

毕昇蹲在那里苦苦思索。妻子走过来，见到他那副样子觉得好笑，说："你真是童心未泯呀，又玩起这些东西，整个人弄得灰头土脸的。"毕昇毫不在乎，他正在想如何才能克服刚才的问题。不经意间，他看见旁边儿子们已经捏好的小泥人衣服上的褶皱是那么流畅优美，就问："你们怎么把这些褶皱刻上去的，刻得这么深，泥人又不碎？"孩子们回答："这还不简单，你等到小泥人半湿不干的时候刻，怎么刻都行。"

听了孩子们的话，毕昇眼前一亮。他赶紧照着去做，果然是那么回事。他兴冲冲地一连刻了几百个字块。可最后晒干的时候，却发现它们上边布满了小裂纹，这显然不能用于印刷。经过反复试验，毕昇发现，如果用黏性很好的胶泥刻字就能解决这个问题。于是，他在泥块半湿不干的时候刻好字，不再拿到太阳底下去晒，而是在背阴的地方晾干。然后，他再把这些字块拿到微火上去烤，待字块干透变硬，就可以用来排版印刷了。

活字印刷术的发明和使用，不仅大大推动了中国印刷业的发展，而且对于世界文明的发展也产生了巨大的影响。从13世纪开始，活字印刷术由中国传入朝鲜、日本等地，后来又经"丝绸之路"传入波斯和阿拉伯，再传入埃及和欧洲。大约在1450年左右，德国人古登堡受活字印刷的启发，发明了铅、锡、锑的合金活字印刷。活字印刷术的传入，为欧洲的文艺复兴和近代科学的兴起提供了重要的物质条件。

海外贸易

两宋时期，宋朝政府对海外贸易实行鼓励和支持的政策，不仅促进了海外贸易的发展，也扩大了海外贸易的规模和范围。宋朝的海外贸易东到朝鲜、日本，南到南海各国，西到阿拉伯半岛和非洲东海岸。宋朝还同亚、非地区50多个国家有贸易往来，海船直接到达的国家和地区有20多个。与宋朝海路通商的还包括以前尚未建立直接贸易联系的国家和地区，既发展了经济，又传播了中华民族的文化。在海外贸易的推动下，宋朝增加的重要的外贸港口有泉州、广州、明州、杭州、温州等。广州是最大的海港城市。两宋政府在这些港口设立市舶司，管理海外贸易。宋朝在海外贸易中以输出瓷器和丝织品为主，而某些商品的大量进口，对国内的生产发展和技术进步也起到了积极的作用，刺激了国内商业的发展，使市场的商品种类更加丰富多彩。两宋时期海外贸易收入，在财政上占有重要地位，不容忽视。宋朝正是通过对海外贸易进行抽税，获得了巨大经济效益。

指南针、罗盘

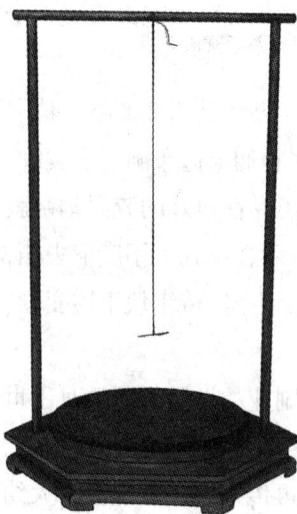

缕悬式指南针 宋

大约在10世纪，中国人已掌握磁针导航技术。元符年间（1098～1100年），出入于各大洲的中国海外贸易船便开始使用指南针，在阴晦的日子里导航。中国用于航海的指南针，最初是用水浮法，到了北宋中期使用的是缕悬法指南针。中国的这种先进的导航技术，迅速被阿拉伯、波斯等国家学习、传播。使用磁针导航，航海者可以根据针的变化轨迹，绘制实用的航海地图，大大提高了远洋航行中的安全系数和船只的续航能力。因此，航海罗盘的出现，便具有了重大的经济价值，它能使船只不分昼夜阴晴，遵循一定的线路，如期到达目的地。中国发明的航海罗盘指引着欧洲的船只去环航全球，从而迎来了地理大发现的时代。

火药西传

火药起源于中国，是中国古代的四大发明之一。8世纪～9世纪（唐朝中后期），中国医药和炼丹术传入阿拉伯帝国（唐代称大食）。那时，制造火药的药料硝石也同时传去了，阿拉伯人称之为"中国雪"，波斯人则称之为"中国盐"。从12世纪开始，火药的制造方法由南宋经海路传入阿拉伯。13世纪中叶，拔都在萨莱（今俄罗斯阿斯特拉罕附近）建都，建立钦察汗国，统治俄罗斯诸国。在这期间，契丹文化、蒙古文化渗入了俄罗斯南部的钦察草原。铁火罐内储火药的新式武器通过蒙古人从陆路传入俄罗斯，并随着蒙古西征，从陆路传入波斯、阿拉伯等地。13世纪末，制造火药和火药武器的方法由阿拉伯人传入欧洲。

周敦颐

周敦颐（1017～1073年），北宋学者，理学开创者之一，濂溪学派创始人。原名敦实，字茂叔，道州营道（今湖南道县）人。历任州县地方官吏，在世时影响不大。南宋朱熹作《伊洛渊源录》，列其为首位，称其"得孔孟不传之正统"。继承《易传》和《中庸》思想，糅合佛、道观点，作《太极图说》，以太极为本体建立了一个宇宙生成模式。认为万物由阴阳之气交感而化生，但阴阳之气又由太极的动静产生，而太极则"本无极"，是一个客观的精神实体，人也在这一模式中由阴阳交感而生。人类社会的结构与秩序，人们行为的道德原则与规范，都是太极这一虚静本体运动过程中的规定。他的理论体系提出了理学的一些基本范畴和本末一原、体用一贯的思维方法，开创了宋明理学的理论基础。著作有《太极图说》和《通书》等，后人编为《周子全书》。

程颐

程颐（1033～1107年），北宋哲学家、教育家。理学创始人之一。字正叔，洛阳（今属河南）人，世称伊川先生。官至国子监教授之职，反对王安石变法，从事讲学著述三十余年。与兄程颢并称"二程"，同拜师于周敦颐。提出"天理"作为宇宙万物的本体，"天下只有一个理"、"万物皆只是一个天理"。认为万物的本体、本原之理是唯一的，而万物各自具有这一"理"。"理"是超越于具体事物的精神性实体，"理无形也，故假象以显文"。这个"理"实即封建伦理原则的本体抽象，"礼者，理也"，"为君尽君道，为臣尽臣道，过此则无理"。认为万物都由气化生成，但反对太虚本体为气的观点，认为万物不以"气"为本，而以"理"为本。认识论上提倡格物致知，尽性穷理。承认矛盾的普遍性，认为天下之物莫不有对，"有上则有下，有此则有彼，有质则有文，一不独立，二则为文"。以理善欲恶，主张消灭人欲，复返其天理，提出了"饿死事极小，失节事极大"的禁欲主义道德学说。与其兄程颢及南宋朱熹的学说并称为"程朱学派"，又称理本论。与兄程颢的著作合为《二程全书》。

程颢

程颢（1032 ~ 1085 年），北宋哲学家。理学的创始人之一。字伯淳，洛阳（今属河南）人。人称明道先生，与弟程颐并称"二程"，同拜师于周敦颐。其学派称洛学。哲学上与程颐提出"天理"作为宇宙万物的本体，理通过气而产生天地万物。但程颐以理为绝对，融主观于客观，程颢则重视主体的作用，强调"有我"，"万物皆备于我，不独人尔，物皆然"。理为主体与客体共同的本质，"吾心之理即天地万物之理"，以心理同一，为宇宙万物之理。主张"心是理，理是心"，以心理同一，为宇宙万物之本。主张通过诚、敬的途径达到穷理尽性的境界。

米芾

米芾（1051 ~ 1107 年），北宋书画家、鉴赏家。字元章，号鹿门居士等。祖籍太原（今属山西），迁襄阳（今湖北襄樊），世称"米襄阳"，后定居润州（今江苏镇江）。曾官至礼部员外郎，人称"米南宫"。因举止"颠狂"，世称"米颠"。能诗文，擅书画，精鉴别，好收藏名迹。行书、草书博取前人所长，体势展拓。擅临摹古人书法，壮年有"集石字"之称，晚年始自成一家。对古人书法，多有讥贬。与蔡襄、苏轼、黄庭坚合称"宋四家"。画山水师法董源，天真发露，不求工细，多用水墨画之，时出新意，信笔作之。此种横点积叠画法，突破勾廓添皴之传统，开创了"落茄点"风格。有时用纸筋、蔗滓、莲房代笔，其画水墨淋漓，气韵生动。传世书迹有《苕溪诗》、《罗素帖》等，画作《春山瑞松图》

相传为其所作，还著有《书史》、《画史》等。

宋杂剧

宋代的杂剧，是一种独立的戏剧表演艺术，在散乐中占有首要的地位。北宋的杂剧演出在宫廷、军队、民间勾栏里都很活跃。民间勾栏里的杂剧演出活动尤其频繁，勾栏伎艺人将勾栏杂剧与世俗民情相结合作营业性演出。杂剧与民俗活动结合在一起，对戏曲的形成与发展具有重要的影响。北宋时期，教坊演出杂剧，即在队舞演出节次中表演"一场两段"。到南宋时发生了变化，杂剧演出是以两段或者三段的方式进行的。第一段，称艳段，表演寻常熟事；第二段，称正杂剧，表演故事内容比较复杂的事；第三段，称散段，也称"杂扮"。

宋杂剧的角色行当，有末泥、副净、副末、旦、贴等。杂剧作为一种独立的舞台表演艺术在宋代已经发展成熟，它吸收并融合说唱、歌舞的艺术成就，为南戏的产生奠定了基础。

柳永

柳永，北宋词人，字耆卿，初名三变。因排行第七，又称柳七。祖籍河东（今属山西），后移居崇安（今属福建）。宋仁宗朝进士，官至屯田员外郎，故世称柳屯田。为人放荡不羁，流连歌楼舞榭，为当时士人不屑。曾应试，仁宗批曰："且去填词"，故自谑"奉旨填词柳三变"。由于仕途坎坷、生活潦倒，他由追求功名转而厌倦官场，耽溺于旖旎繁华的都市生活，在"倚红偎翠"、"浅斟低唱"中寻找寄托。作为北宋第一个专力作词的词人，他不仅开拓了词的题材内容，而且制作了大量的慢词，发展了铺叙手法，使词通俗化、口语化，在词史上产生了较大影响。代表作品有《雨霖铃》、《八声甘州》，"杨柳岸，晓风残月"是人所皆知的名句。著有《乐章集》。

曾巩

曾巩，北宋散文家，唐宋八大家之一，字子固，建昌郡南丰（今属江西）人，理宗时追谥文定。幼年聪慧，12 岁即能作文，言简意赅，得到欧阳修的赏识，名闻四方。嘉祐二年（1057年）进士。历任馆阁校勘、集贤校理等职，官至中书舍人。他接受了欧阳修先道后文的古文创作主张，而且比欧阳修更着重于道。其散文在八大家中是较少情致文采的一家，但曾文长于议论，语言质朴，立论精辟，说理曲折尽意，文风以"古雅、平正、冲和"见称，如《上欧阳舍人书》、《上蔡学士书》等。记叙文亦常多议论，《宜黄县县学记》、《墨池记》是其代表。曾巩亦能诗，存诗400余首，以七绝成就为高，为文所掩，不大受人重视。《宋史》本传称其"为文章，上下驰骤，愈出而愈工。本源六经，斟酌司马迁、韩愈，一时工作文者，鲜能过也"。著作有《元丰类稿》。

黄庭坚

黄庭坚，北宋诗人、书法家，字鲁直，自号山谷道人，晚号涪翁，洪州分宁（今江西修水）人，英宗治平四年（1067年）进士。哲宗时，召为校书郎、《神宗实录》检讨官，后擢起居舍人。绍圣初，新党谓其修史"多诬"，贬涪州别驾，安置黔州等地。后死于宜州（广西宜山）。工诗文，早年受知于苏轼，与张耒、晁补之、秦观并称"苏门四学士"，为四学士之首。诗与苏轼并称"苏黄"，为江西诗派开山之祖，推崇杜甫，能屏除陈言，一字一句都求其有来源，诗风瘦硬峭拔。刘克庄《江西诗话》文中称他"荟萃百家句律之长，穷究历代体制之变，搜猎奇书，穿穴异闻，作为古律，自成一家"。作者重视诗法，勤苦锻炼，确有独到之处，可是过于强调步趋古人，搜寻旧典，走上脱离现实的道路，形成模拟风气。也有一些反映生活的优秀诗作，《登快阁》、《寄竹石牧牛》等为代表。词与秦观齐名。词风流宕豪迈，较接近苏，但有一些流于猥亵淫俗。又工书法，尤擅行草，是宋书法四家之一。著作有《山谷集》。

"三苏"

北宋的苏轼与父亲苏洵、弟弟苏辙，都以散文著称，世人合称"三苏"，与曾巩、王安石、欧阳修、韩愈、柳宗元一起并入"唐宋八大家"之列。苏轼（1036～1101年），字子瞻，号东坡居士，眉山人。著名的诗人、词人、散文家、书画家。嘉祐二年（1057年）中进士后入仕，宋哲宗时任翰林学士、礼部尚书，后追谥文忠。他主张重视文章表达的思想内容，提倡摆脱形式上的束缚，从不同的内容出发，自由表达。

苏轼有政治抱负,"颇喜言兵",写了许多谈史议政的文章。从儒家政治理想出发,广引史料加以论证,对当时封建社会带有根本性质的问题和各问题间的复杂关系提出了自己的见解和对策。他的散文以议论见长,纵谈古今形势及治国用兵之道。这些文章论点鲜明,论据有力,语言简劲质朴,艺术风格雄奇坚劲。他的抒情散文中,艺术价值最高的应是叙事记游之作。这些散文大致可分为写景、记人、描写楼台亭榭几种。他的散文与韩、柳、欧并称大家,既发扬了前代文章的优良传统,又发展了散文的实用性、文学性和通俗性,体现了唐宋古文运动的积极成果,对我国古代散文发展有巨大贡献。其父苏洵(1009 ~ 1066年),号老泉,他27岁才发愤为学,经过十多年的闭门苦读,学业大进,入京后受到欧阳修的赏识,文名大盛,是一位晚学有成的文学家。其弟苏辙(1039 ~ 1112年),字子由,于宋仁宗嘉祐二年(1057年)与苏轼同榜中进士。他的诗文受父兄影响,擅长政论和史论,而他的记叙文写得纡徐曲折,饶有情致,文章风格汪洋澹泊,颇有秀杰深醇之气。"三苏"在散文上造诣不同,贡献各异,共同成为古文运动的中坚。

宋瓷

宋代瓷器的产量、制造技术都比前代有很大提高,不仅满足了贵族的需要,而且生产出大批日用器皿,为民众广泛使用。宋瓷的烧制遍布全国,形成了许多有特色的瓷窑。北方定州的白瓷、汝州的青釉瓷均充当贡品,汝州瓷丝片细致,宋徽宗时专为王室烧造。颍昌府阳翟(今河南禹州)出产的瓷器,色彩绚烂,后世称为"钧瓷"。南方饶州(今江西波阳)景德镇生产的瓷器号称"饶玉",远销各地。北宋开封、南宋临安府的官窑出产的瓷器,亦为瓷中上品。宋瓷还是对外输出的重要商品,广南东路和福建的瓷器即以外销为主。

司马光写《资治通鉴》

王安石虽然罢了相,宋神宗还是把他定下的新法推行了将近十年。1085年,宋神宗病死,年仅十岁的太子赵煦即位,这就是宋哲宗。哲宗年幼,他祖母高太后临朝听政。高太后一向反对新法。她临朝后,便把反对新法最激烈的司马光召到东京担任宰相。

司马光在当时的大臣中,名望最高。他的名声,从他幼小的时候就已经开始

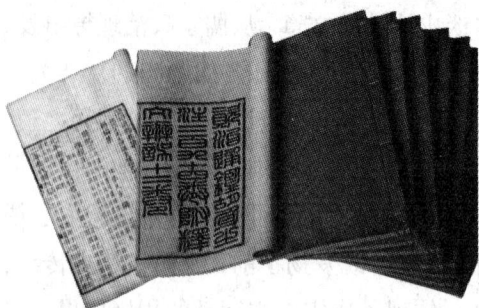
《资治通鉴》书影

传开了。他七岁那年，就开始专心读书。不论是酷暑，还是严寒，他总捧着书不放，有时候连吃饭喝水都忘了。

他不但用功读书，而且很机灵。有一次，他和小伙伴们在后院子里玩耍。院子里有一口大水缸，有个小孩爬到缸沿上，一不小心，掉进缸里。缸大水深，眼看孩子快要没顶了。别的孩子们一见出了事，吓得一面哭喊，一面往外跑，找大人来救。司马光不慌不忙，从地上搬起一块大石头，使尽力气朝水缸砸去。缸被砸破了，水从缸里流了出来，被淹在水里的小孩也脱险了。这件偶然的事情，让幼小的司马光出了名。

宋神宗在位的时候，司马光担任翰林学士。司马光和王安石本来是交往密切的好朋友，后来王安石主张改革，司马光不赞同，两个人就谈不到一块儿去了。

王安石做了宰相以后，提出的一件件改革措施，司马光全都反对。

司马光很喜欢研究历史，他认为治理国家的人，一定要通晓从古以来的历史，从历史中吸取兴盛、衰亡的经验教训。他又觉得，从上古到五代，历史书实在繁杂无序，做皇帝的人没有那么多精力去看。于是，他很早就动手编写一本从战国到五代的史书。宋英宗在位之时，他把一部分稿子献给朝廷。宋英宗觉得这是本对巩固王朝很有好处的书，十分赞赏这项工作，就专门为他设立了一个编写机构，叫他继续编下去。

宋神宗即位以后，司马光又把编好的一部分稿子献给宋神宗。宋神宗不欣赏司马光的政治主张，但是对司马光编书却十分支持。他把自己年轻时收藏的2400卷书都送给了司马光，让他好好完成这部著作，还亲自为这本书起了个书名，叫《资治通鉴》（"资治"就是能帮助皇帝治天下的意思）。

司马光一共花了19年时间，才完成了这部著作。这部书按历史年代编写，从战国时期公元前403年到五代时期959年，记载了1362年的历史。

高太后临朝听政后，把司马光召回朝廷。这时的司马光已经是又老又病了，但是他反对王安石新法的思想却毫不放松。他一当上宰相，第一件大事就是把新法的思想废除掉。王安石听到废除新法的消息，十分生气，不久就郁郁不乐地死去了。而司马光的病也越来越重，在同年九月也死去了。

文豪苏轼

王安石变法时，苏轼站在保守的旧党一边，两次上书反对变法。为此，他被排挤出京，先后做过杭州通判，密州、徐州、湖州的知州。不久，他又因"乌台诗案"被捕下狱，释放后被贬为黄州团练副使。

司马光为相后，把所有的新法都废除掉了。这时，苏轼好不容易回到京城，做了翰林学士。可他在现实生活中又体验到新法也有可取之处，便主张保留某些新政，司马光不听他的意见，他就气愤地说了些风凉话。结果，保守派把他看作与王安石是一派。于是他又被排挤出京，到杭州、颖州、扬州等地做知州。后来，新党再度上台，苏轼又被一贬再贬。

苏轼的政治态度虽然保守，但他却是一个有建树的好官员。他在徐州时，黄河洪水泛滥，他率领军民筑堤抢险，保全了一城的生命财产；他在杭州时，疏浚西湖，用挖掘出来的湖底淤泥，筑成长堤，这就是有名的"苏堤"。

苏轼的一生在政治上虽然很不得志，但在文学上却获得了丰硕的成果。他的散文波澜迭出，很有感染力；他的诗清新豪迈，独具艺术风格；他在词的领域，突破音律形式的束缚，一扫当时绮艳柔靡的词风，开创了豪放词派。

谪居黄州时，苏轼曾来到黄州附近的赤壁，面对着滚滚东去的大江，慷慨激昂地高声吟唱这首《念奴娇·赤壁怀古》：

大江东去，浪淘尽，千古风流人物。故垒西边，人道是，三国周郎赤壁。乱

苏轼回翰林院图　明　张路
此图表现这样的情节：苏轼因与王安石政见不和，被贬外官，不久被皇帝诏回任命于翰林院。一日，皇太后诏见苏轼，重申对他的信任，论及往事，不觉潸然泪下。之后，皇太后派人摘下座椅上的金莲灯为其照明，送其回翰林院。

石穿空，惊涛拍岸，卷起千堆雪。江山如画，一时多少豪杰！

遥想公瑾当年，小乔初嫁了。雄姿英发，羽扇纶巾，谈笑间，樯橹灰飞烟灭。故国神游，多情应笑我，早生华发。人生如梦，一樽还酹江月。

一年后，苏轼的好友潘大临看到这首词，立即叫了起来："好词！好词！多么豪放的气魄！"

古耕道的评论更是精辟。他将苏轼这首词与当时最流行的柳永的《雨铃霖》相比较说："柳词配由十七八岁的女孩儿，手执红牙檀板，唱那凄凄婉婉的'杨柳岸，晓风残月'。而苏词须得请那关西大汉，手执铁板铜琶，高唱'大江东去'。"

另外，苏轼还是著名的书法家和画家。他尤其擅长行书、楷书，还喜欢画竹石。可以说，他是个"全能"的文学艺术家。因此，他得到后人由衷的敬仰与爱戴。

乌台诗案

反对王安石变法的不光有司马光，还有苏轼。不过虽然政见不同，但王安石和苏轼仍彼此推崇，私交颇深。

一次苏轼去见王安石，在书房等候时，见桌上有一首没写完的诗："西风昨夜过园林，吹落黄花满地金。"苏轼认为不妥，心想这老夫子大概忙晕头了，菊花开在秋天，就算枯萎也不会掉落花瓣。于是，这位文豪便蘸笔续了两句："秋花不比春花落，说与诗人仔细听。"王安石回来后看到那两句很是生气，认为他这是书生意气，明明不知道还要胡说八道。

不久后苏轼被贬调湖州，按照惯例，要向皇帝上表致谢。苏轼的谢表中有"知其生不逢时，难以追陪新进；查其老不生事，或可牧养小民"一句，多少带点发牢骚的意味。主张变法的一些人便抓住这个机会，指责苏轼以"谢表"为名，讥讽朝廷，发泄对新法的不满。御史李定、何正臣、舒亶等人还断章取义，说苏轼"谢表"中的"东海若知明主意，应教斥卤变桑田"一句，是指责兴修水利的措施。神宗大怒，下令将苏轼免职下狱，交御史台审讯。一些与苏轼关系密切的亲友，如苏辙、司马光、张方平，甚至已经去世的欧阳修、文同等20多人均受到牵连，这就是历史上著名的"乌台诗案"。"乌台"是御史台的别称，据《汉书·朱博传》记载，御史府（台）中有许多柏树，常有数千只乌鸦栖息在树上，晨去暮来，后人因此将御史台称为"乌台"。

苏轼下狱后，其长子苏迈每天去监狱给他送饭。由于父子俩不能见面，他们便暗中约好，平时只送蔬菜和肉食，如果有死刑判决的坏消息，就改送鱼。一天苏迈有事，不能去给父亲送饭，便托朋友代劳，但却忘记告诉朋友这个约定了，偏巧这个朋友就给苏轼送去了一条鱼。苏轼一见大惊，以为自己难逃一死，便写了两首绝命诗给弟弟苏辙。苏辙看到哥哥的绝命诗，不由痛哭流涕，立刻上书给皇帝，希望能以自己的官爵赎哥哥的罪。神宗一向很欣赏苏轼的才华，也没有将其处死的意思，只是想借此警告那些反对变法的官员罢了。这时王安石及时地站了出来为苏轼说情，言道圣朝不宜诛名士，建议贬其为黄州团练副使。

轰动一时的"乌台诗案"就此了结，苏轼到了黄州后的第一个重阳节，就见到了菊花落瓣的景观，深悔自己当初的鲁莽。

《清明上河图》

《清明上河图》是北宋风俗画的代表作品之一。作者张择端字正道，山东诸城人，擅长宫室界画，尤其长于舟车、市肆、桥梁、街衢、城郭。他是一个有极强的写实技巧，并善于处理复杂的生活场景的画家。《清明上河图》是他的代表作。

《清明上河图》描绘的是清明时节汴京城郊一带的种种活动，从商业、交通、漕运、建筑等几个具有代表性的角度再现了12世纪我国都市社会的生活面貌，构成了一件内容极为丰富、完整的艺术品，为后人研究宋代绘画和考据宋代社会提供了一件具有综合性价值的形象化资料。

在5米多长的画卷里，张择端采用散点透视的构图法，将繁杂的景物纳入统

清明上河图（局部） 北宋
这是一幅巨幅风俗画，描绘的是北宋都城汴京（今河南开封）清明时节汴河及其两岸的风光。作品生动地记录了中国12世纪城市生活的面貌，这在我国乃至世界绘画史上都是独一无二的，堪称中国绘画史的骄傲。

一而富于变化的画面中。全图分为三个部分：

第一部分是汴京郊野的春光：疏林薄雾中，掩映着低矮的草舍瓦屋、小桥流水、老树、扁舟，阡陌纵横，田亩井然，依稀可见农夫在田间耕作。两个脚夫赶着5匹驮炭的毛驴向城市走来。一片柳林里，枝头刚刚泛出嫩绿，使人感到虽是春寒料峭，却已大地回春。路上一顶轿子，内坐一位妇人。轿顶装饰着杨柳杂花，轿后跟随着骑马的、挑担的，从京郊踏青扫墓归来。环境和人物的描写，点出了清明时节的特定时间和风俗，为全画展开了序幕。

第二部分是繁忙的汴河码头：汴河是北宋国家漕运枢纽，商业交通要道，从画中可以看到人烟稠密，粮船云集。人们有在茶馆休息的，有在看相算命的，有在饭铺进餐的。还有"王家纸马店"，是卖扫墓祭品的。河里船只往来，首尾相接，或纤夫牵拉，或船夫摇橹，有的满载货物，逆流而上；有的靠岸停泊，正紧张地卸货。

横跨汴河上的是一座规模宏大的木质拱桥，它结构精巧，形式优美，宛如飞虹，故名虹桥。一只大船正待过桥，船夫们有用竹竿撑的，有用长竿勾住桥梁的，有用麻绳挽住船的，还有几个人忙着放下桅杆，以便船只通过。邻船的人也在指指点点地像在大声吆喝着什么。船里船外都在为此船过桥而忙碌着。桥上的人则伸头探脑地为过船的紧张情景捏了一把汗。这里是名闻遐迩的虹桥码头区，车水马龙，熙熙攘攘，名副其实一个水陆交通的会合点。

第三部分是热闹的市区街道：以高大的城楼为中心，两边的屋宇鳞次栉比，有茶坊、酒肆、脚店、肉铺、庙宇、公廨等等。商店中有绫罗绸缎、珠宝香料、香火纸马等，此外还有医药门诊、大车修理、看相算命、修面整容等各行各业。大的商店门口还扎着"彩楼欢门"，招揽生意。街市行人，摩肩接踵，川流不息，有做生意的商贾，有看街景的士绅，有骑马的官吏，有叫卖的小贩，有乘坐轿子的大家眷属，有身负背篓的行脚僧人，有问路的外乡游客，有听说书的街巷小儿，有在酒楼中狂饮的豪门子弟，有城边行乞的残疾老人等。男女老幼、士农工商、三教九流，无所不备。交通运载工具有轿子、骆驼、牛马车、人力车、太平车、平头车等，形形色色，样样俱全，绘声绘色地展现在人们的眼前。

整幅画的结构宛如一首乐曲，以轻柔开始，起伏跌宕推向高潮，最后在热烈的气氛中结束。《清明上河图》的出现是北宋人物画长期发展的结果，画家对纷繁复杂的社会活动作了集中的、生动的概括。虽都是寻常的、平凡的琐事，但因为全画的主题色泽鲜明、含义丰富，所以被广泛地予以展开，使得活跃的古代城市生活得到艺术的再现。

元祐更化

神宗病重之时，其年龄最大的儿子延安郡王赵煦还不到 10 岁，而他的两个同母弟弟却年富力强，他们时常去皇宫探视神宗的病情。神宗弥留之际，高太后命人关闭宫门，禁止两位亲王出入皇帝的寝宫，然后暗中叫人秘密赶制了一件 10 岁孩童穿的黄袍，以备不时之需。

几天后神宗去世，赵煦即位，史称哲宗，改元"元祐"，太皇太后高氏垂帘听政，掌握大权达八年之久。

在高太后执政时期，年少的哲宗对朝政没有任何发言权，大臣们向来是向太后奏事，背朝哲宗，也从不转身向哲宗禀报，以致哲宗只能看朝中官员的臀部和背部。

哲宗 17 岁时，高太后本应还政，但她却仍然不肯放权，大臣们也是有事先奏告太后，有宣谕必听太后之言，视哲宗不存在，令哲宗心中很是怨恨。

其实哲宗自幼便聪慧过人，八九岁时便能背诵七卷《论语》，字也写得非常漂亮。即位后，辽朝派使者来参加神宗的吊唁活动，宰相蔡确因两国服饰不同，怕年幼的哲宗害怕，便反复给他讲契丹人的衣着和礼仪。哲宗先是沉默不语地听着，待蔡确絮絮叨叨讲完，便直言问道："辽朝使者是人吗？"蔡确一愣，回答说："当然是人，但是夷狄。"哲宗说："既是人，怕他做甚？"言辞极犀利，蔡确无言以对，惶恐退下。

但是在高太后当政时，哲宗并没有实权，高太后重用反对王安石的司马光和文彦博等保守派官员，打着"以母改子"的旗号，推翻了王安石的"新法"，史称"元祐更化"。

宋哲宗亲政

高太后垂帘时，新政被废，新党被排挤，蔡确也被贬到了陈州。蔡确在安州游车盖亭时，写下了《夏日游车盖亭》10 首绝句，诗被与蔡确有过节的吴处厚所得。吴处厚曾在蔡确手下为官，希望他推荐自己，但被蔡确拒绝了，由此吴处厚对他怨恨不已。吴处厚拿着蔡确的诗，说诗中将高太后比做武则天。高太后怒不可遏，将蔡确贬到新州。

车盖亭诗案一翻开，马上不可收拾，旧党利用高太后对蔡确的不满，捕风捉影，对整个新党进行一次次斩草除根式的清算。在蔡确被贬到新州时，旧党将司马光、范纯仁和韩维誉为"三贤"，将蔡确、章和、韩缜斥为"三奸"。他们将王安石和蔡确的亲党名单张榜公布，以示警告，新党成员几乎都被降官贬斥。司马光的同僚及追随者们在高太后的支持下，欲给新党以毁灭性的打击。

哲宗亲政后，马上召回了章惇、蔡卞、黄履和张商英等新党。章惇等人曾是神宗变法时的重要人物，在经历了旧党的残酷倾轧后，他们与亲政的哲宗一样，都有着强烈的报复心理。

一次，章惇与苏轼外出游玩，走到一个深潭边，见潭下临万仞绝壁，有根木头横在上面。章惇请苏轼到绝壁上去题字，苏轼见绝壁下深不见底，当即摇头。章惇却从容地吊下绳索攀着树下去，在壁上大书："苏轼章惇来。"上来后仍面不改色，神采依旧。苏轼拍拍他的肩膀说："君他日必能杀人，能自判命者，能杀人也。"章惇听罢哈哈大笑。

章惇返回朝廷后，决心变本加厉地对旧党进行报复，在哲宗的支持下，他将旧党的主要人物吕大防、刘挚、苏轼、梁焘等人都贬到岭南，对已故的司马光等人也追贬或削夺恩封。绍圣初年，每逢郊祀大礼，朝廷都要颁布大赦诏令，通常连死囚都会被免去死刑。有大臣请示哲宗，可否赦免贬谪的旧党官员，哲宗回答得极为干脆："决不可以。"这就等于彻底宣判了旧党的死刑。

花石纲

北海名石　北宋
这就是不远千里从江南运到京师的花石遗物。金灭北宋之后，许多花石被掠往中都（今北京城西南隅），装点都城。

高太后临朝八年后死去，宋哲宗亲临朝政。年轻的宋哲宗对他祖母重用保守派很不满意，亲自执政后，他就重新起用变法派。但是后来的变法派不像王安石那样真心实意改革朝政，一批投机分子打着变法的幌子，趁机为自己谋利。等宋哲宗一死，他的弟弟宋徽宗赵佶即位后，朝政便更加混乱不堪了。

宋徽宗是个风流皇帝，不懂得如何治国，对书画珍宝却很感兴趣。他身边有个心腹宦官童贯，想方设法迎合他的心意，替他搜罗书画珍宝供他赏玩。有一次，童贯到苏州一带去搜集书画珍宝，有个不得志的官员蔡京想讨好童贯，每天陪着童贯

五色鹦鹉图　宋　赵佶

游乐。童贯得到蔡京的好处，便捎话给宋徽宗，说他物色到一个少有的人才。

蔡京到东京后，又四处活动，拉帮结伙。有个官员对宋徽宗说："推行新法是件大事，朝臣中无人能帮助办好这件事。如果陛下要继承神宗的遗志，只有起用蔡京。"那个官员还献给宋徽宗一幅图。图表上列了大批朝臣名字，写在右面的是保守派，写在左边的是变法派。右边的名字都是当朝大臣，而左边的名单只有两个名字，其中一个就是蔡京。宋徽宗看后很高兴，马上决定让蔡京当宰相。

蔡京上台后，就打起变法的幌子，把一些正直的官员，不论是保守的或是赞成变法的，一律称作奸党。他还怂恿宋徽宗在端礼门前立一块党人碑，碑上把司马光、文彦博、苏轼、苏辙等120人称做元祐（元祐是宋哲宗前期的年号）奸党，已经死了的，革去官衔；活着的，一律免职流放。这样一来，很多正直的官员就被排挤出朝廷，而蔡京的同伙却步步高升了。至于王安石制定的新法，到蔡京手里完全是另一副模样，把本来可以减轻百姓劳役负担的免役法，变成了敲诈百姓的手段。

蔡京、童贯为了讨好宋徽宗，派了一个二流子朱勔，在苏州办了一个"应奉局"，搜罗奇花异石。朱勔手下养了一批差官，专门办理这件事。听说哪个老百姓家有块石头或者花木比较精巧别致，差官就带领兵士闯进那家，用黄封条一贴，这就属于进贡皇帝的东西了。并且百姓还得认真保管，如果有半点损坏，就要被戴上"大不敬"的罪名，轻的罚款，重的抓进监牢。

朱勔把搜刮来的花石，用船只大批大批地运送到东京。运送的船只不够，就截下运粮的商船，强行倒掉船上的货物，装运花石。这大批船只又要征用大量民夫。于是船只在江河里穿梭似地来往，民夫们为运送花石而日夜奔忙。这种运送花石的队伍就叫"花石纲"。

花石纲到了东京，宋徽宗一见，果然高兴，给朱勔加官晋爵。花石纲越来越多，朱勔的官也越做越大。一些达官贵人，都去讨朱勔的好，以致人们把朱勔主持的苏杭应奉局称作"东南小朝廷"，可见朱勔权力是何等之大了。

蔡京专权

蔡京字元长，兴化仙游（今属福建）人。1070年，蔡京进京应试，得中进士，开始步入仕途。

蔡京天资聪明，据说有过目不忘的本事，而且练就了一手好书法。北宋神宗、哲宗时期，一会儿是变法派上台执政，一会儿又是保守派反攻夺权，蔡京始终看不清方向，始终左右摇摆，时间一长，两头都不讨好。

蔡京苦苦等待多年，终于得到了宋哲宗的一句夸奖："蔡爱卿书法，天下第一。"可惜的是，哲宗亲政刚刚六年就病死了。宋徽宗继位后，召回了一批被贬官的守旧派大臣担任要职，蔡京好似挨了当头一棒，被逐出京城。

为了能够重返京都，蔡京竭力讨好奉宋徽宗之命前来江南搜集民间书画和奇巧之物的宦官童贯，还将自己画的屏风、扇面等物送给童贯，让他献给徽宗。童贯对蔡京的字画也非常欣赏，便每天派使者送一幅到京城，还附上一些吹捧之词。宋徽宗本身也是爱好书法绘画的，他对蔡京的书法赞赏不已，于是决定重新起用蔡京。

蔡京几经起落，一到朝廷，就投宋徽宗所好，经常进奉自己的字画博取徽宗的欢心。经过蔡京不断地献媚和取悦，宋徽宗最终决定拜蔡京为右相，一年后，又拜为左相。

蔡京掌权后，荐引党羽，排斥异己，大肆专权。蔡京的弟弟蔡卞，一直在政治上坚持追随其岳父王安石，渐有担任宰相的意图，但后起的蔡京一日千里，抢在自己前面担任了首辅，他对此懊恼万分。兄弟二人不时因政事发生争执。一次，蔡京请求任命童贯为制置使，蔡卞反对，说不能任用宦官担当边防大吏。蔡京于是给弟弟加上一个"诋毁"的罪名，把蔡卞赶到河南做府尹去了。

蔡京专权日久，宋徽宗也不是不知道，他任用蔡京主要是因为蔡京能将自己的腐化生活安排得十分周到。当初宋徽宗还是端王的时候，有个叫郭天信的人预言端王当富有天下，贵为天子。待到宋徽宗即位，郭天信便因预言被验证而得宠。他每次上奏天文时，必定要通过陈述来动摇蔡京的地位。一次，郭天信秘密禀告说日中有黑子，并且连续禀告数次，宋徽宗十分恐惧，于是开始怀疑蔡京。正好御史中丞石公弼、殿中侍御史张克公屡屡揭发检举蔡京的罪恶，宋徽宗便借此机会，将蔡京罢官。

蔡京被贬不到两年，宋徽宗又鬼使神差地将他召回了京师。蔡京担心言官攻击自己，便事先做御笔秘密进献，请皇帝亲笔书写下达，称为"御名手诏"，如有违背者便按违背皇帝之命论罪。

蔡京自应召回京后，不但进献奇珍异宝，还大兴土木，任意更改官名。结果弄得官名混杂，人浮于事。政和六年（1116 年），宋徽宗诏令恢复蔡京的三公相位，总理尚书、中书、门下三省事务。蔡京再次成为政坛上的风云人物，蔡家人也跟着鸡犬升天，个个身居显位，就连杂役也身居大臣之列。

宋江、方腊起义

宋徽宗宣和年间，政治腐败，民不聊生，爆发了多次农民起义，其中以宋江和方腊的起义最为声势浩大。

梁山位于今山东省西南部梁山县、郓城县境内，由梁山、青龙山、凤凰山、龟山四主峰和虎头峰、雪山峰、郝山峰、小黄山等七支脉组成，占地 3.5 平方千米，主峰海拔 197.9 米。唐朝末年以后，黄河多次决口，到北宋末年时，梁山下形成了水域八百里的大湖泊，湖中有许多天然小岛，港汊交错，芦苇纵横，形势险要。当时许多破产的农民、渔民以及一些被通缉的逃犯都藏匿到这里，以打鱼为生。

政和元年（1111年），宋徽宗为了解决财政困难，设立"西城括田所"。"西城括田所"将梁山泊收为"公有"，规定凡入湖捕鱼、采藕、割蒲，按船只大小征收重税。农民和渔民交不起沉重的赋税，被迫铤而走险，凭借梁

三打祝家庄 清 年画
此为清代后期苏州年画，图中人物形象鲜明，把梁山泊好汉与祝家庄地主豪强激战的场面生动地描绘了出来，足见水浒故事在民间流传甚广。

山泊易守难攻的地理条件，抗租抗税，狙杀官兵。

宣和元年（1119 年），以宋江等 36 人为首的起义军占据梁山泊率众起义。据史料记载，宋江起义军的 36 名头领，具体是宋江、晁盖、吴用、卢俊义、史进、柴进、阮小二、阮小五、阮小七、李逵、刘唐、张青、燕青、孙立、张顺、张横、呼延灼、李俊、花荣、关胜、秦明、雷横、戴宗、索超、杨志、杨雄、董平、解珍、解宝、朱仝、穆横、石秀、徐宁、李英、花和尚和武松，起义军约万人左右。不久宋江率领起义军离开梁山泊，攻打河朔（泛指今黄河下游南北一带）、京东东路（治所在青州，今山东益都），转战于山东、河北、河南、江苏之间，攻陷了十余座城池，杀死贪官污吏，开仓放粮，日益壮大，宋军闻风丧胆。宋徽宗曾招安起义军，但被宋江拒绝。宋将曾孝蕴率军征讨，宋江避敌锋锐，率军南下沂州（今山东临沂），攻克淮阳军（今江苏睢宁）。宣和三年（1121 年）二月，宋江率领起义军由沭阳（今江苏沭阳）乘船到海州（今江苏连云港），海州知州张叔夜派上千敢死队埋伏在海州城郊，然后派少数兵力向起义军挑战，引诱起义军弃船登陆。起义军登陆后，陷入重重包围，张叔夜又派兵烧了起义军的船只。起义军陷入重围，损失惨重，退路又断。在走投无路的情况下，宋江只好率众投降，接受招安。后来宋江等人又充当了宋朝的马前卒，参与镇压了方腊起义。

宋徽宗为了供自己享乐，令朱勔在苏州设立"苏杭应奉局"，扰民尤甚。睦州青溪县（今浙江淳安）及其附近地区盛产竹、木、漆、茶等经济作物，应奉局每年从这里掠夺走成千上万斤的漆和其他大量的竹木花石。人民的生活陷入绝境，怨声载道。

青溪人方腊，雇工出身，他利用当地秘密流行的摩尼教来组织群众。摩尼教源于波斯，该教的教义是"光明一定能战胜黑暗"，所以该教又被称为明教。宣和二年（1120 年），方腊率领教徒起义，以"杀朱勔"为口号，起义军迅速发展，所向披靡，三个月内就攻克了包括杭州在内的 6 州 60 多县，队伍扩大到近百万人，他自称"圣公"，建年号"永乐"，在杭州建立政权，设置官吏将帅。这时有人建议方腊乘胜占领金陵（今南京），那样东南的郡县很快就会全部归附，但被方腊拒绝。起义军失去了一个进一步发展的大好时机。

北宋朝廷知道方腊起义的消息后，立即派童贯率领西北的精锐宋军 15 万南下，镇压起义。同时，宋徽宗又"下诏罪己"，宣布撤消"苏杭应奉局"，停运花石纲，把朱勔撤职，来迷惑人民。

童贯带领的宋军渡江后，直指杭州。各地的地主武装也纷纷出来配合宋军进攻。方腊亲自指挥作战。但兵器与人员数量均处劣势，作战失利后，方腊只好放弃杭州，撤回青溪。宋军紧追不舍。起义军退守山谷深处的帮源洞，对宋军进行了顽强的抵抗。但这时起义军粮食耗尽，军械缺乏，战斗力逐渐丧失。后来在叛徒的带领下，宋军攻人洞中，方腊不幸被俘，后押到东京就义，起义失败。

方腊起义失败后，宋徽宗立即恢复了"苏杭应奉局"，加紧搜刮奇花异石，宫殿、园林等大型工程照样进行。

阿骨打建国

女真族是我国古代东北的少数民族。女真人附属于契丹人建立的辽国，其中居住在南部编入契丹户籍的称为熟女真，居住在北部不编入户籍的称为生女真。生女真有几十个部落，其中以完颜部最为强大，他们过着半渔猎半农耕的生活。

契丹人经常对女真人进行勒索剥削，辽统治者每年都向女真人索取大量贡品，如北珠、貂、桦、名马良犬。为了打猎，辽国皇帝经常派使者到女真部落强行索取猎鹰"海东青"，女真人几乎抓尽了境内的海东青进贡给辽国，但仍然不能满足辽国皇帝的贪欲。索贡的辽国使臣"银牌天使"到达女真部落后大肆搜刮勒索，奸污妇女，在榷场强买强卖女真人的物品，还经常无缘无故地殴打女真人，称之为"打女真"。他们的所作所为激起女真人的无比愤怒。

辽天庆二年（1112年）二月，辽天祚帝耶律延禧来到春州（在今吉林省）巡游，兴致勃勃地在混同江（今松花江）钓鱼。依照辽朝礼制，四周各女真部落的酋长都要来拜见辽国皇帝，辽天祚帝举办宴会招待。那天天祚帝喝得高兴，命令各位酋长挨个跳舞助兴。各位酋长敢怒不敢言，只好照办。但轮到完颜部酋长完颜阿骨打时，被他严词拒绝。天祚帝见阿骨打居然敢当着众人的面顶撞他，很不高兴，声色俱厉地命令他跳。其他酋长怕他得罪天祚帝，也在一旁劝他。可是无论别人怎么说，阿骨打软硬不吃，就是不跳，结果宴会不欢而散。

散席之后，辽天祚帝跟大臣萧奉先说："阿骨打这小

文官坐像 金

463

子这样跋扈，简直是无法无天。应该趁早杀了他，免得后患无穷。"

萧奉先觉得阿骨打没有大过失，杀了他怕引起其他酋长的不满，导致女真部落离心，就劝说："他是个粗人，不懂规矩，不必跟他计较。就算他有什么野心，也不过是一个小小部落的酋长，成不了气候。"辽天祚帝觉得萧奉先说得有道理，就饶了完颜阿骨打一命。

金副元帅印

阿骨打回到部落后，发誓要灭了辽国，并开始为反辽做积极准备。他修建城寨，制造兵器，派人不断收集辽国的情报。为加强军事力量，阿骨打建立了猛安谋克制度，猛安在女真语中是军事酋长的意思，谋克是氏族长的意思。规定300户为一谋克，10谋克为一猛安，管理女真士兵及其家属，这使得部落更加军事化。

辽天祚帝得知阿骨打正在积极备战，一面派使者到阿骨打那里去责问，一面调集大军进驻宁江州（今吉林扶余东小城子）进行防守。

辽天庆四年（1114年）九月，完颜阿骨打召集女真各部精兵2500人，在来流水南岸（今黑龙江拉林河南岸），举行历史上著名的来流水誓师。在大会上，阿骨打历数契丹罪状，号召女真各部同心协力攻打契丹，并说"凡是立下军功的，奴婢可以变成平民，平民可以授予官职，有官职的可以提升。但如果违背誓言，就要处死在梃杖之下，连家属也不能赦免"。阿骨打说完，各酋长一一宣誓。誓师大会结束后，女真人斗志昂扬，趁辽大军还没有结集，决定先发制人，进攻混同江东的宁江州。

江宁州是辽国控制女真的前哨重地，阿骨打率军进入江宁州的地界后，与辽军相遇。阿骨打率领女真军奋勇拼杀，并亲自射死辽国大将耶律谢十，辽军大败，纷纷逃跑。互相践踏，死者达十分之七。来到江宁州城下后，阿骨打下令填平护城河，准备攻城。守城的辽军吓得连忙从东门逃走，结果被女真军包围，全军覆没。江宁州之战，女真军缴获了大量的马匹辎重，是女真族在反辽斗争中取得的第一个重大胜利，极大地鼓舞了女真人的士气，增强了女真人推翻辽国的信心。辽天祚帝听说江宁州失守后，立即派10万大军进攻阿骨打。两军对峙于出河店（今黑龙江肇源西南）。当时忽然刮起大风，沙尘满天，女真军乘机发起进攻，辽军大败而逃。

1115年正月初一，完颜阿骨打改名完颜旻，自称皇帝，国号金，年号收国，定都会宁府（在今黑龙江哈尔滨市阿城区南），完颜阿骨打就是金太祖。阿骨打在解释为什么定国号为金时曾说过："'契丹'是镔铁的意思，表示坚固，但镔铁也有损坏的时候，只有金才能长久不坏！"

金军灭辽

1115 年正月初五，阿骨打率军进攻辽国控制女真各部的重要据点黄龙府（今吉林农安）。辽天祚帝立即派大将耶律讹里朵率骑兵 20 万、步兵 7 万，前往黄龙府附近的达鲁古城（今吉林扶余西北土城子）戍守。阿骨打决定先击败耶律讹里朵再进攻黄龙府，于是挥师达鲁古城，抢占了城外的高地。

阿骨打登高观察辽军的阵势，发现辽军虽然人数众多，但阵型混乱，于是将金军分成三队，进攻辽军。阿骨打命令完颜宗雄率右军出击，辽军稍稍退却。然后，金军左翼绕到辽军阵后，阿骨打亲率金军主力进攻辽军的中将主力。经过 9 次的反复冲杀，辽军的阵势终于崩溃。完颜宗雄趁机进攻辽军右翼，辽军大败，退入达鲁古城。第二天，辽军突围北逃。金军追到阿娄冈，将辽的步兵全部歼灭。随后，金军占领了黄龙府。

辽天祚帝听到辽军惨败、黄龙府陷落的消息，大为震惊，决定趁阿骨打羽翼未丰之时，将其歼灭。他率领契丹和汉族联军 70 万，兵分两路夹击阿骨打。这时，辽军大将耶律章奴逃到辽上京（今内蒙古巴林左旗东南），拥立燕王耶律淳为帝。

辽天祚帝气急败坏，急忙下令撤军，前去平叛。阿骨打得到消息后，立即率领两万精锐骑兵追击，终于在护步答岗（今黑龙江五常西）追上敌军。当时辽军没有防备，阿骨打全力进攻辽天祚帝所在的中军，经过反复冲杀，辽军全线崩溃，大败而逃，死者的尸体绵延百里。辽天祚帝吓得骑马一昼夜狂奔 500 里。护步答岗一战，辽军主力丧失殆尽。

这时辽国境内各族人民，特别是渤海人和汉人，不堪忍受契丹贵族的压迫，纷纷起义。渤海人高永昌占据了包括辽的东京（今辽宁辽阳）在内的辽东半岛 50 多座城，自称大渤海国皇帝。趁辽东局势混乱，阿骨打派军杀死高永昌，占领了辽东半岛，辽统治下的熟女真全部投降金朝。

辽天祚帝派使者前去议和，结果被阿骨打严词拒绝，

辽代叠胜金牌

并指名道姓要辽天祚帝耶律延禧投降。

辽国光禄卿马植投降宋朝，被宋徽宗召见。北宋的君臣得知辽军屡战屡败，认为辽国即将灭亡，收复幽云十六州的时机已到。马植向宋徽宗提出了联合金国夹击辽国的建议，宋徽宗非常高兴，派他从山东半岛渡过渤海，出使金国，商讨联合事宜。完颜阿骨打非常高兴，欣然答应。双方商定，宋金联合出兵灭辽，以长城为界，金进攻辽的中京（今内蒙古宁城），宋进攻辽的南京（今北京），双方均不得与辽讲和。灭辽之后，宋将过去给辽的岁币转送给金。因为两国使者从渤海往来，所以被称为"海上之盟"。

海上之盟签订后，金如约进攻辽的中京，后又攻克辽的西京（今山西大同），占领了辽国长城以北的所有领土。正当宋朝结集大军准备进攻辽南京时，突然爆发了方腊起义，宋徽宗只好命令大军前去镇压，错过了约定的日期。

镇压方腊起义后，童贯率10万宋军进攻辽南京。这时的辽国已经处于风雨飘摇之中了。辽军屡战屡败，辽天祚帝逃往夹山（今内蒙古土默特左旗西北），燕王耶律淳自立为帝，向童贯求和，希望辽能做北宋防御金国的屏障。童贯认为此时辽军已经不堪一击，南京唾手可得，对辽的提议置之不理，下令进攻南京。结果宋军被打得大败，狼狈逃回国境。不久耶律淳病死，童贯觉得有机可乘，率20万大军再次进攻南京，被辽军阻击在卢沟河以南，再次惨败。

童贯为了掩盖两次攻打南京失败的罪责，暗中派人到金军大营，乞求阿骨打进攻南京。不久，金军占领南京。

金军占领南京后，宋朝开始向金提出燕云地区的接管问题，但金以宋未能如约攻辽为借口拒绝归还。经过交涉，宋答应除了原来每年给金的岁币50万外，再另加100万贯，作为南京的代税钱。金将南京地区的人口、财物掠夺一空后撤走，宋只得到了几座空城，改名为燕山府。

1125年，金军在应州（今山西应县）抓住了准备逃往西夏的辽天祚帝。辽国灭亡。

李纲抗金

1125年冬，金太宗派宗望率军南侵，进逼北宋都城汴京。宋徽宗赵佶一听，直吓得魂飞魄散，急忙写下了"传位东宫"的诏书宣布退位，自己当了"太上皇"，并且，连夜带着亲兵逃出了京城。太子赵桓即位，这就是宋钦宗。他在宫中也六神无主，宰相白时中、杨邦彦乘机劝他弃城逃往襄阳。兵部侍郎李纲听说后，立刻求见宋钦宗。

神卫左第四军第二指挥第五都记铜印　北宋

李纲在殿上责问宋钦宗，说："太上皇把固守京城的千斤重担托付给陛下，现在金兵还没到，陛下就把京城抛弃了，将来怎么向太上皇交代，怎么向全国的百姓交代？"

宋钦宗哑口无言。白时中却怒气冲冲地说："金兵来势汹汹，锐不可当，京城哪里能守得住？"

李纲怒视白时中，反问道："天下的城池，还有比京城更坚固的吗？如果京城守不住，那么天下就没有守得住的城了。况且宗庙社稷、百官万民都在这里，丢开不顾，还去守卫什么？如果我们鼓励将士，安慰民心，就一定能守住京城！"李纲的一片忠心打动了宋钦宗，他马上让李纲负责守京城。

李纲随即去城楼上调兵遣将，布置好守城的人马准备迎击金兵。

几天后，宗望率领十万铁骑，来到汴京城下。这一天，天刚亮，金兵就疯狂地攻城了。他们沿着汴河出动了几十只火船，企图顺流而下，烧掉城楼。李纲早有准备，在汴河里布置了一排排的木桩，又从蔡京府中搬来了大量的假山石，垒塞在门道间，使金兵火船无法前进。这时，布置在城下的二千多名敢死队员一齐上前，手执长竿铙钩，牢牢地钩住那些火船，使它进退不得，不久那些火船便化为灰烬。

宗望一计不成又生一计，把他的王牌铁骑搬了出来。他们身穿铁甲，头戴兜鍪，全身只露出两个眼睛，刀剑不入，十分凶悍。但因为是骑兵，在城下施展不开，只能坐在大船里顺流而来。李纲便把城下的兵撤到城头上，也不放箭，只是让那些船只驶近水门前。紧接着一声令下，巨大的石块如暴雨般向下投掷。任凭你的兜鍪怎样坚韧，百十斤重的石块落在头上，也只有脑浆迸裂，一命呜呼。船只也被砸碎，跌入汴河的铁甲兵，上不了岸，只有活活被淹死。

宋军将士斗志高昂，他们个个奋勇杀敌。李纲脱去官服，亲自擂鼓激励将士，打退了敌人一次又一次的进攻。

金兵统帅宗望孤军深入，千里奔袭宋朝都城，原打算速战速决，却不料汴京

The防守那样坚固、严密。不仅城池久攻不下，而且损兵折将，伤亡惨重，只好派人议和。

靖康之辱

在金将宗望被迫退兵的时候，种师道向宋钦宗建议，趁金兵渡黄河之际，发动一次袭击，把金兵消灭掉。宋钦宗不但不同意这个好主意，反而把种师道撤了职。

金兵退走以后，宋钦宗和一批大臣以为从此可以安稳度日了，哪料到东路的宗望虽然退了兵，西路的宗翰率领的金兵却不肯罢休，仍然加紧攻打太原。宋钦宗派大将种师中带兵前去援救，半路上被金兵包围，种师中兵败牺牲。投降派的一些大臣正嫌李纲在京城碍事，就撺掇宋钦宗把李纲派到河北指挥作战。

李纲明知道自己遭到排挤，但是要他上前线抗金，他也不愿推辞。

李纲到了河阳，招兵买马，准备抗金。但是朝廷却命令他解散招来的新兵，立刻前往太原。李纲调兵遣将，分三路进兵，但是，那里的将领都受朝廷的直接指挥，根本不听李纲的命令。由于三路人马没统一领导，结果打了一个大败仗。

李纲名义上是统帅，却没有实际指挥权，只好向朝廷提出辞职。宋钦宗撤了李纲的职，把他贬谪到南方去了。

金朝君臣最怕李纲，现在李纲罢了官，他们就再没有顾忌了。金太宗又命令宗翰、宗望向东京进犯。

这时候，太原城被宗翰的西路军围困了八个月后，终于陷落在金兵手里。

太原失守之后，两路金兵同时南下。各路宋军将领听到东京吃紧，主动带兵前来援救。宋钦宗和一些投降派大臣忙着准备割地求和，竟命令各路援军退回原地。

面对两路金兵不断逼近东京，宋钦宗被吓昏了。一些投降派大臣又成天劝宋钦宗向金求和。宋钦宗只好派他弟弟康王赵构到宗望那里去求和。

赵构经过磁州（今河北磁县），州官宗泽对赵构说："金朝要殿下去议和，不过是骗人的把戏而已。他们已经兵临城下，是求和的态度吗？"

磁州的百姓也拦住赵构的马，不让他去金营求和。赵构也害怕被金朝扣留，就留在了相州（今河南安阳）。

没过多久，两路金军已经赶到东京城下，既而猛烈攻城。城里只剩下三万禁卫军，不久就差不多逃跑了一大半。各路将领因为朝廷下过命令，也不来援救东京。这时候，宋钦宗已是叫天天不应，叫地地不灵了。

　　眼看末日来到，没有办法，宋钦宗痛哭了一场，亲自带着几个大臣去金营送降书。宗翰勒令钦宗把河东、河北土地全部割让给金朝，并且向金朝献金一千万锭，银二千万锭，绢帛一千万匹。宋钦宗一一答应，金将才把他放回了城。

　　宋钦宗派了 24 名官吏帮金兵在皇亲国戚、各级官吏、和尚道士等人家里彻底查抄，前后抄了 20 多天，除了搜去大量金银财宝之外，还把珍贵的古玩文物、全国州府地图档案等也抢劫一空。

　　1127 年四月，金军俘虏了宋徽宗、宋钦宗两个皇帝和皇族、官吏两三千人，满载着掠夺去的财物，回到北方，这便是历史上的"靖康之辱"。从赵匡胤称帝开始的北宋王朝统治了 167 年，至此宣告灭亡。

宗泽卫京

　　北宋灭亡以后，当初留在相州的康王赵构逃到了南京（今河南商丘）。1127 年五月，赵构在南京即位，这就是宋高宗。这个偏安的宋王朝，后来在临安（今浙江杭州）定都，历史上称为南宋。

　　宋高宗即位以后，迫于舆论的压力，不得不把李纲召回朝廷，担任宰相。而实际上他信任的却是亲信黄潜善和汪伯彦。

　　李纲担任宰相后，提出许多抗金的主张，还极力在宋高宗面前推荐宗泽。

　　宗泽是一位坚决抗金的将领。金兵第二次攻打东京的时候，宗泽领兵抗击金兵，一连打了 13 次胜仗。有一次，他率领的宋军被金军包围，金军的兵力比宋军多十倍。宗泽对将士们说："今天进也是死，退也是死，我们一定要从死里杀出一条生路来。"将士们受到他的激励，以一当百，英勇冲杀，果然打退了金军。

　　宋高宗对宗泽的勇敢早有耳闻，这次听了李纲的推荐，就派宗泽去开封府做知府。

　　这时候，金兵虽然已经从开封撤出，但是开封城经过两次大战，城墙已经全部

临萧照瑞应图　明　仇英

此图描绘的是赵构从磁州北回，渡河时刚上岸冰即拆裂，高宗幸免于难。

听琴图 宋徽宗
宋徽宗是一位才子，却不是一个好皇帝。

损坏了。金兵又经常在北面活动，开封城里人心惶惶，秩序混乱。

宗泽在军民中很有威望。他一到开封，就杀了几个抢劫犯，开封的秩序便渐渐安定了下来。

宗泽到了开封之后，积极联络各地民众组织起来的义军。河北各地义军听到宗泽的威名，都自愿接受他的指挥。这样一来，开封城的外围防御巩固了，城里人心安定，存粮充足，物价稳定，重新恢复了大战前的局面。

但是，就在宗泽准备北上恢复中原时，宋高宗和黄潜善、汪伯彦却嫌南京不安全，做好了继续南逃的准备。李纲因反对南逃，被宋高宗撤了职。

不久，金兵又分路大举进攻。金太宗派大将兀术（又叫宗弼）向开封进攻，宗泽事先派部将分别驻守洛阳和郑州。兀术带兵接近开封的时候，宗泽派出几千精兵，绕到敌人后方，把敌人退路截断，又和伏兵前后夹击，把兀术打得狼狈逃窜。

金军将士对宗泽又害怕，又钦佩，提到宗泽，都称他为宗爷爷。宗泽依靠河北义军，积蓄兵马，认为完全有力量收复中原，便接连向高宗上了二十几道奏章，请他回到开封。然而却如同石沉大海，没有回音。

这时候，宗泽已经是70岁的年迈老人了，他见朝廷没有收复中原的想法，一气之下，背上发毒疮病倒了。部下一些将领去问候他，宗泽已经病得很重，他睁开眼睛激动地说："我因为不能报国仇，心里忧愤，才得了这个病。只要你们努力杀敌，我就死而无憾了。"

将领们听了，个个感动得流下了泪水。宗泽临死之前，用足了全身的力气，呼喊："过河！过河！过河！"然后才闭上眼睛。开封军民听到宗泽去世的消息，没有一个不伤心流泪的。

宗泽去世后，宋朝派杜充接替宗泽的职位。杜充是个昏庸无能的人，他一到开封，就把宗泽的一切防守措施都废除了。没多久，中原地区又全部落在金军手里。

岳家军大败兀术

收复建康的岳飞，是南宋的抗金名将。

岳飞是相州汤阴（今河南汤阴）人，从小刻苦读书，尤其爱读兵法，他还力大过人，十几岁的时候就能拉开三百斤的大弓。后来，他听说同乡老人周同武艺高强，就拜周同为师，学得一手百发百中的好箭法。

后来，岳飞从了军。金兵南下的时候，他在东京当一个小军官。有一次，他带领一百多名骑兵，在黄河边练兵，忽然对面来了大股金兵。兵士们都吓得不知所措，岳飞却不慌不忙地说："敌人虽然多，但他们不知道我们有多少兵力。我们可以趁他们没准备的时候击败他们。"说着，就带头冲向敌阵，斩了金军一名将领。兵士们受到岳飞的鼓舞，也冲杀上去，果然把金军杀得落花流水。

从这以后，岳飞的勇敢便出了名。过了几年，他在宗泽部下当了将领。

岳飞跟宗泽一样，把抗金作为自己的职责。宗泽死后，岳飞的队伍仍旧坚持在建康附近战斗。这回趁兀术北撤的时候，他跟韩世忠配合，打得兀术一败涂地。

岳飞率领将士多次打败了金军，屡立战功。到他32岁的时候，已经从一个普通将领提升为节度使，跟当时的名将韩世忠、刘光世、张俊并驾齐驱了。

就在这个时期，他写了一首传诵千古的词《满江红》，抒发了他抗金的壮志豪情。

岳家军军纪严明。一次，有个士兵擅自用百姓的一束麻来缚柴草，被岳飞发现，当即就按军法处置了。岳家军行军经过村子，夜里都在路旁露宿，老百姓请他们进屋，没有人肯进去。岳家军中有一个口号，叫做："冻死不拆屋，饿死不掳掠。"

岳飞在作战之前，总是先把领将们召集起来，一起商量作战方案，然后才出战。所以打起仗来，每战必胜。金军将士见到岳家军，没有一个不害怕的，他们中间流传着一句话："撼山易，撼岳家军难。"

1140年十月，金朝又撕毁和约，发动全国精锐部队，以兀术为统帅，分四路南下大举进攻。

岳飞一面派部将王贵、牛皋、杨再兴等分路出兵，一面派人到河北跟义军首领梁兴联络，要他率领义军在河东、河北向敌人后方包抄。岳飞在郾城坐镇指挥。

过了几天，几路人马纷纷告捷，先后收复了颍昌（今河南许昌东）、陈州（今河南淮阳）和郑州。

岳家军节节胜利，一直打到距离东京只有四十五里的朱仙镇。河北的义军得知岳家军打到朱仙镇的消息，都欢欣鼓舞，渡过黄河来同岳家军会合。老百姓用牛车拉着粮食慰劳岳家军，有的还顶着香盆来欢迎，个个兴奋不已。

岳飞眼看形势大好，胜利在望，也止不住内心的兴奋。他鼓励部下说："大家共同努力杀敌吧。等我们直捣黄龙府的时候，再跟各路弟兄痛饮庆功酒！"

"莫须有"罪名

绍兴和议之后，兀术派使者给秦桧送去密信说："你天天向我们求和，但是岳飞不死，我们就不放心。一定得想法子把他杀掉。"秦桧接到密信，就对岳飞下了毒手。

秦桧先唆使他的同党、监察御史万俟卨给朝廷上奏章，攻击岳飞骄傲自满，捏造了岳飞在金兵进攻淮西的时候拥兵观望、放弃阵地等许多"罪名"。万俟卨开了第一炮以后，又有一批秦桧同党接连上奏章对岳飞进行攻击。

岳飞知道秦桧要陷害他，就主动要求辞去了枢密副使的职务。

然而，事情并没能到此结束。岳飞原来是大将张浚的部下，后来岳飞立了大功，受到张浚的妒忌。秦桧知道张浚对岳飞不满，就与张浚勾结起来，唆使岳家军的部将王贵、王俊，诬告另一个部将张宪想发动兵变、攻占襄阳，帮助岳飞夺回兵权，

岳飞坐像，在今浙江杭州岳王庙内。

还诬告岳飞的儿子岳云曾经给张宪写信，秘密策划这件事。

岳飞、岳云两人被逮捕到大理寺的时候，张宪已被拷打得遍体鳞伤。岳飞见了，心里又难过、又气愤。

万俟卨开始审问岳飞，他拿出王贵、王俊的诬告状，放在岳飞面前，吆喝着说："朝廷并没有亏待你们三人，可你们为什么要谋反？"

岳飞说："我没有对不起国家之处，你们掌管国法的人，可不能诬陷忠良啊！"

秦桧又派御史中丞何铸去审问岳飞，岳飞一句话也不说，他扯开上衣，露出脊梁让何铸看，只见岳飞背上刺着"尽忠报国"四个大字。何铸看后，大为震动，不敢再审，就把岳飞押回监狱。随后，他又看了一些卷案，觉得岳飞谋反的证据不足，只好向秦桧照实回报。

秦桧认为何铸同情岳飞，不再让他审问，仍叫万俟卨罗织罪名。万俟卨一口咬定岳飞曾经给张宪写信，部署夺军谋反的计划。他们没有物证，就诬说原信已经被烧毁了。

这个案件一拖就是两个月，审讯毫无结果。朝廷官员都知道岳飞冤枉，有些官员上奏章替岳飞申冤，结果却遭到秦桧陷害。

老将韩世忠气愤地亲自去找秦桧，责问他凭什么说岳飞谋反，证据是什么。秦桧吞吞吐吐地说："岳飞给张宪写信，虽然没有证据，但是这件事莫须有（就是'也许有'的意思）。"

韩世忠愤怒地说："'莫须有'三个字，怎能叫天下人心服！"

1142 年一月的一个夜里，这位年仅 39 岁的抗金英雄被害牺牲。岳云、张宪也同时被害。

岳飞被害以后，临安狱卒隗顺偷偷地把他的遗骨埋葬起来。直到宋高宗死后，岳飞的冤案才得到平反昭雪。人们把岳飞的遗骨改葬在西湖边的栖霞岭上，后来又在岳墓的东面修建了岳庙。

李清照词香满袖

李清照（1084 ~ 1155 年）是北、南宋之交的词作大家，她的词作于委婉细腻中一洗以往词作妩媚不实的气氛，给词坛带来清高的意趣、淡远的情怀、空灵的意境。

18 岁时李清照和赵明诚结婚，婚后生活十分美满。夫妻对古董、金石、字画都有着浓厚的兴趣，往往为了一张名画或青铜器，不惜典衣而购之。但不久后，党争兴起，为了自己的飞黄腾达，她的公公赵挺之置儿女亲家不顾，将李清照父亲列为党人，李清照上书赵挺之无效，遂有"炙手可热心可寒"之讥。不久，赵家失势，家人一度入狱。经历这番变故后，李清照夫妇回到青州，筑"归来堂"，以诗酒度日。后来赵明诚曾到各地为官，生活颇为优裕。

李清照前期的词比较清新淡雅，富于生活情趣。如下面这两首《如梦令》就

千秋绝艳图之李清照像　明　佚名

李清照词风婉约，她善于把强烈的感情熔铸在艺术形象里，造成一种情景交融的艺术境界；形式上善用白描手法，自辟途径，语言清丽，富有音乐美。论词强调协律，崇尚典雅、情致，提出词"别是一家"之说。

是写早年生活的一些片段：

常记溪亭日暮，沉醉不知归路。兴尽晚回舟，误入藕花深处。争渡、争渡，惊起一滩鸥鹭。

昨夜雨疏风骤，浓睡不消残酒。试问卷帘人，却道海棠依旧。知否、知否？应是绿肥红瘦。

这两首词都采用白描手法，前一首写自己酒后在荷花中划船归来的情景，真实可信而又自有一种人生境界在其中。而后一首词则通过生活中的一个场景，写出词人对春光难留的淡淡伤感，但又不觉沉重。李清照前期的词，写得简洁流畅，展示了婉约清新的词风。当然，这是和她前期比较稳定的生活分不开的。这段时间里，赵明诚外出为官，他们小别之时，常用词来表达自己的感情。每次赵明诚外出，李清照总有佳词寄赠，其中最为著名的是《醉花阴》一首：

薄雾浓云愁永昼，瑞脑销金兽。佳节又重阳，玉枕纱橱，半夜凉初透。东篱把酒黄昏后，有暗香盈袖。莫道不销魂，帘卷西风，人比黄花瘦。

相传赵明诚看了这首词之后，心中大为佩服，可是又不甘示弱。于是把自己关在屋里三天三夜，写了50首《醉花阴》，并将李清照的那首放在其中给朋友陆德夫评阅。陆德夫反复审读之后，说"只三句绝佳"。再问，正是李清照的"莫道不销魂，帘卷西风，人比黄花瘦"。

靖康之变后，李清照与丈夫为逃避战乱来到江南，不久赵明诚就因病故去，这年李清照才46岁。李清照为了不落入敌人手中，带着大批古董文物跟着赵构等人一路南下，辗转于杭州、越州（今绍兴）、金华一带。一路上或遗失或被抢，多年苦心经营所得基本上散失殆尽。而在这途中，有关李清照的流言甚多。有人说她曾以金银贿赂敌人，又有人说她不顾病危而改嫁等，而这都是当时一些小人的无耻谰言。

南归后，李清照的词风有了明显改变，山河的残破、命运的多舛、人心的险恶，都给词人带来精神上的痛苦。她开始表达对腐朽统治者的不满，在作品中鞭挞那些不思进取的官僚，当然，也有对故土深沉的思念，词风充满凄凉低沉之音。如《菩萨蛮》、《蝶恋花》，流露出她对失陷的北方大地的无限眷恋，而《声声慢》则表达了她在孤独生活中的深深忧愁：

寻寻觅觅，冷冷清清，凄凄惨惨戚戚。乍暖还寒时候，最难将息。三杯两盏淡酒，怎敌他晚来风急！雁过也，正伤心，却是旧时相识！满地黄花堆积，憔悴损，如今有谁堪摘！守着窗儿，独自怎生得黑？梧桐更兼细雨，到黄昏，点点滴滴。这次第，怎一个愁字了得！

这首词深沉悲怆，在语言运用上，充分利用双声迭字等艺术手法。这种对迭字独具匠心的运用，造成了极具感染力的艺术效果，被后人称为"公孙大娘舞剑手"。

海陵王完颜亮

完颜亮（1122～1161年），字元功，女真名迪古乃，汉名亮，是金太祖完颜阿骨打长子完颜宗干的次子，母亲出身渤海望族。他自幼聪明好学，接受了良好的教育，汉化很深，能吟诗作画，喜欢结交一些留在金国的汉族文人名士。长大后，完颜亮文武双全，志大才高，能言善辩，喜怒不形于色，善于揣摩人的心思。

一次，金熙宗和他谈到金太祖完颜阿骨打创业的艰难时，完颜亮感动得痛哭流涕，骗取了金熙宗的信任，开始提拔重用他。不久，完颜亮任右丞相。

完颜亮掌握大权后，开始结交一些野心勃勃的阴谋家和贵族名流，并大力扶植自己的势力，将自己的心腹萧裕提拔为兵部侍郎。为了随时掌握宫廷里的情况，他还极力巴结金熙宗的裴满皇后。完颜亮的一系列行动引起了金熙宗的不满和猜疑。有一次，完颜亮过生日，金熙宗赐给他很多礼物，派亲信大兴国送去，裴满皇后也赐了礼物。熙宗知道后，非常生气，就将裴满皇后的礼物追回，并杖责大兴国。完颜亮知道后，惶惶不可终日，决定发动政变。

完颜亮的父亲是金太祖完颜阿骨打的长子，同为太祖孙子，他早就对金熙宗以太祖嫡孙身份即位心怀不满。金熙宗在统治后期，整天酗酒，动不动就杀害贵族、

金代骑马武士砖像

大臣，弄得人人自危。完颜亮与贵族、大臣商量，阴谋发动政变，杀死金熙宗，众人一致同意。皇统九年（1149年），完颜亮与左丞相秉德、驸马唐括辩等闯入皇宫，将金熙宗乱刀砍死。随即完颜亮即皇帝位，改元天德。

完颜亮即位后，严厉镇压反抗的贵族和大臣，先后杀死女真贵族70余人，将金太宗子孙完全杀绝。同时，为了扩大政权的基础，巩固统治，他起用了大批的渤海、契丹、汉族人才。

当时金国的首都在会宁府，地处偏远，物资运输和公文传递非常不方便，政令很不畅通。天德三年（1151年），完颜亮下令迁都燕京（今北京），改称中都，并于1153年正式迁都。同时为了防止女真旧贵族叛乱，把他们全部迁到中都和山东，并将会宁府的宫殿、庙宇、贵族宅邸全部夷为平地，种上庄稼。

迁都中都后，完颜亮就开始积极谋划进攻南宋，统一天下。北宋的词人柳永写过一首《望海潮》，形容江南风光、杭州景色、钱塘繁华。完颜亮见到这首词后，反复吟诵，当读到"有三秋桂子，十里荷花"一句时，不禁拍案叫好。于是他一面下令抓紧南侵的准备，再次向南迁都到汴京（今河南开封）；一面派人去刺探南宋虚实，让人画下杭州的风景，还让画工把他自己骑马的像画到杭州吴山顶上。他在画上题诗：

万里车书一混同，江南岂有别疆封？提兵百万西湖上，立马吴山第一峰。

绍兴和议后，宋、金以淮河和大散关为界。完颜亮派使者出使南宋，向宋高宗索要淮河以南长江以北的地区，企图挑起事端，寻找攻宋的借口。南宋的大臣听说完颜亮要进攻宋朝，都劝宋高宗早作准备，却被宋高宗斥责为造谣生事。有一回，金国派使臣施宜生出使临安（今浙江杭州）。宋高宗叫大臣张焘负责接待。施宜生原来是宋朝的官员，张焘想从施宜生那里探听消息。但是旁边有金国的随从，施宜生不好明说，只好暗示说："今天北风可刮得厉害啊！"说完又拿起桌子上的笔说："笔来，笔来！"（"笔"和"必"同音，"必来"就是一定来的意思。）

张焘看到暗示后，急忙把金兵要南下攻宋的消息告诉宋高宗，但宋高宗却骂他杞人忧天。

南宋绍兴三十一年（1161年）九月，完颜亮杀死了很多反对他进攻南宋的大臣后，调集全国60万兵力，分五路进攻南宋。出发前，完颜亮狂妄地对将领们说："从前梁王（指兀术）进攻宋朝，费了多少时间，没取得胜利。我这次出征，最多一百天，最少一个月，一定能灭亡南宋。"

金兵南下后，势如破竹，很快打到长江北岸。但渡江时却在采石（今安徽当涂北）被宋将虞允文击败，后来又在瓜州（今江苏扬州南）再次被击败。气急败坏的完颜亮下令三日内渡江，否则全部处死。当晚兵部尚书完颜元宜发动兵变，杀死完颜亮，随后率军北撤。

书生退敌

绍兴和议之后，宋金双方有二十年没有发生战争。宋高宗和一批投降派对于这个偏安的局面非常满意，他们在临安修筑起豪华的宫殿府第，过起纸醉金迷的生活来了。

在这段时间里，金朝统治集团内部动荡。贵族完颜亮杀死了金熙宗，自立为帝，历史上称海陵王。完颜亮把金朝的京都从上京迁到燕京，他野心勃勃，一心想消灭南宋。

1161年九月，完颜亮做好了一切准备，发动全国60万大军，组成32支部队，全部出动，向南宋发起进攻。

完颜亮的大军逼近淮河北岸，防守江北的主帅刘锜生病了，不能带兵打仗，他派副帅王权到淮西寿春防守。王权是个贪生怕死的家伙，还没见到金兵的人影儿，早已闻风逃奔，一直逃过长江，直到采石才停下来。

宋高宗听到王权兵败，就将王权撤了职，另派李显忠代替王权的职务，并且派宰相叶义问亲自去视察江淮防务。

叶义问也是个胆小鬼，他自己不敢上前线，派一个叫虞允文的中书舍人（文官名）去慰劳采石的宋军将士。

虞允文到了采石，王权已经被撤职，接替他职务的李显忠却还没到。对岸的金兵正在准备渡江，宋军却还没有主将，到处人心惶惶，秩序混乱。

采石矶

在今安徽省马鞍山市。绍兴三十一年（1161年），南
宋名臣虞允文在此指挥水军，打败金主完颜亮的南
下大军。

虞允文看到队伍这样涣散，非常吃惊，他觉得等李显忠来已经来不及了，就立刻把宋军将士召集起来，对他们说："我是奉朝廷的命令到这里来劳军的。你们只要为国家立功，我一定报告朝廷，论功行赏。"

大伙儿见虞允文出来做主，都来了精神。他们说："我们恨透了金人，谁都抵抗。现在既然有您做主，我们愿意拼命作战。"

虞允文是个书生，从来没有指挥过打仗，但是爱国的责任心使他鼓起勇气。他立刻命令步兵、骑兵都整好队伍，排好阵势。

宋军刚刚布置停当，金兵就已经开始渡江了。完颜亮亲自指挥金军进攻。几百艘大船迎着江风，满载着金兵向南岸驶来。不久，金兵便开始陆续登岸。

虞允文命令部将时俊率领步兵出击。时俊挥舞着双刀，带头冲入敌阵。士兵们士气高涨，奋勇冲杀。金兵进军以来，从来没有遭到过这样顽强的抵抗，还没有适应这样的敌手，就很快败下阵来。

完颜亮在采石渡江没有成功，就带着剩下的人马到扬州去，准备从那里渡江。

宋军在采石大胜之后，主将李显忠才带兵到达，李显忠了解了虞允文指挥作战的情况，非常钦佩。虞允文对李显忠说："敌人在采石失败之后，一定会到扬州去渡江。镇江那边没准备，情况很危急。我打算到那边去看看。"

镇江的守将是老将刘锜。那时候，刘锜已经病得不能起床了。

虞允文安慰了他一阵，就来到军营，命令水军在江边训练。在他的布置下，宋军制造了一批车船，在江边的金山周围来回巡逻，快得像飞一样。北岸的金兵看了十分吃惊，赶快报告完颜亮。完颜亮不仅不信，还把报告的人打了一顿板子。

金军将士无法容忍完颜亮的残酷统治，还没等完颜亮发出渡江命令，当天夜里就拥进完颜亮的大营，杀死了他。完颜亮一死，金兵就撤退了。

完颜亮带兵攻打南宋的时候，金朝内部也起了内讧。一些不满完颜亮统治的大臣，另外拥戴完颜雍为皇帝，这就是金世宗。采石大战后，金世宗为了稳定内部局势，派人到南宋议和，宋金战争又暂时停了下来。

陆游绝唱

宋孝宗刚即位之时，决心改变屈辱求和的政策，想做一番恢复中原的事业。于是，他任用一名很有名望的老将张浚做枢密使。

张浚请朝廷发布诏书出兵北伐，号召中原人民奋起抗战，配合宋军收复失地。当时陆游在枢密院做编修官，张浚就派陆游起草这份诏书。

陆游是南宋著名的爱国诗人，浙江山阴人。幼年时的陆游经历了北宋灭亡的国恨家仇，也看到、听到了很多江南军民抗击金兵的可歌可泣的事迹。因此，在他幼小的心灵里，便滋长了对祖国、对民族的深厚感情。

少年时代的陆游，就能写一手出色的文章。29岁那年，他参加了两浙地区的考试，中了第一名。

陆游热情支持北伐，可是担任统帅的张浚缺少指挥才能。宋军出兵没有多久，就在符离（今安徽宿州北）被金兵打败，全线溃退。

北伐失败后，那些一贯主张求和的大臣又在宋孝宗面前说风凉话，并对张浚大肆攻击，还说张浚用兵是陆游怂恿的。不久，张浚被排挤出朝廷，陆游也罢官回到山阴老家了。

宋孝宗面对金兵的威胁，抗金的决心动摇了。第二年，又跟金朝订立了屈辱的和约，从那以后，再也不提北伐的事了。

过了将近十年，负责川陕一带军事的将领王炎听到陆游的名声，请他到汉中做幕僚。汉中接近抗金的前线，陆游认为到那里去，也许有机会参加抗金战斗，为收复失地贡献一分力量，便很高兴地接受了这个任命。

不久，王炎被调走，陆游也被调到成都，在安抚使范成大部下当参议官。范成大与陆游是老朋友，虽说是上下级关系，却并不讲究官场礼节。陆游的抗金志愿得不到实现，心里非常郁闷，便常常喝酒写诗来抒发自己的思想感情。但是，一般官场上的人看不惯他，说他不讲礼法，思想颓废。陆游听了，就索性给自己起了个别号，叫"放翁"。后来人们就称他为陆放翁。

这样一过又是二三十年，陆游长期过着闲居的生活，他把满腔的热情寄托在自己的诗歌创作上。

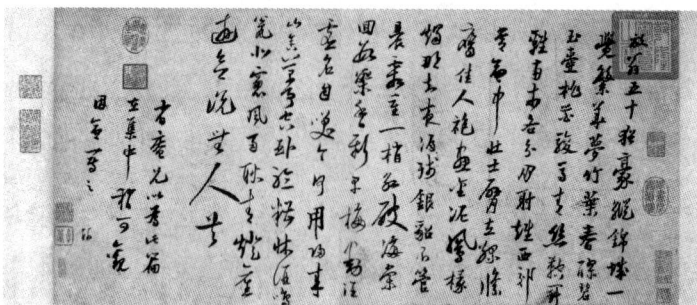

怀成都十韵诗卷帖　南宋　陆游

这是陆游回忆 50 岁左右在四川做参议官时的诗卷，当时范成大身为四川制置使，和他"以文字交，不拘礼法"，于是"人讥其颓放，因自号放翁"。

他一生辛勤创作，一共写下了 9000 多首诗。他的创作，在我国历代诗人中，是非常丰富的一个。

1210 年，这位 86 岁的爱国诗人卧病在床。临终的时候，他还念念不忘恢复中原。他把儿孙们叫到床边，写下他的最后一首诗，也就是感人肺腑的《示儿》：

> 死去原知万事空，但悲不见九州同。
> 王师北定中原日，家祭无忘告乃翁。

孝宗与光宗父子猜忌

宋孝宗赵昚是宋太祖的七世孙，36 岁时被立为太子，同年登基。

孝宗可谓南宋最有作为的君主。他为人勤政，节俭，且不甘偏安，力图恢复中原，同时改革内政，希望重振国势，高宗时弥漫朝野的妥协求和之风曾一度有所扭转。然而，面对高宗的处处牵制、主和派的极力阻挠、主战派的人才凋零等内外不利因素，孝宗深感力不从心，中兴大业最终不得不付之东流。

孝宗赵昚的皇后郭氏共生四子，长子死后，孝宗认为次子庆王的秉性过于宽厚仁慈，不如三子恭王"英武类己"，于是册立恭王赵惇为太子，也就是后来的宋光宗。

赵惇入主东宫后，勤奋好学，一举一动都严守礼法，对孝宗更是恪尽孝道。赵惇就这样小心翼翼地做了十几年孝子，可是他年过不惑时，父亲却依然身体康健，而且也没有将皇位传给他的意思，于是心中很是烦恼。一天，赵惇终于捺不住性子了，向孝宗试探道："我的胡须已经开始白了，有人送来染胡须的药，我却没敢用。"

孝宗何等聪明，他立刻便听出了儿子的弦外之音，回答道："有白胡须好，正好向天下显示你的老成，要染须药有什么用！"太子碰了个软钉子，更加摸不清父亲的意思，只得求助于太皇太后吴氏（高宗的皇后）。太皇太后便开始向孝宗暗示，早点传位给太子，但得到的回答却是太子还须历练。

淳熙十四年（1187 年），八十一岁高龄的高宗驾崩，孝宗悲恸欲绝。对高宗的禅位之恩，孝宗一直心存感激，加上自己已年逾六旬，对恢复中原也深感力不从心，便表示自己要为高宗守孝三年。赵惇终于盼到了禅位大典，登基为帝。

孝宗退居重华宫，而登上了帝位的赵惇，长长地出了一口气，觉得自己终于没有必要装出"孝子"的模样来讨孝宗的欢心了，心中不由大快。不过在即位之初，赵惇还不敢造次，依然仿效孝宗侍奉高宗的先例，每月四次朝见重华宫，偶尔再陪孝宗宴饮、游赏。孝宗以为自己能像高宗那样颐养天年了，但不久，赵惇便找借口不来了，父子二人逐渐产生隔阂。不久，赵惇立独子赵扩为太子，孝宗表示反对，说这孩子天性懦弱。这让赵惇感到恐惧和不安，在他看来，父亲不仅对太子不满，甚至对自己的皇位都是潜在的巨大威胁。这种恐惧感逐渐成为一种挥之不去的阴影，终于导致了赵惇无端猜疑和极度偏执的症状。

绍熙二年（1191 年），李皇后趁赵惇离宫之机，残忍杀死了情敌黄贵妃。次日，太子赵扩主持祭祀天地的大礼，仪式进行中突然狂风大作，继而大雨倾盆而下，祭坛上的灯烛燃起大火，祭祀被迫中断。

这一幕让正处于极度伤心中的赵惇受了惊吓和刺激，"心病"加重，不仅不再去看望父亲，还经常不理朝政。不久孝宗逝世，赵惇连丧事也不肯主持，根本不相信孝宗已死，以为这是一个篡夺自己皇位的圈套。他每天只是待在深宫中喝酒，时刻担心遭人暗算，佩剑和弓箭从不离身。就在这位皇帝终日提防自己已经死去的父亲暗算自己的时候，其皇位却已经被他的儿子赵扩悄悄取代了。

庆元党禁

宋孝宗常年居住在皇宫里，政事由他的儿媳妇李皇后主持。李皇后飞扬跋扈，猜疑成性，宋孝宗很讨厌她，经常训斥她。李皇后怀恨在心，就极力挑拨宋光宗和宋孝宗的关系。宋光宗和他父亲宋孝宗的关系非常不好，像仇人一样。

绍熙五年（1194 年），宋孝宗病死。但宋光宗既不去吊孝，也不主持葬礼，这是非常大逆不道的行为，大臣们对他非常不满。

宗室赵汝愚和外戚韩侂胄联合起来，在取得了宋高宗的皇后，也就是现在的太皇太后吴氏的支持后，逼迫宋光宗退位，立宋光宗的儿子赵扩为帝，赵扩就是宋宁宗，年号庆元。

当太皇太后宣布让赵扩即位时，他连说："儿臣做不得，儿臣做不得。"太皇太后命令太监宫女们说："把皇袍拿来，我亲自给他穿上。"赵扩又急忙拉住韩侂胄的手臂求助，又绕着大殿的柱子奔跑躲避。太皇太后喝令他站住，并流着泪说大宋王朝延续到今天的不易，韩侂胄等人也在一旁百般劝说。他见太皇太后的决定已经不可改变，才勉强穿上皇袍，向太皇太后下跪，嘴里还喃喃自语："使不得，使不得。"经韩侂胄拖拉扯拽，他才走出内宫，登上龙椅即位。

宋宁宗即位后，韩侂胄认为自己拥立有功，想邀功请赏。但赵汝愚说："我是宗室，你是外戚，都不能居功自傲。"韩侂胄怀恨在心。由此，宗室赵汝愚和外戚韩侂胄形成了两派，开始了激烈的党争。

当时朱熹、张拭、吕祖谦和陆九渊等著名理学家聚徒讲学，所以理学的影响很大。赵汝愚担任宰相，推荐当时的大儒朱熹给皇帝讲书。朱熹认为韩侂胄是外戚小人，应当疏远。朱熹利用给皇帝讲书的机会来干预朝政，因而引起了一些官员的敌视和反对，如郑丙、陈贾、林栗等人就十分敌视理学，先后奏请禁止理学。韩侂胄推荐自己的党羽担任谏官，控制了言路。因为赵汝愚是宗室，于是韩侂胄便编造了赵汝愚要自立为帝的谣言，宋宁宗又惊又怒，罢免了赵汝愚。凡是上书要求赵汝愚留任的大臣，一概被韩侂胄视为赵汝愚的同党，给予无情的打击，都被罢官，赶出朝廷。朱熹也受到连累，被赶出了朝廷。凡是投靠韩侂胄的，都被封为高官。从此，韩侂胄权倾天下。

当时理学的势力很大，在韩侂胄和赵汝愚的斗争中，理学人士一直站在赵汝愚这一边。韩侂胄掌权后，决定报复理学人士。

庆元二年（1196年），韩侂胄宣布理学为"伪学"，查禁、焚毁理学的书籍，科举考试中不允许出现关于理学的内容。庆元三年（1197年），韩侂胄把赵汝愚、朱熹等直接、间接反对过他的和同情理学的人统统定为"逆党"，列出了一份包括赵汝愚、朱熹、彭龟年、吕祖谦等59人的名单，名为"伪学逆党籍"，将他们或罢官，或流放，或监禁，与他们有关系的人，不准当官，不准参加科举考试。这就是历史上著名的"庆元党禁"。

庆元二年，南宋朝廷搜寻到了一批违禁的书籍，其中包括七先生的《奥论发枢百炼真隐》、江民表的《心性说》、李元纲的《文字》、刘子翚的《十论》、潘浩然的《子性理书》，当即全部焚毁。庆元四年，国子监又查获到一批"主张伪学，欺惑天下"的书籍，于是下令将印版收缴、焚毁，印书人下狱。

理学大家朱熹

朱熹19岁登进士第，赐同进士出身。22岁授泉州同安县主簿。24岁求师于李侗，树立了儒家思想的坚定信念。南宋绍兴三十二年（1162年），孝宗即位，朱熹上书陈事，第二年得孝宗召见。朱熹面奏三札，不被皇帝采纳，后因主张抗金，与主和派首领、宰相洪适意见不和辞职而归，差监南岳庙。屡次上谏被拒后，朱熹致力于授徒讲学，潜心学术，形成了完整的理学体系。15年后，他又先后任南康军、直秘阁修撰。在任上他勤勉为民，深得百姓爱戴。后被推荐为焕章阁待制兼侍讲，给宁宗皇帝讲授《大学》。可是没多久，就因激烈党争而被罢免，从此绝意于官场。

庆元三年（1197年），朱熹被定为"伪学之首"，史称"庆元党禁"，还被编造了十大罪状。两年后，朱熹病逝。9年后，宁宗皇帝诏赠他"遗表恩泽"，并赠谥号为"文"，追赠中大夫，还特赠学士等头衔。20年后，理宗亲题"考亭书院"，赠朱熹为太师，追封信国公，从祀孔庙。

朱熹是一位伟大的思想家、哲学家、教育家，他平生致力于著书立说、创办书院、讲学传道，是中国继孔孟之后的一代宗师。

朱熹对后世影响最大的是他的学术思想。在哲学思想上，他从"二程"关于理、气关系的学说、集理学之大成，发展成为一个完整的客观唯心主义的理学体系，世称朱程学派，又称闽学、考亭学派。他认为"理在先，气在后"，但其宇宙形成说却能接受古代科学成果，主张阴阳二气的演化论等。在人性论上，朱熹学说的核心是"存天理而灭人欲"，他把封建伦常、忠孝仁义抽象为先天至高的"天理"，要求人们摒除私欲、摒除物质世界的一切诱惑，通过

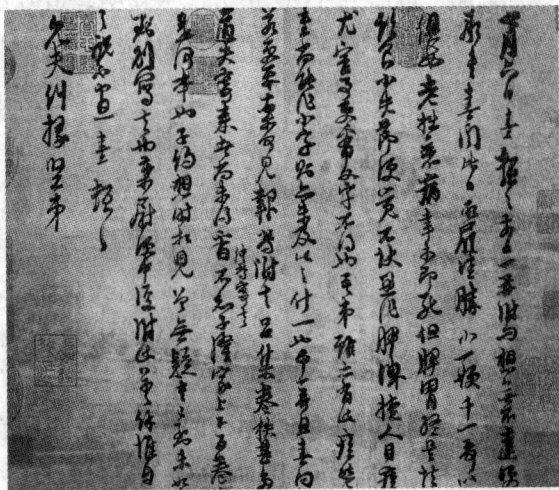

朱熹行书墨迹

正心诚意、克己复礼，使人性纯化而归复"天理"。其社会历史观又主张恢复三代之治，愿"周孔之道常在"。他的理学被后世帝王改造为统治思想的基础，在明、清两代被奉为儒学正宗的地位，把他与孔子相提并论。清康熙帝把他的牌位抬入孔庙，列为十哲之次。他的哲学观点影响中国封建社会末期长达600多年之久。

朱熹的学术著作很多，在哲学、经学、经济、政治、史学、文学、佛学、乐律、道学、伦理、逻辑，乃至自然科学中许多科学都有专门的论述和涉及，如《四书集注》、《太极图说解》、《通书解说》、《周易读本》、《楚辞集注》等，后人辑有《朱子大全》、《朱子集语象》等。他所著之书被元、明、清三朝定为开科取士的必读之书，他的《四书集注》及朱子学的经学注释在元仁宗时就成为钦定的教科书和科举考试的标准。明初所修的《四书大全》、《五经大全》、《性理大全》，朱熹的著作是主要内容。

朱熹也是颇具文学修养的理学家，但是他对前人多有抨击，尤其是对唐宋古文家，这在一定程度上阻碍了文学的发展。

道教的发展

道教，在中国源远流长，根深蒂固。北宋后期，多元融合成为社会的一种新趋势，三教合流成为文化思潮的主流，吸收佛道的新儒学（宋代道学）和容纳儒道的新佛学（宋代禅学）相继出现。

王嘉（1113～1169年），字知明，道号重阳子，故称王重阳。他上承北宋内丹道教传统，下应时代潮流，以"三教圆融"为号召，创立了一个贯通三教并具有完整教义教创的新道派全真教，它是宋元道教鼎革浪潮中涌现出来的一个最大、最重要的新道派。王重阳为其新道派起名"全真"，正是为了提倡保全真性，以清净为宗，以识心见性为本，成就一个最完美、最真实的人生。王重阳历经三年东行传教，成绩卓著，在理论和组织方面都为全真教的兴盛奠定了基础。王重阳继承内丹派道禅融合的思想，高唱三教合一，宣扬"三教从来一祖风"，"太上（老子）为祖，释迦为宗，夫子（孔子）为科牌"，全真教还力倡三教平等，不断抬高道家地位，与儒佛平起平坐。此后，他的门下弟子"全真七子"继续将道教发扬光大。两宋是道教的重要发展时期，新的道教从民间应运而生，迅速流行，并受到统治者的支持利用。

相扑、蹴鞠

相扑，是一种中国古代的体育活动，也作"角抵"，是一种角力比赛，从五代传至两宋时期，日益兴盛，从宫廷到民间，无处不有，深受欢迎。

相扑的服装也沿袭汉唐的旧制，双方上身赤裸，下身光腿赤足，仅腰胯束短绔，头上梳髻不戴冠，有时也足穿靴或鞋。宋代的蹴鞠活动在军中和民间普遍开展，活动方式有两种：一是设球门的竞赛，其球门柱高约10.5米，球门径0.93米，阔3.15米，门中结网，网中有"风流眼"。球门立在场地中央，比赛双方各10余人，南宋时期，人数有了变化，设左、右军各7人或者16人。二是不设球门的竞赛，有分班和不分班两种。北宋时期，接球和传球都改"挟"为"踢"，增加了竞技性和娱乐性。两宋时期的蹴鞠活动形式不同于前代，可以说是一个由直接对抗到间接对抗的转化时期。

一代天骄成吉思汗

南宋北伐屡屡失败的同时，金朝也因内部腐败而渐渐走向衰落。这时，北方的蒙古族却日渐强盛起来。

铁木真，出生于蒙古孛儿只斤氏族。曾祖合不勒统一了蒙古尼伦各部。后来，叔祖忽图剌和父亲也速该也相继做了尼伦部的首领。

也速该英勇善战。在成吉思汗出生的那一天，也速该征讨塔塔儿部凯旋。为了纪念出征的武功，他给这刚出生的儿子取名铁木真。"铁木真"蒙语的意思是"精钢"。铁木真在28岁时被拥戴为"汗"，成为尼伦部落的首领。从此，铁木真大展宏图的时代开始了。

铁木真首先对部落的组织形式进行了改造，采取了一些措施来巩固自己的权力和地位，然后便开始了统一蒙古各部的战争。

此后，铁木真抓住战机，帮助金朝平定了害死他父亲的塔塔儿部的叛乱，既报了家仇，又被金国封为招讨官。随后又与克列部首领脱里王汗配合，先后打败了乃蛮人、乞剌人和以札木合为首的11个部落的联合进攻。这样一来，铁木真的势力就更加强大了。

铁木真与克列部脱里王汗联合打了几次胜仗后，希望通过联姻进一步密切联

成吉思汗放鹰捕猎图
这是一幅中国丝绸上的绘画，狩猎是蒙古人重要的生活内容。在狩猎时，鹰是猎人的向导，它负责搜寻猎物，引导方向，所以蒙古人出猎时往往将鹰带在身边。

系，但王汗在狂妄自大的儿子桑昆的挑拨下，不仅借故推托联姻，反而阴谋设酒宴来加害铁木真。

铁木真一方面积极备战，一方面派使者谴责脱里王汗的不义行为，并乘克列部没有戒备，发动进攻，彻底打败了势力强大的克列部。

接着，铁木真征服了蒙古西部的乃蛮部。一年以后，擒获劲敌札木合，并处死了他。到了1205年，经过20年的征伐，铁木真统一了蒙古各部。1206年，铁木真在斡难河畔举行大会。会上，各部落首领共推铁木真为全蒙古的大汗，即皇位，上尊号"成吉思汗"。

随着国力的强大，成吉思汗逐渐产生了称霸世界的雄心。1211年到1215年间，成吉思汗发动对金的战争，迫使金国迁都汴梁（今开封），占领了金国河东的广阔土地。

1219年，成吉思汗亲率大军征讨中亚大国花剌子模国，占领花剌子模国后，蒙军前锋越过印度河，西进至底格里斯河下游，又进入东欧，侵占了俄罗斯的东南部。后来由于气候不适应，只好班师回朝。

1226年，成吉思汗出兵征讨西夏，占领了西夏大片领土。第二年，由于长年劳累，成吉思汗一病不起。

成吉思汗死后，他的儿子窝阔台接替他做了大汗。窝阔台按照成吉思汗的遗嘱，向南宋借路，而后包围了金朝都城开封。1233年，蒙古军攻下开封，金哀宗逃到蔡州（今河南汝南）。蒙古又联合南宋对蔡州进行围攻。

金哀宗在重兵包围之下，派使者向宋理宗求和，说："如果金朝被灭，下一步就轮到宋国了；要是我们联合起来，对金、宋两国都有好处。"

宋理宗没有理睬他，金哀宗走投无路，便自杀了。1234年，金朝在蒙、宋两军夹攻之下灭亡。

贾似道误国

蒙古、南宋联合灭了金朝以后，南宋出兵想收复开封、河南一带土地。窝阔台借口南宋破坏协议，向南宋发起进攻。从这以后，蒙宋双方不断发生战争。

到窝阔台的侄儿蒙哥即位后，派他弟弟忽必烈和大将兀良合台进军云南，占领了西南地区。1258 年，蒙哥分三路进兵攻打南宋。他自己亲率主力进攻合州（今四川合川），忽必烈攻打鄂州（今湖北武昌），另一路由兀良合台率领，从云南向北攻打潭州（今湖南长沙），三路的进军路线，都直指临安。

警报一个接一个送到临安，南宋朝廷震动了。宋理宗命令各路宋军援救被忽必烈围困的鄂州；又任命贾似道担任右丞相兼枢密使，去汉阳督战。

新任丞相贾似道，原本是个不学无术之徒，靠着他的姐姐是宋理宗的宠妃，才步步高升起来。

这一回，宋理宗派他上汉阳前线督战，他只好硬着头皮去了。

忽必烈攻城越来越猛。贾似道眼看形势紧张，就瞒着朝廷，偷偷地派了一个亲信到蒙古大营去求和，表示只要蒙古退兵，宋朝就愿意称臣，进贡银绢。正巧这时候，忽必烈接到他妻子从北方派人送来的密信，说蒙古一些贵族正准备立他弟弟阿里不哥做大汗。忽必烈见汗位要被弟弟占了，就答应了贾似道的请求，订下了秘密协定，赶着回去争夺汗位去了。

贾似道回到临安，瞒着私自订立和约的事，还抓了一些蒙古兵俘虏，吹嘘各路宋军大获全胜，不但打跑了鄂州的蒙古兵，还把长江一带的敌人也全部肃清了。

宋理宗听信了贾似道的谎言，认为贾似道立了大功，特意下了一道诏书，赞赏贾似道指挥有方，给他加官晋爵。

贾似道靠欺骗过日子，居然做了几十年的宰相。宋理宗死后，太子赵禥即位，这就是宋度宗。宋度宗封贾似道为太师，拜魏国公，地位只比皇上低一点。

忽必烈打败了阿里不哥，稳定了内部以后，在 1271 年称帝，改国号叫元，他就是元世祖。

元世祖借口南宋不履行和约，派大将刘整、阿术出兵进攻襄阳，把襄阳城整整围了五年。贾似道把前线来的消息一一封锁起来，不让宋度宗知道。有个官员向宋度宗上奏章告急，奏章落在贾似道手里，那个官员马上被革职了。

最终，襄阳还是被元兵攻破了。消息传来，南宋朝廷大为震惊。这个时候，贾似道再想瞒也瞒不住了，就把责任推给襄阳守将，免了守将的职了事。

元世祖见南宋这样腐败，便决定一鼓作气消灭南宋。他派左丞相伯颜率领元兵 20 万，分兵两路，一路从西面攻鄂州，另一路从东面攻扬州。

这时，宋度宗病死了，贾似道拥立一个四岁的幼儿赵㬎做皇帝。伯颜攻下鄂州后，沿江东下，直指临安。贾似道一面带领 7 万宋军驻守芜湖，一面派使臣到元营求和。伯颜拒绝议和，命令元军在长江两岸同时发起进攻，宋军全线溃败，贾似道逃回扬州。到了这个时候，南宋灭亡的局势已经无法挽回了。

襄阳守卫战

1260 年，忽必烈当上蒙古大汗后，开始积极谋划进攻南宋。1267 年，忽必烈接受南宋降将刘整的建议，准备先进攻南宋的门户襄阳、樊城（今湖北襄樊），然后再派大军顺流而下，攻取临安，一举灭宋。

襄阳、樊城地处南阳盆地的南端，汉江从两城中间流过，汇入长江。宋军在汉水中树立木桩，用铁索链接，上面架设浮桥，两城可以相互救援。襄阳地处险要，西临关陕，东达江淮，连接荆豫，地理位置十分重要，是长江中游的重要屏障，是南宋的咽喉、门户。长期以来，南宋一直大力经营襄阳，储备了大量的粮草、军械，驻扎了大量的军队。

蒙古人攻城图　伊朗　志费尼

至元五年（1268 年）九月，忽必烈派都元帅阿术、刘整率军进围襄阳、樊城，派枢密副使史天泽掌管军务。蒙古军针对襄樊的设防和宋军善于守城、水战的情况，采取了筑堡连城、长期围困、围城打援、待机破城的战法。

蒙古军先在鹿门山（今襄樊东南）、白河口（今襄樊东北）筑堡，切断了宋军南北之间的联系；后来又在汉水中筑实心台（今东敌台）和立栅栏，以断宋军的水上通道；又在万山（今襄樊西）以筑城阻止宋军东来救援；在灌子滩（今襄樊南）立栅栏阻止宋军西来救援；自万山到百丈山（今湖北襄樊南）筑起长围，并筑岘首山、虎头山等城，屯兵 10 万围城，形成了对襄樊的严密包围圈。

元代名铳

铳上有"射穿百札，声动九天"、"神飞"等铭文，这种火器在攻城时更显其威力。

当时南宋丞相贾似道把持朝政，昏庸腐败，因曾与忽必烈签订割地称臣的密约，所以不派得力将领赴援，并严密封锁消息。襄阳守将吕文焕曾多次组织突围，企图摆脱困境，但均以失败告终。襄阳与外界的联系完全断绝。

至元六年（1269 年）三月，南宋京湖都统张世杰率军救援襄樊，但在赤滩圃（今襄樊东南汉水中）被蒙古军击败。七月，南宋沿江制置副使夏贵率水军 5 万，战船 3000 艘，乘秋雨水涨，向襄阳输送粮草，但也在新堡（今湖北襄樊南）遭遇蒙古军伏兵，遭到水陆夹击，大败。七年二月，吕文焕为摆脱困境，再次率步骑 1.5 万人，战船百艘，突袭万山堡，但被蒙古万户张弘范击败。吕文焕只好率军死守。

三月，蒙古军为加强水上作战能力，在万山西训练水军 7 万人，制造战船 5000 艘。九月，南宋殿前副都指挥使范文虎率宋军乘战船 2000 艘来救，在灌子滩被蒙古军击败，范文虎乘小舟逃遁。至元八年（1271 年）四月，范文虎率军带大批钱粮再次救援襄阳，与蒙古军大战于湍滩（今湖北宜城东南），又被击败。六月，范文虎率军 10 万、战舰千余艘，第三次救援襄阳，前进到鹿门时，遭蒙古军水陆夹攻大败，损失战船近百艘，范文虎逃走，总管朱日新、郑皋被俘。七月，吕文焕派来兴国率军攻百丈山，被蒙古万户阿剌罕军击败，突围再次失败。襄阳危在旦夕，连连告急。十一月，忽必烈登基称帝，国号元，忽必烈就是元世祖。

至元九年（1272 年）三月，阿术、刘整率军向樊城发起猛攻，攻破外城，斩杀守军 2000 人，俘虏将领 16 人。宋军退入内城坚守，元军将其重重包围。当时襄阳城内盐、布等生活物资奇缺。南宋京湖制置安抚使李庭芝派人至襄阳西北清泥河上游均州（今湖北丹江口市），制造轻舟百艘，招募勇士 3000 人，由都统张顺、张贵率领，乘五月汉水暴涨，装载盐、布等物资救援襄阳。二十四日深夜，宋军经过激战，终于突破重围，进入襄阳，张顺战死。后来张贵率军潜出襄阳，接应来援的宋军，但因叛徒泄密和范文虎失约，在龙尾洲遭元军伏击，陷入重围，全军覆没。此后，两城外援断绝，仅靠汉水上的浮桥联系。

至元十年（1273 年），元军对樊城发起总攻。首先元军乘船来到汉水中，拔掉木桩，斩断铁索，烧毁浮桥，击沉宋军的战船，两城的联系被切断。接着元军集中兵力，用威力大、射程远的火炮，猛轰樊城，昼夜不停，终于破城而入。樊城守将牛富率军坚持巷战，全部殉城，樊城陷落。此时，襄阳陷入内无粮草，外无援兵的困境。元军在加紧攻城的同时，又展开攻心战，元朝平章政事阿里海牙亲自喊话招降，吕文焕见突围无望，只好开城投降。

文天祥抗元

元兵乘胜南下，眼看就要打到临安了。四岁的皇帝赵㬎自然无法处理朝政，他祖母谢太后和大臣们一商量，赶紧下诏书，要各地将领带兵到临安救驾。诏书发到各地，响应的人寥寥无几，只有赣州的州官文天祥和郢州（今湖北钟祥）守将张世杰两人立刻起兵救援。

文天祥是我国历史上著名的爱国英雄，吉州庐陵（今江西吉安）人。他自幼爱读历史上忠臣烈士的传记，立志要为国建功。20 岁那年，他到临安参加进士考试，在试卷里表明他的救国主张，很受主考官的赏识，中了状元。他到江西去担任赣州的州官时，南宋正值快要灭亡的危急时刻。

文天祥接到朝廷诏书，立刻招募了 3 万人马，排除种种干扰，领兵到了临安。右丞相陈宜中派他到平江（在今江苏苏州）防守。这时候，元朝统帅伯颜已经渡过长江，三路进兵攻取临安。其中一路从建康出发，越过平江，直取独松关（在今浙江余杭）。陈宜中得到消息，马上命令文天祥退守独松关。文天祥刚离开平江，独松关已经被元军占领，想再回平江，平江也在这时陷落了。

谢太后和陈宜中惊慌失措，赶紧派了一名官员带着国玺和求降表到伯颜大营求和。伯颜却指定要南宋丞相亲自去谈判。

陈宜中害怕被扣留，不敢到元营去，偷偷地逃往了南方；张世杰不愿投降，一气之下，带兵出海去了。

谢太后无可奈何，只好宣布文天祥接替陈宜中做右丞相，让他到伯颜大营去谈判投降事宜。

文天祥答应到元营去，但是他心里却另有打算。他带着大臣吴坚、贾余庆等到了元营，根本不提求和的事，反而义正词严地责问伯颜说："你们究竟是想跟我朝友好呢，还是想存心消灭我朝？"

伯颜说："我们皇上（指元世祖）的意思很清楚，没有消灭宋朝的打算。"

文天祥说："既然是这样，那么请你们立刻把军队撤回。如果你们硬要消灭我朝，南方军民一定会跟你们打到底，那样对你们也不会有好处的。"

伯颜把脸一沉，用威胁的口气说："你们再不老实投降，就饶不了你们。"

文天祥也气愤地说："我是堂堂南宋宰相。现在国家危急，我已经准备拼死报答国家，哪怕刀山火海，我也毫不畏惧。"

文天祥的气势把伯颜的威胁顶了回去，周围的元将个个都惊呆了。之后，伯颜让别的使者先回临安去跟谢太后商量，却把文天祥扣留了下来。

随同文天祥到元营的吴坚、贾余庆回到临安，把文天祥拒绝投降的事向谢太后奏报了一番。谢太后一心想投降，便改任贾余庆做右丞

文天祥《沁园春》诗意图
"嗟哉人生，翕歘云亡，好轰轰烈烈做一场。"有人评价此首作品：此等作品，不可以寻常词观之也！

相，到元营去求降。伯颜接受降表后，把文天祥请进营帐，告诉他宋朝廷已另外派人来投降。文天祥气得痛骂了贾余庆一顿，但是投降的事已无法挽回了。

1276年，伯颜带兵进入了临安，谢太后和赵㬎出宫投降。元军把赵㬎当作俘虏押往大都（今北京市），文天祥也被一同押走。一路上，他一直在考虑怎样逃脱。路过镇江时，他和几个随从人员商量好，趁元军没防备之机，逃出了元营。

后来，扬州的宋军主帅李庭芝听信谣言，以为文天祥已经投降，便悬赏缉拿他。不得已，文天祥等人日行夜宿，历尽千难万险，从海口乘船到了温州。在那里，他听说张世杰和陈宜中在福州拥立新皇帝即位，就决定去福州。

张世杰死守崖山

在临安被元兵占领、小皇帝赵㬎被俘虏去大都以后，南宋皇族和大臣陆秀夫护送赵㬎的两个哥哥——九岁的赵昰和六岁的赵昺逃到福州。陆秀夫派人找到张

世杰、陈宜中，把他们请到福州。三个大臣一商量，便拥立赵昰即位，继续反抗元朝。

文天祥得到消息，感到有了兴国的希望，马上也赶到福州，在新的朝廷里担任枢密使。

这个时候，元军南下攻打福州，宋军节节败退。陈宜中眼看兴国没有希望，就独自乘船逃到海外去了。张世杰和陆秀夫等人保护赵昰逃到海船上，往广东转移。年幼的赵昰在途中受了惊吓，得病死了。

张世杰和陆秀夫又在海上拥立赵昺即位，把水军转移到崖山（在今广东新会南）坚守。

元世祖担心，如果不迅速扑灭南方的小朝廷，会有更多的宋人响应。就派张弘范为元帅，李恒为副帅，带领二万精兵，分水陆两路南下。

张弘范先派兵攻打驻守在潮州的文天祥。不久，文天祥便因兵少势孤，兵败被俘了。

张弘范知道张世杰平日很敬佩文天祥，就要文天祥写信给张世杰招降。文天祥接过笔，毫不犹豫地写下了两句诗：

人生自古谁无死，
留取丹心照汗青！

兵士把他写的诗句拿给张弘范，张弘范眼看劝降毫无希望，就带兵猛烈攻打。

崖山地处我国南面海湾里，背山面海，地势十分险要。张世杰在海上把1000多条战船一字排开，用绳索连接起来，船的四周还筑起城楼，决心跟元兵决一死战。

张弘范先用火攻，失败后，就用船队封锁海口，断绝了张世杰通往陆地的交通。宋兵忍饥挨饿，誓死抵抗，双方相持不下。

这时候，元军副统帅李恒也从广州赶到崖山跟张弘范会师。张弘范增加了兵力，重新组织力量进攻。他把元军分为四路，围攻宋军。张世杰知道大势已去，急忙把精兵集中在中军，又派人驾驶小船去接，准备组织突围。

赵昺的坐船，由陆秀夫保护着。他对张世杰派出来接赵昺的小船，弄不清是真是假，担心小皇帝落在元军手中，就拒绝了使者的要求。他对赵昺说："国家到了这步田地，陛下也只好以身殉国了。"说着，就背着赵昺跳进了大海，淹没在滚滚波涛里了。

张世杰没有接到赵昺，便指挥战船，趁着夜色朦胧，突围撤退到海陵山。这时候，海岸又刮起了飓风，把张世杰的船打沉了，这位誓死抵抗的宋将落水牺牲。

1279 年二月，元朝统一了中国，南宋宣告灭亡。

蒙古帝国西征

蒙古帝国建立后，以成吉思汗为首的蒙古贵族不断发动掠夺战争，用兵的主要方向是南下与西征，南下攻击的主要目标是金朝和南宋，西征则是征服中亚东欧各国。

1219 年，为了剿灭乃蛮部的残余势力，征服西域强国花剌子模，成吉思汗带着四个儿子术赤、察合台、窝阔台、拖雷，以及大将速不台、哲别等开始了西征。蒙古 20 万大军长驱直入，在额尔齐斯河流域分进合击，先后攻占布哈拉、花剌子模新都撒马尔罕、讹答剌与毡的城。花剌子模国王摩诃末西逃，成吉思汗令速不台、哲别等穷追不舍。后来，摩诃末病死在里海的一个小岛上，摩诃末的儿子札阑丁在呼罗珊一带继续抵抗。为了剿灭札阑丁，1221 年，成吉思汗大军渡过阿姆河，占领塔里寒城。他以塔里寒城为根据地，分派出两路大军，分别进攻呼罗珊、乌尔根奇。拖雷率兵进攻呼罗珊，相继攻陷尼沙布尔、也里城；察合台与窝阔台攻陷乌尔根奇。两路大军完成任务后，都回到塔里寒城与成吉思汗会师。然后，各路大军在成吉思汗的率领下，继续追击札阑丁，在印度河击败其余众。札阑丁孤身一人逃跑，花剌子模灭亡。1223 年，蒙古大军在西追札阑丁的同时，还深入罗斯，在迦勒迦河与钦察和罗斯的联军展开决战，大败敌军，罗斯诸王公几乎全部被杀。1225 年，成吉思汗凯旋东归，将本土及新征服所得的西域土地分封给四个儿子，后来发展为四大汗国。

1227 年，成吉思汗去世，成吉思汗的第三子窝阔台继任大汗。1234 年，太宗窝阔台集结诸王大臣召开会议，商讨西征大事。窝阔台派兵分别攻打波斯

蒙古军作战图 伊朗 志费尼

（今伊朗）和钦察、不里阿耳等部，基本上征服了波斯全境。1235 年，由于进攻钦察的军队受阻，窝阔台派遣其兄术赤之次子拔都，率 50 万大军增援。西征军一路势如破竹，很快就彻底消灭了花刺子模，杀死札阑丁。1237 年底，拔都又率大军继续西进，大举进攻罗斯，相继攻陷莫斯科、基辅诸城。1240 年，拔都分兵数路继续向欧洲腹地挺进，大举进攻孛烈儿（今波兰）、马扎尔（今匈牙利）。1241 年，北路蒙军在波兰西南部的利格尼兹，大破波兰与日耳曼的联军；中路蒙军主力由拔都亲自率领，进击匈牙利，大获全胜，其前锋直指意大利的威尼斯。全欧震惊，西方各国惶惶不可终日。1241 年年底，窝阔台驾崩的消息传到军中，拔都率军从巴尔干撤回到伏尔加河流域，以撒莱为都城，在伏尔加河畔建立了钦察汗国。

1251 年，蒙哥即大汗位。1253 年，蒙哥派弟弟旭烈兀率军发起了第三次西征。这次西征的目标是消灭西南亚地区的木刺夷国（今里海南岸的伊朗北部）。10 月，旭烈兀率兵侵入伊朗西部，进抵两河流域。1256 年，旭烈兀统帅蒙古大军渡过阿姆河，6 月到达木刺夷境内。1257 年，蒙军荡平木刺夷之地，并挥师继续西进，直指黑衣大食首都巴格达。1257 年冬，旭烈兀三路大军围攻巴格达，第二年初，三军合围，攻陷报达（今巴格达），消灭了有 500 年历史的黑衣大食。此后旭烈兀又率兵攻占大马士革，其前锋部队曾渡海到达富浪（今地中海东部的塞浦路斯岛）。

由于蒙古军队被埃及军队打败，旭烈兀才被迫停止西进，留居帖必力思，建立了伊利汗国。

成吉思汗和他的继承者以剽悍的武功征服了欧亚地区，以蒙古高原为中心，建立起由钦察汗国、察合台汗国、窝阔台汗国、伊利汗国组成的横跨欧亚大陆的庞大帝国，形成世界历史上前所未有的大帝国。

元世祖治国

元世祖孛儿只斤忽必烈是成吉思汗的孙子，拖雷的第四个儿子，元宪宗蒙哥的弟弟。忽必烈从小就聪明好学，蒙古人擅长骑马打仗，而忽必烈不但弓马娴熟、能征善战，还热衷于学习汉文化，喜欢结交汉族儒士，这在蒙古王公贵族中是很少见的。1251 年，长兄蒙哥即大汗位后，就派他管理大漠以南的汉人地区。

当时，由于多年的战乱，漠南的汉人地区土地荒芜，人烟稀少。针对这种情况，忽必烈大胆任用原来宋、金的官员，采用汉族的统治制度来进行管理，得到了一大批汉人地主的拥护和支持。忽必烈采取了招抚流亡的人民，开垦荒地，存储粮食，整顿财政等一系列的措施。当时的蒙古，法制非常不健全，蒙古军队经常滥杀无辜。忽必烈非常痛恨这种行为，下令禁止滥杀无辜，违令者斩首。从此，蒙古军队再也不敢像以前那样胡作非为了。一次，邢州（今河北邢台）有两名官员求见忽必烈，向他提出建议说："邢州原来有1万多户百姓，后来百姓纷纷逃亡，只剩下5700多户了。您应该选派廉洁的官员前去治理。"忽必烈采纳了他们的建议，任命脱兀脱和张耕为邢州安抚使，刘肃为商榷使，前往邢州治理。在很短的时间里，邢州的人口就增加了十倍，又繁荣起来。1252年，忽必烈采纳了谋士姚枢的建

骑射图 蒙古
此图绘箭在弦上蓄势待发的瞬间，表现出蒙古人的矫健，很有"弯弓射大雕"之势。

议，严厉打击为害一方的地方军阀，处死横征暴敛的贪官污吏，百姓无不拍手称快。

为了更好地管理漠南汉人地区，忽必烈把自己的王府迁到了桓州（今内蒙古黑城子），在那里开设幕府，打出"尊儒揽士"的旗号，招揽了汉人儒生60多人，使他们成为自己的智囊。忽必烈的政策维护了当地汉人大地主的利益，得到了他们的拥护。在忽必烈的精心治理下，漠南汉地很快成为蒙古人统治下的最发达的地区，为以后灭亡南宋奠定了物质基础。

1258年，忽必烈随蒙哥进攻南宋。蒙哥在钓鱼城被飞石砸死。留守国都和林（在今蒙古国境内）的蒙哥的弟弟阿里不哥听到消息后，自立为大汗。忽必烈急忙率军北返。1260年，忽必烈在开平（今内蒙古多伦）即汗位，建元中统。经过四年的战争，忽必烈击败阿里不哥，成为蒙古唯一的大汗。1271年，忽必烈称皇帝，国号元，定都大都（今北京），忽必烈就是元世祖。1279年，南宋灭亡，元朝统一全国。

为了维护统一，巩固自己的皇位，元世祖忽必烈废除了蒙古传统的分土立国的方法，在中央设立中书省管理全国的行政，设立枢密院管理全国的军事，设立御史台监督官员，加强了中央集权。在地方则设立行中书省（简称行省）、行枢密院和行御史台。他还改革了军事制度，将军政和民政分开，把成立的26队亲

毡帐顶陶车 元

兵牢牢控制在自己手里，独掌军权，还在全国派驻军队，对地方进行了有效的控制。

忽必烈在用人上能慧眼识英才，唯才是举。安童是"开国四杰"之首的木华黎的孙子，但他不愿意倚仗着祖辈的功劳的荫庇，而是胸怀大志，勤奋学习。忽必烈战胜阿里不哥后，抓住了阿里不哥的部下千余人。忽必烈故意问安童说："我想把他们全部处死，你认为怎么样？"安童说："他们也是各为其主，跟随阿里不哥也是身不由己。现在大汗刚刚登上汗位，如果要是因为泄私愤而杀了他们，那又怎么能让天下人诚心归附呢？"忽必烈没想到一个16岁的少年竟然说出这样有见识的话来。从此，忽必烈对安童刮目相看。安童18岁的时候，忽必烈看他为人稳重，处世练达，办事果断，就决定破格提拔他丞相。安童知道后就连忙推辞说："我年纪小，资格浅，恐怕难以服众。还请皇上另请高明。"忽必烈主意已定说："我已经决定了。"于是提拔安童为中书右丞相。安童一直身居要职，为元朝效力达31年，为元朝初年国家的稳定和繁荣作出了巨大的贡献。1294年，忽必烈去世，庙号世祖，共在位35年。

套印版画

元代雕版印刷业兴盛，雕版印刷技术进一步发展和提高。彩色套印版画开始出现。在雕版印刷的佛教经籍中，无闻和尚所注的《金刚经注》，用朱墨套印，是继辽代漏印套色版画之后最早的雕版彩色套印版画。经注中《无闻老和尚注经处产灵芝》一图，刊于元顺帝至元六年（1340年），比欧洲第一本彩色的雕版书《梅因兹圣诗篇》早170年。除此之外，元代版画还有建安虞氏在至治年间（1321～1324年）刊印的由吴俊南、黄叔安等人绘刻的5种"平话"，即《武王伐纣》、《七国春秋后集》、《秦并六国》、《续前汉书》、《三国志平话》等。

书中图画绘刻颇有连贯性，可说是中国连环版画的前身，体现了元代版画不仅题材广泛，而且绘、刻、印技术都有显著提高，为明、清版画的大发展，创造了多方面的有利条件。

《农桑辑要》

元初的几个皇帝比较重视农业，世祖忽必烈在继位的第二年便设立了主管农业的"司农司"，并命人编写了《农桑辑要》。该书由元大司农司编纂。成书于至元十年（1273年）。参加编写或修订补充的有孟祺、畅师文、苗好谦等。内容大多辑自《氾胜之书》、《四民月令》、《齐民要术》，以及北宋末至元初的多种农书。全书7卷，分别论述各种作物的栽培及家畜、家禽、鱼、蚕、蜂的饲养。其中栽桑、养蚕各1卷，约占全书1/3。书中对棉花和苎麻尤其提倡，认为应积极创造条件栽培，不受风土说限制。

《农书》

《农书》，元代总结农业生产经验的农学著作，王祯撰。王祯，山东东平人，元贞、大德年间曾任旌德、永丰等地县尹，办学、修桥、施药、劝农，颇有政绩，且熟悉农耕，积累了丰富的农业知识，1313年撰成《农书》。全书分《农桑通诀》、《百谷谱》、《农器图谱》三大部分。《农桑通诀》系关于农业的总论，包括农业史、授时、地利、耕垦、耙劳、播种、锄治、粪壤、灌溉、收获等，其中贯穿着"人定胜天"的思想。《百谷谱》专门叙述各种农作物、菜蔬、瓜果、竹木等的种植法。《农器图谱》共有306幅74种农具、农业机械、灌溉工具、运输工具、纺织机械图，每幅图后附有文字说明，详细介绍其结构及使用方法。

天文学家郭守敬

元世祖忽必烈非常重视吸收汉族的人才，刘秉忠便是他重用的汉族大臣之一，将国号定为元就是刘秉忠的主张，刘秉忠还向忽必烈推荐了著名科学家郭守敬。

郭守敬出生在河北邢台的一个学者家庭里，他的祖父郭荣学识渊博，对数学和水利都有深入的研究。祖父常常带着小孙子东看看西摸摸，教他数学，教他技术。郭守敬认真读书，刻苦钻研，进步很快。十五六岁时，他曾经看到一幅从石刻上拓印的莲花漏图（古代一种计时器），没用多少时间，他就弄清了它的制造方法和原理。

元代观星台和石圭，位于今河南登封。

忽必烈统一全国以后，下令要修改历法，郭守敬和王恂受命主持这项工作。由于原有的天文观测仪器已经陈旧不堪，难以精确地观测天象，郭守敬便决定把创制天文仪器的工作放在首位。他说："历法的根本在于测验，而测验是否精确，首先要有精密的仪器。"于是，他自己动手创制和改造天文仪器。在三年之中，郭守敬制成了简仪、圭表、仰仪等 10 多种天文仪器。

首先，郭守敬大胆地改革了圭表。圭表是我国古代发明的一种测量日影的工具，根据日影变化以决定春分、秋分、夏至和冬至等二十四节气。

郭守敬又创制了简仪。简仪是一种用来测量日月星座位置的天文仪器，它是郭守敬对西汉落下闳发明的浑仪改造而来的。郭守敬大刀阔斧地把浑仪几个妨碍视线的活动圆环去掉，又拆除原来作为固定支架的圆环，改用柱子托住，这样既简单，又实用，故称简仪。简仪制成于 1276 年，比欧洲发明同样类型的仪器要早 300 多年。

郭守敬不仅是一个天文学家，又是一个水利专家，他在水利方面所作的最大贡献是开凿了从大都到通州的"通惠河"。

有一年，成宗皇帝召郭守敬到上都，商议开凿铁幡竿河渠的事。郭守敬认为这个地方降雨量大，年年有山水暴发，要开凿河渠，非得有六七十步宽不可。但是，执管的官员嫌水利工程费用太大，不接受郭守敬的建议，在施工的时候，将郭守敬提出的宽度缩减了三分之一。结果，第二年大雨一来，山水凶猛下泻，淹没了许多人、畜、房子，差一点把皇帝的行宫也冲毁。成宗皇帝后悔莫及地说："郭太史（郭守敬）真是神人，当初实在不该不听他的话呀！"

郭守敬在历法方面也有卓越的成就。他修成《授时历》，计算出一年为 365.2425 天，这和地球绕太阳的周期只差 26 秒，与现在世界上公用的阳历相同。

郭守敬一生坚持不懈地从事于科学实践，直到 86 岁高龄还在进行着研究。

马可·波罗来中国

马可·波罗的父亲尼古拉·波罗和叔父玛飞·波罗是威尼斯的商人，兄弟俩常常到国外去做生意。

有一次，忽必烈的使者在布哈拉经过，见到这两个欧洲商人，感到很新奇，便邀请他们一起来到上都（今内蒙古多伦西北）。忽必烈听到来了两个欧洲客人，十分高兴，把他们召进行宫，问这问那，特别热情。

忽必烈从他们那儿听说了一些欧洲的情况，要他们回欧洲给罗马教皇捎个消息，请教皇派人来传教。两人就告别了忽必烈，离开了中国。他们在路上走了三年多，才回到威尼斯。那时候，尼古拉的妻子已经死去，留下了已经十五岁的孩子马可·波罗。

马可·波罗听父亲和叔父说起中国的繁荣景象，羡慕得不得了，央求父亲带他一块儿去中国。尼古拉觉得让孩子一个人留在家里不放心，就决定带他同走。

尼古拉兄弟拜见了教皇，随后带着马可·波罗到中国来。路上又花了三年多时间，在1275年到了中国。那时候，忽必烈已经即位称帝，听说尼古拉兄弟来了，便派人到很远的地方迎接，一直把他们接到上都。

尼古拉兄弟带着马可·波罗进宫拜见元世祖。元世祖一看尼古拉身边站着一位少年，诧异地问这是谁，尼古拉回答说："这是我的孩子，也是陛下的仆人。"

元世祖看着英俊的马可·波罗，连声说："你来得太好了。"当天晚上，元世祖特地在皇宫里举行宴会，欢迎他们。后来，又把他们留在朝廷里办事。

马可·波罗聪明伶俐，很快学会了蒙古语和汉语。元世祖见他进步这样快，十分赏识他。没有多久，就派他到云南去办事。马可·波罗出门，每到一处，都留心观察风俗人情。回到大都，就详细向元世祖汇报，元世祖高兴地夸奖马可·波罗能干。

马可·波罗在中国整整住了17年，被元世祖派到许多地方视察，还经常出使到国外。

马可·波罗像

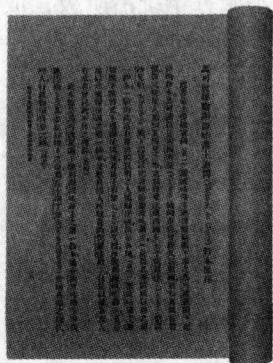

《马可·波罗游记》书影

日子一久，三个欧洲人开始思念起家乡来，三番五次向元世祖请求回国。但是元世祖宠爱着马可·波罗，舍不得让他们回去。到了后来，元世祖见他们思乡心切，只好答应。

马可·波罗回国后，向人们讲述了东方和中国的情况。有一个名叫鲁思梯谦的作家，把马可·波罗讲述的事记录下来，编成一本叫做《马可·波罗游记》（一名《东方闻见录》）的书。在这本游记里，马可·波罗把中国的著名城市都作了详细的介绍，称颂中国的富庶和文明。这本书一出版，便激起了欧洲人对中国文明的向往。

从那以后，中国和欧洲人、阿拉伯人之间的来往更加密切。阿拉伯的天文学、数学、医学知识开始传到中国来；中国古代的三大发明——指南针、印刷术、火药，也传到了欧洲（中国的另一个大发明造纸术，传到欧洲要更早一些）。

关汉卿与《窦娥冤》

元朝初期，元世祖采取了许多促进生产发展的措施，使社会经济出现了繁荣的景象。但是，最大的受益者，是那些蒙古的王公贵族和地主官僚，而处于社会底层的平民百姓，在残酷的阶级压迫和民族压迫下，依然过着悲惨的日子。

元世祖死后，他的孙子铁穆耳即位，即元成宗。元成宗在位期间，官吏、贵族贪赃枉法的情况日益严重，冤案繁出，民不聊生。正是在这样的社会背景下，诞生了一个伟大的杂剧作家关汉卿。

关汉卿是一个刚直不阿、不向权贵屈服的人。在元代那个黑暗的社会里，像关汉卿这样具有正义感的汉族中下层读书人，根本受不到重用。关汉卿也就索性不服务于统治阶级，成为一位"不屑仕进"的有骨气的知识分子。

关汉卿钟爱戏曲艺术，他把毕生的精力用在这一事业上。随着年龄的增长和许多严酷现实的磨炼，关汉卿对当时的黑暗社会有了清醒而深刻的认识。他把自己所看到或听到的民间悲惨遭遇，编写成杂剧，猛烈地抨击了官府的黑暗统治和社会不公平现象。

尤其值得称道的是关汉卿晚年的代表作品《窦娥冤》。

《窦娥冤》的全名是《感天动地窦娥冤》，主要情节说的是：

当时楚州（今江苏淮安一带）地方，有一个贫苦的女子，名叫窦娥。她三岁就失去了母亲。七岁时，她父亲窦天章为还清借债和筹集进京赶考的盘缠，欠了蔡婆婆几十两银子，便将女儿窦娥卖给蔡家做童养媳。窦娥到蔡家没两年，丈夫又生病死了，家里只剩下老少寡妇俩相依为命。

一天，蔡婆婆出外索债，赛卢医谋财害命，想将她勒死。张驴儿父子搭救了蔡婆婆。

原来张驴儿是个流氓、地痞，他看见蔡家婆媳无依无靠，就趁机要挟，逼迫蔡婆婆嫁给了张老头。张驴儿见窦娥年轻美貌，欲娶她为妻。窦娥秉性刚强，坚决拒绝，还痛骂了张驴儿一顿。

张驴儿怀恨在心，企图用毒药害死蔡婆婆，以便强娶窦娥，不料，却把自己贪嘴的父亲给毒死了。张驴儿嫁祸于人，把毒死他父亲的罪名栽到了窦娥的身上，告到了楚州衙门。

楚州的知府是一个见钱眼开的官吏，

杂剧图 元

此图为山西省洪洞县广胜下寺水神庙壁画，再现了元泰定元年（1324年）四月忠都秀作场演北曲杂剧的情况。演员排列成两行，后排乐工立于作场人身后，大鼓置于上场门处，一未上场的角色搴帘探望。前排演员居中者为主唱角色正末，在整个舞台中占据突出地位。这种伴奏演出形式形成了中国戏曲600年来的传统规则。

背地里被张驴儿买通了，就在公堂上百般地拷打窦娥，逼窦娥招供。窦娥虽受尽了折磨，痛得死去活来，却始终不肯承认。

这个贪官知道窦娥非常孝敬婆婆，就把蔡婆婆抓来，当着窦娥的面严刑拷打。窦娥想到婆婆年老体弱，受不了这种重刑，只好含冤招了供。

在赴刑场的路上，窦娥满腹冤屈，无处去申诉，于是她喊出了"衙门自古向南开，就中无个不冤哉"的强烈抗议。临刑时，她指着天发了三桩誓愿：血溅丈二白练、六月飞雪、楚州三年大旱。她的三桩誓愿震动了天地，件件应验了。

后来，窦娥的父亲窦天章在京城做了大官，窦娥的冤案得到了昭雪，杀人凶手张驴儿被判处死罪，贪官知府也得到了惩处。

窦娥不向黑暗势力低头，坚贞不屈的顽强斗志，代表了当时人民的精神面貌，反映了在封建统治下，无数含冤受苦的百姓申冤报仇的强烈愿望。

关汉卿的杂剧创作丰富了中国古代文学的宝库。他的杂剧以思想性和艺术性的完美统一，得到了国内外广大人民的喜爱和推崇。

元朝的对外交流

自元朝起，中国和欧洲人、阿拉伯人之间的往来开始越来越密切。阿拉伯的天文学、数学、医学知识开始传到中国来；中国的指南针、印刷术和火药，也在这个时期传到了欧洲。

被马可·波罗盛赞的元大都，的确是当时世界上最繁华的城市之一。从东欧、中亚，到非洲海岸以及日本、朝鲜、南洋各地，都有商队、使团来到大都。西藏的僧侣也经常往返于大都；从东南沿海直航天津的海船也带来了闽、广、江、浙的丝绸、瓷器和南洋的香料，到大都贩卖。大都城内流通的商品有粮食、茶、盐、酒、绸缎、珠宝等，也有单项商品集中经营的市场，如米市、铁市、皮毛市、马牛市、骆驼市、珠子市等。商业行会的组织中，还有"行老"负责业务上的内外事务。

元朝对外的不断战争，并没有严重地影响社会经济的自然成长，反而使整个欧亚地区处于大汗一人的统治之下，交通和贸易，都有重大的发展，海运更是空前的兴盛。

这些由中亚、阿拉伯、波斯等地迁到中国的人，经过长期在内地与其他各族杂居，彼此互通婚姻，文化上互相渗透，逐渐在中国境内形成了具有独特生活习惯、宗教信仰、文化特点的新民族——回族。

不光如此，当时世界上的各种宗教也都能在大都见到。因为蒙古人信奉传统的萨满教，他们对其他各种宗教，也都采取宽容的态度，只要不危及其统治，他们都予以保护。

藏传佛教是佛教传入西藏后与西藏原有的本教相互影响、融合而形成的一个教派。自元世祖起，元朝历代皇帝后妃都尊藏传佛教僧侣为帝师，并亲自受戒。因此，藏传佛教僧侣受到特别的尊崇和优待，佛教也随之兴盛。

元代的道教，除了张天师的嫡系称为正一教外，还出现了全真教、真大道教和太一教等流派。全真教的势力最大，教主丘处机曾应成吉思汗之召到过中亚等地。

灰陶马及牵马俑　元

元世祖曾请马可·波罗的父亲带信，请罗马天主教皇派使者来大都传教。在1292年前后，教皇就派遣意大利传教士约翰·孟德高维奴来大都传教，任中国第一任天主教总主教。元代的天主教在全国各地都有信徒，在沿海城市和内地也都有教堂。

此外，摩尼教、婆罗门教、犹太教也都是在唐宋之际逐渐传入，而在元代有所传播的。

帝国的衰落

大都的繁华没能挽留住元朝衰落的脚步，权力的频繁更迭更加速了其灭亡的脚步。因为蒙古大汗们喜欢封赏，所以经常把大量农田和在这片田地上耕作的汉人当做物品，赏赐给皇亲国戚或是亲王公主、功臣之类。所以汉人在忽然间失去他祖宗传留下来的农田时，发觉自己也从自由农民沦为了农奴。蒙古贵族还经常随意侵占土地，然后让肥沃的农田荒芜，长出野草，以便畜牧。

元朝每一个新帝即位，都要赏赐贵族们金银钞币和大量田地。如顺帝赐给丞相伯颜的田地，一次就达5000顷。他还花费大量财物用于求神、拜佛、炼制仙丹，使得国库一度为之枯竭。当时各级官吏都贪污勒索，巧立名目，诸如拜见钱、撒花钱、追节钱、生日钱等。政府卖官鬻爵，极其腐败。

1340年，顺帝不满丞相伯颜，支持脱脱发动政变，驱逐了伯颜，并以脱脱为中书右丞相，进行政治改革。当时顺帝的年号是至正，因此这次改革被称为"至正新政"。新政执行的前四年由脱脱主持实施，废除伯颜旧政，恢复科举（曾被伯颜废除），撰修辽、金、宋三史，减少盐额。后五年由元顺帝亲政，颁行了《至正条格》完善法制，加强廉政。虽然新政有些效果，但对积弊已久的社会问题还是没起到大的作用。

对于广大汉人来说，他们处于社会的最底层，不仅受到压迫剥削，还受到蒙古人的歧视。他们认为，苦难不仅来自暴政，更来自民族的压迫。要改变，唯一的方法就是推翻元帝国和蒙古人的统治。

白莲教和红巾军起义

河北有个农民叫韩山童，其祖父是个教书先生，曾经利用传教的形式，暗地里组织农民反抗元朝，被官府发现后充军到永年（今河北邯郸东北）。韩山童长大后，继续组织白莲会，并宣传说："白莲花开，弥勒佛降世。"由此聚集了不少农民。

1351年，黄河在白茅堤决口，元朝征发了汴梁（今河南开封）、大名等15万民工修河。民工们在烈日暴雨下干活，可是朝廷拨下来的开河经费，却让治河的官吏克扣了。于是韩山童决定抓住这个机会，举行起义。他先派几百个会徒去做挑河民工，在工地上传播一支民谣："石人一只眼，挑动黄河天下反。"

开河工程开到了黄陵冈时，有几个民工挖出一座石人来，而石人脸上正是一只眼。这件新鲜事很快就在十几万民工中传开了，大家认为民谣应验，造反的日子马上就来到了。其实这个石人是韩山童事先偷偷地埋在那里的，见计谋成功，韩山童和好友刘福通便在颍州颍上（今安徽阜阳、颍上）宣布起义，用红巾裹头作为起义军的标记。

正在起义军歃血立誓的时候，却有人走漏了消息。官府派兵士把韩山童抓去杀了，韩山童的妻子带着儿子韩林儿，逃脱了官府追捕，到武安（今河北武安）躲了起来。刘福通逃出包围后，把约定起义的农民召集起来，攻占了颍州等一些据点。原来在黄陵冈开河的民工得到消息，也杀了河官，纷纷投奔刘福通。因为起义兵士头上裹着红巾，当时的百姓把他们称做红军，历史上把他们称做红巾军。

刘福通的红巾军连续攻下了一批城池，江淮一带的农民早就受到白莲会的影响，当他们听到刘福通起义时，纷纷起来响应，像蕲水（今湖北浠水）的徐寿辉，濠州（今安徽凤阳）的郭子兴，都打起红巾军的旗号起义。也有不打红巾军旗号的，像江苏北部的张士诚。1354年，元顺帝派丞相脱脱集中了诸王和各省人马，动用了西域、西番的兵力，号称百万，围攻占领高邮的张士诚。正当高邮城被围得水泄不通之时，元王朝突然发生内乱，元顺帝下令撤掉脱脱的官爵。百万元军失去了统帅，不战自乱，全军崩溃。元军溃散后，刘福通的北方起义军趁机出击，大破元军。次年，刘福通把韩林儿接到亳州（今安徽亳县），正式称帝，国号为宋，韩林儿被称为小明王。韩林儿、刘福通在亳州建立政权后，分兵三路北伐。刘福通亲自率领大军攻占了汴梁，把小明王韩林儿接到汴梁，定为都城。元顺帝见红巾军声势浩大，极为恐慌，马上纠集大批军队镇压，三路北伐军先后失利，汴梁又落入元军手里。

接着，元王朝用高官厚禄招降了张士诚，刘福通保护小明王逃到安丰（今安徽寿县）后，受到张士诚的袭击，1363年，刘福通牺牲，北方红巾军失败。但此时的元朝也受到极大的震撼，只差最后一击了。

顺帝的堕落

自从伯颜病死后，元顺帝妥懽帖睦尔才开始自主地做皇帝，那一年他20岁。

顺帝其实是个聪颖的帝王，入宫受佛戒时，顺帝看到佛前供着羊心，便问供佛是否用过人的心肝。一僧侣回答："有的。只要人生歹心害人，就要用他的心肝做佛供。"顺帝沉思片刻，问道："这只羊也害过人吗？为什么把它的心拿出来做佛供？"该僧侣一时无言以对。

少年时的顺帝不仅聪明，还有高超的艺术技能。顺帝喜欢做木工活儿，凡是他身边的宦官在宫外建住宅，顺帝都亲自动手，设计制作缩小比例的实物模型。因此，京师人戏称顺帝为"鲁班天子"。

也许是顺帝喜欢的奇技淫巧太多了，加上脱脱又很能干，顺帝索性就将一切国政都委托脱脱处理，自己每天在宫中恣情酒色。

一个叫哈麻的僧侣见顺帝厌烦国事，便引进了一个西天番僧入宫，教给顺帝房中术，称为"演揲儿"法，译作汉文就是大喜乐的意思。顺帝如获至宝，悉心练习，每天与后宫女子淫戏作乐。那些僧侣也留宿宫闱，任意奸淫年少美丽的公主和嫔妃，顺帝只知习法为快，从来不去禁止。

棉纺织业的发展

棉纺织业作为新兴的行业，在元代大有发展。到元朝中后期，棉花已在全国广泛种植。

棉纺织业作为一种农村的家庭副业，也在江南地区普遍发展起来。在这一技术的迅速发展中，黄道婆做出了巨大的贡献。黄道婆是松江府乌泥泾人，曾流落到崖州（今海南），因此学到那里的纺织技术。元成帝贞元年间（1295～1297年），她随船返回故乡，将造、捍、弹、纺、织等一整套工具的制作方法及织布中使用的颜色搭配、综线挈花等技艺传授开来。织成的被、褥、带等的各种纹样、图案，色彩鲜艳，远近闻名，并在长江流域得到推广，使这一地区棉纺织技术出现了一次突飞猛进的发展。松江一度成为全国的棉纺织业中心。此后，棉织品逐渐普及为普通人民的服装材料。

元代大运河

元朝灭南宋后，仍依靠旧运河进行水陆运输，其路线由长江辗转入淮河，逆黄河而上达滦旱站（今河南封丘西南、黄河北岸），陆运180里至淇门（今河南浚县西南），入御河（今卫河），再运至大都。这条隋唐以来的运河旧道，因历经变迁，久不通畅，漕运诸多不便，所以元朝政府着手陆续修凿大运河。至元三十年（1293年），通州至大都的通惠河开通，至此，大运河全线贯通。它以杭州为起点，以今北京的积水潭为终点，全长超过1790千米，依次为：通惠河、通州运粮河、御河、会通河、济州河、扬州运河、江南运河。大运河经过了今北京、河北、天津、山东、江苏、浙江六省市，把海河、黄河、淮河、长江和钱塘江五大水系联系成一个统一的水运网，成为我国古代南北交通的主动脉。

海外贸易

至元十四年（1277年），元朝先后在泉州、庆元（今浙江宁波）、上海、澉浦（今浙江海盐县南）、广州、温州、杭州设置了七个市舶司。其中泉州是对外贸易的最大商港，由此出口纺织品、陶瓷等日常生活用品，进口丁香、豆蔻、胡椒、钻石、珠宝等。

元朝的海上贸易关系十分广泛，同亚、非、欧各国的交往频繁。外国人里，最著名的是意大利旅行家马可·波罗，回国后还撰写了《马可·波罗游记》。至元二十八年（1291年），元朝政府着手制定了市舶法则，至元三十年（1293年），又颁布《整治市舶司勾当》22条。

市舶法明确规定了市舶司的职责，包括办理船舶出入港的手续、舶货的检验和收存、舶货的抽分和纳税等等。市舶司由行省管辖，每个司设提举两人。征收舶税和市舶抽分时，往往有行省高级官员在旁边监督。市舶抽分和征收舶税成为元廷的重要财源之一。

《西厢记》

《西厢记》全名《崔莺莺待月西厢记》，其作者是元代著名杂剧家王实甫。

王实甫名德信，大都（今北京市）人，生平事迹难以实考，约卒于元代中后期。他一生创作了 14 种剧本，《西厢记》大约写于元贞、大德年间（1295～1307 年）。时人贾仲明给他写的悼词称："新杂剧，旧传奇，《西厢记》，天下夺魁。"

《西厢记》的素材来自唐代诗人元稹根据自己的亲身经历写成的传奇《莺莺传》：元稹从小家境贫寒，当他成人后，因为文名远扬而过上轻裘肥马的生活。他生性风流，用情不专，早年和表妹崔氏相恋，并已成夫妻之实，后来为了在仕途上更上一层楼，他狠心抛弃表妹，娶了裴尚书的女儿。若干年后，两人都各自成家，但元稹仍要求崔氏以外兄身份相见，遭到了崔氏的拒绝。《莺莺传》就是元稹这一段情感经历的真实写照，也是《西厢记》的创作源头。

金章宗时期的董解元，在说唱文学作品的基础上，将这个爱情故事改编成了 5 万字左右的演唱词，名为《弦索西厢记》。在董西厢中，才子佳人大团圆，而不是张生对崔莺莺的始乱终弃。作者理直气壮地宣告："自古佳人，合配才子。"

王实甫就是在这样丰富的艺术积累上加工再创作了《西厢记》，从根本上改变了《莺莺传》的主题思想，把男女主人公塑造成对爱情坚贞不渝，敢于冲破封建礼教束缚的新形象，在父母之命、媒妁之言、门当户对的禁锢下，作者直接喊出了"愿天下有情的都成了眷属"。

《西厢记》在故事情节上和董西厢基本上差不多，人物都有鲜明的个性。王实甫恰到好处地掌握着分寸，使笔下的人物具体生动，而不仅仅是概念的化身。如张生对爱情热烈痴情，却不轻薄下流；作品一方面写他思念莺莺时的惆怅和忧郁，同时又写他得到莺莺信笺时手舞足蹈的喜剧性动作，使得这个形象真实可信；而崔莺莺多情执着，反抗老夫人也十分坚定，但在爱情的道路上她却小心翼翼地试探着。

作为戏剧艺术，《西厢记》巧妙地设置了一系列的"悬念"，高潮迭起，引人入胜。老夫人赖婚，是第一个大的"悬念"，即"赖婚"之后张生和莺莺会采取什么行动？他们采取的行动是"酬简"，进而私订终身，这是对"赖婚"的解答，又是引起下一段故事发生的新悬念。此后的"哭宴"又是一个悬念：老夫人赖婚之后，张生去向何方？这只能在全剧结束时才能得到解答。这些悬念都设置在全剧的主干部位，

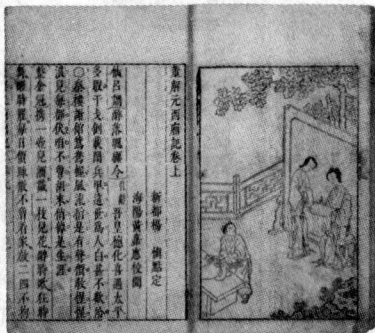

《西厢记》书影

《弦索西厢记》（金董解元著）插图

使得剧本层次分明，结构紧凑。

元杂剧一般以本色语言为主，《西厢记》却在杂剧本色语言之外，又适当地渗入了不少典雅、富丽的书卷气。《西厢记》善于吸取前代名作佳句，再加以深化加工、点染而成妙语，或者描写风景，或者描绘人物，或者抒发感情，都显得恰到好处。在《西厢记》剧本中，没有无缘无故的景物描写，也没有脱离景物的情感抒发，剧中经常运用衬托的手法来写人物的心情。最著名的如"送别"一折：

青山隔送行，疏林不做美，淡烟暮霭相遮蔽。夕阳古道无人语，禾黍秋听马嘶。

青山，疏林，淡烟，夕阳，在这对即将离别的情人眼里，都涂上了浓厚的主观感情色彩，显得凄艳、悲怆。这种景情的结合，又是在借鉴前人诗文的基础之上的，这种大胆的兼收并蓄，使得《西厢记》的语言更为清新典雅，精工富丽。

《西厢记》是我国古典戏剧的现实主义杰作，对后来《牡丹亭》、《红楼梦》等以爱情为题材的小说、戏剧的创作产生了深远的影响。

赵孟頫

赵孟頫字子昂，号松雪、水精宫道人等，1254年生于风光如画的浙江湖州，王室后人，是宋太祖赵匡胤的第11世孙。南宋灭亡后，他被举荐在元朝做官，官至翰林学士承旨，封魏国公。赵孟頫在新朝做官，难免会引起遗老遗少的非议，他又是个汉人，在官场中常受排挤。在这种情况下，赵孟頫心灰意冷，退出仕途，归隐田园，专心书画。

赵孟頫博学多才，在诗文、书画、音乐等方面都有很高的造诣，特别是书法和绘画成就最高，开创元代新画风，被称为"元人冠冕"。

赵孟頫主要学习了董源、巨然和李成、郭熙两大体系，脱离精勾密皴的画法，参照唐人古、简的意趣，自创新格。他博采众家之长，形成了厚重工稳、秀润清丽的总体风貌。人物画多保持唐人风范，法度严谨，风格古朴。花鸟画融合郭熙、黄筌二体，兼工带写，不事工巧，清疏淡雅。绘画理论上，他提倡复古，主张"画贵有古意"，崇尚唐人，反对南宋院体中柔媚纤巧的画风。尤为可贵的是，他的画变革了南宋院体格调，开创了元代画风。他大胆尝试将书法运用于绘画，熔诗、书、画于一炉，形成书法和绘画相结合的"书画"。他枯笔淡墨、浅绛设色，格调疏淡隽逸，着重表现出文人隐逸的生活情趣。

赵孟𫖯传世的画迹有 200 余幅。《洞庭东山图》是比较有代表性的一幅，此图描绘的是洞庭东山的景色。洞庭山位于江苏吴县西南太湖中，分东西两山。东山古代叫胥母山，又称莫厘山，是伸出太湖的半岛。图中东山山势不高，圆浑平缓，山径曲折，有一个人伫立岸边眺望太湖。山后雾气迷蒙，岗峦隐约。湖面微波粼粼，轻舟荡漾。近处小丘浮起，杂木丛生。此幅笔墨从董源的规范中变化而来，柔和流畅的披麻皴和疏密相间的点苔，表现出江南草木滋润的土山形貌。细密的鱼鳞水纹，写出太湖潋滟的水光。山峦和坡石罩染淡淡的石青、石绿和赭石，以花青点染树叶，画面色调明澈清雅。这种浅绛山水是赵孟𫖯在唐、宋青绿山水基础上发展起来的新体貌，对元代山水画风影响很大。

赵孟𫖯也是元代初期很有影响的书法家。他的真、行是当代第一。他早年学"妙悟八法，留神古雅"的宋高宗赵构的书法，中年学"钟繇及羲献诸家"，晚年师法李邕、颜真卿、米芾诸家。此外，他还临摹过北魏的定鼎碑及唐虞世南、褚遂良等人，集前代诸家之大成，兼容并蓄，发展变化，形成结体严整、笔法圆熟、气势浑健的独特书风，人称"赵体"。尤为可贵的是，宋元时代的书法家多数只擅长行、草，而赵孟𫖯却能精究各种字体。赵孟𫖯的书法闻名于当时，天竺僧人不远万里来到中国，只为求得他的书帖，归国后尊为珍宝。后世学习赵孟𫖯书法的也很多，赵孟𫖯的字在朝鲜、日本也非常风行。

和尚皇帝

在刘福通带领红巾军征战的同时，据守在濠州的郭子兴领导的红巾军，也在日益壮大。濠州虽处在元军的包围中，但义军将士们英勇不屈，众志成城，使元军无计可施。

一天，在凛冽的寒风中，匆匆赶来了一位衣衫褴褛的年轻和尚。城卫怀疑他是元军的奸细，一面将他捆在拴马桩上，一面派人去通报元帅郭子兴。郭元帅闻讯赶到城门，只见绳索紧缚的和尚，相貌奇伟，气度非凡，心里不禁暗暗称绝。

此人便是后来的大明开国皇帝朱元璋。

朱元璋祖籍江苏沛县，本名朱重八。当时布衣百姓一般都不取正式名字，只用行辈或父母年龄合计数作为称呼。

朱元璋小时候一有空就跑到皇觉寺去玩耍，这寺内的长老见他聪明伶俐，讨人喜欢，便抽空教他识文认字。朱元璋天赋过人，过目不忘，天长日久，便也粗晓些古今文字了。

朱元璋17岁那年，淮北发生旱灾、蝗灾和瘟疫，他的父母、长兄在不到半个月的时间里相继死去，乡里人烟稀少，非常凄凉。朱元璋走投无路，只好剃发进了皇觉寺，当了一个小行童，整天扫地上香，敲钟击鼓，还经常受到那些老和尚的训斥。为了混口饭吃，朱元璋只好忍气吞声。

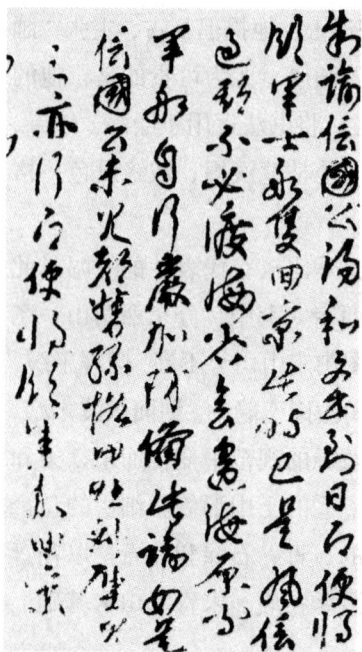

论不必渡海帖　明　朱元璋

后来，灾情越来越严重，靠收租米度日的皇觉寺再也维持不下去了。主持只好把寺里的和尚一个个打发出去云游化斋，自谋生路。进寺刚刚五十天的朱元璋也只得背上小包袱，一手拿木鱼，一手托瓦钵，穿城越村，加入了云游僧人的队伍。

云游中，朱元璋目睹了混乱不堪的世事，对当时的社会有了深刻的认识，人生经验也大大丰富，他决定广泛交游，等待出人头地的时机。三年后，他回到了皇觉寺，不久，接到了已在郭子兴部队当了军官的穷伙伴汤和的来信，邀他前去投军。于是他连夜奔往濠州城。

朱元璋加入郭子兴的起义军后，打仗非常勇敢，无论遇到什么样的强敌，他总是奋不顾身，冲在前面。加上他又识得一些文字，就格外受到郭子兴的器重，打仗时，总让朱元璋伴随左右。没多久，他就成为军中的重要将领。郭氏夫妇看到朱元璋人才出众，对郭子兴的事业很有帮助，就把21岁的养女嫁给了朱元璋。

1355年三月，郭子兴死去，朱元璋取得了这支起义军的领导权。他率领着这支部队，采纳老儒朱升"高筑墙，广积粮，缓称王"（即积极扩充兵力，加固城防，发展生产，储备粮食，不图虚名，暂不称王）的建议，转战南北，最终夺得了天下，做了皇帝。

鄱阳湖大战

当朱元璋向南方发展势力的时候，遇到了一个强敌名叫陈友谅。陈友谅占据江西、湖南和湖北一带，地广兵多，自立为王，国号叫汉。1360年，他率领强大的水军，从采石沿江东下，进攻应天府，想一下子吞并朱元璋占领的地盘。

朱元璋赶忙召集部下商量对策。大家七嘴八舌，议论纷纷，只有新来的谋士刘基待在一旁，一声不吭。

朱元璋犹豫不决，散会后，把刘基单独留下来，问他有什么主意。刘基说："敌人远道而来，我们以逸待劳，还怕不能取胜？您只需用一点伏兵，抓住汉军的弱点痛击，就可以打败陈友谅了。"

朱元璋听了刘基的话，非常高兴。

朱元璋有个部将康茂才，跟陈友谅是老相识。朱元璋把康茂才找来，和他定下了引陈友谅上钩的计策。

康茂才回到家里，按照朱元璋的吩咐写了封信，连夜叫老仆去采石求见陈友谅。陈友谅见了这封信，并不怀疑，问老仆说："康公现在在什么地方？"

老仆回答说："现在他带了一支人马，在江东桥驻守，专等大王去。"

陈友谅连忙又问："江东桥是什么样子？"

老仆说："是座木桥。"

陈友谅在老仆走后，立刻下令全体水军出发，由他亲自带领，直驶江东桥。没想到到了约定地点，竟没见木桥，只有石桥。

一霎间，战鼓齐鸣，朱元璋安排在岸上的伏兵一起杀出，水港里的水军也加入战斗。

陈友谅遭到突然袭击，几万大军一下子溃败下来，被杀死的和落水淹死的不计其数。

此后，朱元璋的声势越来越大。陈友谅不甘心，3年之后，他造了大批战船，带领60万大军，向洪都（今江西南昌）进攻。

朱元璋亲自带领20万大军援救洪都，陈友谅这才撤去包围，把水军全部撤到鄱阳湖。朱元璋把鄱阳湖出口封锁起来，决定跟陈友谅在湖里决战。

陈友谅的水军有大批战船，又高又大；朱元璋的水军，却尽是一些小船，实力比陈友谅差得多。双方打了三天的仗，朱元璋的军队失败了。

朱元璋采纳了部将的建议，采用火攻。他命令用七条小船，装载着火药，每条船尾带着一条轻快的小船。傍晚时分，空中刮起了东北风，朱元璋派了一支敢死队驾驶这七条小船，乘风点火，直冲陈友谅大船。风急火烈，一下子就把汉军大船全部烧起来。陈友谅在突围的时候，被朱军的乱箭射死。

第二年，朱元璋又消灭了张士诚的割据势力。接着，朱元璋任命徐达为征虏大将军，常遇春为副将军，率领25万大军北伐。两个月后，徐达的军队占领了山东。

1368年正月，朱元璋在应天即位称帝，国号叫明，他就是明太祖。

这一年八月，明军攻下大都，元顺帝逃往上都。统治中国97年的元王朝终于被推翻了。

洪武施政

朱元璋登基后，年号洪武。这时全国都在闹灾荒，战争的阴霾还没有消去，明政府随即制定了一系列恢复生产和稳定社会的政策，并严加执行。

1368年，明太祖下令，各处荒田，农民垦种后归自己所有，并免徭役三年，原业主若还乡，地方官于旁近荒田内如数拨与耕种。

明政府多次组织农民大规模兴修水利。明太祖还采取了鼓励农民种植经济作物等措施，以促进农业生产的发展。针对地主富豪多聚族而居的特点，明太祖经常大量地把他们迁徙出本乡，使这些豪强失去了原有的社会基础和政治实力。

明太祖十分重视吏治的整顿，严禁各级官吏玩忽职守。高级官员要接受御史的监督，中下级官吏定期考核，称职者升，平常的复任，不称职者降，品德卑劣的罢职为民。对贪官的惩治尤其严厉，凡贪赃钞60两以上者，剥皮并枭首示众。

明太祖朱元璋首先觉得丞相和行中书省的权力过大，于是宣布废行中书省，在全国陆续设置了13个承宣布政使司，主管一省的民政和财政；另设提刑按察使司管刑法，都指挥使司管军队，三者合称"三司"，互不统属，分别归中央有关部门管辖。后来又罢去中书省，将丞相的权力分于六部，六部尚书完全执行皇帝的命令，直接对皇帝负责。秦汉以来实行了1000余年的宰相制度，从此废除。明太祖废丞相后，挑选了几名文人担任华盖殿、武英殿、文渊阁、东阁等殿阁大学士，协助他批阅奏章，充当顾问。明太祖还设立了特务机构锦衣卫，除负责侍卫、密缉盗贼奸宄外，还掌管诏狱。同时实行廷杖制度，即在殿上杖责大臣。明太祖的侄儿大都督朱文正、工部尚书薛祥等都曾被廷杖活活打死。

明太祖下令执行的这些制度，在洪武年间便显现了成果，各州县每年垦田少者以千亩计，多者达 20 万亩。

随着耕地面积的扩大，粮食和经济作物总产量也提高了，布帛、丝绢、棉花绒和果钞已被广泛生产，纺纱织布成为明朝初年农村的重要家庭副业。农业和手工业的发展，促进了明初商业和城市经济的繁荣，社会开始出现繁荣景象。

胡惟庸之案

明太祖即位后，总不放心那些帮助他开国的功臣。他设立一个叫做"锦衣卫"的特务机构，专门监视大臣的活动，谁被发现有什么嫌疑，就有被打进牢狱甚至杀头的危险。

1380 年，有人告发丞相胡惟庸叛国谋反，明太祖立刻把胡惟庸满门抄斩，还下令查他的同党。这一追查，竟株连文武官员 1.5 万人。明太祖发了狠心，把那些有胡党嫌疑的人全杀了。

学士宋濂，在明朝开国初期受过明太祖重用，后来又当过太子的老师。宋濂为人谨慎小心，但是明太祖对他也不放心。

有一次，宋濂在家里请了几个朋友喝酒，第二天上朝，明太祖问他昨天喝酒的事，宋濂一一照实回答。明太祖笑着说："你没欺骗我。"原来，宋濂家那天请客的时候，明太祖早已偷偷派人去监视了。后来明太祖称赞宋濂说："宋濂跟随我 19 年，从没说过一句谎言，也没说过别人一句坏话，真是个贤人啊！"宋濂 68 岁时告老还乡，明太祖还送他一块锦缎，说："留着它，32 年后，做件百岁衣吧！"

胡惟庸案件发生后，宋濂的孙子宋慎被揭发是胡党，于是宋濂也受到株连。明太祖派锦衣卫把宋濂从金华老家抓到京城，要处死他。

马皇后知道这件事后，劝明太祖说："老百姓家为孩子请个老师，尚且恭恭敬敬，何况是皇帝家的老师呢。再说，宋先生在乡下居住，他怎么会知道孙子的事呢？"

明太祖正在气头上，不肯饶恕宋濂。当天，马皇后陪明太祖吃饭，她呆呆地坐在桌边，不

锦衣卫木印　明

513

喝酒，也不吃肉。

明太祖感到奇怪，问她是不是身体不舒服。马皇后难过地说："宋先生就要死了，我心里难受，在为宋先生祈福呢。"

马皇后和太祖是患难夫妻，明太祖平时对她也比较尊重，听她这一说，也有点感动，才下令赦免宋濂死罪，改成充军茂州（今四川茂县）。70多岁的宋濂，禁不起这场折腾，没到茂州就死去了。

过了十年，又有人告发李善长明知胡惟庸谋反不检举揭发，犯了大逆不道的罪。李善长是第一号开国功臣，又是明太祖的亲家，明太祖大封功臣的时候，曾经赐给李善长两道免死铁券。可是明太祖一翻脸，把已经77岁的李善长和他的全家七十几口全部处死。接着，再一次追查胡党，又处死了1万多人。

事情并没到此结束。

过了三年，锦衣卫又告发大将蓝玉谋反。明太祖杀了蓝玉，追查同谋，又杀了文武官员1万多人。

这两件大案下来，几乎把朝廷功臣杀个精光，明太祖的专制和残暴在历史上也就出了名。

燕王进南京

明太祖杀了一些权位很高的大臣，把他的24个儿子分封到各地为王。明太祖认为这样做，可以巩固他建立的明王朝的统治，却不料后来引起了一场大乱。

明太祖60多岁的时候，太子朱标死了，朱标的儿子朱允炆被立为皇太孙。各地的藩王大都是朱允炆的叔父，眼看皇位的继承权落到侄儿的手里，心里不服气。特别是明太祖的第四个儿子——燕王朱棣，他多次立过战功，对朱允炆更瞧不起了。

朱允炆的东宫里，有个官员叫黄子澄，是朱允炆的伴读老师。有一次，黄子澄见朱允炆一个人坐在东角门口，心事重重，便问他为什么发愁。朱允炆说："现在几个叔父手里都有兵权，将来如何管得了他们。"

黄子澄跟朱允炆讲了一个西汉平定七国之乱的故事，来安慰他。朱允炆听后，心总算放宽了一点。

1398年，明太祖死了，皇太孙朱允炆继承皇位，这就是明惠帝，历史上又叫建文帝（建文是年号）。当时京城里就听到谣传，说几位藩王正在互相串通，准备谋反。建文帝听了这个消息害怕起来，忙让黄子澄想办法。

黄子澄找建文帝另一个亲信大臣齐泰一起商量。齐泰认为诸王之中，燕王兵力最强，野心最大，应该首先把燕王的权力削除掉。黄子澄不赞成这个做法，他认为燕王已有准备，先从他下手，容易引发突变。于是，两人商量好先向燕王周围的藩王下手。

建文帝便依计而行。

燕王早就暗中练兵，准备谋反。为了麻痹建文帝，他假装得了精神病，成天胡言乱语。齐泰、黄子澄不相信燕王有病，他们一面派人到北平把燕王的家属抓起来，一面又秘密命令北平都指挥

明成祖像

使张信去捕燕王，还约定燕王府的一些官员做内应。不料张信是站在燕王一边的，反而向燕王告了密。

燕王是个精明人，知道建文帝毕竟是法定的皇帝，公开反叛，对自己不利，就说要帮助建文帝除掉奸臣黄子澄、齐泰，起兵反叛。历史上把这场内战叫做"靖难之变"（靖难是平定内乱的意思）。

这场战乱，差不多打了4年。到了1402年，燕军在淮北遇到朝廷派出的南军的抵抗，战斗进行得十分激烈。有些燕军将领主张暂时撤兵，燕王却坚持打到底。不久，燕军截断南军运粮的通道，发起突然袭击，南军一下子垮了。燕军势如破竹，进兵到应天城下。

过了几天，守卫京城的大将李景隆打开城门投降。燕王带兵进城，只见皇宫火光冲天。燕王派兵把大火扑灭时，已经烧死了不少人。他查问建文帝的下落，有人报告说，燕兵进城之前，建文帝下令放火烧宫，建文帝和皇后都跳到大火里自焚了。

随后，燕王朱棣即了位，这就是明成祖。1421年，明成祖迁都北京。从那时起，旧时人认为人死后有鬼魂存在，朱棣总感觉北京一直是明朝的京城。

修建北京城

1402 年，燕王朱棣攻入南京，即位称帝，年号永乐，就是明成祖。

在朱棣攻入南京时，建文帝在皇宫奉天殿自焚而死（一说逃亡出家）。明成祖即位后重建了被烧毁的奉天殿，并住在里面。没过多久，明成祖就觉得很不自在，旧时认为人死后有鬼魂存在，朱棣总感觉父亲朱元璋和侄子朱允炆的鬼魂以及众多被他杀死的建文帝的大臣的冤魂一直萦绕在大殿里，让他寝食难安，经常做噩梦。他觉得夺了侄子的皇位，又逼死了侄子，死后没脸去见葬在南京明孝陵的父亲。

忽然，明成祖想起朱元璋晚年就有迁都北平（今北京）的想法，所以开始考虑迁都，想离开这个鬼地方。明成祖长期生活在北平，对那里感情很深，视其为"龙兴之地"。另外，迁都北平还有抵御北元的考虑。

当年徐达、常遇春率军明军北伐，元顺帝带着太子、妃子逃到蒙古草原，仍以元为国号，史称北元。他们拥有较强的军事实力，不甘心失败，经常派兵骚扰明朝的北部边疆，企图恢复统治。南京地处江南，离北部边境太遥远，不利于皇帝指挥作战。

但是，当明成祖说出要迁都的想法后，立即遭到了很多大臣的反对。因为这些大臣家在南方，不愿意迁都。朱棣很生气，杀死了言辞最激烈的大臣萧仪。这么一来，反对迁都的大臣都不再敢指责明成祖了，转而攻击那些拥护迁都的大臣。双方争辩非常激烈，明成祖让他们跪在午门外辩论。后来户部尚书夏原吉看到这种情况，为稳定局面，主动将责任承担下来，才缓和了矛盾，迁都的议论才逐渐平息下来。

明成祖刚刚夺取皇位，担心人心不稳，所以没有立即迁都，而是采取了逐步逐项解决迁都问题的方式。他深知，迁都是一件关乎国家兴亡的大事，必须审慎行事。于是他开始分阶段、有步骤地进行。

首先，提高北京的地位。永乐元年（1403 年），礼部尚书李至刚建议将北平升为陪都，明成祖非常高兴，将北平改称为北京，称行在。这就是北京名称的来源，同时将北平府改称顺天府。在北京设置了留守行后军都督府、北京行部、北京国子监等机构。

其次，提高北京的经济地位。北京虽然地理位置重要，而且曾是元朝的大都，但北方的经济却远不及江南。因此明成祖下令在北京附近进行大规模的移民屯田，

5 年之内减免赋税。很多士兵退伍后被安排到北京周围的乡村种田。靖难之役后，全国出现大量无家可归的难民。他下令把难民组织起来，到北京周围去种田。他甚至下令释放囚徒，安置在北京周边地区去种田。他还实行了一些优惠政策，比如向这些移民免费提供耕牛、农具和种子等。同时又把大批工匠迁往北京，也给这些工匠以更多的优惠政策，比如免税免粮，赈济优厚等。并将江南的富户迁到北京，这就使北京形成了繁荣的工商业。为了解决北京的粮食问题，明成祖下令疏通运河，将江南的粮食运往北京。经过多年的苦心经营，北京逐渐发达繁华起来，初步具备了大都市的规模，可以和南京相媲美了。以至于当时的人民都说，天下万物虽然不产于北京，但都聚集在北京。

永乐十五年（1417 年），明成祖派大臣宋礼等到四川、湖广、江西、浙江、山西等地采购木材石料。次年征调 23 万工匠，100 万民工和大量士兵开始大规模营建北京城。明北京城是在元大都的基础上，参考首都南京城池、宫殿规制而建造的，分宫城（即紫禁城）、皇城、内城和外城三部分。宫城是皇帝和后妃们居住的地方，城墙高约 10 米，四隅建有角楼，外绕护城河。皇城在宫城的外面，周长 6 里，城墙高约 8 米，内外砖砌，外围护城河，有六门。内城（又称京城或大城）在皇城的外面，周长 45 里，城墙高约 12 米，有九个城门。皇城里有太庙、社稷坛和中央官署衙门。内城和外城是居民区和商业区。北京城周长 45 里，中轴线南起永定门，往北经过正阳门、紫禁城、景山、钟楼、鼓楼，全长大约 7.8 千米。城中主要干道多是南北走向，小巷多东西向。永乐十八年（1420 年），北京城建设工程完工。北京不仅是中国历史上城市建筑的典范，而且也是当时世界

皇都积胜图（局部）

《皇都积胜图》绘于明朝中晚期，重现了北京城的繁华面貌，包括正阳门、棋盘街、大明门、承天门、皇宫等范围。图中所见是承天门内外的商业活动，摆摊的小贩成行成市，热闹非凡。

上最雄伟壮丽的城市。永乐十九年（1421年）正月，明成祖正式迁都北京。

明成祖迁都北京后，改北京为京师，改北京行在六部为六部。南京降为陪都，称"留都"或"南都"，但仍然保留六部和"南教坊司"，称为南京六部。南京六部的官员多为闲职或老臣。

编纂《永乐大典》

《永乐大典》初名《文献大成》，是我国古代编纂的一部大型类书，收录在《永乐大典》的图书均未删未改，堪称中国古代最大的百科全书，内容包括经、史、子、集、戏剧、评话、天文、地理、医卜、农工技术以及道教、佛教等各方面的著作。全书正文共分22877卷，凡例和目录60卷，装成11095册，总字数约3.7亿字，保存了我国自先秦至明初的典籍资料达8000余种。

郑和下西洋

明成祖夺得皇位后，有一件事总使他心里不安稳，那就是皇宫大火扑灭之后，没有找到建文帝的尸体。为了把这件事查个水落石出，他派出心腹大臣，去各地秘访建文帝的下落，但是这件事不好公开宣布，就借口说是求神问仙。

后来，明成祖又想，建文帝会不会跑到海外去呢？于是，他就决定派一支队伍，出使国外。他想到跟随他多年的宦官郑和，是最合适的人选。

郑和，本姓马，小名叫三保，出生在云南。郑和小时候就从父亲那里听说过外国的一些情况。后来，他进宫里当了太监。明成祖见他聪明能干，很信任他，还给他起了郑和这个名字。

郑和宝船复原图　明

1405年六月，明成祖正式派郑和为使者，带一支船队出使"西洋"。那时候，人们叫的"西洋"，指的是我国南海以西的海和沿海各地。郑和带的船队，一共有2.7万多人，除了兵士和水手外，还有技术人员、翻译、医生等。他们驾驶 62 艘大船，从苏州刘家河（今江苏太仓浏河）出发，经过福建沿海，浩浩荡荡，扬帆南下。

郑和第一次出海，到了占城（在今越南南方）、爪哇、旧港（在今印度尼西亚苏门答腊岛东南岸）、苏门答腊、满剌加、古里、锡兰（今斯里兰卡）等国家。他每到一个国家，先把明成祖的信递交国王，并且把带去的礼物送给他们。许多国家见郑和带了那么大的船队，而且态度友好，都热情地接待他。

郑和这一次出使，一直到第三年九月才回来。西洋各国国王见郑和回国，也都派了使者带着礼物跟着他一起回访。各国的使者见了明成祖，送上大批珍贵的礼物。明成祖见郑和把出使的任务完成得很出色，高兴得合不拢嘴。

后来，明成祖觉得没有必要再去寻找建文帝了，但是出使海外的事，既能提高中国的威望，又能促进与各国的贸易往来，有很多好处。所以从那以后，明成祖一次又一次派郑和带领船队下西洋。从 1405 年到 1433 年的将近 30 年里，郑和出海 7 次，先后到过印度洋沿岸 30 多个国家。

郑和第六次出使回国的同一年，明成祖得病死了。当他第七次出使回来后，大臣们认为郑和出使花费太大，便把出外航行的事业停了下来。

《三国演义》

《三国演义》是中国文学史上第一部长篇历史演义小说，全称《三国志通俗演义》，作者罗贯中是以晋朝陈寿的《三国志》为史实基础的。

关于罗贯中的生平，见于记载的很少，只能大致推测他的生卒年在 1310～1385 年之间。传说他很有政治抱负，曾入张士诚幕，朱元璋统一天下后，转而从事小说创作。他具有多方面的创作才能，曾写过乐府隐语和戏曲，但以小说成就为主，现存署名罗贯中的作品有《三国志通俗演义》、《隋唐志传》、《残唐五代史演义传》和《三遂平妖传》等。

《三国演义》的内容十分庞杂，时间和空间的跨度极大，涉及的人物也很多。作者以刘蜀政权为中心，抓住三国斗争的主线，井然有序地展开故事情节，描写了 184 年到 280 年间近一个世纪的历史故事，始于黄巾起义，止于西晋统一，形成了一个庞大有机的故事整体。全书集中描绘了东汉末年、三国时期各封建统治集团之间的军事、政治、外交等方面的斗争，揭示了当时社会的黑暗和腐朽，谴责了统治阶级的残暴和丑恶，反映了生活在灾难和痛苦中的人民迫切希望和平统

关羽擒将图 明 商喜

关羽是三国时期蜀汉著名的大将，勇猛善战，在历史上留下了温酒斩华雄、过五关斩六将、刮骨疗毒、水淹七军等脍炙人口的故事，被后世尊为"关公"、"关夫子"、"武圣"。此图描绘的就是关羽"水淹七军，生擒庞德"的故事，图中关羽红脸长髯、威风凛凛，关平、周仓分立左右，阶下被缚者为庞德。

一的愿望。

三国时期人才辈出，在政治、军事、经济、外交等方面或明或暗的斗争中，不同的人物表现了各自非凡的才能。《三国演义》刻画了许多不同特点的英雄人物，而他们都不是孤立的。如董卓、曹操和刘备；孔明、周瑜和司马懿；张飞、关羽和吕布等。这些不同的人物，或为一方霸主，或为沙场猛将，或为大帐谋士。

就董卓、曹操和刘备来说，董卓完全是邪恶和残暴的代名词，他烧杀掳掠，奸淫妇女，所犯罪行，真可谓擢发难数。曹操在书中是一个奸雄，他有智有谋，为官不避豪强，国难当头挺身而出，献计献策。在献刀杀董卓的故事中，充分显示了他的英勇和机智。尤其是当董卓、吕布识破他的意图后，他还能镇定自若，借机脱身而去。但同时曹操又是多疑的，只因一句无头无尾的话，便杀死吕伯奢一家。刘备是作者全力打造的"明主"形象，他宽仁待民，对将士以诚心和义气为重。为了成就大业，他能够做到与民秋毫无犯，甚至在关键时刻，他也能够与民众共进退，如在当阳撤退时，他不肯抛弃百姓先行。他知人善用，对诸葛亮、关羽、张飞、赵子龙的态度，可以说感人肺腑。当然，像他双手抛子、白帝城托孤等情节也是他权谋的一种表现。

在《三国演义》中，塑造得最为出色的形象无疑是诸葛亮，他几乎就是超人智慧和绝世才能的化身。他隐居隆中时，对天下局势了如指掌，初见刘备即提出据蜀、联吴、抗魏的战略。在后来大大小小的战役中，他总能够出奇制胜。尤其在火烧赤壁这段故事中，三方的主要首脑都粉墨登场，各自扮演着自己的角色，他的草船借箭、祈禳东风、华容布阵，无一不是出人意料的大手笔。刘备去世后，蜀国国力大减，他安居平五路、七擒孟获、六出祁山，一手撑起艰难的局面。那种排除万难的才能、坚忍不拔的毅力和"鞠躬尽瘁，死而后已"的精神结合在一起，成了封建时代"贤相"的典型。

读《三国演义》需要注意的是它"尊刘贬曹"的思想，从对董、曹、刘三人事迹和结局的描写就能看出这种取向，书中的这种思想并不是罗贯中所独创的，它最迟起于宋代，此后不断得到加强。这一方面是历史学方面的原因，一方面是受惯了欺凌和剥削的中下层民众对"明君"盼望的结果。

《三国演义》中还有一个重要问题就是它所宣扬的"义气"。小说第一回就极力写刘、关、张三人的桃园结义，不求同年同月同日生，但求同年同月同日死。这个盟誓决定了他们三人名为君臣、实同骨肉的关系。这种义气是小私有道德观念的反映，表现了他们在遇到困难时互相支援、见义勇为的积极品德。但另一方面，这种义气也有局限性，如关羽遇害后，刘备把个人的义气置于国家利益之上，不顾诸葛亮、赵子龙等的劝告，举兵伐吴誓死为关羽复仇，结果损兵折将，蜀国国力从此日衰。

《三国演义》是中国长篇章回历史小说的开山之作，其艺术结构既宏伟壮阔，又不失严密和精巧，同时在照顾历史事实的基础上，又适应了艺术情节的连贯。

《水浒传》

《水浒传》描写了北宋末年以宋江为首的农民起义的英雄故事。关于《水浒传》的作者，历来存在着争议。目前学术界比较倾向于认同是施耐庵编著，后经过罗贯中的加工。施耐庵，名耳，后更名为子安，字耐庵，元末明初人，具体生卒年不详，大约和《三国演义》的作者罗贯中同时代而年纪稍长，据《兴化县续志》记载，他是罗贯中的老师。关于他的祖籍也说法不一：一说是浙江钱塘（今浙江杭州）人，一说是江苏苏州人。他年少时颇有才名，在元至顺辛未年（1331年）中进士，做了两年钱塘县令，后来因为不容于当朝权贵而辞官回乡，安心著书立说。据说他曾经参加过张士诚的农民起义军，做过幕僚，未为可信。

水浒的故事在民间流传甚广，主要作品有龚开的《宋江三十六人赞》，以及元杂剧中的《双献头》、《李逵负荆》等。《水浒传》就是在民间传说、话本和戏曲的基础上写成的，是中国四大古典名著之一。该书通过宋江起义这一历史故事，真实地描绘了当时政治腐败、奸臣当道、民不聊生的社会全貌，反映了"官逼民反"的社会现实，以极大的热情歌颂了梁山英雄的大起义，深刻地揭露了人民与统治阶级间不可调和的矛盾。《水浒传》全书可分前后两大部分。前70回

施耐庵故居

施氏宗祠最早为施公后裔施文灿等将施公故居改建而成，前后穿堂三进。1938 年被日本侵略军烧毁，1981 年修复，1992 年扩建，现已具一定规模，内部陈列着《水浒》研究和《施耐庵家谱》等重要资料。

为前半部分，写各路英雄纷纷上梁山大聚义，打官军，聚义堂排座次。《水浒传》里的英雄走上造反的道路，各有不同的原因；但是在逼上梁山这一点上，许多人是共同的。如阮氏三雄的造反是由于他们不满官府的压榨，参加劫"生辰纲"的行动，上了梁山；解珍、解宝是由于受地主的掠夺起而反抗的；鲁智深曾是个军官，他好打不平，结果也被逼上山落草；武松出身贫民，为报杀兄之仇，屡遭陷害，终于造反；林冲原是东京 80 万禁军教头，是个有地位的人，他奉公守法，安分守己，但最终也被逼上梁山。71 回以后为后半部分。后半部分由 5 个小部分组成，即征辽、平田虎、平王庆、平方腊及结局。其中平田虎、平王庆两部分是后来加的，今天有的百回本征辽之后紧接平方腊，没有这两部分。后半部分中，梁山大军受朝廷招安，成为官军，南北征战，英雄们或死或伤，渐渐离散，很少有人善终。

"忠义"是梁山好汉行事的基本道德准则，甚至梁山义军的武装反抗，攻城略地，也被解释为"忠"的表现。但也就是这种"忠"的力量，最终把梁山大军引到了投降朝廷的灭亡道路。在征讨方腊后，108 将只剩下 27 人回朝，而宋江却仍以所谓的"忠义"自诩。所以他会把最后一杯毒酒留给李逵，将梁山事业断送得干干净净。

《水浒传》的故事内容富有传奇性，情节跌宕起伏，变化莫测，一波未平，一波又起。作品塑造了许多性格鲜明的英雄形象，有人说《水浒传》中的人物不是看出来的，而是"听"出来的。许多人物的语言极有个性，如宋江慷慨背后却又谨小慎微，武松刚毅而略带几分强悍，李逵的粗豪，鲁智深的豪爽等，都是由他们的语言表现出来的。

《水浒传》人物众多而身份、经历又各异，因而表现出各自不同的个性。林冲的刚烈正直，鲁智深的疾恶如仇、暴烈如火，武松的勇武豪爽，李逵的纯朴天真、戆直鲁莽，无不栩栩如生。这些英雄人物的个性虽然比较单纯，却并非简单粗糙。比如鲁智深性格是暴烈的，却常在关键时刻显出机智。又如李逵，作者常常从反面着笔，通过似乎是"奸猾"的言行来刻画他的纯朴。作者常常能够把人物的传奇性和富于生活气息的细节结合得很好，使他们的形象显得有血有肉。小说中许多不重要的人物以及反面人物，虽然着墨不多，却写得相当精彩。

《水浒传》十分重视情节的生动曲折，总是在情节的展开中通过人物的行动来刻画人物的性格。这些情节又通常包含着激烈的矛盾冲突，包含着惊险紧张的场面，包含着跌宕起伏的变化，富于传奇色彩。这种非凡人物与非凡故事的结合，使得整部小说充满了紧张感。

《水浒传》的语言也独具风格。施耐庵创造性地继承和发展了"说话"的语言艺术，以北方口语、山东一带口语为基础，形成了明快、洗练、表现力非常强的《水浒传》语言。状人叙事时，多用白描，不用长段抒写，寥寥几笔就神情毕肖。同时，《水浒传》的语言开始从《三国演义》的类型化写法摆脱出来，走向初步个性化写法，这标志着传统的写实方法在古代小说创作上的重大发展。

《水浒传》是中国小说史上第一部成熟的白话长篇小说，标志着我国白话长篇章回小说进入成熟的大发展时期。由它所开创的英雄传奇小说，不但启发了《金瓶梅》、《水浒后传》、《三侠五义》等小说，而且时至今日，依然是艺术家取法的宝库，并对中华民族的精神气质产生着深远的影响。

设九边筑长城

嘉靖二十六年（1547年）二月，动工再修偏东一段长城，是明长城的最后一项工程。明初，为防御蒙古袭扰，在东起鸭绿江、西至嘉峪关的绵延万里之线上设"九边"。初设了辽东（镇守区相当于今辽宁大部，镇守总兵官驻广宁，即今辽宁北镇。隆庆元年（即1567年后移驻辽阳，即今辽宁辽阳）、宣府（镇守区东至黄河，西至定边营，即今陕西定边。总兵官镇守今陕西绥德。成化七年即1471年移治今陕西榆林）、大同（镇守区东自河北、山西省界，西至大同市西北一带）、延绥（又称榆林镇，镇守区东起陕西府谷县北，西达宁夏盐池县东境）四镇；继设宁夏（镇守区相当今宁夏银川）、甘肃（镇守区相当今甘肃嘉峪关以东、黄河以西及青海西宁一带，总兵官驻甘州卫即今甘肃张掖）、蓟州（镇守区相当今河北长城内东至山海关、西至居庸关天津以北一带，总兵官驻三屯营即河北迁

长城卫兵腰牌（正反） 明

西西北）三镇；另外太原（镇守区相当山西内长城以南，西起黄河、东抵宁武，总兵官初驻偏头即今山西偏关东北。寻移今山西宁武）、固原（镇守区相当今宁夏南部、甘肃东南一带，总兵官驻 今宁夏固原）以近边，亦称二镇。合称"九边"，派驻重兵。

后明政府又沿各镇修缮长城，加强防卫。成化十年（1474年）修东起清水营（今陕西府谷西北），西至花马池（今宁夏盐池西）一段长城长达1700里。嘉靖七年（1528年），又修宁边营（今陕西定边，即今宁夏盐池之东南），蜿蜒向西北至横城堡（今宁夏银川东南）一段长城长300里。今再修偏东一段长城，自大同西路至宣府东路长800里。

土木之变

有一年，皇宫要招收一批太监。蔚州（今河北蔚县）地方一个叫王振的人，年轻的时候读过一点书，参加几次科举考试都名落孙山，便在县里当了教官。后来因为犯罪该判充军，听说皇宫招太监，就自愿进了宫，从而充了罪罚。宫里识字的太监不多，王振粗通文字，所以大家都叫他王先生。

后来，明宣宗派他教太子朱祁镇读书。朱祁镇年幼贪玩，王振就想出各种各样法子让他玩得高兴。

明宣宗一死，刚满9岁的太子朱祁镇继承皇位，这就是明英宗。王振当上了司礼监秉笔太监，帮助明英宗批阅奏章。明英宗年少好玩，根本不问国事，王振趁机掌握了朝廷军政大权。朝廷大员谁敢顶撞王振，不是被撤职，就是被充军发配。一些王公贵戚都讨王振的好，称呼他"翁父"。王振的权力可以说是顶了天了。

这个时候，我国北方的蒙古族瓦剌部已经强大起来。1449年，瓦剌首领也先派3000名使者到北京进贡马匹，要求赏金。王振发现也先谎报人数，而且还将进贡的马匹减少了，于是就削减了赏金。也先又为他的儿子向明朝求婚，也被王振拒绝。这一来，也先被激怒了，他率领瓦剌骑兵进攻大同。守大同的明将出兵抵抗，被瓦剌军打得溃不成军。

边境的官员向朝廷告急，明英宗召集大臣商量对策。大同离王振家乡蔚州不远，王振在蔚州有大批田产，他怕家产受损失，竭力主张英宗带兵亲征。兵部尚书（兵部尚书和侍郎是军事部门的正副长官）邝埜和侍郎于谦认为朝廷准

红夷炮复原图　明

备不够充分，不能亲征。明英宗是个没主见的人，王振怎么说，他就怎么听，不管大臣劝谏，就冒冒失失决定亲征。

明英宗叫他弟弟郕王朱祁钰和于谦留守北京，自己跟王振、邝埜等官员100多人，带领50万大军从北京出发，浩浩荡荡向大同开去。

过了几天，明军的前锋在大同城边被瓦剌军打得全军覆没，各路明军也纷纷溃退下来。明军退到土木堡（在今河北怀来东）时，太阳刚刚下山，有人劝英宗趁天没黑，再赶一阵，进了怀来城（今河北怀来）再休息，即使瓦剌军来了，也可以坚守。可是王振却想着落在后面装运他家财产的几千辆车子，硬要大军在土木堡停下来。土木堡名称叫做堡，其实没有什么城堡可守。不久，明军就遭到了瓦剌军兵的伏击。明军毫无斗志，丢盔弃甲，狂奔乱逃。瓦剌军紧紧追赶，被杀和被乱兵踩死的明军，不计其数，邝埜在混乱中被杀死，祸国殃民的奸贼王振也被禁军将领樊忠一铁锤砸死。明英宗做了俘虏。历史上把这次事件称作"土木之变"。

经过这一场战斗，不仅50万明军损失了一多半，明王朝大伤元气，而且北京也受到瓦剌军的威胁。

于谦守京城

英宗被俘的消息传到北京后，满朝文武大臣乱作一团，没有一个人能拿出好主意。翰林侍讲官徐珵主张走为上策，向南撤退。此时，朝中你一言，我一语，吵吵嚷嚷，毫无结果。正在关键时刻，兵部侍郎于谦挺身而出，他说："京都是国家的根本，如果朝廷一撤出，大势就完了，大家难道忘了南宋的教训吗？"

于谦的主张得到许多大臣的赞同。皇太后和朱祁钰看到在这关键时刻，能站出一位力挽狂澜的忠臣，当然满心欢喜，立即委以于谦兵部尚书的重任，让他负责指挥军民守卫京城。

这个时候，由于朝中观点不同，事实上已分成主战和主和两派，加上英宗不能回朝主政，长此下去不是办法。于谦等人为了拯救国家存亡，向皇太后提出请求，立郕王朱祁钰为皇帝。太后再三考虑后，表示赞成。九月，朱祁钰即位，号代宗皇帝，改年号为景泰，尊英宗为"太上皇"。

景泰元年（1450年）九月，代宗即位不久，瓦剌军进逼宣府城下。于谦面对敌我兵力悬殊的态势，一面抓防卫，一面抓备战，大力征募新兵，调运粮草，赶制兵器，不到一个月，就征集了20万人马，做好一切迎敌的准备。

十月，也先挟持着被俘的皇帝朱祁镇攻破紫荆关，兵逼北京城。于谦主张先打掉也先的嚣张气焰，鼓舞士气。他调集了20万军队，作好迎战准备，并作了周密布置：都督王通、副都御史杨善率部守城，其余将士分别驻扎在九个城门外，列阵待敌。

明军副总兵高礼首先在彰义门外告捷，歼敌数百，夺回民众千人。狡猾的也先，眼看明军有于谦等将领指挥，硬攻不能取胜，便变换手法，以送还朱祁镇为名，准备诱杀于谦等人，但被于谦识破了。

也先见此计不成，便采取强攻。于谦不在正面与敌人拼杀，他派骑兵佯攻，把敌军引入伏击圈内，便用埋伏好的火炮轰击，瓦剌军伤亡惨重，也先的弟弟勃罗也在炮火中丧生。

瓦剌军围攻京都，屡遭挫败，进攻居庸关又遭守将罗通的抵抗。也先怕归路被明军切断，忙带着朱祁镇向良乡（北京房山东）后撤。明军乘胜追击，大获全胜。也先带着残兵败将逃回塞外。

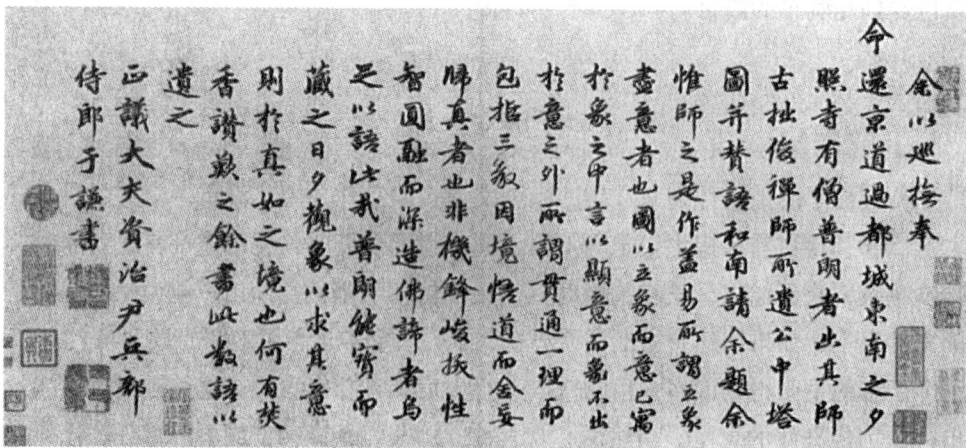

于谦《题公中塔图赞》

北京之战，瓦剌军受到重挫，引起内部不和。也先见留着朱祁镇也没有多大作用，就把他送回了北京。从此，瓦剌军再也不敢进犯明朝了。

夺门之变

也先俘虏明英宗后，以为奇货可居，可以要挟明朝。不料，于谦等人拥立明英宗的弟弟朱祁钰为帝，就是明代宗，年号景泰，遥尊明英宗为太上皇。也先的如意算盘落空了，明英宗变得毫无价值了。也先在北京大败后，与明朝讲和，想放他回去，但明代宗却和南宋的宋高宗一样，怕哥哥回来抢了自己的皇位，所以对这件事毫不热心。无论孙太后和英宗的钱皇后怎么说，大臣怎么讲，他一概不听。如果把他逼急了，他就恶狠狠地说："我本来就不想当皇帝，是当时你们硬让我当的！"众人拿他没办法。最后，还是于谦劝他让他把明代宗接回来。明代宗最信任的就是于谦，无论于谦说什么，他都答应，这次也不例外，不过也是老大不情愿。

右都御史杨善出使瓦剌议和，代宗所给敕书只有议和的内容，压根不提接明英宗回来，也不给金银玉帛等礼物。杨善无可奈何，只好变卖了自己的家产，再凭他的三寸不烂之舌，把明英宗接了回来。明英宗终于结束了他一年的囚徒生活，回到了北京。

在迎接明英宗的仪式上，明代宗又和大臣产生了分歧。明代宗主张仪式从简，大臣们不同意。后来还是明英宗写信表示愿意从简才算了事。兄弟两人在紫禁城东门见面后，互跪行礼，仿照唐朝安史之乱后唐玄宗、唐肃宗禅让之礼，也举行了禅让。随后，明英宗被送入南宫（今北京南池子缎库胡同，是皇子们读书的地方）。明英宗表示想见一见母后和妻儿，但明代宗不同意。从此明英宗开始了长达7年的软禁生活。7年间，明英宗从未踏出南宫半步。名为太上皇，实为囚徒。明代宗派心腹大臣保守南宫，名为保护，实为监视。

本来明代宗即位之初，立明英宗的长子朱见深为太子。但后来他开始谋划废掉太子，改立自己的独子朱见济为太子。明代宗派太监贿赂大臣，并不断给他们加官晋爵。于是大臣们纷纷上表，要求换太子。明代宗非常高兴，就改立朱见济为太子，将朱见深改封为沂王。不久朱见济病死，但明代宗也不肯立朱见深为太子。明代宗本来身体就不好，再加上丧子之痛，健康每况愈下。

一些明英宗时期的旧臣、失意的官员和太监，如石亨、王骥、徐有贞、曹吉祥等见此情景，为了升官发财，阴谋拥立明英宗复位。他们先后与孙太后和明英宗取得了联系，得到了他们的支持，明英宗许诺，一旦复位，重赏功臣。

这时传来了瓦剌又骚扰边境的战报，于是石亨以保护京城安全为名，调集1000名士兵进入内城，向南宫进发，准备救出明英宗。这时突然乌云密布，伸手不见五指，众人非常害怕，以为遭到了天谴。徐有贞大声劝大家不要害怕，认为事已至此，没有退路了。众人只好继续前进，顺利地进入了皇城，直奔南宫。石亨威胁看守打开宫门，将明英宗扶上轿子，向皇宫进发。这时乌云突然散去，月明星稀，众人以为是天意，顿时大振，抬着明英宗直奔皇宫。来到东华门时，侍卫问："什么人？"明英宗大声说："我是太上皇，快开门！"侍卫大吃一惊，不敢不开门。

众人簇拥着明英宗来到皇帝举行朝会的奉先殿，将明英宗扶上了龙椅。这时已是天色微亮，大臣们在午门外准备朝见。徐有贞命亲兵敲响景阳钟，大臣们走入奉先殿。当看到龙椅上坐着的是明英宗时，大臣们顿时惊呆了。这时徐有贞大喊："太上皇复位了，你们还不下拜？"大臣们只好下跪，山呼万岁，英宗就这样又重新取得了皇位。史称"夺门之变"或"南宫复辟"。

明代宗被明英宗废为郕王，不久，病死在西宫。明英宗把他葬在了北京西山，而不是埋葬明朝历代皇帝的北京昌平的十三陵，而且他的庙号是代宗，意思就是代替哥哥做了一回皇帝。

明英宗复位后，改年号为天顺，对那些在复位中帮他的功臣大加封赏。石亨被封为晋国公，徐有贞升为兵部尚书，曹吉祥升为为司礼监太监。他们还为自己的子侄和亲信邀功请赏，一时间受封的人达3000多人！于谦等忠臣被杀害或排挤。明朝的政治日益腐败，国势逐渐衰落。

荒唐天子明武宗

明武宗朱厚照，是明孝宗的独生子，生母是张皇后，自幼就被视为掌上明珠，两岁被立为皇太子。他是明朝唯一一个以嫡长子即位的皇帝。

朱厚照小的时候非常聪明好学，老师教他的东西很快就能学会。但他身边的以刘瑾为首的8个太监，整天给他一些新奇的玩具，组织各种各样的演出和体育活动。渐渐的，朱厚照荒废了学业。

明孝宗死后，15岁的朱厚照即位，就是明武宗，年号正德。当上皇帝的朱厚照，不仅没有收敛自己的玩乐行为，反而更加离谱了。明武宗下令在宫中建造了许多店铺，让太监、宫女们扮成老板、百姓，自己扮成富商，前去购买商品，还煞有介事地讨价还价，从中取乐。

大臣们看到这种情况，非常着急。他们联合起来，不顾性命地上书要求处死明武宗身边的8个太监。明武宗刚即位不久，还没有见过这种阵势，顿时没了主意，只好按大臣们的要求办。这时狡猾的刘瑾在明武宗面前痛哭流涕，求他原谅，明武宗立刻心软了。

第二天上朝，明武宗罢免了领头上书的两位大臣。这样一来，大臣们谁也不敢再提罢免8个太监的事了。刘瑾的权力越来越大，人称"立皇帝"（站着的皇帝）。其他的几个太监仗着皇帝的势力，在宫外飞扬跋扈，老百姓把他们称为"八虎"。刘瑾等人给明武宗建了一座豹房，让他在里面胡作非为。后来刘瑾被大臣杨一清设计处死。

明武宗结婚很早，但一直没有子女，这成了他的一大遗憾。为了弥补遗憾，从正德四年（1509年）开始，明武宗大收义子，一生共收了100多人为义子。正德七年九月，他一次就收义子127人，并赐姓朱。在众多的义子中，影响最大的就是钱宁、江彬和许泰三人。卫士江彬由于奋不顾身地力斗老虎，救了明武宗一命，获得了明武宗的信任，被收为义子。江彬原来是一名大将，在他的蛊惑下，明武宗亲自操练兵马，希望能像明太祖、明成祖那样建功立业。

明武宗有时出游时从外国使节中选几个人做侍从，模仿他们的举止习惯。当时明朝的海上贸易很发达，北京有很多外国人。明武宗还曾亲自接见葡萄牙使者，学葡萄牙语。

后来明武宗在宫里玩腻了，就离开北京，开始巡游天下。从正德十二年（1517年）开始，明武宗先后到过昌平、密云、居庸关、宣府、阳和（今山西高阳县）、大同、太原、榆林、淮安、南京等地。在北部边境，明武宗封自己为"总督军务威武大将军总兵官"和"镇国公"，改名为朱寿，希望能亲自上阵领兵打仗。正德十二年十月，蒙古小王子率军侵扰明朝,将总兵王勋包围在应州。明武宗闻讯后非常高兴，决定亲自率军前往救援，同小王子大战一场。小王子得知明武宗到应州后，

金翼善冠　明

派主力全力进攻，明武宗也不甘示弱，亲自部署大将进行抵御。战斗十分激烈，双方杀得难分难解。明军一度被蒙古军分割包围。武宗见状，亲自率领军前往援救，甚至还亲手杀敌数人，才使明军转危为安。双方大小百余战，在此期间明武宗与士兵同吃同住，极大地鼓舞了明军士气。最后，小王子感觉难以取胜，率军撤走，明军获胜，史称"应州大捷"，但明武宗居然加封自己为太师。这次大捷以后，蒙古很长时间内不敢侵犯明朝。应州大捷成为明武宗一生中最光彩的时刻。

明武宗的胡作非为，让远在南昌的宁王朱宸濠觉得有机可乘，于是起兵谋反，企图夺取皇位。明武宗决定以御驾亲征为名，南下游玩。走到半路，明武宗获悉宁王已经被王守仁俘虏，叛乱平定。为了继续南下，他秘而不宣，派人让王守仁释放宁王，好让自己亲自抓住宁王。这个荒唐的提议当然被王守仁拒绝了。明武宗到达南京后，举行收俘礼，然后下令班师回朝。途中在淮安清江浦捕鱼时，明武宗因船翻落水，被救后受了风寒再加上惊吓，得了一场大病。正德十六年（1521 年），武宗病死于"豹房"，结束了他酗酒好色、游玩无度的荒唐一生，时年 31 岁。

大儒王阳明

王阳明（1472 ~ 1529 年），名守仁，字伯安，浙江余姚人，晚年隐居在绍兴阳明洞，所以世称阳明先生，是明代著名的哲学家、教育家、军事家。

王阳明出生于一个官僚家庭，父亲王华曾任礼部左侍郎。王阳明小时候直到 5 岁还不会说话，大家都以为他是个哑巴，他父亲四处求医才把他的病治好。过了几年，王阳明的父亲给他请了个老师，王阳明读书非常刻苦，有神童之称。王阳明听到后，非常骄傲，从此不怎么用心读书了，迷恋起了下象棋。一次，到了吃饭的时候，他还在下象棋，母亲非常生气，认为玩物丧志，就拿起象棋扔到了河里。王阳明趴在河边，一边大哭，一边随机做了一首诗："象棋终日乐悠悠，苦被严亲一旦丢。兵卒坠河皆不救，将军溺水一齐休。马行千里随波去，象如山川逐浪流。炮声一响震天地，忽然惊起卧龙愁。"从此以后，王阳明开始发奋读书。

11 岁那年，王阳明和父亲去一座寺庙里拜访一位老和尚，夜里就住在那里。到了晚上，父亲和老和尚在屋中吟诗作对，王阳明饶有兴趣地听着。当他看到窗外的天宇中悬挂的一轮明月和远处重重的山川时，忽然想到一个问题："到底是月亮大呢？还是山大？"随口吟了一首诗："山近月远觉月小，便道此山大于月。若人有眼大于天，还见山小月更阔。"（《蔽月山房》）。老和尚和他父亲听了，都非常吃惊，觉得这个孩子将来必定是个大学问家。

1499 年，王阳明考中了进士，先后任刑部、兵部主事。南京科道戴铣、薄彦徽等因上书谏言得罪了把持朝廷大权的太监刘瑾，被下狱。王阳明上书为他们鸣不平，结果被刘瑾打了 50 大板，贬为贵州龙场（今贵州修文县）驿丞。途中，刘瑾派杀手暗杀他，王阳明在杭州写了一首"绝命诗"又把衣服扔在了江边，让人以为他投江自尽，才逃过了一劫。

在龙场驿丞任上，王阳明捕获了一名江洋大盗。这个大盗杀人越货，无恶不作。受审时，他说："我知道我罪大恶极，罪不可恕，要杀要剐，悉听尊便。只是不要和我谈什么仁义道德，我从来不谈这个，甚至连想都不想。"王阳明一听，说："好吧。天气这么热，在审你之前我们还是把外套脱了吧。"强盗同意了。王阳明说："还是热得不行。我们再把内衣脱了吧。"两人又把内衣脱了。王阳明说："还是热啊！把裤子也脱了吧。"于是两人又把裤子脱了。这时两人身上只剩下内裤了。王阳明说："干脆！我们把内裤也脱了，这样更彻底！"强盗大惊失色，连忙说："这可千万不行啊！"王阳明笑着说："怎么？你也有羞耻感？羞耻感就是仁义道德的一种啊。"强盗对王阳明心服口服，把自己的罪行一一交代。

后来刘瑾倒台后，王阳明才被调任江西庐陵知县。

当时的皇帝是明武宗。明武宗不理朝政，四处游玩。江西南昌的宁王朱宸濠想效仿明成祖起兵造反，夺取皇位。1519 年，朱宸濠率领 6 万叛军正式造反，杀江西巡抚孙燧，乘船顺江东下，很快占领了九江。各地的官员怕得要死，纷纷逃跑。当叛军路过安庆时，安庆知府命令士兵登上城头，破口大骂。朱宸濠大怒，立刻挥军围攻安庆，双方激战了很多天。

这时候，已经升为都御史，

官吏常服 明
明代官吏常服，多戴纱帽、幞头，身穿盘领窄袖大袍。所谓"盘领"，即一种加有圆形沿口的高领。这种袍服是明代男子的主要服式，不仅臣宦可用，士庶也可穿着，只是颜色有所区别。平民百姓所穿的盘领衣必须避开玄色、紫色、绿色、柳黄、姜黄及明黄等颜色。

531

主持江西南部军务的王阳明向朱宸濠发出檄文，号召人民共讨叛王朱宸濠。当时有人主张赶快去救援安庆，但王阳明却说："叛贼造反必定是倾巢而出。他的老巢一定非常空虚，我们来个围魏救赵。"他率领军队进攻南昌。南昌的叛军没想到王阳明会率军前来偷袭，大惊失色，没怎么抵抗就投降了。宁王一听老巢失守，立刻率军回来与王阳明决战。宁王的战船在江上布下方阵，王阳明指挥军队从四面八方发起进攻。霎时间，宁王的船队燃起熊熊大火，连他的座船也没有幸免。叛军大败溃逃，宁王被俘。

王阳明总结了宋明以来的思想哲学体系，提出"致良知"和"知行合一"，被称为"心学大师"。他的思想主张冲破封建禁锢，追求思想和个性解放。王阳明广收门徒，宣传他的思想主张，史称"阳明学派"。著作有《王文成公全书》。

明画"四大家"

在明代画坛上，沈周、文徵明、唐寅、仇英被称为"四大家"。他们大体活动于明中叶，以苏州地区为中心，其画风曾左右一时，成为当时画坛的中心力量与典型代表。他们的画派被称为"吴门画派"。

沈周（1427～1509年），字启南，号石田、白石翁。山水、人物、花卉、鱼禽皆超妙。早年刻苦追摹传统，对董源、巨然、李成和"元四家"皆有心印。因此有人形容其画风是从"上下千载，纵横百辈"中来。沈周作图高山巨壑，气势雄强。另外沈周也有大量的记游山水作品。其生平好游，足迹遍及大江南北，每到一处必写景作画，并赋诗纪事，因此这类作品极富美感和抒情性。沈周常作花卉、禽鸟作品，对景写生，很有生活情趣。晚年作品笔墨舒展随意，名望很高，再加上他一生不曾为官，故许多人对他十分倾慕，求画者挤破家门，他们所乘的船也堵塞了河港。拜沈周为师者很多，以文徵明、唐寅最为知名。其流风弥漫，蔚然成派，故一般以沈周为"吴派"的开创者。

文徵明（1470～1559年），名壁，号衡山，是"吴派"的中坚，长洲（今江苏苏州）人。出身仕宦之家，早年工诗文、书画，师事吴宽、李应祯、沈周。中年后以岁贡生荐吏部考试，授翰林院待诏，4年后辞归故里，以诗文书画自娱。他的诗、书、画皆超妙，其山水画初以郭熙、李唐、王蒙、赵孟頫为追摹对象，并参以沈周作风。早年画风细致精密，以青绿山水为多，有秀逸之气。中年后则行笔渐放，重山水气势，丘壑布陈，以水墨见长。晚年精细兼备。

文徵明山水题材以表现江南实景为多，再现了苏州一带的秀丽湖山，也有描绘劳动生活的作品。还有一些临仿古人之作，造型笔墨力追前人，但仍能表现出真切的感情。除山水外，文徵明兼擅花卉、人物。常作意笔兰、竹，也作菊、水仙。画史云："以风意写兰，以雨意写竹。"画兰最著名，秀丽婉润，有"文兰"之誉。文徵明绘画作品有《烟江叠嶂图》、《湘君湘夫人图》、《林榭煎茶图》、《惠山茶会图》、《江南春图》、《古木寒泉图》、《真赏斋图》、《溪桥策杖图》、《古木疏篁图》、《春深高树图》等传世，书法有墨迹《上吴愈尺牍》、《真赏斋铭并序》、《南窗记》、《诗稿五种》册、《西苑诗》等传世。

唐寅字伯虎，号六如居士。自小聪明绝殊，学习刻苦。弘治十一年（1498 年）乡试第一，次年因"鬻题受贿"案牵连。经过这次打击，唐寅放浪形骸，遍游江南湖海之胜，宣泄失意的苦闷，并且更寄情于书画，开始了他后半生的诗文书画创作活动。

唐寅早年师法周臣，继承了李成、范宽和"南宋四大家"的传统，对元代赵孟頫、黄公望、王蒙的画法皆有心印。唐寅的绘画作品取材广泛，形式技法充满变化。他不仅擅长山水人物，写意花鸟也颇具特色。更值得推崇的是唐寅在作品意境的创造上极富诗意。晚年的作品，不少表现社会生活，很有趣味。

仇英字实父，号十洲，工匠出身。少年时师从周臣学画，继承了南宋马、夏传统。16 岁时，结交文徵明、祝允明、唐寅等文人画家，对其提高文艺修养和画艺起了很大的作用。他还曾在收藏家项元汴家作画，遍观项氏所藏历代书法名画，并加以临摹，潜心钻研，终成一代名家。

仇英擅人物、山水、走兽、界画，亦精于临摹，技艺精湛。其山水师法赵伯驹、赵伯骕，作青绿山水，山石勾勒，皴染细密，色彩浓丽明雅，境界宏大繁复。人物画分细、粗两种面貌，前者取法唐宋，线条流畅、圆劲、细秀，造型准确，色彩清艳而具文雅之致；后者师承马远、杜堇、吴伟，笔法劲健，造型简洁，画风豪放洒脱。

仇英以画工身份步入画坛，经过刻苦钻研，努力提高自己的文化素养，其画既有职业画家技艺精湛，造型准确的长处，又具文人画家的清逸秀雅，真正做到了雅俗共赏。他的作品有《桃源仙境图》、《剑阁图》、《莲溪渔隐图》、《摹萧照中兴瑞应图》、《人物故事图》、《秋原猎骑图》、《右军书扇图》、《柳下眠琴图》等传世。

江南第一风流才子

唐寅出生在一个商人家庭。他的父亲虽善于经商，但认为商人地位卑微，经商不如读书做官好。他一心让儿子求学当官，以改换门庭。儿时的唐寅异常聪明伶俐，父亲经常欣慰地说："我的儿子将来会成名的。"但唐寅自小贪玩，有的时候还跑到屠场去看屠夫宰杀牲畜。他的这种浪荡行为在士大夫子弟中是少见的。父亲见状，对他愈来愈不抱希望。

16岁那年，唐寅参加秀才考试，考取了童科中第一，成为府学生员。这在当时可是光宗耀祖的事，他因此受到全城人的赞誉。唐寅少年得志，雄姿英发，家里又富有，过着读书、游玩、吟诗作画的生活。人有旦夕祸福，1497年，唐家发生了惨痛的巨变。唐寅的父母、妻儿先后弃世，他悲痛万分。第二年，他的妹妹出嫁。这本来是一件喜事，谁知不久又传来妹妹在婆家自杀的消息。在一年的时间里，唐家家破人亡，只剩下唐寅兄弟二人。重大的打击使年仅20余岁的唐寅愁出了白发。

亲人的离世使唐寅的精神受到极大的刺激。他一度意志消沉，终日与友人饮酒消愁。后来在好友祝允明的劝慰下，唐寅才又重新振作精神，继续埋头读书。1498年，唐寅参加应天府乡试，28岁的他高中第一名（解元）。唐寅撰写的文章受到《昭明文选》影响，辞藻优雅，意气风发，被主考官一眼看中。据说，梁储在阅到唐寅的试卷时，情不自禁地赞叹说："这个人真是才华横溢呀！解元准是他了。"

这次夺魁使唐寅心中不胜快慰，并一度踌躇满志起来。谁料乐极生悲。与唐寅同路进京赶考的是江阴巨富之子徐经，二人来京后继续住在一起。徐经认为能否步入仕途，学问固然重要，但更重要的是赢得权贵的赏识。因此，他整天奔走于豪门显贵之间。这些人中有同乡的吏部尚书倪岳、礼部侍郎程敏政和大文豪李东阳等。不仅如此，徐经和唐寅还经常骑着高头大马，招摇过市。这引起了许多人的妒恨和非议。

那年京城会试的命题者和主考官是程敏政和李东阳。两人的试题出得十分冷僻，很多应试者答不上来。其中只有两张试卷，不仅答题贴切，且文辞优雅。程敏政高兴得脱口而出："此二人一定是唐寅和徐经。"这句话被在场的人听见，并传了出来。唐寅和徐经曾多次拜访程敏政，已经使许多人产生怀疑。程敏政在考场中这样说，使平时嫉恨他的人抓到把柄。有人上奏孝宗皇帝，弹劾程敏政受贿把试题泄露给唐寅和徐经。此后，又有多人纷纷奏报皇上，说程敏政受贿泄题事件在考生中反响很大，许多人对朝廷有怨言。

皇帝信以为真，立即下旨将程敏政、唐寅和徐经押入大理寺狱，派专人审理。李东阳复阅试卷时发现，被程敏政称赞的卷子并不是唐寅和徐经的。徐经入狱后经不起拷打，招认曾买通程敏政的亲随，窃取试题泄露给唐寅。唐寅见徐经已招供，无话可说。后经刑部、吏部会审，徐经翻供，说当时屈打成招。皇帝下旨，释放程敏政、唐寅、徐经等人。

尽管有皇帝的命令，但唐寅出狱时还要缴"赎徒"的钱。唐寅的生命之舟从应天府乡试第一的浪尖，一下子坠入无底深渊，前后不到半年光景，一荣一辱，真可谓天上地下。经历此劫，唐寅断绝了仕进之心。他出狱后，被发往浙江任小吏。这时的唐寅生活困苦不堪，友人劝他去浙江任职。但是他认为"士可杀不可辱"，坚决不去。

1500年，唐寅坐船到达镇江。他登金山、焦山，遥望金陵，回首往事，百感交集。之后，他又从镇江到扬州，游览了西湖、平山堂等名胜。然后，唐寅坐船沿长江经过芜湖、九江，到达庐山。唐寅游遍名川大山，胸中充满了千山万壑的景象，这使得他的诗画具有吴地诗画家所没有的雄浑、刚健之气。同时，他把浑厚的胸臆转化为潇洒的画风。唐寅的诗文无师自通，其实全部出于内心的真实感受，毫无雕琢之意。

为了生计，走出困境的唐寅开始了卖画生涯。当时，沈周和周臣都是苏州的名画家。唐寅潜心向他们学习，画艺突飞猛进，兼二者所长，以至青出于蓝而胜

王蜀宫妓图 明 唐寅 绢本
此图取材于五代前蜀后主王衍的宫廷生活，描绘宫中四位宫妓的形象。图中人物均盛装打扮，在设色上妍丽明洁，富于变幻和节奏感，如画面正中一正一背两女子，一着淡黄衣衫，一穿花青大褂，色彩对比强烈，产生了醒目的艺术效果。同时，作者采用"三白"法，即以白粉烘染人物额、鼻、颊，突出了宫妓们弱不禁风的情态。全图线条如春蚕吐丝，精秀细劲，流转自然，是唐寅仕女画的代表作之一。

于蓝。唐寅对以丹青自娱，卖画为生颇为自得，自己刻了一枚"江南第一风流才子"的印章。

杨一清除内患

土木之变以后，明王朝开始走向衰落。明英宗以后的几代皇帝，都是昏庸腐败的家伙。

1505年，明武宗朱厚照即位。他身旁有八个宦官，经常陪伴他骑马、打猎，为首的叫刘瑾。明武宗贪图玩乐，刘瑾就迎合他的心意，得到武宗的宠信。这八个宦官依仗皇帝的势，在外面无恶不作。人们把他们合称为"八虎"。

1510年，安化王朱寘鐇以反对刘瑾为名，发兵反叛。明武宗派杨一清指挥宁夏、延绥一带的军士，起兵讨伐朱寘鐇，又派宦官张永做监军。

杨一清本是陕西一带的军事统帅，因为他为人正直，不与刘瑾同流合污，被刘瑾诬陷迫害，后来经大臣们在皇上面前说情，才被释放回乡。这回明武宗为了平定藩王叛乱，才又重新任用他。

杨一清到宁夏时，叛乱已经被杨一清原来的部将平定，杨一清、张永把俘获的朱寘鐇押解去北京。杨一清早就有心把刘瑾除掉，他打听到张永原是"八虎"之一，刘瑾得势以后，张永和刘瑾产生分歧，就决心拉拢张永。

回京的路上，杨一清找张永密谈，说："这次靠您的力量，平定了叛乱，这是值得高兴的事。但是铲除一个藩王容易，要解决内患可就难了。"

张永不解地说："您说的内患是什么？"

杨一清靠近张永，用右手指在左掌心里写了一个"瑾"字。

张永看后，皱起眉头说："这个人每天在皇上身边，耳目众多，要铲除他可不容易啊！"

杨一清说："您也是皇上亲信。这次胜利回京，皇上一定会召见您。趁这个机会您把安化王谋反的起因向皇上奏明，皇上一定会把刘瑾杀了。如果大事成功，您就能名扬后世啦！"

彩釉瓷侍俑　明

张永犹豫了一下，说："万一失败，怎么办？"

杨一清说："如果皇上不信，您可以痛哭流涕，表明忠心，大事可成。不过这件事一定要快动手，晚了怕泄露机密。"

张永一到北京就按杨一清的计策，当夜在明武宗面前揭发刘瑾谋反。明武宗命令张永带领禁军把刘瑾捉拿起来。刘瑾毫无防备，正躺在家里睡觉，禁军把他逮住后，打进大牢。

明武宗派禁军抄了刘瑾的家，抄出黄金二十四万锭，银元宝五百万锭，珠玉宝器不计其数；还抄出了龙袍玉带，盔甲武器。明武宗龙颜大怒，立即下令处死了刘瑾。

杨继盛冒死劾严嵩

明世宗刚即位的时候，在政治上采取了一些改良措施。但是到了后来，他迷信上了道教，在宫内设坛求仙，渐渐对朝政也不大关心了。大学士严嵩，因为善于起草祭神的文书，迎合世宗的道教信仰，逐步取得了内阁首辅（相当于宰相）的地位。

严嵩并没有什么才能，他只知道拍马奉承，讨得世宗的欢心。他当上首辅后，和他儿子严世蕃一起，结党营私，贪赃枉法，为非作歹。

这时候，北面鞑靼部（蒙古族的一支）统一了蒙古各部，逐渐强大起来，成为明朝很大的威胁。严嵩不但不加强战备，反而贪污军饷，鞑靼首领俺答好几次打进内地，明军都没有力量抵抗。1550 年，俺答带兵长驱直入，一直打到北京城郊，掳掠了大批人口、牲畜、财物，满载而归。过了一年，严嵩的同党、大将军仇鸾又勾结俺答，准备议和。这件事引起了一些正直大臣的愤慨，特别是兵部员外郎杨继盛，更是义愤填膺。

杨继盛为人正直，看不下严嵩、仇鸾一伙的行为，就向明世宗上奏章，反对议和，希望朝廷发奋图强，训练士兵，抵抗鞑靼。明世宗看了奏章，也有点动心，但是禁不起仇鸾一伙撺掇，反而把杨继盛降了职。

杨继盛被贬谪后不久，明朝和鞑靼便议和了，但是没多长时间，俺答就破坏和议，进攻明朝边境。仇鸾密谋暴露，吓得发病死了。到

钢剑 明

了这时，明世宗才想到杨继盛的意见是对的，便把他调回京城。严嵩还想拉拢杨继盛，哪知道杨继盛对严嵩深恶痛绝，他回到京城刚一个月，就给明世宗上奏章弹劾严嵩，揭发严嵩十大罪状，条条都有真凭实据。

这道奏章击中严嵩的要害，严嵩气急败坏，在明世宗面前反咬一口，诬陷杨继盛。明世宗大怒，把杨继盛关进大牢。后来严嵩撺掇明世宗把杨继盛杀害了。

严嵩掌权期间，作恶多端，引起正直大臣们的强烈不满。御史邹应龙经过周密考虑，决定先从弹劾严嵩的儿子严世蕃下手。严世蕃依仗他父亲权势，干尽坏事。明世宗看了邹应龙弹劾严世蕃的奏章后，果然下令把严世蕃办罪，充军到雷州，并勒令严嵩退休。

严世蕃和他的同党还没到雷州，就偷偷溜回老家，收容了一批江洋大盗，还勾结倭寇，准备逃到日本去。这件事又被另一个御史林润揭发。

昏庸的明世宗看了这份奏章，也大为震惊，立即下令把严世蕃和他的同党处死，把严嵩革职为民。明朝最大的奸臣到此便彻底倒台了。

海瑞罢官

严嵩掌权时，不仅他的自家亲戚，就连他手下的同党，也都是依仗权势作威作福之辈。上至朝廷大臣，下至地方官吏，谁敢不让着他们几分！

可是在浙江淳安县里，有一个小小的县官，却能够秉公办事，对严嵩的同党也不讲情面。他的名字叫海瑞。

海瑞是广东琼山人。他从小失去父亲，靠母亲抚养长大，生活十分贫苦。他20多岁中了举人后，被调到浙江淳安做知县。海瑞到了淳安，认真审理过去留下来的积案，不管什么疑难案件，到了海瑞手里，都一件件调查得水落石出，从不冤枉一个好人。当地百姓都称他是"海青天"。

海瑞的顶头上司浙江总督胡宗宪，是严嵩的同党，他到处敲诈勒索，谁敢不顺他心，他就让谁倒霉。

有一次，京里派御史鄢懋卿到浙江视察。鄢懋卿是严嵩的干儿子，敲诈勒索的手段更阴险。他每到一个地方，地方官吏要是不"孝敬"他一笔大钱，他是绝不会放过的。各地官吏听到鄢懋卿要来视察的消息，都一筹莫展。可鄢懋卿却装出一副奉公守法的样子，他通知各地，说他向来喜欢简单朴素，不爱奉迎。

海瑞听说鄢懋卿要到淳安来，就给鄢懋卿送了一封信，信里说："我们接到通知，要我们招待从简。可是据我们得知，您每到一个地方都是花天酒地，大摆筵席。这就叫我们不好办啦！要按通知办事，怕怠慢了您；要是像别的地方一样大肆铺张，又怕违背您的意思。请问该怎么办才好？"

海瑞墓，位于今海口市。

鄢懋卿看到这封揭他老底的信，气得咬牙切齿。但是他早听说海瑞是个铁面无私的硬汉，心里有点害怕，就临时改变主意，绕过淳安，到别处去了。

通过这件事，鄢懋卿对海瑞怀恨在心。后来，他在明世宗面前狠狠告了海瑞一状，海瑞被撤了淳安知县的职务。

严嵩倒台后，鄢懋卿也被充军到外地，海瑞恢复了官职，后来又被调到京城做官。

那时候，明世宗已经有二十多年没有上朝了，他整天躲在宫里跟一些道士们鬼混，一些朝臣谁也不敢说话。海瑞虽然官职不大，却大胆写一道奏章向明世宗劝谏。他把明王朝的昏庸腐败现象痛痛快快地揭露出来。

海瑞这道奏章在朝廷引起了一场轰动，更触怒了明世宗。明世宗看了奏章后，又气又恨，下令把海瑞抓了起来，交给锦衣卫严刑拷打。直到明世宗死了，海瑞才被释放。

戚继光抗倭

明世宗在位期间，有一些日本的海盗经常到我国东南沿海一带骚扰。他们和中国的土豪、奸商勾结起来，到处抢掠财物，杀害百姓，闹得沿海一带不得安宁。历史上把这类海盗叫做"倭寇"。

后来，朝廷派熟悉沿海防务的老将俞大猷去平乱。俞大猷一到浙江，就打了几个胜仗。可是不久，浙江总督张经被严嵩的同党赵文华陷害，俞大猷也被牵连坐了牢。沿海的防务没人指挥，倭寇又猖獗起来。朝廷把山东的将领戚继光调到浙江，这个局面才得到扭转。

戚继光，字元敬，山东蓬莱人。戚继光的六世祖戚祥原是朱元璋部将，东征西讨近 30 年，最后在云南战死。明太祖追念戚详的功绩，授他的儿子戚斌为明威将军，世袭登州卫（今山东蓬莱）指挥佥事。

1544 年，戚继光的父亲戚景通病死，17 岁的戚继光承袭了登州卫指挥佥事，从此开始了他的军职生涯。两年后，戚继光分工管理屯田事务。这时，卫所的军丁大多逃亡，屯田遭到破坏，海防受到很大影响。戚继光了解了这些情形，进行清理整顿，很快收到成效。

戚继光调到浙江抗倭前线后，发现军队缺乏训练，临阵畏缩，根本不能打仗。于是提出创立兵营、选兵、练兵等具体办法。一年后，倭寇进犯舟山，他奉命进剿，大获全胜。

戚继光在上级官员的支持下，到义乌招募了 4000 名年轻力壮的农民和壮士。接着，他对招募的士兵进行严格训练，效法岳家军，终于建立起一支战斗力极强的劲旅"戚家军"。

1561 年四月，倭寇聚集了 1 万多人，驾数百艘战船，又一次大举侵扰浙东的台州和温州，骚扰了大片地区，声势震动了整个东南。戚家军迅速出击，先在龙山和雁门岭打败倭寇，接着驰援台州，在台州外上风岭设伏。戚家军士兵每人执松枝一束，隐蔽住身体，使倭寇以为是丛林，等倭寇过去一半，立刻发起进攻。士兵一跃而起，居高临下，猛烈冲锋，全歼了这股倭寇。台州的战斗历时一个多月，共斩杀倭寇 1400 多人，烧死溺死 4000 多人。戚继光因功升为都指挥使。

这时，福建沿海倭患严重，福建巡抚向朝廷一再告急。戚继光奉命到福建抗倭，仅仅 3 个月，就荡平了横屿、牛田、林墩三个倭寇巢穴。戚继光升任都督同知、总兵官，镇守福建全省及浙江金华、温州二府。

戚家祠堂

不久，倭寇又聚集了 2 万多人，陆续在福建泉州、漳州、兴化等地登陆。戚家军分成数支，和倭寇展开激战，在一个月内就打了 12 次胜仗，杀死倭寇 3000 多人。1563 年十一月，2 万多倭寇围攻仙游。仙游军民昼夜在城上死守，情势十分危

急。戚继光调各路明军，切断仙游倭寇
与福建其他各处倭寇的联系，对围攻仙
游的倭寇发起总攻，一举把这批倭寇消
灭了。仙游大捷是以戚家军为主力的明
军继平海卫之战后的又一重大胜利，共
歼灭倭寇 2000 多人。

群豹横奔箭模型 明

接着，戚继光又在同安、漳浦两地
指挥戚家军大败倭寇，使福建境内倭患平定下来。1565 年以后，广东总兵俞大猷
官复原职，戚继光任职副总兵配合抗击倭寇。经过戚继光、俞大猷等抗倭将领的
共同努力，以及沿海军民的浴血奋战，到 1566 年时，横行几十年的倭患，终于
得到基本解决。

《纪效新书》和《练兵实纪》

《纪效新书》和《练兵实纪》是戚继光所著。戚继光曾率兵抗击倭寇，后又
来到北方抵御蒙古。

《纪效新书》完成于嘉靖三十九年（1560 年），全书总叙一卷，正义 18 卷，
约 8 万字，250 幅图，是戚继光在抗倭战争中练兵的经验总结。

在书中，戚继光提出了自己的军事训练思想：一、"武艺不是答应官府的公事，
是你来当兵防身立功、杀贼救命本身上贴骨的勾当"，强调士兵军事训练的自觉性。
二、将领要带头参加军事训练。三、要按实战要求进行训练。四、要注意训练方法。

《练兵实纪》完成于隆庆五年（1571 年），全书正文 9 卷，杂集 6 卷，图 60 幅，
是戚继光抵御蒙古的经验总结，进一步发展了《纪效新书》的军事思想。在军事
训练方面，戚继光总结归纳为练兵、练将、练气和因材施教四点。

《纪效新书》和《练兵实纪》一向受到后世兵家的重视。

吴承恩著书

吴承恩出生于一个小商人家庭。他的父亲吴锐乐观豁达，奉行知足常乐的哲
学。但他不希望儿子同自己一样碌碌无为，因此为儿子取名承恩，字汝忠。这个
名字意味着父亲希望他将来能够做大官，上承皇恩，下泽黎民，做一个流芳百世

的忠臣。

吴承恩小时候确实没有辜负父亲的希望。他天资聪慧，勤奋好学，一般的文章都能过目成诵。他两三岁时就能够读诗，6岁时入私塾读书。有了老师的专门教导，吴承恩学业进步得很快。少年时，他就因才学而名冠乡里。人们都对他刮目相看，相信他日后肯定能做大官。但随着年龄的增长，吴承恩的兴趣发生了转移。他愈来愈觉得"四书五经"过于枯燥乏味，稗官野史却蛮有情趣。

他特别喜欢捕捉新鲜事物，更喜欢读神仙鬼怪、狐妖猴精之类的书籍，而且在读书时还做了许多笔记和摘录。吴承恩最钟爱的小说野史是《百怪录》和《酉阳杂俎》。书中五光十色的神话世界，使他潜移默化地养成了搜奇猎怪的嗜好，这为他日后创作《西游记》奠定了基础。

少年时的吴承恩听淮河水神及僧伽大圣等神话故事非常着迷，有时连续几天都沉浸在离奇的故事情节中。随着时光的流逝，吴承恩步入了青年时代，但他对神话故事的兴趣有增无减，并且养成了狂放不羁、轻世傲物的个性。对此，他的父亲十分恼火，多次劝说儿子重新步入"正道"，吴承恩却毫不动心。商人的社会地位本来就低，又加之父亲的生意每况愈下和这位大才子的"不务正业"，吴家逐渐招来连绵不绝的嘲笑。以前被人交口称赞的日子一去不复返了，吴承恩父亲感到希望越来越渺茫。

吴承恩20岁时，尽管他与父亲关系不和，但父亲还是给他张罗了一门亲事。不久，吴承恩与同乡的一位叶姓姑娘结婚，二人婚后的感情非常好。吴承恩虽然狂放不羁，但品行端正，始终忠于自己的妻室。也许是由于妻子的劝诫和勉励的缘故，他重新拾起了"四书五经"。几年之后，吴承恩在府学岁考和科考中获得了优异的成绩，并取得了科举生员的资格。这着实让吴家人高兴了一阵子。吴承恩自己也觉得很光彩，一度还踌躇满

《西游记》图册 清
《西游记》问世后，各种表现唐僧师徒取经故事的艺术题材相继涌现，该图册的文字说明由清代康熙时期的四大书法家之一——陈奕禧书写，图文并茂，使故事情节得到更好的体现和延伸。上图描绘了孙悟空脱困五行山，拜唐僧为师的情景。

志起来。时隔不久，他与朋友结伴去南京参加乡试。遗憾的是，平时写诗作文的才华远不如他的同伴都考取了举人，他这位誉满乡里的大才子竟名落孙山。

他这次落第，对父亲的精神影响很大。翌年春天，他的父亲吴锐怀着巨大的遗憾去世了。接受初次失败的教训，吴承恩在家人的鼓励下，在此后3年的时间里专心致志地在八股文上下了一番苦功。然而，在1534年秋的考试中他仍然没有考中。吴承恩羞恨交加，并于这年冬天病倒了。生病期间，他有时感到万念俱灰，真想一死了之。但是，看着床前的妻子、母亲和未成年的孩子，他又恢复了生活的勇气。

但父亲的去世，两次科举考试的失利，对吴承恩的打击太沉重了。在他看来，不能考取举人，不仅无法改善生活状况，而且愧对父母，有负先人。可是，他又不认为没能考取功名是因为自己没本事，而是命运不济，他认为"功名富贵都由天命决定，不是人力所能左右的"。正当吴承恩失意无奈之际，生活上的困顿又给他带来了巨大压力，这种压力并不小于科考的失利。因为父亲过世了，他需要应付全家人的开支，但他却没有顶门立户的能力，也缺乏养家活口的手段。因此，全家人的生活只能依靠他每月从学府里领回的6斗米。

科场上的失意、生活上的困顿，使吴承恩对封建科举制度和黑暗社会现实有了更为深刻的认识。品尝了人生酸甜苦辣的吴承恩，开始更加清醒、深沉地思考社会人生的问题，并且向不合理的社会抗争。他愈来愈倾向于用志怪小说来表达内心的不满。在与残酷的现实生活作斗争的过程中，吴承恩怀着满腔热情，蘸着自己的血泪，写下了不朽的《西游记》。

《金瓶梅》

《金瓶梅》是中国第一部文人独立创作的小说，大约写作于明代万历年间，其作者向来众说纷纭，据书上署名为"兰陵笑笑生"。兰陵即今天的山东枣庄市，笑笑生是笔名，作者的真实姓名尚无从考证。

《金瓶梅》是中国第一部家庭生活题材的长篇小说，有"第一才子书"之称，清代被列为禁书。世传的版本有两个系统：《金瓶梅词话》和《金瓶梅》。《金瓶梅》是《金瓶梅词话》的改编本。书中除西门庆外，还着重写了潘金莲、李瓶儿和春梅，《金瓶梅》的书名，就是从这三个人名字中各取一字连缀而成的。此书以北宋末年为背景，但所描绘的社会面貌、所表现的思想倾向，却有鲜明的晚明时代特征。

作品以《水浒传》中西门庆、潘金莲的故事为引子，描写了恶霸、官僚、豪商西门庆罪恶的一生。小说以市井百姓作为描写的重点，通过对日常琐事的描写来反映社会，开创了"人情小说"的先河。

小说主人公西门庆是一个暴发户式的富商，他通过钱权交易疯狂地扩大自己在贸易和官场上的地盘，在男女之欲方面追逐永无休止的满足。他那种肆滥宣泄的生命力和最终的纵欲身亡，暗示了他所代表的社会力量在当时难以得到健康的成长。小说以前所未有的写实力量，描绘出那一时代活生生的社会状态，以及人性在当时社会状态中的复杂折射。

在揭示政治腐败、社会黑暗方面，《金瓶梅》不但广泛而且深刻。西门庆毒死武大，娶了潘金莲，逍遥法外；苗员外惨遭杀害，主犯苗青却因此成了富豪；宋蕙莲被害死后，她父亲想给女儿报仇，结果却被迫害致死……这种无辜者受尽煎熬、绝无希望的情节在小说中比比皆是。

《金瓶梅》大量描写了人性的普遍弱点和丑恶，尤其是被金钱扭曲和异化的人性。在这部 100 回的长篇小说中，除了"曾御史"之外，几乎没有一个通常意义上的正面人物，人人都在钩心斗角，相互迫害。西门庆家中妻妾成群，众妻妾乃至奴婢之间的争宠夺利，无所不用其极，甚至连生命都成了赌注，李瓶儿和她的儿子就成了这种争斗的牺牲品。西门庆在占有各色女子时，一面寻欢作乐，一面商谈着银钱的多少，两性关系在这里成为赤裸裸的金钱交易。

《金瓶梅》对人物的处理不再简单而平面化，小说中的人物已经摆脱了"好"或"坏"的简单划分。这些人往往以"恶"居多，有时也有人性"善"的一面。如来旺的妻子宋蕙莲，俏丽轻浮而浅薄无耻，她勾搭上了西门庆，便一心想摆脱丈夫。但当来旺被西门庆暗算后，她却悲愤异常，尽管西门庆百般劝诱，她再也不肯就范，最终自杀。她的自杀，既是对黑暗社会的彻底绝望和最后抗争，也是她人性中本真

《金瓶梅》故事图　清
此是清初人依据《金瓶梅》第六十三回所绘的图画。画面中央艺人正在表演，右下方的伴奏乐队有胡琴、三弦、笙、笛、云锣等乐器，两旁是饮酒看戏的宾客，左上方是掀帘看戏的女眷。

的东西还存留未泯的反映。

《金瓶梅》在反映生活和小说创作手法方面有许多成功的地方，作者对于他所描绘的世态人情，都持一种冷眼旁观的态度。这些描述，在作者笔下巨细无遗、毫发毕现，总给人一种极端冷静的感觉和嘲讽的味道。

当然它的糟粕和消极影响也是显而易见的，其中受后人批评最多的，就是小说中存在大量的性行为描写。这种描写几乎完全未从美感上考虑，所以显得格外不堪，使小说的艺术价值受到一定的削弱。不过也应该考虑到小说中的这种描写，也是当时社会风气的产物。

总之，《金瓶梅》以其对社会现实冷静而深刻的揭露、对人性弱点清醒而深入的描绘，以其在凡庸的日常生活中表现人性困境的视角，以其塑造生动而复杂的人物形象的艺术力量，把注重传奇性的中国古典小说引入到注重写实性的新境界，在小说发展史上具有一定的地位。

挑灯闲看《牡丹亭》

汤显祖（1550～1616年），字义仍，号若士，江西临川人。21岁中举，因不肯阿附权贵，会试屡次不第。至内阁首辅张居正去世才考中进士，后升至南京礼部祠祭司主事。万历年间，江南水旱相继，汤显祖目睹民间的惨状，上《论辅臣科臣疏》，揭露赈灾官员的贪贿之行，辞意严峻，震动朝野，被贬为广东徐闻县典史。后来虽然又任知县之职，但他渐渐失去了从政的热情，49岁辞官还乡，晚年主要从事戏剧创作。

汤显祖创作最早的戏剧是《紫箫记》，后来改编为《紫钗记》。其他剧作《牡丹亭》、《邯郸记》、《南柯记》等，都是晚年辞官以后创作的，这四部剧作就是文学史上著名的"玉茗堂四梦"也称"临川四梦"。

"临川四梦，得意处唯在牡丹"，在这四部剧作中，《牡丹亭》是汤显祖最满意的一部作品。故事取材于话本小说《杜丽娘暮色还魂记》，南宋时太守杜宝的女儿杜丽娘私自游园，在梦中与素不相识的书生柳梦梅幽会，醒来后幽怀难遣，抑郁而死，埋葬在官衙的后花园。柳梦梅上京赴试时路过此地，在花园内拾得杜丽娘临终前的自画像。他观画思人，终于和杜丽娘的阴魂相会。在杜丽娘的指点下，柳梦梅挖墓开棺，杜丽娘起死回生，两人结为夫妇。后来柳梦梅考中状元，杜宝却拒不承认两人的婚事，最终由皇帝出面解决，才大团圆结局。

《牡丹亭》插图
《牡丹亭》自其问世之日起就轰动了文坛,时人评价说:
"汤义仍《牡丹亭梦》一出,家传户诵,几令《西厢》
减价。"

《牡丹亭》在当时引起了相当大的反响,据说娄江女子俞二娘读《牡丹亭》后,哀叹自己的不幸身世,竟含恨而死;杭州女艺人商小玲演此剧时想到自己的遭遇,悲恸难禁,死在了舞台上。

《牡丹亭》在艺术上的最大特色是它的浪漫主义色彩,主要表现是在"梦而死"、"死而生"的幻想情节。杜丽娘所追求的爱情在当时的现实环境里几乎是不可能实现的;可是在梦想、魂游的境界里,她终于摆脱了礼教的种种束缚,改变了一个大家闺秀的软弱性格,实现了梦寐以求的美好愿望。例如在《惊梦》里,杜丽娘在梦里和柳梦梅相见,"真个是千般爱惜,万种温存"。又如在《冥判》里,杜丽娘还敢于向阎王殿上的判官诉说她感梦而亡的全部经过,得到判官的允许去寻找梦里的情人。作者用这些富有奇情异彩的艺术创造突出了现实和理想的矛盾,也表现了青年妇女对自由幸福生活的强烈追求。剧作还多采用抒情诗的手法来抒写人物内心的情感,《惊梦》、《寻梦》、《闹殇》、《冥誓》等出更多地像抒情诗,而不太像剧本。

《牡丹亭》塑造了封建社会中为了真情而冲破封建礼教的束缚,大胆地走向人性解放的青年女子杜丽娘的形象,并以此折射出了吃人的封建礼教对人性的摧残和压抑。杜丽娘从小得到父母的疼爱,而疼爱的方式却是竭力把她塑造成一个绝对符合于礼教规范的淑女。杜宝夫妇以自己的"爱"给予女儿以最大的压迫。杜丽娘的老师陈最良"自幼习儒",穷酸潦倒;更可怜的是除了几句经书,他根本就不知道人生是什么;但他也不是"坏人",他只是拿社会教导他的东西教导杜丽娘,这同样给杜丽娘以深重的压迫。作品深刻地揭示了杜丽娘所面临的对手不是某些单个人物,而是由这些人物所代表着的整个正统意识和正统社会势力。她所做的只是徒然的抗争,她在现实中的结局只能是含恨而死。显然,如果作品只是到此结束,也有相当的艺术魅力和现实意义,但作者的目的并不止于此。他通过积极的浪漫主义手法,让杜丽娘复活。这种复活,不是简单生命的复原,而是爱情意识的觉醒和胜利，也是新思想对旧思想的觉醒和胜利。作者所追求的并非情节的离奇，而是要通过离奇的情节来表现人们追求自由与幸福的意志无论如何也不能被彻底抹杀，它终究要得到一种实现。

《牡丹亭》所热情肯定和歌颂的，就是杜丽娘那种为之生、为之死、出生入死、起死回生的天下之"至情"。将爱情强调渲染到这样的程度，也就是"爱情至上"。在明代，这是《牡丹亭》提供的具有时代色彩的新的思想，也是剧本的进步意义所在。要知道，那是一个虚伪残酷的理学统治的时代，是人的合理的生活、正常的欲望和感情遭到限制、压抑和扼杀的时代。汤显祖肯定和歌颂"情"，是为了否定和批判"理"。《牡丹亭》反封建的进步意义，主要并不是表现在要求婚姻自主上，而是表现在对于青年男女间正常的合理的爱情的肯定和对于摧残扼杀这种美好事物的封建礼教的否定上。它表达了广大被压迫妇女的强烈愿望，符合人民的要求，因而一出现就受到热烈的欢迎，得到强烈的反响。

李时珍论药

明世宗在位期间，贪图享乐，但又担心有死掉的那一天，享乐的日子就此结束。于是，他便挖空心思想得到长生不老的药剂。他下令让各地官吏推荐名医。正在楚王府里做医生的李时珍，便被推荐到朝廷做太医。

李时珍，字东璧，湖北蕲州（今湖北蕲春县）人，世代行医。他的祖父是悬壶济世的郎中，留下不少民间秘方（含偏方单方），他的父亲李言闻，对医学也很有研究。

李时珍自幼聪慧，读了不少《四书》、《五经》之类的文章，14 岁时中秀才。在 17 岁后，参加武昌府试，屡试不中。父亲还是要他继续努力，但他早已无心求取功名了。从此，李时珍跟随父亲左右抄写药方或上山采草药。

1545 年，蕲州一带洪水泛滥成灾，灾后瘟疫流行，人民贫困，无钱求医。李时珍有志学医，又体恤民众疾苦，借此机遇临床实践，治好了许多病人。由于勤奋钻研，37 岁的李时珍已成为荆楚一带的名医，"千里求药于门"者，络绎不绝。

有一次，楚王的儿子得了一种抽风的病，久治不愈。楚王慕名派人请李时珍为他儿子诊病。李时珍看了病人的气色，又按了按脉，知道这孩子的病是由肠胃引起的。他开了调理肠胃的药方，楚王的儿子吃过药后，病就全好了。楚王非常高兴，挽留他在府中任"奉祠正"兼楚王私人医生，李时珍同意了。他知道楚王

黑漆描金龙药柜　明

盛药用具，黑漆地，正面及两侧饰描金双龙纹，背面及柜里饰描金花蝶纹。其双开门内有八方旋转式药屉80个，每屉盛药一种；两侧各有长屉10个，每屉分3格放药。每个药屉上用金泥为药鉴，墨书药名，全柜能放药140种，柜下有大屉3个，以供放置取药工具及方剂之用。柜子的背后有金泥书写的"大明万历年制"款，为宫款御药房所用。

一向与郝、顾两个富绅交往密切，而这两家藏书很多，借此机会可以弄到《神农百草经》、《征类本草》等历代药典研究，既可以丰富自己的医学知识，又可以为今后撰著《本草纲目》打下基础。

不久，明世宗下令让全国名医集中太医院，楚王只好遵旨推荐李时珍赴京都太医院任职。李时珍也借此机会，更好地与名医切磋交流医术，同时，阅读了许多民间看不到的善本医学经籍。在此期间，他几次提议编撰《本草》一书，但都被拒绝。李时珍只在太医院待了一年，就告病归乡了。

回乡后，他边行医，边查阅前贤著述、药典、典故、传奇等。此外他踏遍青山，尝尽百草，足迹遍及河南、河北、江西、安徽、江苏等省，又攀登了天柱峰、茅山、武当山，采集标本，求教于药农、果农，亦冒险品尝了仙果（榔梅），熟食鼓子花（旋花）。

李时珍花了将进30年的时间，写成了著名的医药著作《本草纲目》一书。在这本书里，一共记录了1892种药，收集了1万多个药方，详尽地讲述了各种药材的产地、形态、栽培、采集等，还说明了炮制方法，分析性能和功用，是一本不可多得的医药经典。

朱载堉发明十二平均律

明代朱载堉创制的平均律是中国乃至世界音乐科学的重大成就。十二平均律被西方誉为"中国的第五大发明"。

朱载堉（1536～1611年），字伯勤，号山阳酒狂仙客，又号狂生，谥端清，史称"端清世子"。

朱载堉出身明王朝皇族，是明太祖朱元璋的九世孙。其父朱厚烷为郑恭王。

朱载堉小时悟性就很高，在他父亲及老师何瑭的熏陶下，十分喜爱音乐，并广泛学习了诗文、音律和数学等。11 岁的时候，朱载堉被立为世子。

明嘉靖二十九年（1550 年），因皇族之间的权力纷争，其父朱厚烷被诬陷削爵，禁锢于安徽凤阳。朱载堉愤然离开王宫，在附近山上筑了一间简陋土屋，独居 10 多年，潜心从事学术方面的研究。嘉靖三十九年（1560 年），朱载堉写出了我国第一部研究古代乐器的著作《瑟谱》。

隆庆元年（1567 年），其父平反昭雪，恢复爵位，朱载堉也恢复了世子身份，但他没有去追求享乐的生活，仍然一心一意地研究学术。万历九年（1581 年），朱载堉 46 岁时，完成了十二平均律的理论计算，登上了乐律学的最高峰。

万历十九年（1591 年），其父病逝，朱载堉承袭爵位。为了专心学术，他 7 次上疏，请求让位。在第 6 次上疏后，朱载堉毅然离开王宫，搬到城东北的九峰山，开始过隐居生活，被老百姓称为"布衣王爷"。70 岁的时候，朱载堉完成了凝聚了他毕生心血的科学巨著《乐律全书》。

万历三十九年（1611 年），朱载堉积劳成疾，长眠在九峰山下，享年 76 年。

朱载堉一生著述丰富，共 30 多部，涉及领域很广，包括乐律、数学、物理、天文历法、计量、音乐和舞蹈等学科。

朱载堉在科学领域内的贡献是多方面的。在天文历法方面，他写了历学著作《律历融通》，还在总结前人经验的基础上编著了《律法新说》，包括《黄钟历法》《黄钟历议》和《圣寿万年历》等。他还精确计算出了回归年长度值，精确度几乎与现在国际通用值相同。专家利用高科技测量手段对朱载堉关于 1554 年和 1581 年这两年的计算结果进行验证发现：朱载堉计算的 1554 年的长度值与我们今天计算的仅差 17 秒，1581 年差 21 秒。在物理学方面他发明了累黍定尺法，精确地计算出北京的地理位置与地磁偏角。在算学方面，他首次运用珠算进行开方，研究出了数列等式，解决了不同进位制的小数换算。

朱载堉最杰出的成就还是发明十二平均律。

律学，也称音律学或乐律学，是研究发声体发音高低比率的规律和法则的一门学问，属于声学的一个分支。

在朱载堉发明十二平均律之前，人们一直使用的是三分损益律，因为这种律不平均，"算术不精"，无法还原返宫。为了弥补这一缺陷，朱载堉创立了新法，精确规定了八度的比例，并把八度分为 12 个相等的半音，即："置一尺为实，以密率除之凡十二遍。"密率即为十二平均律的公比数，为 2 的 12 次方根，数

明画《入跸图》
此画描绘的是明代一个骑马鼓吹乐队正在表演的场景。

值为 1.059463。

十二平均律的优点是能够旋宫转调，特别是在琴键乐器中，可以根据需要任意使用所有的键，因此被广泛应用于世界各国的键盘乐器之上，包括钢琴；朱载堉也因为这个发明被誉为"钢琴理论的鼻祖"。十二平均律被西方普遍认为是"标准调音"、"标准的西方音律"。

朱载堉发明十二平均律之后，大胆地进行了音乐实践，他精心制作出了世界上第一架定音乐器——弦准，制作了 36 支铜制律管。在乐器制造的过程中，他把音乐和舞蹈分成了两个学科，首次提出"舞学"一词，并为舞学制定了大纲，奠定了理论基础。朱载堉用他的聪明才智和持之以恒的努力，在广泛的科学领域里取得了多项世界第一：第一个创立了十二平均律；第一个制造出定音乐器；第一个用珠算进行开方；第一个创立"舞学"。难怪英国的皇家科学顾问李约瑟博士称朱载堉是"东方文艺复兴式的圣人"。

丝织业

明代丝织业迅速发展，苏、杭二府成为全国纺织业的中心。这时用的织机有腰机和提花机，能够织出各种繁杂而又鲜艳美观的花纹。丝织业有官营和民营两种。官营丝织作坊设于京师的有针工局、织染厂等，归工部管辖。除京师之外，还分别设于浙江、南直隶、四川成都以及山东济南等处。东南地区是官府丝织业的中心，以南京、苏州、杭州三处为主，自永乐时期开始差遣宦官督管织造。明代官营丝织作坊的年生产量每年造解 15000 匹，南京内织染局和神帛堂造解 3369 匹，各地方织染局造解 28684 匹。

从英宗天顺四年（1460 年）开始，朝廷不断下令额外增造，尤以嘉靖、万历时期更甚，已远远超出官营丝织作坊的生产能力，各地方织染局为了完成任务，便纷纷实行"机户领织"制度，这是一种通过中间包揽人，利用民间机户进行的"加工订货"的生产形式。机户不仅存在于城市，也存在于乡村，并促使一批丝织业市镇的形成。

农作物的引进

明代中后期，农业生产得到发展，多种原产美洲的农作物如番薯、玉米、马铃薯、花生、西红柿等开始被引进推广。

番薯即红薯、番芾或红山药，产量高，极易栽种。15、16世纪，葡萄牙、西班牙人将它传到非洲、印度和印尼、菲律宾等地，再由陆、海路传进中国。据《金薯传习录》记载：万历二十一年（1593年），薯蔓由福建长乐县商人陈振龙从吕宋带回。而徐光启则是最早把番薯从岭南引种至长江流域的人。玉米即御麦、玉蜀黍或玉高粱，于15世纪传入我国，种植并不广泛。土豆即马铃薯或洋芋，于明末传入我国，17世纪后期才开始栽培。花生即地豆、白果、长生果、万寿果、人参果等，由福建、广东的商人从南洋一带引进。西红柿即番茄，约在16世纪末或17世纪初的万历年间引入，传播十分缓慢。

明代制瓷业

明代的陶瓷工艺发展到了以彩瓷为主的黄金时期，除了闻名天下的景德镇外，浙江龙泉窑青瓷、福建德化窑白瓷、山西法华器、江苏宜兴窑紫砂器等陶瓷器也独具特色。

代表明代制瓷业水平的当属全国制瓷业中心——江西景德镇。其主要成就一是景德镇瓷胎继续沿用了元代的"二元配方法"，创造了"脱胎"瓷器。二是发明了吹釉法，釉下青花术普遍发展起来，它不但是景德镇，而且成了全国瓷器生产的主流。三是各种釉上彩达到了比较成熟的阶段。成化（1465~1487年）时期还开创了釉下青花和釉上斗彩相结合的新工艺。四是单色釉技术有了较大的提高，永乐、宣德时期的铜红釉，充分显示了明代窑工的高超技艺。

景德镇五彩海马纹盖罐　明

551

此外，福建德化的象牙白、山西晋南的法华三彩，都是这一时期的杰作。景德镇和法华三彩采用牙硝不助熔剂，是一项重要贡献。明代的瓷器在国内外传世的数量很大，但都不影响其价值。

国子监的盛衰

国子监是明朝设于南北两京的最高学府，教学内容及目的与地方官学无异，同是为朝廷培训官员而设，监生都是由府、州、县官学荐举的精英分子、会试落第的举人、官宦子弟等。其课程基本上是四年制，根据不同入学年限及学识水平编班，程度由低到高分六堂学习。监生需要学习"四书"、"五经"等经史著作，还有《御制大诰》、《大明律令》、《说苑》等知识，并熟习写作诏、诰、表等官方文书。政府对监生照顾有加，平时供给衣粮，年节有赏钱，并赐粮养家。但同时也要求监生绝对服从，而且对衣冠、步履、饮食等行为都有严格规定。监生人数在洪武、永乐两朝最盛，在校学生常达千人以上，永乐时最多，几近万人。此外，明初创设历事制度，把监生派到政府部门实习，优异者可以直接做官，中庸者量才而用，表现较逊者回监读书。明朝中晚期，以科举晋身官场已成正途，国子监的盛况因此远不如前，生员数目大减，也渐渐不受社会及士子重视。

张居正改革赋役

明世宗千方百计寻找长生不老的药方，不但没有得到，反而误服了有毒的"金丹"，命丧九泉。明世宗死后，他的儿子朱载垕即位，这就是明穆宗。

明穆宗在位期间，大学士张居正才华出众，得到穆宗的信任。1572年，穆宗死去，太子朱翊钧继承皇位，这就是明神宗。张居正等三个大臣奉穆宗遗命辅政。

明神宗即位后，张居正成了首辅。他根据穆宗的嘱托，像老师教学生一样，辅导年仅10岁的明神宗。他自编了一本图文并茂的历史故事书，叫做《帝鉴图说》，每天讲给神宗听。

张居正为皇帝编著的《帝鉴图说》

　　神宗把张居正当作严师看待，既尊敬，又惧怕。再加上太后和宦官冯保支持张居正，朝中大事几乎全部由他做主了。

　　那个时候，沿海的倭寇已经肃清了，但北方的蒙古鞑靼部还不时扰掠内地，对明王朝构成威胁。张居正把抗倭名将戚继光调到北方去镇守蓟州（在今河北北部），戚继光从山海关到居庸关的长城上修筑了3000多座堡垒，以防鞑靼的进攻。戚家军号令严明，武器精良，多次打败鞑靼的进攻。鞑靼首领俺答见使用武力不行，便表示愿意和好，要求通商。张居正奏明朝廷，封俺答为顺义王。以后的二三十年中，明朝和鞑靼之间就没有发生战争，北方各族人民的生活也安定下来。

　　当初，由于朝政腐败，大地主兼并土地，巧取豪夺，地主豪绅越来越富，国库却越来越穷。张居正下令清查土地，结果查出了一批被皇亲国戚、豪强地主隐瞒的土地，这一来，使一些豪强地主受到了抑制，增加了国家的收入。

　　丈量土地后，张居正又把当时名目繁多的赋税和劳役合并起来，折合成银两来征收，称为"一条鞭法"。经过这种税收改革，一些官吏就不能营私舞弊了。

　　经过10年的努力，张居正的改革措施起到明显的效果，使十分腐败的明朝政治有了转机，国家的粮仓存粮也足够支用十年的。但是这些改革触犯了一些豪门贵族的利益，他们表面不得不服从，背地里却对张居正恨之入骨。

　　由于张居正的权力太集中了，明神宗长大后，反而闲得没事干。这时候，就有一批亲近的太监在内宫用各种办法给他取乐。后来，由张居正做主，把那些引诱神宗胡闹的太监全部赶出宫去，太后还让张居正代神宗起草了罪己诏（皇帝责备自己的诏书）。这件事发生后，使明神宗对张居正从惧怕发展到怀恨了。

　　1582年，张居正病死，明神宗亲自执政。

国本之争

　　明神宗的皇后王氏一直没有生育，而神宗因为非常宠爱郑贵妃，便想立她生的儿子朱常洵为太子。可众多大臣不同意，认为太子理应是长子朱常洛。于是，朝廷上围绕立谁当太子，爆发了"争国本"的斗争。

　　按照封建礼制，皇位的继承是有嫡立嫡，无嫡立长。在皇后无子的情况下，朱常洛被立为太子是合乎规矩的。然而，朱常洛的生母是一个宫女，出身微贱，而郑贵妃仗着神宗的宠爱，千方百计地想立自己的儿子为太子，因此争斗不断。

　　围绕立太子而展开的这场斗争，统治集团分裂为两派。一派以东林党人为主

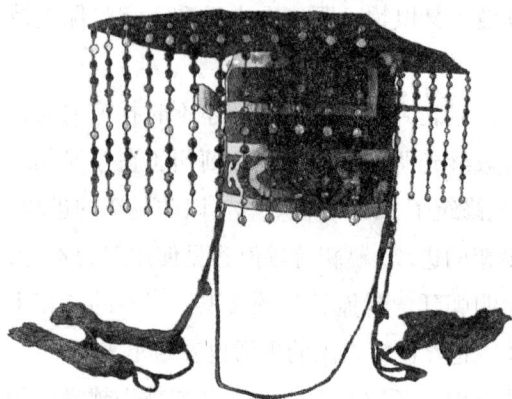

明神宗十二旒冕

体，坚定地主张立朱常洛为太子；另一派则会合了郑贵妃家族以及一些朝臣，主张延缓立储，等候时机，拥立朱常洵。东林党人之所以支持朱常洛，一方面是因为要遵循礼教，更重要的是，东林党人大多数只是一些中小官吏，许多人还处居林野，他们在政治上迫切需要一个坚强的靠山，以施展自己的抱负。

神宗见状，便以种种借口敷衍拖延。万历二十一年（1593年），神宗封皇长子常洛、皇三子常洵、皇五子常浩为王，待以后再择其善者立为太子。

"三王并封"的目的，是使朱常洵有被立为太子的机会。此旨一出，群臣哗然，礼部主事顾宪成、礼部郎中于孔兼等东林党人纷纷上疏反对。由于朝臣们的反响之强烈大大出乎神宗的预料，因而他不得不收回了"三王并封"的成命，但也把立太子一事束之高阁。

万历二十九年（1601年），在朝臣们力争了15年之后，神宗皇帝无计可施，年届20的朱常洛终于被立为太子。同时，朱常洵被封为福王。虽然东宫已定，但国本之争却仍未结束。

朱常洵迟迟不去封国，太子属官也不完备，朱常洛的太子地位仍处于风雨飘摇的状态之中。

京察之争

京察是明代考核京官的一种制度，6年举行一次，称职者予以奖励或晋升，不称职者予以处罚或斥退。因此，京察就成为东林党与反东林各党进行权力之争的焦点。

在万历十五年（1587年）的京察中，东林党人初露头角。顾宪成支持左都御史辛自修；顾允成、彭遵古、诸寿贤支持南京右都御史海瑞。由于辛自修、海瑞都希望借京察的机会澄清吏治，所以受到了顾氏兄弟等人的尊敬。但这次京察却由于大学士申时行的阻挠，最后失败。顾宪成被降3级调外任，顾允成被夺冠带。

他们虽然受到权臣的压抑，但却为以后东林党的发展奠定了基础。

万历二十一年（1593年），京察之争更为激烈。这次京察由东林党人吏部尚书孙鑨和考功司郎中赵南星主持，时任考功司主事的顾宪成也参与其事。根据明朝的制度，考核官吏是吏部和都察院的职责。但明中叶以后，内阁的权力日益增大，二者之间的矛盾日益突出。孙鑨、赵南星、顾宪成等人试图带个好头，因此孙鑨罢黜了自己的外甥，赵南星斥退了亲家。一时间，贪官污吏几乎被贬斥殆尽，时人还称赵南星为"铁面"。但这触犯了王锡爵等权臣的利益，赵南星以"抑扬大过"被贬三级，孙鑨被夺俸。朝中有正义感的官吏，如于孔兼、顾允成、薛敷教等东林党人纷纷上疏申救，但最后赵南星仍被革职为民，为赵南星申冤鸣不平的官吏也被一一贬斥。

万历三十三年（1605年）的京察，东林党人再次得以主持，由一贯办事严正的吏部侍郎杨时乔全权负责。杨时乔不讲情面，在京察中提出要处分的人中，不少是沈一贯的私党，沈一贯见事情不妙，慌忙密言蒙蔽神宗，将处分意见长期不下发。如此将近半年，主事刘元珍、庞时雍，御史朱吾弼等东林党人上疏力争，结果杨时乔反被严旨斥责，刘元珍等人被除名。不过，由于东林党人一再弹劾沈一贯结党营私，沈一贯也被迫于次年下台。

万历三十九年（1611年）京察中北察的主计人是东林党人——吏部尚书孙丕扬。被察的主要对象，一是被沈一贯包庇下来的贪官污吏，二是其他各党的骨干，如汤宾尹、顾天峻等。东林党人在北察中以暂时的胜利告终，但不久即遭到浙、齐、楚等党人的反攻，孙丕扬被迫辞职。东林党人在南察中更是大败而回。南察的主计人是吏部右侍郎史继偕，此人是齐、楚、浙党的党羽，东林党人俱被排斥。

终万历一朝，东林党人大部分时间都未能真正掌握朝政，因此在京察之争中基本上处于不利的地位。

织锦一品文官仙鹤补子　　织锦都御史獬豸补子　　刺绣二品武官补子

资本主义萌芽出现

明朝中叶，资本主义萌芽首先出现在江南地区的手工业中。工场手工业是手工业中资本主义萌芽的主要形式。杭州丝织业发达，许多机户开始雇佣纺织能手，并付以一定的工资，丝织业中雇佣关系就此出现。到明朝后期，苏州的机户发展到三万家以上，受雇织匠的数量相当可观。机户一般出机，而机工出人力，完全脱离了生产资料，成为一无所有的劳动者。明代中叶中国出现的资本主义萌芽，尽管局限于少数地区和行业，但它的出现标志着中国古老的封建社会已经走向没落。

明朝茶马

万历年紫砂胎剔红壶　明
紫砂器是江苏宜兴的特产。用紫砂壶泡茶不失原味，不易变质，内壁无异味，能耐温度急剧变化，烹煮、冲泡沸水皆不会炸裂，传热慢而不烫手，受到当时达官贵人、文人雅士的欢迎。

茶马是指明朝以官茶换取青海、甘肃、四川、西藏等地少数民族马匹的政策和贸易制度。

洪武四年（1371年），户部确定以陕西、四川茶叶易番马，在各产茶地设置茶课司，定有课额。又特设茶马司于秦州（今甘肃天水）、洮州（今甘肃临潭）、河州（今甘肃临夏）、雅州（今四川雅安）等地，专门管理茶马贸易事宜。以茶易马，在满足国家军事需求的同时，以此作为加强对少数民族地区统治的手段和巩固边防、安定少数民族地区的统治策略。随着内地与边疆少数民族地区经济交流的发展，至成化时，民间茶马贸易日趋频繁，巡茶御史屡出，茶多私运出境，而马至日少。茶马贸易，既促进了内地与青海、甘肃、四川、西藏等少数民族地区社会经济文化交流，也对少数民族地区的社会经济发展产生了积极作用。

权奸魏忠贤

魏忠贤（1568～1627年），北直隶肃宁（今河北肃宁）人，出身贫寒。早年是远近闻名的市井无赖，吃喝嫖赌，无恶不作。曾娶妻冯氏，并生一女。一次魏忠贤和一群赌徒赌博,输了很多钱,跑到酒店里躲了起来。赌徒们不肯善罢甘休,把他从酒店里拖出来,当街一顿痛打,差点丢了小命。魏忠贤是个非常要面子的人,觉得没脸在家乡待下去了,心一横,决定去宫里当太监。

魏忠贤自行阉割,改名李进忠,抛下妻女,来到京城,通过关系,来到宫里当起了太监。李进忠巴结太监魏朝,取得了他的信任,魏朝便把他推荐给大太监王安。王安让他去做后宫王才人的办膳太监。王才人是明神宗朱翊钧的儿子朱常洛的妃子,皇长孙朱由校的生母。李进忠虽然是无赖,但他办事勤快又听话。年幼的朱由校贪玩不喜欢读书,很喜欢目不识丁却有一身武艺的李进忠,李进忠则千方百计地讨朱由校的欢心。

万历四十八年(1620年),明神宗一命呜呼,太子朱常洛登基,就是明光宗。但不到一个月,明光宗就病死了,皇太孙朱由校登基,年号天启,就是明熹宗。一人得道,鸡犬升天,李进忠也飞黄腾达起来,成立宫中最有权势的太监——司礼监秉笔太监(替皇帝起草诏书)。后来他又掌握了明朝最大的特务机关——东厂。

李进忠把自己的名字改为魏忠贤,勾结朱由校的乳母客氏。两人狗仗人势,狼狈为奸,飞扬跋扈,大肆打压异己,从此开始了明朝历史上的魏忠贤专权乱政的局面。

客氏本是定兴(今河北定兴)农民侯二的妻子,当初宫中为即将出生的皇长孙朱由校寻找奶妈,客氏被选中。万历皇帝不喜欢太子朱常洛,所以朱由校的处境非常艰难,他的生母王才人又为朱常洛宠妾李选侍凌辱至死。因此,朱由校从小孤苦无依,缺少父母之爱,每天只能依偎在客氏的怀里,客氏把朱由校当成心肝宝贝,两人的感情十分深厚。每天吃饭睡觉,要是没有客氏在旁边,朱由校就吃不下,睡不着。所以,朱由校一登上皇位,就决定好好报答客氏,封她为"奉圣夫人"。客氏在宫中每天浓妆艳抹,来往乘坐小轿,犹如皇后,横行后宫。

明熹宗朱由校从不认真处理政务,每天只知道做木工活。他每天拿着斧和锯,砍木头,锯板子,盖好了房子又拆,拆了又盖,成天忙得不可开交,有时候还把做好的家具让太监拿到宫外去卖。大臣们见这位小皇帝不务正业,免不了要出来干预,搞得这位小皇帝心烦意乱。魏忠贤瞅准了这是一个机会,便投其所好,给明熹宗找了许多活干,还专门趁他专心做木匠活的时候,上前让他批阅奏折。明熹宗非常不耐烦,挥挥手说:"知道了!知道了!你决定吧!"就这样大权就落到魏忠贤手中,他被无耻之徒谄媚为"九千岁"。

魏忠贤在皇帝面前这么受宠,一些趋炎附势的小人,许多文臣武将、地方官员都纷纷投靠了魏忠贤，认他当干爹，比如"五虎"、"五彪"、"十孩儿"、"四十孙"等。各地官吏纷纷为他设立生祠。祠堂是人死后才修的，而魏忠贤还活着就有了祠堂受人供奉。生祠里立着一座魏忠贤的塑像，烟雾缭绕，官吏们都行礼叩拜。当然这个"干爹"也不亏待他的干儿子们，于是"五虎"、"五彪"等人都当上了朝廷和地方的高级官员，形成了以魏忠贤为首的一个"阉党"，完全把持了朝政。

魏忠贤担心天下有人反对他，就派出许多东厂的特务到全国各地刺探消息，如果有谁说了对他不敬的话，干了反对他的事，就立刻逮捕关在东厂里严刑拷打，甚至处死。东厂俨然就是一个人间地狱。

魏忠贤的胡作非为引起了东林党官员的强烈不满，他们纷纷联合起来弹劾魏忠贤。魏忠贤大肆报复，大规模迫害镇压东林党人，诬陷东林党的左光斗、杨涟、周起元、周顺昌、缪昌期等人贪污受贿，大肆搜捕东林党人，东林党几乎被阉党势力消灭。

1627年，崇祯帝朱由检登位以后，下令将魏忠贤流放凤阳，魏忠贤在途中畏罪自杀，客氏被乱棍打死，阉党势力被一扫而空。

东林党议

东林党是晚明时期以江南士大夫为主的政治集团。

明神宗即位的前十年，由张居正主政，明朝一度出现中兴的迹象。张居正死后，明神宗亲政。他疯狂地报复张居正，没收了张家的家产，废除了张居正的全部改革措施，罢免了张居正提拔重用的贤臣良将。刚开始，明神宗还比较勤政，但没过多久，他就躲进后宫不理政事，使国家的中枢机构处于瘫痪状态。

万历中期以后，吏治腐败，贪污受贿成风。朝廷的大臣们鉴于张居正的教训，为了保住官位，对国家大事、人民疾苦漠不关心，反而拉帮结派，打击异己，互相争权夺利。

顾宪成，字叔时，别号泾阳，南直隶无锡县（今江苏无锡）人，万历八年（1580年）进士，后任吏部郎中。他为人正直，关心朝政，刚直不阿，被明神宗革职。回乡后，在常州知府欧阳东凤和无锡知县林宰的帮助下，修复了家乡的宋朝学者杨时创建的东林书院。顾宪成和因遭权贵排挤而被罢官的友人高攀龙、钱一本、叶茂才、薛敷教、安希范、刘元珍及他的弟弟顾允成等人，在书院中讲学，人称"东林八君"。他们的讲学每年一大会，每月一小会，四书、五经、通鉴、性理陈说无所不谈。

同时他们又议论朝政，评点人物，参与政治，反对空谈，他们的言论被称为清议。东林书院逐渐成为对在朝官员的声誉、行动有重大影响的政治舆论中心，使其名声大振。当时一些士大夫、退休的官僚、朝廷的部分官员也遥相呼应，形成一股强大的政治势力，被他们的政敌称为东林党。

东林党的根据地——东林书院旧迹

东林党的主要政敌是齐、楚、浙三党。齐、楚、浙三党分别以山东莱芜人亓诗教、湖北黄冈人官应震、浙江慈溪人姚宗文，另外还有以南直隶（今江苏）昆山人顾天峻和宣城人汤宾尹为首的昆党和宣党。他们大部分是按籍贯组合，以浙党为核心，追随权臣，勾结宦官，攻击东林党人。而东林党人的籍贯分布得比较广泛，甚至包括政敌省份的人。东林党人从出身名门望族，到一般的地主官僚都有，他们主要是一群政治主张相同、忧时救世、代表中下层人民利益的全国性政治力量。

东林党议深入明朝后期的政治斗争，涉及很多事件、人物，主要有京察、封疆和三案之争。在当时明与后金的战争中，党议的双方在明朝的战略战术、将领选拔等方面也展开了激烈的政争。

东林党人认为吏治是关系到国计民生和社会安定的大事，他们要求皇帝亲政，内阁首辅和大臣作出表率，但没有得到重视。于是他们便利用一年一度的京察作为反对政敌的机会。

首先，东林党人要控制负责京察的职位，比如吏部尚书、都察院都御史、吏部考功司郎中、河南道监察御史等。查看官员是否受到处罚和处罚是否得当是双方在京察斗争中的主要内容。东林党人严于律己、刚直不阿，与依附皇帝权贵的齐、楚、浙等党进行了激烈的斗争，双方互有胜负。明神宗去世后，由于东林党曾支持太子朱常洛，以及萨尔浒之战明军大败，再加上齐、楚、浙党内讧，使得东林党人执掌朝政，他们罢免了一些贪官污吏，吏治大为好转，赢得了社会各阶层的支持，增强了自身的政治实力。在三案中，东林党人据理力争，维护了正常的封建统治秩序，扩大了自己的势力。

但随着后来魏忠贤的专权和齐、楚、浙等党的投靠,形成了权势熏天的"阉党"。他们疯狂地向东林党人进攻。面对巨大的威胁,东林党人没有坐以待毙,而是奋起反击。东林党人杨涟上书弹劾魏忠贤,一时群臣响应。但由于魏忠贤控制着明熹宗,结果东林党人杨涟、左光斗、高攀龙等人先后被罢免,不久魏忠贤又大肆搜捕东林党人,很多人惨死狱中。东林书院也被拆毁。

当时发生了很多支持东林党人的民变。天启六年(1626年),苏州万余市民在雨中集会,声援东林党人,史称"开读之变",开读之变后,民变首领颜佩韦等五人慷慨就义。

天启七年(1627年),明熹宗死,明思宗朱由检上台,他逼死了魏忠贤,将阉党势力一扫而空,为受迫害的东林党人平反昭雪。

明思宗朱由检虽然铲除了魏忠贤的阉党势力,使政局为之一新。但他刚愎自用,冤杀了东林党支持的大臣袁崇焕,最终又走上了重用宦官,抛弃东林党的老路。东林党与阉党的斗争,一直延续到南明时期。

左光斗入狱

明神宗后期,有个名叫顾宪成的官员,因为直言敢谏,得罪了明神宗,被免了职。他回到无锡(今江苏无锡)老家后,约了几个志同道合的朋友在东门外东林书院讲学。讲学期间,免不了议论国家政事,还批评一些当政的大臣。一些被批评的官僚权贵因此对顾宪成恨之入骨,把支持东林书院的人称作"东林党人"。

明熹宗刚即位的时候,一些支持东林党的大臣掌握了朝政大权,其中要数杨涟和左光斗最有名望。

有一次,朝廷派左光斗到京城附近视察,并负责那里的科举考试。

一天,左光斗在官署里喝了几盅酒,见外面下起大雪,忽然起了游兴,便带着几个随从,骑着马到郊外去踏雪。他们走到一座环境幽静的古寺,左光斗决定到里面去休息一下。

他们进了古寺,看见左边走廊边的小房间里,有个书生正伏在桌上打瞌睡,桌上还放着几卷文稿。左光斗拿起桌上的文稿细细看了起来。那文稿不但字迹清秀,而且文辞精彩,左光斗看了禁不住暗暗赞赏。他打发随从到和尚那里去打听一下,才知道那书生名叫史可法,是新到京城来应考的。左光斗暗暗地记住了这个名字。

考试那天,堂上的小吏高唱着考生的名字。当小吏唱到史可法的名字时,坐在厅堂上的左光斗注意看那个捧着试卷上来的考生，果真是那天寺里见到的书生。左光斗接过试卷后，当场把史可法评为第一名。

从那以后，左光斗和史可法便建立了亲密的师生关系。

当时，明熹宗非常宠信宦官魏忠贤，让魏忠贤掌握特务机构东厂。杨涟对魏忠贤一伙的胡作非为气愤不过，上了一份奏章，揭发魏忠贤24条罪状，左光斗也大力支持他。这一来可捅了娄子。1625年，魏忠贤和他的阉党勾结起来攻击杨涟、左光斗是东林党，罗织罪名，把他们打进大牢。

左光斗入狱以后，史可法不顾自己的危险，拿了50两银子去向狱卒苦苦哀求，只求见老师一面。狱卒终于被史可法感动了，他让史可法换上一件破烂的短衣，装成捡粪人的样子，混进了牢监。

史可法找到关押左光斗的房间，只见坐在角落里的左光斗，遍体鳞伤，脸已经被打得认不清楚，左腿腐烂得露出骨头来。史可法见了，一阵心酸，抱住左光斗的腿，跪在地上，不断地抽泣。

左光斗被伤痛折磨得睁不开眼睛，但是他从哭泣声里听出了是史可法。他举起手，用尽力气拨开眼皮，用愤怒的眼光看着史可法，骂道："蠢材！这是什么地方，你来干什么！国家的事糟到这个地步。我已经完了，你还不顾死活地来这里，万一被他们发现，将来的事由谁干？"

史可法不敢说话，只好忍住悲痛，从牢里出来了。

过了几天，左光斗和杨涟等被魏忠贤杀害。史可法又买通了狱卒，把左光斗的尸体埋葬了。

努尔哈赤建后金

当明王朝政治越来越腐败的时候，在我国东北地区的女真族的一支——建州女真不断扩大势力，渐渐强大起来，它的首领是爱新觉罗·努尔哈赤。

努尔哈赤出生在建州女真的贵族家庭里。祖父觉昌安和父亲塔克世都被明朝封为建州左卫的官员，努尔哈赤从小就学习骑马射箭，练得一身好武艺。

努尔哈赤25岁那年，建州女真部有个土伦城的城主尼堪外兰，引来明军攻打古勒寨城主阿台。阿台的妻子是觉昌安的孙女，觉昌安便带着塔克世到古勒寨去，途中碰上明军攻打古勒寨，觉昌安和塔克世都死在混战中。

努尔哈赤痛哭了一场，葬了他的祖父、父亲，但是想到自己的力量太弱，不

·八旗制度·

努尔哈赤在统一女真各部的过程中，把原先的"牛录"（一种女真人从事军事和狩猎的小行动集体）改造成为"固山"（汉语"旗"的意思）。到1601年，他已经设立了黄、白、红、蓝四旗，1615年，正式建立了八旗制度。规定每300人立为一牛录，5牛录立一扎兰额真，5扎兰额真立一固山额真（旗）。同时又在旧有的黄、白、红、蓝四旗之外，增加镶黄、镶白、镶红、镶蓝四旗（即是在原来四种颜色的旗帜上镶上不同颜色的边缘，规定黄、白、蓝镶红边，红旗镶白边）。皇太极即位以后，又把归附的蒙古人和汉人编为蒙古八旗和汉军八旗。以后又将东北少数民族编入布特哈八旗。八旗制度在建立之初，兼有军事、行政和生产三方面的职能。后来受到中原文化的影响，把黄色作为皇帝的专用颜色，因此满族八旗正黄、镶黄两旗就成了天子亲自统帅的两旗，顺治以后，加上正白旗，合称为上三旗，地位要高于另外的下五旗。

敢得罪明军，就把怨恨全集中在尼堪外兰身上。努尔哈赤满腔悲愤地回到家里，找出了他父亲留下的盔甲，分发给他手下的兵士，向土伦城进攻。尼堪外兰根本不是努尔哈赤的对手，狼狈逃走。努尔哈赤攻克了土伦城后，趁机又征服了建州女真的一些部落。

努尔哈赤灭了尼堪外兰，声名远扬。过了几年，他统一了建州女真。这样一来，引起女真族其他部落的恐慌。当时女真族有三部，除了建州女真之外，还有海西女真和"野人"女真。海西女真中数叶赫部实力最强。1593年，叶赫部联合了女真、蒙古九个部落，合兵三万，分三路向努尔哈赤进攻。

努尔哈赤听到九部联军来攻，便在敌军来路上埋伏了精兵；在路旁山岭边，安放了滚木石块。九部联军一到古勒山下，建州兵就派出一百骑兵挑战。叶赫部一个头目冲过来，马被木桩绊倒，建州兵上去把他杀了，另一头目当时被吓昏过去。这样一来，九部联军没有了统一指挥，四散逃窜，努尔哈赤乘胜追击，打败了叶赫部。又过了几年，努尔哈赤统一了女真族各部。

努尔哈赤统一了女真后，把女真人编为八个旗。旗既是一个行政单位，又是军事组织。为了麻痹明朝，努尔哈赤继续向明朝朝贡称臣，明朝廷认为努尔哈赤态度恭顺，便封他为"龙虎将军"。

1616年，努尔哈赤认为时机成熟，就在八旗贵族拥护下，在赫图阿拉（今辽宁新宾附近）即位称汗，国号大金。历史上为了跟过去的金朝区别，把它称为"后金"。

萨尔浒之战

1618年，努尔哈赤召集八旗首领和将士誓师，宣布跟明朝结下七件冤仇，叫做"七大恨"。第一条就是明朝无故杀死了他的祖父和父亲。为了报仇雪恨，他决定起兵征伐明朝。

第二天，努尔哈赤亲自率领 2 万人马攻打抚顺。他先写信给抚顺明军守将李永芳，劝他投降。李永芳见后金军来势凶猛，无法抵抗，就投降了。后金军俘获人口、牲畜 30 万。明朝的辽东巡抚派兵救援抚顺，也被后金军在半路上打垮了。

明神宗得知消息后，派杨镐为辽东经略，讨伐后金。杨镐经过一番紧张的调兵遣将，聚集了 10 万人马。1619 年，杨镐分兵四路，由四个总兵官率领，进攻赫图阿拉。杨镐坐镇沈阳，指挥全局。

经过侦察，努尔哈赤得知山海关总兵杜松率领的中路左翼是明军主力，他们正从抚顺出发，打了过来。努尔哈赤决定集中兵力，先对付杜松。

杜松是一位身经百战的名将。从抚顺出发时，天正下着大雪，杜松立功心切，不管气候恶劣，急急忙忙冒雪行军。他先攻占了萨尔浒（今辽宁抚顺东）山口；接着，把一半兵力留在萨尔浒扎营，自己带了另一部精兵攻打后金的界藩城（今新宾西北）。

努尔哈赤得知杜松分散了兵力，心里暗暗高兴，便集中八旗的兵力，一口气打下萨尔浒明军大营，把杜松后路截断了。接着，努尔哈赤又急行军援救界藩。正在进攻界藩的明军，听到后路被抄，军心动摇。驻守在界藩的后金军居高临下从山上往下攻，把杜松军杀得七零八落。杜松中箭身亡，一路人马先覆灭了。

北路的马林从开原（今辽宁开原）出兵，刚刚到离萨尔浒还有 40 里的地方，努尔哈赤率领的八旗兵便从界藩马不停蹄地攻来。马林败下阵来，没命地逃奔，才回到开原，第二路明军又被打散了。坐镇沈阳的杨镐，接到两路人马覆灭的消息，连忙派快马传令另外两路明军立刻停止进军。

中路右翼的辽东总兵李如柏胆小谨慎，行动也特别迟缓，他一接到杨镐的命令，急忙撤退。剩下的是南路军刘铤。杨镐发出停止进军命令的时候，刘铤军已经深入到后金军阵地，各路明军失败的情况，他一点也不知道。努尔哈赤派出一支穿着明军衣甲的后金兵打着明军旗帜，装扮成杜军前来接应。刘铤毫不怀疑，带着人马进入了后金军的包围圈。后金军里应外合，四面夹击，明军阵势大乱。刘铤虽然勇敢，但毕竟寡不敌众，战死在乱军中。

萨尔浒大战的遗物——明代铁炮

这场战争从开始到结束，只有 5 天的时间，杨镐率领的 10 万明军损失过半，文武将官死了 300 多人。这就是历史上著名的"萨尔浒之战"。

萨尔浒之战后，明朝元气大伤。两年后，努尔哈赤又率领八旗大军，接连攻占了辽东重要据点沈阳和辽阳。1625 年三月，努尔哈赤把后金都城迁到沈阳，把沈阳称为盛京。从那以后，后金就对明朝的统治构成了威胁。

徐光启研究西学

面对后金的威胁，翰林院官员徐光启一连上了三道奏章，认为要挽救国家危局，只有精选人才，训练新兵，才有希望。明神宗听说徐光启精通军事，就批准他到通州训练士兵。

徐光启出生在上海。长大以后，因为参加科举考试，路过南京，听说那儿来了个叫利玛窦的欧洲传教士经常讲些西方的科学知识，于是经人介绍，徐光启结识了利玛窦。

利玛窦传播科学知识的目的，是为了方便传教。同时，他觉得要扩大传教，一定要得到中国皇帝的支持才行得通。到了北京后，利玛窦通过宦官马堂的门路，送给明神宗圣经、圣母图，还有几只新式的自鸣钟。

明神宗接见利玛窦时，请利玛窦讲一下西洋的风俗人情。听后，明神宗很感兴趣，赏给利玛窦一些财物，让他留在京城传教。有了皇帝的支持，利玛窦就很容易跟朝廷的官员们接触了。

几年后，徐光启考取了进士，也到了北京，在翰林院供职。他认为学习西方的科学，对国家富强有好处，就决心拜利玛窦为师，向他学习天文、数学、测量、武器制造等各方面的科学知识。后来，徐光启翻译了大量的外国科学著作。

这一次，徐光启提出练兵的主张，得到明神宗的批准，他满怀希望，想尽快把新兵练好，加强国防。哪料到朝廷各个部门都腐败透顶，练兵衙门成立了一个月，徐光启要人没人，要钱没钱，闲得无事可做。

明崇祯刻本《崇祯历书》
徐光启晚年专心规划，督率编译并亲加校改而成。

后来，领到了一点军饷，可是到了通州，检阅了一下招来的 7000 多新兵，大多是老弱残兵，能够勉强充数的只有 2000 来人，他大失所望，只好请求辞职。

1620 年，明神宗死去，他的儿子明光宗朱常洛又接着病死，神宗的孙子朱由校继承皇位，这就是明熹宗。徐光启又重返京城，他看到后金的威胁越来越严重，便竭力主张要多造一些西洋大炮。为了这件事，他跟兵部尚书发生了矛盾。不久，就被排挤出朝廷。

徐光启回到上海时，已经是 60 多岁的老人了。他从前就对研究农业科学很有兴趣，回到家乡后，亲自参加劳动，在自己的田里做了一些试验。后来，他把他平日的研究成果，写成了一部著作，叫作《农政全书》。书中详细记载了我国的农具、土壤、水利、施肥、选种、嫁接等农业技术，可以称得上是我国古代的一部农业百科全书。

袁崇焕大战宁远

萨尔浒大战之后，明王朝派老将熊廷弼出关指挥辽东军事。熊廷弼是个很有指挥才能的将领，可是担任广宁（今辽宁北镇）巡抚的王化贞却怕熊廷弼影响他的地位，百般阻挠熊廷弼的指挥。1622 年，努尔哈赤向广宁进攻，王化贞带头出逃。熊廷弼面对混乱的局事，只好保护一些百姓退到山海关内。

广宁失守后，明王朝不问事由，便把熊廷弼和王化贞一起打进大牢。

熊廷弼一死，派谁去抵抗后金军呢？

这时，详细研究了关内外形势的主事（官名）袁崇焕向兵部尚书孙承宗说："只要给我人马军饷，我能负责守住辽东。"

那些被后金的攻势吓破了胆的朝廷大臣听说袁崇焕自告奋勇，都赞成让袁崇焕去试一试。明熹宗给了他二十万饷银，要他负责督率关外的明军。

袁崇焕到了关外，在宁远筑

宁远城遗址
1626 年，努尔哈赤亲率十三万大军，号称二十万，围攻明关外要塞宁远城（今辽宁兴城），遇到明将袁崇焕抗击，久攻不下，受重伤而亡。

起三丈二尺高、二丈宽的城墙，装备了各种火器、火炮。孙承宗还派了几支人马分别驻守在宁远附近的锦州、松山等地方，与宁远互相支援。

袁崇焕号令严明，辽东的危急局面很快就扭转过来。

正当孙承宗、袁崇焕守卫辽东有了进展之时，却遭到魏忠贤的猜忌。

魏忠贤先是排挤孙承宗离了职，又派了他的同党高第指挥辽东军事。高第是个庸碌无能之辈，他一到山海关，就召集将领开会，说后金军太厉害，关外防守不了，让各路明军全部撤进山海关内。

袁崇焕坚决反对撤兵，高第见说不服袁崇焕，只好答应袁崇焕带领一部分明军在宁远留守，但却要关外其他地区的明军，限期撤退到关内。

努尔哈赤看到明军撤退时的狼狈相，认为明朝容易对付。1626 年，他亲自率领 13 万人马，渡过辽河，向宁远进攻。

努尔哈赤带领后金军气势汹汹地到了宁远城下，冒着明军的箭石、炮火，猛烈攻城。明军虽然英勇抵抗，但是后金兵倒下一批，又上来一批，情况十分危急，袁崇焕下令动用早就准备好的大炮，向后金军轰击。炮声响处，只见一团火焰，后金兵士被炸得血肉横飞，纷纷后撤。

第二天，努尔哈赤亲自督战，集中优势兵力攻城。袁崇焕登上城楼望台，沉着应战。等到后金军冲到逼近城墙的地方，他便命令炮手瞄准敌人密集的地方发炮。这样一来，后金军伤亡就更大了。正在后面督战的努尔哈赤也受了重伤，不得不下令全军撤退。

袁崇焕见敌人退兵，就乘胜杀出城去，一直追了三十里，才得胜回城。

努尔哈赤受了重伤，回到沈阳后，伤势越来越重，没过几天，就咽了气。他的第八个儿子皇太极接替了他，做了后金大汗。

皇太极用反间计

努尔哈赤死后的第二年，皇太极亲自率领人马，攻打明军。后金军分兵三路南下，先包围了锦州城。袁崇焕料定皇太极的目标是宁远，决定自己镇守宁远，派部将带领 4000 骑兵援救锦州。果然，援兵还没出发，皇太极已经派兵来攻打宁远。袁崇焕亲自到城头上督战，用大炮猛轰后金军；城外的明军援军也配合战斗内外夹击，把后金军打跑了。

皇太极把人马调到锦州，但是锦州的明军守得很严密，皇太极只好退兵。

袁崇焕虽然打了胜仗，可是魏忠贤阉党却把功劳记在自己的名下，还责怪袁崇焕没有亲自救锦州是失职。袁崇焕知道魏忠贤有心跟他过不去，就辞了职。

1627年，明熹宗死去，他的弟弟朱由检即位，这就是明思宗，也叫崇祯帝（崇祯是年号）。

崇祯帝早就知道魏忠贤作恶多端，他一即位，就宣布了魏忠

调兵信牌　清
木质，长20.3厘米，宽31.2厘米，厚2.6厘米。为皇太极统一东北各部时使用的调兵信牌，牌中间汉字为"宽温仁圣皇帝信牌"。

贤的罪状，把魏忠贤充军发配到凤阳。魏忠贤在充军的路上自杀了。

崇祯帝又把袁崇焕召回朝廷，提拔他为兵部尚书，负责指挥整个河北、辽东的军事。

袁崇焕重新回到宁远，选拔将才，整顿队伍，士气大振。有一次，东江总兵毛文龙作战不力，虚报军功。袁崇焕使用崇祯赐给他的尚方剑，把毛文龙杀了。

皇太极打了败仗，当然不肯善罢甘休，他知道宁远、锦州防守严密，决定改变进兵路线。1629年十月，皇太极率领几十万后金军，从龙井关、大安口（今河北遵化北）绕道河北，直扑明朝京城北京。

这一招出乎袁崇焕的意料。袁崇焕得到情报，赶忙带着明军赶了两天两夜到了北京，没顾上休息，就和后金军展开激烈的战斗。

后金军退走后，崇祯帝亲自召见袁崇焕，慰劳了一番。但是一些魏忠贤的余党却到处散布谣言，说这次后金兵绕道进京，是由袁崇焕引进来的。

崇祯帝是个疑心极重的人，听了谣言，也有些怀疑起来。正在这时，有一个被金兵俘虏去的太监从金营逃了回来，向崇祯帝报告，说袁崇焕和皇太极订下了密约，要出卖北京。

崇祯帝把袁崇焕召进宫，拉长了脸责问说："袁崇焕，你为什么要擅自杀死大将毛文龙？为什么金兵到了北京，你的援兵还迟迟不来？"

袁崇焕一时不知如何回答才好。他正想答辩，崇祯帝已经喝令锦衣卫把他捆绑起来，押进大牢。

崇祯帝拒绝大臣的劝告，到了第二年，下令把袁崇焕杀了。

皇太极用反间计除掉了对手袁崇焕，高兴得无法形容。到了1635年，皇太

极把女真改称满洲；又过了一年，皇太极在盛京（今辽宁沈阳）称帝，改国号叫清。皇太极就是清太宗。

徐霞客探险

当明王朝闹得污浊不堪之时，在江阴一带有个青年，不满朝政腐败，不愿应科举考试、谋求仕途，却立志游历祖国的名山大川，探索自然的奥秘。他就是我国历史上杰出的地理学家——徐霞客。

徐霞客原名叫徐弘祖，别号霞客。他从小爱读历史、地理一类书籍、图册。十几岁那年，他决心到名山大川去游历考察一番。此时他的父亲刚刚死去，一想到母亲年纪老了，家里没人照顾，便没敢提这件事。但是，他的心事还是被母亲觉察到了。当母亲了解到他有这样的愿望，就跟他说："男儿志在四方，哪能为了我留在家里，做篱笆下的小鸡、马圈里的小马呢！"

母亲为他准备了行装，还给他缝制了一顶远游冠。有了母亲的热情支持，徐霞客就在他22岁那年，开始离家外出游历。他先后游历了太湖、洞庭湖、天台山、雁荡山、泰山、武夷山和北方的五台山、恒山等名山。每次游历回家，他就跟亲友谈起各地的奇风异俗和游历中的惊险情景，他母亲总是听得津津有味。

徐霞客50岁那年，开始了一次路程漫长的游行。他花了整整四年的时间，游历了湖南、广西、贵州、云南四省，一直到我国边境腾冲。

深水桥　明
位于今江苏省江阴市南阳岐村，相传徐霞客每次出游都乘船经过此桥。

有一次，他在湖南茶陵听说当地有个麻叶洞，当地人说洞里有神龙或者精怪，没有法术的人，都不敢进洞。徐霞客不信神怪，他出高价雇当地人当向导，进洞考察。正要进洞的时候，向导问他是什么人，徐霞客告诉他自己是个普通的读书人。向导听后吓得直往后退，说："我以为您是什么法师，才敢跟您一起进洞，原来你是个读书人，我才不冒这个险呢。"

徐霞客也不勉强他，带着自己的仆人举起火把进了山洞。村里的百姓听到有人进洞，都拥到洞口来看热闹。徐霞客在洞里考察了很久，直到火把快燃尽才出来。围在洞口的百姓看他们安全出洞，都十分惊奇，说："我们等了这么久，以为你们被妖精吃了呢。"

徐霞客在西南漫游的时候，除了随身带一个仆人外，还有一个名叫静闻的和尚和他们做伴。有一次，他们在湘江乘船的时候，遇到了强盗，行李财物被抢劫一空，静闻和尚也受了伤，在半路上死去。到最后，连他随身的仆人也离开他逃走了。但是这些挫折丝毫都没有动摇他探索自然奥妙的决心。

徐霞客在旅途中，每天晚上休息之前，把当天见到的听到的都详细记录下来。1641年，徐霞客去世后，留下了大量日记，这实际上是他的地理考察记录。经过他的实地考察，纠正了一些过去地理书上记载的错误，发现了过去没人记载过的地理现象。

后来，人们把他的日记编成一本《徐霞客游记》。这部书不但是我国古代地理学上的宝贵文献，还称得上是一部优秀的文学著作。

闯王李自成

崇祯帝即位的第二年，陕西闹了一场大饥荒，老百姓没粮吃，连草根树皮也被掘光了。在这种情况下，一些地方官吏还照样催租逼税。于是，陕西各地爆发了农民起义。

这年冬天，明王朝从甘肃调了一支军队开赴北京。这支军队走到金县（今陕西榆林）时，由于兵士们领不到军饷，闹到了县衙门。带兵的将官出来弹压，有个年轻兵士引头，把将官和县官杀了。这个兵士就是李自成。

李自成是陕西米脂人，出生在一个农民家庭里，少年时就喜欢骑马射箭，练得一身好武艺。

这一次，李自成在金县杀了朝廷命官，带着几十个兵士一起投奔王左挂领导的农民军。不久，王左挂禁不住高官厚禄的诱惑，投降了朝廷，李自成不得不另找队伍。后来，他打听到高迎祥领导一支队伍起义，自称"闯王"，就去投奔了高迎祥。高迎祥见李自成带兵来投奔，十分高兴，立刻叫他担任一个队的将官，大家把他叫做"闯将"。

为了对付官军围剿，高迎祥把十三家起义军的大小头领约到荥阳开会，商量对敌办法。李自成认为起义军应该分成几路，分头出击，打破敌人的围剿。大家

李自成雕像

听了，都觉得李自成说得有道理。经过商量后，十三家起义军分成了六路。有的拖住敌军，有的流动作战。高迎祥、李自成和另一支由张献忠领导的起义军向东打出了包围圈。

崇祯帝和地方大臣都把高迎祥的队伍看成眼中钉，千方百计地要消灭他们。有一次，高迎祥带兵向西安进攻。陕西巡抚孙传庭在（今陕西周至）的山谷里埋下了伏兵，高迎祥没有防备，被捕牺牲，李自成带领余部杀了出来。将士们失去了主帅，心情十分沉痛。大伙认为闯将李自成是高迎祥最信任的将领，加上他有勇有谋，就拥戴他做了闯王。从那以后，李闯王的名声就在远近传开了。

李闯王的威名越高，越使明王朝害怕和仇恨。崇祯帝命令总督洪承畴、巡抚孙传庭专门围剿李自成，李自成的处境一天比一天困难起来。在这个困难的时刻，另两支起义军的首领张献忠、罗汝才都接受了明朝的招降，李自成手下的将领也有叛变的，这使李自成处于极其危险的境地。

1638年，李自成从甘肃转移到陕西，准备打出潼关去。洪承畴、孙传庭事先探听到起义军的动向，便在潼关附近的崇山峻岭中，布置了三道埋伏线，然后故意让开通向潼关的大路，诱使李自成进入他们的包围圈。李自成中了敌人的计。起义军经过几天几夜的搏斗，几万名战士在战斗中阵亡，队伍被打散了。

李自成和他的部将刘宗敏等17个人冲出重重包围，翻山越岭，排除了千难万险，才到了陕西东南的商洛山区，隐蔽起来。

崇祯帝自缢

明思宗朱由检（1611～1644年），年号崇祯，明光宗第五子，明熹宗的弟弟。天启二年（1622年）被封为信王。

明熹宗朱由校登基时，年少无知的朱由检问道："哥哥，你当的是个什么官啊？我能当吗？"问这个问题在当时可是死罪，吓得旁边的太监们急忙劝说："殿下千万不要乱讲话！"明熹宗听了以后一愣，随即大笑，说："可以，可以，我当几年就让给你做！"没想到一语成谶。

明熹宗朱由校虽然不是一个好皇帝，但却是一个好哥哥。他派了几位进士出身的翰林院官员做朱由检的老师，在他们的悉心调教下，朱由检进步很快，他精通书法、诗文，还善于弹琴，文化修养比他哥哥强得多。虽然朱由检的生母很早就去世了，但一直在李选侍（光宗有 2 个李选侍，此为东李，封庄妃）的抚养下健康地成长。李选侍人品端正，受她的影响，朱由检从小就养成了刚毅的性格和良好的生活习惯。天启二年（1622 年），朱由检被封为信王。后来明熹宗又替他完婚，聘周奎之女为王妃。

天启七年（1627 年），明熹宗病入膏肓，奄奄一息。明熹宗没有儿子，而兄弟 7 人中活着的也只剩下五弟朱由检一人，兄终弟及，明熹宗死后，由朱由检继承皇位。

朱由检入宫以后，犹如进入了狼窝虎穴之中。他不敢吃宫里的食物，不敢喝宫里的水，袖子里藏着从信王府带来的大饼。晚上，朱由检战战兢兢地手持宝剑，坐在龙椅上，一刻也不敢闭眼，生怕魏忠贤派人谋害他。宫中的太监宫女都是魏忠贤和客氏的心腹，就是远方两个小太监交头接耳，也让朱由检心惊肉跳，以为他们在商量对付他的阴谋诡计。

在天启皇帝死后的第三天，朱由检正式即皇帝位，改元崇祯。当时，魏忠贤根本没有把朱由检放在眼里，认为他只不过是和明熹宗一样可以被自己玩弄于股掌之间的年轻人而已。

崇祯帝虽然对魏忠贤和客氏恨之入骨，但他深深地知道现在还不是除掉他们的时候。他一面像哥哥朱由校一样，继续优待魏忠贤和客氏，一面将信王府中的宦官和宫女带到宫中，以保证自己的安全。大臣们也都不知道皇帝打什么算盘，都持观望态度。

等到时机成熟后，崇祯帝首先免去了魏忠贤的亲信崔呈秀的兵部尚书一职。大臣们终于明白了皇帝的意图。于是揭发和弹劾魏忠贤的奏折一个接一个地递到了崇祯帝的手中，魏忠贤被迫辞去了官职。崇祯帝派他到凤阳去守皇陵。魏忠贤离京的时候，财物装了 40 多辆大车，有 1000 名侍卫护送，耀武扬威地出城而去。崇祯帝得知后，非常生气，立刻又下了一道圣旨，命锦衣卫将魏忠贤缉拿回京。魏忠贤知道回京后一定没有什么好结果，就在阜城县（今河北阜城）南关的旅舍中上吊自尽了。崇祯帝又下令铲除了魏忠贤的党羽，将客氏乱棍打死。百姓大臣无不拍手称快。

但由于崇祯帝的前几任皇帝，如万历、天启等无一不是昏君，给他留下了一个无法收拾的烂摊子，虽然崇祯本人非常勤政，但由于他性格多疑，刚愎自用，

永昌通宝

明崇祯十七年（1644年），张献忠在成都称帝，建国号"大西"，改元曰"大顺"，设立政府机构，并设铸钱局，铸"大顺通宝"通行于市。同年，李自成在西安称帝，建国号曰"大顺"，建元曰"永昌"，改六部为政府，设局铸造钱币名曰"永昌通宝"。中国历代开国时都要铸造本朝货币，确认自己的地位，李自成、张献忠也是如此。

喜怒无常，明朝没能在他手里中兴。在崇祯统治的17年里，他一共任用过50位内阁大学士，吏部尚书13人，户部尚书8人，兵部尚书17人，刑部尚书16人，工部尚书13人，都察院左都御史132人。他还冤杀了大将袁崇焕，导致明军的辽东防线全面崩溃。

崇祯元年（1628年），陕西爆发了严重的旱灾，颗粒无收，人民被迫铤而走险，纷纷起义。

崇祯又裁汰驿站的驿卒，导致他们也加入了起义军的行列。以李自成、张献忠为首的农民起义军不断发展壮大。

崇祯十七年（1644年），李自成的起义军包围了北京城。城外的炮声隐隐可闻，不久太监曹化淳开城投降。崇祯帝想召集大臣商议，他亲自拿起钟杵，敲响景阳钟，但等了许久，大臣们一个都没来。万念俱灰的崇祯帝见大势已去，回到内宫逼死了周皇后，随后又用剑砍伤了长平公主，崇祯帝对她说："为什么你要生在帝王家？"接着又砍死昭仁公主。万念俱灰的崇祯帝来到煤山（今景山）上，在寿皇亭旁的槐树上自缢而死。

崇祯帝死后，南明弘光政权为他定庙号为"思宗"，谥"烈皇帝"，后改庙号为"毅宗"，隆武政权又改庙号为"威宗"。清朝入关后，为他发丧，谥号"端皇帝"，庙号"怀宗"。顺治十六年（1659年）去庙号，改谥"庄烈愍皇帝"。

冲冠一怒为红颜

1644年，李自成在西安建立了政权，国号大顺。不久，李自成亲自率领100万起义军渡过黄河，兵分两路进攻北京。两路大军势如破竹，到了这年三月，就在北京城下会师了。北京城外驻守的明军最精锐的三大营全部投降。

起义军猛攻北京城。

第二天晚上，崇祯帝登上煤山（在皇宫的后面，今北京景山），在寿皇亭边的一棵槐树下上吊自杀了。统治中国277年的明王朝，就此灭亡。

　　大顺政权一面出榜安民，一面惩治明王朝的皇亲国戚、贪官污吏。李自成派刘宗敏和李过，勒令那些权贵、官僚交出平时从百姓身上搜刮来的赃款，充当起义军的军饷。

　　有个叫吴襄的大官僚，也被刘宗敏抄了家产。有人告诉李自成说，吴襄的儿子吴三桂是明朝的山海关总兵，手下还有几十万大军。如果招降了吴三桂，就可以解除大顺政权的一个威胁。

　　吴三桂原来是明朝派到关外抗清的，驻扎在宁远一带防守。吴三桂收到吴襄的劝降信，便打算到北京去看看情况再说。

　　吴三桂带兵到了滦州，遇到一些从北京逃出来的人，找来一问，听说他父亲吴襄被抓，家产被抄，顿时心生恨意。后来，又听说他最宠爱的歌姬陈圆圆也被起义军抓走，不禁勃然大怒，立刻下令全军退回山海关。

　　李自成得知吴三桂拒绝投降，亲自带领20多万大军，向山海关进攻。吴三桂听到这消息，惊慌失措。他也顾不得什么民族气节，马上给清朝写了一封求救信。

　　清朝辅政的亲王多尔衮接到信，觉得机会来了，马上回信同意帮助吴三桂。接着，他亲自带着十几万清兵，马不停蹄地向山海关挺进。

　　李自成军从南面开到山海关边，与吴三桂的军队展开激战。李自成骑着马登上西山指挥作战。吴三桂带兵一出城，就被起义军的左右两翼合围包抄。明兵东窜西突，无法冲出重围；起义军个个奋勇，喊杀声震天动地。

　　这时候，多尔衮看准时机，命令埋伏在阵后的几万清兵一起杀出，向起义军发动突然袭击。起义军没有防备，也弄不清是哪儿来的敌人，心里一慌张，阵势乱了起来。

　　李自成在西山上发现清兵已经进关，想稳住阵脚，已经来不及了，只好传令撤兵。多尔衮和吴三桂的队伍里外夹击，起义军惨败。李自成带领将士边战边退，吴三桂仗着清兵的势力，在后面紧紧追赶。起义军退到北京时，兵力已经大大削弱了。

　　李自成回北京后，在皇宫大殿里举行了即位典礼，接受官员的朝见。第二天一清早就率领起义军，匆匆离开北京，向西安撤退。

　　1644年十月，多尔衮把顺治帝从沈阳接

陈圆圆像

到北京，把北京作为清朝国都。从那时起，清王朝就开始统治中国了。

第二年，清军兵分两路攻打西安。一路由阿济格和吴三桂、尚可喜率领；一路由多铎和孔有德率领。李自成被迫放弃西安，向襄阳转移。几个月后，农民军在湖北通山县遭到当地地主武装袭击，李自成战败被杀。

李自成退出北京后，张献忠在四川称帝，国号大西。到了 1647 年，清军进兵四川，张献忠在川北西充的凤凰山的一场战斗中，中箭身亡。至此，明朝末年的两支主要起义军都失败了。

史可法死守扬州

崇祯帝在煤山（今景山）自杀的消息传到明朝陪都南京，南京的大臣们惊慌失措。他们立福王朱由崧做了皇帝，这就是弘光帝，历史上把这个南京政权叫做南明。

弘光帝朱由崧是个荒唐透顶的人，凤阳总督马士英等人利用弘光帝的昏庸，操纵了南明政权。

南明政权的兵部尚书史可法，本来不赞成让朱由崧做皇帝，为了避免引起内乱，才勉强同意，并主动要求到前方去统率军队。

那时候，长江北岸有四支明军，叫做四镇。四镇的将领都是骄横跋扈的人，他们互相争夺地盘，放纵兵士杀害百姓。史可法到了扬州，亲自去找那些将领，劝他们不要自相残杀，又把他们安排在扬州周围驻守，自己坐镇扬州指挥。由于史可法在南方将士中威信高，那些将领不得不听从他的号令，大家称呼他为史督师。

不久，多铎带领清军，大举南下，史可法指挥四镇将领抵抗，打了几次胜仗。可是南明政权内部却起了内讧：驻守武昌的明军将领左良玉和马士英争权夺势，起兵进攻南京。马士英急忙将江北四镇军队撤回，对付左良玉，还以弘光帝名义要史可法带兵保卫南京。

史可法明知道在清军压境的情况下，不该离开。但是为了平息内争，不得不带兵回南京，刚过长江，便得知左良玉兵败的消息。他急忙撤回江北，此时清兵已经逼近扬州。

多铎带领清军到了扬州城下，先派人到城里劝史可法投降，一连派了 5 个人，都遭到拒绝。多铎恼羞成怒，下令把扬州城紧紧围困起来。

扬州万分危急，城里一些胆小的将领害怕了。第二天，就有一个总兵和一个监军带着本部人马,出城向清军投降。这一来,城里的守卫力量就更薄弱了。史可法召集全城官员,勉励他们同心协力,抵抗清兵,并且分派了守城的任务。将士们见史可法坚定沉着,都很感动,表示一定要和督师一起,誓死抵抗。

江苏扬州史可法祠

多铎命令清兵不间断地轮番攻城。扬州军民奋勇作战,把清兵的进攻一次次打退,清兵死了一批,又上来一批,形势越来越紧急。多铎下了狠心,命令清兵用大炮攻城。他探听到西门是由史可法亲自防守,就下令炮手专向西北角轰击。史可法眼看城已经守不住了,拔出佩刀就要自杀。随从的将领上前抱住史可法,把他手里的刀夺了下来。史可法还不愿走,部将们连拉带劝地把他保护出了小东门。这时候,有一批清兵冲过来,看见史可法穿着明朝官员的装束,就吆喝着问他是谁。史可法怕连累别人,就高声说:"我就是史督师,你们快杀我吧!"

1645年四月,扬州城陷落。多铎因为攻城的清军遭到很大伤亡,心里恼恨,不仅杀了史可法,还灭绝人性地下令屠杀扬州百姓,大屠杀延续了十天。历史上把这件惨案称为"扬州十日"。

扬州失守几天后,清军攻破了南京。南明政权的官员降的降,逃的逃,弘光政权也被消灭了。

夏完淳怒斥洪承畴

弘光政权瓦解后,东南沿海一带还活跃着抗清力量。1645年六月,黄道周、郑子龙在福州立唐王朱聿键即位,称为隆武帝。另一部分官员张国维、张煌言在绍兴拥戴鲁王朱以海监国,于是有两个南明政权同时出现。

为了对付抗清力量,清朝廷派了在松山战役中投降清朝的洪承畴总督军事,到江南去招抚明军。

这时候,松江(在今上海市)有一批读书人也在酝酿抗清事宜,领头的是夏允彝和陈子龙。夏允彝有个年仅15岁的儿子叫夏完淳,又是陈子龙的学生。夏完淳自小就读了很多书,才华出众,在他父亲、老师的影响下,也参加了抗清斗争。

夏允彝、夏完淳父子像

靠几个读书人去抗击清军是不行的。夏允彝有个学生吴志葵，在吴淞做总兵，手下还有一些兵士。他们去说服吴志葵一起抗清，吴志葵同意了，但不久就被清军打败。

清军围攻松江的时候，夏允彝父子和陈子龙冲出清兵包围，到乡下隐蔽起来。清兵到处搜捕他们，还想引诱夏允彝出来自首。夏允彝不愿落在清兵手里，便投河自杀了。他留下遗嘱，让夏完淳继承他的抗清遗志。

父亲的牺牲使夏完淳悲痛万分，更激起了他对清朝的仇恨。

过了一年，陈子龙秘密策动清朝的松江提督吴胜兆反清，这次兵变又失败了，吴胜兆被杀害，陈子龙也被捕自杀。

后来，夏完淳因为叛徒告密，也被捕了，清军派重兵把他押到南京。

夏完淳在监狱里被关押了80天。他给亲友写了许多可歌可泣的诗篇和书信，死亡的威胁并没有吓倒他，他感到伤心的是没有实现恢复中原的壮志。

对夏完淳的审讯开始了，主持审讯的正是招抚江南的洪承畴。洪承畴得知夏完淳是江南出名的"神童"，就想用软化的手段使夏完淳归服。

洪承畴露出一副温和的神态说："我看你小小年纪，未必会起兵造反，一定是受人指使。只要你肯归顺大清，我保你做官。"

夏完淳装作不知道上面坐的是洪承畴，厉声说："我听说我朝有个洪亨九（洪承畴的字）先生，是豪杰，当年松山一战，他以身殉国，震惊中外。我钦佩他的忠烈，我年纪虽然小，但是杀身报国，怎么能落在他的后面！"

这番话把洪承畴说得哭笑不得，满头是汗。旁边的兵士真的以为夏完淳不认识洪承畴，提醒说："别胡说，上面坐的就是洪大人。"

夏完淳"呸"了一声说："天下人谁不知道洪先生为国牺牲这件事。崇祯帝曾经亲自设祭，满朝官员都为他痛哭哀悼。你们这些叛徒，怎敢冒充先烈，污辱忠魂！"说完，他指着洪承畴骂个不停。洪承畴被骂得面无血色，不敢再审问下去，慌忙叫兵士把夏完淳拉出去。

1647年九月，这位年仅17岁的少年英雄在南京西市被害。他的朋友把他的尸体运回松江，葬在他父亲的墓旁。

隆武覆灭

崇祯自缢以后，各地的明朝官员纷纷拥立明朝的藩王为帝。先后出现了弘光、鲁王监国、隆武、绍武、永历几个政权，存在了 20 多年，统称南明。

1644 年六月，明朝宗室、崇祯帝的从兄、福王朱由崧在江南明朝官员的拥戴下，在南京登基称帝，年号"弘光"。弘光政权控制着富庶的淮河以南的广大土地，拥有百万军队，有史可法、左良玉等杰出将领，势力相当雄厚。

但弘光帝却无意抗清，整日吃喝玩乐，沉湎于酒色之中，不理朝政，重用阉党余孽马士英、阮大铖等人。马士英等奸臣把持朝政、结党营私，大肆打击迫害反对过马、阮的东林党人，把兵部尚书史可法排挤出南京，让他到扬州去督师。他们还克扣军饷，增加赋税，甚至公开卖官，贿赂公行，政治腐败到了极点。当时人称："职方贱如狗，都督满街走，相公只爱钱，皇帝但吃酒！"

弘光帝幻想与清朝和谈，派使团北上，送给清朝白银 10 万两、黄金千两、绸缎万匹，并许诺和谈成功后，每年送岁币 10 万。但被清朝一口拒绝，留下南明的礼物，将他们赶了回去。但当时清朝的首要任务是镇压李自成的大顺军，暂时没有力量进攻南明，所以弘光政权才得以苟延残喘。

1645 年，清军攻破潼关，大顺军败局已定，清朝立即挥师南下进攻弘光政权。不料这时候弘光政权起了内讧，镇守武昌的大将左良玉以"清君侧"为名，讨伐马士英，率 80 万大军顺江东下，进攻南京。弘光帝和马士英急忙将江北的明军调回进行防御，削弱了明军在江北防御清军的力量。不久左良玉病死，其子左梦庚率部降清。

1645 年四月，清军渡过淮河，江北重镇扬州失去屏障，清军长驱直入包围扬州。史可法写血书向弘光帝和江北其他将领求援，但没有得到答复。清将多铎致书史可法，要他投降，但被史可法严词拒绝。清军用大炮轰城，扬州陷落，史可法不屈而死。清军在扬州烧杀掳掠，扬州居民几乎全被屠杀，城中尸骨如山，血流成河，繁华的扬州变成了一片废墟，成了人间地狱，史称"扬州十日"。

清军占领扬州后，趁大雾渡过长江，攻占南京。弘光帝逃到芜湖，后来被俘，押到北京处死，其官员多数降清。

弘光政权覆灭后，张煌言等人拥立鲁王朱以海在绍兴称监国，同时郑芝龙等人在福州拥立唐王朱聿键为帝，年号隆武。鲁王政权和唐王朱聿键的隆武政权为了争所谓正统，自相残杀，水火不容。

鲁王政权利用钱塘江天险屡次击败清军的进攻，阻挡了清军的南下。但他只满足偏安一隅，根本不想北上抗清，收复失地。1646 年，清军趁天旱水浅，强渡钱塘江，明军一触即溃，鲁王乘船逃亡海上，时人称之为"海上天子"。鲁王派人向隆武帝求援，信中称隆武帝为"皇伯叔"，而没有称"陛下"。隆武帝龙颜震怒，喝令侍卫把鲁王的信使杀了，还振振有词地说："现在最忧虑的事，不是清军而是鲁王。"

《隆武纪略》书影
此书记载了南明隆武政权从建立到灭亡的全过程。

隆武帝生活简朴，喜欢读书，一心想恢复明朝，还一度想御驾亲征。他杀了前来招降的清朝使者，整顿吏治，严惩贪污，重用金声、杨廷麟、何腾蛟等抗清将领。

但掌握军政大权的郑芝龙却暗中降清。郑芝龙原来是个大海盗，后来被招安。清军消灭鲁王政权后，挥师南下，进攻福建门户仙霞关。郑芝龙为了保存实力，将仙霞关的守军撤回，带领军队撤回老家安平。隆武帝无可奈何，只好逃亡。

在清军乘胜追击的情况下，隆武帝竟然舍不得丢掉几十车心爱的书籍，前进的速度很慢，结果很快被清军追上。当隆武帝的人马到达闽赣边境时，本来可以迅速进入还在南明控制之下的江西省时，隆武帝却下令停下来打开行李晾晒龙袍，以便穿戴整齐地接受臣民的觐见。

这时清军追了上来，隆武帝和大臣周之藩慌忙躲入关帝庙。清兵在庙前厉声呼喝："朱聿键出来。"忽然，周之藩手持钢刀跳出庙门，高声说道："我就是隆武帝！"挥刀杀向清兵，结果被清兵乱箭射死。清兵进庙搜查，只见后门洞开，庙内空无一人。原来朱聿键已从后门逃入汀州城。后城破被俘，朱聿键在福州绝食而死。

博古通今王夫之

王夫之出生于明朝末年一个没落的地主阶层知识分子家庭。1644 年，王夫之 25 岁时，清军南下占领湖南，他在湖南衡山揭竿而起，抗击清军。失败后，王夫之投奔南明永历政权，因弹劾权奸，反遭迫害，后经农民军领袖营救，才得以辗转逃回湖南。为躲避清朝政府的缉拿，他隐姓埋名，逃亡于湘南各地，饱尝颠沛流离之苦。

当军事抗争毫无意义之时，王夫之转入文化思想领域，去从事另一种形式的斗争。他把自己的亡国之思和对时局政治的思考寄托于学术领域，勤恳著述40年，内容涉及哲学、政治、经济、历史、文学、教育、军事、伦理、自然科学等诸方面，建立了超越前人、博大精深的思想体系。他深入研究《周易》，探讨改革社会的方法，先后撰成《周易稗疏》和《周易考异》两部著作，为终生精研《易》理打下了坚实的基础。他还撰写了堪称民族宣言的政论著作《黄书》。

王夫之对中国朴素唯物主义认识论的发展有着独到的贡献。他继承和发扬了古代朴素唯物主义的优良传统，吸取当时新兴"质测之学"的成果，以"六经责我开生面，七尺从天乞活埋"的创新和求实精神，对社会现实进行了高度的哲学概括，在前人成果的基础上把唯物主义发展到时代条件所允许的高度。他从哲学上和政治危害上全面清算了宋明理学唯心主义，以科学方法剖析了宋明理学的理论根源，并以其在批判中建立的"别开生面"的朴素唯物辩证法体系，为统治中国思想界数百年的宋明理学乃至整个古典哲学做了总结和终结。

王夫之还以唯物主义一元论为依据，从探究人的本质出发，研究人类社会的起源、发展、规律及动力等一系列重要问题，从而建立起其独特的历史观。他在考察社会历史发展过程及其规律的基础上，提出理势合一论。他把历史发展的现实过程称作"势"，认为历史发展过程就是一种客观必然趋势，而发展趋势中所包含的不可改变、不可抗拒的必然性，他称之为"理"。

王夫之一生著述甚丰，除了《读四书大全说》、《四书训义》、《尚书引义》和《时记章句》等哲学论著外，还撰成《春秋家说》、《春秋世论》、《续春秋左氏传博议》等早期史论，反映了17世纪我国学术变迁的新动向；并以《诗广传》一书另辟学术门径，试图跳出中世纪诗学的狭隘眼界。

62岁以后，王夫之在衡阳石船山麓筑草堂定居，他不顾年迈体衰，贫病交加，撰写了《周易内传》、《周易内传发例》、《庄子通》、《庄子解》、《相宗洛索》、《张子正蒙注》、《宋论》、《读通鉴论》、《俟解》、《搔首问》、《噩梦》、《四书笺解》、《楚辞通释》及《诗话》、《夕堂永日绪论》诸书，可谓著作宏富。

清康熙三十一年（1692年），王夫之逝世于石船山下的草堂内，时年74岁。他的墓碑上写着"明朝遗民王夫之之墓"。

郑成功收复台湾

隆武帝在福州建立政权后，他手下的大臣黄道周一心想帮助隆武帝出师北伐，抗清复明。但是掌握兵权的郑芝龙贪图富贵，抛弃了隆武帝，向清朝投降，隆武政权也就瓦解了。

郑芝龙有个儿子叫郑成功，是个22岁的青年将领。郑芝龙投降清朝的时候，郑成功苦苦劝阻不成，气愤之下，就单独跑到南澳岛，招募了几千人马，坚决抗清。

郑成功是个将才，在他的努力下，队伍渐渐强大起来，在厦门建立了一支水师。他跟抗清将领张煌言联合起来，乘海船率领17万水军，开进长江，向南京进攻，一直打到南京城下。清军见硬拼不行，就用假投降的手段欺骗他。郑成功中了清军的计，最后打了败仗，又退回厦门。

郑成功回到厦门时，清军已经占领福建大部分地方，他们采用封锁的办法，断绝了郑军的供应，打算困死郑成功。郑成功在那里招兵筹饷，都遇到困难，就决定向台湾发展。

台湾自古以来就是我国的领土。明朝末年，欧洲的荷兰人趁明王朝腐败无能，占领了台湾。

郑成功少年时期曾经跟随他父亲到过台湾，亲眼看到台湾人民遭受的苦难。这一回，他决心赶走侵略军，就下令让他的将士修造船只，积蓄粮草，准备渡海。

正巧这时，有一个在荷兰军队里当过翻译的何廷斌，赶到厦门见郑成功说，台湾人民受侵略军欺侮压迫，早就想反抗了，只要大军一到，一定能够把荷兰人赶走。何廷斌还送给郑成功一张台湾地图，把荷兰侵略军的军事布置都告诉了郑成功。郑成功有了这个可靠的情报，信心就更足了。

1661年三月，郑成功亲率2.5万名将士，乘坐几百艘战船，浩浩荡荡从金门出发。他们冒着风浪，越过台湾海峡，在潮湖休整几天，便直取台湾。

荷兰侵略军听说郑军攻

荷兰殖民者投降图

打台湾，十分惊慌。他们把队伍集中在台湾（在今台湾东平地区）和赤嵌（在今台南地区）两座城堡里，还在港口沉了好多破船，想阻挡郑成功的船队登岸。

何廷斌为郑成功领航，利用海水涨潮的机会，驶进了鹿耳门，登上台湾岛。

侵略军调动一艘最大的军舰"赫克托"号，气势汹汹地开了过来，阻止郑军的船只继续登岸。郑成功沉着镇定，指挥他的60多艘战船把"赫克托"号围住，随即一声令下，60多只战船一齐开炮，把"赫克托"号击沉了。还有三艘荷兰船见势不妙，吓得掉头就跑。

随后，郑成功派兵猛攻赤嵌。赤嵌的敌军拼死顽抗，一时攻不下来。有个当地人为郑军出主意说，赤崁城的水都是从城外高地流下来的，只要把水源切断，敌人就会不战自乱。郑成功采用这个办法，没出三天，赤嵌的荷兰人乖乖地投降了。

盘踞台湾城的侵略军企图顽抗，等待援兵。郑成功采取长期围困的办法逼他们投降。在围困八个月之后，郑成功下令向台湾城发起猛攻。荷兰侵略军走投无路，只得扯起白旗投降了。

1662年初，侵略军头目被迫到郑成功大营，在投降书上签了字，灰溜溜地离开了台湾。郑成功从荷兰侵略者手里收复了我国的宝岛台湾，成为我国历史上了不起的民族英雄。

康熙帝削藩

南明最后一个政权灭亡的同年，顺治帝病死，他的儿子玄烨即位，这就是清圣祖，历史上称为康熙帝。

康熙帝即位时，年仅八岁。顺治帝遗诏，由四个满族大臣帮助他处理国事，叫做辅政大臣。四个辅政大臣中，掌握兵权的叫鳌拜，他欺负康熙帝年幼，独断专行。

康熙帝满14岁的时候，亲自执政。这个时候，另一个辅政大臣苏克萨哈和鳌拜发生了争执。鳌拜便勾结同党诬告苏克萨哈犯了大罪，奏请康熙帝处死苏克萨哈，康熙帝不肯批准。鳌拜在朝堂上揎起袖子，拔出拳头，跟康熙帝争了起来。康熙帝想到鳌拜势力太大，只好忍耐，由他把苏克萨哈杀了。

从那以后，康熙帝决心除掉鳌拜。他派人物色一批健壮有力的十几岁的贵族子弟担任侍卫。康熙帝把他们留在身边，天天练摔跤。

鳌拜进宫时，常常看到这些少年吵吵嚷嚷地在御花园里摔跤，只当是孩子们

吴三桂擒桂王由榔论卷　清

闹着玩，并不在意。

有一天，鳌拜接到康熙帝召见的命令，要他单独进宫商量国事。鳌拜像平常一样大模大样地进宫去。刚跨进内宫的门槛，忽然一群少年拥了上来，将他围住，有的拧胳膊，有的拉大腿，一下子就把他打翻在地。任凭他大喊大叫，也没有人搭救他。

把鳌拜抓进大牢后，康熙帝马上让大臣调查鳌拜的罪行。大臣们认为，鳌拜独断专横，擅杀无辜，罪恶累累，应该处死。康熙帝从宽发落，革了鳌拜的官爵。

康熙帝除掉鳌拜，朝廷里一些骄横的大臣知道了这个年轻皇帝的厉害，就不敢在他面前放肆了。

康熙帝亲自执政后，大力整顿朝政，使新建立的清王朝渐渐强盛起来。但是，南方的三个藩王却成了康熙帝的一块心病。

这三个藩王是投降清朝的明军将领，一个是引清兵入关的吴三桂，一个是尚可喜，一个是耿仲明。因为他们帮助清朝消灭南明，镇压农民军有功，清廷便封吴三桂为平西王，驻防云南、贵州；尚可喜为平南王，驻防广东；耿仲明为靖南王，驻防福建，合起来叫做“三藩”。三藩之中，数吴三桂势力最大。

康熙帝知道要统一政令，三藩是很大的障碍，一定要找机会削弱他们的势力。他找来大臣们商议撤藩，可大臣们怕撤藩会引起反叛，都有顾虑。

康熙帝果断地说：“吴三桂早有野心。撤藩，他要反；不撤，他迟早也要反。不如先发制人。”接着，就下诏撤藩。诏令一下，吴三桂果然暴跳如雷。他自以为是清朝开国老臣，现在年纪轻轻的皇帝居然撤他的权，便决定造反。

吴三桂在西南一带势力强大，一开始，叛军打得很顺利，一直打到湖南。他又派人跟广东的尚之信（尚可喜的儿子）和福建的耿精忠（耿仲明的孙子）联系，约他们一起反叛。这两个藩王有吴三桂撑腰，也反了。历史上把这件事称做“三藩之乱”。

康熙帝并没有被他们吓倒，一面调兵遣将，集中兵力讨伐吴三桂；一面稳住尚之信、耿精忠，停止撤销他们的藩王称号。尚之信、耿精忠一看形势对吴三桂不利，又投降了。

吴三桂开始打了一阵子后，力量渐渐削弱，处境十分孤立。经过八年战争之后，他自己知道无力回天，连悔带恨，生了一场大病死了。

清军平定了叛乱势力，统一了南方。正当朝廷庆贺平定叛乱告捷的时候，在我国东北边境又传来沙皇俄国侵犯边境的消息。

清前期工商业的繁荣

清朝前期的手工业生产比明朝更加发达。顺治时，政府禁民间开矿，后来不断放宽开矿政策。乾隆时，政府鼓励商人开矿，矿冶业迅速发展。云南的铜矿数量多、规模大，乾隆年间有 500 余处。

那时候，苏州仍以丝织业闻名。而南京、广州等地的丝织业也后来居上，超过了苏州。南京有织机 3 万多台，所产绸缎行销全国。景德镇制瓷业的规模比过去扩大了。边疆少数民族的手工业也发展起来。在农业和手工业发展的基础上，商业繁荣起来。北京是当时全国性的贸易市场。东南各省和苏州、扬州等城镇都很繁华。西北、西南各地也出现了不少商业城市。

那时的北京汇集了全国各地的特产。东北的貂皮、人参，江南的水果、绸缎，西藏的麝香、红花，新疆的毡毯，蒙古的皮货，云南和贵州的名贵中药，都出现在北京的市场上。清朝前期，北京最繁华的地区在宣武、正阳、崇文 3 座门外，那里的富商大贾拥有成千累万的资本。乾隆年间，正阳门外大栅栏一带，已经是店铺、酒楼林立的热闹街市。乾隆时候，扬州的商业十分繁盛，许多行业形成集中的街市，有专营绸缎的"缎子街"，专设茶肆酒楼的北门桥等。

考据学盛行

清政府对思想的专制措施引发了两个结果：一是让大部分文人更加埋头在八股文、科举之中，努力做官；二是让很多人专心从事考订古书的工作，称为考据学。如孟森说："乾隆以来多朴学，知人论世之文，易触时忌，一概不敢从事，移其心力，毕注于经学，毕注于名物训诂之考订，所成就亦超出前儒之上。"

考据学在清代被称为汉学，也叫朴学，主要是从文字音韵、名物训诂、校勘辑佚等方面从事经书古义的考证，并由此推广到其他书籍。简言之，就是用一本古书来研究另一本古书。

清代考据学全盛时期的代表人物有惠栋、戴震、段玉裁、王引之、王念孙等。

考据学大体分为吴、皖两大派。吴派以苏州元和人惠栋为首，他著有《古文尚书考》等书。其治学方法是信家法而尚古训，一切务在恢复汉人的说法。但由于墨守汉人的成说，比较保守，所以其成就不大。皖派以戴震为首，在治学上比较富有创造性，不拘泥于一家之言。采取"由声音文字以求训诂，由训诂以寻义理，实事求是，不偏主一家"的考据方法，对中国古典文献的整理作出了较大贡献。

清代考据学在整理和考订古代经书方面的论著很多，像段玉裁撰写的《说文解字注》，王念孙撰写的《广雅疏证》和《读书杂志》，都是有关训诂、校勘的代表作。

施琅进攻台湾

平定"三藩"之乱后，统一台湾的问题被提上了日程。

台湾此时成了最后一块反清复明的活动基地。郑成功到台湾后不久，就生病去世了。他的儿子郑经率领郑氏部属，在台湾和福建沿海一带活动，仍然沿用明朝年号。1681年，康熙帝任命施琅为福建水师提督，筹划攻台。施琅（1621～1696年）是福建晋江人，他以擅长海战著称，曾随郑成功起兵抗清，后投降清朝。他到了福建后，就布置打造战船，操练水师。

康熙二十二年（1683年）六月，台湾郑氏早已听到风声，派久惯海战的大将刘国轩坐镇澎湖。刘国轩修建炮城，排列战舰，准备迎战。六月十六日，清军船队集齐，两军开始交战。施琅一马当先，首先驾船冲入郑军中。郑军气势强盛，各营镇战船争先恐后，围绕清军战船猛攻，施琅被流弹击中受伤。清军船只多，挤在一起，难以发挥威力。初战受挫，施琅传令各船将士不许卸甲，严阵以待。

平定台湾御册　清

六月二十二日清晨，清军誓师出战。施琅将船分为8队，每队7只。他自己统领一阵，居中调度。又派80只船为后援，50只船在东侧截敌后路，50只船在西侧作为疑兵进行牵制。两军相遇后，炮如雨下，烟气蔽天。在清军的奋力冲杀下，郑军渐渐不支，将士丧失了十分之七八。刘国轩知道大势已去，不敢再战，急忙率领残兵败将，退回台湾岛上。

台湾一些郑军将领听说清军来势凶猛，于是变节纷纷派人与施琅接洽，里应外合，协助清军。清军兵不血刃，占领了台湾本岛。清军占领台湾的消息传到京师，康熙帝大喜，封施琅为靖海侯。收回台湾后，清廷内部发生了一场对台湾的弃留之争。许多大臣对台湾的历史、地理缺乏认识，竟然认为台湾地域狭小，得到了不会增加领土面积，失去了也不会有太大损失，因而他们主张弃台。对此，施琅坚决反对，上疏力争，提出台湾土地肥沃，物产丰富，是保卫东南沿海的天然屏障，一旦放弃，必然重被荷兰人占据。

康熙帝完全赞同他的主张，下令设立台湾府，下属3县，归福建省管辖。统一台湾，使台湾重新回到祖国统一的多民族大家庭中，这不仅对国家统一具有重大意义，对台湾经济、文化的进一步发展也具有重要意义。

雅克萨的胜利

明朝末年，明、清双方都忙着打仗，北方边境的防务就无人顾及了。沙皇俄国趁机向我国黑龙江地区进犯。他们在我国掠夺财物，杀害人民。直到清朝稳定了局势，才派兵打击沙俄侵略军，收复了被俄国占领的黑龙江北岸的雅克萨（在今黑龙江呼玛西北，漠河以东的黑龙江北岸）。

后来，康熙帝为了平定三藩，把大批兵力调到西南去。有个俄国逃犯带了84名匪徒逃窜到我国雅克萨，在那里筑起堡垒，到处抢掠。他们把抢来的貂皮献给沙皇。沙皇不仅赦免了逃犯的罪，还任命为首的歹徒做了雅克萨长官，想永远霸占我国土地。

康熙帝平定了三藩之乱后，听到东北边境遭到侵犯，便亲自来到盛京，派将军彭春、郎谈借打猎为名到边境侦察。

康熙帝作好进攻的准备之后，派人送信给雅克萨的俄军头目，命令他立刻退出雅克萨。沙俄军不但不肯退出，反而向雅克萨增兵，跟清朝对抗。于是，康熙帝发布了进军的命令。

1685年，康熙帝派彭春为都统，率领水、陆两军1.5万人，浩浩荡荡开到雅克萨，把雅克萨城围了起来。

雅克萨城堡十分牢固。彭春观察了地形之后，一面在城南筑起土山，让兵士站在土山上往城里放弩箭；一面在城北隐蔽地方放好了火炮，乘城北敌人不备，

神威无敌大将军炮　清
此炮造于康熙十五年（1676年），御赐名为"神威无敌大将军"。该炮曾参加雅克萨之战，并发挥了巨大威力。

突然开起炮来。炮弹在城头呼啸着飞向城里，敌人的城楼被炮弹击中，熊熊燃烧了起来。

天色放亮后，清军又在城下堆起柴草，准备放火烧城。俄军头目吓坏了，慌忙在城头上扯起白旗投降。

按照康熙帝的事前吩咐，彭春全部释放了投降的俄军，勒令他们撤回本土。俄军头目托尔布津犹如丧家之犬，带着残兵败将跑了。

俄军撤走后，彭春命令兵士拆毁雅克萨城堡，让百姓回来耕种。随后，带着军队回到瑷珲城。

但是，失败的俄军头目并没有死心，他们听说清军撤走了，就又带兵溜回雅克萨，把城堡修筑得更加坚固。

消息传到北京，康熙帝决定把侵略军彻底消灭。第二年夏天，黑龙江将军萨布素向雅克萨进军。清军将士想到从他们手里放走的敌人又来了，恨不得马上消灭他们。这一次，清军的炮火更加猛烈。守城头目托尔布津也中弹死了；剩下的一批侵略军不得不躲到地窖里，但是没多久，病的病，死的死，最后只剩下了150个人。

沙俄政府慌忙派使者赶到北京，要求谈判。

1689年，清政府派出代表索额图，与沙俄政府代表戈洛文在尼布楚举行和谈，签订了《尼布楚条约》。条约划分了两国边界，肯定了黑龙江和乌苏里江流域的广大地区都是中国领土。

三征噶尔丹

在《尼布楚条约》签订后的第二年，沙俄政府不甘心失败，又唆使准噶尔的首领噶尔丹向漠北蒙古进攻。

那时，蒙古族分为漠南蒙古、漠北蒙古和漠西蒙古三个部分。除了漠南蒙古已归属清朝外，其他两部也都向清朝臣服了。准噶尔部是漠西蒙古的一支，本来在伊犁一带过着游牧生活。自从噶尔丹统治准噶尔部以后，他先兼并了漠西蒙古的其他部落，又向东进攻漠北蒙古。漠北蒙古人逃到漠南，请求清朝政府保护。康熙帝派使者到噶尔丹那里，叫他把侵占的地方还给漠北蒙古。噶尔丹依仗沙俄撑腰，不但不肯退兵，还大举进犯漠南。

康熙帝决定亲征噶尔丹。1690年，康熙帝兵分两路：左路由抚远大将军福全率领，从古北口出兵；右路由安北大将军常宁率领，从喜峰口出兵，康熙帝亲自带兵在后面坐镇。

右路清军先与噶尔丹军遭遇，败下阵来。噶尔丹的军队长驱直入，一直打到离北京只有700里的乌兰布通（今内蒙古昭乌达盟克什克腾旗）。噶尔丹得意扬扬，还派使者向清军索要他们的仇人。

康熙帝命令福全出击。清军用火炮火枪猛烈轰击敌阵，步兵骑兵一起冲杀过去。福全又派兵绕到山后夹击，把叛军杀得七零八落，纷纷丢寨逃走。

噶尔丹回到漠北，表面向清朝政府表示屈服，实际上却重新招兵买马，还暗地里派人到漠南煽动叛乱。

1696年，康熙帝第二次亲征，兵分三路出击：黑龙江将军萨布素从东路进兵；大将军费扬古率陕西、甘肃军兵，从西路出兵，截击噶尔丹的后路；康熙帝亲率中路军，从独石口出兵。三路大军约定日期同时进攻。

康熙帝的中路军到了科图，遇到了敌军前锋，但东西两路还没有到达。这时候，有人传言沙俄要出兵帮助噶尔丹。随行的一些大臣害怕起来，劝康熙帝退兵。康熙帝气愤地说："我这次出征，还没有见到叛贼就退兵，怎么向天下人交代？再说，我中路一退，叛军全力对付西路，西路不是更危险了吗？"

康熙帝决心已定，继续进兵克鲁伦河，并且派使者去见噶尔丹，告诉他康熙帝亲征的消息。噶尔丹在山头望见清军黄旗飘扬，军容整齐，便连夜拔营逃走了。康熙帝一面派兵追击，一面派快马通知西路军大将费扬古，让他们在半路上截击。

噶尔丹带兵奔走了五天五夜，到了昭莫多（在今蒙古国乌兰巴托东南），正好与费扬古军相遇。费扬古在树林茂密的地方设下埋伏，然后派先锋把叛军引到预先埋伏的地方，叛军一到，便前后夹击。叛军死的死，降的降。最后，噶尔

北征督运图 清

丹只带了几十名骑兵逃走了。经过两次大战，噶尔丹叛乱集团土崩瓦解。但是噶尔丹不听康熙帝的劝告，继续顽抗。隔了一年，康熙帝又带兵渡过黄河亲征。这时候，噶尔丹原来的根据地伊犁，已被他侄儿策妄阿那布坦占领；他的左右亲信听说清军来到，纷纷投降。噶尔丹走投无路，就服毒自杀了。

从那以后，清政府重新控制了阿尔泰山以东的漠北蒙古，分封了当地蒙古贵族称号和官职。随后，又在乌里雅苏台设立将军，统辖漠北蒙古。

后来，噶尔丹的侄儿策妄阿那布坦侵入了西藏。1720年，康熙帝派兵远征西藏，驱逐了策妄阿那布坦，护送达赖喇嘛七世回藏。以后，清政府又在拉萨设置驻藏大臣，代表中央政府同达赖、班禅共同管理西藏。

雍正帝即位

康熙帝一共有35个儿子，成年且受册封的只有20人。为了争夺储位，他们分为三个集团，一是皇太子集团；二是皇四子集团；三是皇八子集团。三派钩心斗角、明争暗斗，

太子胤礽，排行老二，康熙十三年（1674年）生，生母为皇后赫舍里氏。皇后赫舍里氏难产而死，康熙帝十分伤心，次年胤礽被册封为皇太子。康熙帝对胤礽格外疼爱，亲自教他读书识字，每次外出围猎都把他带在身边。康熙十七年（1678年），皇太子出痘，当时正值三藩之乱，但康熙帝亲自照顾太子，竟连续12天没有批阅奏折。

但皇太子的表现太让康熙帝失望了。康熙二十九年（1690年），康熙帝亲征噶尔丹，途中得病，召见皇太子。谁知皇太子对康熙帝漠不关心，令康熙帝深感寒心。皇太子的舅舅大学士索额图，与皇太子密谋，想夺权篡位。康熙帝知道后，盛怒之下将索额图处死，以此警告皇太子。但皇太子并未因此而收敛，反而更加嚣张。康熙四十七年（1708年），康熙帝到木兰围场围猎，途中皇十八子生病，皇太子竟毫不关心弟弟的病情，甚至在夜间向康熙帝的御帐里窥探。康熙帝深感自己的皇位和生命受到威胁，说："说不定哪一天我就会被毒死，或者被谋杀，真是要日夜警惕啊。"九月十六日，围猎还没有结束，康熙帝召集诸王、大臣，历数太子罪状，宣布废太子之位，声泪俱下，最后昏倒在地。太子的亲信被处死，康熙十分难过，连续七天七夜不吃不睡。皇长子受命看管废太子，回京后康熙帝命令皇四子胤禛（就是后来的雍正帝），一同负责看管。胤禛当时还是个贝勒，

次年被封为雍亲王。

康熙帝以为废掉太子就可以缓和诸皇子之间的矛盾，但是令他万万没有想到的是，诸皇子争夺储位的斗争反而更加激烈。太子之位成为诸皇子角逐的目标。

皇八子为人干练，有德有才，交际很广。从小由皇长子的母亲惠妃抚养长大，与皇长子关系很好。皇长子找人诅咒胤礽发疯，甚至直接向康熙帝建议立皇八子为太子，如果康熙帝想处死废太子他愿意负责处置。康熙帝勃然大怒，将皇长子关押起来，把皇八子革爵关押，附和皇八子的大臣或被革职或被处死。

雍正帝朝服像

康熙帝看到废皇太子后诸皇子争夺储位斗争更加激烈，为了根绝储位之争，在康熙四十八年（1709年），重新立胤礽为皇太子，释放了皇八子并恢复了他的爵位。诸皇子都明白：既然皇太子能被废掉一次，也可能再次被废掉。所以皇太子党与皇八子党之间的斗争更加激烈。当大臣们把目光注视在皇太子和皇八子身上时，皇四子胤禛悄然崛起。胤禛很有心计，为人谨慎、做事不露声色。他对皇太子党和皇八子党既不依附，也不反对。他还经常在康熙帝面前讲太子的好话，对康熙帝也非常孝顺。康熙帝生病时，他服侍康熙帝吃药治疗。在处理兄弟关系方面。他的原则是"不结党"、"不结怨"。康熙帝交给他办的事，他都尽心尽力地办好，令康熙帝非常满意，也赢得了很多大臣的好感。

康熙五十一年（1712年），无可奈何的康熙帝决定再次废掉依旧嚣张的皇太子，幽禁在咸安宫，对其党羽严厉惩罚。这时势力上升最快的是皇四子的同母弟皇十四子胤禵。康熙五十七年（1718年），皇十四子被封为抚远大将军，主持西北军务。康熙帝很喜欢他，当时被公认为太子人选。

康熙六十一年（1722年）十一月，康熙帝突然生病。次日，康熙帝病逝。康熙帝死后，皇四子胤禛的舅舅科隆多宣布遗诏，皇位继承人不是胤禵而是胤禛。众人议论纷纷，认为皇四子胤禛与科隆多串通一气，毒杀了康熙帝，篡改遗诏。

其实这是不可信的。满文为清朝的国文，宫廷的书写制度是满汉两种文字并用，绝不会只用汉文；而汉字当时用的是繁体字，"于"写作"於"，"于"字根本无法改成"於"字；按照惯例，皇子应称皇第几子，如皇十四子，绝不会只写"十四子"。遗诏应为"皇位传于皇四子"，因此汉文也无法添改。由此可见，雍正帝篡改遗诏之说，就不攻自破了。

文字狱

清朝统治者对明朝留下来的文人采取两种手段：对于服从统治的文人，采取招抚的办法；对于不服统治的，采取严厉的镇压。就在康熙帝即位的第二年，有官员告发，浙江湖州有个叫庄廷珑的文人，私自召集文人编辑《明史》，里面有攻击清朝统治者的语句。这时候，庄廷珑已死去。朝廷下令，开庄廷珑棺材戮尸，把他的儿子和写序言的、卖书的、刻字的、印刷的以及当地官吏，处死的处死，充军的充军。这个案查下去，一共株连了70多人。

由于这类案件完全是因写文章引起的，所以就叫作"文字狱"。

康熙帝死后，他的第四个儿子胤禛即位，这就是清世宗，又称为雍正帝。在雍正帝的统治下，文字狱更多更严重了。其中最出名的是吕留良事件。

吕留良也是一个著名学者。明朝灭亡以后，他参加了反清斗争。失败后，就在家里收学生教书。有人推荐他做官，他坚决拒绝了。官员劝他不听，也没用，后来他索性跑到寺院里，剃发当了和尚。吕留良当了和尚以后，就躲在寺院里著书立说，书里有反对清朝统治的内容。后来，吕留良死了，他的书也没有流

雍正帝临辟雍讲学图　清

传开去。

有个叫曾静的湖南人，偶然见到吕留良的文章，对吕留良的学问十分敬佩，就派学生张熙从湖南跑到吕留良的老家浙江，打听他遗留下来的文稿。

张熙到浙江后，不但打听到了文稿的下落，还找到了吕留良的两个学生。张熙跟他们一谈，很说得拢。他向曾静汇报后，曾静就约两人见了面，四个人议论起清朝统治，都十分愤慨。大家就秘密商量推翻清王朝的办法。

他们知道，光靠几个读书人成不了大事。后来，曾静打听到担任陕甘总督的汉族大臣岳钟琪握有重兵。他想，要是能劝说岳钟琪反清，就大有成功的希望。曾静写了一封信，派张熙去找岳钟琪。岳钟琪接见了张熙，拆开来信，一看是劝说他反清的，大吃一惊，随后就上报了朝廷。

雍正帝接到报告后，气急败坏，立刻下命令把这帮书生解送到北京，严刑审问。

最后，案子又牵连到吕留良家。吕留良已经死了，雍正便命人把吕留良的坟刨了，棺材劈了，还觉得不够解恨，又把吕留良的后代和他的两个学生满门抄斩。另外还把不少敬佩吕留良的读书人株连进去，罚到边远地区充军。

除了这样真是由反对朝廷的活动引起的案子之外，有不少文字狱，完全是牵强附会，或是挑剔文字过错惹出的大祸。有一次，翰林官徐骏在奏章里，把"陛下"的"陛"字错写成"狴"字，雍正帝见了，马上把徐骏革职。后来派人一查，在徐骏的诗集里找出了两句诗："清风不识字，何故乱翻书"，便挑剔说这"清风"指的就是清朝。这样一来，徐骏犯了诽谤朝廷的罪，把性命也丢掉了。

乾隆下江南

乾隆帝宫中行乐图　清　郎世宁

雍正十三年（1735年），雍正皇帝去世，乾隆皇帝登上了皇位。他在位60年中，保持和发展了康熙、雍正时期的势头，所以后世人常常把他和康熙、雍正皇帝并称，把他们在位的100多年说成是清朝的鼎盛时期。当时，清朝经过康熙、雍正两朝的恢复和发展，到乾隆时，社会经济空前繁荣。

乾隆帝即位后的前十来年，兢兢业业地治理朝政，但在位后期，重奢靡，铺张浪费。乾隆帝在位60年，就6次游江南，4次谒祖陵，5次游五台山，到曲阜祭孔、到河南告诣嵩山的次数不可胜数。各地地方官为了投皇帝所好，每次接圣驾都要大大排场一番，有时候一次就花去二三十万两银子。乾隆皇帝每次乘船顺运河游江南，运河两岸都搭满了戏台、彩棚，沿河排列着无数彩船。他的龙舟及大大小小的随行船只共有1000多艘，都由青壮年拉纤，称为"龙须纤"。

扬州本地为了接驾，商人更是挖空心思地露富摆阔。城里的大街小巷，都铺上了锦毡，路两边挂着绸帐，装饰得富丽堂皇。盐商为了讨好皇帝，捐钱修筑行宫，开湖堆山，建楼造园。乾隆皇帝见到这些别致的江南园林，十分赞赏。除了游山逛水，对女乐、珍宝、饮食、宫苑等等，乾隆皇帝也无所不好。有个大臣劝乾隆皇帝说："皇上每到一处巡幸，地方官一味奉承，侵害百姓不浅。"乾隆皇帝大怒，非要杀那个大臣不可。多亏朝廷大臣一再讲情，才把那个大臣免官了事。皇帝既然如此，其他贵族官僚、地主豪绅上行下效，追求享乐，成了一种社会风气。

闭关锁国

清朝中前期，一直和西方保持着良好的贸易、文化往来。

康熙帝对西方的科学技术比较重视，他本人就十分勤奋地学习西方的各种知识，也注意招徕具有各种科学技能的西方人才来为清朝效力，并给他们以优厚的待遇。

在 1708 年开始的全国地图的大测绘工作中，就有杜德美等西方传教士参加。在钦天监中，也长时期有西方传教士供职，如长于天文历法的西方教士汤若望、南怀仁等。南怀仁还曾受命为朝廷铸造火炮，他著有《神武图说》一书，详细讲解西方的造炮技术，受到了康熙帝的赞扬和赏赐。

清代西欧来华的耶稣会士，曾先后把《大学》、《中庸》、《论语》、《孟子》等中国古代经典译为拉丁文加以刊行。德国著名文学家歌德，曾试图以元剧《赵氏孤儿》为蓝本编写剧本。那时候的巴黎、维也纳、罗马等欧洲大城市，曾上演了不少中国题材的歌舞剧。欧洲人还对当时清朝的瓷器和漆器特别喜欢，而中国的园林建筑艺术更是让他们大为惊叹。

此时的西方，尤其是英国和法国，已完成了工业革命，机器工业代替了工场手工业，商品被成批成批地生产出来。开辟新的更大的市场，成了英国人最迫切的要求。可是在跟中国的贸易中，总是英国、法国买回大量瓷器、丝绸和茶叶，将白花花的银子送入了清政府的腰包。

英国和法国都竭力想打通清朝的广大市场，可此时的清政府，害怕外来思想动摇它的统治，开始实行闭关政策，限制贸易，也限制不同文化的侵入。1792 年，英国政府以给乾隆帝祝寿为名，派使臣马戛尔尼来中国交涉通商事宜。第二年，马戛尔尼在热河行宫朝见乾隆帝时，提出了"准许英国派使臣驻北京；准许英国人在各省传教"等几项要求，当即遭到乾隆帝的拒绝。1816年，英国政府又派阿美士德使华，重申前请。但由于在朝见的礼节上发生争执，嘉庆帝根本就没接见他。

在企图以外交手段来达到

皇帝之宝玉印 清

扩大通商的目的失败后，英国开始更多地派遣商船到中国沿海进行走私活动，甚至可耻地向中国输入鸦片。鸦片的大量输入，给中国带来了严重危害。

嘉庆帝死后，他的儿子旻宁即位，就是清宣宗，也叫道光帝。此时的清王朝越来越衰落，西方国家更是乘机加紧侵略，民族危机十分严重。到了 1840 年，爆发了鸦片战争。自此以后，中国人开始了长达一个世纪的、为赢得民族独立的不屈斗争。

清朝与邻国的贸易往来

清朝的中前期，海外贸易还很频繁，与邻国的关系也很友好。

清朝与朝鲜，不但通过使臣进行贸易，在义州、会宁、庆源等地，还设有定期的贸易市场。清朝商人运去绸缎、皮货、布匹、文具等，贩回纸张、苎布、人参、牛马和食盐等物品。朝鲜开城的松商和义州的湾商，都以跟清朝通商而著名。当时朝鲜还常派使节团来中国，随行的人员总要买很多中国书籍回去。

清代康熙年间，中日之间的贸易也十分繁盛。中国商船赴日，最多时一年达 100 余艘。所携带的商品种类繁多，包括生丝、绸缎、瓷器、茶叶、药材、纸张、砂糖、染料、工艺品以及书籍、文具，等等。从日本输入的货物，以铜为大宗，其余则有金银、海味、漆器等。随着贸易的发展，旅居日本的中国商人日益增多，像著名学者朱舜水，他在日本开创的讲学的风气，对日本学术界有很大影响。

当时还有不少人移居越南，多定居在越南南部的嘉定、定祥、边和一带。他们在那里垦辟耕种，经营商业。当时越南开采金、银、铜、锡等矿，也多招募中国工人。

此时，中国和暹罗（今泰国）之间的关系也有进一步发展，贸易往来极为频繁。每年从上海、宁波、泉州、厦门和潮州等地前往经商的货船有五六十只之多。当时，暹罗的米输入中国的数量也很大。

清朝和缅甸虽然在清朝初年发生过战争，但在乾隆年间双方和好，中缅之间的往来也开始频繁起来。清朝每年到缅甸经商的不下千人，他们常带着铜器、铁锅到缅甸贩卖，剪刀和针都是缅甸需要的大宗商品。而缅甸的棉花和食盐等，也大量运入云南。

乾隆帝禁书修书

清王朝经过康熙、雍正两朝的经营，经济发展很快。到雍正帝儿子清高宗弘历（也叫乾隆帝）在位的时候，已经可以称得上国富民强了。清朝初期的文治武功（也就是文化和武力的统治），在这个时期都达到了鼎盛。

乾隆帝跟他祖父、父亲一样，不仅注意武功，还十分重视文治。他一面继续招收文人学者做官；一面又大兴文字狱，镇压有反清嫌疑的文人。乾隆时期文字狱之多，大大超过了康熙、雍正两朝。

但是，乾隆帝明白，光靠文字狱来实行文化统治去不了根，还有成千上万的书籍贮藏在民间。如果里面有不利于他们统治的内容，那就无可奈何了。

后来，他想出一个一举两得的办法，就是集中全国的藏书，来编辑一部规模空前巨大的丛书。这样做，一来可以进一步笼络大批知识分子，显示皇帝重视文化；二来借这个机会正好可以把民间藏书统统审查一下。

1773 年，乾隆帝正式下令开设四库全书馆。派了一些皇亲国戚和大学士担任总管，那些皇亲国戚大多是挂名监督的。真正担任编纂官的都是当时一些有名的学者，像戴震、姚鼐、纪昀等人。要编纂的那套丛书名称就叫《四库全书》。

要编这样一套规模巨大的丛书，先得收集大量的书籍。乾隆帝下了命令，叫各省官员搜集、收购各种图书，并且定出了奖励办法，私人进献图书越多，奖励越大。这道命令一下，各地图书便源源不绝送到北京。两年之中，就聚集了二万多种，再加上宫廷里收藏的大量图书，数量就很可观了。

书收集得差不多了，乾隆帝就下令四库全书馆的编纂官员对图书进行认真检查。凡是有"违碍"（对清统治者不利）字句的，一律毁掉。经查发现在明朝后期的大臣奏章里，提到清皇族的上代，不那么尊重，乾隆帝认为这是很不体面的，就下令把这类图书一概烧毁。据不完全统计，在编《四库全书》的同时，被查

乾隆帝朝服像

禁烧毁的图书也有 3000 多种。

后来，这部规模巨大的《四库全书》终于编出来了。编纂者们对大批图书进行编辑、校勘、抄写，足足花了十年工夫，到 1782 年正式完成。这套丛书共收图书 3503 种，79337 卷。不论乾隆帝当初的动机怎样，这部书对后代人研究我国古代丰富的文化遗产，毕竟是一项重大而珍贵的贡献。

曹雪芹写《红楼梦》

乾隆帝连年用兵，又六次巡游江南，搞得国库日渐空虚。再加上官吏贪污浪费成风，弄得国势渐渐衰弱下来。

就在这期间，京城流传着一本小说，名叫《红楼梦》。这本书的作者就是曹雪芹。

曹雪芹原来是一个贵族家庭的子弟。他的曾祖曹玺曾经是康熙帝跟前的红人，后来被派到南方当江宁织造。江宁是南方比较富裕的地方，织造是专替皇族办服装的，是个攒钱的差使。曹玺死后，曹雪芹的祖父曹寅、父亲曹𫖯袭位，一家三代前后做了六七十年织造官，这样一来，家产越积越多，成了一个豪门。

雍正帝即位后，因为皇室内部的矛盾，牵连到曹家，曹𫖯不但被革了职，家也被查抄了。那时候，曹雪芹是个十几岁的孩子，已经懂事，家庭遭到这样大的灾难，给他幼小的心灵打击很大。

父亲丢了官，在江宁立不了足，只好回到北京老家。同时，生活越来越贫困，家庭的灾难又接连不断地发生，到后来，父亲曹𫖯也死了。生活愈加困顿的曹雪

大观园图　清
大观园是《红楼梦》中的主要人物贾宝玉、林黛玉等人活动的场所。此图纵 137 厘米，横 362 厘米，展现了在凹晶溪馆、牡丹亭、蘅芜苑、蓼风轩和凸碧山庄五个地方活动的人物 173 个，是研究《红楼梦》的珍贵资料。

芹只好搬到北京西郊，在几间简陋的屋子里读书。有时候，粮食不够吃，只好喝点薄粥充饥。

曹雪芹住在郊外，接触了一些穷苦百姓，再想起小时候家里的豪华生活，免不了生出许多感触。后来，他便根据自己亲身体验写出了一部反映当时社会生活的小说——《红楼梦》。

曹雪芹在《红楼梦》里，写了一个贵族大家庭——贾家从兴盛到衰落的故事。在那个贵族家庭里，多数是一些挥霍享乐、放债收租的寄生虫。有些人表面上道貌岸然，内心肮脏刻薄。小说里的主人公、贾家的公子贾宝玉和他的表妹林黛玉是一对嫌恶贵族习气、反对封建礼教的青年。在那个环境里，他们想摆脱旧礼教的束缚，但不能成功。结果林黛玉受尽歧视，生病死去；贾宝玉也离家出走。而那个贵族大家庭，在享尽荣华富贵之后，也像腐朽的大厦一样倒塌了。

曹雪芹用充满同情的笔调描写了这一对青年男女和一些受压迫凌辱的婢女，又满怀气愤地揭露了封建统治阶级的腐朽和罪恶。

曹雪芹在北京西郊，花了十年时间写这部小说，辛劳和困苦把他折磨得衰弱不堪。当他写完八十回的时候，他的一个心爱的孩子得病夭折。曹雪芹经受不住这个打击，终于扔下了他没有完成的著作，离开了人世。

曹雪芹死后，他的小说稿本经过朋友们传抄，渐渐流传开来。读了这本小说的人，又是赞赏，又是感动。但是对这样杰出的著作没有全部完成，总觉得是一件憾事。后来，有一个叫高鹗的文学家，又续写了四十回，使《红楼梦》成了一部结构完整的小说。

小说《红楼梦》经过一再传抄、翻印，越传越广。直到现代，大家仍公认它是我国古代最杰出的长篇小说。人们不但欣赏它的高超的艺术成就，而且还从那里了解到我国封建社会快要没落时的历史和社会状况。

大贪官和珅

乾隆帝做了60年皇帝，在文治武功方面很有作为，觉得意得志满，骄傲起来。他越来越喜欢听颂扬的话。于是，就有个人用讨好奉承的手段取得他的宠信，掌握了大权，这个人就是和珅。

有一次，乾隆帝要外出巡视，叫侍从官员准备仪仗。官员一下子找不到仪仗用的黄盖，乾隆帝十分生气，问："这是谁干的好事？"

官员们听到皇帝责问，吓得说不出话来。有个青年校尉，在一旁镇定地说："管事的人不能推卸责任。"

乾隆帝侧过脸一看，是个眉目清秀的校尉，乾隆帝心里高兴，忘了追问黄盖的事，问他叫什么名字。那青年校尉回答说叫和珅。乾隆帝又问他一些其他问题，和珅也对答如流。

乾隆帝十分欣赏和珅，马上宣布让他总管仪仗，以后又让他当御前侍卫。和珅是个非常伶俐的人，乾隆帝要做的事，他件件都办得称乾隆帝的心；乾隆帝爱听好话，和珅就尽说顺耳的。日子一久，乾隆帝就把和珅当作了亲信，和珅从此步步高升。十年之间，他从一个侍卫

和珅像

提升到了大学士。后来，乾隆帝还把他女儿和孝公主嫁给和珅的儿子。和珅跟皇帝攀上了亲家，权势就更加显赫了。

和珅掌了大权，别的大事他没心思管，只对搜刮财富感兴趣。他不但接受贿赂，还公开勒索；不但暗中贪污，还明里抢夺。地方官员献给皇帝的贡品，都要经过和珅的手。和珅先挑最精致稀罕的东西留给自己，挑剩下来的再送到宫里去。好在乾隆帝不查问，别人也不敢告发，他的贪心就越来越大了。

和珅利用他的地位权力，千方百计搜刮财富，一些朝臣和地方官员，摸透了他的脾气，就使劲搜刮珍贵的物品去讨好他。大官压小吏，小吏又向百姓压榨，百姓的日子自然也就不好过了。

乾隆帝在做了60年皇帝后，传位给太子颙琰，这就是清仁宗，又称为嘉庆帝。

嘉庆帝早知道和珅贪赃枉法的情况。过了三年，等乾隆帝一死，嘉庆帝马上把和珅逮捕起来，赐他自杀；并且派官员查抄他的家产。

和珅的富有，本来是出了名的，但是抄家的结果，还是让所有的人大吃一惊。一张长长的抄家清单上，记载的金银财宝，稀奇古董，多得数不清，粗粗估算一下，大约值白银八亿两之多，抵得上朝廷十年的收入。后来，那些查抄出来的大批财宝，都让嘉庆帝派人运到宫里去了。于是，民间就有人编了两句顺口溜：和珅跌倒，嘉庆吃饱。

"扬州八怪"

"扬州八怪"是指清朝雍正、乾隆年间活跃在扬州地区的八位著名画家，他们是金农、黄慎、郑燮、李鱓、李方膺、汪士慎、高翔和罗聘。所以称他们为怪，是因为他们在作画时墨守成规，离经叛道，奇奇怪怪，再加上大都个性倔强、孤傲清高、行为狂放，所以称之为"八怪"。

金农（1687～1764年），字寿门，号冬心，杭州人，人称"八怪之首"。他博学多才，50岁后始作画，终生贫困。他长于花鸟、山水、人物，尤擅墨梅。他的画造型奇古、拙朴，布局考究，构思别出新意，作品有《墨梅图》、《月花图》等。他独创一种隶书体，自谓"漆书"，别有意趣。

黄慎（1687～1768年），字恭懋，号瘿瓢，福建宁化人。他幼时家贫，学怀素书法获益匪浅，以草书入画，自创风格；擅长粗笔写意，人物画造诣颇高。作品多以神仙佛道为题材，也有不少反映社会下层人物生活的作品。作品有《醉眠图》、《苏武牧羊图》等。

郑燮（1693～1765年），字克柔，号板桥，江苏兴化人。他为康熙秀才、雍正举人、乾隆进士。曾任山东范县、潍县知县，因开仓赈济灾民得罪上司，愤然辞官，居扬州卖画为生。他思维特别活跃，颇有创见，诗书画造诣俱高，擅画竹、兰、石。他还创造了一种集真、草、隶、篆于一体的六分半书体，人称"乱石铺街"体。

李鱓（1686～1762年），字宗扬，号复堂，江苏兴化人。他从小喜爱绘画，16岁时就有了名气。他曾经作过山东滕州知县。他受徐渭、石涛影响较大，画风粗放，不拘法度，泼墨淋漓，设色清雅，以"水墨融成奇趣"。作品有《秋葵图》、《松柏兰石图》等。

李方膺（1695～1755年），字虬仲，号晴江，江苏南通人。曾任县令、知府约20年，和金农、郑燮交谊甚笃，善画松、竹、梅、兰，晚年专门画梅自喻。他在一首题画诗中写道："此幅梅花又一般，并无曲笔要人看。画家不解随时俗，豪气横行列笔端。"他的作品有《游鱼图》、《潇湘风竹图》等。

汪士慎（1685～1759年），字近人，号巢林，安徽休宁人。幼时家贫，居扬州卖画为生，安贫乐道，精研艺术，擅画梅。他与金农、高翔、罗聘被时人称四大画梅高手，作品有《墨梅图》等。

高翔（1688 ~ 1753 年），字凤岗，号西唐，扬州人。高翔生活清苦，性格孤傲，一生敬佩石涛，善画山水、花鸟，喜画疏枝梅花，作品有《弹指阁图》等。

罗聘（1733 ~ 1799 年），字循夫，号两峰，祖籍安徽歙县，迁居扬州。他是金农的弟子，在"八怪"中，年辈最小，但见识很高，落笔不凡。他终生不仕，以卖画为生，一生潦倒。作品有《鬼趣图》、《醉钟馗图》等。

"扬州八怪"有相近的生活体验和思想感情。他们大多出身于知识分子阶层，有的终生不仕，有的经过科举从政，一度出任小官，却又先后废黜或辞职，终以卖画为生。他们生活比较清苦，深知官场的腐败，形成了蔑视权贵、行为狂放的性格，借助书画抒发内心的愤懑。他们的艺术大都取材花鸟，以写意为主要表现方式。他们在创作中重视个性，力求创新，不同程度地突破传统美学规范，带有某些反传统的意义，作品具有较强的主观色彩，令人耳目一新。但在当时，他们并不能够被完全理解，甚至被视为旁门左道，而受到"非议"。其实，正是他们开创了画坛上新的局面，为花鸟画的发展拓宽了道路。

"扬州八怪"在中国绘画史上有着不可替代的地位。他们的作品用笔奔放，挥洒自如，不受成法的束缚，打破了当时僵化的局面，给中国绘画带来新的生机，影响和哺孕了后来的赵之谦、吴昌硕、齐白石等艺术大师。

民族英雄林则徐

在乾隆、嘉庆在位期间，清朝的国力开始由强盛走向衰弱。与此同时，英、美、法等国正逐渐完成工业革命，资本主义需要广阔的商品市场和原料产地，英国首先将目光投向了中国。

鸦片，俗称大烟，是用罂粟汁熬制而成的麻醉毒品，吸食者极易上瘾，长期吸食能导致身体委顿、精神颓靡。早在清初，鸦片就已随其他商品一起输入到了中国。以英为首的西方殖民者为扭转贸易逆差，改变白银大量流向中国的局面，转而采用倾销鸦片的恶毒手段，以此敲开中国的大门。英国是最大的鸦片贸易贩子，美国次之，俄国也从中亚向中国北方输入鸦片。鸦片的大量流入，使殖民者们大发横财，但却给中国带来了巨大灾难，鸦片大量输入严重冲击了中国封建经济，清政府在对外贸易中开始处于逆差地位。大量白银外流，使清政府国库空虚，财政拮据，百业萧条。鸦片也最初只在沿海行销，后来逐渐深入内地，吸食上瘾者不可胜数，严重毒害了中国人的肉体和心灵。鸦片贩子大量行贿也使清政府的吏治更加腐败。

种种情况使人民要求禁烟的呼声越来越强烈，政府和一些正直官员也逐渐认识到禁烟的重要性。1838 年六月，鸿胪寺卿黄爵滋等人上奏，痛陈鸦片祸害，揭发官吏包庇鸦片烟贩，主张坚决遏制鸦片的输入。他认为要禁绝鸦片，必先严惩吸食者。湖广总督林则徐和两江总督陶澍等人十分赞成黄爵滋的主张。1838 年农历七月到九月，林则徐三次复奏道光帝，指出若不禁烟，长此以往，数十年后，"中原几无可以御敌之兵，且无可以充饷之银"。林则徐的话坚定了道光帝严禁鸦片的决心。

林则徐是福建侯官（福州）人，他的父亲林宾日是个以教书为业的秀才。林则徐 27 岁那年被选为翰林院庶吉士。在京时期，他与南方出身的清流派小京官结成文学团体"宣南诗社"，社友中有陶澍、黄爵滋、龚自珍等人。他们之间常常

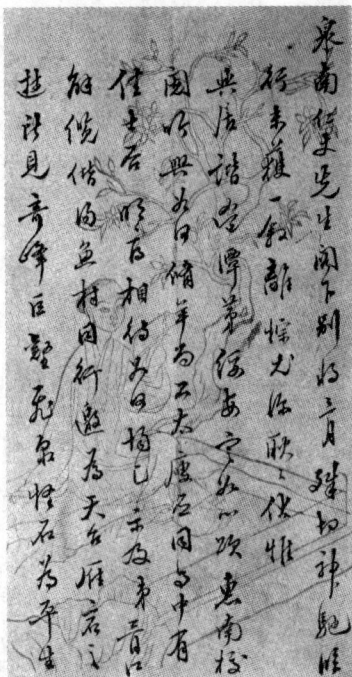

林则徐书法

议论时局，讨论治世的学问，这自然为林则徐日后出任封疆大吏，建立斐然政绩打下了良好的基础。

1839 年农历一月，林则徐离开北京前往广州，宣布这次出差将自备车轿，自带役夫，沿途供应不许铺张，若有犯者，言出法随。这种严肃的态度使英国的毒贩们感到了情势的转变。到达广州后，林则徐又在行馆门外张贴告示：严禁收取地方供应，所有随从人员不得擅离左右。在两广总督邓廷桢的帮助和合作下，林则徐暗访密查，充分掌握了广州鸦片走私和经营情况，然后下令收缴外商鸦片，还让他们保证以后来船永不再夹带鸦片，如果有货全部没收，人立即正法。广州人民也纷纷行动起来，配合林则徐的缴烟命令。鸦片贩子不愿交出鸦片，操纵广州的外商商会破坏禁烟行动。林则徐便下令中止中英贸易，命令海关禁止外人离开广州，终于从四月到五月二十一日收缴了鸦片 2 万多箱。

道光十九年（1839 年）四月二十二日，林则徐在虎门开始销烟，在场群众成千上万，争相观看这一次焚烟活动。林则徐先让兵士在海滩上挖成两个 15 丈见方的池子，池底铺上石条、四壁栏桩钉板，防止渗漏。又在前面设一涵洞，后面通一水沟。之后，将水车从沟道推入池子，将盐撒进，又把鸦片切成小块投入卤

水中,浸泡半小时后再将石灰投入,池中立刻水汤滚沸,围观群众欢呼声震天动地。退潮时,兵士启放涵洞,池中水汤随浪潮鼓动送入大海。然后再用清水洗刷池底,不留下半滴烟灰。在连续20多天的时间里,收缴的鸦片全部被销毁。

林则徐领导中国人民的禁烟斗争,具有了反抗侵略、捍卫民族生存权利的伟大意义。虎门销烟谱写了近代史上中国人民反对外国侵略光辉篇章的第一页。

第一次鸦片战争

当英、美、法、日等列强进行如火如荼的资本主义革命时,清政府正闭关锁国,自以为"天朝上国",不思改革,遂使中国在世界上落伍。英国通过鸦片贸易从中国攫取了大量白银,同时使我国军民身衰体弱,统治阶级中的有识之士纷纷要求禁销鸦片。

1839年,湖广总督、钦差大臣林则徐奉命于1月底到达广州,他一方面整顿海防,允许人民群众持刀杀敌;一方面宣布收缴鸦片。3月,英国鸦片贩子被迫交出烟土237万余斤。6月3日,林则徐下令把这些鸦片在虎门海滩当众销毁,以示中国政府禁烟的决心。

英国政府以此为借口向中国发动了战争,1840年1月,以懿律和义律为正副全权代表,懿律为侵华英军总司令,出兵中国。5月,英国舰船40余艘、士兵4000多名先后到达澳门附近海面,鸦片战争爆发。懿律率英军进犯广州海口,看到广州军民早已严密布防,遂转攻厦门,又被邓廷桢军击退。6月,英军北上攻占定海作为军事据点。8月,英舰抵达天津大沽口外。

道光帝慑于英军武力,又为投降派的劝说所动摇,遂改变态度,罢免了林则徐,改派直隶总督琦善为钦差大臣去天津和英军谈判。而此时英军因夏秋换季,疾疫流行,遂放弃定海,于8月中旬南返,双方议定在广州谈判。琦善到广州后,一反林则徐所为,命令撤除海防水勇,镇压抗英群众,一心议和。1840年12月,琦善与义律在广州开始谈判。

英军趁中方严防撤除、又因谈判而致海防松懈无备之际,于1841年1月7日发动突袭,攻陷了虎门附近的沙角、大角两炮台,并单方面宣布所谓的"穿鼻草约"。1月26日,英军攻占了香港岛。

道光帝得知琦善开门揖盗,丢失两炮台后,下令锁拿琦善,并向英宣战,派侍卫内大臣奕山为靖逆将军,调兵万余赴粤抗英。英军先发制人,出动海陆军攻虎门，广州提督关天培亲率清兵迎击，清军刀矛不敌英军坚船利炮，关天培中弹牺牲。2月26日，英军攻占虎门、猎德、海珠等炮台，溯珠江直逼广州。4月，奕山率大军抵广州。5月24日，英军进攻广州，一路占领城西南的商馆，一路由城西北登陆，包抄城北高地，不久攻占城东北各炮台，并炮击广州城。奕山执行"防民甚于防寇"的方针，对英军侵略消极抵抗，在英军的迅猛攻势下，他与英人签订《广州和约》并征得道光帝批准，以缴600万元换得英军撤出广州地区。

与清政府的妥协投降态度相反，广州三元里人民在广州北郊牛栏冈附近同窜入这里的千余英军英勇作战，打死打伤英军数十人，并把四方炮台围得水泄不通。在广州知府的调停下，英军才得以解围。

英政府并不满意懿律和义律在中国获得的权益，改派璞鼎查（后来的首任港督）为全权代表来华，扩大侵略战争。1841年8月21日，璞鼎查率37艘舰队、陆军2500人离开香港岛北上，攻破厦门，占据鼓浪屿；10月1日再次攻陷定海，定海总兵葛云飞英勇殉国。10日英军攻占镇海（今属宁波），钦差大臣、两江总督裕谦战死，英军旋占宁波城。

道光帝闻讯大惊，忙派吏部尚书大学士奕经调兵赴浙以收复失地。1842年3月，奕经在准备不充分的情况下全面反击，清军数战不利，撤回原地。

战败消息传到京师，朝野上下震动，道光帝无奈，只得派盛京将军耆英和伊里布赴浙向英军请和。璞鼎查不理会耆英的乞和，继续深入。1842年5月18日，英军攻取浙江平湖乍浦镇，6月16日攻吴淞口，吴淞炮台守将陈化成壮烈牺牲，宝山、上海沦陷。英军溯长江西上，于7月21日陷镇江，8月，

广州海战图 清

这幅英国凹版图画中，一艘中国战船因被英国战舰"奈米西斯"号开炮击中而烧毁。此战发生于1841年1月，地点在珠江三角洲亚森湾，在两个小时的作战中，11艘中国战船被击沉，500名船员阵亡，而英军只有几人受伤。"奈米西斯"号是英国的第一艘铁甲战舰。在这样的战舰面前，中国海军的木船不堪一击。

英舰陆续到达南京下关江面。清政府已无心再战，遂接受英方停战的条件，29 日在英军舰"康华丽"号上，耆英、伊里布与璞鼎查签订了中国近代史上第一个不平等条约《南京条约》。条约共 7 条，主要内容是：割让香港岛，赔款 2100 万银圆，广州、福州、厦门、宁波、上海五口通商等。

《南京条约》严重侵害了中国的主权，标志着中国开始逐步陷入半殖民地半封建社会。

中英《南京条约》和附件

道光二十二年（1842 年）七月，中英《南京条约》在英舰"康华丽"号上签订。《广州和约》签订后，英国认为没有达到其目的，悍然执行以战逼和。清政府在不得已情况下，七月二十四日，由钦差大臣耆英、伊里布与英国全权代表璞鼎查签订了《江宁条约》，即中英《南京条约》。中英《南京条约》共 13 款，主要内容有：一、中国开放广州、福州、厦门、宁波、上海五处为通商口岸，允许英商寄居贸易，英国可以派驻领事等官；二、割让香港岛给英国；三、向英国赔款 2100 万银圆，其中烟价是 600 万元，商欠是 300 万元，军费是 1200 万元；四、协定海关税则，商议英商进出口货税。八月二日，道光皇帝批准了《南京条约》。

第二年（1843 年）八月十五日，清钦差大臣耆英与英代表璞鼎查在广东虎门又签订中英《五口通商附粘善后条约》（即《虎门条约》）、《中英五口通商章程》附《海关税则》作为《南京条约》附件。其补充条款破坏了中国司法权、关税自主权，并使英国取得了片面最惠国待遇。从此，外国殖民者以条约形式对中国人民进行"合法化"奴役。古老东方帝国的门户被西方殖民者用大炮轰开了，各国侵略者接踵而来，中国的封建社会开始解体，向半殖民地半封建社会过渡。

英、法、美三国谋求"修约"

鸦片战争以后，英、法、美三国不满足于既得利益。为了进一步打开中国市场，扩大侵略权益，英国政府首先提出修改条约的条件。主要内容有：中国全境开放通商；实行鸦片贸易合法化；外国使节常驻北京等。1854 年，英国驻华公使包令和美国驻华公使麦莲、法国公使布尔布隆向两广总督叶名琛提出修约要求，结果碰了一颗软钉子。后来，包令与麦莲又去上海游说两江总督怡良和江苏巡抚吉尔杭阿，又碰壁而归。接着，英、美公使乘兵船至大沽口，扬言要见皇帝和大学士，要求到天津修约。侵略者的无理要求也遭到了清政府的拒绝。

1856 年，英、法、美三国公使，再次向清政府提出修改条约的要求，活动最积极的是美

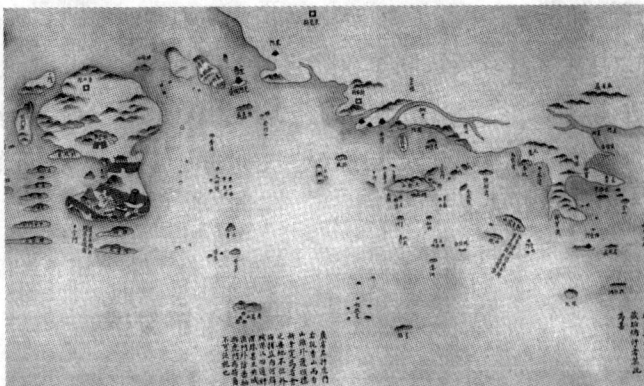
广东海岸图 清

国新任驻华公使伯驾。伯驾先游说广州的两广总督叶名琛，后让闽浙总督向皇帝递交美国总统的信函，都遭拒绝。于是，他去上海利用买办官僚吴健彰进行活动，企图对清廷施加压力，但由于清政府对西方资本主义国家还心有疑惧，又认为"公使驻京"有损"天朝尊严"，感到"万难接受"而加以拒绝。英、法、美就决定"自行设法办理"，即改用发动战争的办法迫使清政府屈服，来满足他们的要求。1856 年 10 月，英国首先挑起战争，炮轰广州，第二次鸦片战争开始。

第二次鸦片战争

第二次鸦片战争是英法在美俄支持下发动的侵华战争。这次战争是为扩大鸦片战争的既得利益而发动的，史称"第二次鸦片战争"，又称"英法联军战争"。1856 年 10 月，英国以"亚罗号事件"为借口进攻广州，正式挑起战争。两广总督叶名琛不作抵抗，英军一度攻入广州城。1857 年，英国政府任额尔金为全权专使，率领侵略军到中国扩大战争；同时向法、美、俄政府发出照会，提议联合出兵，迫使清政府签订新的不平等条约。法国政府借口"马神甫事件"，任命葛罗为全权专使，率领侵略军进攻中国。同年 12 月 29 日，英法联军攻陷广州，叶名琛被俘。1858 年 5 月 20 日，联军北上攻陷大沽炮台，进逼天津。清政府派大学士桂良、吏部尚书花沙纳赶往天津求和，被迫与英、法、美、俄四国分别签订了《天津条约》。后英法联军南撤。清政府于 11 月在上海又同英、法、美三国分别签订了《通商章程善后条约·海关税则》。沙俄乘机又以武力强迫黑龙江将军奕山签订了中俄《瑷珲条约》。1859 年 6 月，英法又以换约为借口，率舰队到大沽口外，向清

廷施加压力，并于 6 月 25 日攻击大沽炮台。中国军队被迫自卫，打退英法联军。1860 年 8 月，英法联军攻陷北塘、大沽，占领天津，进逼北京。9 月下旬，咸丰逃往热河，委派其弟恭亲王奕䜣作为钦差大臣向侵略者投降求和。10 月，英法联军在焚圆明园后进入北京。清政府分别与英、法、俄签订了《北京条约》，第二次鸦片战争结束。

太平天国

英国人用鸦片掠夺中国，又用炮舰保护了罪恶的鸦片贸易。《南京条约》签订后，外国货如潮水般涌入中国，清政府也为支付战争赔款，加重了对人民的剥削，广东首当其冲。不久，太平天国起义在两广地区爆发了。领导起义的首领就是洪秀全。

洪秀全出生在广东省花县的一个中农家庭里。他 7 岁时，到村中私塾读书，由于天性好学，聪明过人，到了 18 岁，他在史学和文学方面的造诣已经远近闻名了。后来，他父母相继死去。服孝期满后，他来到府城广州赶考，结果名落孙山。1843 年，他重整旗鼓又赴广州考秀才，结果仍然落榜。

洪秀全在广州应试期间，曾得到一本基督教的宣传品《劝世良言》，他无意中翻阅之后，觉得书的内容十分新奇，便认真研读起来。

1843 年 7 月，洪秀全约合了老同学冯云山和族弟洪仁玕，来到官禄布村外一条叫石角潭的小河，跳进水中，洗净全身，这是依照基督教行 "洗礼" 仪式。此后，三人结为一个秘密的团体——拜上帝会。洪秀全称自己是上帝的次子，耶稣是上帝的长子，他相信这种舶来的新教将会吸引许多信众。

洪秀全塑像

洪秀全建立拜上帝后做的第一件事，就是砸毁了家里的孔、孟牌位，然后便和冯云山赴广西紫荆山区传教。洪秀全等到组织基本建立后回到广东，开始了两年多的著述活动。他写了《原道救世歌》、《原道醒世训》、《原道觉世训》。在这些书里，他阐发了农民的平等和平均思想，第一次提到社会上的两大对立面：正义与邪恶。

与此同时，冯云山在紫荆山区烧炭工人中发展会员，很快会员就发展到数千人，初步形成了以洪秀全、冯云山、杨秀清、萧朝贵、石达开、韦昌辉等人为首的领导核心。

1850年正月，清宣宗旻宁病死，咸丰皇帝即位，历史上称为清文宗。当年7月，洪秀全下令各地会友在10月4日前到桂平县金田村集合，并计划在洪秀全38岁生日那天举行武装起义。

拜上帝会在各地的会员接到命令后，向金田聚集。很快，人数就超过了二万。一天，洪秀全、冯云山正在花洲山人胡以晃家中密谋起义，官府得知这一消息，派兵包围了那里。杨秀清等人听说后立即派兵救援，并全歼了敌人。这就是太平天国史上著名的"迎主之战"。

1851年1月11日，太平军按原定计划举行隆重仪式，正式宣布起义。由此，太平军揭开了纵横18省、坚持14年的农民运动的序幕。

天京变乱

正当太平军欢庆胜利之时，天京城内却发生了内讧。

在太平天国起义之初，拜上帝教的几位首领人物维系着兄弟之谊，团结战斗。洪秀全因为自称是耶稣的弟弟，因而他常用天王附体来彰显自己的身份。附体本是一种迷信的蛊惑人心的方法，不久杨秀清也学会了，于是他也假托天父下凡，从而取得了代天父传言的特殊身份。这种方法具有一定的欺骗性，沉重打击了当时拜上帝教内部的各种"邪神妖魔"，安定了人心。洪秀全从大局着眼，为了继续稳定局面，也没有戳穿杨秀清。

建都天京以后，洪秀全开始修建豪华的天王府，选召大批少女入宫，进而陶醉于声色鬓影之中。杨秀清有事要见他，必须请旨定好时日。凡此种种，使洪秀全与臣下之间的关系渐渐产生了隔阂。

东王杨秀清虽然具有天父代言人的特殊身份，但在天国政权中一直是处于从属地位。为了树立个人权威，杨秀清动不动就来一出天父附体，有一次竟然还叫人将洪秀全杖打。洪秀全又不能公然戳穿杨秀清的把戏，反对"父亲"打自己，因而他只得强忍怒火。

此时江南大营被攻破，天京城围暂解。杨秀清被胜利冲昏了头脑，把对他夺权构成

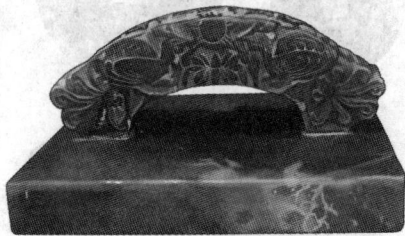

太平天国天王玉玺 清

严重威胁的北、翼、燕三王调离天京，然后假托天父下凡，公然逼天王亲自到东王府封他为万岁。洪秀全感到这样发展下去会对自己不利，因而他表面上虽然答应了杨秀清的要求，暗地里却密召在前线的韦昌辉、石达开、秦日纲，回京救驾。韦昌辉立即率兵赶回天京，在秦日纲的配合下包围了东王府，杀了杨秀清和他的全家，杨秀清的部下和士兵2万多人都没能幸免，致使天京城内一片恐怖。

石达开从湖北赶回后，斥责韦昌辉滥杀无辜，于是韦昌辉又想杀死石达开，石达开只好半夜逃走，但石达开的全家老小却都被韦昌辉杀了。石达开气愤之余，在安庆起兵，要求洪秀全杀死韦昌辉。洪秀全于是诛杀了韦昌辉及其心腹200余人，这才平息了这场自相残杀的内乱。

翼王大渡河败亡

太平军起义后，势如破竹，把清军打得抱头鼠窜，革命形势一片大好。可是没几年，太平军发生了内讧，石达开奉命从湖北前线赶回天京。石达开到了天京后，洪秀全封他为圣神电通军主将，实际上是接替杨秀清的位置，总理天国军政大事。但遭遇了杨秀清逼封万岁之后的洪秀全，对石达开心存戒心，又封了自己的兄弟洪仁达和洪仁发为安、福二王，以牵制和削弱石达开的势力。

不久，石达开愤而出走，还带去了十几万的太平军。他先在江西、福建等地转战，后来率领队伍开向湘桂川一带活动。此后，军心开始涣散，渐渐陷入困境。先是卫辉应、张志公、鲁子宏等人叛变投敌，部分人因思念亲人和条件艰苦也离开队伍。后来，吉庆元、朱衣点等人因看不惯石达开的消沉和元宰张遂谋的专横，率部回归了洪秀全的统率之下。

太平天国铜钱　清

1863年，石达开的部队在大渡河南岸的紫打地（今石棉县安顺场）被清军及当地的反动土司围困，陷入绝境。石达开知道突围的可能性微乎其微，便以太平天国圣神电通军主将翼王的身份，给松林地区的总领王千户写了一封信。信中阐明了自己战斗到底的立场，同时希望王总领以大局为重，认清形势，早日退兵让路。

此后，他又亲赴清营谈判，请求四川总督骆秉章奏请太后，赦免士兵，愿意务农的就放他们回家，愿意当兵的就编入军队。骆秉章不仅拒绝了石达开的请求，还背信弃义地于当晚下令以火箭为号，袭击了石达开的队伍。一夜之间，2000多名起义军官兵遭到血洗，侥幸逃出的寥寥无几。

石达开被捕后被押往成都。他对审讯他的骆秉章说道："成则为王，败则为寇。今生是你杀我，怎么会知道来生不是我杀你呢？"不久，他被凌迟处死。石达开从行刑开始到停止呼吸，昂然挺立，神情镇定，没有一点畏缩的表现，不发一声痛苦的呻吟，连清兵都不得不感叹道："真奇男子啊！"此时，石达开年仅33岁。

石达开之死，预示了太平天国离覆灭不远了。

收复新疆

第二次鸦片战争以后，新疆成为浩罕、俄、英三国角逐的战场，随时有被瓜分的危险。

光绪元年（1875年）三月，清廷任命左宗棠为钦差大臣督办新疆军务。光绪二年（1876年）二月，左宗棠任命刘锦棠为前敌统领，率清军分三路入疆。三月，左宗棠移驻肃州（今甘肃九泉市）。四月三日，刘锦棠率湘军从肃州西进；六月一日抵达济木萨，连败白彦虎与浩罕国阿古柏的军队；六月二十八日，克复古牧地；二十九日，克复乌鲁木齐。到九月中旬，新疆北路全部收复。

光绪二年（1876年），清军平定北疆的分裂割据势力后，刘锦棠于第二年又率军南下。三月七日，攻克南疆门户达坂城，不久又收复托克逊，阿古柏次子海古拉逃到库尔勒。张曜、徐占彪两军则先后攻克士克腾木、辟展城（今新疆鄯善），又攻拔鲁克沁城和哈拉和卓城。白彦虎早已弃守吐鲁番。三月十三日，张曜、徐占彪与刘锦棠军一同攻克吐鲁番，清军收复吐鲁番全境。阿古柏自杀。同年九月，刘锦棠收复喀喇沙尔城。白彦虎下令凿决开都河水阻止西征军。西征军越过水淹区，抵达原阿古柏大本营库尔勒，击溃白彦虎，收复库车、拜城、阿克苏、乌什。这样，南疆东四城及附近各城镇，全部收复。十一月中旬，刘锦棠又连续收复了喀什噶尔、叶尔羌和英吉沙尔三城，白彦虎逃入俄国境内。阿古柏的儿子伯克胡里也逃到俄国。光绪四年（1878年）提督董福祥收复和阗。

至此，除伊犁外的新疆领土，全部由清军收复。

辛酉政变

1861年，咸丰帝在热河行宫病重，宣布立皇长子载淳为皇太子。命御前大臣载垣、端华、景寿、大学士肃顺和军机大臣穆荫、匡源、杜翰、焦瀛八人为赞襄政务大臣，共同辅政。同时授予皇后钮祜禄氏"御赏"印章，皇子载淳"同道堂"印章，顾命大臣拟旨后，要盖"御赏"和"同道堂"印章，旨意才能生效。当时皇子载淳只有六岁，"同道堂"印章便由他的生母慈禧掌管。

咸丰帝死后，孝贞皇后被尊为母后皇太后，慈禧是懿贵妃，被尊为圣母皇太后。当时在承德的大臣以肃顺为首；留在京城的则以恭亲王奕䜣为首。

接着，御史董元醇就上了请太后权理朝政、由恭亲王辅弼的奏折。两宫皇太后马上召见八位大臣，提出要垂帘听政。肃顺认为，咸丰皇帝只是要两宫太后在他们拟好的旨意上盖章，并没有让女人干政的意思，而且祖制也没有皇太后垂帘听政的事，因此没有同意。八位大臣和两位太后于是大吵了起来，在一旁的小皇帝竟然吓得尿了裤子。

八位大臣见状，便暂时答应了两宫太后，想回到北京以后再慢慢解决。可慈禧太后却不想慢慢解决，她知道一旦被肃顺掌控了朝政，她今后的日子可就不好过了。于是慈禧秘密召见了恭亲王奕䜣，让他在北京做好部署，准备发动政变，夺取权力。

不久两宫太后带着小皇帝先回北京，而肃顺等大臣则陪同咸丰皇帝的灵柩，随后回京。两宫皇太后一到北京，马上宣布了载垣、肃顺等八位大臣的罪状，把英法联军进攻北京的责任都推给了他们。恭亲王奕䜣下令，逮捕八位顾命大臣，载垣、端华赐自尽，肃顺斩首示众，景寿等五人或革职或发配边疆。

随后，载淳在太和殿即皇帝位，就是同治皇帝。两位皇太后垂帘听政，恭亲王奕䜣掌握了实权。

洋务运动

洋务，又称夷务，泛指包括通商、传教、外交等在内与西方资本主义有关的一切事物。洋务运动指清政府一批具有买办性质的官僚军阀在19世纪60年代到90年代为挽救统治危机，自上而下推行的一场以引进西方的军事装备、机器生产和科学技术为主要内容，以富国强兵为目的的自救运动。

洋务派在中央以总理衙门大臣奕訢、侍郎文祥等为代表，在地方上以曾国藩、李鸿章、左宗棠、张之洞等为代表，同治登基后他们握有实权，可以左右清朝的政局。如两江总督长期由湘系曾国藩、曾国荃、左宗棠、刘坤一交替占据，直隶总督由李鸿章独占。洋务派的指导思想是"中学为体，西学为用"，他们认为中国的政治制度比西方好得多，只是火器比不上西方列强，只要清政府掌握了西方的近代军事技术和装备，就可以强盛起来。洋务运动分为前后两个阶段，60 年代为第一阶段，洋务派打着"自强"的旗号，依照西方资本主义国家的办法制造新式枪炮和船舰，兴办了一批军事工业企业；70 年代到 90 年代是第二阶段，以"求富"为口号，洋务派开始举办民用工业企业。

在第一阶段洋务派建立的军工厂中规模较大的有江南制造总局、金陵机器局、福州船政局、天津机器局等。李鸿章在曾国藩支持下在上海创立江南制造总局，创办经费为 54 万余两白银，工人 2000 余人，主要生产枪炮、弹药和小型船舰，还附设译书馆来翻译西方书籍，这是洋务派创办的规模最大的军工企业。这些军工企业全部都是官办企业，由清政府和湘、淮系军阀控制，具有浓厚的封建性，同时对外国有着严重的依赖性，从设计施工、购置机器设备、生产技术直到原料供应完全依赖于外国，并长期受外国人控制，但这些近代企业毕竟也具备了一定的资本主义因素。

由于在创办军工企业的实践中遇到资金、原料、运输等困难，洋务派认识到必先求富才能自强，所以决定发展民用企业以积累资金，有了雄厚经济基础后才能制造洋枪炮以自强御侮。70 年代起，洋务派开始大力发展民用工业企业，到90 年代就已创办了大约 20 多家民用企业，包括交通运输、采矿、纺织、冶炼等各个行业。规模较大的有上海轮船招商局、上海机器织布局、电报总局、铁路交通运输业等。在这些企业中，上海轮船招商局是最有成就的一个，它是 1872 年李鸿章在上海创办的，是中国第一家近代轮船航运公司，也是洋务派兴办的第一个民用企业。这个企业在

轮船招商局 清

611

经营过程中屡遭英美轮船公司的排挤，但并没有被挤垮，一直在夹缝中求生存。

洋务派在兴办军工、民用企业的同时，还进行了筹建海军、加强海防、设立外文学馆、派遣留学生等活动。1875年，两江总督沈葆桢、直隶总督李鸿章等人奏请筹建北洋、南洋、粤洋（又称福建）三支海军。1885年，三洋海军已初具规模。1862年，为配合洋务需要，奕䜣在北京设立京师同文馆，以教习外语为主，同时兼习天文、历史和数理化。此后，各类学堂学馆在各地纷纷建立。1872年，中国首次派遣留学生到国外，30名学生由上海赴美留学。此后，清政府还多次派遣留学生到国外学习。洋务派的活动旨在维护清王朝封建统治。他们创办了中国第一批近代工业企业，培养了近代中国第一批新型的科技、军事和翻译人才，是近代最早觉醒的先行者。

甲午战争

明治维新后，日本开始大力发展资本主义，建立近代化国家。明治天皇具有极强的对外扩张欲望，极力鼓吹军国主义，并将侵略矛头首先指向其近邻朝鲜和中国。1874年日本侵略中国的台湾，虽未得逞，但却尝到了甜头，特别是中法战争造成的中国"不败而败"的结局，更加刺激了日本侵略中国的野心，于是日本伺机对中国发动大规模战争。

1894年4月，朝鲜南部农民起义军占领全罗南道首府全州，朝鲜政府请求清政府派兵协助镇压。日本以清军入朝为借口，大批调遣日军赴朝，迅速抢占从仁川至汉城一带的战略要地，同时设立战时大本营，作为指挥侵略战争的最高机构。

8月上旬，卫汝贵、马玉昆、左宝贵和丰升阿等四部援朝清军万余人先后抵达平壤。8月中旬，日本大本营除已派第5师余部赴朝外，又增遣第3师参战，两师合编为第1集团军。同时，日方决定组建第2集团军，待机进攻中国的辽东半岛。

9月15日，日军分三路进攻平壤，清军分路抗拒，左宝贵中炮牺牲，玄武门失守。叶志超指挥无方，见北门不守，即下令撤军，弃平壤逃走，渡过鸭绿江退入国境，日军轻易地占领了全部朝鲜。

日军在平壤得手后，遂寻机在海上消灭清政府的北洋舰队。9月17日，北洋舰队在完成护航任务后正准备由大东沟口外返航，遭到了以中将伊东祐亨为司令的日军联合舰队的拦截，随即爆发了著名的黄海海战。战斗历时5个多小时，北洋舰队沉毁5舰，伤4舰，日本联合舰队伤5舰。日军在第一阶段作战中，适时调整作战计划，海陆同时出击。北洋舰队虽然受到重创，但实力还是相当强大，但李鸿章却令北洋舰队躲在威海港中，不许出战，使日本联合舰队达到了控制黄海制海权的目的，造成以后中国海军被动挨打的局面。

平壤之战和黄海海战后，由于对日军主攻方向判断失误，清廷集重兵于鸭绿江一线和奉天、辽阳之间。同时，为保卫北京，又在各省抽调兵力，驻守山海关至秦皇岛之间，以及天津、大沽、通州等地。这种部署使地处渤海门户正面的辽东半岛兵力不足，防御极其空虚。

日军第1集团军在九连城上游的安平河口突破成功，继而攻克虎山。其他各部清军

中日甲午海战图　清

闻虎山失陷，不战而逃。26日，日军未遇抵抗即占领九连城和安东（今辽宁丹东），清军鸭绿江防线崩溃。与此同时，日军第2集团军开始在旅顺后路的花园口登陆，意在夺取旅顺口和大连湾。11月6日，日军攻占金州（今属大连）。7日，日军分三路向大连湾进攻，大连湾守军不战而逃，日军占领大连湾。18日，日军前锋进犯旅顺口附近的土城子，除徐邦道率部奋勇抗击外，旅顺各守将毫无斗志，对徐邦道不加援助。22日，日军陷旅顺口，并血洗全城。

日军攻占旅顺后，以陆军第2集团军为基础组建"山东作战军"，又令联合舰队协同山东作战军作战，并以陆军第1集团军在辽东战场进行佯攻，继续吸引清军主力。清廷对日军主攻方向又一次判断失误，以重兵驻守奉天、辽阳及天津至山海关一线，北洋舰队则根据李鸿章"水陆相依"的防御方针，躲藏在威海卫港内，不许出战。

1895年1月20日，日"山东作战军"在荣成龙须岛登陆，占领荣成。30日，南帮炮台在日军的合围下陷落，随即北帮炮台也为日军占领。此后，日军水陆配合，攻击刘公岛和港内的北洋舰队。北洋舰队提督丁汝昌、总兵刘步蟾等先后自杀殉国。17日，威海卫海军基地陷落，北洋舰队覆灭。

2月28日，日军从海城分路出击，3月4日进攻牛庄（今辽宁海城西北），牛庄为清军后方根本，守军却极少，守军奋勇苦战，死伤被俘3000多人，牛

庄失陷。7日，日军攻克营口。9日，清军在田庄台大败。至此，日军占领了辽东、辽南地区。

早在日军占领辽东半岛后，清廷便开始通过外交途径向日本请和，威海卫失陷后，清廷求和之心更切。在美国安排下，李鸿章以头等全权大臣的身份，在美国顾问科士达陪同下赴日议和。1895年4月17日，李鸿章在中日《马关条约》上签字，甲午战争结束。

帝国主义瓜分中国的狂潮

《马关条约》签订后，清政府割辽东半岛给日本。这损害了俄、德、法三国利益，于是就出现了"三国干涉还辽"的事件。

1896年6月，俄国政府诱迫李鸿章在莫斯科签订了《中俄密约》。不久，俄国趁德国强占胶州湾之机，于1897年底派军舰开赴旅顺，第二年迫使清政府签订《旅大租地条约》，强占旅顺、大连，并获得了南满铁路的修筑权，把整个东北划入了自己的势力范围。1897年11月，德国借口山东巨野两名传教士被杀一案，派兵强占胶州湾沿岸各地。1898年3月，迫使清政府签订《胶澳租界条约》，把山东划入了自己的势力范围。

1895年6月法国签订了中法界约和商约，获得了陆路通商减税的特权，并首先获得了筑路、开矿的特权。1897年又先后强迫清政府保证不将海南岛、云南、两广割让或租借给他国。1899年11月，法国获得了租借广州湾的特权。从此，广东、广西、云南划入了法国的势力范围。1898年2月清政府被迫保证长江流域沿岸地区不让与或租给英国以外的国家。6月又与英国签订《展拓香港界址专条》，获得"新界"的租借权。1898年7月，又获得租借威海卫的权利。这样，英国在长江流域及华南、西南、东北等地都划定了自己的势力范围。美国由于种种原因没能参加瓜分中国的狂潮。1899年，提出了"门户开放"政策。

义和团的兴起

义和团原名义和拳，来源于白莲教和秘密结社。甲午战争后，随着外国资本主义列强对中国侵略控制的加强，反清的号召逐渐让位于反侵略的号召。1898年秋，山东巡抚张汝梅主张持平解决民教纠纷，并对义和拳组织采取以抚为主的政策。此后，冠县的义和拳首领赵三多首先打出了"助清灭洋"的旗号。

1899年，山东清平县义和拳改称义和团。同年夏季，清政府转变了对义和拳一味剿杀的政策，改行抚剿兼施的策略。毓贤接任山东巡抚后，奏请朝廷承认义和拳为合法民间团练，正式改义和拳为义和团。此后，义和拳争得了合法地位，各地义和拳陆续改称义和团。毓贤对义和团的招抚政策，使山东义和团迅速扩展，团众四处攻打教堂，驱逐教士，与助教士为虐的地方官府作对。朱红灯在平原县，树起了"兴清灭洋"的大旗。此后，"顺清灭洋"、"保清灭洋"、"扶清灭洋"等口号都陆续出现，后来大都统一为"扶清灭洋"。1900年日趋高涨的义和团运动也波及直隶、天津。各国公使因各地教堂遭受沉重打击，多次照会清政府，施加种种压力。清政府畏于列强的一再逼迫，不久后改派袁世凯为山东巡抚，开始了对山东义和团的血腥镇压。

八国联军进攻天津、北京

1900年6月，为镇压中国人民的反抗，英、美、俄、日、法、德、意、奥八国联军2000多人，由英国海军中将西摩尔率领，分3批从大沽经天津乘火车北进。消息传到北京，董福祥率领的清兵甘军迅速控制了北京车站，准备迎击联军。前往火车站迎接联军的日本使馆书记官杉山彬，在永定门外被甘军射杀。在联军开往北京的途中，沿铁路线的义和团及民众破坏铁路，随处拦击侵略军。当联军到达廊坊时，发生了廊坊之战。

各国公使感到形势恶化，立即举行会议，一致同意调军队保护各国使馆。驶达大沽口外的各国舰队先后接到奉命进京的电报，并迅速派出陆战队，由海河乘船到达天津，准备向北京进犯。后来，迫于列强的威逼，慈禧太后命令总理衙门同意八国调兵入京，但每一国派兵不得超过30名。这些军队实际上是八国联军的先遣队。

向北京进犯的八国联军

进入天津租界内的各国军队后来已达2000人。

1900年7月中旬，八国联军攻陷天津，清政府宣布对各国开战。义和团著名首领张德成率"天下第一团"5000多人进入天津，参加战斗。义和团和清军攻打紫竹林的战斗整整持续了一个月，天津防御力量急剧衰退。但是此时清军又开始大肆捕杀义和团，致使天津最后失陷。八国联军接着向北京进攻。1900年8月中旬，八国联军侵入北京。北京陷落。联军入京后，对北京义和团和广大民众进行了残暴的屠杀，联军还在城中肆意放火，大批珍贵图书档案遭到焚毁和劫掠。

《辛丑条约》丧权辱国

此后，列强又为"惩凶"和"赔款"问题激烈争吵，直至1901年9月7日，才签订了《辛丑条约》，正约之外还加了19个附件，主要内容是：

一、中国赔款白银4.5亿两，以海关税、常关税、盐税为担保，分39年还清，加上年利4厘，总数共达约9.8亿两。还有各省地方赔款共2000多万两；

二、在北京划东交民巷为使馆区，各国在此驻兵，中国人不准在区内居住；

三、北京到大沽的炮台"一律削平"，从北京到山海关铁路沿线的12个战略要地准许各国派兵驻守；

四、惩办义和团和支持它的清朝官员，永远禁止中国人成立或加入反对洋人的组织，违者处死。地方官辖区内若有此类活动，必须立时镇压，否则"即行革职，永不叙用"；

五、改总理各国事务衙门为外务部，"班列六部之前"。

就是如此丧失民族尊严的和约，清政府依然在上面签了字，而且表示说，要"量中华之物力，结与国之欢心"，完全成为"洋人的走狗"，让中国完全沦为半殖民地。

经过八国联军这场浩劫，至少有3000万以上无辜的中国人家破人亡，而慈禧却依然在西安悠然自得地看戏。

戊戌变法

1895～1898年，在中国发生了一场颇有声势的资产阶级维新变法运动。到了1898年，百日维新成为这次运动的高潮。这是一场由资产阶级改良主义者领导的改革。然而，这一场改革触动了封建顽固派守旧势力的利益。因此，百日维新一开始，围绕顽固派和维新派的斗争便展开了。

慈禧太后首先逼迫光绪皇帝下令将翁同革职。翁同龢是光绪皇帝的亲信大臣，在帝党和维新派之间起着桥梁的作用，将他革职，就大

梁启超旧照

康有为旧照

大削弱了变法维新的力量。接着，慈禧太后逼迫光绪任命荣禄为直隶总督兼北洋通商大臣，统率北洋三军，这实际上是把北京控制在她的手里。慈禧太后又用光绪帝的名义，宣布在1898年10月19日去天津检阅军队，准备到时发动政变，逼迫光绪帝退位。

在这危急的时刻，光绪帝便与维新派的主要人物反复商量，认为唯一能想到的办法，就是依靠袁世凯的军事力量。

袁世凯早年曾在天津小站督练新建的陆军，当时做荣禄的部下，是北洋三军中的重要将领，他的军队就驻扎在天津附近。当光绪帝皇位难保之时，谭嗣同挺身而出，表示愿意冒险去找袁世凯，说服他出兵帮忙。

当天深夜，谭嗣同独自到了袁世凯的寓所，拿出光绪帝的密诏，并将维新派的全部计划也和盘托出，要袁世凯扶持光绪皇帝诛杀荣禄，消灭后党。

谭嗣同慷慨激昂地说："今天只有你能救皇上。如果你愿意，就请全力救护；如果你贪图富贵，就请到颐和园告密，你可以升官发财！"

袁世凯正颜厉色地说："你把我袁某看成什么人了！皇上是我们共事的圣主，救驾的责任，你有，我也有！"

第二天，光绪帝召见了袁世凯，要他保护新政。退朝之后，袁世凯匆匆赶回了天津。一到天津，他就去向荣禄告密。荣禄得报后，连夜乘专车进京，赶往颐和园去向慈禧太后报告。袁世凯从这一叛变行动开始，便飞黄腾达起来，他用维新派的鲜血，染红了自己的顶戴。

第二天凌晨，慈禧太后就带着大批人马，气急败坏地从颐和园赶到紫禁城，下令把光绪帝囚禁在中南海的瀛台。对外则宣布光绪帝生病，不能亲理政务，由慈禧太后"临朝听政"。同时，下令大肆搜捕维新派和倾向维新派的官员。百日维新期间推行的新政，除了京师大学堂等少数几项措施以外，全部被废除了。这

一年，正是甲子纪年的戊戌年，所以，通常把这场政变称为"戊戌政变"。

维新派领袖人物康有为得知消息后，从天津搭乘英国轮船逃往香港。梁启超当天得到日本使馆的保护，化装逃往日本。

1898年9月28日，慈禧太后下令杀死谭嗣同、康广仁、刘光第、林旭、杨锐、杨深秀六人，他们被称为"戊戌六君子"。

至此，清朝资产阶级改良主义运动彻底失败了。

慈禧太后西逃

戊戌变法失败后，清朝政府更加腐败了。1900年，英、美、俄、德、法、意、日、奥八国联军入侵中国，并向北京进犯。7月19日夜里，炮声急促起来，慈禧不敢入睡，坐在养心殿听取军情报告。忽然载漪慌慌张张地跑了进来，喊道："老佛爷，洋鬼子打进来了！"接着，军机大臣荣禄也惊慌失措地报告沙俄哥萨克骑兵已经攻入天坛。

慈禧慌忙召集王室亲贵和军机大臣，紧急商议撤离京师避难事宜。

7月21日凌晨，慈禧与光绪皇帝等皇室人员，换便衣乘马车仓皇逃离京城。当时东直门、齐化门已被洋人攻下，慈禧一行从神武门出宫，经景山西街，出地安门西街向西跑。当队伍到德胜门时，难民涌来。慈禧的哥哥桂祥率八旗护军横冲直撞一阵，才开出一条道来。

队伍在上午像潮水一般到达颐和园，两宫人员纷纷下车进入仁寿殿休息了一会。随后，慈禧下令马上出发。由皇室成员和1000多护驾人员组成的队伍，马不停蹄地一路向西急行军。

慈禧一行，历尽了颠沛之苦。沿途只能夜宿土炕，既无被褥，又无更换的衣服，更谈不上御膳享用，仅以小米稀粥充饥。

一直到了西安后，安全和供应才有了保障。这时候，慈禧又开始摆起太后的架子了。同时，为了能早日"体面"地回京，她命令庆亲王奕劻回京会同直隶总督李鸿章与各国交涉议和。

虽然国家已经面临亡国的危险，但慈禧仍然要求地方官员供应一切用度一应俱全。为了满足慈禧一行在西安浩繁的开支，各省京饷纷纷解到，漕粮也改道由汉口经汉水、丹江运往陕西。据档案文献统计，截至光绪二十七年（1901年）二月初，解往西安的饷银就高达500万两，粮食100万石。

就御膳而言，仍分荤局、素局、饭局、茶局、点心局等，每局设管事太监一人，厨师数人至十余人不等，统一由总管大臣继禄管理。每天选菜谱百余种，以致每天要花掉银子200两。

为了讨好列强，慈禧不断发布上谕：这次中国变乱，事出意外，以致得罪友邦，并不是朝廷的意思；对于那些挑起祸乱的人，清朝政府一定全力肃清，决不姑息。这些话完全表明她要丢卒保帅，不惜一切代价讨好列强。

慈禧为尽量满足列强的心愿，还以光绪的名义下罪己诏，奴颜十足地说："量中华之物力，结与国之欢心。"

1901年8月15日，《辛丑条约》签订，中国赔款白银四亿八千万两，这笔费用相当于清政府十二年的收入总和。《辛丑条约》的签订，标志中国完全沦为半殖民地半封建社会。

"议和"告成，慈禧一行便于同年8月24日踏上返京的路途。这次归返京城与逃出京城的情形可大不一样了。从西安起程时，百姓"伏地屏息"、"各设彩灯"欢送，数万人马按照京城銮仪卫之制列队行进，慈禧乘坐八人抬大轿，轿前有御前大臣及侍卫，后面是3000多辆官车，装着慈禧及王公大臣的行装及土特产，浩浩荡荡如同打胜仗般凯旋。

同年11月28日，慈禧、光绪帝等人回到了北京，京城地方官动用了大量财力和人力，将御道装饰一新。但入城的气氛叫人感到压抑，沿途大街上除了乱哄哄的八国联军官兵围观外，跪迎慈禧回銮的官员百姓没有几个。经历浩劫的京城已经再也打不起精神，来迎接这个祸国殃民的国贼了。

革命党人的起义

西方的民主革命思想开始在中国大地上广为传播，各种革命团体也相继出现，其中影响较大的是：湖南的华兴会、湖北的科学补习所和浙江的光复会。1905年8月20日，中国同盟会在日本成立，创办人孙中山提出了"驱除鞑虏，恢复中华，创立民国，平均地权"的口号作为其政治纲领。

同盟会成立后，孙中山派遣会员纷纷回到国内，准备发动反清的武装起义。从1907～1908年的一年间，同盟会先后发动了潮州黄冈起义、惠州七女湖起义、防城起义、镇南关起义、钦州马笃山起义、河口起义。这些起义虽然

同盟会会员证章

都以失败告终，但民主、革命的思想，却已深深植根于民众心中。

与此同时，光复会也在安徽、浙江策划暗杀清朝官员和发动武装起义。徐锡麟是光复会的领导人之一，他与秋瑾约定于7月同时起义。但因为被清政府察觉，于是徐锡麟决定提前行动。但还是寡不敌众，起义失败，徐锡麟被捕后惨遭杀害。秋瑾被捕，面对严刑拷打，她只以"秋风秋雨愁煞人"一句相对，坚决不出卖其他会员。不久，秋瑾从容就义于绍兴轩亭口，时年仅32岁。清政府杀害秋瑾，一下子使革命的火苗愈益炽旺，"不知道秋瑾的人都因此知道了秋瑾，不懂得革命的人也因此受到了革命的教育"。社会各界痛悼秋瑾的诗词文章更是像雪片似的出现，其中影响最大的，就是鲁迅先生的《药》。

这些起义的失败，并未使孙中山后退，他总结了以往失败的教训，决定将策反的重点由会党转向新军，并把起义的地点改在广州，随后便发起了两次著名的起义：广州新军起义和黄花岗起义。

同盟会本决定在1910年2月24日起义，但因为广州城里发生军警冲突，形势骤变，打乱了原定的计划，新军遂提前起义。在攻打省城的途中，他们突然遭遇清军，起义军经顽强抵抗后溃退，起义失败。广州新军起义失败后，同盟会领导人多灰心丧气。孙中山则相信革命的时机正日趋成熟，他和黄兴遂决定再次发动起义。

这次起义经过了周密的部署，原计划订在1911年4月13日发难，以赵声为起义军总司令，黄兴为副司令。但4月8日发生了温生才刺杀广州将军孚琦的事件，同时，同盟会由香港运到广州的炸弹又被清军查获，清政府加强了戒备，而起义所需的款项和部分枪械尚未到齐。革命党人只好将起义日期推迟到4月27日。是日，黄兴在风声鹤唳的广州，亲率敢死队120余人，毅然起义，重创了清军。可是革命军自己也伤亡惨重，黄兴多处受伤，后化装突围，返抵香港，起义失败。此役同盟会牺牲会员100多名，其中72人的遗骸被收葬于广州东郊黄花岗，故称"黄花岗起义"。

武昌起义

辛亥武昌起义前夕，中国社会各种矛盾空前激化。人民群众自发的反抗斗争此起彼伏，和资产阶级革命党人连续不断的武装起义相呼应。1911年9月14日，在同盟会中部总会推动下，文学社和共进会消除门户之见，联合反清，建立了统一的起义领导机关。9 月 24 日，两个革命团体召开第二次联席会议，决议在 10 月 6 日（农历八月十五日）发动起义，蒋翊武为临时总司令。

革命党人的活动引起了湖北当局的注意，并且采取了一定措施，如实行全城戒严，进行大搜查，收缴士兵子弹，使枪弹分离等。革命党人见清军已有准备，再加上同盟会重要领导人黄兴、宋教仁、谭人凤等人迟迟未到武汉，所以起义不得不延期。

10 月 9 日，孙武等配制炸弹时，不慎爆炸，俄国巡捕闻声赶来，搜去了革命党人名册、起义文告、旗帜、印信等物，并转交总督署，湖广总督立即下令关闭四城，搜捕革命党人。

面对这场突变，蒋翊武、刘复基、彭楚藩、杨宏胜等人召开紧急会议，决定立即发动起义。蒋翊武以临时总司令的名义起草命令，派人送往各标、营革命党人手中，约定当晚 12 时，以南湖炮队的炮声为号，发动起义。

但是，湖广总督已于事先听到风声，派军警查抄了武昌的各个革命机关，逮捕了刘复基、彭楚藩、杨宏胜等人，蒋翊武逃离武汉。湖广总督下令杀害刘、彭、杨 3 人，按查获的名册搜捕革命党人。由于起义的命令未及时送到南湖炮队，10 月 9 日晚起义的计划落空。

在群龙无首的情况下，新军中的革命党人自行联络，决定以枪声为号，在第二天晚上按原计划发难。10 月 10 日晚，新军工程第八营的革命党人打响了起义的第一枪，夺取了中和门附近的楚望台军械库以及库内的枪支弹药，他们还陆续集合了 200 多人，推举左队队官吴兆麟为临时总指挥。

枪声一响，城内城外的革命党人、各标营的革命党人及其部众、炮兵营、工程队以及测绘学堂的学兵都相继起义，迅速向楚望台集中。这时，起义人数已达到近 3000 人，吴兆麟、熊秉坤、蔡济民等决定趁夜向总督署及紧靠督署的第八镇司令部发起进攻。

晚上 10 点 30 分，起义军分三路进攻督署后院、第八镇司令部和督署翼侧、前门。同时，已入城的炮八标占领发射阵地后，开始对督署轰炸。第一次进攻曾一度受挫，后来又有一部分起义士兵前来参战，加上炮队完全进入蛇山阵地，局势才开始好转。

晚 12 点后发动的第二次进攻异常激烈。起义军突破防线，逼近督署附近。三路义军互相配合，在炮兵火力支援下，一举冲入督署，将大堂点燃。督署和司令部守军见大势已去，降的降，散的散。10 月 11 日黎明，武昌城内各官署、城门均为起义军所控制。10月11日上午，处于观望状态的清兵陆续向楚望台集中，听从革命党人指挥。

十八星旗插上武昌城头，武昌起义取得胜利。

接着，汉阳、汉口的革命党人也闻风而动，先后光复，武汉三镇均处于革命党人的控制之下。随即革命党人发表宣言，改国号为中华民国，还成立中华民国军政府湖北都督府，号召各省起义响应。在湖北的影响下，全国有13个省陆续宣布独立。

1912年1月1日，中华民国临时政府成立，1912年2月12日，清帝退位，清王朝被推翻。

末代皇帝

光绪帝在位34年，最终抑郁而死。在光绪帝病死前，醇亲王载沣被宣入中南海，跪在慈禧的帏帐前。

慈禧开口说："载沣，你得了两个儿子，这是值得喜庆的事。光绪已将不起，我又在病重之中。现国家有难，朝廷不可一日无君，我决定立你的长子溥仪为嗣，继承皇位，赐你为监国摄政王！"向来懦弱的载沣，听了这番话，如五雷轰顶，手足无措，不知该怎么办才好，只是反复念叨说："溥仪仅仅3岁，溥仪仅仅3岁……"慈禧马上劝慰说："这是神意，也是列祖列宗牌位前卜卦请准了的！明天，你将溥仪带进宫，准备举行登基仪式。"

慈禧的决定传到醇王府，醇王府立即炸锅了。溥仪的祖母不等念完谕旨就昏了过去。刚苏醒过来，便一把夺过溥仪，紧紧抱在怀里，一把鼻涕一把泪地说："你们把自家的孩子（指光绪）弄死了，却又来要咱的孙子，这回咱是万万不能答应的！"

对于慈禧的歹毒，她是领教过的，所以她止不住地哭闹着，不忍心让孙子再落入慈禧的魔掌。后来，府中的人不得不把她扶走。这时候接皇帝的内监要抱溥仪走，但3岁的溥仪拼命地挣扎，他一点也不管"谕旨不可违"的说教，连哭带打不让太监来抱。于是，

幼年溥仪旧照

太监们一商量，决定由载沣抱着"皇帝"，带着乳母一起去中南海。

1908 年 11 月 14 日，一群太监将溥仪带入皇宫。第二天，慈禧便一命呜呼了。到了 12 月 2 日，清廷举行了隆重的皇帝登基大典。登基大典开始时，不满 3 周岁的溥仪坐在皇帝的龙床宝座上竟哇哇地大哭起来。他父亲载沣侧身坐在龙床上，双手扶着他，叫他不要再哭闹。根本还不懂事的溥仪，见那些文武百官不断地磕头，高呼"万岁、万岁、万万岁"，加之山崩地裂般的锣声、鼓声、钟声，更加害怕，哭声也更大了。载沣觉得在这样的盛典上，皇帝却哭闹不止，太不像话，心中一急，不由脱口而出，叫道："就快完了！就快完了！马上回老家了！一完就回老家了！"

监国摄政王宝玺及玺文　清

话一出口，文武官员们不由得窃窃私语起来："怎么说是'快完了'呢？说要'回老家'是什么意思呢？回满族老家？不就是结束 270 年的满人统治吗？"

载沣这一番话，竟不幸得到了应验。到了 1911 年，溥仪当皇帝不到 3 年，辛亥革命就爆发了，在重重压力下，隆裕皇太后不得不替溥仪宣布退位，大清帝国就此宣告灭亡了。